T0194823

Stefan Rinke, Georg Fischer, Frederik Schulze (Hrsg.)

Geschichte Lateinamerikas
vom 19. bis zum 21. Jahrhundert

Quellenband

Verlag J.B. Metzler
Stuttgart · Weimar

Bibliografische Information der Deutschen Nationalbibliothek
Die Deutsche Nationalbibliothek verzeichnet diese Publikation in der Deutschen National-
bibliografie; detaillierte bibliografische Daten sind im Internet über http://dnb.d-nb.de
abrufbar.

ISBN: 978-3-476-02296-7
ISBN 978-3-476-05058-8 (eBook)
DOI 10.1007/978-3-476-05058-8

© 2009 Springer-Verlag GmbH Deutschland
Ursprünglich erschienen bei J.B. Metzler'sche Verlagsbuchhandlung und Carl Ernst Poeschel
Verlag GmbH in Stuttgart 2009

www.metzlerverlag.de
info@metzlerverlag.de

Inhalt

IV. Die Jahrtausendwende im Zeichen der neuen Globalisierung   297

Quellenverzeichnis

II. Das frühe 20. Jahrhundert

III. Lateinamerika im Zeitalter des Kalten Kriegs 209

Einleitung

Seit der Jahrtausendwende hat Lateinamerika zunehmend die Aufmerksamkeit der deutschen Öffentlichkeit auf sich gezogen: Neue indigene Bewegungen zeigen unübersehbar das »Wiedererwachen« vermeintlich »ausgestorbener« Völker an, die Entwicklungen auf Kuba sorgen noch immer für Aufmerksamkeit, jüngst beschwört in Venezuela Hugo Chávez den Sozialismus des 21. Jahrhunderts und allerorten diskutiert man den vermeintlichen Linksrutsch. Im Zeitalter der neuen Globalisierung bleibt Lateinamerika ein Brennpunkt und ein Labor von Entwicklungen, die über den Kontinent hinausweisen. Um diese zu verstehen, bedarf es der historischen Einordnung.

In der Tat richtet sich der Blick der Geschichtswissenschaft mit der neuen globalhistorischen Orientierung zunehmend nach Außereuropa. Jüngst sind mehrere verdienstvolle Darstellungen der Geschichte Lateinamerikas in deutscher Sprache erschienen. Werke, die Arbeitsmaterialien komprimiert und problemorientiert aufbereitet an die Hand geben, sind demgegenüber noch immer Mangelware. So sind zentrale Quellen bislang in der Regel nur schwer und meist nur in der Originalsprache verfügbar.

Hier setzt das vorliegende Werk zur Geschichte Lateinamerikas an. Es präsentiert wichtige Dokumente in deutscher Übersetzung und in einer thematisch und chronologisch geordneten Zusammenstellung. Abbildungen, von Kunstwerken bis hin zu Fotos und Karikaturen, werden ebenfalls als Quellen vorgestellt und entsprechend eingeführt. Karten und Schaubilder runden das Quellenkorpus ab und sorgen für Erläuterung und Veranschaulichung der in den Quellen behandelten Problembereiche. In kurzen Vorbemerkungen werden die wichtigsten Grundlinien der Epoche und der einzelnen Themenfelder skizziert. Auf dieser Grundlage erhält jede Quelle in wenigen einführenden Sätzen eine Einordnung, ohne dass dabei eine Interpretation vorgegeben wird. Eine Zeittafel und ein kurzes kommentiertes Literaturverzeichnis bieten weitere Orientierungshilfen.

Bei der Quellensammlung handelt es sich um eine Mischung aus durchaus bekannten, jedoch oft nur schwer zugänglichen sowie bislang noch wenig bis gar nicht bekannten Quellen, die neuesten Forschungsprojekten entstammen. Leitende Auswahlprinzipien waren Multiperspektivität, thematische Diversität, chronologische Breite, regionale Vielfalt sowie die Bandbreite der Quellenarten. Im Einzelnen werden also unterschiedliche Sichtweisen der Ereignisse und Kontroversen repräsentiert. Verschiedene ethnische und soziale Gruppen, Frauen und Männer kommen zu Wort. Die Perspektive der Lateinamerikaner selbst steht im Mittelpunkt und wird nur dann um die Betrachtungen von außenstehenden Beobachtern ergänzt, wenn diese – wie etwa im Fall Alexander von Humboldts – bestimmte Sachverhalte besonders prägnant auf den Punkt gebracht haben. Neben politischen Umbrüchen werden soziale, wirtschaftliche und kulturelle Entwicklungen dokumentiert. Dabei deckt der Band den Zeitraum von 1800 bis zur jüngsten Zeitgeschichte gleichmäßig ab. Es werden Text- und Bildquellen aus einer Vielzahl lateinamerikanischer Länder von Mexiko bis Chile sowie aus ausgewählten karibischen Ländern mit einbezogen. Mit »Lateinamerika« sind in diesem Zusammenhang die spanisch- und portugiesischsprachigen Länder des amerikanischen Doppelkontinents gemeint. Hinzu kommt Haiti aufgrund seiner historischen Vorreiterrolle in der Unabhängigkeit und seiner direkten Nachbarschaft zur Dominikanischen Republik. Die zahlreichen weiteren Staaten im karibischen Raum, die nicht aus dem spanischen und portugiesischen Kolonialreich hervorgingen, sondern sich erst im 20. Jahrhundert von anderen europäischen Mächten emanzipierten und teils auch heute noch abhängige Territorien sind, wurden demgegenüber aus arbeitsökonomischen und inhaltlichen Gründen nicht berücksichtigt. Ohnehin und auch mit diesen Auslassungen ist die Vielfalt der lateinamerikanischen Gesellschaften mit ihren so unterschiedlichen historischen und naturgeographischen Voraussetzungen, die derjenigen beispielsweise Europas in nichts nachsteht, nur sehr schwer darzustellen.

Im ersten Teil des Buches werden Dokumente zur Geschichte Lateinamerikas im 19. Jahrhundert präsentiert. Ausgangspunkt sind die Unabhängigkeitsrevolutionen und deren Vorgeschichte seit ca. 1800. Ein gewisser Wandel in der Selbstwahrnehmung Lateinamerikas zeichnete sich um die Wende vom 19. zum 20. Jahrhundert ab und fand im Umfeld der Mexikanischen Revolution und des Ersten Weltkriegs einen ersten Höhepunkt. Im zweiten Teil dieses Bandes, der sich dem frühen 20. Jahrhundert widmet, wird dieser Wandel bis zum Ende des Zweiten Weltkriegs dokumentiert. Bestanden um 1945 große Hoffnungen auf die Zukunftsentwicklung der Region, so sollte das Zeitalter des Kalten Krieges von 1945 bis 1990, das den dritten Teil der Quellensammlung ausmacht, diese Hoffnungen jedoch enttäuschen, ja in vielerlei Hinsicht in die entgegengesetzte Richtung weisen. Die welthistorischen Umbrüche um das Jahr 1990 herum machten sich rasch auch in Lateinamerika bemerkbar. Dokumente, die die zeithistorischen Entwicklungen bis zur Gegenwart beleuchten, präsentiert der vierte Teil dieses Bandes.

Die im Folgenden edierten Quellen präsentieren viele Facetten der wechselvollen Geschichte Lateinamerikas. Manchen mag die Auswahl dieser Dokumente unvollständig erscheinen. Den Herausgebern geht es ebenso. Dennoch sind wir das Wagnis dieser Publikation eingegangen in der Hoffnung, ein nützliches Werk zu erstellen für eine möglichst breite, an Lateinamerika interessierte Öffentlichkeit, die aus erster Hand vom Leben in diesem faszinierenden Subkontinent erfahren möchte. Geholfen haben uns dabei die zahlreichen Bearbeiter, die im Verzeichnis genannt sind, sowie unsere studentischen Hilfskräfte Annika Buchholz, Niklaas Hofmann, Mario Schenk und Mareen Maaß. Ihnen allen sei an dieser Stelle recht herzlich für den Einsatz gedankt.

Stefan Rinke   Georg Fischer   Frederik Schulze

(Lateinamerika-Institut der Freien Universität Berlin)

I. Das lange 19. Jahrhundert

Um das Jahr 1800, als Alexander von Humboldt Lateinamerika bereiste, war die Region im Wesentlichen Bestandteil der Kolonialreiche Spaniens und Portugals sowie im karibischen Raum auch Frankreichs, Englands, der Niederlande und sogar Dänemarks. Die Kolonialherrschaft hatte sich seit dem 16. Jahrhundert konsolidiert, war jedoch im 18. Jahrhundert zunehmend brüchig geworden. Dazu trugen die teils kontraproduktiven absolutistischen Reformbemühungen der Krone in den iberischen Reichen ebenso bei wie die revolutionären Umbrüche im atlantischen Raum, insbesondere die Unabhängigkeit der Vereinigten Staaten und die Französische Revolution. Die Probleme am Ende der Kolonialzeit erfuhren durch die Krise der iberischen Monarchien im Kontext der napoleonischen Expansion eine Zuspitzung. Die Auswirkungen gaben den Anstoß zu einer Welle von Rebellionen, die das alte Regime vielerorts in die Krise stürzten.

Der Aufruhr der spätkolonialen Welt mündete in die lateinamerikanischen Unabhängigkeitsrevolutionen, die sich in blutigen und langwierigen Kriegen durchsetzen mussten und an deren Ende um 1830 zahlreiche mehr oder weniger souveräne Staaten standen. Eingeläutet wurde diese Phase durch die Sklavenrevolution in Haiti, das bereits 1804 seine Unabhängigkeit erklärte. Einen Sonderfall stellte Brasilien dar. Abgesehen von Haiti waren es zumeist nur die Oberschichten, die sich aktiv für die Unabhängigkeit einsetzten. Weite Teile der Bevölkerung blieben im Abseits, andere wie unter anderem auch Teile der Indigenen wehrten sich gar dagegen. Von den Folgen waren mehr oder weniger direkt alle Bewohner Lateinamerikas betroffen.

Die politischen Projekte und Ziele, die sich die Anführer der Unabhängigkeitsbewegungen setzten, waren zukunftsweisend, doch die internationale Lage und die wirtschaftlichen Folgen der lang andauernden Kriegszeit sollten den Entfaltungsspielraum eng begrenzen. So war denn auch die Staatsbildung problembelastet und keineswegs abgeschlossen. In der Karibik dauerte die europäische Kolonialherrschaft teils bis weit ins 20. Jahrhundert an, und auch in den anderen Regionen Lateinamerikas blieben die Binnenstrukturen noch lange durch das Erbe der Kolonialzeit geprägt. Das Pendeln zwischen Caudillismus und Verfassungsstaat prägte die Anfangsjahre der unabhängigen Republiken und monarchischen Experimente ebenso wie die Nachbarschaftskriege, die nicht nur in Lateinamerika den Prozess der Konstituierung von Nationalstaaten belasteten. Die Konflikte, die sich zwischen Konservativen und Liberalen vielerorts auftaten, blieben ebenso ungelöst wie die sozialen Probleme, die sich angesichts breiter marginalisierter und ethnisch heterogener Bevölkerungsteile ergaben. Dass die unabhängigen Staaten kaum und wenn, dann nur halbherzig von der Ausgrenzung und Unterdrückung der indigenen, mestizischen und afroamerikanischen Bevölkerung abrückten, stellte eine permanente Bürde für die lateinamerikanische Geschichte dar. In der Positionierung nach außen, in der Integration in den Weltmarkt und in der Auseinandersetzung mit dem neuen europäischen und US-amerikanischen Imperialismus taten sich neue Abhängigkeiten auf, die den Begriff der »Unabhängigkeit« Lateinamerikas durchaus in einem ambivalenten Licht erscheinen lassen. So war denn die Suche nach Identität letztlich geprägt durch den Vergleich mit scheinbar weiter entwickelten Modellen vor allem in Europa.

In diesem Kapitel wird das 19. Jahrhundert der lateinamerikanischen Geschichte als »langes« Jahrhundert verstanden. Trotz der wichtigen, in der Lateinamerikageschichtsschreibung überzeugend vertretenen Argumente, die dafür sprechen, die koloniale Reformepoche bis zum Beginn der Staatsbildungsprozesse, also die Jahre von ca. 1750 bis 1850, als Einheit zu betrachten, kann die Unabhängigkeit insbesondere aus politikhistorischer Sicht nach wie vor als zentraler Umbruch gedeutet werden. Aufgrund dessen setzen die ausgewählten Quellen im direkten Umfeld der Unabhängigkeitsbewegungen ab ca. 1800 ein. Die Auswahl für dieses

Kapitel umfasst Quellen, die bis in die frühen Jahre des 20. Jahrhunderts reichen, als mit den Jahrhundertfeiern der nationalen Unabhängigkeit und dem Ersten Weltkrieg erneut ein tiefer historischer Einschnitt in der Geschichte Lateinamerikas zu verzeichnen war.

Die frühe Geschichtsschreibung zu Lateinamerika beurteilte insbesondere die 1820er bis 1840er Jahre in Abgrenzung zur späten Kolonialzeit häufig einseitig negativ als Epoche der politischen Instabilität und des wirtschaftlichen Niedergangs. Erst die Konsolidierung und die Öffnung zum Weltmarkt und zu Europa habe dann in der zweiten Jahrhunderthälfte zu einem Umschwung, zu einer Modernisierung geführt. Die jüngere Historiografie hat diese Deutungen relativiert und ein differenzierteres Urteil vorgeschlagen, das sowohl die vermeintlichen Misserfolge der Anfangsphase als auch die Modernisierungseuphorie des ausgehenden Jahrhunderts kritisch reflektiert. Die Quellenauswahl orientiert sich daran.

A. Unabhängigkeitsrevolutionen

Lateinamerika stand zu Beginn des 19. Jahrhunderts an einem Wendepunkt seiner Geschichte. Schon im späten 18. Jahrhundert hatten sich vielerorts Widerstände gegen die königliche Reformpolitik bemerkbar gemacht, die darauf abzielte, den Zugriff der europäischen Zentralen auf die Ressourcen der Kolonien zu verstärken. Insbesondere die in Amerika geborenen Nachfahren der Spanier, die Kreolen, lehnten diese »zweite Konquista« ab. Aufgrund der Erkenntnis der Entwicklungsmöglichkeiten der eigenen Region wurde den Kreolen in diesen Jahren stärker denn je der ausbeuterische Charakter der Beziehung zum europäischen »Mutterland« bewusst.

Um 1800 hatte sich der Druck auf das Kolonialsystem enorm verstärkt. Im Inneren stieg die Unzufriedenheit der Kreolen, die eine an ihren Interessen orientierte Politik, die vollständige Liberalisierung des Handels und die Förderung der Wirtschaft forderten. Als sich die Lage vor allem der spanischen Krone dann auch auf der internationalen Bühne weiter verschlechterte und sie damit ihre Versorgungs- und Verteidigungsfunktionen nicht mehr erfüllte, war der Zusammenhalt zwischen Amerika und dem Mutterland ernsthaft bedroht. Allerdings war die Kritik im ersten Jahrzehnt des 19. Jahrhunderts zumeist noch nicht auf die Loslösung von Spanien und Portugal ausgerichtet.

Das lag nicht zuletzt an der ersten erfolgreichen Revolution Lateinamerikas, der Sklavenrevolution in Haiti. Diese französische Kolonie im Westteil der Insel Hispaniola hatte seit der Mitte des 18. Jahrhunderts als Zucker- und Kaffeeproduzent enorm an Bedeutung gewonnen. Der Reichtum basierte auf einer besonders brutalen Form der Sklaverei. Als sich mit der Französischen Revolution die Kontrolle durch die Zentrale lockerte, kam es zu Unruhen, die 1791 in eine Sklavenrevolte mündeten. Mit der Unabhängigkeit Haitis 1804 erfuhr die europäische Kolonialherrschaft in Lateinamerika einen ersten Bruch. Der besonders blutige und langwierige Verlauf der haitianischen Revolution und insbesondere das gewaltsame Vorgehen gegen die kreolische Oberschicht durch die aufständischen Sklaven hatte jedoch abschreckende Wirkung in ganz Lateinamerika und weit darüber hinaus.

Dass es auch in Iberoamerika kurz darauf zu Unabhängigkeitsbewegungen kam, lag an der zunehmenden Schwäche der Mutterländer, die in eine tiefe Staatskrise mündete. Dabei unterschieden sich die Entwicklungen im spanischen und portugiesischen Reich deutlich voneinander. Die Schwäche Spaniens wurde nirgends so deutlich wie am Río de la Plata, als englische Truppen 1806 Buenos Aires besetzten, aber von kreolischen Milizen zurückgeschlagen wurden, während der spanische Vizekönig ins Hinterland geflohen war.

Die Ereignisse in Spanien verstärkten die Probleme, denn nach einem Offiziersaufstand 1808 kam es zur Abdankung des unfähigen Karl IV. zugunsten seines Sohnes Ferdinand VII. Dies nahm Napoleon zum Anlass, in Spanien einzumarschieren und Karl und Ferdinand zum Thronverzicht zu zwingen. An ihrer Stelle ließ er seinen Bruder Joseph Bonaparte zum König proklamieren. Diese Maßnahmen lösten in Spanien eine Volkserhebung aus, die von zahlreichen lokalen Juntas gesteuert wurde. Im September gründete sich in Sevilla eine Zentraljunta, die die Regierung im Namen Ferdinands VII. übernahm. Gegenüber Amerika zeigte sich die Junta zunächst durchaus kompromissbereit. Als man 1810 in Cádiz unter dem Schutz der englischen Flotte die alten Reichsstände, die *Cortes*, zusammenrief, waren auch kreolische Delegierte eingeladen, doch zeigten sich schnell die Grenzen der spanischen Reformbereitschaft insbesondere in der Frage des von den Kreolen geforderten Freihandels. Als nach dem Rückzug der französischen Truppen 1814 Ferdinand VII. auf den Thron zurückkehrte und eine absolutistische Restauration durchführte, waren die Reformansätze ohnehin hinfällig.

Zu diesem Zeitpunkt hatten sich die Ereignisse in Amerika aber bereits verselbstständigt. Es handelte sich dabei aber nicht um einen geradlinigen Prozess zur Unabhängigkeit, sondern um zwei Phasen, deren erste sich zwischen 1810 und 1816 abspielte. In dieser Phase erklärten kreolische Oberschichten in zahlreichen Regionen vor allem des nördlichen und des südlichen

Südamerika die Unabhängigkeit, während die Zentren des Kolonialreichs in Mexiko und Peru umkämpft bzw. in der Hand der Royalisten blieben. Dort, wo die kreolischen Patrioten erfolgreich waren, setzten sie den Wechsel des Regierungssystems vom dynastischen Prinzip und Gottesgnadentum des Absolutismus zum Prinzip der Volkssouveränität und zur Idee des Staatsbürgertums durch und bedienten sich dabei eines Bündels symbolischer Handlungen. Wichtig war dabei die indigene Vergangenheit. Die Kreolen machten sich nämlich nun die Geschichte der Unterdrückung der Indigenen zunutze, um die Berechtigung ihres Kampfes zu begründen und ihren eigenen Herrschaftsanspruch zu legitimieren. Sie definierten sich selbst als Nachfahren der Indigenen, die den heroischen Kampf gegen die europäischen Invasoren wieder aufgenommen hatten. Mit der realen Lage der indigenen Bevölkerung in Hispanoamerika hatte das nichts zu tun, denn viele Indigene kämpften in Erkenntnis des bedrohlichen Landhungers der Kreolen für die Sache der Royalisten.

Dieser Sachverhalt zeigt an, dass die heterogenen Unabhängigkeitsbewegungen in dieser Phase große Schwächen aufwiesen. Sie resultierten nicht zuletzt daraus, dass große Teile der nichtweißen Bevölkerung ausgegrenzt blieben, ja dass man ihre Beteiligung nach dem Fanal Haitis geradezu fürchtete. Dort, wo es wie in Mexiko zu sozialrevolutionären Ansätzen kam, solidarisierten sich die Kreolen mit den Spaniern, um den gesellschaftlichen Status quo zu erhalten. Hinzu kamen interne Auseinandersetzungen innerhalb der Oberschichten, die aus regionalen Partikularismen resultierten. So fiel es den Spaniern vergleichsweise leicht zurückzuschlagen und bis 1815 große Gebiete zurückzuerobern. Allerdings fachten die außergewöhnliche Härte der spanischen Kriegsführung sowie die Abschaffung aller Reformen den Widerstandsgeist erneut an. In der zweiten Phase der Kämpfe auf dem südamerikanischen Festland konnte sich die Unabhängigkeitsbewegung zwischen 1816 und 1825 durchsetzen, weil es gelang, die Partikularismen zumindest zeitweise zu überwinden und durch eine schrittweise, wenn auch halbherzige Sklavenbefreiung breitere Teile der Bevölkerung zu mobilisieren. Wichtig für den endgültigen Sieg der Patrioten waren auch die innenpolitischen Probleme im Mutterland, das 1820 eine liberale Revolution erlebte. Diese wiederum wurde von den royalistischen Teilen der kreolischen Oberschichten etwa in Mexiko abgelehnt. Hier kam es 1821/22 zu einem unblutigen Weg in die Unabhängigkeit und zur Errichtung eines kurzlebigen Kaiserreichs. 1826, als sich die letzten versprengten spanischen Truppen vom südamerikanischen Festland verabschiedeten, hatte Spanien große Teile seines Kolonialreichs verloren. Was ihm blieb, waren Kuba und Puerto Rico.

Im portugiesischen Kolonialreich sah der Weg, der in die Unabhängigkeit führte, anders aus. Auf der Flucht vor den französischen Besatzungstruppen wurde 1807 der Herrscherhof von Lissabon nach Rio de Janeiro verlegt. Dieser Umzug brachte der Stadt eine wirtschaftliche und kulturelle Blüte, schuf jedoch durch die privilegierte Stellung der zahlreichen Europa-Portugiesen auch Unzufriedenheit unter der Pflanzeraristokratie. Daran änderte auch die großzügige portugiesische Politik nach dem Wiener Kongress nichts, die Brasilien 1815 zum gleichberechtigten Königreich innerhalb eines Gesamtkönigreichs erhob. Der Konflikt spitzte sich zu, als es 1820/21 im Gefolge des liberalen Aufstands in Portugal zur erzwungenen Rückkehr des Königs sowie zum Versuch der Wiederherstellung des alten Kolonialstatus kam. Daraufhin erklärte sich Brasilien 1822 für unabhängig. Kronprinz Pedro, der als Prinzregent in Brasilien geblieben war, wurde zum Kaiser einer konstitutionellen Monarchie.

Der weitgehend friedliche Übergang war in Brasilien im Gegensatz zu Hispanoamerika möglich, weil die Integrationskraft der Krone hier erhalten blieb. Im Gegensatz zu den ehemaligen spanischen Kolonien blieb die Einheit des Landes bestehen. In den neuen spanisch-amerikanischen Republiken dagegen waren die politischen Zukunftsvorstellungen bereits während der Kriegsphase umstritten. Trotz der Betonung von Werten wie Freiheit und Gleichheit in der nationalen Symbolik war die Unabhängigkeitsbewegung keine demokratische Bewegung, denn die Kreolen wollten die Gleichheitsrechte mit den Europa-Spaniern nur für sich selbst und nicht für die Bevölkerungsmehrheit. Das neue System, das auf einer exklusiven Interpretation des Begriffs der »Staatsbürgerschaft« basierte, diente zunächst nur der Selbstlegitimierung der Oberschicht, die die Regierungsgewalt übernahm. Sie starteten allerdings unter ungünstigen Vorzeichen, denn den jungen lateinamerikanischen Republiken haftete der Makel der Illegitimität wegen der fehlenden Anerkennung durch die europäischen Großmächte an. Die langen Kriege und die daraus resultierende Auslandsverschuldung schufen die Grundlagen für neue Abhängigkeiten, die die weitere Entwicklung Lateinamerikas nachhaltig beeinträchtigen sollten.

1. Krisen am Ende der Kolonialzeit

Q 1   Alexander von Humboldt über die Probleme der spanischen Kolonien (1809)

Der preußische Naturforscher Alexander von Humboldt (1769–1859) bereiste 1799 bis 1804 als junger Mann das spanische Kolonialreich. Er gilt als neuer »Entdecker« Amerikas, weil er zum Verständnis von Raum und Natur Amerikas entscheidend beitrug. Darüber hinaus fanden seine kritischen Beobachtungen zur Gesellschaft und zu den politischen und wirtschaftlichen Problemen der Kolonien unter den amerikanischen Kreolen breite Beachtung. Die hier zitierte Schrift »Versuch über den politischen Zustand des Königreichs Neu-Spanien« von 1809 ist eines von vielen Werken Humboldts, in denen er seine Erkenntnisse und Beobachtungen verbreitete.

[...] Kommt ein Europäer, welcher alles genossen hat, was das gesellschaftliche Leben in den zivilisiertesten Ländern anbietet, in diese fernen Gegenden des neuen Kontinents, so muss er bei jedem Schritt über den Einfluss seufzen, den die Kolonialregierung seit Jahrhunderten auf die Moralität der Bewohner gehabt hat. Der gut unterrichtete Mann, der sich nur für die intellektuelle Entwicklung der Gattung interessiert, leidet daselbst vielleicht weniger als der, den ein tiefes Gefühl dahin begleitet. Der erste setzt sich mit dem Mutterland in Verbindung; der Seehandel liefert ihm Bücher und Instrumente; er beobachtet mit Entzücken die Fortschritte, welche das Studium der ernsthaften Wissenschaften in den großen Städten vom spanischen Amerika gemacht hat; die Betrachtung einer großen, wunderbaren, in ihren Produkten äußerst mannigfaltigen Nation entschädigt seinen Geist für die Entbehrungen, welche seine Lage notwendig macht; der zweite hingegen, der bloß sein Herz genießen kann, findet das Leben in diesen Kolonien nur dann angenehm, wenn er sich ganz in sich selbst zurückzieht. Will er ruhig alle Vorteile genießen, welche die Schönheit des Klimas, der Anblick einer immer frischen Vegetation und die politische Ruhe der neuen Welt ihm anbieten, so wird er die Abgeschiedenheit und Einsamkeit nur desto wünschenswerter finden. Indem ich diese Ideen mit Freimütigkeit ausspreche, will ich den moralischen Charakter der Bewohner von Mexiko und Peru nicht beschuldigen; und ich sage nicht, dass das Volk von Lima nicht so gut sei als das von Cádiz; vielmehr möchte ich glauben, dass in den Sitten der Amerikaner eine Annehmlichkeit und Sanftmut herrscht, welche sich der Weichlichkeit gerade so nähert, wie die Energie einiger europäischer Nationen leicht in Härte ausartet. Der in den spanischen Besitzungen allgemeine Mangel an Geselligkeit und der Hass, welcher die verwandtesten Kasten voneinander trennt und dessen Wirkungen das Leben der Kolonisten verbittern, stammt einzig und allein aus den politischen Grundsätzen, nach welchen die Gegenden seit dem sechzehnten Jahrhundert beherrscht worden sind. Eine in den wahren Interessen der Menschheit hellsehende Regierung würde Einsichten und Kenntnisse mit Leichtigkeit verbreiten und den physischen Wohlstand der Kolonisten erhöhen, wenn sie nur nach und nach diese ungeheure Ungleichheit der Rechte und der Vermögenszustände verschwinden machte; allein sie würde auch ungeheure Schwierigkeiten finden, wenn die Einwohner durch sie geselliger werden und wenn sie von ihr lernen sollten, sich samt und sonders für Mitbürger anzusehen.

Vergessen wir ja nicht, dass sich die Gesellschaft in den Vereinigten Staaten ganz anders als in Mexiko und den übrigen Kontinentalkolonien gebildet hat. Als die Europäer in die Allegheny-Gebirge eindrangen, fanden sie nichts als ungeheure Wälder, in welchen einige Stämme von einem Jägervolk umherirrten, das durch nichts an seinen unbebauten Boden gefesselt war.

Bei der Annäherung der neuen Kolonisten zogen sich die Urbewohner nach den westlichen Weideplätzen zurück, welche an den Mississippi und den Missouri grenzen. So wurden freie Menschen einer Rasse und eines Ursprungs die ersten Elemente eines entstehenden Volks. »In Nordamerika«, sagt ein berühmter Staatsmann, »durchläuft ein Reisender von einer Hauptstadt aus, wo das gesellschaftliche Leben in seiner völligen Vervollkommnung ist, nacheinander alle Stufen der Zivilisation und Industrie, und beide nehmen immer ab, bis er, nach sehr wenigen Tagen, an einer unförmigen, plumpen Hütte ankommt, welche von neu abgerissenen Baumzweigen erbaut ist. Eine solche Reise ist gleichsam die praktische Analyse des Ursprungs der Völker und Staaten. Man geht von dem zusammengesetzten Ganzen aus, um zu den einfachsten Bestandteilen zu gelangen; man misst in der Geschichte der Fortschritte des menschlichen Geistes rückwärts und findet im Raume was nur dem Fortschreiten der Zeit anzugehören scheint.«

Nirgends in ganz Neu-Spanien und Peru, die Missionen ausgenommen, sind die Kolonisten in den Naturstand zurückgekehrt. Bei ihrer Ansiedlung unter ackerbauenden Völkern, welche unter so komplizierten und despotischen Regierungen lebten, benutzten die Europäer alle Vorteile, die ihnen das Übergewicht ihrer Zivilisation, ihre List und das Ansehen, welches ihnen die Eroberung gab, gestattete. Aber diese besondere Lage und das Gemisch der Rassen, deren Interessen einander geradezu entgegen sind, wurden auch zu einer unerschöpflichen Quelle von Hass und Uneinigkeit. In dem Maß, wie die Abkömmlinge der Europäer zahlreicher wurden als die, welche das Mutterland unmittelbar schickte, teilte sich die weiße Rasse in zwei Parteien, deren schmerzliche Nachgefühle nicht durch die Bande der Blutsverwandtschaft unterdrückt werden konnten. Aus einer falschen Politik wähnte die Kolonialregierung, diese Uneinigkeiten benutzen zu können. Je größer eine Kolonie wird, desto misstrauischer wird ihre Administration. Nach den Ideen, welche man unglücklicherweise seit Jahrhunderten befolgt hat, werden diese entfernten Gegenden als Europa tributär angesehen. Die gesetzliche Macht wird nicht nach dem Bedürfnis des Gemeinwohls verteilt, sondern wie es die Furcht, dass das Glück der Bewohner zu schnell steigen könnte, eingibt. Der Mutterstaat sucht im Bürgerzwist, in dem Ungleichgewicht der Macht und des Ansehens und in der Verwicklung aller Triebfedern einer großen politischen Maschine seine Sicherheit und arbeitet unaufhörlich daran, den Parteigeist zu nähren und den Hass zu vermehren, welchen die Kasten und die konstituierten Autoritäten von Natur aus gegeneinander hegen. Und aus solchem Stand der Dinge entspringt eine Bitterkeit, welche die Genüsse des gesellschaftlichen Lebens stört.

Aus: Alexander von Humboldt: *Versuch über den politischen Zustand des Königreichs Neu-Spanien*. Band 1, Tübingen: Cotta'sche Buchhandlung 1809, S. 202–205.

Q 2   Die Abwehr der englischen Invasion im La Plata-Raum (1806)

Nach der Niederlage der spanischen Armada gegen die britische Flotte bei Trafalgar 1805 versuchten die Briten in zwei Anläufen 1806 und 1807, das Vizekönigreich La Plata für sich zu erobern. Angesichts des bevorstehenden Angriffs floh der spanische Vizekönig ins Hinterland. Die verbliebenen Bürger und Soldaten organisierten selbst die Verteidigung von Buenos Aires sowie die Rückeroberung von Montevideo. Ihr Erfolg ohne die Unterstützung durch das Mutterland wird in der argentinischen Geschichtsschreibung als entscheidender Anstoß zur Unabhängigkeit von Spanien gewertet. Der Befehlshaber Santiago de Liniers (1753–1810) organisierte nach dem ersten Angriff der Engländer die Verteidigung mit der folgenden Bekanntmachung vom 9. September 1806.

Don Santiago de Liniers y Bremont, Ritter des Ordens von San Juan, Schiffskapitän der Königlichen Armada und Militärgouverneur dieser Stadt etc.

Eine der heiligsten Pflichten des Menschen ist die Verteidigung der Heimat, die ihn ernährt, und die Bewohner von Buenos Aires haben stets die wichtigsten Beweise geliefert, dass sie diese schöne Pflicht kennen und sie mit Genauigkeit zu erfüllen wissen. Die am sechsten dieses Monats veröffentlichte Anordnung, welche sie einlud, sich in nach Provinzen getrennten Gruppen zusammenzufinden, hat unter allen die lebhafteste Begeisterung hervorgerufen, und mit dem Wunsch, sich in den Reihen zu sehen und mit dem Titel *Soldat des Vaterlandes* ausgezeichnet zu werden, warten sie nur darauf, dieses so rühmliche Vorhaben umzusetzen. Zu diesem Ziel rufe ich, durchdrungen von süßester Befriedigung über die edlen Gefühle, die sie bewegen, sie nun mit dieser Nachricht auf, sich zu den unten angegebenen Tagen in der königlichen Festung einzufinden, um die Bataillone und Kompanien zu bilden und um die Kommandanten und ihre Vertreter, die Kapitäne und ihre Vertreter nach dem Willen der Einheiten selbst zu ernennen. Diesen werde ich bei diesem Akt einen Uniformentwurf präsentieren, den sie unbedingt benutzen müssen, wenn sie ihn nicht schon ausgewählt haben.

Die angegebenen Tage für die Treffen in der Festung sind (um zwei Uhr dreißig nachmittags) nämlich diese:

Katalanen am Mittwoch, den 10. dieses Monats.

Biskayer und Kantabrier am Donnerstag, den 11.

Galizier und Asturier am Freitag, den 12.

Andalusier, Kastilier, Levanter und *patricios* [Angehörige der Oberschicht] am Montag, den 15.

Keine Person, die im Stande ist, Waffen zu führen, darf ohne guten Grund dem genannten Treffen fernbleiben, unter Androhung, als verdächtig eingesperrt zu werden und für mangelnden Bürgersinn erfasst zu werden, wobei sich die Person in einem solchen Falle den notwendigen Anklagen zu unterziehen hat.

Buenos Aires, 9. September 1806.

Santiago Liniers.

Aus: Bando de Liniers sobre movilización general. Setiembre 9 de 1806, in: Carlos A. Pueyrredón: *1810. La revolución de mayo. Según amplia documentación de la época*, Buenos Aires: Ed. Peuser 1953, S. 28.

Q 3   Die Ständeversammlung in Cádiz (1810)

Bei der Ständeversammlung (Cortes) in Cádiz, die 1810 zusammentrat, kamen 29 von 104 Abgeordneten aus den spanischen Besitzungen Amerikas. Am 16. Dezember trugen sie ihre Forderungen vor, die eine weitgehende Beseitigung von Handelshemmnissen und die rechtliche Gleichstellung der Bewohner Amerikas mit den Spaniern in Europa beinhalteten. Die Forderungen wurden größtenteils in der Verfassung von 1812 festgeschrieben, jedoch wurden die Zugeständnisse nach der Rückkehr von Ferdinand VII. auf den Thron zurückgenommen.

1. Als Folge des Erlasses vom 15. Oktober wird erklärt, dass die nationale Vertretung der Provinzen, Städte, Kleinstädte und Siedlungen des Festlandes von Amerika, seinen Inseln und den Philippinen in Bezug auf die aus beiden Hemisphären stammenden Einwohner (*naturales y originarios*), seien dies Spanier, Indios oder die Nachfahren beider Klassen, dieselbe in Rang und Form sein soll (wenn auch jeweils zahlenmäßig angepasst) wie diejenige, die heute und künftig die Provinzen, Städte, Kleinstädte und Siedlungen der Halbinsel und Inseln des europäischen Spaniens für ihre rechtmäßigen Einwohner besitzen.

2. Die, die in Amerika gebürtig oder wohnhaft sind, dürfen alles aussäen und anbauen, was ihnen die Natur und ihre Fähigkeiten unter jenen klimatischen Bedingungen erlauben. Auf dieselbe Art und Weise dürfen sie uneingeschränkt gewerbliche Industrie und Handwerk betreiben.

3. Die Amerikas erhalten die umfassende Befugnis, ihre Naturerzeugnisse und Industriewa-

ren an die Halbinsel und an verbündete und neutrale Nationen zu exportieren. Gleichfalls wird die Einfuhr in der Menge erlaubt, die sie benötigen, sei es auf einheimischen oder fremden Schiffen. Zu diesem Zweck erhalten alle amerikanischen Häfen eine Befugnis.

4. Zwischen den Amerikas und den asiatischen Besitzungen soll ein freier und gegenseitiger Handel herrschen, wobei jegliches Sonderprivileg abgeschafft wird, das jener Freiheit entgegensteht.

5. Es soll ebenso Handelsfreiheit in allen Häfen Amerikas und der Philippinen sowie den übrigen Asiens herrschen. Gleichfalls wird jegliches entgegenstehendes Privileg aufgehoben.

6. Jedes Monopol in den Amerikas wird aufgehoben und beseitigt, doch soll die Staatskasse in der Höhe des Reinerlöses entschädigt werden, welchen sie durch die monopolisierten Güter erzielt, und zwar indem gleichwertig Steuern auf jene Güter erhoben werden.

7. Jedem Individuum wird die Ausbeutung der Quecksilberminen ungehindert und frei möglich sein. Jedoch verbleibt die Verwaltung ihrer Produkte unter der Leitung und Verantwortung der Bergbautribunale, unter Ausschluss der Vizekönige, der Intendanten, der Gouverneure und der Gerichtsbarkeit der Königlichen Finanzverwaltung (*Tribunales de Real Hacienda*).

8. Die Amerikaner, Spanier wie Indios, und die Nachfahren beider Klassen sollen das gleiche Anrecht wie die europäischen Spanier auf alle Arten von Berufen und Ämtern besitzen, sowohl am Hof wie auch auf jeglichem Posten der Monarchie, sei es in der kirchlichen, politischen oder militärischen Laufbahn.

9. Unter besonderer Berücksichtigung des natürlichen Schutzes eines jeden Königreiches wird festgelegt, dass die Hälfte seiner Ämter zwangsläufig mit seinen *patricios* [Angehörige der Oberschicht] besetzt werden soll, die innerhalb seines Gebietes geboren werden.

10. Für die sicherste Umsetzung der Anordnungen wird es in den Hauptstädten der Vizekönigreiche und Generalkapitanate Amerikas eine beratende Vorschlagskommission zur turnusgemäßen Berücksichtigung der Amerikaner bei der Besetzung vakanter Posten in ihrem jeweiligen Bezirk geben. An deren Dreiervorschlag müssen sich alle Behörden halten, denen die Besetzung eines Amtes in ihrem Zuständigkeitsbereich obliegt. Jene Kommission wird aus den folgenden stimmberechtigten Mitgliedern des Patriziats zusammengesetzt: dem ältesten Auditor (*Oidor*), dem ältesten Ratsmann (*Regidor*) und dem an den Stadtrat angegliederten Volksanwalt (*Síndico personero del Ayuntamiento*), dem Rektor der Universität, dem Dekan der juristischen Hochschule, dem höchsten Militär und dem ausgezeichnetsten Amtsträger der Königlichen Finanzverwaltung.

11. Die *Cortes* beschließen für die Königreiche Amerikas die Wiederzulassung der Jesuiten, die unter den ungläubigen Indios den Glauben einführen und verbreiten, weil sie für die Pflege der Wissenschaften und für den Fortschritt der Missionen für sehr wichtig gehalten werden.

Aus: Proposición presentada por los diputados americanos el 16 de diciembre de 1810, in: Guillermo Durand Florez (Hg.): *El Perú en las Cortes de Cádiz*. Band 1, Lima: Comisión Nacional del Sesquicentenario de la Independencia del Perú 1974, S. 27–28.

Q 4   Der portugiesische Hof in Rio de Janeiro (1818)

Auf der Flucht vor den Napoleonischen Truppen hatte der portugiesische Hof 1808 in Rio de Janeiro Zuflucht gefunden, von wo bis 1821 das portugiesische Weltreich regiert wurde. Der bei der brasilianischen Elite beliebte Prinzregent und spätere portugiesische König João VI. (1767–1826) beendete das koloniale Handelsmonopol, und insbesondere Rio de Janeiro erlebte eine Blütezeit. Diese Konstellation stärkte die Rolle Brasiliens nachhaltig, so dass João am 16. Dezember 1815 das Vereinigte Königreich von Portugal, Brasilien und Algarve ausrief und damit die Kolonie staatsrechtlich der Metropole gleichstellte. Damit erklärt sich die Würdigung, die ihm in der am 7. März 1818 vom Hofprediger Januário da Cunha Barbosa

(1780–1846) gehaltenen Festpredigt anlässlich des zehnten Jahrestages der Übersiedlung des Hofes nach Brasilien zuteil wurde.

[...] Sie mögen statt meiner sprechen, meine Herren, all diese nützlichen Einrichtungen, die im Zeitraum weniger Jahre aufgekommen sind und derer wir immer noch beraubt wären, hätte uns der Himmel nicht mit der Gegenwart unseres großen Souveräns beglückt. Sie mögen statt meiner sprechen, all die Flüsse mit ihren Strömungen, Wasserfällen und Quellen, all die Straßen, die tief in verworrene Wälder hinein geöffnet wurden und die uns heute den Handel mit weit entfernten Völkern ermöglichen. Sie mögen statt meiner sprechen, all die exotischen Pflanzen, die in unseren Boden gesät und mit Sorgfalt angebaut wurden, die unsere Landwirtschaft bereichern und den Ländern, in denen sie heimisch sind, abgesehen von neuen und großen Reichtümern eine herrliche Unabhängigkeit versprechen. Sie mögen statt meiner sprechen... Aber ich verliere mich, meine Herren, in der Aufzählung so vieler Vorteile, die uns der Himmel mit der Thronbesteigung unseres geliebten Souveräns beschert hat und die zweifellos ausreichen, um seinen Namen der entferntesten Nachwelt zu überliefern. Ich möchte sie zumindest in jenen Bereichen darstellen, die für einen blühenden Staat die wichtigsten sind, und ich sehe in der Dankbarkeit Brasiliens ein langlebiges Monument der Liebe und der Wohltätigkeit unseres großen Monarchen. Oh 16. Dezember 1815, Du wirst unauslöschlich in die Geschichtsbücher eingehen. Du bist zum Ruhme Brasiliens und als Zeuge der Tugenden eines Fürsten angebrochen, der stets darum bemüht ist, das Glück seiner Untergebenen (*vasallos*) zu mehren. Er hat es in seiner großen Vernunft nicht für würdig befunden, meine Herren, dass diese Völker, die ebenso in seinem gnädigen Herzen vereint sind, weniger wert seien. Die Absichten seiner Liebe, seiner Wohltätigkeit, seiner Gerechtigkeit, die sich ohne Unterschied zwischen Untergebenem und Untergebenem auf alle ausdehnten, wurden in dem Königreichstatus sichtbar, durch den Brasilien einen neuen Grund fand, mehr und mehr zu Dank verpflichtet zu sein, zumal dieser unseren Ruhm und unseren Wohlstand mehr und mehr befördern wird. Die Adelung durch große Herrscher hat immer den Edelmut großer Gefühle in den Geadelten erweckt und Ruhmeswunder in der mit ihr verbundenen treuen Pflichterfüllung bewirkt. Wir sind keine Untergebenen mehr, die von jener edlen Erhabenheit ausgeschlossen sind, welche die Portugiesen der alten Welt schon jahrhundertelang genießen; wir, die wir mit ihnen den Thron verteidigten, in dessen Schatten wir prosperieren, wurden zum Beistand der Krone gerufen und mit derselben Würde wie sie ausgestattet. Auch wenn die Meere uns durch eine große Entfernung trennen, vereinen uns die Liebe und die Weisheit des Herrschers. All unsere Interessen wurden vereint, da unser Ruhm gleichgestellt wurde. Die heiligen Schilde [des portugiesischen Königswappens] werden nicht weniger achtungsgebietend sein, wenn sie in dieser Welt über der Sphäre Brasiliens erscheinen, als wenn sie von den Burgen der Algarve umgeben werden. Unsere Glückseligkeit wird unverrückbar sein, meine Herren, da durch eine kluge Kräftevereinigung Bauwerke stets in ihren Grundfesten erhalten werden. Die dreifache Bande, welche die portugiesische Monarchie auf solche Weise geknüpft hat, verbürgt uns ihr langes Überdauern. Dieses wird meines Erachtens im Grunde von der göttlichen Weisheit zugesichert, wenn sie zu uns aus dem Munde des Geistlichen spricht: *Fasciculus triplex difficile rumpitur* [Ein dreifaches Band zerreißt man schwerlich]. [...] Hier liegen, meine Herren, hier liegen überaus gewichtige Gründe für unsere ewige Dankbarkeit und dafür, dass wir uns immer an diesem Tag vor den heiligen Altären versammeln, um dem Himmel für die Wohltaten zu danken, mit denen er uns gesegnet hat. Als Portugiesen werden wir uns immer daran erinnern, dass die göttliche Vorsehung durch die Person unseres Kronprinzen und seiner Königlichen Familie die Ehre, die Unabhängigkeit und das Wohlergehen der Nation gerettet hat. Dadurch wurden jene großen Tugenden geweckt, die uns unsterblichen Ruhm verleihen. Die Nationen Europas ahmten uns nach und sind nun froh, sich im Schoße des Friedens, in der Liebe und Anerkennung ihrer alten, legitimen Herrscher von all den Strapazen ausruhen zu können. Als Brasilianer danken wir dem Monarchen und dem Himmel für die Ehre, die uns durch seine Königliche Präsenz zuteil wird, für die Friedensruhe, die er uns in unseren Armen Zuflucht suchend brachte, während wir diese bewaffneten, um unsere Feinde zurückzuschlagen; für den Aufschwung, den wir durch das liberale System seiner aufgeklärten Regierung erleben, für die Beförderung dieses Kontinents zum Königreich, für die Anerkennung und das Ansehen, das wir nun in der ganzen Welt genießen, die wir im Besonderen Augenzeugen seiner freudigen Akklamation waren. Und was bleibt uns angesichts des großen allgemeinen und individuellen Nutzens, für den wir unsere Dankbarkeit bezeugen, als den Himmel mit unaufhörlichen Bittgesuchen um die Fortdauer seiner Wohltaten und Segnungen anzuflehen? Mögen unsere Herzensgelübde in unserem Weihrauch zum Throne der Barmherzigkeit Gottes aufsteigen, damit weitere und noch größere Reichtümer herabsinken. Der Dunst, der von der Sonne angezogen wird, sinkt als reichhaltiger Tau herab und macht unsere Felder fruchtbar. Gott scheint es zu lieben, von unserem Flehen bedrängt zu werden, weil somit die Tugenden in ihrer größten Perfektion ausgeübt werden. Lasst uns von ihm Gesundheit, Wohlergehen und ein langes Leben für unseren Herrscher erbitten, der uns beglückt, wie auch für seine ganze Königliche Familie; erbitten wir die Klarsicht, die wir brauchen, um stets in Liebe, Entschlossenheit und Respekt zu dienen. Die Herrscher sind die Stellvertreter Gottes auf Erden, wer den Souverän über die Pflichten eines vollkommenen Bürgers hinaus ehrt, macht sich Gott gefällig, da er die Vorschriften seines Evangeliums erfüllt.

Aus: Januário da Cunha Barbosa: *Oração de acção de graças que, celebrando-se na Real capella do Rio de Janeiro, no dia 7 de março de 1818 o decimo anniversario da chegada de Sua Magestade a esta cidade, compoz, recitou, e offerece, com permissão d'ElRey Nosso Senhor, a José de Carvalho Ribeiro, em signal de gratidão, e amizade, Januario da Cunha Barbosa. Presbiterio Secular, Pregador da Sua Magestade, Cavalleiro da Ordem de Christo, Professor Regio de Philosophia Racional e Moral na Corte, e Pro-Commissario dos Terceiros Minimos,* Rio de Janeiro: Impressão Régia 1818, S. 16–24.

2. Die Unabhängigkeitskriege

Q 5 Die Unabhängigkeit von Haiti (1804)

Das einst französische Haiti war der erste Staat Lateinamerikas, der sich seine Unabhängigkeit von der europäischen Kolonialherrschaft erkämpfte. Die Unabhängigkeitserklärung wurde in der Silvesternacht 1803 von Louis Boisrond-Tonnerre im Auftrag des Oberbefehlshabers Jean-Jacques Dessalines (1758–1806) aufgesetzt, der das Dokument am 1. Januar 1804 unterzeichnete und in der Stadt Gonaïves verkündete. Sie ersetzte einen im Vergleich dazu nüchternen ersten Entwurf, der sich eng an die US-amerikanische Unabhängigkeitserklärung von 1776 angelehnt hatte.

Der Oberbefehlshaber an das Volk von Haiti
Bürger,
es genügt nicht, dass Ihr die Barbaren aus Eurem Land vertrieben habt, die es seit zwei Jahrhunderten mit Blut getränkt haben. Es genügt nicht, die stets wiedererwachenden Umstürzler aufgehalten zu haben [...]. Es ist notwendig, das Reich der Freiheit in unserem Geburtsland durch einen letzten Akt nationaler Autorität für immer zu sichern. Die unmenschliche Regierung muss entfernt werden, die seit langer Zeit unsere Gemüter in die beschämendste Betäubung versetzt hat, in der Hoffnung, uns nochmals versklaven zu können. Es ist notwendig, unabhängig zu leben oder zu sterben.
Unabhängigkeit oder Tod... Diese heiligen Worte müssen uns zusammenrufen und müssen das Signal für den Kampf und für unsere Wiedervereinigung sein.
Bürger, meine Landsleute, ich habe an diesem feierlichen Tage diese mutigen Befehlshaber versammelt, die, kurz bevor die Freiheit den letzten Seufzer tat, ihr Blut vergossen, um die Freiheit zu retten. Diese Generäle, die Eure Kämpfe gegen die Tyrannei geleitet haben, haben

ihr Werk, Euch zum Glück zu verhelfen, noch überhaupt nicht vollbracht... Der Name Frankreichs lauert noch immer über unseren Landstrichen.

Alles weckt die Erinnerung an die Grausamkeiten dieses barbarischen Volkes: Unsere Gesetze, unsere Gewohnheiten, unsere Städte, alles birgt in sich den Abdruck des Französischen. Hört Ihr, was ich sage? Die Franzosen sind immer noch auf unserer Insel, und Ihr denkt, Ihr wäret frei und unabhängig von dieser Republik, die in der Tat gegen alle Nationen gekämpft hat, aber niemals jene besiegte, die frei sein wollten.

Und nun! Seit vierzehn Jahren sind wir Opfer unserer Leichtgläubigkeit und unserer Nachsicht, nicht besiegt von den französischen Armeen, sondern durch die erbärmliche Redekunst ihrer Agenten. Wann werden wir uns selbst erlauben, dieselbe Luft wie sie zu atmen? Was haben wir gemein mit diesem Volk von Henkern? Seine Grausamkeit verglichen mit unserer geduldigen Zurückhaltung, seine Farbe mit der unseren, die Ausdehnung der Meere, die uns trennen, unser rachsüchtiges Klima – all das sagt uns zur Genüge, dass sie nicht unsere Brüder sind, dass sie es nie sein werden und dass sie, wenn sie bei uns Unterschlupf finden, weiterhin Ränke schmieden werden, um uns Ärger und Zerstrittenheit zu bescheren.

Einheimische Bürger, Männer, Frauen, Mädchen und Kinder, lasst Eure Blicke über diese Insel in all ihren Teilen schweifen. Sucht dort Eure Frauen, Eure Ehemänner, Eure Brüder, Eure Schwestern, was sage ich: Sucht dort Eure Kinder, die Kinder an Eurer Brust, was ist aus ihnen geworden? Es schaudert mich, es vor Euch auszusprechen: Sie sind die Beute der Geier geworden.

Anstatt dieser Opfer, die Euer Interesse verdienten, sieht Euer entsetztes Auge nur ihre Mörder: Tiger, die noch von ihrem Blut tropfen und deren grässliches Aussehen Euch Euer fehlendes Mitgefühl und Eure Langsamkeit in der Rache, mit der Ihr Schuld auf Euch ladet, vor Augen hält. Worauf wartet Ihr noch, ihre Totengeister zu besänftigen? Denkt daran, dass Ihr neben Euren Vätern begraben sein wollt, wenn Ihr die Tyrannei vertrieben habt. Wollt Ihr hinabsteigen, ohne sie gerächt zu haben? Nein! Ihre Knochen würden Eure von sich stoßen.

Und Ihr, teure Männer, unerschrockene Generäle, die Ihr ohne Rücksicht auf Eure eigenen Leiden durch das Vergießen Eures Blutes der Freiheit neues Leben gegeben habt – wisst, dass Ihr nichts getan habt, wenn Ihr nicht den Nationen ein fürchterliches, aber gerechtes Beispiel für die Rache gebt, die ein Volk nehmen muss, das Stolz darauf ist, seine Freiheit wieder gewonnen zu haben, und eifersüchtig, sie zu behalten. Lasst uns all diejenigen einschüchtern, die es wagen könnten, sie uns erneut zu nehmen. Lasst uns mit den Franzosen beginnen... Sie sollen sich fürchten, wenn sie sich unseren Küsten nähern, wenn nicht wegen der Erinnerung an die Grausamkeiten, die sie begangen haben, so doch wenigstens wegen der fürchterlichen Entschlossenheit, die wir annehmen werden, jeden französisch Geborenen dem Tod zu weihen, der dieses Land der Freiheit mit einer Berührung seines frevelhaften Fußes besudelt.

Wir haben es gewagt, frei zu sein, lasst es uns wagen, durch uns selbst und für uns selbst zu sein. Lasst es uns dem heranwachsenden Kind gleichtun: Sein eigenes Gewicht zerreißt die Gängelbänder, die ihm auf seinem Weg nutzlos und hinderlich geworden sind. Was sind das für Leute, die gegen uns gekämpft haben? Welche Leute wollten uns die Früchte unserer Arbeit rauben? Und welch unehrenhafte Absurdität, zu erobern, um zu versklaven!

Sklaven! Überlassen wir den Franzosen diese widerliche Bezeichnung: Sie haben erobert, um nicht mehr frei zu sein.

Lasst uns andere Wege gehen, lasst es uns wie die Völker machen, die für die Zukunft sorgen, die fürchten, der Nachwelt gegenüber ein Beispiel der Feigheit abzugeben, und die es vorgezogen haben unterzugehen, als von der Liste der freien Völker gestrichen zu werden.

Lasst uns gleichzeitig darauf achten, dass der Bekehrungseifer nicht unser Werk zerstöre, lasst unsere Nachbarn in Frieden atmen. Sie sollen friedlich unter den Gesetzen leben, die sie sich gegeben haben. Und lasst uns nicht zu revolutionären Sprengmeistern werden, uns zu den Gesetzgebern der Antillen aufschwingen und das Stören des Friedens auf unseren Nachbarinseln als Ehrentat betrachten. Sie wurden nicht wie die, die wir bewohnen, mit dem unschuldigen Blut ihrer Einwohner getränkt, sie haben keinen Grund, Rache an der Macht zu nehmen, die sie beschützt.

Sie sind glücklich, niemals die Ideale kennengelernt zu haben, die uns zerstörten, und sie können sich unseren Reichtum nur wünschen.

Friede unseren Nachbarn, aber verflucht sei der französische Name, ewiger Hass auf Frankreich: Das sei unser Ruf.

Einwohner Haitis! Mein glückliches Schicksal erlaubte es mir einst, der Posten zu sein, der das Idol bewachen sollte, dem Ihr opfert. Ich habe gewacht und manchmal allein gekämpft, und wenn ich froh genug war, den heiligen Gegenstand in Eure Hände zurückzulegen, den Ihr mir anvertraut habt, so denkt daran, dass es nun an Euch ist, ihn zu erhalten. Als ich für Eure Freiheit kämpfte, habe ich an meinem eigenen Glück gearbeitet. Bevor sie in Gesetzen, die Eure freie Individualität sichern, festgeschrieben wird, schulden Eure Anführer, die ich hier versammelt habe, und ich Euch noch einen letzten Beweis unserer Ergebenheit.

Generäle und Anführer, die Ihr hier bei mir für das Wohlergehen unseres Landes versammelt seid: Der Tag ist gekommen – der Tag, der unsere Ehre und unsere Unabhängigkeit verewigen soll.

Wenn unter Euch ein zaghaftes Herz ist, möge es sich zurückziehen und sich davor hüten, den Eid zu sprechen, der uns vereint. *Wir schwören vor dem ganzen Universum, vor der Nachwelt, vor uns selbst, uns für immer von Frankreich loszusagen und lieber zu sterben als unter seiner Herrschaft zu leben. Wir schwören, bis zum letzten Atemzug für die Unabhängigkeit unseres Landes zu kämpfen.*

Und Du, zu lange unglückliches Volk, sei Zeuge des Eides, den wir nun sprechen, erinnere Dich, dass es Deine Ausdauer und Dein Mut waren, auf die ich vertraute, immer wenn ich mich in den Feldzug der Freiheit begab, um dort gegen Despotie und Tyrannei zu kämpfen, mit der Du seit 14 Jahren gerungen hast. Erinnere Dich, dass ich alles aufgab, um Dir zu Hilfe zu eilen: Eltern, Kinder, Reichtum – und dass ich nun reich an Freiheit bin, dass mein Name zum Schrecken aller Menschen, die die Sklaverei mögen, geworden ist, und dass die Despoten und Tyrannen ihn nur noch aussprechen, um den Tag meiner Geburt zu verfluchen. Und wenn Du jemals die Gesetze ablehnen oder mit Widerworten entgegennehmen wirst, die der Schutzengel, der über Dein Schicksal wacht, mir zu Deinem Glück diktieren wird, hättest Du das Schicksal undankbarer Völker verdient. Aber fort mit diesem furchtbaren Gedanken: Du wirst die Stütze der Freiheit sein, die Du liebst, und der Halt des Anführers, der Dich kommandiert. Schwöre deshalb den Eid aus meinen Händen, *frei und unabhängig zu leben und den Tod allem vorzuziehen, was Dich unter das Joch zwingen würde. Schwöre schließlich, die Verräter und Feinde Deiner Unabhängigkeit für immer zu verfolgen.*

Aus: Thomas Madiou: *Histoire d'Haïti.* Band 3: De 1803 à 1807, Port-au-Prince: Editions Henri Deschamps 1989, S. 146–150.

Q 6   Der Kriegsverlauf in Hispanoamerika (1819)

In den Unabhängigkeitskriegen zwischen 1810 und 1825 kämpften auf Seite der Aufständischen unter Simón Bolívar (1783–1830) nahezu 7.000 britische und irische Söldner allein in Groß-Kolumbien. Für die einen stellte die Teilnahme an der Revolution gegen Spanien eine reine Verdienstmöglichkeit dar, andere suchten Ruhm und Ehre oder kämpften aus höheren Motiven für die Unabhängigkeit der lateinamerikanischen Völker. Gustavus Hippisley, Befehlshaber der britischen Brigade in Südamerika, erwähnte in seinem Expeditionsbericht von 1819, dass er es als Brite nicht hinnehmen könne, dass der spanische König seine amerikanischen Untertanen wie Sklaven unterjoche. Bolívar stellte er hingegen als unfähigen Militär dar, dessen Inkompetenz einen Sieg der Aufständischen bislang verhindert habe.

[...] Bislang war der Krieg erschöpfend und blutig. Es war ein Krieg des Todes, »la guerra muerte«, wie die patriotischen Truppen sagen. [...] Viele der Festungen und Garnisonen in den spanischen Kolonien und entlang der venezolanischen Küste wurden wiederholt von der einen Partei eingenommen und von der anderen verloren, und dieses wechselhafte Glück liegt am Mangel an Einigkeit, Zutrauen und unerlässlicher Beachtung von Disziplin und Strenge der Befehlsführung, welche während des gesamten Krieges hätten aufrechterhalten werden sollen. Fehlende Freundschaft in der republikanischen Generalität und mit Misstrauen verbundener Neid verlängern einen Krieg, der schon längst beendet wäre, hätten »Einheit und Standhaftigkeit« die von den Generälen immer wieder unter Beweis gestellte Tapferkeit begleitet und hätten Klugheit und Wachsamkeit jeden Versuch des Feindes, verlorenes Gelände wiederzugewinnen, verhindert, anstatt vorschnell über die schon sicher geglaubte Eroberung zu jubeln, so wären schon längst Frieden und Sicherheit errungen worden. Sklaverei und Despotismus wären für immer Vergangenheit, und Freiheit, Unabhängigkeit und Wohlstand würden in diesen Gebieten herrschen.

Wie dem auch sei, dieser Zeitpunkt ist noch nicht gekommen. Die Chance, die nicht einmal oder zweimal, sondern mehrfach bestand, ist gegenwärtig verloren, und ohne starke Anstrengungen der europäischen Soldateska, verbunden mit Zuversicht einerseits, mit Einigkeit und Besonnenheit andererseits, wird sie nicht wiederzuerlangen sein.

Bolívar kann dem royalistischen Befehlshaber weder als General noch als Gegenspieler in sonstigem militärischen Belang das Wasser reichen, und die einzige Ähnlichkeit zwischen beiden ist ihre Rachsucht. [...]

Die Schlachten von Barcelona, Cumaná, Calabozo, Ortíz, Villa del Cura, San Carlos und auf der Ebene von Cojeda usw. müssen Bolívar zur Einsicht gebracht haben, dass er unfähig ist zu planen, zu kommandieren, zu verteidigen oder zum Rückzug zu blasen. Sieben Mal wurde er von kleinen feindlichen Spähtrupps im eigenen Lager überrascht, und zwei Mal gelang ihm die Flucht nur so knapp, dass einmal sein Beichtvater, ein anderes Mal sein Adjutant, die neben ihm schlummerten, am selben Ort getötet wurden. Seine Depeschen und Befehlsanordnungen etc. fielen allesamt in feindliche Hände, selbst die Maultiere, welche die Munition seiner Armee trugen, wurden von Spähern der royalistischen Truppen mitgenommen.

Und die Art seines Rückzuges nach den Schlachten von Ortíz, Calabozo und San Fernando muss ihn in den Augen seiner eigenen Truppen unter den Stand eines Obergefreiten sinken lassen. [...]

Könnte hingegen ein Sir R___ W___, ein Generalmajor L___, ein Generalmajor B___ oder irgendein Offizier mit ähnlichen Qualitäten gewonnen werden und würde ihm die Gelegenheit gegeben, seine Fähigkeiten in den Dienst der patriotischen Sache zu stellen, wäre Venezuela schon bald frei.

Unter dem Kommando von Bolívar wird es das niemals sein, oder nur gegen den Preis des Blutes und der Vernichtung seiner Ergebenen und des Ruins der Städte und Siedlungen, deren Bevölkerung, Wirtschaft und Stärke. [...]

Mit britischen Truppen unter dem Kommando eines guten und erfahrenen Offiziers wäre der Sieg wie gesagt der ihrige, aber wenn der Sieg davon getragen würde – die königlichen Truppen von ihren Besitzungen vertrieben und die Festungen, Städte und die ganze Provinz in den Händen der Unabhängigen –, wird der ehrgeizige Bolívar, wenn er noch lebt, nach königlichen Weihen und nach einem Diadem streben, um seine Stirn zu schmücken. Er würde König von Venezuela und Neu-Granada sein und so sein Land unter neuem königlichen Despotismus versklaven. [...]

Möge meine Prophezeiung unwahr sein! Möget Ihr, meine Landsleute, welchen das Schicksal auferlegt hat, am südamerikanischen Ringen teilzunehmen, belohnt sein für Euren Eifer, möget Ihr in der Heimat den hart errungenen Lohn in Frieden, Glück und Sicherheit genießen! Möget Ihr erobern, möge Südamerika bald von der Unterdrückung und der Tyrannei eines Ferdinand befreit sein und möge die Regierung von Venezuela und seiner Provinzen, sobald sie an die Macht gekommen ist, die Dankbarkeit zeigen, die den Briten für ihre Tapferkeit und Strapazen zusteht! [...]

Aus: Gustavus Hippisley: *A Narrative of the Expedition to the Rivers Orinoco and Apuré, in South America; which Sailed from England in November 1817, and Joined the Patriotic Forces in Venezuela and Caraccas*, London: John Murray 1819, S. 522–528.

Q 7 Die Schlacht von Ayacucho I (1824): Der Bericht von General Sucre

Die Unabhängigkeitsbewegung in Hochperu, dem heutigen Bolivien, wurde in den ersten beiden Jahrzehnten des 19. Jahrhunderts zunächst durch den argentinischen General José de San Martín geprägt. Nach dem Scheitern seines Vorhabens und einem 1822 erfolgten Unterstützungsgesuch an den venezolanischen Heerführer Simón Bolívar wurde dieser zur federführenden Figur im peruanischen Unabhängigkeitskampf. Am 9. Dezember 1824 schlug das Befreiungsheer unter dem Kommando von Bolívars Vertrauten und General José Antonio de Sucre (1795–1830) in der Schlacht von Ayacucho die zahlenmäßig überlegenen königstreuen Truppen. Die Schlacht besiegelte das Ende der spanischen Kolonialherrschaft in Peru und ganz Südamerika. Wenige Stunden nach Ende der Schlacht schrieb General Sucre an den »Libertador« (»Befreier«) Bolívar einen kurzen Lagebericht.

An den erlauchten Befreier
   Erlauchter Herr,
   auf dem Schlachtfeld wurde nun endlich entschieden, dass Peru den Söhnen des Ruhmes zusteht. 6.000 Tapfere des Befreiungsheeres haben in Ayacucho die 10.000 königlichen Soldaten geschlagen, die diese Republik unterdrückten. Die letzten Überreste der spanischen Macht in Amerika sind am 9. Dezember auf diesem Glück verheißenden Felde erloschen. Drei Stunden eines hartnäckigen Kampfes haben für immer die geheiligten Interessen durchgesetzt, die Eure Exzellenz gütigst dem vereinigten Heer zum Schutze anvertraut hat.
   Es sind drei Stunden vergangen, seitdem die Schlacht zu Ende ging, und verschiedene Einheiten verfolgen die verstreuten Feinde in alle Richtungen. *In diesem Augenblick* bietet das Befreiungsheer Eurer Exzellenz in Ayacucho als Trophäen vierzehn Stück Artillerie, 2.500 Gewehre, mehr als 1.000 Gefangene – unter ihnen den Vizekönig Laserna, 60 Befehlshaber und Offiziere – mehr als 1.400 tote und verletzte Feinde sowie eine große Menge an militärischem Gerät.
   Unsere Verluste schätze ich auf 800 bis 1.000 Mann, allerdings ist der Großteil nur verletzt, unter ihnen 30 Befehlshaber und Offiziere. Es fehlt die Zeit, um die Einzelheiten darzulegen, jedoch möchte ich Eurer Exzellenz zumindest schnell diese Nachrichten, die Sie höchst zufrieden stellen dürften, zukommen lassen. Morgen werde ich Eurer Exzellenz über die Einzelheiten und – vermutlich hauptsächlich – über unsere Beute berichten. Ich habe die Hoffnung, dass uns noch weitere feindliche Generäle in die Hände fallen werden, denn sie sind in allen Bereichen stark angeschlagen und werden fortwährend verfolgt. In der Zwischenzeit ist es meine Pflicht, Eure Exzellenz darüber in Kenntnis zu setzen, dass ich mir die Freiheit genommen habe, im Namen Eurer Exzellenz sowie im Namen Kolumbiens, des Kongresses und der Regierung mehrere Auszeichnungen zu vergeben. Diese sind nach dem Sieg an diejenigen Generäle, Befehlshaber und Offiziere gegangen, die an diesem festlichen Tag, der die Unabhängigkeit Perus und den Frieden in Amerika bis in alle Ewigkeit gefestigt hat, besonders geglänzt haben. Major Medina, Adjutant Eurer Exzellenz, und mein Adjutant, Hauptmann Alarcón, werden die Ehre haben, diese Note in die Hände Eurer Exzellenz zu legen und Ihnen meinen bescheidenen Respekt sowie meine allergrößte Hochachtung zu übermitteln.
   Mit Gott.

Aus: Copiadores de Sucre, in: Vicente Lecuna (Hg.): *Documentos referentes a la creación de Bolivia.* Band 1, Caracas: Litografía del Comercio 1924, S. 16–17.

Q 8   Die Schlacht von Ayacucho II (1824): Der Bericht eines Soldaten

Das königstreue Eliteregiment »Numancia« setzte sich aus Soldaten des Vizekönigreichs Neu-Granada zusammen. 1820 lief das Regiment zu den Truppen des Generals San Martín über und nahm 1824 unter dem Namen »Voltígeros« auf Seiten Bolívars unter dem Befehl von General Sucre an der Schlacht von Ayacucho teil. Angesichts der historischen Bedeutung der Ereignisse verfasste der Regimentssoldat Luis Murillo am 28. Juli 1881 rückblickend einen Erlebnisbericht.

Ich lebe arm und bescheiden in der Hauptstadt Perus. Meiner Lebensgeschichte würde es an Berichtenswertem mangeln, hätte sie nicht einen der glorreichen Momente meines Vaterlands Kolumbien gestreift und wäre ich nicht der letzte Verbliebene von denen, die einst das Regiment »Numancia« bildeten, das solch einen wichtigen Einfluss auf das Schicksal des Heeres bei der Befreiung Perus von der spanischen Herrschaft hatte. Die Geschichtsschreiber jener Zeit übergehen schweigend zahlreiche Details, die angesichts der großen Ereignisse unbedeutend erscheinen mögen. Aber tatsächlich hinterlassen sie eine Lücke, die wir Augenzeugen des Geschehens mit unseren Berichten ausfüllen müssen. Aus diesem Grund wage ich es, diese Zeilen zu schreiben, die nichts Großartiges oder Poetisches an sich haben, denn ich war ein so unbedeutendes Licht im großen Ganzen, dass ich über nichts mehr als Kleinigkeiten berichten kann. [...]

Im Jahr 1818 wurde Buga [Kolumbien] umfassend in militärische Bereitschaft versetzt. Die Musterungen nahmen täglich zu, und im Oktober wurde ich der 3. Kompanie des Regiments Numancia als Flötenspieler zugeteilt. Dies geschah trotz meines jungen Alters von nur zwölf Jahren. [...]

Schon [1821] wussten wir trotz der Abgeschlossenheit, in der man uns in den Kasernen hielt, von den triumphalen Erfolgen Bolívars, von der vollständigen Befreiung Kolumbiens, so dass die Nachricht von der Ankunft San Martíns und der Landung seines Heeres für große Aufregung unter den Königlichen sorgte. [...]

[Der] Hauptmann des Bataillons, Tomás Heres, [...] erklärte, dass es ungerecht sei, wenn man uns als Kolumbianer für ein fremdes Land opfern wollte. Und im Weiteren bot er uns an, sofern jemand ihm folgen wolle, dass er diejenigen sicher zurück nach Hause bringen und sie ihrem Heim wiedergeben würde. Wir alle waren einverstanden, unterstellten uns seinem Befehl, und ohne einen Augenblick zu verlieren, griffen wir zu den Waffen und marschierten los – nicht ohne zuvor den Oberst und die spanischen Offiziere festgesetzt zu haben. [...]

Am vierten Tag schworen wir unseren Eid, die Fahne unseres Vaterlandes zu verteidigen...
[...]

Wir, die Kolumbianer unter dem Befehl Sucres, bewegten uns über Arequipa in Richtung Bolivien, das zu diesem Zeitpunkt Hochperu hieß. Im Dorfe Pati holte uns General Santa Cruz mit der Nachricht ein, dass sein Heer zerschlagen und der Feind uns mit doppelt so vielen Soldaten zahlenmäßig überlegen sei.

Sucre ließ uns nach Arequipa zurückkehren, weiter nach Quilca ziehen, von wo aus wir uns nach Callao einschifften. Dort erwartete uns der Befreier, und auf seinen Befehl hin ging es für uns weiter Richtung Norden bis zum Hafen von Casma, an dem wir uns ausschifften. Von dort aus setzten wir unseren Marsch zu Fuß über Huaraz, Yungay und andere Dörfer fort, bis wir am 6. August 1824 in den Pampas von Junín auf den Feind trafen. Der Befreier leitete persönlich die Schlacht, aus der wir siegreich hervorgingen. Wir verfolgten die Besiegten, als diese sich am Fluss Matará gegen uns wandten und uns mit einer Salve begegneten, die eines unserer besten Bataillone namens *Rifles* [Gewehre] vernichtete. Wenn auch vorsichtig, rückten wir weiter vorwärts und trafen in dem Dorf Quinua auf das gesamte feindliche Heer, dass sich auf den Höhen verschanzt hatte.

Unser Heer ging in Schlachtformation und wartete darauf, dass der Feind herunterkam.

Es war der 9. Dezember 1824, als noch am Vormittag eine starke spanische Division über uns herfiel und ein Gefecht mit den Truppen von General Lara begann. Dieser brauchte nur wenige Stunden, um siegreich hervorzugehen. Dann kam eine andere Division hervor, die –

wie wir später erfuhren – unter dem Befehl des Generals Canterac stand und die von General Córdoba befehligte Division angriff, in der auch ich mich befand. Der General richtete folgende Worte an uns: »Soldaten, nun ist es an uns, diese spanische Division zu vernichten. Lasst uns kein Schießpulver verschwenden, sondern auf die französische Art kämpfen: Eine scharfe Salve und dann an die Bajonette. Also, Waffen bereithalten und Siegesschritt.« Unser Sieg war vollkommen. Wir nahmen den Vizekönig Laserna und seinen ganzen Generalstab gefangen, welche kapitulierten und flüchteten. Die Stadt Guamanga nannte man in Gedenken an diese große Schlacht Ayacucho. [...]

Heute bin ich 76 Jahre alt und kann nur das wiederholen, was schon der Knappe des Junkers von La Mancha sagte: »Arm bin ich geboren, arm werde ich bleiben, weder gewinne ich noch verliere ich.«

Lima, den 28. Juli 1881

Aus: Luis Murillo: Relación de un soldado, in: Alberto Montezuma Hurtado (Hg.): *Antología de la batalla de Ayacucho*, Bogotá: Caja de Crédito Agrario, Industrial y Minero 1974, S. 251–256.

Q 9   Simón Bolívar als Befreier Amerikas (um 1819)

Der Maler Pedro José Figueroa (1770–1838) aus Bogotá schuf um 1819 das Ölgemälde »Bolívar und die Allegorie von Amerika« (»Bolívar y la alegoría de América«), das heute im Museum »Quinta de Bolívar« in der kolumbianischen Hauptstadt hängt. Es zeigt den Unabhängigkeitshelden Simón Bolívar und eine gekrönte India als Symbol für Amerika.

Aus: Rebecca Earle: *The Return of the Native. Indians and Myth-Making in Spanish America, 1810–1930*, Durham, NC/London: Duke University Press 2007, S. 54.

Q 10   Indigene in den Unabhängigkeitskriegen in Groß-Kolumbien I (1823)

Der Indigene Juan Agustín Agualongo (1780–1824) wurde in der Nähe von Pasto im Süden Kolumbiens geboren und trat in die königlichen Streitkräfte ein. Er kämpfte gegen Simón Bolívar und wurde schließlich am 24. Juni 1823 von José María Obando, einem herausragen-den Angehörigen der patriotischen Truppen, gefangen genommen. Den folgenden Aufruf zum Widerstand gegen die Unabhängigkeitstruppen richteten Agualongo und der royalistische Kommandeur Estanislao Mercanchano an die Bewohner der Stadt Pasto.

Bewohner der getreuesten Stadt Pasto:
   Die Tränen und das Leid sind aus unserem Antlitz verschwunden! Ja, Ihr habt die Verwüs-tung Eures Dorfes mit von Schmerz und Bitterkeit erfülltem Herzen gesehen. Ihr habt unter dem härtesten Joch des tyrannischsten aller Eindringlinge gelitten, Bolívar. Die verhängnis-volle Klinge sitzt Euch im Nacken, die Grausamkeit und das Wüten haben Eure Felder zer-stört, und, was am schlimmsten ist, das Freimaurertum und der Unglaube säten Unfrieden. Oh welch Jammer! Die Kirche des Heiligen Franziskus ist Zeuge der größtmöglichen Gräuel-taten, die zu unwürdig sind, beim Namen genannt zu werden, aber falls Ihr sie etwa nicht kennt, so wisset, dass das Geringste, was sich in dem Heiligtum zutrug, war, dass die Ungläu-bigsten und Gottlosesten mit den schmutzigsten aller Frauen zusammen waren. Ihr habt mit dem größten Verdruss die Missachtung des Priesteramtes, die Entweihung der Altäre und die Zerstörung jeglichen Gefühls von Menschlichkeit durch Betrug und Täuschung erlebt, aber nun geschieht es, dass der Himmel unsere grausamsten Feinde aus unseren Gefilden entfernt. Jetzt ist die Zeit gekommen, getreue Einwohner von Pasto, unsere von unbesiegbarer Tapfer-keit erfüllten Herzen zu vereinen und gemeinsam die Religion, den König und das Vaterland zu verteidigen, denn wenn unsere fromme Wut nicht weiter wächst, um unsere heiligsten Rechte zu verteidigen, so werden wir uns zum zweiten Male in der Hand der tyrannischen Feinde der katholischen Kirche und der Menschheit wieder finden. Seht her, ich werde die Befehle wiedergeben, die [General Bartolomé] Salom in einem Brief erteilt hat, der abgefangen wurde und der wie folgt lautet:
   »Es ist der Erlass zu veröffentlichen, wonach derjenige, der sich gegen die Anordnungen der Regierung taub stellt, mit Landesverweis und dem Verlust aller Güter bestraft wird. Der Voll-zug der Hinrichtung ist zu veranlassen, wenn aufgedeckt wird, dass jemand direkt oder indi-rekt zu den Aufständischen von Pasto zählt oder ihnen Beihilfe leistet. Ich verfüge die Auslie-ferung aller Verdächtigen zu mir nach Quito, wo sie so lange wie nötig verbleiben werden. Des Weiteren verfüge ich, mit den Aufständischen keinerlei Nachsicht walten zu lassen, letzt-endlich sterben alle Leute, und die anwesenden Frauen sollen auf sicherem Wege fortgeschickt werden, um die Straße nach Esmeraldas zu besiedeln.«
   Was erwartet Ihr angesichts dessen, getreue Einwohner Pastos? Rüstet Euch mit frommer Furchtlosigkeit, um unser heiliges Anliegen zu verteidigen, und tröstet Euch mit der Gewiss-heit, dass der Himmel uns beistehen wird. Die Soldaten, die vorher dem barbarischen und verfluchten System Kolumbiens anheim gefallen waren, werden bereit sein, in Eurer Gefährt-schaft mit Stärke und der lebendigsten Begeisterung die Rechte des Königs zu verteidigen. Es erwachse in uns der Mut, die Kraft und die Unerschrockenheit zur Gegenwehr, um allezeit die Feinde unserer Religion und Seelenruhe zu bezwingen, damit wir auf diese Weise unter der wohlwollenden Herrschaft des frommsten und gottesfürchtigsten Königs Ferdinand VII. zu-frieden auf unserem Grund und Boden leben mögen.
   Agualongo. – Merchancano.

Aus: Cristobal Gangotena y Jijón: *Documentos referentes a la batalla de Ibarra con la narración histórica de la campaña de Pasto*, Quito: Talleres Tipográficos Nacionales 1923, S. 6–7.

Q 11   Indigene in den Unabhängigkeitskriegen in Groß-Kolumbien II (1824)

Oberst John Potter Hamilton war der erste diplomatische Gesandte, den die englische Regierung im Oktober 1823 nach Kolumbien sandte. Sein Reisebericht wurde bereits 1827 in London auf Englisch und nur ein Jahr später auch in deutscher Sprache veröffentlicht. Im vorliegenden Auszug beschreibt er das Schicksal des Indigenen Agualongo, der auf der Seite der Königstreuen kämpfte und als Gefangener am 13. Juli 1824 in dem Moment erschossen wurde, als ein von Ferdinand VII. ausgefertigtes Dokument Pasto erreichte, durch das ihm der Rang des Brigadegenerals des königlichen Heeres verliehen wurde.

[...] Mit Tagesanbruche kam Aqualonga mit seinem Haufen, wie man erwartet hatte, auf Canoes angefahren. Unterwegs waren noch 200 Negersklaven zu ihm gestoßen, die, in der Hoffnung, bei der Einnahme von Barbacoas Beute zu machen, aus den Goldbergwerken entlaufen waren. Zuerst machte Aqualonga einen heftigen Angriff auf das zur Nachtzeit von den Truppen geräumte Haus, in welchem er nach den von seinen Spionen eingezogenen Nachrichten die Besatzung zu treffen glaubte. Als er seinen Irrtum erkannt, wandte er sich sogleich gegen die Baracke, wo er von Seiten der Garnison, die ihr Anführer selbst durch sein Beispiel ermunterte, mutigen und entschlossenen Widerstand traf und durch das beständige Feuer, welches sie unterhielt, so viele seiner Leute verlor, dass er zuletzt genötigt war sich zurückzuziehen. [...]
  [...] Der indianische Oberst Aqualonga hatte sich allein durch seine Tapferkeit, seinen Unternehmungsgeist und die Gewandtheit, mit der er den Guerillaskrieg von den Gebirgen aus gegen die Kolumbier zu führen wusste, zum Anführer der Pastucier emporgeschwungen. Zur Belohnung für seine Dienste erhob ihn der spanische Hof zum Obersten, und Aqualonga trug bei besonderen Gelegenheiten seine Militäruniform. Wenige haben mit so viel Eifer und Beharrlichkeit als er für die Sache des Königs von Spanien gefochten, der er nur in der Überzeugung, seinem rechtmäßigen Oberherrn und der wahren Religion zu dienen, zugetan war. Aqualonga soll sich oft sehr edel und großmütig gegen seine Gefangenen bewiesen und sich häufig der wilden Grausamkeit seiner Soldaten, welche größtenteils aus indianischem Raubgesindel und Negersklaven, die aus den Bergwerken des südlichen Kolumbias entlaufen waren, bestanden, widersetzt haben. Als Aqualonga gefangen nach Popayán gebracht wurde, strömte eine Menge von Neugierigen herzu, um den Indianer zu sehen, der mehrere Jahre lang der Schrecken des Landes gewesen war. Einer von ihnen rief, nachdem er sein Äußeres (er war nur klein von Statur und hatte ein dickes, hässliches Gesicht) betrachtet hatte, verwundert aus: »Ist's möglich, dass dieser kleine, hässliche Kerl uns so lange hat beunruhigen können?« »Ja«, erwiderte Aqualonga, indem er ihn mit seinen großen, schwarzen Augen wild anblickte, »denn in diesem kleinen Leibe schlägt ein Riesenherz.« Als er verurteilt worden war, bat er sich vom Gouverneur die Erlaubnis aus, bei der Hinrichtung seine Uniform anzuziehen, was ihm dieser gern verwilligte. Kurz vor seinem Tode beteuerte er noch: »Und wenn ich zwanzig Leben hätte, so würde ich jederzeit bereit sein, sie für meine Religion und den König von Spanien aufzuopfern!« Einen Mann von solcher Entschlossenheit, Geistesgröße und Anhänglichkeit an eine Sache, für die er sein Leben aufopferte, muss jeder bewundern; sein Beispiel beweist, dass es auch unter den Abkömmlingen der Urbewohner Amerikas große Männer gibt. [...]

Aus: John Potter Hamilton: *Travels through the Interior Provinces of Columbia*, London: John Murray 1827. Zit. nach: John Potter Hamilton: *Reise durch die innern Provinzen von Columbien. Nach dem Englischen*, Weimar: Landes-Industrie-Comptoir 1828, S. 307–310.

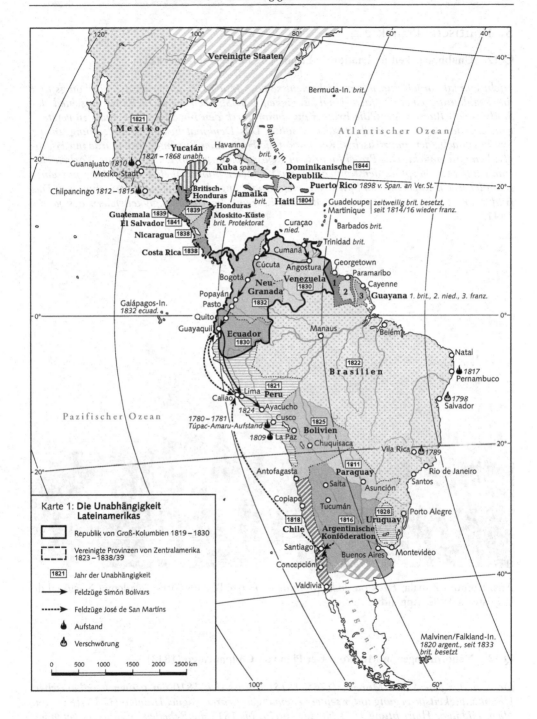

Karte 1: **Die Unabhängigkeit Lateinamerikas**

3. Politische Projekte

Q 12   Unabhängigkeit und nationale Erinnerung in Argentinien (1811)

Nicht einmal ein Jahr, nachdem die Ereignisse vom Mai 1810 den Sturz des Vizekönigs und die Etablierung einer De-facto-Unabhängigkeit von Spanien gebracht hatte, entschied der Stadtrat von Buenos Aires, die Erinnerung daran durch den Bau eines Denkmals zu verstetigen, das den Geist der Freiheit stärken sollte. Das Denkmal bekam in Anlehnung an die Symbolsprache der Französischen Revolution die Form einer Pyramide und wurde mit Hieroglyphen geschmückt. Das Projekt wurde in Rekordzeit ausgeführt. In nur sechs Wochen entstand auf dem Vorplatz der Kathedrale ein 13 Meter hoher Obelisk aus Adobe mit einer schmückenden Kugel auf der Spitze, das erste Unabhängigkeitsdenkmal Lateinamerikas. Das Bild stammt von Carlos Enrique Pellegrini. Es zeigt die Unabhängigkeitsfeiern des Jahres 1841.

Aus: Rómulo Zabala: *Historia de la pirámide de mayo*, Buenos Aires: Academia Nacional de la Historia 1962, Appendix.

Q 13   Neuordnungen in Mexiko I: Der Plan von Chilpancingo (1813)

Der Priester José María Morelos (1765–1815) schloss sich 1810 der frühen mexikanischen Unabhängigkeitsbewegung unter seinem ehemaligen Lehrer Miguel Hidalgo (1753–1811) an. Nach Hidalgos Hinrichtung 1811 führte Morelos bis 1815 die Rebellen, bis auch er gefangen genommen und exekutiert wurde. Obwohl es Morelos nicht gelang, die städtischen Zentren des spanischen Herrschaftsgebietes zu erobern, verfasste er 1813 eine Unabhängigkeitserklärung, der er den Titel »Empfindungen der Nation« (»Sentimientos de la nación«) gab. Diese Erklärung, die Vorüberlegungen für einen Verfassungsentwurf enthielt, verlas er vor einem eigens einberufenen Kongress in der Provinzstadt Chilpancingo, weswegen sie als »Plan von Chilpancingo« bekannt ist.

1. Amerika ist frei und von Spanien und jeder anderen Nation, Regierung oder Monarchie unabhängig, und so wird es unter Bekanntgabe der Gründe an die Menschheit bekräftigt.

2. Die katholische Religion soll die einzige sein, ohne Duldung anderer Religionen.

3. Die Kirchendiener werden gänzlich und ausschließlich aus dem Zehnten und den Erstlingsopfern unterhalten, und das Volk soll keinerlei weitere Abgaben leisten außer Spenden aus Frömmigkeit.

4. Die Glaubenslehre soll durch die kirchliche Hierarchie verteidigt werden, die aus dem Papst, den Bischöfen und den Priestern besteht, denn jede Pflanze muss gejätet werden, welche nicht von Gott eingepflanzt wurde [...]. Mt 15.

5. Die Souveränität geht direkt vom Volke aus, welche sie auf den Obersten Nationalen Amerikanischen Kongress überträgt, der aus Repräsentanten der Provinzen in gleicher Zahl besteht.

6. Die Legislative, Exekutive und Judikative sollen in Organe aufgeteilt sein, die geeignet sind, diese Funktionen auszuüben.

7. Die Beisitzer üben ihr Mandat turnusmäßig für vier Jahre aus, wobei sie sich ablösen, indem die Ältesten zugunsten junger Wähler ausscheiden.

8. Die Besoldung der Beisitzer soll ein hinreichendes, jedoch nicht übermäßiges Einkommen sein, welches einstweilen 8.000 Pesos nicht übersteige.

9. Die öffentlichen Ämter sollen nur mit Amerikanern besetzt werden.

10. Ausländern wird nur Zutritt gewährt, sofern sie ein Handwerk beherrschen und andere darin anleiten können und sofern sie über jeden Verdacht erhaben sind.

11. Staaten formen die Sitten, und daher wird das Vaterland nicht vollends frei und unseres sein, ehe die Regierung nicht so umgestaltet wird, dass das Tyrannische niedergestreckt und durch das Liberale ersetzt wird, und ehe nicht auch der spanische Feind von unserem Boden vertrieben ist, der sich dermaßen gegen unser Vaterland ausgesprochen hat.

12. Da das Recht für alle Menschen gilt, sollen die Gesetze, welche unser Kongress erlässt, dergestalt sein, dass sie zu Treue und Vaterlandsliebe verpflichten, den Überfluss und die Not mindern, so dass der Tagelohn des Armen sich erhöht, welcher seine Sitten bessert und Abstand von Ignoranz, Diebstahl und Erpressung nimmt.

13. Die allgemeinen Gesetze besitzen Gültigkeit für die Gesamtheit, ohne Ausnahme privilegierter Korporationen [...].

14. Um ein Gesetz zu verabschieden, soll ein Rat von Gelehrten in höchstmöglicher Zahl einberufen werden [...].

15. Die Sklaverei soll für immer verboten sein, und in gleicher Weise die Unterscheidung in Kasten (*castas*), so dass alle gleich seien und sich ein Amerikaner von einem anderen nur aufgrund seiner Laster und Tugenden unterscheide.

16. Unsere Häfen sollen sich befreundeten ausländischen Nationen öffnen, aber diese sollen sich nicht dauerhaft niederlassen dürfen, so freundschaftlichen Umgang mit uns sie auch pflegen mögen. Für den Umschlag von Handelsgütern werden nur bestimmte Häfen ausgewiesen, während der Handel in allen anderen verboten bleibt [...].

17. Das Eigentum eines jeden soll unverletzlich sein und sein Haus soll als ein heiliger Ort der Zuflucht respektiert werden; bei Missachtung ist eine Strafe abzuleisten.

18. In der neuen Gesetzgebung ist Folter nicht zugelassen.

19. In der neuen Gesetzgebung wird per Verfassungsgesetz der 12. Dezember in allen Gemeinden als Feiertag zu Ehren der Patronin unserer Freiheit, der heiligen Maria von Guadalupe, festgesetzt [...].

20. Fremde oder aus einem anderen Land stammende Truppen sollen unseren Boden nicht betreten, und angenommen, sie kämen uns zu Hilfe, so sollen sie sich nicht dort aufhalten, wo sich die Oberste Junta befindet.

21. Es sollen keine militärischen Expeditionen außerhalb des Landes unternommen wer-

den, insbesondere keine überseeischen. Jedoch sind jene erlaubt, [...] die dem Zweck dienen, unseren Brüdern im Landesinneren den Glauben zu bringen.

22. Die Unmenge an Steuern, Abgaben und Auflagen, die uns erdrücken, soll aufgehoben werden. Stattdessen soll jedem Einzelnen eine fünfprozentige Abgabe [...] auferlegt werden, [...]; denn mit dieser leichten Steuerlast und der guten Verwaltung der konfiszierten Feindesgüter könnten die Kosten der Kriegsführung und der Sold der Beamten getragen werden.

Chilpancingo, den 14. September 1813, José Ma. Morelos

23. Alljährlich soll auch der 16. September als Jahrestag feierlich begangen werden, an dem sich die Stimme der Unabhängigkeit erhob und unsere heilige Freiheit begann, denn an jenem Tage öffneten sich die Lippen der Nation, um sich mit dem Schwerte in der Hand Gehör zu verschaffen und ihre Rechte einzufordern; in Erinnerung an den Verdienst des großen Helden Don Miguel Hidalgo und seines Begleiters Don Ignacio Allende.

Aus: *José María Morelos: Sentimientos de la nación, in: Ernesto Lemoine Villicaña: Morelos. Su vida revolucionaria a través de sus escritos y de otros testimonios de la época, Mexiko-Stadt: UNAM 1965, S. 370–373.*

Q 14   Neuordnungen in Mexiko II: Der Plan von Iguala (1821)

Nach dem Tod von Morelos flackerte die Unabhängigkeitsbewegung in Neu-Spanien erst ab 1820 unter neuen Vorzeichen als Reaktion auf die liberale Revolution in Spanien wieder auf. Der vormals königstreue Offizier Agustín Iturbide (1783–1824), der sich im Kampf gegen die erste Aufstandsbewegung ausgezeichnet hatte, verständigte sich am 24. Februar 1821 mit dem Partisanenführer Vicente Guerrero (1782–1831), einem ehemaligen Gefährten von Morelos, auf den Plan von Iguala, in dem die Unabhängigkeit Mexikos unter einer konstitutionellen Monarchie festgelegt wurde. Dieses den Grundprinzipien nach konservative Projekt bot in seinen sozialen Aspekten eine Kompromissformel, die auch für die Liberalen und die Guerilla akzeptabel war. Der Plan wurde damit zur Grundlage der breiten Front für die Unabhängigkeit Mexikos, die sich 1821/22 vergleichsweise unblutig durchsetzte und in das kurzlebige Kaisertum Iturbides (1822–1823) mündete.

Plan und Anweisungen für die Regierung, welche vorläufig eingesetzt werden soll und zum Ziel hat, unsere heilige Religion zu schützen und die Unabhängigkeit des Mexikanischen Reiches zu garantieren, und die auf Vorschlag von Oberst D. Agustín de Iturbide gegenüber Seiner Exzellenz dem Vizekönig von Neu-Spanien, Graf von Venadito, den Namen Regierungsausschuss des Nördlichen Amerika (*Junta Gubernativa de la América Septentrional*) führen wird.

1. Die Religion Neu-Spaniens ist und wird die römisch-katholisch apostolische ohne Gültigkeit irgendeiner anderen sein.

2. Neu-Spanien ist unabhängig von der vormaligen und jeder anderen Macht, selbst von unserem Kontinent.

3. Seine Staatsform ist die einer eingeschränkten Monarchie gemäß der besonderen und anpassbaren Verfassung des Königreiches.

4. Sein Herrscher ist Don Ferdinand VII., und sollte er nicht persönlich innerhalb der Frist in Mexiko erscheinen, welche die *Cortes* zur Ableistung des Eides setzen, so werden an seiner statt der ehrwürdige Herr Infante Don Carlos, Herr Don Francisco de Paula, der Erzherzog Carlos oder ein anderes Mitglied des Königshauses berufen werden, welches der Kongress für angemessen erachtet.

5. Einstweilen, während die *Cortes* sich versammeln, wird eine Junta gebildet, die als Aufgabe jene Versammlung und die Gewährleistung der Erfüllung des Plans in seiner Gesamtheit hat. [...]

7. Einstweilen, ehe Don Ferdinand VII. in Mexiko eintrifft und den Eid ableistet, wird die Junta kraft des Treueschwurs, den sie der Nation geleistet hat, im Namen Seiner Majestät die Regierungsgeschäfte übernehmen [...].

8. Sollte Don Ferdinand VII. nicht einwilligen, sich in Mexiko einzufinden, so wird, während der neu zu krönende Herrscher bestimmt wird, die Junta oder die Regentschaft im Namen der Nation regieren.

9. Diese Regierung wird unterstützt durch die Streitkräfte der *Drei Garantien*, von denen noch zu sprechen ist. [...]

11. Die *Cortes* verabschieden sodann die Verfassung des Mexikanischen Reiches.

12. Alle Einwohner Neu-Spaniens sind ohne Unterscheidung zwischen Europäern, Afrikanern oder Indios Staatsangehörige dieser Monarchie mit Anrecht auf sämtliche Ämter, gemäß ihrem Verdienst und ihren Tugenden.

13. Die Regierung wird die Unversehrtheit der Bürger und ihres Eigentums respektieren und schützen.

14. Der Welt- und Ordensklerus wird mitsamt seinen Vorrechten und Privilegien fortbestehen.

15. Die Junta wird dafür Sorge tragen, dass alle Glieder des Staates unangetastet bleiben und alle derzeit beschäftigten Politiker, Geistlichen, Beamten und Militärpersonen in ihrem Dienste verbleiben. [...]

16. Eine Schutzarmee wird gebildet werden, welche den Namen *Drei Garantien* trägt, da es ihrem Schutze unterliegt, erstens die Verteidigung der römisch-katholisch apostolischen Religion zu gewährleisten unter Zuhilfenahme sämtlicher Mittel, die ihr zur Verfügung stehen, um jegliche Vermischung mit einer anderen Glaubenslehre zu verhindern und um rechtzeitig die Feinde anzugreifen, welche ihr Schaden zufügen können; zweitens die Unabhängigkeit innerhalb des genannten Systems zu sichern; drittens die enge Verbindung zwischen den Amerikanern und den Europäern zu schützen [...].

Aus: Plan de Iguala, publicado el 24 de febrero de 1821, in: Julio Zárate: *Fase final de la guerra por la independencia*, Mexiko-Stadt: Libro-Méx. Ed. 1955, S. 99–102.

Q 15   Die politischen Ziele von Simón Bolívar I: Der Brief aus Jamaika (1815)

Der einer reichen kreolischen Familie entstammende Venezolaner Simón Bolívar (1783–1830) war eine der zentralen Führungspersönlichkeiten der lateinamerikanischen Unabhängigkeitsrevolutionen. Bis heute gilt er in Lateinamerika vielen als die Symbolfigur des Freiheitskampfes schlechthin. Seine militärischen Erfolge umfassen die Befreiung weiter Teile Südamerikas von Venezuela bis Hochperu. Darüber hinaus entwickelte Bolívar wichtige politische Zielvorstellungen für das unabhängige Lateinamerika, wie sie sich im berühmten »Brief aus Jamaika« vom 6. September 1815 widerspiegeln. Auf diese englische Kolonialbesitzung hatte Bolívar 1815 fliehen müssen, um den vorrückenden spanischen Truppen zu entgehen, die zu diesem Zeitpunkt weite Teile des nördlichen Südamerika zurückeroberten. Bolívar richtete den Brief an den Engländer Henry Cullen, der ihn zu den Vorgängen befragt hatte, doch war das programmatische Schreiben auch für eine breitere Öffentlichkeit gedacht.

Antwortschreiben eines Südamerikaners an einen Gentleman dieser Insel

Sehr verehrter Herr,
   ich eile, den Brief vom 29. des vergangenen Monats zu beantworten, mit welchem Sie mich beehrten und den ich mit größter Genugtuung empfing. [...]
   Meiner Meinung nach ist es unmöglich, die Fragen, mit denen Sie mich geehrt haben, zu beantworten. Nicht einmal Baron von Humboldt mit seinem allumfassenden theoretischen

und praktischen Wissen könnte dies mit Genauigkeit tun, denn wenn auch ein Teil der Statistik und der Revolution Amerikas bekannt ist, so wage ich doch zu behaupten, dass das meiste im Dunkeln liegt, so dass man nur mehr oder weniger ungefähre Vermutungen anstellen kann, vor allem, was das zukünftige Schicksal und die wahren Pläne der Amerikaner betrifft [...].

[...] Der Erfolg wird unsere Anstrengungen krönen, denn das Schicksal Amerikas ist unwiderruflich festgelegt. Das Band, das es mit Spanien vereinte, ist zerschnitten. Die öffentliche Meinung war seine ganze Stärke; durch sie waren die Teile jener unermesslichen Monarchie eng miteinander verbunden. Was sie vorher verband, teilt sie jetzt. Der Hass, den wir gegen die Halbinsel hegen, ist größer als das Meer, das uns von ihr trennt: Weniger schwierig ist es, die beiden Kontinente zu vereinen, als die Seelen beider Länder zu versöhnen. Die Gewohnheit zu Gehorsam, der Austausch von Interessen, Bildung, Religion, wechselseitiges Wohlwollen, eine zarte Fürsorge für die Wiege und den Ruhm unserer Väter – kurzum alles, was unsere Hoffnung ausmachte, kam aus Spanien zu uns. Hieraus erwuchs eine Anhänglichkeit, die ewig zu sein schien, obgleich das Verhalten unserer Beherrscher diese Sympathie oder, um es besser auszudrücken, diese durch Vorherrschaft erzwungene Bindung erschlaffen ließ. Gegenwärtig geschieht das Gegenteil: Der Tod, die Schande, alles Schädliche bedrohen uns, und wir fürchten sie; all das erleiden wir von jener entarteten Stiefmutter. Der Schleier ist zerrissen. Wir haben schon das Licht gesehen, und nun will man uns in die Finsternis zurückstoßen. Die Ketten sind gesprengt, wir waren schon frei, und unsere Feinde wollen uns wieder in die Sklaverei zurückführen. Deshalb kämpft Amerika mit Erbitterung, und nur selten hat die Verzweiflung nicht den Sieg nach sich gezogen. [...]

[Mag die spanische Nation] einst auch das größte Imperium der Welt gewesen sein, so sind ihre Reste jetzt unfähig, die neue Hemisphäre zu beherrschen, und behaupten sich nicht einmal in der alten. Und das zivilisierte, handeltreibende und freiheitsliebende Europa erlaubt, dass eine alte Schlange den schönsten Teil unserer Erdkugel verschlingt, nur um ihre giftige Wut zu befriedigen? Wie! Ist Europa taub gegenüber der Klage seines eigenen Interesses? Hat es keine Augen mehr, die Gerechtigkeit zu erkennen? [...]

[...] Europa selbst hätte um einer gesunden Politik willen den Plan der amerikanischen Unabhängigkeit vorbereiten und durchführen müssen, nicht nur, weil das Gleichgewicht der Welt es so fordert, sondern weil dies das legitime und sichere Mittel ist, sich Handelseinrichtungen in Übersee zu besorgen. [...]

[...] Infolgedessen hofften wir mit Recht, dass alle kultivierten Nationen sich beeilen würden, uns beizustehen, damit wir ein Gut erhielten, das beiden Hemisphären wechselseitig zum Vorteil gereichte. Jedoch – wie wurden unsere Hoffnungen enttäuscht! Nicht nur die Europäer, sondern sogar unsere nördlichen Brüder waren regungslose Zuschauer dieses Kampfes [...].

Noch schwieriger ist es, das zukünftige Schicksal der Neuen Welt vorauszuahnen, Grundsätze über ihre Politik aufzustellen und das Wesen der Regierung, die sie schließlich annehmen wird, gleichsam zu prophezeien. [...] Wir sind ein kleines Menschengeschlecht, wir besitzen eine abgesonderte, von weiten Meeren umgebene Welt, wir sind unerfahren in beinahe allen Künsten und Wissenschaften, wenn auch in gewisser Weise erfahren in den Gepflogenheiten der Gesellschaft. Ich halte den gegenwärtigen Zustand Amerikas für vergleichbar mit dem des Römischen Reiches, als bei dessen Zusammenbruch jeder abgetrennte Teil je nach seinen Interessen und seiner Lage oder nach dem privaten Ehrgeiz einiger Befehlshaber, Familien oder Körperschaften ein politisches System bildete. Der bemerkenswerte Unterschied ist, dass jene verstreuten Mitgliedsstaaten ihre alten Nationen mit den Abänderungen wiederherstellten, welche die Dinge oder die Ereignisse erforderten, während wir, die wir kaum Spuren von den vergangenen Zeiten aufbewahren und die wir im Übrigen weder Indianer noch Europäer sind, sondern eine Mischung aus den rechtmäßigen Eigentümern des Landes und den spanischen Usurpatoren, kurzum, da wir Amerikaner von Geburt sind und unsere Rechte die aus Europa sind, müssen wir mit diesen gegen die des Landes streiten und uns in diesem gegen die Invasion der Invasoren behaupten. So befinden wir uns in dem ungewöhnlichsten und kompliziertesten Fall. [...]

Die Haltung der Bewohner der amerikanischen Hemisphäre war Jahrhunderte lang rein passiv. Ihre politische Existenz war gleich null. Wir standen auf einer noch niedrigeren Stufe als der der Knechtschaft und hatten es deshalb noch schwerer, uns zur Freiheit emporzurichten. [...]

[...] Man quälte uns mit einer Führung, welche uns der uns zustehenden Rechte beraubte und uns darüber hinaus in einer Art dauernden Kindheit in Bezug auf die Staatsgeschäfte ließ. Wenn wir wenigstens unsere inneren Angelegenheiten in unserer internen Verwaltung selbst gehandhabt hätten, kennten wir den Gang der Staatsgeschäfte und ihren Mechanismus und genössen auch die persönliche Achtung, die den Blicken des Volkes einen gewissen unwillkürlichen Respekt aufzwingt, der in den Revolutionen so notwendig bewahrt werden muss. Deshalb sagte ich, dass wir sogar der aktiven Tyrannei beraubt waren, denn es war uns nicht erlaubt, ihre Funktionen auszuüben.

Die Amerikaner haben im spanischen System, das in Kraft ist und dies vielleicht in stärkerem Maße als je zuvor, keinen anderen Platz in der Gesellschaft inne als den von Leibeigenen für die Arbeit und günstigenfalls den von schlichten Verbrauchern [...].

Wir waren, wie ich eben dargestellt habe, entrückt und, sagen wir so, abwesend vom Universum in Bezug auf die Kunst des Regierens und die Verwaltung des Staates. Nie waren wir Vizekönige oder Gouverneure, außer in ganz außergewöhnlichen Fällen. Erzbischöfe und Bischöfe sehr selten, Diplomaten niemals, Militärs nur in untergeordneten Rängen, Adlige ohne königliche Privilegien. Wir waren schließlich weder Magistrate noch Finanzleute und fast noch nicht einmal Händler: alles in direkter Zuwiderhandlung gegen unsere Institutionen. [...]

Aus allem Vorangegangenen lässt sich leicht folgern, dass Amerika nicht darauf vorbereitet war, sich von der Metropole zu lösen, wie es dann plötzlich geschah [...].

Die Amerikaner sind plötzlich und ohne Vorkenntnisse und, was noch spürbarer ist, ohne praktische Erfahrung in den Staatsgeschäften emporgestiegen, um auf der Bühne der Welt die herausragenden Würdenträger wie Gesetzgeber, Magistrate, Verwalter der Staatskasse, Diplomaten, Generäle und alle hohen und untergeordneten Obrigkeiten darzustellen, aus denen sich die Hierarchie eines durchorganisierten Staates zusammensetzt. [...]

»Es ist schwieriger«, sagt Montesquieu, »ein Volk aus der Knechtschaft zu befreien, als ein freies zu unterwerfen!« Diese Wahrheit wird von den Annalen aller Zeitalter belegt, die uns zeigen, dass die meisten freien Nationen unterjocht werden und sehr wenige versklavte ihre Freiheit zurückgewinnen. Trotz dieser Überzeugung haben die südlichen Länder dieses Kontinents die Absicht bekundet, freiheitliche und auch vollkommene Institutionen zu errichten, ohne Zweifel kraft des allen Menschen innewohnenden Triebes, nach ihrem größtmöglichen Glück zu streben. Das wird unfehlbar in den bürgerlichen Gesellschaften erreicht, sofern diese auf den Grundlagen Gerechtigkeit, Freiheit und Gleichheit errichtet wurden. Aber werden wir fähig sein, die schwierige Last der Republik im Gleichgewicht zu halten? Kann man sich vorstellen, dass ein erst jüngst losgekettetes Volk sich in die Lüfte der Freiheit erhebt, ohne dass, wie es Ikarus zustieß, seine Flügel zerreißen und es in den Abgrund stürzt? Dieses Wunder ist unvorstellbar, nie da gewesen. Folglich gibt es auch keinen glaubwürdigen Vernunftgrund, der uns mit dieser Hoffnung beglücken könnte.

Ich wünsche mehr als jeder andere, dass in Amerika die größte Nation der Welt gebildet werde, weniger nach ihrer Ausdehnung und ihren Reichtümern als vielmehr nach ihrer Freiheit und Ehre. Obwohl ich nach der Vollkommenheit der Regierung meines Vaterlandes trachte, kann ich mir nicht einreden, dass die Neue Welt im Augenblick als eine große Republik regiert würde; da es unmöglich ist, wage ich es auch nicht zu wünschen, und noch weniger wünsche ich eine allumfassende Monarchie von Amerika, denn dieser Plan ist, ohne nützlich zu sein, auch unmöglich. Die Missbräuche, die es augenblicklich gibt, würden nicht geändert werden, und unsere Erneuerung wäre fruchtlos. Die amerikanischen Staaten brauchen die Pflege durch väterliche Regierungen, die die Wunden und Verletzungen des Despotismus und des Krieges heilen. [...]

[Der französische Priester und Schriftsteller] Mr. de Pradt hat Amerika weise in 15 bis 17 voneinander unabhängige Staaten unterteilt, die durch ebenso viele Monarchen regiert werden. Mit dem Ersteren bin ich einverstanden, denn Amerika verträgt die Schaffung von 17 Nationen; was das Zweite anbetrifft, so ist es zwar leichter zu erreichen, aber weniger nützlich, und so bin ich nicht für die amerikanischen Monarchien. [...]

Unter den Populär- und Repräsentativsystemen gibt es auch das föderative System. Diesem stimme ich nicht zu, weil es zu perfekt ist und Tugenden und politische Talente erfordert, die unsere übersteigen. Aus demselben Grund lehne ich die aus Aristokratie und Demokratie gemischte Monarchie ab, die England so viel Glück und Glanz gebracht hat. Wenn es uns nun nicht möglich ist, das Vollkommenste und Vollendetste zwischen Republik und Monarchie zu erreichen, sollten wir vermeiden, in demagogische Anarchien oder monokratische Tyranneien zu verfallen. Suchen wir eine Mitte zwischen den Extremen [...]! Ich will ein Ergebnis meiner Grübeleien über das künftige Schicksal Amerikas wagen: Nicht das beste, sondern das am ehesten erreichbare soll es sein. [...]

Aus: Simón Bolívar: *Carta de Jamaica*, Caracas: Ediciones de la Presidencia de la República 1972. Zit. und überarbeitet nach: Simón Bolívar: Brief aus Jamaica, 6. September 1815, Übers. Brigitte König, in: Hans-Joachim König: *Simón Bolívar. Reden und Schriften zu Politik, Wirtschaft und Gesellschaft*, Hamburg: Institut für Iberoamerika-Kunde 1984, S. 31–40.

Q 16   Politische Ziele von Simón Bolívar II: Vor dem Kongress von Angostura (1819)

Als Simón Bolívar am 15. Februar 1819 vor der verfassunggebenden Versammlung von Abgeordneten aus Venezuela in der Stadt Angostura (dem heutigen Ciudad Bolívar) sprach, hatte sich die militärische Lage entscheidend verbessert. Bolívar schilderte vor dem Hintergrund der schlechten Erfahrungen mit der föderativen Staatsform aus der ersten Phase der Unabhängigkeit in dieser programmatischen Rede seine politischen Vorstellungen für Venezuela und in der Erweiterung auch für ganz Lateinamerika.

Meine Herren!

Glücklich der Bürger, der unter dem Schutz der Streitkräfte, die unter seinem Befehl stehen, die nationale Souveränität einberufen hat, damit sie ihren unumschränkten Willen ausführe! Ich jedenfalls rechne mich zu den von der göttlichen Vorsehung begünstigsten Wesen, weil ich die Ehre hatte, die Vertreter des Volkes von Venezuela zu diesem erlauchten Kongress, Quelle der rechtmäßigen Autorität, Hort des souveränen Willens und Herr über das Schicksal der Nation, zu versammeln.

Wenn ich nun die mir bisher anvertraute höchste Gewalt den Volksvertretern übertrage, erfülle ich die Wünsche meines Herzens, die meiner Mitbürger und die unserer künftigen Generationen, welche von Eurer Weisheit, Geradlinigkeit und Klugheit alles erwarten. Mit der Erfüllung dieser süßen Pflicht befreie ich mich von der ungeheuren Machtfülle, die mich erstickte, und von der grenzenlosen Verantwortung, die auf meinen schwachen Schultern lastete. Nur notgedrungen und dem gebieterischen Willen des Volkes gehorchend hatte ich mich dem schrecklichen und gefährlichen Amt eines *Diktators und Oberbefehlshabers der Republik* gestellt. Aber nun atme ich auf und gebe Euch diese Autorität zurück, welche ich mit so viel Risiko, unter Schwierigkeiten und Schmerz inmitten der grauenhaftesten Widrigkeiten, die eine Gesellschaft quälen können, behauptete! [...]

Der Verbleib der Autorität bei ein und demselben Individuum war häufig das Ende demokratischer Regierungen. Wiederkehrende Wahlen sind in den Volksherrschaften wesentlich, weil nichts so gefährlich ist, wie die *Macht* über lange Zeit bei ein und demselben Bürger zu belassen. Das Volk gewöhnt sich daran, ihm zu gehorchen, und er gewöhnt sich daran, ihm zu befehlen. Hieraus entspringen Usurpation und Tyrannei. Gerechter Argwohn ist die Garantie der republikanischen Freiheit, und unsere Bürger müssen mit nur allzu großer Berechtigung fürchten, dass derselbe Regierende, der sie lange regiert hat, sie auf ewig führen wird.

Da ich nun also durch diesen Akt der Verbundenheit mit der Freiheit Venezuelas nach dem Ruhm trachten kann, zu ihren treuesten Verehrern gerechnet zu werden, erlauben Sie mir, meine Herren, mit der Offenheit eines wahrhaften Republikaners mein respektvolles Gutachten über diesen *Verfassungsentwurf* darzulegen, den Ihnen zum Zeugnis der Aufrichtigkeit und der Wärme meiner Gefühle darzubieten ich mir die Freiheit nehme. Da es um das Heil aller geht, wage ich zu glauben, dass ich ein Recht darauf habe, von den Vertretern des Volkes gehört zu werden. [...]

Nach meiner Auffassung ist nur die Demokratie zur absoluten Freiheit fähig, aber wo ist die demokratische Regierung, die gleichzeitig Macht, Wohlstand und Dauer vereinigt hat? Und hat man im Gegenteil nicht gesehen, wie die Aristokratie, wie die Monarchie jahrhundertelang große und mächtige Reiche zementiert haben? [...]

Je mehr ich die Vortrefflichkeit der föderativen Verfassung Venezuelas bewundere, desto überzeugter bin ich von ihrer Unanwendbarkeit auf unseren Staat. Und meiner Ansicht nach ist es ein Wunder, dass ihr Modell in Nordamerika noch so gedeihlich in Kraft ist und nicht bei der ersten Störung oder Gefahr umgestoßen wird. Obwohl jenes Volk ein einzigartiges Vorbild an politischen Fähigkeiten und moralischer Kraft ist, ungeachtet dessen, dass seine Wiege die Freiheit war, dass es in Freiheit aufgezogen und sich von reiner Freiheit nährte – in einem Wort, obwohl dieses Volk in vielerlei Hinsicht einzigartig in der Geschichte des Menschengeschlechtes ist, ist es ein Wunder, wiederhole ich, dass ein so schwaches und kompliziertes System wie das föderative es unter so schwierigen und heiklen Umständen wie den vergangenen zu regieren vermochte. Aber was man auch immer von dieser Regierungsform im Hinblick auf die Amerikanische Nation halten mag, muss ich sagen, dass mir nicht im entferntesten der Gedanke gekommen ist, Lage und Wesen von zwei so unterschiedlichen Staaten wie dem englisch-amerikanischen und dem spanisch-amerikanischen gleichzustellen. Wäre es nicht sehr schwer, auf Spanien den Kodex der politischen, bürgerlichen und religiösen Freiheit Englands anzuwenden? Nun, noch schwieriger ist es, die Gesetze Nordamerikas auf Venezuela zu übertragen. Sagt nicht der *Geist der Gesetze*, dass diese für das Volk geeignet sein müssen, welches sie sich schafft? Dass es ein großer Zufall wäre, wenn die Gesetze einer Nation zu einer anderen passen würden? Dass die Gesetze dem physischen Zustand des Landes, dem Klima, der Art des Bodens, seiner Lage, seiner Ausdehnung, der Lebensart der Völker entsprechen müssen? Dass sie sich auf den Grad der Freiheit, den die Verfassung dulden kann, auf die Religion der Einwohner, auf ihre Neigung, ihre Reichtümer, auf ihre Anzahl, ihren Handel, ihre Gebräuche, ihre Manieren beziehen müssen? Das ist das Gesetzbuch, das wir um Rat fragen müssten!!! [...]

Der erste Kongress ließ sich bei seiner Bundesverfassung mehr von dem Geist der Provinzen leiten als von dem festen Vorsatz, eine unteilbare und zentralistische Republik zu gründen. Hier gaben unsere Gesetzgeber dem unbesonnenen Eifer jener Verfechter der Provinzen nach, die von dem trügerischen Glanz des Glücks des amerikanischen Volkes verführt waren und glaubten, dass die Segnungen, derer dieses sich erfreut, ausschließlich der Form der Regierung zu verdanken seien und nicht dem Charakter und den Gebräuchen der Bürger. Und in der Tat war das Beispiel der Vereinigten Staaten mit ihrem wunderbaren Wohlstand zu verführerisch, um ihm nicht zu folgen. [...]

Aber so verlockend dieses großartige föderative System auch erscheinen oder tatsächlich sein mag, es war den Venezolanern nicht vergönnt, es von heute auf morgen zu erringen, nachdem sie sich von den Ketten befreit hatten. Wir waren auf so viel Gutes nicht vorbereitet. Das Gute wie das Böse tötet, wenn es plötzlich und maßlos hereinbricht. Unsere sittliche Verfassung hatte noch nicht die notwendige Festigkeit, um die Wohltat einer vollständig repräsentativen Regierung zu empfangen, die so erhaben war, dass sie für eine Republik von Heiligen hätte bestimmt sein können. [...]

Durch die Verfassung, die Dolmetscherin der Natur, erfreuen sich alle Bürger Venezuelas vollkommener politischer Gleichheit. Wenn diese Gleichheit nicht bereits in Athen, Frankreich und Amerika ein Dogma gewesen wäre, müssten wir es einführen, um den offensichtlich bestehenden Unterschied zu korrigieren. Meine Meinung, Gesetzgeber, ist, dass das Grundprinzip unseres Systems unmittelbar und ausschließlich von der in Venezuela festgesetzten und praktizierten Gleichheit abhängt. Dass alle Menschen mit gleichen Rechten an den Gütern der Gesellschaft geboren werden, ist von der Mehrzahl der Weisen bestätigt worden, wie auch die Tatsache, dass nicht alle Menschen gleich geeignet für die Erlangung aller Ränge geboren werden. Denn alle sollen die Tugend praktizieren, und nicht alle praktizieren sie; alle sollen tapfer sein, aber nicht alle sind es auch; alle sollen Talente besitzen, aber nicht alle besitzen sie. Daher kommt der tatsächliche Unterschied, der zwischen den Individuen auch der liberalsten Gesellschaft zu beobachten ist. Wenn das Prinzip der politischen Gleichheit allgemein anerkannt ist, so ist es das der physischen und sittlichen Ungleichheit nicht minder. Die Natur macht die Menschen ungleich in Veranlagung, Temperament, Stärke und Charakter. Die Gesetze korrigieren diesen Unterschied, weil sie den Einzelnen in die Gesellschaft einbetten, damit ihm Ausbildung, Gewerbe, Handwerk, Dienste und Tugenden eine fiktive Gleichheit, genauer gesagt die politische und soziale Gleichheit verleihen. [...]

Eine republikanische Regierung war, ist und muss die von Venezuela sein. Ihre Grundlagen müssen die Souveränität des Volkes, die Teilung der Gewalten, die bürgerliche Freiheit, die Ächtung der Sklaverei, die Abschaffung der Monarchie und der Privilegien sein. Wir brauchen die Gleichheit, um die Gattung Mensch, die politischen Meinungen und die öffentlichen Sitten sozusagen in ein Ganzes umzuschmieden. [...]

Ein erblicher Senat [...] soll das Fundament der Legislative und demzufolge die Grundlage jeglicher Regierung sein. Er soll gleichermaßen ein Gegengewicht zur Regierung und zum Volk sein. Er soll eine Vermittlergewalt sein, welche die Schüsse, die diese ewigen Rivalen aufeinander abgeben, wirkungslos macht. In allen Kämpfen wird die Ruhe eines Dritten zum Versöhnungsorgan. So wird der Senat von Venezuela der Schlussstein dieses empfindlichen Gebäudes sein [...].

[...] Weil eben keine andere Regierungsform so schwach ist wie die Demokratie, muss ihre Struktur von größter Festigkeit sein und müssen ihre Institutionen auf Stabilität hin geprüft werden. Andernfalls müssen wir damit rechnen, dass ein Probelauf von einer Regierung und nicht ein dauerhaftes System eingerichtet wird. Wir müssen mit einer widerspenstigen, aufrührerischen und anarchischen Gesellschaft rechnen und nicht mit einer, in der Glück, Friede und Gerechtigkeit herrschen. [...]

[...] Geben wir die föderativen Formen auf, die für uns nicht geeignet sind, geben wir das Triumvirat der Exekutive auf, und indem wir diese auf einen einzigen Präsidenten konzentrieren, vertrauen wir ihm die ausreichende Autorität an, damit es ihm gelingt, sich im Kampf gegen die Unbilden unserer jüngsten Situation, des Kriegszustandes, den wir erleiden, und der Art der äußeren und inneren Feinde, gegen die wir noch lange kämpfen werden müssen, zu behaupten. Entäußere sich die Legislative der Befugnisse, die der Exekutiven zukommen, und erwerbe sie dennoch neue Festigkeit, neuen Einfluss auf das wahre Gleichgewicht. Man stärke die Gerichte durch Beständigkeit und Unabhängigkeit der Richter, durch die Einrichtung von Schwurgerichten, durch Zivil- und Strafgesetzbücher, die weder von der Antike noch von königlichen Eroberern, sondern von der Stimme der Natur geschrieben sein sollen, mit dem Ruf der Gerechtigkeit und dem Geist der Weisheit. [...]

Entsetzt über die Uneinigkeit, die unter uns herrschte und wegen der Spitzfindigkeit herrschen muss, die der föderativen Regierungsform innewohnt, sah ich mich dazu getrieben, Euch zu bitten, den Zentralismus und die Vereinigung aller venezolanischen Staaten in einer einzigen und unteilbaren Republik anzunehmen. [...]

Meine Herren, waltet Eures Amtes, das meine habe ich beendet.

Aus: Discurso pronunciado por el General Bolívar al Congreso General de Venezuela en el acto de su instalación. Año de 1819, in: Simón Bolívar: *Discurso de Angostura*, Caracas: Ediciones del Ministerio de Educación 1969, S. 37–77. Zit. und überarbeitet nach: Simón

Bolívar: Eröffnungsrede an den Kongress von Angostura, 15. Februar 1819, Übers. Brigitte König, in: Hans-Joachim König: *Simón Bolívar. Reden und Schriften zu Politik, Wirtschaft und Gesellschaft*, Hamburg: Institut für Iberoamerika-Kunde 1984, S. 47–59.

4. Ergebnisse und Folgen

Q 17   Die internationale Anerkennung der neuen Staaten (1821)

Kurz nach der Konstituierung Groß-Kolumbiens (1821), aus dem später die heutigen Staaten Kolumbien, Venezuela, Ecuador und Panama hervorgehen sollten, wandte sich der Sonderbeauftragte Francisco Antonio Zea (1770–1822) mit einer diplomatischen Note an die europäischen Mächte – im hier vorliegenden Fall handelt es sich um das Schreiben an den englischen Außenminister Lord Castlereagh. Während der Krieg in Peru und Hochperu (dem heutigen Bolivien) noch andauerte, wollte Zea die diplomatische Anerkennung des neuen Staates durch die Europäer erreichen.

Der Unterzeichner, Sonderbotschafter und bevollmächtigter Minister der Republik Kolumbien, der deren politische und kommerzielle Beziehungen mit den europäischen Mächten anknüpfen soll, hat die Ehre, auf Anordnung seiner Majestät zu berichten: Das Echo auf den soeben beendeten Kampf Amerikas gegen Spanien hat in der ganzen Welt Widerhall gefunden. Wenn es auch noch nicht möglich ist, all die außergewöhnlichen Einzelheiten zu kennen, so kann doch kein Zweifel über die entscheidenden Resultate bestehen, die durch Schlachten und Siege erlangt worden sind.

Amerika, drei Jahrhunderte lang unterdrückt und versklavt, hat das Joch des Mutterlandes abgeschüttelt. Spanien, jenseits der Meere, die die Halbinsel umspülen, ist nichts mehr.

In der Tat, Amerika war erwachsen geworden: Das Wachstum der Bevölkerung, die Verbreitung der Kenntnisse, viele neue Bedürfnisse, die das Mutterland nicht befriedigen konnte, machten die Krise unvermeidlich. Könnte das entvölkerte Spanien, ohne Marine, ohne Industrien, noch länger einen durch einen riesigen Ozean von ihm getrennten Kontinent unter seiner legalen Herrschaft halten? Die Unabhängigkeit Kolumbiens hat also nichts anderes getan, als die natürliche Ordnung wiederherzustellen, und hat unzähligen Übeln, die ein unverträglicher Zusammenschluss hervorbringen musste, ein Ende gesetzt.

Spanien, für immer von den Küsten Amerikas verstoßen, hat keine Möglichkeit, sich wieder seiner zu bemächtigen. Im Innern gespalten, ohne Einfluss im Ausland, der Minen von Mexiko und Peru beraubt, woher sollte es sich wohl Soldaten für entfernte Feldzüge besorgen? Wie sollte es die Kosten für die nötigen Waffen zusammenkratzen, um zurückzuerobern, was es verloren hat?

Die Häfen, die Reeden, die Forts sind bereits in der Gewalt der Amerikaner; alle Embleme der europäischen Oberhoheit sind verschwunden; die Löwen und die Türme von Kastilien wurden ersetzt durch die Farben der Unabhängigkeit und der Freiheit. In jenen riesigen Landstrichen, die so lange die Quelle der spanischen Größe und der Schauplatz einer Fremdherrschaft waren, sind nur die verstreuten Gebeine der von den Unterdrückern geschickten Krieger zurückgeblieben, mit denen sie sich gegen unsere Freiheit wehren wollten. Überall konstituieren sich neue Staaten, die auf den gleichen Grundlagen gebildet werden, in gleicher Weise begünstigt von der Natur, mächtig durch ihre Finanzkraft, stark durch ihre Zukunft, die sie nicht betrügen wird. Allein das Klima schützt sie schon gegen zu fürchtende Invasionen, wenn die erwiesene Tapferkeit ihrer Einwohner ihnen nicht die beste aller Garantien gäbe.

Unter diesen Staaten ist auch Kolumbien. Zwölf Jahre unversöhnlichen Krieges konnten es nicht niederzwingen, noch seinen Schritt aufhalten. Kolumbien hat die Frucht seiner edlen Arbeit geerntet; es ist frei, souverän und unabhängig. Sehr bald werden alle diese Staaten eine vollständige, feierliche Vereinigung bilden und in gemeinsamer Übereinstimmung die Grundlagen dieser großen Föderation festsetzen; jeglicher Angriff von außen wäre mehr absurd als gefährlich. Sogar eine Koalition der übrigen zivilisierten Welt, wenn sie machbar wäre, würde angesichts dieser Vormauer scheitern.

Am gegenwärtigen Punkt angelangt und allen übrigen bestehenden Nationen wirklich angeglichen und in dem Wunsch, mit den Völkern in Freundschaft zu leben, bleibt Amerika nun nichts anderes zu tun, als die Anerkennung durch die große Familie anzustreben, deren Teil es ist und aus deren Verbindung große Vorteile erwachsen werden.

Die Republik Kolumbien ist konstituiert, und ihre Regierung ist in vollem Umfang tätig. Spanien besitzt keinen Zoll mehr auf ihrem Territorium; ein Heer von 60.000 Soldaten, unterstützt von einer Reserve gleicher Anzahl, stellt die Existenz Kolumbiens sicher.

Die Republik besitzt alles, was die anerkannten Regierungen der ganzen Welt charakterisiert. Sie will von keiner dieser Regierungen wissen, auf welchem Weg, mit welchem Recht sie zu dem geworden sind, was sie sind; sie existieren, das ist alles, was zählt.

Kolumbien respektiert alles, was existiert; infolgedessen hat Kolumbien ein Recht auf Gegenseitigkeit. Diese Forderung beruht weder auf Eigeninteresse noch auf Furcht; beide Motive sind einer großzügigen und freien Nation unwürdig.

Wer könnte es angreifen? Wer könnte seine Reichtümer vermehren oder verringern? Auf wen ist es angewiesen, und welches unter allen bekannten Völkern wird keine Handelsbeziehungen mit ihm aufnehmen wollen?

Kolumbien ist sich seiner Stärke in vollem Maße bewusst. Wenn es alle Völker einlädt, mit ihm zusammen die Schätze der Natur auszubeuten, so geschieht dies eher aus einem Gefühl der Großzügigkeit heraus als aus Berechnung. Jeder, der sich Kolumbien mit friedlichen und wohlwollenden Absichten nähert, wird sich an den Quellen unserer Reichtümer erquicken können. Dies sind die einzigen Grundlagen jeglicher Beziehungen, die wir inständig mit allen Völkern der Erde zu haben wünschen: Herzlichkeit, Gegenseitigkeit, Freiheit. Die Eifersucht, das Misstrauen, die in anderen Zeiten die verschiedenen Nationen trennten und sie gegeneinander aufbrachten, sind sowohl durch die Gesetzgebung als auch durch den Geist der Menschenliebe, der uns unser Blut auf den Schlachtfeldern und auf den Schafotten reichlich vergießen ließ, verurteilt worden.

Aber nach Erfüllung seiner Pflichten gegenüber anderen Nationen muss Kolumbien auch gegenüber sich selbst verlangen, dass seine eigenen Rechte in gleicher Weise anerkannt werden. Kolumbien verdankt sie niemanden; es hat sich diese Rechte selbst erobert und hat seine eigenen Mittel, sie auch zu verteidigen. Unabhängig, stark, frei und unverwundbar, gehorcht es nur einem Gefühl allgemeiner Selbstlosigkeit. Kolumbien hat kein anderes Ziel, als seine Beziehungen mit allen denjenigen, die mit ihm zu tun haben wollen, einfach, freundschaftlich und nützlich zu gestalten.

Ein riesiger und reicher Kontinent, der von gesitteten Völkern bewohnt wird, kann dem Rest des Universums nicht unbekannt bleiben; aber trotzdem wäre es schwierig, dauerhafte, vorteilhafte Beziehungen, wie sie die kommerziellen Interessen verlangen, zwischen Staaten anzuknüpfen, deren Regierungen sich nicht gegenseitig anerkannt haben.

Diese eindeutigen Prinzipien, diese mächtigen Betrachtungen tragen dem Unterzeichneten die Pflicht auf, Seine Exzellenz, den Außenminister Ihrer Majestät von Britannien, von den folgenden Absichten seiner Regierung Kenntnis zu geben:

1. dass die Regierung von Kolumbien alle bestehenden Regierungen anerkennt, wie auch immer ihre Herkunft und Form sein mögen.

2. dass sie mit Regierungen, die die Regierung Kolumbiens nicht anerkennen, keine Beziehungen haben wird.

3. dass Handel, Anlanden oder Aufenthalt in den Häfen und auf dem Territorium der Republik Kolumbien allen Völkern, deren Regierungen die von Kolumbien anerkannt haben, offen und voll in Freiheit, Sicherheit, Toleranz und Gegenseitigkeit zugesichert sind.

4. dass Häfen und Territorien den Untertanen jener Staaten, die die Republik von Kolumbien nicht anerkannt haben, verschlossen sind und bleiben.

5. dass Verzögerungen in der Zulassung zu Häfen und Territorium Kolumbiens eingeplant

werden, die der eventuellen Verspätung entsprechen, mit der die vorgeschlagene Anerkennung
ausgesprochen wurde.

6. dass die Regierung Kolumbiens Maßnahmen ergreifen wird, um den Import von Waren
aus Ländern, deren Regierungen ihre Anerkennung verweigern oder hinauszögern, zu verbieten.

Der Unterzeichnete besteht bei der Inkenntnissetzung Seiner Exzellenz über die Gefühle
und Prinzipien seiner Regierung auf der Notwendigkeit einer baldigen Antwort. Seine Exzellenz ist zu gebildet, um nicht die Motive dieser Forderung seitens seiner Regierung zu verstehen, die so weit entfernt und außerdem mit der internen Organisation befasst ist. Langsamkeit
in der Knüpfung ihrer Auslandsbeziehungen kann diese Regierung nicht akzeptieren, und
Vorwände, denen man glauben könnte, dienen entsprechend den alten Gebräuchen diesen
Gegebenheiten nicht. Die Neuheit dieser Gegebenheiten ist ein wichtiges Motiv, eine schnelle
Lösung zu finden: die Lösung, die Kolumbien mit Zuversicht sowohl von der Klugheit der
Britischen Regierung als auch von seinen eigenen Kräften erwartet.

Aus: Humberto Bronx: *Francisco A. Zea y selección de sus escritos*, Medellín: Talleres de Imprenta Municipal 1967, S. 118–124. Zit. und überarbeitet nach: Hans-Joachim König u.a.
(Hg.): *Lateinamerika. Geschichte und Gegenwart*, Eichstätt/Dillingen: Akademie für Lehrer-
fortbildung 1991, S. 75–77.

Q 18   Die Monroe-Doktrin (1823)

*Teile der Jahresbotschaft, die Präsident James Monroe (1758–1831) am 2. Dezember 1823
vor dem Kongress der Vereinigten Staaten verlas, sind als »Monroe-Doktrin« in die Geschichte
eingegangen. Monroes Außenminister John Quincy Adams hatte großen Anteil an der Konzi-
pierung dieses Dokuments. Es enthielt vor allem Zielvorstellungen für die Außenpolitik der
Vereinigten Staaten, die zum Zeitpunkt der Rede Monroes noch keineswegs realisierbar waren. Als außenpolitische Leitlinie für die Beziehungen zu Lateinamerika sollte die Monroe-
Doktrin im Laufe des 19. und 20. Jahrhunderts zunehmend an Bedeutung gewinnen.*

Zufolge eines Vorschlages der Kaiserlich russischen Regierung, den sie durch den hier residie-
renden Gesandten des Kaisers gemacht hat, ist dem Gesandten der Vereinigten Staaten in St.
Petersburg volle Ermächtigung und Anweisung gegeben worden, durch freundschaftliche
Verhandlung die gegenseitigen Rechte und Interessen der beiden Nationen an der Nordwest-
küste dieses Erdteils zu ordnen. Ein entsprechender Vorschlag ist seitens seiner Kaiserlichen
Majestät der Regierung von Großbritannien gemacht worden, der ebenfalls angenommen
worden ist. Die Regierung der Vereinigten Staaten ist begierig gewesen, durch dieses freundliche Verhalten den großen Wert zu zeigen, den sie unverrückt der Freundschaft des Kaisers
beigelegt hat, und ihr Bestreben, das beste Einvernehmen mit seiner Regierung zu pflegen. Im
Hinblick auf die Erörterungen, zu denen dieses Interesse Anlass gegeben und auf das Überein-
kommen, in dem sie möglicherweise ihren Abschluss finden werden, ist die Gelegenheit für
angebracht gehalten worden, es als einen Grundsatz aufzustellen, der die Rechte und Interessen der Vereinigten Staaten berührt, dass die amerikanischen Kontinente zufolge der freien
und unabhängigen Stellung, die sie sich errungen haben und behaupten, fürderhin nicht mehr
als Gegenstände für zukünftige Kolonisation durch irgendwelche europäischen Mächte anzusehen sind. [...]

Es war am Anfang der letzten Session berichtet worden, dass man damals in Spanien und
Portugal sehr bemüht war, die Lage der Bewohner dieser Länder zu bessern, und dass dies in
ungewöhnlich maßvoller Weise durchgeführt zu werden scheine. Es braucht kaum bemerkt zu
werden, dass das Ergebnis bisher sehr verschieden gewesen ist von dem, was man damals erwartete. Wir sind stets eifrige und interessierte Zuschauer gewesen bei den Ereignissen in je-

nem Teile der Erde, mit dem wir so starken Verkehr haben und von dem wir unseren Ursprung ableiten. Die Bürger der Vereinigten Staaten hegen die freundlichsten Gefühle für die Freiheit und das Glück ihrer Mitmenschen auf jener Seite des atlantischen Ozeans. An den Kriegen der europäischen Mächte um ihre eigenen Angelegenheiten haben wir nie teilgenommen, noch verträgt sich eine solche Handlungsweise mit unserer Politik. Nur wenn in unsere Rechte eingegriffen wird, oder sie ernstlich bedroht sind, nehmen wir Kränkungen übel oder treffen Vorbereitungen zu unserer Verteidigung. Mit den Wandlungen, die auf dieser Hemisphäre vor sich gehen, sind wir notwendigerweise und aus Gründen, welche allen erleuchteten und unparteiischen Beobachtern klar sein müssen, unmittelbarer verbunden. Das politische System der verbündeten Mächte ist in dieser Hinsicht grundverschieden von dem Amerikas. Dieser Unterschied rührt von demjenigen her, der zwischen ihren bezüglichen Regierungen besteht. Und die ganze Nation ist der Verteidigung der Unsern ergeben, die unter Verlust von so viel Blut und Gut geschaffen und durch die Weisheit unserer erleuchtetsten Bürger gereift ist und unter der wir beispiellose Glückseligkeit genossen haben. Wir schulden es deshalb der Aufrichtigkeit und den freundschaftlichen, zwischen den Vereinigten Staaten und jenen Mächten bestehenden Beziehungen, zu erklären, dass wir jedweden Versuch ihrerseits, ihr System auf irgendwelchen Teil dieser Hemisphäre auszudehnen, als gefährlich für unseren Frieden und unsere Sicherheit ansehen würden. In die bestehenden Kolonien oder Dependenzen irgendeiner europäischen Macht haben wir uns nicht eingemischt und werden wir uns nicht einmischen. Aber wir könnten einen Eingriff seitens einer europäischen Macht in die Regierungen, die ihre Selbstständigkeit erklärt und sie aufrechterhalten haben, und deren Unabhängigkeit wir nach großer Überlegung und aufgrund gerechter Prinzipien anerkannt haben, zu dem Zwecke sie zu unterdrücken oder in irgendeiner Weise ihr Schicksal zu bestimmen, in keinem anderen Lichte denn als Kundgebung eines unfreundlichen Verhaltens gegenüber den Vereinigten Staaten ansehen. In dem Kriege zwischen diesen neuen Regierungen und Spanien erklärten wir zur Zeit ihrer Anerkennung unsere Neutralität, und dabei sind wir geblieben und werden fortfahren dabei zu bleiben, vorausgesetzt, dass keine Änderung eintritt, die nach dem Urteile der zuständigen Autoritäten dieser Regierung eine entsprechende Änderung seitens der Vereinigten Staaten für ihre Sicherheit unerlässlich notwendig macht.

Die neuerlichen Ereignisse in Spanien und Portugal zeigen, dass die Verhältnisse in Europa noch nicht zur Ruhe gekommen sind. Für diese wichtige Tatsache kann kein stärkerer Beweis erbracht werden als der, dass die alliierten Mächte es aufgrund eines sie selbst befriedigenden Prinzips für angemessen erachtet haben, gewaltsam in die inneren Angelegenheiten Spaniens einzugreifen. Wie weit solches Einschreiten aufgrund desselben Prinzips getrieben werden kann, ist eine Frage, an der alle unabhängigen Mächte, deren Regierungsformen von der jener abweichen, sogar die entlegensten und sicherlich keine mehr als die Vereinigten Staaten interessiert sind. Unsere Politik bezüglich Europas, die in einem früheren Zeitpunkt der Kriege, welche so lange jenen Teil des Erdballes aufgeregt haben, angenommen wurde, bleibt nichtsdestoweniger dieselbe, nämlich, nicht in die inneren Angelegenheiten irgendeiner seiner Mächte einzugreifen, die *De-facto*-Regierung als die für uns rechtmäßige anzusehen, freundliche Beziehungen mit ihr zu pflegen, und solche Beziehungen durch eine freimütige, feste und männliche Politik zu erhalten, den gerechten Ansprüchen jeder Macht in allen Fällen zu genügen und dabei Unbill von keiner hinzunehmen. Aber in Hinblick auf diese Kontinente sind die Umstände höchst und augenfällig verschieden. Es ist unmöglich, dass die Verbündeten ihr politisches System auf irgendeinen Teil eines der beiden Kontinente erstrecken, ohne unsern Frieden und unser Glück zu gefährden; noch kann irgendjemand glauben, dass unsere südlichen Brüder, wenn für sich gelassen, es aus eigenem Antriebe annehmen würden. Es ist deshalb gleichermaßen unmöglich, dass wir ein solches Eingreifen in irgendeiner Form mit Gleichgültigkeit sehen sollten. Wenn wir die vergleichsweise Stärke und die Hilfsquellen Spaniens und dieser neuen Regierungen und ihre Entfernungen voneinander betrachten, so muss es offensichtlich sein, dass Spanien sie nie unterwerfen kann. Es ist immer noch die ehrliche Politik der Vereinigten Staaten, die Parteien sich selbst zu überlassen, in der Hoffnung, dass andere Mächte denselben Kurs verfolgen werden.

Aus: President's Message, in: *The Debates and Proceedings in the Congress of the United States. With an Appendix Containing Important State Papers and Public Documents, and All the Laws of a Public Nature. With a Copious Index. Eighteenth Congress – First Session: Comprising the Period from December 1, 1823, to May 27, 1824, Inclusive. Compiled from Authentic Materials*, Washington D.C.: Gales and Seaton 1856, Spalten 12–24. Zit. nach: Die Botschaft des Präsidenten Monroe vom 2. Dezember 1823, in: Herbert Kraus: *Die Monroedoktrin in ihren Beziehungen zur amerikanischen Diplomatie und zum Völkerrecht*, Berlin: J. Guttentag 1913, S. 37–40.

Q 19   Die Auslandsschulden I: Britische Anleihe Mexikos (1824)

Die hier vorliegende erste Anleihe von 1824 und eine zweite Anleihe von 1825 bildeten die britische Auslandsschuld Mexikos, deren vereinbarte Zins- und Amortisationszahlungen immer wieder für längere Zeit unterbrochen wurden. Die Auslandsschuld Mexikos in London musste – ähnlich wie die anderer lateinamerikanischer Länder – in zahlreichen Konversionen bis ins 20. Jahrhundert umgeschuldet werden. Der Erlös der beiden ersten Anleihen diente der Verteidigung und dem Aufbau des entstehenden Nationalstaats. Aus steuerlichen Gründen hat der mexikanische Bevollmächtigte Francisco de Borja Migoni durch eine weitere notariell beglaubigte Erklärung vom gleichen Tage die hier vorgesehene vierteljährliche Zinszahlung der ersten Anleihe in eine halbjährliche verändert.

Mexikanische Anleihe   Serie A Nr. ...
£3.200.000   £100 Sterling

Anleihe über 3.200.000 Pfund Sterling.
   Zur Verfügung des Staates Mexiko. Aufgeteilt in 24.000 Anteilscheine oder spezielle Schuldscheine und abgesichert durch eine Generelle Hypothekenschuldverschreibung, von der der folgende Text eine Kopie ist.
   [...] Der souveräne Kongress des Staates Mexiko beschloss am 1. Mai 1823 die Aufnahme einer Anleihe zur Verfügung des Staates in Höhe von acht Millionen Pesos und beauftragte die höchste Exekutivgewalt Mexikos mit der Ausführung des genannten Gesetzes. Ihre Hoheiten, Don José Mariano de Michelena, Don Miguel Domínguez und Don Pedro Celestino Negrete, die jene Exekutivgewalt bildeten, haben am 14. Tage desselbigen Monats Mai mir, dem oben erwähnten Francisco de Borja Migoni, die volle, umfassende und besondere Vollmacht übertragen, die genannte Anleihe auszuhandeln und aufzunehmen und die Gesamteinkünfte des Staates als deren Sicherheit mit einer Hypothek zu belasten und zu verpfänden. Dabei verpflichtete sich die genannte höchste Exekutivgewalt, den Vertrag oder die Verträge, welche ich zum Zwecke der Aufnahme der Anleihe abschließen würde, äußerst gewissenhaft zu erfüllen, anzuerkennen und zu ratifizieren. Daraufhin habe ich, Francisco de Borja Migoni, in Ausübung meiner Vollmacht, im Auftrag und zur Verfügung des genannten Staates Mexiko eine Anleihe in Höhe von 3.200.000 Pfund Sterling in der vereinbarten Art und Weise ausgehandelt, deren Summe der erwähnten Regierung Mexikos zur Verfügung gestellt wurde. [...]

Artikel 1
Die genannte Anleihe wurde auf der Grundlage der Sicherheit dieser vorliegenden Urkunde oder Generellen Hypothekenschuldverschreibung aufgenommen, welche wie im Folgenden aufgeführt in Anteilscheine aufgeteilt ist, nämlich

Serie	A	8.000	zu jeweils	£100, ergibt	£800.000
	B	16.000		£150	£2.400.000
		24.000	ergibt in der Gesamtsumme		£3.200.000 ,

die künftig zum Zinssatz von fünf Prozent jährlich, beginnend am 1. Oktober 1823, an den Besitzer ausgegeben werden. Die Zinsen werden ohne Abzug vierteljährlich in London gezahlt, wobei die beiden ersten Zahlungen am 1. April 1824 geleistet werden und alle weiteren Zahlungen an jedem nächstfolgenden 1. Juli, 1. Oktober, 1. Januar und 1. April, und sofort in jedem darauf folgenden Jahr.

Artikel 2

Alle Einkünfte des Staates Mexiko werden durch diese Generelle Hypothekenschuldverschreibung hypothekarisch belastet und in der hier aufgeführten Weise als Sicherheit für die Kapital- und Zinszahlung der Anleihe von 3.200.000 Pfund Sterling hinterlegt, unabhängig von der Steuer, die gemäß dem fünften Artikel des durch den souveränen Kongress am 1. Mai erlassenen Gesetzes speziell für die im Folgenden erläuterten Zins- und Amortisationszahlungen erhoben werden soll.

Artikel 3

Um einen eindeutigen Nachweis des guten Willens der Regierung Mexikos zu erbringen und um den Gläubigern eine ausreichende Sicherheit für die pünktliche Zahlung der Anleihezinsen und der Tilgung der Kapitalsumme zu geben, soll der Generalschatzmeister Mexikos durch ein formales und unwiderrufliches Gesetz des souveränen Kongresses und der Exekutivgewalt befugt und verpflichtet werden, den Anteil der Steuer, welcher gemäß dem fünften Artikel des genannten Gesetzes vom 1. Mai 1823 besonders für den Schuldendienst dieser Anleihe dienen soll, einzuziehen und gesondert aufzubewahren, damit jener Betrag nicht für laufende oder außerordentliche Staatsausgaben verwendet werden kann, bis die Summe erreicht ist, welche nach London zur Zahlung der vierteljährlichen Zinsen und der Amortisationen überwiesen werden muss. Und sollte aus irgendwelchen Gründen der Betrag dieser Einnahmen für die Zahlung der vierteljährlichen Zinsen und der Tilgungen nicht ausreichen, dann ist der genannte Generalschatzmeister verpflichtet, das Defizit aus den allgemeinen Staatseinnahmen auszugleichen, und jene allgemeinen Steuereinnahmen sollen nicht für andere Zwecke verwendet werden, bis die genannten Zahlungen für diese Anleihe geleistet worden sind. Für die Tilgung des Kapitals der genannten Anleihe sollen im ersten Jahr 64.000 Pfund Sterling, beginnend ab dem 1. Oktober des letzen Jahres, bereitgestellt werden, und 32.000 Pfund Sterling sollen ab dem kommenden 1. April und in den folgenden Jahren in gleichen halbjährlichen Raten für den Tilgungsfond zur Tilgung der noch nicht getilgten Bonds der Anleihe zum oder unter dem Nennwert [an die Agenten] nach England überwiesen werden [...].

Artikel 4

Die Tilgung dieser Anleihe soll wie folgt erfolgen [...].

Sollten die Bonds der Anleihe, abzüglich der dann fälligen Zinsen, zu irgendeinem Zeitpunkt oberhalb des Nennwerts liegen, werden die Agenten in London gemeinsam mit dem Gesandten oder einer von ihm oder der Regierung des Staates Mexiko bevollmächtigten Person in der von ihnen für angemessen erachteten Weise per Losziehung festlegen, welche der ausstehenden Anteilscheine zum Nennwert zurückgekauft werden, um den Tilgungsfonds funktionsfähig zu erhalten [...]. Die Nummern dieser zum Rückkauf bestimmten Anteilscheine sollen in der London Gazette veröffentlicht und gegen Vorlage zum Nennwert, zuzüglich der Zinsen des zum Zeitpunkt der Veröffentlichung laufenden Quartals ausgezahlt werden. Danach werden für diese Anteilscheine keine Zinsen mehr fällig. Alle getilgten oder zurückgekauften Anteilscheine werden annulliert und in Anwesenheit eines öffentlichen Notars, eines Vertreters von B.A. Goldsmidt & Co. und des mexikanischen Gesandten oder einer durch diesen oder durch die Regierung des Staates Mexiko dafür bevollmächtigten Person in der Bank of England hinterlegt. Die auf diese Weise in jedem Halbjahr zurückgekauften oder getilgten und annullierten Nummern werden in der London Gazette veröffentlicht. [Die Anteilscheine] bleiben in der Bank of England hinterlegt, bis die gesamte Anleihe zurückgezahlt ist. Dann werden die genannten Anteilscheine zusammen mit der Hypothekenschuldverschreibung der Regierung Mexikos zur weiteren Verfügung ausgehändigt. Sollten jedoch nach Ablauf von dreißig Jahren ab dem 1. Oktober letzten Jahres Teile der genannten Anleihe nicht getilgt worden sein, muss die Regierung des Staates Mexiko diese zum Nennwert zurückkaufen. [...]

Artikel 6

Ich, Francisco de Borja Migoni, verpflichte mich im Namen und im Auftrag der Regierung Mexikos, dass die Zinszahlungen und die Tilgungen für diese Anleihe in Zeiten des Krieges wie des Friedens zu erfolgen haben, ohne Unterschied, ob die Besitzer der Anteilscheine befreundeten oder feindlichen Nationen angehören, dass, sollte ein Ausländer Besitzer solcher Anteilscheine sein und ohne Testament versterben, die Anteilscheine an seine Erben im Sinne der gesetzlich festgelegten Erbfolgeregelungen des Landes, dessen Untertan er war, übertragen werden, und dass solche Anteilscheine nicht zur Begleichung staatlicher oder individueller Forderungen beschlagnahmt werden dürfen.

Daher sollen alle wissen, dass ich, Francisco de Borja Migoni, den Staat Mexiko und all seine heute und künftig bestehenden öffentlichen Behörden als Bevollmächtigter des Staates Mexiko und kraft der mir übertragenen Vollmacht dazu anhalte, die obigen Verpflichtungen und Bedingungen gewissenhaft und treu zu befolgen und aus keinem Grund und unter keinem Vorwand und keiner Bedingung jemals die volle und hinreichende Erfüllung der genannten Verpflichtungen und Bedingungen abzulehnen, zu umgehen oder zu verzögern, oder zu versuchen, einige von ihnen zu umgehen oder zu verzögern. Zu Urkund dessen habe ich, Francisco de Borja Migoni, die vorliegende Generelle Hypothekenschuldverschreibung heute, am 7. Februar 1824, unterzeichnet und mit meinem Siegel versehen.

Unterzeichnet, besiegelt und übergeben von dem genannten Francisco de Borja Migoni in Anwesenheit von E.M. Sauer, John Newton, Öffentlicher Notar.

Aus: Michael P. Costeloe: *Bonds and Bondholders. British Investors and Mexico's Foreign Debt, 1824–1888*, Westport, CT: Praeger 2003, S. 331–335.

Q 20   Die Auslandsschulden II: Suspension der Tilgungszahlungen (1820–1985)

Suspension der Zins- und Amortisationszahlungen auf Anleiheschulden 1820–1985, nach Schuldnerländern

Land	Periode
Argentinien	1828–57, 1890–93
Bolivien	1875–78, 1931–55
Brasilien	1826–29, 1898–1901, 1902–10*, 1914–19, 1931–33, 1937–43
Chile	1826–42, 1880–83*, 1931–47
Costa Rica	1828–40, 1874–85, 1895–97, 1901–11, 1932–52, 1962
Dominikanische Republik	1872–88, 1892–93, 1897, 1899–1907, 1931–34*
Ecuador	1826–55, 1868–90, 1894–98, 1906–08, 1909–11, 1914–24, 1929–54
El Salvador	1828–60, 1898, 1921–22, 1932–35, 1938–46
Guatemala	1828–56, 1876–88, 1894, 1899–1913, 1933–36
Haiti	1931–?
Honduras	1828–67, 1873–1925
Kolumbien	1826–45, 1850–61, 1873**, 1880–96, 1900–04, 1932–34*, 1935–44
Kuba	1934–?, 1960–?***

Mexiko	1828–30, 1833–41, 1844–50, 1854–64, 1866–85, 1914–22, 1928–42
Nicaragua	1828–74, 1894–95, 1911–12, 1915–17, 1932–37*
Panama	1933- ?
Paraguay	1874–85, 1892–95, 1920–24, 1932–44
Peru	1826–48, 1876–89, 1931–51
Uruguay	1876–78, 1891, 1915–21*, 1933–38
Venezuela	1826–40, 1848–59, 1860–62, 1865–81, 1892, 1898–1905

* = nur Suspension von Amortisationszahlungen
** = Konsolidierungsanleihen ohne offene Zahlungssuspension
*** = nur partielle Suspension
? = Jahr der Wiederaufnahme der Schuldendienstzahlungen unbekannt
Es wurden nur Jahre berücksichtigt, in denen die Zahlungsunfähigkeit mindestens sechs Monate dauerte. In Fällen, in denen mehrere Zeitpunkte für den Abschluss der Schuldenregelungen vorliegen, wurde der Zeitpunkt der Schuldenregelung mit dem wichtigsten Gläubigerland gewählt.

Aus: Christian Suter: *Schuldenzyklen in der Dritten Welt. Kreditaufnahme, Zahlungskrisen und Schuldenregelungen peripherer Länder im Weltsystem von 1820 bis 1986*, Frankfurt a.M.: Hain 1990, S. 283.

Q 21   Der Silberbergbau von Potosí in der Krise (1826)

Die Gewinnung von Edelmetallen – insbesondere die Ausbeutung der reichen Silbervorkommen im Andenraum – stand seit Beginn der Kolonialzeit im Mittelpunkt staatlicher und privater Interessen. Auf das in Hispanoamerika produzierte Silber wurden Steuern erhoben, von denen das spanische Imperium und später die Nationalstaaten profitierten. Die 1545 gegründete Bergbausiedlung Potosí galt noch im 19. Jahrhundert als die bedeutendste wirtschaftliche Stütze der Andenregion. Von Beginn an mussten sich die Bergbauunternehmer mit gravierenden Problemen wie dem Mangel an Arbeitskräften, Rohstoffen und Quecksilber auseinandersetzen – so auch in den 1820er Jahren. Im folgenden Brief vom 7. Januar 1826 an den Gran Mariscal de Ayacucho, Antonio José de Sucre, berichtete das Mitglied der Stadtverwaltung Potosís, Narciso Dulon, von der großen Dürre sowie der daraus resultierenden allgemeinen Krise, die 1826 die gesamte Region erschütterte, und bat um Unterstützung.

An den Herrn General und Präsidenten.

Das schmerzhafte und unheilvolle Jahr, in dem mehr als 5.000 Seelen an Hunger starben, wird sich bald wiederholen, sollte dem bereits auf dieser Ortschaft lastenden Ungemach nicht frühzeitig vorgebeugt werden. Die Landwirtschaft hat aufgrund des Wassermangels in den drei vorangegangenen Jahren keine dem Einsatz der Landarbeiter entsprechenden Ernten erwirtschaftet. Ihr Betrieb ist gehemmt und aufgrund von fehlenden finanziellen Mitteln fast zugrunde gerichtet. Die Ausbeutung ihrer Minen befindet sich in einer tödlichen Lähmung, da es an Quecksilber, Eisenwaren und Holz mangelt. Die Maschinen der Metallwerke sind außer Funktion, der Handel aufgrund des vollständigen Fehlens von Lasttieren gelähmt, denen es aufgrund des Wassermangels an Gras und Viehfutter fehlt. [...] Herr Präsident, alles, alles deutet darauf hin, dass bald Tage der Trauer, der Trostlosigkeit und des Todes anstehen.

[...] Nun ist der Zeitpunkt gekommen, an dem ein von Eurer Exzellenz, dem Befreier, auf dieses Departement gerichteter schützender Blick diesem ein anständiges Leben ermöglichen kann.

Was die Mineralgewinnung angeht, besitzt das Departement Minen verschiedenster Art in beachtlicher Anzahl, deren reiche Vorkommen als Sicherheit bei der Aufnahme einer Anleihe dienen könnten, und zur Absicherung der finanziellen Mittel, die die Kreditgeber zur Verfügung stellen können, verfügt es über die Tributzahlungen (*Casa de Censos*) seiner Indiogemeinden. Ebenfalls sollte die Quecksilberversorgung, von der die Erholung des Hauptgeschäfts abhängt, gesichert sein. Der Stadtverwaltung ist wohlbekannt, dass der beste Rückhalt für einen Staat diejenigen Institutionen sind, die seine Kreditwürdigkeit, das Gleichgewicht seiner Gewalten und damit den Frieden und die Glückseligkeit festigen, die wir herbeisehnen. [...]

[...] Dieses Schreiben und die dazugehörigen Unterlagen bitten wir zur höchsten Kenntnis Eurer Exzellenz zu bringen, damit Sie in einer der betrüblichen Situation angemessenen Eile freundlicherweise dem Departement einen Zuschuss von vorläufig 500.000 Pesos bereitstellen. Der Zweck ist die Aufstockung einiger Getreidespeicher und Fleischlager, um dem Hunger entgegenzuwirken und auf diese Weise die drohende Entvölkerung zu vermeiden. Diese wird, zusätzlich zur gerade stattfindenden Verheerung des Departements dazu führen, dass vom großen Potosí in wenigen Tagen nicht mehr übrig bleiben wird als der Name. Herr Präsident, man soll über diesen selbst in Europa für seine Reichtümer bewunderten Ort später nicht sagen, dass seine opulente Existenz nur unter dem Einfluss der düsteren spanischen Regierung möglich war. [...]

Gott beschütze Sie, Euer Ehren

Narciso Dulon

Aus: Crisis de Potosí 1826, in: Yolanda Candia (Hg.): *Los indios de Bolivia 1825–1881*, Lima: Universidad Nacional Mayor de San Marcos 1993, S. 24–26.

B. Probleme der Staatenbildung

Die bereits in der Phase der Unabhängigkeitsrevolutionen angelegten strukturellen Probleme überschatteten den Beginn der Staatenbildung in Lateinamerika. Von wenigen Ausnahmen abgesehen, entstanden bis zur Mitte des 19. Jahrhunderts allerorten Verfassungen. Darin bildeten die Prinzipien der Volkssouveränität, der politischen Repräsentation und der Gewaltenteilung die Ausgangsbasis. Allerdings zeigte sich sehr schnell ein Kontrast zwischen aufgeklärter Verfassungstheorie und politischer Wirklichkeit. In vielen Verfassungsdokumenten dieser Zeit war ein Gleichgewicht der Verfassungsorgane nicht vorgesehen. Ein weiteres Charakteristikum vieler lateinamerikanischer Verfassungen während des 19. Jahrhunderts war ihre Kurzlebigkeit. Zudem wurden in vielen Staaten die Verfassungen aufgrund von Diktaturen und Bürgerkriegen immer wieder ausgesetzt. Die kriegerischen Auseinandersetzungen resultierten oft aus dem Streit um die Verfassungsprinzipien, wobei es neben der Kontroverse zwischen Föderalisten und Zentralisten zunehmend auch um den Gegensatz von Konservativen und Liberalen ging, der sich vor allem an der Frage der politischen Rolle der Katholischen Kirche entzündete. Bis zum Ende des 19. Jahrhunderts hatte sich der Zentralismus aber fast überall durchgesetzt.

Die meisten lateinamerikanischen Verfassungen in diesem Zeitraum enthielten Grundrechtserklärungen. Allerdings enthielten sie auch Restriktionen, die z.B. das Recht auf freie Meinungsäußerung einschränkten und das Wahlrecht vom Besitz oder von der Lese- und Schreibfähigkeit abhängig machten. Diese Bestimmungen begünstigten die Oligarchien, deren Vertreter sie mit der Absicht verfassten, die sozialen Hierarchien in den multiethnischen Gesellschaften aufrechtzuerhalten. Auch die Religionsfreiheit blieb bis zum Ende des 19. Jahrhunderts in einem Großteil der Staaten begrenzt. In der Regel war der Katholizismus die Staatsreligion, die öffentliche Ausübung anderer Bekenntnisse war häufig verboten. Gerade an dieser Frage ließ sich das grundsätzliche Problem der Legitimation eines politischen Systems erkennen, dass sich soeben erst aus der vermeintlich göttlich legitimierten monarchischen Staatsform gelöst hatte.

Das größte Land Lateinamerikas, Brasilien, behielt die Monarchie – in einer konstitutionellen Form – bis 1889 bei. Auch lag die Rückkehr zur Monarchie etwa in Haiti und Mexiko oder zu diktatorischen Präsidentschaften auf Lebenszeit etwa im Paraguay des José Gaspar de Francia, im Argentinien des Juan Manuel Rosas, im Guatemala des Rafael Carrera oder im Mexiko des Porfirio Díaz immer im Bereich des Möglichen. Dort, wo es nicht dazu kam, machte die Exekutive häufig von der in den Verfassungen verbrieften Möglichkeit Gebrauch, mit diversen Notstandsgesetzen wie z.B. der Erklärung des Belagerungszustands äußere und innere Bedrohungen abzuwenden, aber eben auch politische Gegner auszuschalten. Dies hieß, dass es immer wieder zu diktaturähnlichen Situationen kam, die zwar nicht dem Buchstaben der Verfassungen widersprachen, ihrem Geist aber sehr wohl zuwiderliefen. Erst gegen Ende des Jahrhunderts wurden die drakonischen Sonderrechte der Exekutive zugunsten der Legislative abgemildert. Die gesetzgebende Gewalt war in Lateinamerika bis zu diesem Zeitpunkt in vielen Fällen ohnehin in einer schwachen Position, trat sie doch in manchen Fällen nur alle zwei Jahre oder sogar seltener zusammen.

Demgegenüber war das Militär quasi als vierte Gewalt im Staat von zentraler Bedeutung. In den meisten hispanoamerikanischen Verfassungen des 19. Jahrhunderts hatte das Militär Verfassungsrang. Nach den Unabhängigkeitskriegen oftmals die einzige noch intakte Institution, mussten die Verfassungsväter dem Militär eine prominente Rolle einräumen. Expressis verbis wurde den Bewaffneten in vielen Fällen die Aufrechterhaltung von innerer Ruhe und Ordnung, ja teils sogar die Überwachung der Wahlen und die Rücknahme von Gesetzen, die unter dem Druck der Masse zustande gekommen waren, als Aufgaben übertragen. Diese Bestimmungen lieferten den Militärs immer wieder geeignete Vorwände, um in die Politik einzugreifen und diese zu dominieren.

Seit dem Ende der Kämpfe um die Unabhängigkeit wurden die politischen Probleme Lateinamerikas klar erkennbar. Die Integrationsklammer des äußeren Feindes entfiel, und die Rivalitäten zwischen unterschiedlichen Interessengruppen und Regionen wurden offen ausgetragen. Das zeigte sich schon früh am Scheitern der Bestrebungen zu überregionalen Zusammenschlüssen in Amerika. Die Zerfallsprozesse ließen sich teils auf ökonomische Motive, teils auf machtpolitische und ideologische Gründe zurückführen. Unterschiedliche Interessen etwa zwischen am Freihandel interessierten Küstenregionen und dem mehr auf protektionistische Maßnahmen ausgerichteten Hinterland bargen in vielen Regionen wie etwa in Groß-Kolumbien oder am Río de la Plata Konfliktstoff. Auch die sozialen und ethnischen Strukturen der einzelnen Räume wirkten meist desintegrativ. Fast überall gab es Auseinandersetzungen um die Frage, ob die neuen politischen Systeme eher zentralistisch oder föderalistisch ausgerichtet sein sollten. Dort, wo man sich für die erste Lösung entschied, gab es häufig konkurrierende Zentralen, die sich gegenseitig den Führungsanspruch streitig machten. Hinzu kamen Parteigegensätze zwischen Konservativen und Liberalen. Oft waren dabei die persönlichen Gegensätze einzelner Caudillos ausschlaggebend. Die Macht dieser personalistischen Herrscher in einzelnen Kleinregionen war aufgrund des Chaos der Unabhängigkeitskriege enorm gestiegen. Bürgerkriege waren fast in allen neuen Ländern an der Tagesordnung.

So kam es in den ersten Jahrzehnten nach der Unabhängigkeit in vielen Regionen zu Auflösungserscheinungen. Schon 1830/31 machte das in den Grenzen des alten Vizekönigreichs geschaffene Groß-Kolumbien den Anfang. Es zerfiel in die Staaten Ecuador, Kolumbien, das zunächst wieder den alten Namen Neu-Granada annahm, und Venezuela. 1836 erklärte Texas seine Unabhängigkeit von Mexiko. Die Vereinigten Provinzen von Zentralamerika, die sich 1823 von Mexiko gelöst hatten, zerfielen ab 1839 in die eigenständigen Republiken Guatemala, El Salvador, Costa Rica, Honduras und Nicaragua. Die durch die haitianische Invasion erzwungene Verbindung Haitis mit der Dominikanischen Republik wurde 1844 wieder aufgelöst. Im Süden war an den Fortbestand eines Staates in den Grenzen des Vizekönigreichs Río de la Plata nicht zu denken, obwohl die Kreolen von Buenos Aires dies durchaus anstrebten. Bolivien, Paraguay und Uruguay wurden selbstständige Staaten. Die restlichen Provinzen des Río de la Plata versanken in Bürgerkriege, die den tiefen Gegensatz zwischen dem Hinterland und der Hafenstadt Buenos Aires widerspiegelten. Erst 1862 konnte dieser Gegensatz überbrückt werden, und es entstand das wiedervereinigte Argentinien. In den 1830er Jahren gefährdeten mehrere regionale Aufstände auch die territoriale Einheit Brasiliens.

Untereinander lieferten sich die neuen Staaten darüber hinaus zahlreiche Grenzkonflikte und Kriege, bei denen es oft um den Besitz wichtiger Rohstoffvorkommen ging. Für Mexiko bildete der Konflikt mit dem expandierenden angloamerikanischen Nachbarn im Norden eine existenzielle Grundbedingung. Im mexikanischen Norden wie in vielen anderen noch unerschlossenen Regionen im Hinterland Lateinamerikas setzte sich darüber hinaus die bereits in der Kolonialzeit prägende Unsicherheit einer Grenzsituation fort, bei der weiße Siedler in konfliktreichen Beziehungen mit unabhängigen indigenen Gruppen standen. Im Süden etwa gelang es Chile und Argentinien erst in der zweiten Jahrhunderthälfte, den indigenen Widerstand mit brutalen Vernichtungsfeldzügen zu brechen.

Die in diesen Kriegen unterworfenen Indigenen wie die große Masse der häufig ebenfalls indigenen, mestizischen oder schwarzen städtischen und ländlichen Unterschichten wurden im Zuge der Staaten- und Nationsbildungsprozesse marginalisiert. Zwar gab es durchaus fortschrittliche Ansätze wie vor allem die frühe Abschaffung der Sklaverei in weiten Teilen Hispanoamerikas und sehr viel später auch in Kuba und Brasilien, doch blieben die in den Verfassungen garantierten Grundrechte den befreiten Sklaven und den Unterschichten meist vorenthalten. Das theoretische Versprechen von Freiheit und Demokratie erfüllte sich in der Regel nicht. Die große Mehrheit der Bevölkerung hatte nicht am politischen Leben teil. Obwohl es in der Frühphase nach der Unabhängigkeit durchaus soziale Reformimpulse gegeben hatte, wurden diese in den 1830er und 1840er Jahren wieder zurückgestellt. Im Gegenteil bedrohten die liberalen Grundprinzipien, die sich in diesem Zeitraum durchsetzten, althergebrachte Institutionen wie etwa den indigenen Gemeinschaftsbesitz. Die Konzentration des Landbesitzes nahm in diesem Zeitraum ebenso zu wie die Verarmung weiter Teile der Bevölkerung, die in abhängige Lohnarbeit gezwungen wurde. Die nicht-privilegierten Bevölkerungsschichten waren jedoch keineswegs nur passive Objekte der Staatenbildungsprozesse, sondern schufen sich Freiräume, in denen sie ihre Lebensstile und informellen Institutionen pflegten. Wenn diese bedroht waren, wehrten sie sich teils durchaus erfolgreich und phasenweise in großem Stil. Aufstände von Landarbeitern und Indigenen, aber auch von Sklaven, durchzogen das ganze 19. Jahrhundert. Hinzu kam der Banditismus im Hinterland. Auch die zahlreichen millenaristischen Bewegungen waren Ausdruck von Widerstand. Jedoch kam es in diesem Zeitraum nicht zu großen sozialen Revolutionen.

1. Zwischen Caudillismus und Verfassungsstaat

Q 22   Diktatur in Paraguay (1814–1840)

In der ausgehenden Kolonialzeit waren Krone und Kirche bemüht, durch die Indoktrination der Schüler mit Katechismen dem entstehenden Widerstandsgeist entgegenzuwirken und den Gehorsam der Jugend gegenüber den Autoritäten zu fördern. Nach der Unabhängigkeit bedienten sich neue Regierungen in vielen Teilen Lateinamerikas der bewährten Lehrmethode, um die neue Staatsform zu vermitteln. Der Diktator José Gaspar de Francia (1766–1840), unter dem Paraguay von 1814 bis 1840 eine von der Außenwelt weitgehend isolierte Entwicklung durchlief, verfasste einen »Katechismus« für die Schulen des Landes, der den Gehorsam nicht mehr für einen Herrscher, sondern für den Staat als solchen einforderte.

Frage: Welche Regierungsform besitzt Dein Land?
Antwort: Die »reformierte Heimat« (*patrio reformado*).
Frage: Was ist unter »reformierter Heimat« zu verstehen?
Antwort: Ein Reglement weiser und gerechter Prinzipien, die in der Natur und den Bedürfnissen der Menschen sowie den gesellschaftlichen Zuständen begründet sind.
Frage: Lässt sich dies auf unser Volk anwenden?
Antwort: Ja, denn obwohl der Mensch, so gut gesinnt und gebildet er auch sein möge, zum Despotismus neigt, bewies unser derzeitiger Präsident, dass er sich nur um unser Heil und unseren Wohlstand bemüht.
Frage: Wer stellt sich gegen Euer System?
Antwort: Die früheren Regierenden, die uns Bonaparte ausliefern wollten, und jene, die nach Macht streben.
Frage: Wie lässt sich beweisen, dass unser System gut ist?
Antwort: Mit positiven Tatsachen.
Frage: Welche sind jene positiven Tatsachen?
Antwort: Die Abschaffung der Sklaverei, ohne den Besitzern zu schaden, und die Anerkennung der öffentlichen Dienste als gemeinsame Aufgabe bei vollständiger Aufhebung der Abgaben.
Frage: Kann ein Staat ohne Einkünfte existieren?
Antwort: Nein, aber die Abgaben können derart reduziert werden, dass ihre Zahlung niemanden schmerzt.
Frage: Wie lässt sich das in Paraguay durchführen?
Antwort: Indem wir alle Gemeinschaftsarbeit leisten, die kommunalen Ländereien zum Wohle der Öffentlichkeit bewirtschaften und unsere Bedürfnisse begrenzen, wie es uns unser göttlicher Lehrmeister Jesus Christus gebietet.
Frage: Welche Folgen wird dieses System mit sich bringen?
Antwort: Glückseligkeit, die wir durch die stete Wachsamkeit gegenüber den Unternehmungen der Bösen erhalten werden.

Frage: Wird dieses System lange Zeit überdauern?
Antwort: Gott wird es bewahren, so lange es brauchbar ist. Amen.

Aus: Julio César Chaves: *El supremo dictador. Biografía de José Gaspar de Francia*, Buenos Aires: Ediciones Nizza 1958, S. 184–185.

Q 23   Die erste Verfassung von Ecuador (1830)

Nach dem Zerfall Groß-Kolumbiens 1830 entstand der neue Staat Ecuador, der sich noch im selben Jahr eine Verfassung gab. Sie wurde von Präsident Juan José Flores (1800–1864), einem aus Venezuela stammenden General, unterzeichnet, der die Politik des Landes bis 1845 entscheidend beeinflusste. Trotz der Besonderheiten dieses Falles sind zentrale Inhalte des Dokuments wie das Bekenntnis zur republikanischen Staatsform, die Definition des Territoriums, der Staatsreligion und des Staatsvolks beispielhaft für die lateinamerikanischen Verfassungsvorstellungen des frühen 19. Jahrhunderts. Von der Verfassungswirklichkeit unterschieden sich diese Vorstellungen erheblich in einem Land, in dem die Tributzahlungen der Indigenen den Großteil der Staatseinnahmen ausmachte, nur rund 5% der Bevölkerung wählen durfte und politische Auseinandersetzungen militärisch entschieden wurden.

Im Namen Gottes, des Schöpfers und Gesetzgebers der Gesellschaft
   Wir, die im Kongress versammelten Repräsentanten des Staates Ecuador, von der Absicht geleitet, jene Regierungsform festzulegen, welche dem Willen und dem Bedürfnis der Völker, die wir repräsentieren, angemessen ist, haben die nachstehende Verfassung des Staates Ecuador beschlossen.

Kapitel I: Über den Staat Ecuador
Abschnitt II: Vom Territorium des Staates Ecuador, seiner Regierung und Religion

Artikel 6
Das Territorium des Staates umfasst die drei Bezirke Ecuadors in den Grenzen des vormaligen Königreichs Quito.

Artikel 7
Die Regierung des Staates von Ecuador geht vom Volke aus, ist repräsentativ, alternierend und verantwortungsbewusst.

Artikel 8
Die römisch-katholisch apostolische Religion ist Staatsreligion. Es ist die Pflicht des Staates unter Anwendung des Patronats, sie zu schützen und andere auszuschließen.

Abschnitt III: Von den Ecuadorianern, ihren politischen Rechten und Pflichten

Artikel 9
Ecuadorianer sind:
   1. jene, welche in eben jenem Territorium geboren wurden samt ihrer Nachkommen;
   2. Einheimische der anderen Staaten Kolumbiens, welche eingebürgert wurden;
   3. Mitglieder des Militärs, welche ihren Dienst für Ecuador zum Zeitpunkt der Unabhängigkeitserklärung leisteten;
   4. Ausländer, die in eben jener Zeit Bürger waren;
   5. Ausländer, die aufgrund ihrer Verdienste für das Land den Status von Einheimischen erwerben;

6. jene Einheimische, die ihren Wohnsitz in einem anderen Land hatten und nun zurück-kehren und vor der Autorität, die das Gesetz festlegt, den Willen kundtun, ihren angestammten Wohnsitz wiederzuerlangen.

Artikel 10
Die Pflichten der Ecuadorianer umfassen: Gesetze und Autoritäten zu achten, dem Vaterland zu dienen und es zu verteidigen sowie bescheiden und gastfreundlich zu sein.

Artikel 11
Die Rechte der Ecuadorianer umfassen die Gleichheit vor dem Gesetz sowie dieselben Rechte zu wählen oder auf öffentliche Ämter gewählt zu werden, sofern man die angemessene Eignung besitzt.

Artikel 12
In den Genuss der Bürgerrechte gelangt, wer folgende Bedingungen erfüllt:
1. wer verheiratet ist oder das zweiundzwanzigste Lebensjahr vollendet hat;
2. wer Grundeigentum oder Vermögen im Werte von 300 Pesos besitzt oder einen Beruf ausübt oder nützlichem Handwerk nachgeht, ohne jedoch als Hausangestellter oder Tagelöhner einem anderen unterworfen zu sein;
3. wer des Lesens und Schreibens mächtig ist. [...]

Kapitel IV: Über die Exekutive
Abschnitt I: Vom Staatsoberhaupt

Artikel 32
Die Exekutive wird von einem Amtsinhaber mit der Bezeichnung Staatspräsident von Ecuador ausgeübt. Im Falle seines Todes, seines Rücktritts, seiner physischen oder moralischen Unfähigkeit oder jeglicher zeitweiliger Verhinderung wird sie vom Vizepräsidenten ausgeübt, und bei dessen Ausfall vom Präsidenten des Kongresses, und sollte dieser nicht einberufen sein, dann vom Letzten, der im Kongress die Präsidentschaft inne hatte. In diesem Fall wählt der nächste Kongress einen neuen Staatspräsidenten und Vizepräsidenten.

Artikel 33
Um das Amt des Präsidenten oder Vizepräsidenten auszuüben, sind folgende Voraussetzungen zu erfüllen:
1. von Geburt an Ecuadorianer zu sein. Diese Vorschrift schließt jene Kolumbianer nicht aus, welche zum Zeitpunkt der Unabhängigkeitserklärung dem Land dienten, für den Staat Ecuador herausragende Dienste geleistet haben, mit einer in Ecuador geborenen Frau verheiratet sind und Eigentum im Wert von 30.000 Pesos besitzen;
2. [mindestens] dreißig Jahre alt zu sein;
3. über allgemeines Ansehen aufgrund des eigenen guten Verhaltens zu verfügen.

Artikel 34
Der Präsident verbleibt vier Jahre im Amt und kann nicht wiedergewählt werden, bis zwei verfassungsmäßige Perioden verstrichen sind.

Artikel 35
Die Aufgaben des Staatspräsidenten sind:
1. die innere Ordnung und äußere Sicherheit des Staates zu schützen;
2. den Kongress in regelmäßigen Abständen einzuberufen sowie in Ausnahmen, wenn der Zustand des Vaterlandes es erfordert;
3. die Gesetze und Dekrete des Kongresses zu bestätigen und Anweisungen zu ihrer Umsetzung zu geben;

4. über die nationale Miliz zum Schutze der inneren Sicherheit und über die Armee zur Landesverteidigung zu verfügen und sie persönlich unter ausdrücklicher Zustimmung des Kongresses anzuführen [...].

Kapitel VIII: Über die Bürgerrechte und Garantien

Artikel 57
Magistrate, Richter und Beamte können ihres Amtes nicht enthoben werden außer aufgrund eines Gerichtsurteils und können nicht einmal suspendiert werden außer aufgrund von rechtswirksam vollzogenen Anklagen. Jeder Beamte haftet für sein Verhalten bei der Ausübung seines Amtes.

Artikel 58
Kein Bürger darf seines Rechtes beraubt werden, nicht durch ein Gericht, eine Sonderkommission oder ein Gesetz verurteilt zu werden, die erst nach der Straftat geschaffen wurden. Die Sonderrechte der Kirche, des Militärs und des Handelsgewerbes bleiben bestehen. [...]

Artikel 62
Niemand darf seines Eigentums beraubt werden, noch darf dieses ohne sein Einverständnis und ohne angemessene Entschädigungen gemäß verständigem Urteil zu öffentlichen Zwecken herangezogen werden. Niemand ist dazu verpflichtet, persönliche Dienste abzuleisten, welche nicht vom Gesetz vorgeschrieben sind. Alle besitzen die Freiheit, Handel und Gewerbe zu betreiben, welche nicht gegen die guten Sitten verstoßen. [...]

Artikel 64
Jeder Bürger besitzt die Freiheit, seine Gedanken mittels der Presse zu äußern und zu publizieren, sofern dabei der Anstand und die öffentliche Moral gewahrt bleiben und er sich immer der gesetzlichen Verantwortung unterwirft.

Artikel 65
Das Haus eines Bürgers ist ein unverletzlicher Zufluchtsort, so dass es abgesehen von außerordentlichen Umständen und unter Beachtung der durch das Gesetz vorgesehenen Auflagen verboten ist, Hausfriedensbruch zu begehen. [...]

Artikel 68
Dieser verfassungsgebende Kongress ernennt die ehrwürdigen Gemeindepriester zu Vormündern und natürlichen Vätern (*padres naturales*) der Eingeborenen, [die Priester sollen] ihr Werk der Barmherzigkeit zugunsten jenes einfältigen, verwerflichen und armseligen Standes verrichten. [...]

Aus: Constitución de 1830, in: Ramiro Borja y Borja: *Las constituciones del Ecuador*, Madrid: Ediciones Cultura Hispánica 1951, S. 105–123.

Q 24   Caudillismus in Argentinien (1845)

Domingo Faustino Sarmiento (1811–1888), der spätere Präsident Argentiniens (1868–1874), schrieb 1845 im chilenischen Exil den für die argentinische Nationalidentität bedeutendsten Roman, der auch als erster klassischer lateinamerikanischer Roman überhaupt bezeichnet wurde. Der junge Journalist attackierte aufs Schärfste die Diktatur von Juan Manuel Rosas (1793–1877), der ab 1835 als Führer der Föderalisten eine weitgehende Alleinherrschaft errichtete, die sich zumindest anfänglich auf die Gauchos (Bewohner der Pampa) und die städtischen

Unterschichten stützte. Sarmiento verglich Rosas mit Facundo Quiroga (1788–1835), dem bedeutendsten Caudillo der Bürgerkriege nach der Unabhängigkeit. In beiden, Facundo wie Rosas, sah Sarmiento die Verkörperung von Barbarei und Fortschrittsfeindlichkeit, die Argentinien daran hinderten, ein moderner, zivilisierter und prosperierender Nationalstaat zu werden.

Furchtbarer Schatten Facundos, ich werde dich beschwören, damit du den blutigen Staub, der deine Asche bedeckt, abschüttelst und aufstehst, uns das verborgene Leben und die inneren Konvulsionen zu erklären, welche die Eingeweide eines edlen Volkes zerreißen! Du besitzt das Geheimnis: Enthülle es uns! Noch immer, zehn Jahre nach deinem tragischen Tode, behaupten der Mann aus der Stadt und der Gaucho aus den Llanos, wenn sie die Wüste nach verschiedenen Richtungen queren: »Nein, er ist nicht gestorben! Er lebt noch! Er wird wiederkommen!« In der Tat! Facundo ist nicht gestorben; er lebt in den Überlieferungen des Volkes, in der Politik und den Revolutionen Argentiniens; er lebt in Rosas, seinem Erben und Vollender: In diese andere, vollständigere, vollkommenere Gestalt ist er übergegangen. Was bei Facundo nichts weiter war als Instinkt, Beginn oder Tendenz, hat sich bei Rosas in System, Zweck und Effizienz verwandelt. Das ländliche, koloniale und barbarische Naturell, bei dieser Metamorphose zu Kunst, zu System und zu regelrechter Politik geworden, konnte sich daher vor aller Welt als Wesensart eines Volkes präsentieren, verkörpert in einem Mann, der mit den Allüren eines Genies über Ereignisse, Menschen und Dinge herrscht. An die Stelle Facundos, des barbarischen, tapferen und kühnen Hinterwäldlers, ist Rosas getreten, Sohn des kultivierten Buenos Aires, ohne selbst kultiviert zu sein; Rosas, der Falsche, eisiges Herz und berechnender Geist, der ohne Leidenschaft das Böse tut und mit dem ganzen Scharfsinn eines Machiavell allmählich die Despotie errichtet. Diesem Tyrannen ohnegleichen in der heutigen Welt – warum verweigern ihm seine Feinde den Titel eines »Großen«, den seine Hofschranzen ihm reichlich spenden? Jawohl, groß ist er, übergroß zum Ruhme und zur Schande seines Vaterlandes, denn hat er auch Tausende heruntergekommener Existenzen gefunden, die sich vor seinen Karren spannen lassen und diesen über Leichenberge schleifen, so leben doch Tausend hochherziger Seelen, die selbst nach fünfzehn blutigen Kampfesjahren die Hoffnung nicht preisgegeben haben, jenes Ungeheuer zu bezwingen, das uns den politischen Aufbau der Republik als Rätsel aufgibt. Eines Tages wird dieses endlich gelöst werden; und die argentinische Sphinx, halb Weib aus Feigheit, halb Tiger aus Blutdurst, wird zu Füßen der Republik verröcheln und dem Theben des Río de la Plata den hohen Rang zugestehen, der ihm unter den Nationen der Neuen Welt gebührt. [...]

Verdient es etwa keine Untersuchung, dieses Schauspiel der Argentinischen Republik, wenn sie nach zwanzig Jahren innerer Konvulsionen und organisatorischer Experimente aller Art aus der Tiefe ihrer Eingeweide, aus dem Grunde ihres Herzens schließlich einen zweiten Dr. Francia hervorbringt, und zwar in der Person von Rosas, nur größer, dreister und feindseliger, sofern überhaupt möglich, gegen die Ideen, Sitten und zivilisatorischen Errungenschaften der europäischen Völker? Lässt er etwa nicht den gleichen Hass gegen alles Ausländische erkennen, die gleiche Vorstellung von Regierungsgewalt, die gleiche trotzige Unverfrorenheit gegen die Missbilligung der ganzen Welt, und darüber hinaus die wilde Urtümlichkeit, die kalte Grausamkeit und die unerschütterliche Entschlossenheit bis hin zur Aufopferung des eigenen Vaterlandes, wie einst Sagunt und Numantia, oder bis hin zum Verzicht auf den Titel einer kultivierten Nation, wie einst das Spanien Philipps II. und seines Großinquisitors Torquemada? Ist dies eine zufällige Laune, eine vorübergehende Abweichung, geschuldet dem Auftritt eines machtvollen Genies auf der Bühne, ähnlich wie Planeten, durch die Nähe eines anderen Himmelskörpers angezogen, von ihrer Bahn abweichen, ohne sich ganz der Gravitation des eigenen Rotationsmittelpunkts zu entziehen, bis dieser bald darauf die Vorherrschaft wiedererlangt und sie auf die gewohnte Umlaufbahn zurückbringt? [...]

Das ist hier die Frage: *wild* oder nicht wild sein. Ist Rosas in diesem Sinne womöglich kein Einzelfall, keine Verirrung, keine Ungeheuerlichkeit? Ist er im Gegenteil womöglich ein Ausdruck gesellschaftlicher Verhältnisse, eine Formel für die Wesensart eines Volkes? Warum bekämpft ihr ihn dann so hartnäckig, wenn er doch schicksalhaft, unausweichlich, natürlich und logisch ist? Mein Gott! Wozu bekämpft ihr ihn? – Andererseits: Ist dieses Unterfangen etwa nur deshalb absurd, weil es so mühsam ist? Soll man dem Bösen etwa nur deshalb resigniert das Feld überlassen, weil es triumphiert? Sind Zivilisation und Freiheit heutzutage etwa nur deshalb schwach, weil Italien unter dem Joche aller möglichen Despotien seufzt, oder weil Polen überall in der Welt um ein wenig Brot und ein wenig Freiheit bettelt? Warum bekämpft ihr ihn? – Haben wir etwa nicht überlebt und sind wir nicht immer noch lebendig nach so vielen Katastrophen? Oder haben wir etwa unseren Sinn für Gerechtigkeit und für die Zukunft unseres Vaterlandes nur deshalb verloren, weil wir ein paar Schlachten verloren haben? Wie? Bleiben etwa auch die Ideen unter den Gefechtstrümmern begraben? Sind wir denn frei, anderes zu tun, als was wir tatsächlich tun, genau so, wie auch Rosas kein anderer sein kann, als er ist? Gibt es in diesen Kämpfen der Völker nichts, was auf eine Vorsehung deutet? Ist jemals der Triumph demjenigen zugefallen, der kein Durchhaltevermögen kennt? Und außerdem: Sollen wir eine der am meisten begünstigten Landschaften Amerikas den Verheerungen der Barbarei überlassen und hundert schiffbare Flüsse den Wasservögeln, die dort *ab initio* als einzige still ihre Bahnen ziehen? [...]

Aus: Domingo Faustino Sarmiento: *Civilización i barbarie. Vida de Juan Facundo Qiroga*, Santiago de Chile: Imprenta del Progreso 1845. Zit. nach: Domingo Faustino Sarmiento: *Barbarei und Zivilisation. Das Leben des Facundo Quiroga*, Übers. Berthold Zilly, Frankfurt a. M.: Eichborn 2007, S. 9–15.

Q 25   Der Mexikanisch-Amerikanische Krieg (1847)

Nachdem 1845 das ehemals mexikanische Texas in die USA aufgenommen worden war, kam es aufgrund weiterer US-amerikanischer Gebietsansprüche zwischen 1846 und 1848 zum Mexikanisch-Amerikanischen Krieg. Als Veracruz von US-Truppen besetzt wurde, richtete Mexikos Präsident und Oberbefehlshaber Antonio López de Santa Anna (1794–1876) am 31. März 1847 eine Ansprache an das mexikanische Volk, in der er zum vereinten Widerstand aufforderte. Dennoch zogen die US-Amerikaner im September 1847 unter General Winfield Scott in Mexiko-Stadt ein. Als Folge des Krieges verzeichneten die USA große Gebietszuwächse. Die Rede stammt aus der Kriegschronik des mexikanischen Historikers Carlos María de Bustamante, der sein Werk in die Tradition von Bernal Díaz del Castillo stellte, des ersten Chronisten Mexikos und Begleiter des Hernán Cortés.

Mexikaner! Veracruz ist schon in den Händen des Feindes. Es ist nicht dem Gewicht des Mutes der Amerikaner, nicht einmal dem Einfluss ihres Reichtums erlegen... Wir selber, so beschämend es auch sein mag, dies zu sagen, haben diese kläglichste Schande mit unserer unendlichen Zwietracht heraufbeschworen.

Die Regierung schuldet uns die volle Wahrheit, Ihr seid Schiedsrichter des Schicksals unseres Vaterlandes: Wenn es sich verteidigen muss, seid Ihr diejenigen, die den Triumphmarsch des Feindes aufhalten werden, der Veracruz besetzt hält. Wenn er einen Schritt weitergeht, würde die nationale Unabhängigkeit im Schlund der Vergangenheit versinken. Ich bin entschlossen, zum Zusammentreffen mit dem Feind aufzubrechen. Was ist das durch die nationale Dankbarkeit geadelte Leben, wenn das Vaterland eine Kränkung erleidet, deren Makel auf der Stirn eines jeden Mexikaners sichtbar sein wird? Meine Pflicht ist es, mich zu opfern, und diese weiß ich auch zu erfüllen. Wenn etwa die amerikanischen Heerscharen durch die Hauptstadt des Aztekischen Reiches ziehen... Ich muss einer solchen Schande nicht beiwohnen, weil ich entschlossen bin, vorher kämpfend zu sterben.

Die höchsten Augenblicke der Mexikanischen Republik sind angebrochen. So ruhmreich ist es, kämpfend zu sterben, anstatt sich kampflos für besiegt zu erklären und von einem Feind besiegt zu sein, dessen Raubgier so weit von Mut und Großzügigkeit entfernt ist.

Mexikaner! Habt Ihr Religion? Schützt sie. Habt Ihr Ehre? Befreit Euch von der Ehrlosigkeit. Liebt Ihr Eure Frauen, Eure Kinder? Befreit sie von der amerikanischen Brutalität. Aber es sind die Taten, nicht leere Bitten und unergiebige Wünsche, die dem Feind entgegengestellt werden müssen. Die nationale Sache ist endlos gerecht. Warum scheint Gott sie verlassen zu haben? Seine Wut wird sich legen, wenn wir als Buße unserer Verbrechen die Gefühle einer ernst gemeinten Einheit und eines wahrhaften Patriotismus an den Tag legen. So wird der Unvergängliche unsere Anstrengungen segnen, und wir werden unbezwingbar sein, denn was zählen acht- oder zehntausend Amerikaner gegen die Entschlossenheit von acht Millionen Mexikanern, wenn sie das Instrument der göttlichen Gerechtigkeit sein sollen? Vielleicht spreche ich zum letzten Mal zu Euch [...], glaubt mir um Gottes Willen! Wankt nicht zwischen Tod und Sklaverei, und wenn der Feind uns besiegt, soll er wenigstens den Heldenmut unserer Verteidigung anerkennen. Es ist bereits an der Zeit, dass jedweder Gedanke aufhört, der nicht der gemeinsamen Verteidigung gilt; die Stunde der Opfer hat begonnen... Wacht auf... Ein Grab tut sich unter Euren Füßen auf! Erobert zumindest einen Lorbeerkranz, um ihn darauf zu legen.

Die Nation stirbt noch nicht, ich schwöre es... Ich bin für den Triumph von Mexiko verantwortlich, wenn denn eine einmütige und ernsthafte Anstrengung meinen Wünschen zur Seite steht. Tausend Dank dem unheilvollen Geschehnis von Veracruz! Wenn das Feuer jenes Platzes den Enthusiasmus, die Würde und die edelmütige Leidenschaft eines wahren Patriotismus in der mexikanischen Brust entfacht, wird das Vaterland würdig gerettet werden. Wenn es aber unterliegt, wird es seine Schmach und seine Kränkung den Egoisten hinterlassen, die es nicht verteidigen wollten, denen, die verräterisch mit ihren privaten Kämpfen fortfuhren und die nationale Flagge zertrampelten. Mexikaner! Das Schicksal des Vaterlandes hängt von Euch ab. Ihr, nicht die Amerikaner, entscheidet es: Veracruz schreit nach Rache. Folgt mir, um seine Schmach auszuwetzen.

Aus: Carlos María de Bustamante: *El nuevo Bernal Díaz del Castillo, o sea, la historia de la invasión de los angloamericanos en México*, Mexiko-Stadt: Consejo Nacional para la Cultura y las Artes 1990 [1847], S. 368–370.

Q 26   Die mexikanischen Konservativen (1853)

Einen Überblick über wichtige Aspekte des zeitgenössischen Denkens der lateinamerikanischen Konservativen in der Mitte des 19. Jahrhunderts bietet der Mitbegründer und Chefideologe der mexikanischen Konservativen Lucas Alamán (1792–1853) in seinem Schreiben an General Antonio López de Santa Anna vom 23. März 1853. Die Konservativen sahen in Santa Anna, der gerade aus seinem kolumbianischen Exil zurückkehrte, die Rettung in einer von ihnen als chaotisch empfundenen politischen Situation unter Präsident Mariano Arista. Da sie Santa Anna jedoch aufgrund von Erfahrungen während seiner vorangegangenen Amtszeiten als Präsident nicht vertrauten, hielt es Lucas Alamán für angebracht, ihm darzulegen, welche Art der Politik seine Partei erwarten und unter welchen Bedingungen sie ihn bei seinen Unternehmungen unterstützen würde.

Sehr geehrter Herr, und mit meiner ganzen Hochachtung: In dem Brief, den ich von Herrn Coronel Don Manuel Escobar an Sie habe schreiben lassen, habe ich Ihnen die Gründe auseinandergelegt, die mich dazu veranlasst haben, den Briefwechsel zu unterbrechen, den wir während Ihres Aufenthalts auf Jamaika geführt haben, und ich habe Ihnen einen Eindruck davon vermittelt, was für Sie wichtig ist zu wissen hinsichtlich dessen, was sich hier zugetragen hat und zuträgt. Außerdem habe ich gebilligt, dass derselbe Herr Escobar Sie im Einzelnen über all das unterrichtet, was er seinerseits gesehen und erlebt hat. Der vorliegende Brief nun dient als Beglaubigungsschreiben, damit der Freund Don Antonio Haro, der ihn überbringen wird,

Ihnen genauer die Voraussetzungen darlegt, unter denen die sogenannte Konservative Partei Ihnen und dem Land gegenübersteht. Wir meinen, dass Sie diese Berichte von keiner Person empfangen können, die Ihnen dankbarer wäre und in die Sie noch größeres Vertrauen haben könnten oder die für uns sicherer wäre, da Herr Haro mit uns in allen Meinungen und Wünschen übereinstimmt. Eventuell wird ihn ein weiterer Freund begleiten, den Ihnen Herr Haro aber selbst vorstellen wird. Da die Konservativen nicht wie eine Freimaurerloge organisiert sind, dürfen Sie nicht denken, dass Herr Haro für die Gruppe spricht, die ihn entsandt hat; vielmehr sind alle untereinander verbunden, die derselben Meinung anhängen, so dass wir uns verstehen und von einem bis zum anderen Ende der Republik in Übereinstimmung handeln, und so können Sie all das, was er Ihnen sagt, als zusammengefasste Meinung aller Besitzenden, des Klerus und all derer, die das Wohl des Vaterlandes wollen, auffassen. [...]

Unsere Gesandten werden Sie im Gegensatz zu all diesen anderen [politischen Gesandten] um nichts bitten und auch nichts vortäuschen; sie werden Ihnen lediglich die Grundsätze darlegen, zu denen sich die Konservativen bekennen und denen alle rechtschaffenen Leute durch allgemeine Veranlassung folgen. An erster Stelle steht die Bewahrung der katholischen Religion, weil wir an sie glauben und weil, selbst wenn wir sie nicht für göttlich halten, wir sie als einziges gemeinsames Band betrachten, das alle Mexikaner verbindet, wenn alle anderen zerrissen sind, und das als einziges fähig ist, die hispanoamerikanische Rasse zu erhalten und vor den großen Gefahren zu bewahren, denen sie ausgesetzt ist. Wir finden ebenfalls, dass es eine Notwendigkeit ist, den prachtvollen Kultus und die kirchlichen Güter zu bewahren und all das die Kirchenverwaltung Betreffende mit dem Papst zu regeln, aber es ist nicht wahr, wie einige Zeitungen behauptet haben, um uns in Misskredit zu bringen, dass wir die Inquisition oder Verfolgungen wollen, obwohl uns scheint, dass die Verbreitung gottloser und unmoralischer Werke durch die öffentliche Autorität verhindert werden sollte. Wir wünschen, dass die Regierung die nötige Macht hat, um ihre Pflichten zu erfüllen, allerdings unter dem Vorbehalt von Grundsätzen und Verantwortlichkeiten, die Missbräuche verhindern sollen, so dass diese Verantwortung tatsächlich durchgesetzt wird und nicht illusorisch bleibt. Wir sind entschieden gegen die Föderation, gegen das repräsentative System auf der Basis von Wahlen, das man bis jetzt betrieben hat; gegen die gewählten Gemeindeverwaltungen und gegen all das, was sich Volkswahl nennt, solange es nicht auf anderen Grundlagen beruht. Wir halten eine neue Gebietsaufteilung für notwendig, die die gegenwärtige Form des Staates gänzlich verändern und vergessen machen soll und die eine ordentliche Verwaltung erleichtern soll, wobei dies das wirksame Mittel ist, damit die Föderation nicht wieder auflebt. Wir denken, dass für die Bedürfnisse des Landes ein Heer von ausreichendem Umfang aufgestellt werden muss, wobei eines der wesentlichsten Bedürfnisse die Verfolgung der umherwütenden Indianer und die Sicherheit der Verkehrswege ist. Dieses Heer muss aber zu den Mitteln, die es zu seiner Unterhaltung gibt, in einem angemessenen Verhältnis stehen, weswegen ein anderes, sehr viel umfangreicheres Reserveheer organisiert werden soll, ähnlich den alten Provinzmilizen, die in Friedenszeiten wenig oder nichts kosteten und im Kriegsfalle bereit standen. Wir sind davon überzeugt, dass ein Parlament nichts von alldem umsetzen kann, und wir wünschen, dass Sie dies umsetzten, wobei Sie von einigen wenigen Ratgebern unterstützt werden würden, die ihre Arbeiten vorbereiten würden. Das sind die wesentlichen Punkte unserer Politik, die offen und treu darzulegen wir schuldig waren, da wir weit davon entfernt sind, ein Geheimnis aus unseren Ansichten zu machen. Um diese Ideen zu verwirklichen, kann man mit der öffentlichen Meinung rechnen, die entschieden für diese Ideen ist und die wir durch die wichtigsten Zeitungen der Hauptstadt und der Bundesstaaten, die alle uns gehören, lenken. Wir rechnen mit der moralischen Unterstützung, die aus der übereinstimmenden Meinung des Klerus, der Besitzenden und aller vernünftigen Leute herrührt, die derselben Richtung angehören. [...] Alle betreffenden Punkte, die in Form einer provisorischen Verfassung abgefasst werden können, werden geregelt sein, damit, wenn Sie diese Grundsätze übernehmen sollten, Sie sie bei Ihrer Ankunft hier ausgefertigt vorfinden. Sie werden sehen, dass dieselben Ideen von einer großen Zahl von Gemeindevertretungen und Einwohnern der Ortschaften befürwortet werden, die Sie zweifelsohne empfangen, und wir glauben, dass die Gremien der verschiedenen Körperschaften, die Sie bei Ihrer Ankunft in der Hauptstadt beglückwünschen werden, Ihnen dieselbe Meinung bekunden werden. Wir glauben auf der anderen Seite, dass, was auch immer Ihre Überzeugungen sein sollten, Sie ständig umgeben sind von Männern, die nichts anderes zu tun haben, als Ihnen zu schmeicheln; wir jedoch müssen uns weder so verhalten noch mit derartigen Waffen kämpfen. Wir befürchten ebenfalls, dass einige Regierungsgeschäfte durchgeführt werden, von denen Sie vielleicht beeindruckt sind, weil Sie sie nicht genügend geprüft haben, die aber zu kostspielig für die Republik wären, derweil der hoffnungsloseste Teil unerledigt bleibt, der für sich allein ausreichen würde, Ihr Ansehen zu zerstören. Wir befürchten nicht weniger, dass Sie sich nach Tacubaya zurückziehen werden, sobald Sie angekommen sind, wodurch es sehr erschwert wird, Sie zu sehen, da es sehr umständlich für alle ist, dort hinzufahren. Außerdem befürchten wir, dass Sie sich letztendlich nach Manga de Clavo begeben und die Regierung in Händen zurücklassen werden, die die Autorität lächerlich machen und Sie schließlich zu Fall bringen werden, wie es bereits geschehen ist. Nun haben Sie vor Augen, was wir wünschen, womit wir rechnen und was wir befürchten. Wir glauben, dass Sie für dieselben Ideen stehen, aber wenn es nicht so sein sollte, befürchten wir, dass es ein großes Übel für die Nation und auch für Sie sein wird. In diesem Falle ersuche ich Sie, diesen Brief zu verbrennen und sich nie wieder an ihn zu erinnern. Es liegt in Ihren Händen, Herr General, Ihr Vaterland glücklich zu machen und sich mit Ruhm und Segen zu überhäufen. Herr Haro wird Ihnen detailliertere Auskünfte über alle diese Punkte geben: Ich habe mich schon zu sehr ausgelassen gegenüber einem, der im Begriff ist zurückzukehren und sich von Glückwünschen umgeben finden wird. Wir wünschen Ihr rasches Kommen, damit Sie die vielen Missstände beenden, die alles gefährden. Mir bleibt nur noch, Ihnen viel Glück für Ihre Reise zu wünschen, dass Sie glücklich in dieser Hauptstadt ankommen und die Hoffnungen erfüllen, die alle Guten schöpfen. Ich verbleibe hochachtungsvoll und ergeben, Lucas Alamán.

Aus: Plan de los conservadores, expuesto por Lucas Alamán en una carta dirigida en marzo 1853 al General Santa Anna, que desembarcaba procedente de Colombia, llamado por el movimiento militarista que había depuesto a Arista (23 de marzo de 1853), in: Román Iglesias González (Hg.): *Planes políticos, proclamas, manifiestos y otros documentos de la independencia al México moderno, 1812–1940*, Mexiko-Stadt: UNAM 1998, S. 301–304.

Q 27   Die kolumbianischen Liberalen (1863)

Nach einem zweijährigen Bürgerkrieg zwischen Liberalen und Konservativen in Kolumbien konnte 1863 der radikale Flügel der Liberalen eine neue Verfassung durchsetzen, die die akademischen Theorien des Liberalismus fast in Reinform umsetzte, ohne die sozialen Realitäten Kolumbiens in Betracht zu ziehen. Die Verfassung von 1863 kann als extremster Ausdruck liberaler Forderungen nach föderaler Ordnung und persönlichen Freiheitsrechten gelten, der schon Zeitgenossen beeindruckte. In der politischen Praxis verhinderte sie die staatliche Integration Kolumbiens, in wirtschaftlicher Hinsicht begünstigte sie vor allem die Großexporteure, ohne einen nationalen Markt zu schaffen, und trug durch Säkularisierung und die Trennung von Staat und Kirche zur weiteren Spaltung des Landes bei.

Kapitel I: Die Nation

Artikel 1

Die souveränen Staaten von Antioquia, Bolívar, Boyacá, Cauca, Cundinamarca, Magdalena, Panama, Santander und Tolima, die durch die jeweiligen Beschlüsse vom 27. Februar 1855, 11. Juni 1856, 13. Mai 1857, 15. Juni desselben Jahres, 12. April 1861 und 3. September desselben Jahres gegründet worden sind, schließen sich zusammen und verbünden sich auf Dauer, beraten sich zur äußeren Sicherheit und zu gegenseitigem Beistand und bilden unter dem Namen »Vereinigte Staaten von Kolumbien« eine freie, souveräne und unabhängige Nation. [...]

Kapitel II: Grundlagen der Union
Abschnitt II: Garantie der Persönlichkeitsrechte

Artikel 15

Die wesentliche und unveränderliche Grundlage der Union zwischen den Staaten ist seitens der gemeinsamen Regierung und der Regierungen jedes der einzelnen Staaten die Anerkennung und die Gewährleistung der Persönlichkeitsrechte, die den Einwohnern und Gästen in den Vereinigten Staaten von Kolumbien zustehen, nämlich:

1. die Unverletzlichkeit des menschlichen Lebens, weswegen die gemeinsame Regierung und die der Staaten sich dazu verpflichten, in ihren Gesetzen nicht die Todesstrafe zu verhängen.

2. nicht zu einer Haftstrafe von mehr als zehn Jahren verurteilt zu werden.

3. die individuelle Freiheit, die keine anderen Grenzen als die Freiheit eines Anderen hat, also die Möglichkeit, all das zu tun oder zu lassen, dessen Ausübung oder Unterlassung einem anderen Individuum oder der Gemeinschaft keinen Schaden zufügt.

4. die persönliche Sicherheit in der Form, dass sie nicht ungestraft von einem anderen Individuum oder der öffentlichen Gewalt verletzt wird. Weder darf man gefangen oder in Gewahrsam genommen werden außer aus kriminellem Grund oder wegen Zuchthausstrafe, noch darf man durch Kommissionen oder außerordentliche Gerichte verurteilt werden, noch bestraft werden, ohne in einem Prozess angehört oder verurteilt zu werden, und all dies kraft der zuvor bestehenden Gesetze.

5. das Eigentum; von ihm darf man nicht enthoben werden, es sei denn durch Strafe oder allgemeine Steuer nach Maßgabe der Gesetze, oder wenn es irgendein schwerwiegender Grund der öffentlichen Notwendigkeit erfordert, der bei vorausgehender Entschädigung richterlich erklärt wird.

Im Kriegsfall muss die Entschädigung nicht im Voraus geleistet werden, und die Notwendigkeit zur Enteignung kann ohne richterlichen Beschluss erklärt werden. [...]

6. die absolute Freiheit der Presse und des Umlaufs von Drucksachen, seien es nationale oder ausländische.

7. die Freiheit, seine Gedanken ohne irgendeine Beschränkung mündlich oder schriftlich zu äußern.

8. die Freiheit, im Gebiet der Vereinigten Staaten zu reisen und dieses zu verlassen, ohne in Friedenszeiten einen Pass oder die Erlaubnis irgendeiner Behörde zu benötigen, vorausgesetzt, dass die richterliche Behörde keinen Haftbefehl gegenüber dem Individuum ausgestellt hat.

In Kriegszeiten kann die Regierung Pässe der Individuen verlangen, die durch Orte reisen, die Schauplatz militärischer Handlungen sind.

9. die Freiheit, jedes Gewerbe auszuüben und zu arbeiten, ohne das Gewerbe eines anderen zu beanspruchen, wobei vorübergehend die Gesetze für die Urheber nützlicher Erfindungen das gewerbliche Eigentum garantieren sollen, und ohne sich die Gewerbe anzumaßen, die sich die Union und die Staaten als Rentenabgaben vorbehalten, und ohne die Kommunikationswege zu behindern oder die Sicherheit und Integrität anzugreifen.

10. die Gleichheit; und folglich ist es nicht gestattet, Privilegien oder rechtliche Vergünstigungen zu gewähren, die einzig im Interesse oder im Vorteil der Begünstigten liegen; noch dürfen spezielle Verpflichtungen auferlegt werden, die an sie gebundene Individuen in eine schlechtere Position bringen als andere.

11. die Freiheit, diejenige Ausbildung zu geben oder zu erhalten, die man für richtig hält, und zwar in Einrichtungen, die nicht mit öffentlichen Mitteln finanziert werden.

12. das Recht, eine schnelle Entscheidung zu erhalten auf Eingaben, die schriftlich an Gemeinderäte, Behörden und öffentliche Amtspersonen über jedweden Gegenstand öffentlichen oder privaten Interesses gerichtet werden.

13. die Unverletzlichkeit des Heimes und privater Schriftstücke; dergestalt, dass in dieses nicht eingedrungen werden darf und die Schriften nicht abgefangen und untersucht werden dürfen, außer durch eine berechtigte Behörde zu dem Zweck und unter den Auflagen, die das Gesetz vorschreibt.

14. die Freiheit, sich unbewaffnet zusammenzuschließen.

15. die Freiheit, Waffen und Munition zu besitzen und mit ihnen in Friedenszeiten zu handeln.

16. die freie öffentliche oder private Ausübung jedweder Religion; vorausgesetzt, dass keine mit der nationalen Souveränität unvereinbaren Handlungen ausgeübt werden oder dass sie zum Ziel haben, den Frieden zu stören. [...]

Aus: Constitución de los Estados Unidos de Colombia (8 de mayo de 1863), in: Diego Uribe Vargas (Hg.): *Las constituciones de Colombia. Textos 1810–1876.* Band 2, Madrid: Instituto de Cooperación Iberoamericana 1985, S. 1037–1067, hier 1037–1042.

Q 28   Der Paraguaykrieg I: Paraguayische Propaganda (1867)

Der Paraguaykrieg (1865–1870) oder Tripelallianz-Krieg zwischen Paraguay auf der einen und Brasilien, Argentinien sowie Uruguay auf der anderen Seite war einer der blutigsten Konflikte des 19. Jahrhunderts. Sein Ausgangspunkt war die Angst der paraguayischen Führung vor einer brasilianischen Vorherrschaft in Südamerika und der daraus erwachsenden Territorialansprüche. Das von dem charismatischen Militär Francisco Solano López (1826–1870) diktatorisch regierte Paraguay zögerte durch die totale Mobilisierung seiner Bevölkerung und Ressourcen die letztendlich vernichtende Niederlage jahrelang hinaus. Der Krieg bedeutete für Paraguay eine demografische Katastrophe und für die Gesellschaften der Tripelallianz, insbesondere für Brasilien, ein nationales Trauma, das dort in den folgenden Jahrzehnten republikanischen Strömungen Auftrieb verlieh und den gesellschaftlichen Einfluss der Armeen in der Region vergrößerte. 1867 gründete die paraguayische Regierung die Wochenzeitung »Centinela« (»Wachposten«) zur Stärkung der Kriegsmoral in Armee und Gesellschaft. Hier wurde der Krieg Paraguays gegen Brasilien zum Krieg von Freiheit gegen Sklaverei, von Republik gegen Monarchie stilisiert, wie der Artikel »Paraguays Tripelallianz« vom 25. April 1867 verdeutlicht.

Dem *Centinela*, dem nichts verborgen bleibt, ist die großartige Aufdeckung einer geheimen Allianz zu verdanken, die wir geschlossen haben, um die brasilianische zu bekämpfen.

Ich weiß, dass unsere Leser danach dürsten, die Identität unserer guten Verbündeten kennenzulernen, um ihnen einen Gruß zu übersenden, und genau das verdienen sie; denn ihre Allianz ist sehr wichtig.

Bis zum jetzigen Augenblick wusste man nicht, dass es diesen geheimen Pakt gab, und auf sehr merkwürdige Weise hat der *Centinela* ins Schwarze getroffen. Aber bevor wir berichten, wie er entdeckt wurde, erlösen wir die Leser von ihrer Neugier, die sie umtreibt.

Herr Arsenal, Herr Telegraf und Herr Eisenbahn. Diese drei republikanischen Staatsbürger demokratischer Abstammung, ohne Markgrafen- und Grafentitel oder sonstige Nichtigkeiten, mit denen unser sympathischer Triumvir [Brasilien] so reichlich bestückt ist, sind zusammen aufgewachsen. Jung und dank des Schutzes durch Marschall López von tadelloser Erziehung, schlagen sie sich tapfer für uns und vollbringen im Krieg Heldentaten.

Wir werden den von ihnen geschlossenen Vertrag, obwohl er geheim ist, veröffentlichen, ohne Angst vor einer weiteren an uns gerichteten Philippika wie jener, die eine gewisse Gestalt dem englischen Gesandten an den Kopf geworfen hat, weil er einen Schattenpakt bekannt gemacht hatte; denn das Licht ist der Feind des Verbrechens [gemeint ist der Beschwerdebrief des uruguayischen Außenministers Carlos de Castro an den britischen Premier Lord Russell, der den geheimen Tripelallianzvertrag im House of Commons veröffentlicht hatte].

Unsere drei guten Verbündeten haben ihren Bündnisvertrag mit folgendem Wortlaut geschlossen:

Im Namen der Freiheit Paraguays:

Wir, Herr Arsenal, Herr Telegraf und Herr Eisenbahn, die wir bei der Verteidigung unseres Vaterlandes Paraguay mitwirken wollen und unserem Schutzherrn, dem Herrn Marschall und Präsidenten der Republik Don Francisco Solano López, einen Beweis unserer Anerkennung liefern wollen, haben uns zusammengefunden, um einen Bündnisvertrag gegen die brasilianische Allianz zu schließen, dessen Grundlagen und Bedingungen die folgenden sind:

1. Wir verpflichten uns, gemeinsam gegen die Invasoren Paraguays Krieg zu führen.

2. Jeder der Vertragspartner verpflichtet sich, die für den nationalen Verteidigungskrieg notwendigen Mittel gemäß der folgenden Aufteilung zur Verfügung zu stellen:

Das Arsenal wird großkalibrige Kanonen gießen und Torpedos, Geschosse, mit Stahl gehärtete Kugeln, Bomben sowie alles für den Krieg Notwendige herstellen. Der Telegraf wird pausenlos in Betrieb sein und die Befehle des kommandierenden Generals in alle Richtungen übermitteln, und die Eisenbahn wird den Transport des benötigten Proviants sicherstellen.

Zu Urkund dessen unterzeichnen und signieren sie mit ihren jeweiligen Siegeln. Aufgesetzt in Asunción am Beginn unseres glorreichen Zeitalters.

Eisenbahn – Telegraf – Arsenal

Dies ist der knappe Vertrag unserer guten Verbündeten. Auf dass die Welt ihn sehe, damit sie über seine Lauterkeit und seinen guten Glauben urteilen möge. Er enthält keine Eroberungen, Zerstörung von Festungen, Entwaffnung, Landaufteilung, Reparationen, kein Protektorat und keine sonstigen Gaunereien dieser Gattung.

Es ist der Pakt der nationalen Verteidigung, die Union dreier mächtiger Kräfte; der *Industrie*, der Elektrizität und des Dampfes.

Es lebe das große Kriegsarsenal!

Es lebe der erhabene Telegraf!

Es lebe die unermüdliche Eisenbahn!

Aus: La triple alianza del Paraguay, in: *Centinela. Periódico serio-jocoso* 1, 1, Asunción (25. April 1867), S. 1.

Q 29   Der Paraguaykrieg II: Feindbilder (1867)

Neben zahlreichen rassistischen Darstellungen der brasilianischen Truppen, in denen viele Sklaven und Ex-Sklaven kämpften, und Illustrationen paraguayischer Triumphe druckte der »Centinela« während des Paraguaykriegs bevorzugt Karikaturen der gegnerischen Militärführer. Die Abbildung zeigt den brasilianischen Marinekommandeur Joaquim Marques Lisboa, Marquês von Tamandaré (1807–1897), Kaiser Pedro II. (1825–1891) und den Truppenkommandeur Polidoro da Fonseca Quintanilha Jordão, den Visconde von Santa Teresa (1792–1879), mit der Bildunterschrift: »Schau an! Was machen diese drei? Psst! Das sind der Kaiser von Brasilien, der Visconde von Tamandaré und der Marschall Polidoro in einer Geheimkonferenz über den Paraguaykrieg... So ein Affenstreich!«*

Tamandaré.   El Emperador.   Polidoro.

Toma! Y qué hacen aquí esos tres?—Chit! Es el Emperador del Brasil, el Visconde de Tamandaré y el Mariscal Polidoro, que están en conferencia secreta sobre la guerra del Paraguay . . . . ¡Monada !

Aus: *Centinela. Periódico serio-jocoso* 1, 3, Asunción (9. Mai 1867), S. 3.

Q 30   Das Kaiserreich Brasilien (1872)

Kaiser Pedro II. von Brasilien (1825–1891), eigentlich Pedro de Alcântara João Carlos Leopoldo Salvador Bibiano Francisco Xavier de Paula Leocádio Miguel Gabriel Rafael Gonzaga de Bragança e Habsburgo, war das am längsten regierende Staatsoberhaupt in den Amerikas des 19. Jahrhunderts (1840–1889). Seine verfassungsmäßige Rolle als vierte, »vermittelnde Gewalt« (»poder moderador«) wirkte integrativ auf die Strömungen innerhalb der Elite, deren Loyalität er sich etwa über wechselnde Regierungsbeteiligungen und die Vergabe von Adelstiteln sicherte. Dabei kultivierte Pedro das Bild des vielseitig interessierten Bildungsbürgers, der die Anbindung Brasiliens an europäische und nordamerikanische Wissensbestände suchte. Entsprechend ambivalent empfand er die Inszenierungen der Monarchie, die zahlreiche Elemente des portugiesischen Absolutismus übernommen hatte. Das Gemälde »Dom Pedro bei der Parlamentseröffnung« (»D. Pedro II na abertura da Assembléia Geral«) von Pedro Américo de Figueiredo e Melo (1843–1905) zeigt Pedro II. mit der politischen Elite des Landes und der kaiserlichen Familie, Kaiserin Teresa Cristina von Neapel-Sizilien und Prinzessin Isabel mit ihrem Ehemann Prinz Gaston d'Orléans, dem Conde d'Eu, bei der Thronrede am 3. Mai 1872.

Aus: Lilia Moritz Schwarcz: *The Emperor's Beard. Dom Pedro II and the Tropical Monarchy of Brazil*, Übers. John Gledson, New York: Hill and Wang 2004, o.S.

Q 31   Grenzkriege gegen Indigene I: Die patagonischen Araukaner (um 1848)

Die unsichere Lage in Grenzgebieten wie dem südlichen Chile und Argentinien oder dem nördlichen Mexiko erschwerte die Herrschaftsstabilisierung dort zusätzlich. Der deutsche Maler Johann Moritz Rugendas (1802–1858), einer der bedeutendsten Landschaft- und Gesellschaftsmaler Lateinamerikas des 19. Jahrhunderts, stellte die konstante Bedrohung in seinem um 1848 entstandenen Gemälde »Der Raub – Eine Kampfszene zwischen Araukanern und argentinischen Soldaten und Rückzug der Araukaner mit den Gefangenen als Beute« aus dem Zyklus »La Cautiva« eindringlich dar. Es zeigt die Entführung einer weißen Frau durch Araukaner-Krieger.

Aus: Christof Metzger/Christof Trepesch (Hgg.): *Chile und Johann Moritz Rugendas/Chile y Juan Mauricio Rugendas*, Worms: Wernersche Verlagsgesellschaft 2007, S. 145.

Q 32   Grenzkriege gegen Indigene II: Der »Wüstenkrieg« in Argentinien (1879)

Im Jahr 1879 eröffnete General Julio A. Roca (1843–1914) mit 6.000 Soldaten und modernen Waffen den größten Feldzug gegen die Indigenen in der argentinischen Geschichte. Das Ansehen, zu dem Roca sowohl in den Provinzen als auch in Buenos Aires durch seine Rolle in dem Feldzug gelangte, und der Rückhalt innerhalb der Armee verhalfen ihm ein Jahr später zum Präsidentenamt. Das Vorwort des 1881 veröffentlichten Berichts der wissenschaftlichen Expedition, welche die Armeeführung bei dem Feldzug begleitete, zeigt aus republikanischem Blickwinkel die Erfolge auf, die durch diesen Krieg erzielt wurden.

Das Jahr 1879 wird in den Annalen der Argentinischen Republik eine viel gewichtigere Stellung einnehmen als ihr die Zeitgenossen eingeräumt haben. Ich habe einem Ereignis beigewohnt, dessen Konsequenzen für die nationale Geschichte die kommenden Generationen mehr zur Dankbarkeit verpflichten werden als die der Gegenwart und dessen Reichweite heutzutage durch die vorübergehenden Auseinandersetzungen zwischen Personen und Parteien unerkannt bleibt, und das der unvoreingenommenen Perspektive der Zukunft bedarf, um sich in seiner ganzen Größe darstellen zu können. Dieses Ereignis ist die Beseitigung der räuberischen Indianer, die den Süden unseres Landes besetzten und die Grenzgebiete verwüsteten: Es ist der mit Geschick und Stärke durchgeführte Feldzug, dessen Ergebnis die Besetzung der Linie des Río Negro und des Río Neuquén war. [...]

[Die Indianer] griffen nicht nur die Grundlagen des wichtigsten Gewerbes des Landes und der Hauptquelle seines Wohlstandes, der Viehzucht, an; sie trugen nicht nur dazu bei, dass sich die Anzahl ausländischer Einwanderer verringerte und dass sich der Strom der Einwanderer nach deren Einreise unnütz in den Städten aufstaute; sie belasteten nicht nur die Glaubwürdigkeit der nationalen Regierung nach außen, da diese gegenüber einer Armee von Speeren zur Hilflosigkeit verurteilt schien, und durch die demütigenden Tribute, welche die offizielle Anerkennung und das lächerliche Lösegeld für diese Hilflosigkeit darstellten. Als der Kaiser von Brasilien einen argentinischen Bevollmächtigten bei der Übergabe seines Beglaubigungsschreibens mit geheucheltem Interesse fragte, ob die Nachrichten von einer Indianerinvasion im Süden von Buenos Aires wahr seien, zeigte sich deutlich, mit welchem Gewicht die Indianerfrage nach Meinung der benachbarten Staatsmänner auf der Außenpolitik der Argentinischen Föderation lastete. [...]

Die jüngst im Grenzkrieg angewandten Theorien mussten jedoch etwas Neues beinhalten, andernfalls fiele es schwer, die unverhofften Resultate zu verstehen. Gleich dem Baum im [Matthäus-]Evangelium muss eine militärische Konzeption nach ihren Früchten beurteilt werden. Der Plan von General Roca enthielt tatsächlich etwas Neues, und die Ansammlung von Ideen, die, abhängig von den Eingebungen jedes Kommandeurs und von den unterschiedlichen Kriegsphasen, teilweise und isoliert voneinander angewendet worden waren, hatte nun ein vollständiges, höchst originelles und unverkennbares System gebildet. Um diese unterschiedlichen bekannten und bis dato ideenlosen Vorgehensweisen aufeinander abzustimmen und sich gegenseitig befruchten zu lassen, bediente er sich einer Studie, deren Nutzen für den Krieg ebenfalls keine Neuentdeckung war und die seit einigen Jahren zur Seele und zum Nerv insbesondere der großen europäischen Feldzüge geworden ist, die aber im Pampakrieg nie mit so großer Geduld bei den Nachforschungen und so großem Scharfsinn bei den Schlussfolgerungen angewandt wurde. Bei dieser Studie handelt es sich um die topografische Erforschung des zukünftigen Schauplatzes der Operationen.

General Roca hat sich vom Fortschritt der modernen Kriegswissenschaft anregen lassen, denn der Krieg ist nicht länger eine Kunst, die den Launen des kriegerischen Instinktes und der Inspiration unterworfen ist, sondern eine, die den unveränderlichen Regeln und der strengen Methode der experimentellen Wissenschaft gehorcht. Er hat begriffen, dass die Beschaffenheit des Geländes den Schlüssel darstellt und dass man von Systematisierungen absehen muss, solange ihre letzten Geheimnisse nicht dem Rätselhaften entrissen sind. Er hat dieser Studie die langen beschäftigungslosen Augenblicke gewidmet, die ihm der an der Grenze von Cuyo errichtete Wachposten ließ. Er ließ sich nicht von der Undurchsichtigkeit des Problems, der Unsicherheit der Daten, den Widersprüchen der Ortskundigen und, was besonders verdienstvoll ist, auch nicht von dem radikalen Unterschied zwischen den allgemein akzeptierten Meinungen über den Indianerkrieg und den Schlussfolgerungen aus seinen mühseligen und allmählichen Entdeckungen entmutigen. Gestützt auf zahlreiche Erkenntnisse, die sich gegenseitig absicherten, und im Geiste besessen von all den Eigenarten seines Aktionsfeldes, konnte er schließlich seinen Plan formulieren, der breit im Umfang, minutiös in den Details und mit derartiger Präzision erarbeitet war, dass der Feldzug in vollständiger Übereinstimmung mit den ausgegebenen Anweisungen und eher mit der ruhigen Regelmäßigkeit eines im Labor vorbereiteten physikalischen Experiments zum Nachweis bekannter Gesetzmäßigkeiten als unter den Unwägbarkeiten eines Kriegsunternehmens durchgeführt wurde. Jedoch erstreckten sich die Operationen auf ein Gebiet von 15.000 *leguas cuadradas* [404.976 qkm]. Das zeichnet General Roca aus. Er hat eine einschlägige, wahrhaft wissenschaftliche Methode in den Dienst eines scharfsinnigen Geistes gestellt. [...]

Niemand hat das Gefühl der Überraschung und des Unglaubens vergessen, mit dem die erste Bekanntgabe dieser Idee in der Botschaft an den Kongress am 14. August 1878 aufgenommen wurde. [...]

Und man kann die aufgeregten Meinungen angesichts dieses Dokuments wahrlich verstehen, dessen Inhalt jedoch so wortgetreu umgesetzt wurde, dass es heute scheint, als sei es nach und nicht vor dem Feldzug geschrieben worden, und damit meinen wir die aufgeklärte Sichtweise der kompetentesten Männer in der Materie, denn die Meinung der anderen ist keine Meinung. Es handelte sich um die Eroberung von 15.000 *leguas cuadradas*, die von mindestens 15.000 Seelen besetzt waren, da die Zahl der von der Kampagne erfassten Getöteten und Gefangenen 14.000 übersteigt. Es handelte sich um ihre Eroberung im umfassendsten Sinne dieses Begriffs. Es ging nicht darum, sie abzulaufen und mit einem großen Apparat den Raum, den die Hufe der Pferde der Armee ausgetreten hatten, und den Umkreis, den die Kugeln ihrer Gewehre erreichten, zeitweise zu beherrschen, wie es die Expedition unter General Pacheco de Neuquén getan hatte. Eine solche Expedition hätte angesichts des Ungleichgewichts der erforderlichen Opfer und der von ihr erzielten materiellen Ergebnisses eher einen Rückschritt gegenüber der bestehenden Situation dargestellt. Es war notwendig, diese 15.000 *leguas* wahrhaftig und effizient zu erobern, sie auf eine so vollständige, so unbestreitbare Weise von Indianern zu säubern, dass die schreckhafteste der schreckhaften Sachen der Welt, nämlich das für die Belebung der Viehzucht- und Landwirtschaftsunternehmen bestimmte Kapital, diese Gewissheit würdigen müsste, dass sie nicht zögern würde, sich auf die Spuren der Expeditionsarmee zu begeben und die Inbesitznahme derart zurückgebliebener Gebiete durch den zivilisierten Menschen zu besiegeln. [...]

Jedenfalls hat das Ergebnis bewiesen, dass es machbar und sogar einfach war, die Indianer bis auf den Letzten aus dem Gebiet, welches dem Herrschaftsgebiet der Republik hinzugefügt werden sollte, zu entfernen, und es ist schon erkennbar, dass es in diesem Gebiet jetzt, da es von diesen Wilden gesäubert ist, möglich wird, jene Garantien für Sicherheit und administrative Überwachung zu gewährleisten, die ein Territorium für eine ungehinderte Teilnahme am Fortschreiten der Zivilisation und der Produktion beansprucht. Dieses Phänomen verdankt sich dem folgenden Umstand: Auf diesen unermesslichen Landflächen gab es nur sehr wenige Orte, an denen die Indianer Obdach und Lebensunterhalt finden konnten. Aus demselben Grund gab es nur wenige Orte, an denen Banditen (*cuatreros*) Unterschlupf finden konnten, sollte die Fahrlässigkeit der Regierung es ihnen erlauben, in der Pampa aufzutauchen. Nachdem die Indianer aus diesen bekannten Höhlen vertrieben waren, hatten sie keinen Rückzugsort mehr und mussten sich entweder ergeben oder flüchten. Wenn man dieselben Orte permanent besetzt oder regelmäßig aufsucht, muss man nicht befürchten, dass die Banditen das von den Wilden verlassene Nest in Besitz nehmen. [...]

[...] Der große Anteil an für Nomaden unbewohnbaren Landstrichen, der sich nun nach deren Eroberung leicht beschreiben lässt, war von General Roca durch die Erfassung und den Vergleich von Daten nach und nach offen gelegt worden. An dem Tag, an dem sich diese Überzeugung in seinem Geiste gebildet hatte, konnte er ausrufen: »Die Pampa ist unsere!« Allein durch diese Bedingung schien die Richtung, die dem Feldzug zu weisen war, klar wie ein Theorem. [...]

Wir konnten nur die hervorstechendsten Punkte einer Frage berühren, die für die Republik Argentinien Leben oder Tod bedeutet, die in der Vergangenheit in bedrohlicher Weise auf ihrem Erfolg und ihren internationalen Beziehungen lastete und die eng mit den Hoffnungen verbunden ist, die ihre Zukunft als Nation erzeugt. [...] Nach einer Serie von Siegen wird das militärische Unterfangen, das wie der erste Akt der Eingliederung der Wüste in die Pracht der Zivilisation war, bald mit der Eroberung des País de las Manzanas [südlich der heutigen Provinz Neuquén] und der Gefangennahme der letzten Kaziken, die es bewohnen, abgeschlossen sein. Dann beginnt das nicht weniger schwierige, nicht weniger heldenhafte Werk der Verwaltung. Wir stehen vor einem jungfräulichen Kontinent. Wird er ein großes kosmopolitisches Volk beheimaten, wird er die Vereinigten Staaten des Südens bilden? Oder wird er für lange Zeit am Rande der Zivilisation dahinsiechen, vom Konzert der Völker allein bemerkt durch den Versand einiger Lederhäute an die Märkte des Auslands? Die Antwort auf diese ernste Frage hängt in Teilen von der Lösung der Probleme der Regierung ab, die sich unseres Erachtens durch die jüngste Eroberung der Wüste und die Verwaltung unserer neuen Besitzungen stellen.

Aus: *Informe oficial de la comisión científica agregada al estado mayor general de la expedición al Río Negro (Patagonia) realizada en los meses de abril, mayo y junio de 1879, bajo las órdenes del General D. Julio A. Roca*, Buenos Aires: Imprenta de Ostwald y Martínez 1881, S. VII–XXIV.

2. Freiheit und Unfreiheit

Q 33   Die Situation der Indigenen in Bolivien (1826)

Neben der Tributpflicht der indigenen Bevölkerung hatte die spanische Krone in der Kolonialzeit auch Formen des Dienstzwanges eingerichtet und auf präkolumbische Traditionen wie die berüchtigte Mita, einen Zwangsdienst für den Bergbau Hochperus, zurückgegriffen. Die Tributleistungen stellten für den Staat und die Kirche eine wichtige Einnahmequelle dar. Mit der Unabhängigkeit fielen 1824 persönliche Dienstpflichten und andere Abgaben per Dekret von Simón Bolívar weg. Das Tributsystem wurde jedoch erst 1882 endgültig abgeschafft. In der folgenden Eingabe einer indigenen Gemeinde in Bolivien an den zuständigen Gouverneur vom 30. Juni 1826 baten die Gemeindevertreter um eine Umsetzung des Dekrets Bolívars und klagten über die eigene Not. Im zweiten Abschnitt findet sich das Schreiben, welches daraufhin der Angeschriebene mit der Bitte um Klärung an den Präfekten von Chuquisaca weiterleitete.

Herr Gouverneur. Wir Gemeindevorsteher und *Ilacatas* [indigene Würdenträger] dieser *Doctrina* [Gemeinde von neu konvertierten Indigenen] von Totora erscheinen vor Ihnen und teilen mit: Wir haben die Nachricht über die obersten Dekrete Eurer Exzellenz erhalten, die von den Abgaben und Zwangsleistungen handeln, die die Herrn Geistlichen zu erheben gewohnt waren, und in denen erklärt wird, dass die Betroffenen davon befreit und die Abgaben vollständig abgeschafft seien. Und da dies in diesem Dorf bis zum heutigen Tag nicht umgesetzt worden ist, sehen wir Einwohner uns nun genötigt, an Sie heranzutreten, als seien Sie der Vater der Einwohner des Bezirks, damit diese Erlasse umgesetzt werden. Denn die höchste Armut, in der wir uns befinden, erlaubt es uns nicht, eine Summe in solch einer übermäßigen Höhe beizusteuern, die sich, wie von uns beschrieben, auf die jährliche Summe von 800 Pesos beziffert und die sich folgendermaßen zusammensetzt: Für die Feierlichkeiten an Fronleichnam geben der *Alférez* [Laienamt bei religiösen Umzügen] und der *Mayordomo* [Haushofmeister] 103 Pesos, für die zu Sankt Michael 73 Pesos, für die zu Sankt Peter 103, für die zu Mariä Verkündung 103. Zusätzlich ist es üblich, dass ein jeder von ihnen eine *fanega* [ca. 55 Liter] Weizenmehl und ein Fässchen Wein zu Weihnachten gibt. Und Verschiedene geben ebenfalls zur Feier von Sankt Bartholomäus einen Betrag von 54 Pesos, zu Maria Lichtmess die gleiche Summe und zu Allerheiligen 48. Die acht *Ilacatas* bezahlen am Gründonnerstag acht Pesos und mehr als 25 Kerzen, an Sylvester acht Pesos, für Instandhaltungsarbeiten jeden Monat zwölf Pesos. [...] Aus der dargelegten Berechnung ergeben sich die 800 Pesos und mehr, die man mindestens auf die Hälfte heruntersetzen müsste, da wir uns in allergrößter Armut befinden und uns kein Schiedsmann zur Seite steht. Und was die Dienste im Rahmen der Zwangsleistungen (*pongueaje*) und der Zwangsarbeit (*mita*) sowie die Dienste als Maultiertreiber betrifft, können diese gerne weitergeführt werden, da sie uns entgegenkommen, mit der Ausnahme, dass die Praxis der *guatacos* [Fänger von geflohenen, tributpflichtigen Arbeitskräften] [...] davon ausgenommen wird, so dass uns hiermit Gerechtigkeit widerfährt. Aus diesem Anlass bitten und ersuchen wir Euer Gnaden, dass Sie es so beschließen, damit uns Gerechtigkeit widerfährt. [...]

Corque, 10. Juli 1826
An den Herrn Präfekten des Departements von Chuquisaca.
Ich lege in die edlen Hände Euer Ehren die angefügte schriftliche Anlage, alles im Original, damit diese Eurer Exzellenz dazu dient, eine Eingabe bezüglich des Bittschreibens der Indigenen dieses Bezirks zu machen. Sie haben darum gebeten, eine Regelung oder Gebührenordnung über die Höhe des zu entrichtenden Betrags zu finden, denn nur so kann diese Auseinandersetzung geschlichtet werden. Ich bin darüber informiert, dass mehrere Geistliche, die in diesem Bezirk gewirkt haben, große Summen an Pesos aus der Kirchenbesteuerung schulden, andere haben bei Geschäften etwas abgezweigt und wieder andere, die gestorben sind, haben Landgüter hinterlassen, wie es bei Don Juan de Dios Vega aus Turco und Don Francisco Leca-

ros aus Curaguara der Fall ist, der erste in der Stadt Oruro und der zweite im Dorfe Pica. Zur Aufklärung dieser und der anderen Fälle ist es notwendig, dass ein Abgesandter durch diese Behörde autorisiert wird, oder aber, im bestmöglichen Fall, dass Euer Ehren selber eine Entscheidung im Interesse des Staates trifft.

Aus: Servicios forzosos de los indios 1826, in: Yolanda Candia (Hg.): *Los indios de Bolivia 1825–1881*, Lima: Universidad Nacional Mayor de San Marcos 1993, S. 19–20.

Q 34   Religion und Disziplin in Mexiko (1840)

Der von den Reiseberichten Alexander von Humboldts inspirierte englische Künstler Daniel Thomas Egerton (1797?–1842) verbrachte zwischen 1830 und 1842 mehrere Jahre in Mexiko. 1840 veröffentlichte er in London »Egerton's Views in Mexico« mit zwölf kommentierten Lithografien, auf denen Städte- und Landschaftsansichten sowie Alltagsszenen abgebildet sind. Darunter ist die folgende Abbildung samt Begleittext »Eine Prozession in Aguascalientes«, in der die große Bedeutung des Katholizismus in Mexiko und gleichzeitig subtile Formen des Widerstands thematisiert werden.

Wie ihr Name bereits andeutet, gibt es in dieser Stadt heiße Quellen, die zum Baden, Wäsche waschen etc. genutzt werden. Sie liegt in gleicher Entfernung zum Pazifischen wie zum Atlantischen Ozean und im Zentrum des Bajío [Tiefland], der fruchtbarsten Region des zentralen Hochlandes; abgesehen von Agrarerzeugnissen gibt es in der Umgebung ein Übermaß unterschiedlichster Pflanzen und Früchte besonderen Geschmacks. Die 73 Meilen entfernte, karge Minenstadt Zacatecas wird stets mit diesen versorgt. Die Stadt wurde mit besonderer Rücksicht auf Ordnung und Gleichförmigkeit erbaut und wird in einem entsprechend sauberen Zustand gehalten. Wie in allen Städten Neu-Spaniens zeigt sich hier der maurische Stil in der Architektur, jedoch nicht immer in seinem reinsten Geschmack. Viele Meilen ringsherum bietet das Land die (seltene) Gelegenheit, ohne die Angst vor kaputten Rädern oder Achsen per Kutsche zu reisen. Auf dieser Ansicht, die sich nach dem Hauptplatz und dem Markt richtet, ist die Durchreise der Hostie zu sehen, die in einer Kutsche von einem Priester überbracht wird, der den Kranken das heilige Sakrament darreichen wird; ihm voran der Kutscher, barhäuptig wie die Soldaten, die die »Waffen tragen« und die Ehrengarde bilden. Beim Läuten der kleinen Glocke, das die Hostie ankündigt, hat ein jeder, egal welchen Glaubens, das Haupt zu entblößen, sich zu verbeugen und auf den Knien zu verbleiben, während sie vorüberzieht. In einem Land, wo man keine religiöse Toleranz kennt, ordnen sich jene Ausländer, die keine Katholiken sind und deren Liebe zum Leben größer als ihr Geschmack am Martyrium ist, unter, ohne sich zu widersetzen; wissend, dass die Messer der *léperos* (Lazzaroni [arme, monarchistische Bevölkerung Neapels, die sich in den 1790er Jahren der Parthenopäischen Republik widersetzte]) scharf und ihre Arme schnell sind, bevorzugen sie es nachzugeben, anstatt ein Beispiel für religiösen Eifer zu geben. Der Indio auf der rechten Seite der Abbildung befindet sich in dem, was einige den glücklichen Zustand der Unschuld nennen würden – das Kind versucht, seine Sinne wachzurütteln, und drängt ihn, sich hinzuknien, während der Soldat droht. Er hat sich freizügig einige Becher *pulque* genehmigt, ein sprudelnder Schnaps, der aus Aloe gewonnen wird und sowohl schmackhaft als auch erfrischend ist, wenn der Gaumen sich an ihn gewöhnt hat: Er hat die Farbe von mit Wasser verdünnter Milch.

Aus: Daniel Thomas Egerton: *Egerton's Views in Mexico, Being a Series of Twelve Coloured Plates Executed by Himself from His Original Drawings, Accompanied with a Short Description*, London: J. Holmes 1840, o.S.

Q 35   Arbeitskräftemangel und Arbeitszwang in Mexiko (1841)

In der ersten Hälfte des 19. Jahrhunderts herrschte in den land- und forstwirtschaftlichen Betrieben Mexikos, den »haciendas« und »obrajes«, notorischer Arbeitskräftemangel. Zwischen den Großgrundbesitzern (hacendados) entwickelte sich daher eine harte Konkurrenz um Arbeiter, die meist durch Überschuldung an die Betriebe gebunden wurden. Um dieser Konkurrenzsituation und den Klagen der »hacendados« zu begegnen, versuchte die Regierung des Einzelstaats Puebla ab 1826, die Arbeitszuteilung zu regulieren. In diesem Zusammenhang erließ der Gouverneur Felipe Codallos im April 1841 das folgende von seinem Sekretär José María Fernández veröffentlichte Dekret gegen die »Landstreicherei«, welches Haft, Disziplinierungsmaßnahmen und Zwangsarbeit für Kriminelle, Arbeits- und Landlose vorsah.

Regierung des Departements Puebla.

Während in den Fabriken, in den Werkstätten und auf den Haciendas Arbeitskräfte für die Tätigkeiten fehlen, die für ihren einträglichen Betrieb erforderlich sind, sieht man in den Ortschaften eine große Zahl von Vagabunden, die nur verzehren, ohne etwas zu erzeugen, und die als Gauner und Taschendiebe ihr Leben fristen und die Schandtaten und Missetäter unter jenen verbreiten, die sich ihrerseits vor Ort befinden. Und so werden sie unaustilgbar, so sehr sich die bewaffneten Streitkräfte auch bei der Verfolgung der Räuberbanden abmühen, die uns schändlicherweise das Leben unsicher machen, indem sie den Verkehr durch Barrikaden behindern und die Nation, ihre Behörden und ihre Gesetze in Verruf bringen. Es ist also nicht nur für die Industrie und die öffentliche Sicherheit wichtig, sondern auch für das Ansehen der

Mexikaner, dass sich die Anstrengungen der lokalen Behörden neben der hartnäckigen und unermüdlichen Verfolgung die Räuberbanden, die in dreister Weise den redlichen, arbeitsamen Bewohner und den wehrlosen Wanderer überfallen, ebenso auf die Tilgung der Brutstätten richten, in denen sich diese Banden bilden, wobei es sich um nichts anderes handelt als um schlecht erzogene Vagabunden, die in den Dörfern und in den weit über die Berge verstreuten Höfen leider toleriert werden. Seine Exzellenz der Gouverneur beschwört Sie, und damit sämtliche Obrigkeiten dieses Bezirks, Ihre ganze Anstrengung einem derart zuträglichen Ziel zu widmen.

Zur Erfüllung dieser Bitte reicht es nicht aus, dass Herumtreiber von Zeit zu Zeit zum Dienst an der Waffe eingezogen werden. Nein, es ist erforderlich, dass ein jeder Bezirksvorsteher, jeder Friedensrichter und jeder Unterpräfekt in seinem entsprechenden Bezirk fortwährend wachsam ist, um festzustellen, ob sich unter den Bewohnern desselben, und insbesondere unter den neu Zugezogenen, Vagabunden oder andere Personen befinden, die, da sie keiner bekannten und ehrlichen Beschäftigung nachgehen, es verdienen, von den Behörden auf den rechten Weg gebracht oder aber bekämpft zu werden. Es ist notwendig, dass jede Behörde in ihrem Kompetenz- und Einflussbereich ohne Ausnahme gegen sie vorgeht, und es ist notwendig, dass diejenigen, denen das Gesetz die nötige Macht gab, die Gesellschaft von diesen Motten zu befreien, diese vollständig zur Erfüllung dieser wichtigen Aufgabe einsetzen.

Seine Exzellenz der Gouverneur hat mich aus diesem Grunde angewiesen, Sie davon in Kenntnis zu setzen, dass er den Unterpräfekten, Bürgermeistern, Friedensrichtern und den übrigen Behörden dieses Bezirks erneut mit größtem Nachdruck aufträgt, sich der Verfolgung der Landstreicher und Müßiggänger zu widmen, ohne dabei ihre Pflicht zu vergessen, die in ihrem Bezirk befindlichen Straftäter zu verfolgen [...]. Im Falle fehlender Streitkräfte können sie dabei über die Einwohner verfügen, die strengstens verpflichtet sind, ihren Befehlen Folge zu leisten.

Diejenigen, die keine unanständigen Gewohnheiten pflegen, sollen lediglich gerügt werden, und es soll dafür Sorge getragen werden, dass sie nützlichen Beschäftigungen nachgehen. Damit wird die Pflicht erfüllt, die das Gesetz ihnen in diesem Punkte vorschreibt [...].

Bei denjenigen, welche sich nicht bessern oder die aufgrund ihrer Verdorbenheit keinen Anlass zur Hoffnung auf Besserung geben, sollen Sie dafür sorgen, dass sie Ihrer Verfügungsgewalt unterstellt werden.

Und Sie sollen die Alleinstehenden und Verbesserungsfähigen entsprechend ihren Fähigkeiten und ihren Lebensumständen und nach den erforderlichen umsichtigen Erkundigungen zum Dienst an der Waffe einziehen, um zu verhindern, dass unschuldige Bewohner durch Boshaftigkeit oder Unwissenheit als Landstreicher oder Müßiggänger bekannt werden. Die übrigen sollen Sie unter Anwendung ihrer Befugnis, die Ihnen durch den Paragrafen 69 des erwähnten Gesetzes erteilt wird, für die zu ihrer Besserung erforderliche Zeit den diesem Zwecke dienenden Einrichtungen oder aber den entsprechenden *obrajes* oder *haciendas* überstellen, wobei zu beachten ist, dass es sich laut den Gesetzen, die unter dem Titel 31, Buch 12 der neu aufgelegten Gesetzessammlung und weiteren späteren Anordnungen erfasst sind, bei den Landstreichern unter anderen um diejenigen handelt, »die ohne Beschäftigung oder Verdienst, Besitz oder Ertrag leben, von denen man nicht weiß, ob sie ihren Lebensunterhalt mit statthaften und ehrlichen Mitteln bestreiten; derjenige, der ein Vermögen oder Bezüge hat oder aus einer reichen Familie kommt, von dem aber keine anderen Beschäftigungen bekannt sind als die Spielhöllen, die schlechten Bekanntschaften, der Besuch zwielichtiger Orte, und der keinerlei Nachweis erbringt, eine Anstellung in seinen Kreisen anzustreben; derjenige, der sich trotz Stärke, Gesundheit und Rüstigkeit im Alter, ja selbst mit einem Gebrechen, das ihn nicht an der Ausübung eines Berufes hindert, ausschließlich durch Betteln ernährt; und der schlecht veranlagte Sohn aus guter Familie, der in seinem Hause und im Dorf zu nichts anderem taugt als durch die Geringschätzung oder den fehlenden Gehorsam gegenüber seinen Eltern und durch schlechte Gewohnheiten Anstoß zu erregen, ohne Begabung oder Eifer für die Laufbahn, die sie ihm eröffnen«. Und ebenso gilt zu beachten, dass wir zwar unter einem Mangel an Einrichtungen leiden, die ausschließlich der Besserung von Müßiggängern gewidmet sind, jedoch das Zuchthaus des Departements unter anderem diesem Zweck dient, wie durch den Paragraphen 3 des Dekrets vom 20. Januar 1825 kundgetan wurde, das sich auf der Seite 56, Band 1 der Sammlung der Dekrete des Kongresses des vormaligen Staates befindet: Falls die Herumtreiber weder in den *haciendas* und *obrajes* aufgenommen noch zum Dienst an der Waffe abgestellt werden, können sie für die Zeit, die zu ihrer Besserung erforderlich ist, ins Zuchthaus der Besserungsanstalt geschickt werden.

Die getreue Erfüllung der vorangegangenen Anordnungen wird insbesondere die öffentliche Sicherheit, die Sittlichkeit der Dörfer und des Gewerbes befördern, und es wird aus diesem Grunde erwartet, dass Sie und die übrigen Behörden diese besonders eifrig verfolgen werden. So wird es von Seiner Exzellenz dem Gouverneur versprochen, auf dessen Befehl ich Ihnen dies alles zur genauesten Ausführung mitteile, und ich lasse Ihnen entsprechende Exemplare dieser Benachrichtigung zukommen, damit sie sobald wie möglich bekannt gemacht wird.

Gott und Freiheit, Puebla, den 30. April 1841, gezeichnet José María Fernández.

Aus: *José María Fernández a los jefes políticos de los distritos del Departamento de Puebla*, in: Archivo Municipal de Atlixco, Mexiko, Ramo Gobernación, 1841.

Q 36 Sklavenaufstände und regionale Revolten in Brasilien (1842)

In der brasilianischen Provinz Maranhão entwickelte sich aus dem Konflikt zwischen Konservativen (cabanos) und Liberalen (bem-te-vis) ein Aufstand, der das Hinterland erschütterte und auch die angrenzenden Provinzen mit einbezog. Die von dem Viehhirten Raimundo Gomes, dem ehemaligen Sklaven Cosme Bento das Chagas (1802?–1842) und dem Korbmacher Manoel Ferreira dos Anjos angeführte »Balaiada« (1838–1841) entglitt der Kontrolle durch die Liberalen und entwickelte eine Eigendynamik. Während das Hauptmotiv von Gomes der Widerstand gegen die Herrschaft der konservativen Elite, gegen die Marginalisierung und Zwangsrekrutierung der Landbevölkerung war, organisierte Cosme den Widerstand der Sklaven und »quilombolas« (geflüchtete Sklaven). Die folgende Quelle ist den Protokollen des Prozesses gegen Cosme entnommen.

Verhör des Angeklagten

Am 23. April 1841 befragte der Friedensrichter Altino Telles de Moraes Rego in seinem Wohnhaus in der Stadt Itapecuru-Mirim, dem Verwaltungssitz des Bezirks, in das der Interimsamtsschreiber gekommen war, den Angeklagten Cosme Bento das Chagas, dem er die Zeugen für seinen Prozess vorstellte, in Anwesenheit der unterzeichneten Zeugen folgendermaßen: Er fragte ihn nach seinem Namen, seiner Herkunft, seinem Wohnsitz und seit wann er dort wohne. Er antwortete, dass er Cosme Bento das Chagas heiße, gebürtig aus der Ortschaft Sobral in der Provinz Ceará, Einwohner von Olho d'Agua in der Gemeinde Villa do Rosário, und dass er schon seit langer Zeit keinen festen Wohnsitz habe. Er fragte ihn weiter, womit er seinen Lebensunterhalt bestreite, welchen Beruf er habe? Er antwortete, dass er davon lebe, die Truppe von Schwarzen, die rebelliert hätten, wie auch einige *bem-te-vis*, die sich ihnen angeschlossen hätten, zu befehligen. Er fragte ihn, wo er zu dem Zeitpunkt gewesen sei, an dem sich, wie er sagt, die Straftat ereignete? Er antwortete, dass er mit den Sklaven und den anderen, die er befehligte, umringt worden sei, und dass er, nachdem er viele Male von den Regierungssoldaten besiegt worden war, in einem Ort namens Salamantinha in der Gemeinde Mearim verhaftet worden sei. Er fragte weiter, ob und seit wann er die Personen kenne, die eidesstattlich gegen ihn ausgesagt hatten. Er antwortete, dass er nur Joaquim Vindio da Fonseca und José Joaquim Borges de Pinho kenne, jenen seit 1825 und diesen erst, seit er mit seiner Truppe im Haus des verstorbenen Ricardo Henrique Nava gewesen sei. Der Richter fragte weiter, ob er sich vorstellen könne, dass es irgendwelche besonderen Motive für die

Anklage oder die Anschuldigung geben könne. Er antwortete, dass er sie mit den von ihm verübten Straftaten in Verbindung bringe. Er fragte weiter, ob es Fakten oder Beweise gebe, die seine Unschuld erkennen ließen? Er antwortete, dass, wenn er einen Großteil der Sklavenbevölkerung dieser Gemeinde und dieser Provinz zum Aufstand bewegt habe und diesen als Anführer befehligt habe, er dies im Auftrag von Rebellenkommandeur Raimundo Gomes getan habe, der ihm befohlen hatte, er solle alle Leute, denen er begegne, zusammenrotten, und wer nicht mit ihm kommen wolle, solle sich bewaffnen und nach Boa Vista kommen. Dort habe sich Raimundo Gomes aufgrund einer Krankheit aufgehalten, wegen der er auch nicht weiter habe vorrücken können, daher habe Raimundo Gomes ihm eine Eskorte von dreißig Mann mit Waffen und Munition geschickt, die mit dem Angeklagten Cosme nach Chapadinha marschieren sollten. Und er sagte nichts mehr, weswegen der Richter anordnete, dieses Verhör abzuschließen. [...]

Anklageschrift

Mittels der Anklageschrift stellte Arnaut Correa Pessoa de Vasconcellos, Staatsanwalt gegen den Angeklagten Cosme Bento das Chagas, das im Namen der Justiz angeklagte Verbrechen in bester Weise und – notwendigerweise – auf Rechtswegen vor: Erstens werde er beweisen, dass der Angeklagte Cosme Bento das Chagas aus dem Gefängnis entfloh und in diese Gegend zurückkehrte, nachdem er als Gefangener, der er zuvor aufgrund des an Francisco Raimundo Ribeiro begangenen Mordes in dieser Gemeinde wurde, in das Gefängnis der Hauptstadt überstellt wurde. Hier suchte er die Sklavenfazendas Santo Antônio von Coronel Joaquim José Gonsalves, Santa Maria von Dona Maria Magdalena Nunes Belfort und São Joaquim von Dr. Joaquim José Gonsalves Ribeiro sowie andere benachbarte Fazendas in der Gemeinde auf. Außerdem werde er zum Zweiten beweisen, dass sich der Angeklagte Cosme Bento das Chagas auf den oben genannten Fazendas zum Anführer des Aufstandes der Sklaven machte, sich Kaiser derselben und Verteidiger ihrer Freiheiten nannte. Dabei versammelte er über 300 Sklaven und begann den Aufstand, bei dem Teile der Provinz und darüber hinaus verwüstet wurden. Drittens werde er beweisen, dass der Angeklagte von den im ersten Abschnitt genannten Fazendas aus damit begann, alle möglichen Verbrechen zu verüben, die selbst die Natur in Schrecken versetzten. Indem er auf andere Fazendas an verschiedenen Orten der Provinz übergriff, sowohl in Igoará und Monim, einer Gemeinde in diesem Bezirk als auch in dem Bezirk Brejo, brachte der Angeklagte mehr als 3.000 Sklaven dazu zu rebellieren und verübte als ihr Anführer alle Arten von Verbrechen. Als solcher zündete er Häuser und Einrichtungen an und zerstörte Pumares, weswegen er sich gemäß den Artikeln 113 und 114 des Strafgesetzbuches schuldig gemacht hat. Ebenso werde er viertens beweisen, dass die Schlechtigkeit des Angeklagten derart war, dass alle Freien, denen er begegnete, Opfer seiner Wut wurden. Unter den Ermordeten waren beide Söhne des Coronel Henrique Pereira da Silva Coqueiro; Francisco Joaquim Rodrigues; José Frasão, der Sohn von Serafim Frasão; und Ricardo Antônio Nava, der vom Angeklagten Cosme Bento das Chagas mit einem Brenneisen ermordet wurde, wie die Aussage des zweiten Zeugen José Joaquim Borges de Pinho [...] hinreichend beweist. [...]. Fünftens werde er beweisen, dass der Angeklagte zusätzlich zu den dargelegten, von ihm begangenen, sehr grausamen Verbrechen weder Alter, Leben, Ehre noch Eigentum und nicht einmal die Kirchen und Heiligenbilder achtete, da er sich, wie sich aus der Aussage des zweiten Zeugen [...] folgern lässt, mit heiligen Gegenständen schmückte. Er mordete in den Straßen und brach in die Häuser friedlicher Familienväter und Bürger ein, um ihnen Besitz und Leben zu rauben [...]. Sechstens werde er beweisen, dass der Angeklagte, nachdem er von den Regierungstruppen vollständig besiegt worden war und die aufständischen Sklaven, die ihn begleiteten, auseinandergetrieben und in großer Anzahl verhaftet worden waren, den Fluss überquerte, um nach Campos de Anajatuba zu gelangen. Auf dem Weg dorthin beging der Angeklagte sechs weitere Morde und wurde im Bezirk Mearim nach einigen von ihm verübten Überfällen und Morden festgenommen [...]. – Arnaut Correa Pessoa de Vasconcellos – Staatsanwalt. [...]

Urteil

Ich folge der Entscheidung der zweiten Urteilskammer und verurteile den Angeklagten Cosme Bento das Chagas zum Tode [...]. Der Schreiber soll einen Haftbefehl ausfertigen, und da der Angeklagte arm ist, erlege ich die Kosten der entsprechenden Kammer auf. Ich halte diese Entscheidung für gerecht, da sich das Verbrechen laut den zentralen Personen des Prozesses, der Anklage des Staatsanwalts und der Verteidigung des Angeklagten als unabweisbar bewiesen gezeigt hat. Sitzungssaal der Geschworenen in Itapecuru-Mirim, den 5. April 1842 – Esequiel Franco de Sá.

Aus: Autos do processo de Cosme Bento das Chagas, in: Maria Januária Vilela Santos: *A Balaiada e a insurreição de escravos no Maranhão*, São Paulo: Ed. Ática 1983, S. 114–138.

Q 37   Modernisierung und Widerstand in Brasilien (1875)

In den 1870er Jahren verstärkte die brasilianische Regierung ihre Bemühungen, das Land nach europäischem Vorbild zu modernisieren, wozu u.a. die demografische Datenerhebung, die Registrierung von Sklaven und Standardisierungsmaßnahmen gehörten. So wurde ab 1873 das metrische System flächendeckend eingeführt. Im folgenden Auszug beschreibt der Publizist und Politiker Irineu Ceciliano Joffily (1843–1902) einen Aufstand der ländlichen Bevölkerung aus der Provinz Paraíba im Jahr 1875 gegen die symbolische Neuordnung alltäglicher Austauschbeziehungen, der unter dem Namen »Kilobrecher« (»Quebra-kilos«) bekannt wurde.

[...] Im Munizip dieser Stadt [Campina, Provinz Paraíba], vier *léguas* südlich der Stadt in den Bodopitá-Bergen, nahm im Jahre 1875 die Bewegung, die *Quebra-kilos* genannt wurde, ihren Ausgang. Dieses Bergvolk, ignorant und von Vorurteilen durchdrungen, hatte sich bereits 1852 der Umsetzung eines Volkszählungsgesetzes widersetzt, das sie Knechtungsgesetz (*lei do captiveiro*) nannten. Diese Bewegung ist in der lokalen Chronik als »Bienensummen« (*ronco da abelha*) bekannt. Der *Quebra-kilos*-Aufstand wurde von derselben Bevölkerung ohne jeden vorgefertigten Plan begonnen, und aufgrund vielfältiger Ursachen und Umstände erfasste er die meisten Teile der Provinz, breitete sich in den Nachbarprovinzen aus und gelangte sogar bis Alagoas.

Die entfesselte Menschenmenge zündete in dieser und vielen anderen Städten die Notariate und Munizipalarchive an.

Die Provinzregierung war unfähig, den Aufstand zu ersticken. Aus der Hauptstadt des Kaiserreichs kamen Truppen unter dem Kommando von General Severiano da Fonseca, die Campina kampflos und ohne den geringsten Widerstand besetzten.

Obwohl es viele waren, zerstreuten sich die Aufständischen, da sie keinen Anführer hatten, der sie lenken konnte.

Die Verbrechensbestrafung wurde zum Vorwand für massive Gewaltanwendung seitens der Besatzungstruppen: Hunderte einfacher Leute jeden Alters wurden verhaftet, in lederne Zwangsjacken gesteckt und in die Hauptstadt des Kaiserreichs geschickt.

Wir als Augenzeugen können versichern, dass die Meinung derer falsch ist, die sagen, der *Quebra-kilos*-Aufstand sei durch den Klerus von Paraíba und insbesondere durch den Missionar Pater Ibiapina befördert worden.

Der Auslöser war die Erlassung neuer Steuern durch das Provinzparlament von Paraíba in der Sitzung jenes Jahres. Die Nachricht erreichte in einer solch übertriebenen und unsinnigen Version diese arme und unwissende Bevölkerung, dass sie alsbald einen allgemeinen Hass auf die Regierung entwickelte, welche als eine der Doktoren oder Juristen verschrien war. Sie wollten eine Regierung bäuerlicher Männer wie sie selber.

In diesem Zustand der Gemütserregung befand sich das Volk, als das Gesetz zur Einführung des metrischen Dezimalsystems umgesetzt wurde. Seine Vorteile wurden vom Volk nicht verstanden, was den schon bereiteten Sprengsatz zur Explosion brachte.

Die neuen Gewichte symbolisierten in den Augen dieses Volkes die Steuererhöhung, die Tyrannei der Regierung, und dadurch zog diese sich seinen Hass zu. Von dieser Tatsache rührt der Name *Quebra-kilos*, der den Aufständischen gegeben wurde. Das größte von ihnen verursachte Übel war die Zerstörung wertvoller Dokumente durch das Abbrennen vieler öffentlicher Archive. [...]

Aus: Irineu Joffily: *Notas sobre a Parahyba*, Rio de Janeiro: Typographia do Journal do Commercio 1892, S. 186–188.

Q 38   Abschaffung der Sklaverei in Brasilien I: Das Gesetz des freien Leibes (1871)

Mit dem »Gesetz des freien Leibes« (»Lei do Ventre Livre«) wurden 1871 alle in Brasilien geborenen Kinder von Sklaven schrittweise in die Freiheit entlassen. Damit war das Ende der Sklaverei in Brasilien besiegelt, zumal seit 1850 auch kein atlantischer Sklavenhandel mehr betrieben wurde. Als letztes Land Lateinamerikas schaffte Brasilien 1888 mit dem »Goldenen Gesetz« (»Lei Áurea«) die Sklaverei vollständig ab. Die Pflanzerelite vor allem von São Paulo hatte sich indes bereits mit der neuen Situation abgefunden und setzte auf Technisierung und europäische Einwanderer als Arbeitskräfte. 1889 stürzte sie dann auch die Monarchie, die ihre Legitimation, die Wahrung des Sklavensystems, verloren hatte. Die freigelassenen Sklaven dagegen hatten sich oft als Tagelöhner zu verdingen und verloren zudem das Recht auf Versorgung und Obdach.

Es erklärt zu Freien die Kinder von Sklavenmüttern, die nach dem Datum dieses Gesetzes geboren werden, zu Freigelassene die Sklaven des Staates und andere, und regelt die Erziehung und Behandlung jener minderjährigen Kinder und die jährliche Befreiung von Sklaven.

Die regierende Kaiserliche Prinzessin verkündet im Namen Seiner Majestät des Kaisers, Dom Pedro II., allen Untertanen des Reiches, dass das Parlament folgendes Gesetz beschlossen und in Kraft gesetzt hat:

Artikel 1
Die Kinder einer versklavten Mutter, die nach dem Datum dieses Gesetzes im Reich geboren werden, werden als frei angesehen.

§1: Die genannten minderjährigen Kinder verbleiben unter der Autorität der Herren ihrer Mütter, die die Verpflichtung haben, sie bis zum vollendeten achten Lebensjahr zu erziehen und für sie zu sorgen.

Sobald das Kind einer Sklavin dieses Alter erreicht, hat der Herr der Mutter die Wahl, entweder eine Entschädigung von 600 *mil-réis* vom Staat zu erhalten oder die Dienste des Minderjährigen bis zum vollendeten 21. Lebensjahr in Anspruch zu nehmen.

Im ersten Fall erhält die Regierung den Minderjährigen und verfügt über ihn im Einklang mit diesem Gesetz. [...]

§6: Die Leistung von Diensten der Kinder von Sklavinnen endet vor der in §1 gesetzten Frist, wenn durch das Urteil eines Strafrichters festgestellt wird, dass die Herren der Mütter sie schlecht behandeln und ihnen übertriebene Strafen auferlegen. [...]

Artikel 2
Die Regierung kann die nach dem Datum dieses Gesetzes geborenen Kinder von Sklavinnen an Vereinigungen, die von ihr autorisiert sind, übergeben, wenn sie von deren Herren abgetreten oder verlassen werden oder deren Gewalt kraft Artikel 1, §6 entzogen werden.

§1: Die genannten Vereinigungen haben das Recht auf unentgeltliche Dienste der Minderjährigen bis zum vollendeten 21. Lebensjahr und können diese Dienste vermieten, sind aber dazu verpflichtet,

1) diese Minderjährigen zu erziehen und für sie zu sorgen.

2) für jeden von ihnen ein Eigenvermögen einzurichten, das von der für diesen Zweck in den betreffenden Statuten vorgesehenen Quote abhängt.

3) ihnen nach Ablauf der Dienstzeit eine angemessene Anstellung zu suchen.

§2: Die Vereinigungen, von denen der vorige Paragraf handelt, sind der Inspektion durch die Waisenrichter unterworfen, was die Minderjährigen angeht.

§3: Die Verfügung dieses Artikels ist auf Waisenhäuser und Personen anwendbar, denen die Waisenrichter die Erziehung der genannten Minderjährigen beim Fehlen von Vereinigungen oder zu diesem Zweck geschaffenen Einrichtungen auferlegen.

§4: Die Regierung behält das Recht, die erwähnten Minderjährigen in öffentlichen Einrichtungen unterbringen zu lassen, wobei in diesem Fall die Verpflichtungen, die der erste Paragraf den befugten Vereinigungen auferlegt, auf den Staat übertragen werden.

Artikel 3

Es werden jährlich so viele Sklaven in jeder Provinz des Reiches befreit, wie dem jährlich verfügbaren Anteil des für die Befreiung bestimmten Fonds entsprechen.

§1: Der Fonds zur Befreiung setzt sich zusammen aus:

1) den Sklavenabgaben.

2) den allgemeinen Steuern auf die Übertragung von Sklaveneigentum.

3) dem Erlös der sechs jährlichen steuerfreien Lotterien und dem zehnten Teil derjenigen, die von nun an für die Hauptstadt des Reiches bewilligt werden.

4) den Geldstrafen, die dieses Gesetz auferlegt.

5) den Anteilen, die im Staatshaushalt und in denen der Provinzen und Munizipien festgelegt werden sollen. [...]

Artikel 4

Einem Sklaven ist die Schaffung eines Privatvermögens erlaubt, das ihm aus Schenkungen, Vermächtnissen und Erbschaften zugeht und das er mit Zustimmung des Herrn aus seiner Arbeit und seinen Ersparnissen erlangt. Die Regierung kümmert sich um die Regelungen für die Einrichtung und die Sicherheit desselben Vermögens.

§1: Mit dem Tod des Sklaven fällt die Hälfte seines Vermögens dem überlebenden Ehepartner zu, falls es ihn gibt, und die andere Hälfte wird in der Art des Zivilrechts an seine Erben übertragen.

Beim Fehlen von Erben wird das Vermögen dem Fonds zur Sklavenbefreiung zugesprochen, über den der dritte Artikel handelt.

§2: Der Sklave, der aus Mitteln seines Vermögens Mittel zur Vergütung seines Wertes erlangt, hat das Recht auf Freigabe. Wenn die Vergütung nicht vertraglich festgelegt ist, wird sie durch Schiedsspruch ermittelt. Bei gerichtlichen Verkäufen oder Inventuren wird der Preis der Freigabe geschätzt.

§3: Es ist dem Sklaven gleichsam erlaubt, für seine Freiheit mit einem Dritten die Leistung von zukünftigen Diensten mit der Zustimmung des Herrn und der Genehmigung des Waisenrichters für einen Zeitraum zu vereinbaren, der sieben Jahre nicht überschreiten darf.

§4: Der Sklave, der mehreren Besitzern gehört und von einem von ihnen freigelassen wird, hat das Recht auf seine Freiheit, wobei die anderen Herren für den Anteil des Wertes entschädigt werden, der ihnen zusteht [...].

§7: Im Falle von Veräußerung oder Übertragung von Sklaven ist es unter der Strafe von Annullierung verboten, Eheleute oder minderjährige Kinder bis zwölf Jahre vom Vater oder der Mutter zu trennen.

§8: Wenn die Teilung von Gütern zwischen Erben oder Teilhabern die Vereinigung einer Familie nicht zulässt und keiner von ihnen sie durch Auszahlung der anderen Teilhaber in seinem Besitz behalten will, wird diese Familie verkauft und ihr Erlös aufgeteilt. [...]

Artikel 6

Zu Freigelassenen werden erklärt:

§1: die zur Nation gehörenden Sklaven, wobei ihnen die Regierung eine Beschäftigung gibt, die sie für angemessen hält.

§2: die der Krone zur Nutzung gegebenen Sklaven.

§3: die Sklaven offener Erbschaften.

§4: die von ihren Herren entlassenen Sklaven. Wenn diese sie entlassen, weil sie dienstuntauglich sind, sind sie außer im Falle von Armut dazu verpflichtet, sie zu ernähren, wobei die Alimente von einem Waisenrichter festgelegt werden.

§5: Grundsätzlich bleiben die freigelassenen Sklaven kraft dieses Gesetzes fünf Jahre lang unter der Aufsicht der Regierung. Sie sind dazu verpflichtet, ihre Dienste zur Verfügung zu stellen unter der Strafe, dass sie im Falle von Landstreicherei dazu gezwungen werden, in öffentlichen Einrichtungen zu arbeiten. Der Arbeitszwang endet jedoch immer dann, wenn der Freigelassene einen Arbeitsvertrag erlangt. [...]

Artikel 8

Die Regierung ordnet an, ein besonderes Verzeichnis aller sich im Reich befindlichen Sklaven mit Angabe des Namens, Geschlechts, Familienstands, der Arbeitseignung und Herkunft eines jeden, soweit sie bekannt ist, anzulegen.

§1: Der Zeitraum, in der die Erfassung begonnen und abgeschlossen werden muss, wird mit größtmöglichem Vorlauf mittels wiederholter öffentlicher Bekanntmachungen angekündigt, in denen die Vorschrift des folgenden Paragrafen aufgeführt wird.

§2: Die Sklaven, die durch Schuld oder Versäumnis der Besitzer nicht der Erfassung innerhalb eines Jahres nach Abschluss derselben zugeführt werden, werden hiermit als Freigelassene betrachtet.

§3: Für die Erfassung jedes Sklaven zahlt der Herr nur einmalig eine Gebühr von 500 *réis*, wenn er es in der vorgesehenen Frist tut, und 1.500 *réis*, wenn er die genannte Frist überschreitet. Der Ertrag dieser Gebühr wird für die Unkosten der Erfassung verwendet, der Überschuss geht an den Fonds zur Sklavenbefreiung.

§4: Es werden ebenso in einem besonderen Buch die Kinder der Sklavenmütter erfasst, die durch dieses Gesetz frei werden.

Bei Missachtung ziehen sich die nachlässigen Herren eine Geldstrafe von 100 bis 200 *réis* zu, die so oft wiederholt wird, wie Individuen verschwiegen werden, und bei Betrug die Strafen des Artikels 179 des Strafgesetzbuchs.

§5: Die Pfarrer sind verpflichtet, spezielle Bücher zur Erfassung der Geburt und des Ablebens der nach dem Datum dieses Gesetzes geborenen Kinder von Sklavinnen zu führen. Jedes Versäumnis zieht für die Pfarrer eine Geldstrafe von 100 *mil-réis* nach sich.

Artikel 9

Die Regierung kann in ihren Bestimmungen Geldstrafen von bis zu 100 *réis* und einfache Gefängnisstrafen bis zu einem Monat festlegen.

Artikel 10

Alle anders lautenden Bestimmungen werden widerrufen.

Alle Behörden, denen die Kenntnis und Ausführung des genannten Gesetzes obliegt, werden angewiesen, dass sie es ausführen und ausführen lassen und seinen Inhalt in seiner Gänze befolgen. Der Staatsminister für Landwirtschaft, Handel und öffentliche Arbeiten hat es zu drucken, zu veröffentlichen und in Umlauf zu bringen. Erlassen im Palast von Rio de Janeiro, am 28. September 1871, am 50. Jahrestag der Unabhängigkeit und des Reiches.

Regierende Kaiserliche Prinzessin.

Teodoro Machado Freire Pereira da Silva.

Aus: Lei N. 2040 de 28 de setembro de 1871, in: *Collecção das leis do Imperio do Brasil de 1871*, Rio de Janeiro: Typographia Nacional 1871, S. 147–151.

Q 39   Abschaffung der Sklaverei in Brasilien II: Bericht eines Pflanzers (1888)

Neben der beginnenden Masseneinwanderung gaben die massenhafte Flucht der Sklaven von den Plantagen und der drohende Zusammenbruch der öffentlichen Ordnung die entscheidenden Impulse zur Abschaffung der Sklaverei in Brasilien. Im folgenden Brief an das abolitionistische Mitglied des Abgeordnetenhauses César Zama aus dem nordöstlichen Bahia, der am 8. April 1888 in der Zeitung der Konservativen Partei »A Província de São Paulo« erschien, reflektiert der Paulistaner Pflanzer José Francisco Paula Souza seine Erlebnisse während der Umbruchphase in den ersten Monaten des Jahres 1888. Die offizielle Abschaffung der Sklaverei folgte am 13. Mai desselben Jahres.

Ein wertvolles Zeugnis

Unser illustrer Landsmann, der Staatsrat Paula Souza, hat dem bahianischen Abgeordneten Herrn Dr. César Zama einen vertraulichen Brief geschickt, in dem er eine tagesaktuelle Angelegenheit behandelte, die Befreiung der Sklaven. Obwohl der Ton dieses Briefes nahe legt, dass er ohne die Absicht einer Veröffentlichung geschrieben wurde, schätzte Dr. Zama seinen Wert in der gegenwärtigen Situation so hoch ein – und das ist er tatsächlich –, dass er ihn der Presse übergab.

Der Brief des Staatsrates Paula Souza ist ein überaus wichtiges Dokument, um in der Zukunft jenes Ereignis zu beurteilen, das sich für Brasilien als äußerst ruhmreich darstellt: Die friedliche Beendigung der Sklaverei, die Umwandlung des versklavten in den freien Menschen ohne größere Störungen der Ordnung, ohne schwerwiegende Einschränkungen der Produktion und daher ohne merkliche Verringerung der Einnahmen, verdient unbestreitbar Bewunderung. Der hochgeschätzte *paulista* [Einwohner der Provinz São Paulo] spricht jene schlichte, ehrliche und anständige Sprache, welche die Familie Paula Souza so sehr auszeichnet.

Die Provinz Rio de Janeiro scheint so verändert, wie es sich unser Landsmann und die Menschen in Bahia kaum vorstellen mögen.

Es muss den *paulistas* eine Freude sein, in der Öffentlichkeit zu vernehmen, was der Herr Staatsrat Paula Souza seinem vornehmen Freund, dem Abgeordneten aus Bahia, gesagt hat.

»Remanso, 19. März 1888
  Mein alter Zama,
  ich habe Dir nicht nur einen Brief geschrieben, während Du für Deine Wiederwahl für den 13. Distrikt gekämpft hast, sondern zwei. Mittlerweile müsstest Du schon den zweiten empfangen haben. Ich habe überlegt, Dir einen dritten zu schreiben, um Dir zu Deinem Sieg zu gratulieren, aber ich habe es nicht getan, da mir all die Arbeit der letzten Tage alle Zeit nimmt.

Ich werde Dir von einer Neuigkeit berichten, die Dich erfreuen sollte, und Dir gleichzeitig ein paar Informationen zum System der freien Arbeit geben.

Seit dem 1. Januar besitze ich keinen einzigen Sklaven mehr! Ich habe sie alle befreit und mithilfe eines Vertrages, wie ich ihn mit den ausländischen Kolonisten hatte und wie ich ihn mit allen angestellten Arbeitern abschließen will, an meinen Besitz gebunden. Du siehst, meine Sklaverei ist tolerant und erträglich.

Ich berichte Dir mit Freuden, dass mir meine neuen Kolonisten noch nicht den geringsten Anlass zur Beschwerde gegeben haben. Ich lebe glücklich und froh unter ihnen, sie überschütten mich mit Aufmerksamkeiten und Respekt.

Ich habe ihnen vollkommene und bedingungslose Freiheit gewährt und in der kurzen Ansprache, die ich vor ihnen gehalten habe, als ich ihnen ihre Freiheitsbriefe ausgab, habe ich von den schweren Pflichten gesprochen, die ihnen die Freiheit auferlegt, und ich sagte manche Worte, die von Herzen kamen und von denen abwichen, die ich zuvor vorbereitet hatte. Unter literarischem Gesichtspunkt war es ein absolutes Fiasko, da auch ich in Tränen ausbrach. Schlussendlich habe ich ihnen eine Woche gewährt, um eine Unterkunft zu suchen, die ihnen am besten erschien, und habe sie gleichzeitig darüber informiert, dass mein Gut immer denen offen steht, die arbeiten und sich gut benehmen wollen.

Mit der Ausnahme von dreien, die sich auf die Suche nach ihren Schwestern in São Paulo machten, und von zwei anderen, darunter einem *ingênuo* [ein nach dem Gesetz von 1871 geborenes Kind von Sklaven, vgl. vorige Quelle], die zu ihrem Vater zogen, den ich zehn Jahre zuvor freigelassen hatte, sind alle bei mir geblieben, und es sind dieselben, die mich nun umgeben und mit denen ich glücklich und froh bin, wie ich oben sagte.

Und nun zu den Informationen, die den Landbesitzern im Norden, die sich bald dieser gesellschaftlichen Notwendigkeit gegenüber sehen werden, sehr von Nutzen sein werden: die vollständige und sofortige Befreiung des Sklaven.

Sag den anderen in Deiner Provinz, sie sollen nicht mit einem halben Maß an Freiheit in die Irre gehen in der Hoffnung, dass die gewohnten Arbeitsabläufe nicht in Unordnung geraten. Mit bedingter Freiheit werden sie nichts von den Sklaven bekommen. Diese wollen sich frei fühlen und ausschließlich unter einem neuen System und mit voller Eigenverantwortung arbeiten.

Bedingte Freiheit, sei sie auch auf sehr kurze Zeit beschränkt, zeigt bei diesen durch derart lange Gefangenschaft vergrämten Seelen überhaupt keine Wirkung. Sie argwöhnen – und das in einigen Fällen zu Recht –, dass diese Art der Freiheit ein bloßer Trick sei, sie in der Sklaverei zu behalten, aus der die Umstände sie nun befreit haben. Sie arbeiten, jedoch träge und unwillig. Der Körper funktioniert, aber der Geist nicht.

Sind sie aber vollständig frei, so verursachen sie zwar einige Schwierigkeiten, lassen sich schließlich jedoch hier und dort nieder. Was macht das schon? Welchen Unterschied macht es, wenn meine ehemaligen Sklaven einen anderen Patron suchen, wenn sie doch wenigstens arbeiten und andere kommen, um ihren Platz einzunehmen!

Wir hier in São Paulo haben große Erfahrung in dieser Sache und vollkommene Kenntnis über jegliche Art der Befreiung. Es gibt nur eine vernünftige und ertragreiche Art, und zwar die vollständige, unmittelbare und bedingungslose Freiheit. Die befreiten Menschen müssen selber die Verantwortung für den Fehler übernehmen, dass sie den Ort verlassen, an dem sie als Sklaven lebten. Natürlich gibt es Herren, die all ihre Arbeiter verloren haben, und der einzige Grund dafür ist, dass sie es nicht verdienten, sie zu besitzen. Doch die große Mehrheit wird sich innerhalb eines Monats irgendwo niederlassen.

Ich habe genug Beispiele in meiner eigenen Familie. Mein Bruder hat alle freigelassen, die er besaß. Einige gingen weg und suchten an entfernten Orten nach Arbeit. Nach acht Tagen kamen sie zu mir oder zu meinem Bruder selber und handelten Vereinbarungen mit uns aus, da sie während ihres einwöchigen Vagabundenlebens unangenehme Eindrücke gesammelt hatten.

Um Dich nicht länger mit diesen Angelegenheiten zu belästigen, lass mich zusammenfassen, dass wir im Monat Februar in dieser Provinz Stunden der Bitterkeit und des Schreckens durchlebten, als wir das größte Durcheinander der Arbeit erlebten, das man sich vorstellen kann.

Die ganze Arbeiterschaft floh von den Plantagen, die fast alle brach lagen. Ich übertreibe nicht, wenn ich sage, dass 80 von 100 menschenleer waren, weil die Schwarzen in die Städte gingen oder böswilligen Verführern folgten. Traurig fragten wir uns, was aus uns werden sollte.

Langsam wurden sie des Herumstreunens überdrüssig, und die Verführer ihrerseits hatten es satt, ohne eigenen Vorteil für sie zu sorgen, so dass sich jetzt im März alle mehr oder weniger niedergelassen haben. Wisse, dass ich, wenn ich »alle« sage, die Grundbesitzer mit schlechtem Ruf ausklammere. Diese werden durch die Kraft der Umstände eliminiert und ersetzt, und die Landwirtschaft wird sie nicht vermissen.

Es mag sein, dass es bei der jetzigen Ernte gewisse Ertragsverluste geben wird. Jedoch ist die Ernte so groß, dass dieser Verlust nicht beachtlich sein wird und durch den Nutzen der Freiheit weitgehend ausgeglichen wird. Du solltest Deinen Leuten in der Provinz außerdem sagen, dass sie einer schwerwiegenden Fehlannahme aufgesessen sind, wenn sie denken, dass sie durch den Verlust des Sklavenbesitzes großen Schaden nehmen werden.

Du erinnerst Dich bestimmt, dass mein Hauptargument als Befürworter der Sklaverei war, dass die Masse der Sklaven die einzige wäre, auf die wir für dauerhafte und unverzichtbare Arbeit für den Pflanzer zählen könnten, und dass dieser die Sklaven gerne aufgeben würde, wenn er immer über freie Arbeiter verfügen könnte.

Jeder, der so argumentierte, konnte zwar als pessimistisch, aber nicht als unbelehrbar gelten.

Nun gut, Deine Landsleute sollten diese Angst aufgeben. Dem, der sie zu finden weiß, wird es nie an Arbeitern ermangeln. Erstens haben wir die Sklaven selber, die sich weder auflösen noch verschwinden und die leben und essen müssen und daher, das werden sie innerhalb kurzer Zeit verstehen, arbeiten müssen.

Dann gibt es noch eine riesige Gruppe von Arbeitern, die wir nicht beachtet haben. Ich meine nicht den Einwanderer, der heute glücklicherweise in Unmengen zu uns kommt. Ich meine den Brasilianer, der gestern noch ein von den Abfällen der Sklaverei und dem Wohlwollen des Landbesitzers lebender Faulenzer war, dem er als *agregado* [informeller, abhängiger Teilpächter], *capanga* [Leibwächter] oder in einer anderen Funktion den Hof machte. Heute widmet sich dieser Brasilianer heldenhaft der Arbeit, entweder weil sie seit dem Anbruch der Freiheit höher angesehen ist oder weil ihm seine früheren Optionen nun versperrt sind. Dessen sind wir heute Zeugen.

Ich selber habe viele von ihnen zusammengesammelt, weil ich Angst hatte, dass ich in den gegenwärtigen Umständen unzureichend mit Arbeitern versorgt werde.

Viele Menschen, die vorher von vier Sträuchern Bohnen und einem Viertel Mais lebten, erscheinen nun mit Zufriedenheit zur Arbeit in den Kaffeefeldern und zur Kaffeetrocknung, und die, die ich beschäftige, haben ihre Räume einwandfrei in den alten Sklavenhütten eingerichtet. Meine sind zwar wirklich gut, aber sie sind im Quadrat angeordnet – vormals eine verhasste Anordnung.

Sie sind unverändert geblieben, nur ohne Schloss, und heute bevorzugen sie das Quadrat sogar, da sie ihre Vorräte im Innern lagern können und sich nicht um Schäden durch die Tiere sorgen müssen. Mein Quadrat ist ein großer, von sauberen, weißen Häusern umgebener Innenhof, deren Türen ich nun nach außen hin öffnen will.

Deine Landsleute müssen auch wissen, dass freie Arbeitskraft nicht so teuer ist, wie es zunächst scheint. Dieser Punkt war meine größte Überraschung im Umbruch, den wir gerade durchleben.

Wie gesagt, habe ich mit meinen ehemaligen Sklaven denselben Vertrag, den ich mit meinen Kolonisten hatte.

Ich gebe ihnen nichts und verkaufe ihnen alles, sogar Kohl und Milch für einen *vintém*! Wisse, dass ich dies nur tue, um ihnen Arbeitsmoral beizubringen und damit sie verstehen, dass sie sich nur auf sich selbst verlassen können, und nicht, um eigenen Profit zu machen, zumal nur eine der von mir bezahlten Arztvisiten viel mehr kostet als der ganze Kohl, den ich besitze, und als die ganze Milch, die meine Kühe produzieren.

Jedenfalls reicht der *vintém* für Kohl und Milch, das Vieh, das ich schlachte, die Ware, die ich zu Großhandelspreisen einkaufe und ihnen zu Stückpreisen weiterverkaufe – und das billiger als in der Stadt – fast zur Deckung der Arbeitskosten.

Nichts davon wurde in der Zeit des Sklavereisystems begriffen!

Schon bin ich am Ende des zweiten Blattes angelangt und immer noch bei demselben Thema! Aber dieses Thema verdient tatsächlich die volle Aufmerksamkeit der Menschen in Bahia, die sich bald einem Problem gegenüber sehen werden, das mir vor nicht langer Zeit große Angst vor der Zukunft machte. Sie sollten nicht zögern, sie sollten massenhaft befreien und Verträge abschließen. Im Zuckerrohranbau wird diese Methode sogar noch vorteilhafter für die Eigentümer sein als in der Kaffeeproduktion. Am Ende meines Weidelandes liegt ein kleines Grundstück [für den Zuckerrohranbau], das meiner Schwester gehört, sehr gut für diese Region, aber vermutlich weniger ertragreich als jene in Bahia. Ich habe dort die Leitung übernommen, und meine kleine Schwester erzielt dort einen proportional größeren Profit als ich auf meiner Kaffeeplantage mit 250.000 Sträuchern!

Genug, wirst Du rufen! In Ordnung, genug. Ich freue mich über eine Umarmung des Abolitionisten Zama an den Sklavenhalter Paula Souza.«

Aus: Valioso testemunho, in: *A Província de São Paulo*, São Paulo (8. April 1888), S. 1.

Q 40   Der große Aufstand der Mapuche in Chile (1881)

Ende der 1850er Jahre begann das chilenische Militär mit der Eroberung der Gebiete der Mapuche im Süden des Landes. Diese sogenannte Kampagne der »Befriedung« zog sich über rund zwei Jahrzehnte hin. 1881 kam es nochmals zu einem allgemeinen Aufstand der Mapuche, nach dessen Niederschlagung sich das Militär bis 1883 endgültig durchsetzen konnte. Die Autobiografie des Kaziken (Lonko) Pascual Coña ist eine der sehr wenigen schriftlichen Quellen der Mapuche aus dem 19. Jahrhundert. Der deutsche Kapuziner Ernst Wilhelm von Moesbach transkribierte in den 1920er Jahren die Erinnerungen Coñas aus dem Mapudungun.

1)

1. Die alten Mapuche verabscheuten die Fremden sehr. Sie sagten: »Wir haben mit diesen fremden Leuten nichts zu schaffen, sie gehören einer anderen Rasse an.« Manchmal unternahmen Kaziken, die in der Nähe der Weißen (*huincas*) wohnten, Überfälle gegen sie. Sie kämpften und unterlagen. Dadurch wuchs der Hass auf die Fremden noch mehr.

Aufgrund dieser großen Abneigung gegen die Weißen schmiedeten die Indigenen überall ein Komplott, um sich gegen sie zu erheben. Die erste Anregung dazu gaben die (argentinischen) Pehuenche-Kaziken in einer Mitteilung an den chilenischen Kaziken Neculmán de Boroa mit dem Inhalt, dass sie in Chile zum Krieg rüsten sollten, so wie sie, die Pehuenche-Kaziken, sich in Argentinien bereit machten. Außerdem schickten sie eine Schnur mit Knoten, die anzeigte, wann der große Aufstand ausbrechen sollte.

2. Bei der Ankunft verkündete jener aus Argentinien stammende Bote: »Mich schicken die Kaziken Chaihueque, Namuncura, Foyel und Ancatrir, sie haben mir aufgetragen: ›Du wirst die Edlen Chiles sehen.‹ Dies ist der Moment meiner Ankunft. Auf Befehl meines Kaziken sage ich Euch, den chilenischen Kaziken, Folgendes: ›Es gibt also die Weißen. Wir werden uns gegen sie erheben. Die argentinischen Indigenen werden die Fremden beseitigen. Auf dass sie das Gleiche mit ihren machen, dass auch sie sie angreifen. Gemeinsam werden wir Krieg gegen sie führen‹«, sagte der Bote zu Neculmán.

3. Neculmán schenkte der empfangenen Nachricht Glauben. Er sandte ohne Verzug einen Boten aus und trug ihm auf: »Überbringe diesen Befehl: ›Morgen gibt es eine Versammlung, es ist ein Bote der argentinischen Kaziken eingetroffen. Morgen also versammeln wir uns‹, sollst Du meinen untergeordneten Kaziken ausrichten.«

Der Bote machte sich auf den Weg und machte seinen Befehl in allen Richtungen bekannt.

Am nächsten Tag, nachdem sich alle versammelt hatten, unterrichtete Neculmán, an den sich der argentinische Bote gewandt hatte, seine Kaziken: »Gestern habe ich Euch einen Boten gesandt, ›kommt, morgen ist eine Versammlung‹, lautete der Befehl, den ich Euch ausrichten ließ.«

4. Einer der Kaziken antwortete: »So ist es, daher sind wir ja auch gekommen. Wir wollten wissen, worum es sich handelt.«

Der Hauptkazike Neculmán redete weiter: »Es ist der Fall, dass eine Nachricht eingetroffen ist, die die argentinischen Kaziken schicken. Sie beinhaltet eine halb angenehme, halb schmerzvolle Angelegenheit, Ihr werdet es schon erfahren. Das nämlich sagen die Kaziken: ›Wir werden uns gegen die Fremden erheben. Unsere chilenischen Kaziken sollen Mut fassen und das Gleiche machen. Wir werden diese Weißen bekämpfen, alle ihre Städte überfallen und sie ausradieren. Wir wünschen, dass sie dasselbe machten.‹ Ich habe Euch gerufen, weil der Gesandte Eure Meinung erfahren will, er will wissen, ob Ihr die Angelegenheit gutheißt oder sie ablehnt. Äußert Euch, damit dieser Bote eine eindeutige Antwort mitnehmen kann.«

5. Einer der Kaziken antwortete: »Es ist gut.« Daraufhin riefen alle mit einer Stimme: »Es sei so, wie Du sagst.«

Neculmán wandte sich an den argentinischen Boten und sagte: »Hier ist die Antwort meiner Kaziken, Du hast sie bereits vernommen.« [...]

6. Daraufhin schickte der Hauptkazike Neculmán durch Boten Nachricht an die übrigen Kaziken. [...]

8. Pascual Painemilla de Rauquenhue und Pascual Paillalef de Alma wurden nicht benachrichtigt. Sie waren auf der Seite der Weißen, daher wünschte man ihnen den Tod. [...]

Als die Versammlungen bereits zusammentraten – es war zur Zeit der Hungersnot, die Weizenähren hatten bereits begonnen auszuwachsen – gelangte die Angelegenheit zu Ohren von gewissen Chilenen. Da zogen fünf Männer los, um den Mapuche vom Aufstand abzuraten. [...]

9. Als der Kazike Marimán, der gerade seine Versammlung abhielt, von ihrer Ankunft erfuhr, schickte er einige Krieger los, um sie aufzugreifen. In der Nacht wurde ihnen aufgelauert, während sie bei Colihuinca schliefen. Alle wurden gefangen genommen und inmitten unter die versammelten Mapuche gebracht. Marimán und die seinen freuten sich und sagten: »Wir haben schon die Stiere (Opfer) gefangen genommen, heute feiern wir den *nguillatún*.« Nach dem, was man erzählt, wurden den Chilenen Fesseln angelegt und bei lebendigem Leibe die Herzen herausgeschnitten. Mit diesen Herzen machten die Mapuche ihre Bittgebete und schmierten ihre Lanzen mit dem Blut dieser Männer ein. Dergestalt fanden die Chilenen, die versucht hatten, den Aufstand zu verhindern, ihren Tod.

2)

1. Als schon überall Versammlungen abgehalten wurden, merkten schließlich auch wir, dass ein Aufstand am Ausbrechen war. Also begaben wir, der Kazike Painemilla und ich, uns in die Kaserne von Puerto Saavedra. Dort gab es eine junge Frau, Elvira Navarrete, die am Telegrafen arbeitete. Wir besuchten sie mit der Absicht, sie dazu zu bringen, keine Angst vor dem Aufstand zu haben; dennoch war sie ängstlich und weinte.

Painemilla hatte Krieger mitgebracht, die alle mit Lanzen bewaffnet waren. Um der jungen Frau Mut zu machen, veranstalteten sie Kriegsübungen. Sie wurde noch ängstlicher und weinte noch mehr. Ihre Mutter sagte zu ihr: »Hab keine Angst, diese sind keine Feinde, sondern unsere Verteidiger.« Aber sie glaubte es nicht und jammerte weiter. [...]

3)

1. [...] Der Aufmarsch fand an dieser (nördlichen) Seite des Río Toltén statt. Dort kamen die Leute aus Queule an, die Bewohner von Toltén überquerten den Fluss, und auch wir waren mit einer großen Anzahl gekommen. All diese versammelte Painemilla, der auf Befehl des Gouverneurs handelte, welcher den Gegenaufstand gegen die aufständischen Kaziken zusammengestellt hatte.

2. Hundert und mehr, versammelten wir uns dort, die genaue Zahl weiß ich nicht. Alle bewaffnet mit Lanzen, außerdem zehn Chilenen mit Feuerwaffen. Auch ich hatte ein Gewehr.

Dann setzten wir uns in Marsch, um den Aufstand der sich erhebenden Mapuche zurückzuschlagen. [...]

7. [...] Wir gingen weiter und drangen tiefer in die Berge ein. Dort stießen wir auf fliehende Leute, Frauen und einige wenige Männer. Diese flohen in aller Eile in die Berge. Die Frauen blieben stehen, aber kreischten vor Furcht, da sie glaubten, dass wir sie gleich töten würden. Das geschah nicht mit ihnen, sie wurden nur ihrer Schmuckstücke aus Silber und auch der silbernen Sporne und Steigbügel beraubt, die sie in großer Zahl mit sich führten. Ein Teil der

Krieger war damit beschäftigt, der andere Teil trieb die Kühe und Pferde zusammen, die es gab.

8. Wir kehrten danach zu unserem alten Lager in Liuco zurück. Die Beute wurde Painemilla übergeben, aber nur die Hälfte. Die andere Hälfte versteckten die Krieger für sich, sie gaben nicht alles ab. Painemilla brachte viel Silber zusammen, füllte einen Sack damit und verwahrte ihn. [...]

9. Da Neculmán seinen Plan nicht verwirklichen konnte, die Chilenen in Toltén zu besiegen, schickte er eine Nachricht nach Imperial, und bediente sich Pancho Jaramillos, um seine Bitte vorzutragen. Durch diesen Boten ließ er dem Gouverneur ausrichten: »Ich habe nicht an der Rebellion der Kaziken teilgenommen, daher weise er mir keine Schuld zu, mein Gouverneur. Wenn er will, bin ich bereit, bei den Vergeltungsmaßnahmen gegen die Anführer zu helfen, die den Aufstand durchgeführt haben.«

Der Gouverneur willigte ein und ließ Neculmán ausrichten: »Er soll es so machen. Ich will glauben, dass er keine Schuld hat. Er soll all jene Kaziken und ihre Krieger bestrafen und sich nicht an neuen Verschwörungen beteiligen.« [...]

13. [...] Die armen Mapuche besaßen nicht einmal mehr Häuser, sie wurden ihnen alle eingeäschert. Sie blieben in einem überaus beklagenswerten Zustand zurück.

Damit war der Aufstand beendet. [...]

15. Ich habe auch sagen hören, dass es in Nehuentúe, auf der anderen Seite des Río Cautín, einen Chilenen namens Patricio Rojas gegeben hat. Dieses Scheusal nahm die Mapuche gefangen, sperrte sie in eine Hütte und verrammelte diese. Danach zündete er die Hütte an und vernichtete die Indigenen in den Flammen.

So beschaffen war der Hergang des Aufstandes in der Küstenregion. Die unglücklichen Mapuche gelangten vom Regen in die Traufe. Sie hatten kaum Güter von Chilenen erbeutet, während ein Teil der Letzteren sich durch die von den Mapuche geraubten Tiere bereicherte.

Aus: P. Ernesto Wilhelm de Moesbach (Hg.): *Vida y costumbres de los indígenas araucanos en la segunda mitad del siglo XIX. Presentadas en la autobiografía del indígena Pascual Coña*, Santiago de Chile: Imprenta Cervantes 1930, S. 270–287.

Q 41   Die Rolle der Frau in Argentinien (1896)

In Buenos Aires erschien in den Jahren 1896 und 1897 die anarchistische Zeitung »La voz de la mujer« (»Die Stimme der Frau«) als Publikationsorgan einer vorwiegend von Arbeiterinnen getragenen Frauenbewegung. Die Autorinnen, größtenteils Einwanderinnen aus Spanien und Italien, formulierten eine radikale Kritik an der doppelten Unterdrückung der Frauen aufgrund von Geschlechts- und Klassenzugehörigkeit in Betrieben, im Alltag und in der Familie. Innerhalb der männlich dominierten anarchistischen Bewegung fand die Zeitung nur wenig Unterstützung oder wurde angefeindet, so dass sie ihr Erscheinen aus Finanznot wieder einstellen musste. Carmen Lareva, die Autorin des folgenden Artikels vom 8. Januar 1896, war eine argentinische Anarchistin.

Die freie Liebe. Warum wollen wir sie?

Die Unwissenden glauben und die Heimtückischen sagen, dass die anarchische Idee im Streit mit allem Guten und Schönen, mit der Kunst, den Wissenschaften und vor allem mit dem Heim steht.

Tatsächlich hatten wir bereits zum wiederholten Male die Gelegenheit, von den Lippen einiger Arbeiterinnen das Folgende zu hören: »Oh, Eure anarchische Idee ist gut! Ihr wollt, dass wir Frauen uns alle von Ehefrauen, Töchtern, Müttern und Schwestern in Konkubinen und gewissenlose Spielzeuge der ungezügelten Leidenschaften des Mannes verwandeln!«

Wir richten uns an die, die so reden und denken. Schauen wir also.

Wir glauben, dass in der gegenwärtigen Gesellschaft nichts und niemand unter widrigeren Umständen lebt als die unglückselige Frau. Kaum in der Pubertät, sind wir die Zielscheibe der schlüpfrigen und hämisch-lüsternen Blicke des starken Geschlechts. Egal, ob dieses der ausbeutenden oder der ausgebeuteten Klasse angehört. Später, als »Frauen«, fallen wir meist als Opfer des Betrugs in den Morast der Unreinheit oder werden von der Gesellschaft verachtet und verspottet, die in unserem Sündenfall nichts sieht, keine Liebe, kein Ideal, absolut nichts, nur das »Vergehen«.

Wenn wir das verwirklichen, was einige für ihren Glücksfall halten, das heißt die Ehe, dann sind unsere Lebensumstände schlechter, tausend Mal schlechter. Die Arbeitslosigkeit des »Ehemannes«, die geringe Entlohnung, die Krankheiten etc., bewirken, dass das, was unter anderen Bedingungen der Gipfel des Glücks wäre, unter unseren Umständen zu einer schweren und furchtbaren Last für die »Eheleute« wird. Tatsächlich ist nichts so schön, so poetisch, so zart, so erfreulich und bezaubernd wie ein Kleines, ein Kind, dies ist der Gipfel des Eheglücks! Aber weh dem Armen! Weh dem Heim, über dem sich das Elend zusammenbraut und in dem es ein kleines Wesen gibt, das unsere Fürsorge braucht, unsere Zärtlichkeit und Aufmerksamkeit, weh dem Heim! Bald werden sich in ihm tausend Streitereien und unzählige Schererereien abspielen. Wisst Ihr warum? Dieser kleine Mensch braucht tausend Aufmerksamkeiten, die es der jungen Mutter verbieten, ihrem Partner beim Bestreiten der Ausgaben des Heims zu helfen, die sich andererseits beträchtlich erhöhen, während die Einkünfte sinken. Deshalb wird das, was eigentlich der Wunsch und das Glück des Heimes sein sollte, als Last, Störung und als Grund für Kummer und Elend gesehen, der mit Vorsicht vermieden werden sollte, mit Onanie in der Ehe, mit Betrug und Täuschungen beim Koitus mit all seinem Gefolge ekelhafter Krankheiten. So kommt es zu den abertausenden ekelhaften und abstoßenden Praktiken, die das Ehebett zum Pylonen ekelhafter Obszönitäten machen, daher der Ekel, die Langeweile, die Krankheiten und das oft ausposaunte »Vergehen« gegen die »Ehre«. Der Ehebruch!

Ist die Ursache ausgeräumt, stirbt die Wirkung, ist das Elend ausgeräumt, werden solche Widerlichkeiten verschwinden, und ganz anders als heute wird das Heim ein Paradies des Genusses und des Vergnügens sein.

Wie viele vertrauliche Mitteilungen haben wir von unseren Freundinnen erhalten, die die beschuldigten Opfer solcher Akte sind! – Na und? antwortete uns der Genosse, als wir ihm diese Tatsachen an den Kopf warfen: Wisst Ihr nicht, welch hohe Kosten ein Kind verursacht? Hebamme, Arzt, Medikamente, Pflege und dann die Stillzeit; wie sollte ich das machen, heute, da wir beide arbeiten. Wenigstens können wir leben, aber wie würde ich es schaffen, wenn die Kosten stiegen und die Einkünfte sänken? Lasst mich mit Kindern in Ruhe, zum Teufel mit ihnen!

Wie findet Ihr das, liebe Genossinnen, ist das Liebe, Heim, Zuneigung? Es ist widerlich, daran zu denken, was eine Frau durchstehen muss, und dennoch ist es wahr!...

Nun gut, wenn wir die freie Liebe ausrufen, die freie Vereinigung der Geschlechter, glauben wir fest daran, dass damit diese Abscheulichkeiten verschwinden. Wenn sie frei vereint wären, ohne etwas befürchten zu müssen, wären beide glücklich und frei, denn der Unterhalt der Personen wäre gesichert, die die Vereinigung derer, die auf den Flügeln ihrer Liebe zwei Wesen zu einem verschmelzen, als Frucht der Liebe hervorbringt; Partner in ihren jeweiligen Handlungen, hätte einer nichts von dem anderen zu befürchten.

Uns wurde gesagt, dass der Mann ständig die Frau und die Frau ständig den Partner wechseln würden, wenn die Liebe, die Beziehungen etc. frei wären, wie wir es wollen, dass niemand dem anderen treu wäre, wenn man nichts von der Gesellschaft und vom Gesetz zu befürchten hätte, während heute die Eheleute gegenseitig ihre Mängel und ihre Absonderlichkeiten ertragen, sei es, weil das Gesetz den Ehebrecher oder die Ehebrecherin bestraft, oder aus Angst vor der Kritik durch die Gesellschaft.

Nichts, liebe Genossinnen, ist so unwahr wie das. Was sowohl das eine wie auch das andere Geschlecht sucht, ist nicht die Befriedigung eines mehr oder weniger fleischlichen Appetits, nein, was man sucht, ist die besagte, ungestörte und aufrichtige Glückseligkeit, und jedes halbwegs gebildete Wesen strebt nach seiner Fortpflanzung und nach der Verwirklichung seiner Wunschvorstellungen, seines Traumes. Dass die heutige Gesellschaft so materialistisch, so schamlos egoistisch ist, liegt daran, dass das Kapital das Mittel ist, mit dem man das Vergnügen und die Notwendigkeiten kauft, weswegen wir alle uns mehr oder weniger anstrengen, welches zu erwerben.

Andererseits leben wir, der sogenannte »Abschaum« der Gesellschaft, seit unserer frühen Kindheit so, wie wir leben, nämlich der Arbeit unterworfen, die in ihrer heutigen Gestalt nicht nur erniedrigend und marternd ist, sondern uns natürlich auch verdummt. Denn wir haben nicht die Bildung, die die Bourgeoisen in ihrem Eifer, alles zu monopolisieren, auch monopolisiert haben, weswegen wir diese tausend höheren Vergnügungen nicht kennen, die sie dem Bessergestellten verschafft: etwa die Malerei, die Musik, die Poesie, die Bildhauerei etc. etc. Und da dies so ist, steht es außer Zweifel, dass wir in unserem elenden Leben viel materialistischer handeln, als wir müssten, wenn wir gebildet wären, und zwar nicht so, wie sich heute die Bourgeoisie bildet, sondern noch viel besser. Die Kunst erhöht die Gefühle, aber wenn wir diese nicht im kleinsten Ansatz haben, können wir natürlich nicht bis zu ihr emporreichen.

Wie können wir gebildet sein, wenn die Bildung nicht frei zugänglich ist und wir nicht über genügend Zeit verfügen, sie uns anzueignen? Wer weiß nicht, dass die Werkstatt uns seit unserer frühesten Kindheit verschluckt hat und martert? Wir können uns in ihr nicht bilden, denn dort gibt es alles, alles außer… Und hunderte Male haben wir die unglücklichen Arbeiterinnen als Opfer bourgeoiser Frivolität in grauenvolle Gräber hinabsinken und empfindungslos in den Schlund des Lasters fallen sehen, der sie immer hungriger und gieriger verschluckte und sie mit Schlick und Tränen bedeckte, fast noch Mädchen… Sie beschleunigten ihren Fall, um sich von dem Hohn und dem Spott der eigenen Henker zu befreien!…

Aufgrund unserer großen Ignoranz ist all das in dieser Gesellschaft normal. Nehmt einen Hungernden und bietet ihm ein Stück Brot an, sei es auch noch so schwarz, und gleichzeitig eine Gusla [ein südslawisches Saiteninstrument], ein Gemälde oder ein Gedicht, und sei es auch eine unvergängliche Schöpfung Shakespeares oder Lord Byrons, was würde er zuerst nehmen? Das Brot! Und nicht das Buch oder die Gusla. Es ist klar, dass der Geist die Materie braucht um sich auszudrücken, und die Bedürfnisse der Letzteren kommen zuerst und sind dringender als die des erstgenannten.

Es steht außer Zweifel, dass in einer Gesellschaft, deren Mitglieder oder Teile mehr oder weniger vollkommen erzogen wurden, sich diese frei und ohne die Angst vereinen könnten, dass sie so unglücklicher seien als durch die Segnung eines Dritten.

Das Gesetz, die Gesellschaft in seinem Bestreben, alles zu regieren, zwingt uns zusammenzukommen, um ihm in diesem Akt blinde Huldigung zu erweisen. Wir brauchen weder solche Segnungen noch Zeremonien. Und das ist, als wenn wir zwei Hunde nähmen, die hüpfend auf der Straße umherliefen, und wir ihnen zur gleichen Zeit sagten, dass wir sie miteinander vereinigen: »Seid glücklich, ich gestatte es Euch«, in diesem Falle würden sie handeln, als hätten wir das Gegenteil gesagt.

Wenn die Bourgeoisen im Angesicht ihres Todes die Beute ihrer Diebstähle fristgemäß an ihre Kinder vermachen müssen, gehen sie rechtzeitig hier oder dort hin, denn wenn sie dies nicht täten, würde das Gesetz ihre erbenden Kinder nicht anerkennen. Das ist eine Frage des Geschäfts, und das kommt bei ihnen zu allererst.

Aber in einer Gesellschaft, in der es solche »Geschäfte« nicht gibt, ist solcher Blödsinn unnötig. Die Eheschließung, wie man heute sagt, oder besser die Segnungszeremonie, bedeutet nicht mehr als das Einverständnis der Gesellschaft zu diesem Akt. Wenn also eine andere Gesellschaft die freie Vereinigung der Geschlechter akzeptieren würde, wäre sie natürlich mit dieser Praxis einverstanden und der Punkt wäre geklärt. Viele würden sich nicht davon abhalten lassen, sich frei zu vereinen, fürchteten sie nicht die Kritik der anderen, und das hält sie zurück. Lassen wir andere also tun und tun wir selber, worauf wir Lust haben und was immer wir tun möchten, ohne irgendjemandem zu schaden.

Solange die Furcht vor der Strafe die eheliche Untreue verhindert, glauben wir nicht, dass dieser Sophismus die Arbeit wert ist, ihn zu bekämpfen. Jeder weiß, dass es sich dabei um ein »Vergehen« handelt, das in 999 von 1.000 Fällen ohne die Kenntnis der Behörden, des Gesetzes etc. verübt werden kann. Außerdem glauben wir, dass die Person, die aus Furcht vor der Strafe einem Gelöbnis »treu« bleibt, das sie unter Täuschung oder aus sonst einem Grund eingegangen ist, sich eigentlich »untreu« verhält und dass sie lieber [treu] sein sollte, das heißt, dass sie fortgehen sollte, falls sie einen anderen oder eine andere liebt. Der Grund dafür ist selbstverständlich, dass sie die Person nicht liebt, mit der die Gesellschaft sie verpflichtet, das Brot und das Dach zu teilen, was, falls es keine Prostitution ist, nicht sehr weit davon entfernt liegt. Um dies aber zu tun, muss man jemandem seine Liebe vortäuschen, den man nur hasst, man muss betrügen und scheinheilig sein und sich schließlich dem- oder derjenigen hingeben, den man verabscheut. Da dies so ist, ist es klar, dass in dem Heim Zwietracht, Ärger und tausend andere Dinge und Momente, die die Existenz beider Partner verbittern, entstehen.

Wenn diese in ihren Handlungen frei wären, würde all das nicht geschehen, und das Gegenteil wäre der Fall, wenn sie den Bildungsstand hätten, den es in unserer zukünftigen Gesellschaft geben wird.

In der nächsten Ausgabe werde ich über die Scheidung sprechen, wie sie heute praktiziert wird, und ich weise die Genossinnen und Genossen darauf hin, dass diese Zeitung, da sie kommunistisch-anarchistisch ist, allen zugänglich ist, und bitte daher alle, mit dem zu helfen, was sie können oder wollen, ob intellektuell oder materiell, denn je mehr wir uns für sie anstrengen, desto mehr Ausgaben werden erscheinen.

Da wir Frauen sind, sind wir unter den Genossen zweifellos nicht so bekannt, wie wir es uns wünschen würden. In Anbetracht dessen bitten wir:

Jeder nach seinen Kräften.

Es lebe die Anarchie! Es lebe die soziale Revolution! Es lebe die freie Initiative! Es lebe die freie Liebe!

Carmen Lareva

Aus: Carmen Lareva: El amor libre. ¿Por qué lo queremos?, in: *La voz de la mujer. Periódico comunista-anárquico, 1896–1897*, Buenos Aires: Universidad Nacional de Quilmes 1997, S. 49–52.

C. Integration in den globalen Kontext: Märkte und Mächte

Ab der Mitte des 19. Jahrhunderts übernahmen in den meisten lateinamerikanischen Staaten die am Fortschrittsgedanken orientierten Handels- und Bildungsbürger die Macht, wobei sich allerdings große zeitliche Verschiebungen ergaben. Sie hatten die Fehlentwicklungen der ersten Jahrzehnte der Unabhängigkeit erkannt und sahen, dass Wirtschaft und Gesellschaft trotz des oberflächlichen Wandels eher stagnierten. Ihr Ziel war es, die nationale Entwicklung im Sinne einer Überwindung der Rückständigkeit durch die schrittweise Annäherung an europäische Vorbilder zu erreichen. Dazu strebten sie die Einbindung ihrer Länder in das Weltwirtschaftssystem durch die Ausbeutung der in ihren Ländern zur Verfügung stehenden Ressourcen an.

Leitend waren die Grundprinzipien des Liberalismus: Leistung und Verantwortung des Einzelnen im Bereich der politischen Ethik – Freihandel und Laissez-Faire sowie internationale Arbeitsteilung auf der Basis von Rohstoffexport und Fertigwarenimport im Bereich der Wirtschaft. Wirtschaftspolitisch maß man dem Staat die Rolle eines Garanten für eine funktionierende Exportwirtschaft bei. Wirtschaftspolitik war also vor allem Exportförderpolitik insbesondere durch Freihandelsregelungen, die Schaffung freien Zugangs zum Boden und zu den Bodenschätzen sowie die Freisetzung menschlicher Arbeitskraft. Dies war für die zahlreichen, nicht für den Export arbeitenden Wirtschaftszweige problematisch, und ihre Vertreter waren teils durchaus erfolgreich darum bemüht, einen Ausgleich zu schaffen.

Grundsätzlich ging man aber optimistisch davon aus, dass das Wachstum der Exporte ein Wachstum der Produktivität mit sich bringen und dadurch der Strukturwandel hin zur modernen Marktwirtschaft quasi von selbst erfolgen würde. So prägten die modernisierungswilligen lateinamerikanischen Eliten im 19. Jahrhundert das Zauberwort »Fortschritt«, der sich nicht zuletzt an den mit Anleihen aus Europa finanzierten neuen Kommunikationsmitteln wie vor allem der Eisenbahn ablesen ließ. Günstig für die wirtschaftliche Ausrichtung waren die zunehmende Industrialisierung und das Bevölkerungswachstum in Europa in der zweiten Jahrhunderthälfte, die sich in einer wachsenden Nachfrage nach Lebensmitteln, Rohstoffen und tropischen Produkten wie Tabak, Kakao, Kaffee, Kautschuk und Zucker niederschlugen. Der Ausbau der überseeischen Dampfschifffahrtsverbindungen sowie die verkehrstechnische Erschließung des Hinterlands schufen die infrastrukturellen Voraussetzungen für eine erfolgreiche Exportorientierung. Außerdem konnte durch die unzureichende Entwicklung des gewerblichen Sektors in Lateinamerika die Nachfrage nach Fertigwaren nicht befriedigt werden. Was man in den oft primitiven einheimischen Manufakturen und Handwerksbetrieben herstellte, konnte sich mit den besseren und billigeren europäischen Massenprodukten nicht messen. Importe waren daher erforderlich, und um die Handelsbilanz wieder auszugleichen, schien die Steigerung der Exporte unabdingbar. Die wirtschaftlichen Entwicklungen waren keineswegs krisenfrei, und das liberale Fortschrittsparadigma wurde bereits gegen Ende des 19. Jahrhunderts mehr als einmal in Frage gestellt. Mit dem Ausbruch des Ersten Weltkriegs war dann ein Wendepunkt erreicht.

Lateinamerikanische Modernisierungsenthusiasten wollten am liebsten die europäische »Zivilisation« in ihr »barbarisches« Lateinamerika verpflanzen. Dazu reichte die Intensivierung der wirtschaftlichen Beziehungen zu Europa aber nicht aus. Waren und Geld waren zwar grundlegend für die Europäisierung der Lebenswelt. Die Idealvorstellung ging aber weit darüber hinaus und schloss die »Aufweißung« der Bevölkerung durch die massenhafte Ansiedlung europäischer Einwanderer mit ein, wobei man davon ausging, die großen, noch unerschlossenen Gebiete des Hinterlandes durch die Einwanderer nutzbar machen zu können.

Schon in der ersten Hälfte des 19. Jahrhunderts waren einwandererfreundliche Gesetze in den unabhängigen Staaten erlassen worden. In der zweiten Jahrhunderthälfte wurden gezielte Werbemaßnahmen eingesetzt. Insbesondere die Regierungen Argentiniens, Brasiliens und

Chiles betrieben phasenweise eine aktive Einwandererwerbung durch Landzuteilungen und Steuerbefreiungen. Mit dem Aufstieg der europäischen Denksysteme des Positivismus und des Sozialdarwinismus gegen Ende des 19. Jahrhunderts erfuhr diese Politik eine weitere Begründung. Diesen Vorstellungen folgend, wollten die zuständigen Politiker vor allem Einwanderer aus Nordwesteuropa anlocken. Süd- und Osteuropäer waren demgegenüber aufgrund rassistischer Vorbehalte weniger willkommen. In der Tat kam es in der zweiten Jahrhunderthälfte zur Massenauswanderung. Zwar blieb von den rund 50 Millionen Europäern, die zwischen 1830 und 1930 ihr Glück in Amerika suchten, nur ungefähr ein Fünftel im Süden des Doppelkontinents. Da sich diese aber auf einige wenige Länder konzentrierten, war ihre Bedeutung mit der in den Vereinigten Staaten durchaus vergleichbar.

Die Integration Lateinamerikas in den Weltmarkt von Waren und Arbeitskraft war problembehaftet, denn oft konnten die im Vertrauen auf die Zukunft aufgenommenen Schulden nicht pünktlich zurückgezahlt werden. In Bürgerkriegen und Umstürzen wurden oft Ausländer in Mitleidenschaft gezogen, die Entschädigungsansprüche geltend machten. All dies führte zu Auseinandersetzungen zwischen den mächtigen Europäern und den schwachen lateinamerikanischen Staaten, die die Grenzen des partnerschaftlichen Miteinanders durch Handel und freien Personenverkehr immer wieder verdeutlichten. Hinzu kam der einsetzende imperialistische Wettlauf um die Aufteilung der Erde. Zwar hatte Großbritannien die alten iberischen Kolonialmächte insbesondere in wirtschaftlicher Hinsicht als eindeutige, wenn auch nur informelle Hegemonialmacht abgelöst, jedoch war der klassische Kolonialismus damit keineswegs am Ende. Spanien und Frankreich, die selbsternannte Hüterin der »lateinischen Rasse«, entwickelten ab 1860 imperialistische Bestrebungen, die über den klassischen Interventionismus der ersten Jahrhunderthälfte hinaus gingen. Dabei profitierten die europäischen Invasoren vom vorübergehenden Ausfall der Vereinigten Staaten in Lateinamerika durch den US-amerikanischen Bürgerkrieg. Den Höhepunkt erreichte dieses Streben dann im mexikanischen Kaiserreich von Frankreichs Gnaden unter dem Habsburger Maximilian (1864–1867). Der Untergang des Kaisertums durch den Widerstand der Mexikaner sollte die Idee der Restauration einer europäischen Monarchie in Lateinamerika endgültig desavouieren. Die Grundkonstellation, die anfangs die europäische Intervention motiviert hatte – ausstehende Schuldenzahlungen und Entschädigungsforderungen –, blieb dagegen auch in der Folgezeit wichtig. Allerdings änderten sich die internationalen Rahmenbedingungen gegen Ende des 19. Jahrhunderts entscheidend.

Das endgültige Ende des Kolonialismus alter Prägung in Lateinamerika zeichnete sich schon ein Jahr nach der Erschießung Maximilians ab, als in Kuba ein Aufstand gegen die spanische Herrschaft ausbrach. Der Unabhängigkeitskrieg zog sich über mehrere Jahrzehnte hin. Die Vereinigten Staaten, die seit der Monroe-Doktrin von 1823 eine Sonderrolle in den Amerikas für sich reklamierten, hatten die Entwicklungen auf Kuba genauestens beobachtet. Als Anfang 1898 klar war, dass sich Spanien nicht mehr lange halten konnte, nutzte man die Gunst der Stunde zum militärischen Eingriff. Der Friedensvertrag von Paris beendete im Dezember 1898 auch offiziell die spanische Kolonialherrschaft in Amerika. Vor den Augen der Weltöffentlichkeit hatten die Vereinigten Staaten klar gemacht, dass sie nun die Kontrolle zumindest im nördlichen Lateinamerika ausübten. Wenige Jahre später stellte Washington seine Machtansprüche im Zusammenhang mit der Separation Panamas von Kolumbien erneut unter Beweis, als es sich den Isthmus für den Bau eines interozeanischen Kanals sicherte. Der US-amerikanische Interventionismus war in den folgenden Jahrzehnten eine ständige Bedrohung für die Länder im karibischen Raum und im nördlichen Südamerika, dem sogenannten »Hinterhof« der Vereinigten Staaten. Der Ausbruch des Ersten Weltkriegs vertiefte die Verschiebung der machtpolitischen Gewichtsverteilung in Lateinamerika zugunsten des großen Nachbarn im Norden, da sich Europa dadurch selbst schwächte und kein echtes Gegengewicht mehr darstellte.

1. Wirtschaftliche Entwicklungen

Q 42   Ideologische Grundlagen der Außenorientierung I: Kolumbien (1847)

Ab Mitte des 19. Jahrhunderts gewannen in vielen Ländern liberale Wirtschaftspolitiker die Meinungsführerschaft. Sie glaubten an die Gesetzmäßigkeiten eines internationalen Wirtschaftssystems, dem sich Lateinamerika unterwerfen müsse, indem es sich mit einer liberalen Handelsgesetzgebung dem Ausland öffne. Dies wird deutlich in einem Artikel des kolumbianischen Wirtschaftsministers Florentino González (1805–1874) in der in Bogotá erschienenen Zeitung »El Día« vom 8. August 1847.

Ein flüchtiger Blick auf die Welt

Für welche Rolle in der Welt sind wir geschaffen? Dies ist eine Frage, die selbstverständlich jeden Denker aus Granada beschäftigt, der die Wichtigkeit unserer geografischen Lage und den natürlichen Reichtum unseres Bodens kennt und der den Nutzen errechnet, den eine moralisch gefestigte Bevölkerung aus diesen Vorteilen ziehen kann, sofern die Regierung sie lässt, indem sie das Land in Bezug auf Wirtschaft und Politik nach liberalen Grundsätzen regiert. Im Herzen Amerikas gelegen, im Besitz eines an allen agrarischen und mineralischen Produkten reichen und von schiffbaren Flüssen durchzogenen Bodens, Besitzer des Isthmus von Panama, der der Kontaktpunkt der Handelsinteressen der zwei Welten sein wird – wenn wir Vernunft besitzen, wenn wir in Frieden leben und auf diese Art und Weise unsere liberalen Wirtschaftsgesetze ihre gute Wirkung entfalten lassen, dann ist es leicht abzusehen, dass wir nicht viele Jahre brauchen werden, um die wirtschaftliche und politische Macht zu erlangen, die uns in der Welt zusteht. [...]

   [...] Dennoch bestehen immer noch Bestimmungen, die dem Fortschritt des Handels entgegenwirken. Der Differentialzoll, ebenso schädlich wie absurd, ist ein noch immer angewandtes Prinzip in der Handelsgesetzgebung. Dieser Zoll entbehrt jeglicher Vernunft. Er dient nur dazu, einer Nation zu verwehren, dass Produkte anderer Nationen freien Zugang zu ihren Häfen erlangen. Er hemmt den Export, weil er den Import hemmt, und er hemmt in der Konsequenz die Produktion, den Verkauf und den Gewinn.

   Es ist der Differentialzoll, auf den man sich bisweilen stützt, um eine Industrie zu fördern, während gleichzeitig andere geschwächt werden, und wieder andere Male wird er als Vergeltung gegen die Nationen gebraucht, die ihn einführten. Absurd auf die eine und andere Weise, war er ein Hemmnis für den Fortschritt des Handels. Der Differentialzoll schädigt die Nation, die ihn aufrechterhält, da sie sich selbst der Verkaufsmöglichkeiten beraubt, indem sie den Käufern den Zugang verwehrt. [...]

   Hier in unserem Vaterland hat sich der politische und ökonomische Aspekt der Geschäfte gänzlich gewandelt. Mit der Versöhnung der Parteien, der Ausmerzung einiger belastender Sorgen und zudem angestachelt vom Wunsche, das Schicksal zu verbessern, haben wir mit einem Male die liberalsten Bestimmungen eingeführt. Unter ihrem fördernden Einfluss beginnt das Land sich zu regenerieren und sich aus dem Kniefall zu erheben, in dem es sich befand. Auf das Getöse der Waffen und die Schreie der Begeisterung sind die landwirtschaftlichen Betriebe, die des Bergbaus und die der Dampfschifffahrt gefolgt, und all diese können unser Schicksal verbessern. Die Gesetze und Bestimmungen der Regierung bieten den Rahmen, in dem sich die Verbesserungen vollziehen [...].

   [...] Fast die ganze Welt befindet sich in fortschreitender Bewegung. Allerorts entstehen Interessen, die eine Festigung der internationalen Beziehungen fördern. [...] Inmitten dieser Interessen, die sich bewegen, die sich verändern und die auf ihrem Weg und während ihres Wandels andere neue Bedürfnisse schaffen, befindet sich Neu-Granada in einer Lage, die es zum zwangsläufigen Kontaktpunkt all dieser Interessen macht. Als Herrin über den Isthmus von Panama, durch den all die Reichtümer Südamerikas nach Nordamerika und Europa hin- und zurückkreisen und den später viele Rohstoffe und Fertigprodukte passieren werden, erregt es jetzt schon die Aufmerksamkeit der Handel treibenden Nationen. [...]

Es hängt von uns ab, ob wir unser Ziel erreichen. Wenn sich die Regierung Neu-Granadas weiterhin darum bemüht, unsere materiellen Interessen zu fördern; wenn sie, unerschütterlich und treu den Prinzipien der Versöhnung und Toleranz, die Parteien mit ihrem unvoreingenommenen Handeln ruhig hält, dann ist es unzweifelhaft, dass unser Kontakt mit der ganzen Welt auch in unserem Land zugunsten des Friedens und der liberalen Wirtschaftsgesetze andere Interessen erschaffen wird, die unseren Reichtum vergrößern und uns zu Macht und Ruhm verhelfen.

Aus: Florentino González: Una ojeada sobre el mundo (1847), in: Ders.: *Escritos políticos, jurídicos y económicos*, Bogotá: Instituto Colombiano de Cultura 1981, S. 99–108.

Q 43   Ideologische Grundlagen der Außenorientierung II: Mexiko (1856)

Allerdings gab es auch Gegenstimmen, wie die Debatten über die neue Verfassung Mexikos von 1856 zeigen. Hier war man sich der Probleme für die rückständigen, aber allerorten vorhandenen, nicht am Export orientierten Wirtschaftszweige bewusst und bevorzugte daher zollpolitisch einen gemäßigten Protektionismus. Der Abgeordnete für den Bundesstaat Jalisco, Ignacio Vallarta, drückte diese Haltung am 8. August 1856 vor der verfassungsgebenden Versammlung Mexikos prägnant aus.

[...] In [Artikel 4 der Verfassung] wird ohne Rücksicht auf unsere Industrie und unseren wirtschaftlichen Zustand die Freiheit des Handels erklärt, und das in einer vollständigen Weise ohne Einschränkung und irgendeine Abgabe. Die Freiheit des Handels, meine Herren, die bei anderer Gelegenheit mein Untersuchungsgegenstand war, halte ich für die vollständige Verwirklichung der menschenfreundlichen Zivilisation des Menschengeschlechts. Für die leibhaftige Wahrheit der Einheit des Menschengeschlechts, für die vollständigste Anwendung des wirtschaftlichen Prinzips der Notwendigkeit der Arbeitsteilung, für eine Hoffnung auf den großen Tag, an dem die Menschheit eine einzige Familie sein wird, die aus vielen Schwesternationen zusammengesetzt ist. Aber dieser Freiheit des *Außen*handels, deren Verwirklichung ich erhoffe und die ich als Philosoph früher verteidigt habe, kann ich als mexikanischer Gesetzgeber nicht zustimmen. Da die Zeit fast nicht reicht, meine Ansichten zu diesem Thema darzulegen, werde ich lediglich die wesentlichen Grundlagen ansprechen, die mich dazu bringen, diese Freiheit zu bekämpfen.

Die Freiheit des Außenhandels führt nicht nur zu einem Anstieg an Verboten, sondern zur Abschaffung des restriktiven Systems. Was würde aus unserer Industrie, wenn unsere Häfen in einer unzeitgemäßen und vollständigen Weise geöffnet wären, wenn ausländische Produkte unser Land überschwemmen würden? Könnte sie es wenigstens im Entferntesten mit der ausländischen Industrie aufnehmen?... Wird uns unser Patriotismus so blind machen können, dass wir glauben, heutzutage bessere Produzenten als die Engländer sein zu können?

Meine Herren, ich muss sagen, dass ich die vollständige Freiheit des Außenhandels, von der ich in der Theorie ein Anhänger bin, auf diesem Podium nicht verteidigen kann. Allein die Änderung im Handel, die eine solche hervorrufen würde, ist bereits ihr bedenkliches Übel. Der Untergang unseres Staatshaushaltes im Bankrott macht diese Gefahr noch bedrohlicher. Der sichere Tod unserer Industrie, die angesichts einer solchen Flut von Importen sich nicht in neue Kanäle ergießen könnte, erhöht die Risiken, und der grundsätzliche Umsturz des Landes, politisch, wirtschaftlich und handelsbezogen, zwingt mich dazu, eine Idee aufzugeben, die ich heute als nicht realisierbar ansehe. [...]

Aus: Sesión de 8 de agosto de 1856, in: Francisco Zarco Mateos (Hg.): *Historia del congreso constituyente de 1857*, Mexiko-Stadt: Escalante 1916, S. 49–63, hier 57–58.

Q 44   Außenhandel I: Wichtige Exportgüter (um 1913)

*Im Laufe des 19. Jahrhunderts richtete sich die wirtschaftliche Entwicklung vieler lateiname-
rikanischer Staaten auf den Exportsektor aus, der von der Nachfrage in Europa und zunehmend auch in den Vereinigten Staaten abhing. Dabei kam es nicht zur Diversifizierung der
Exporte. Wo sich neue Güter durchsetzten, lösten diese die alten in der Regel nur ab, der
Konzentrationsgrad auf einzelne Produkte nahm teilweise noch zu.*

*Die Konzentration der Exportprodukte in % des Gesamtexports einzelner Länder
(um 1913)*

	1. Produkt	in %	2. Produkt	in %	Gesamt in %
Argentinien	Mais	22,5	Weizen	20,7	43,2
Bolivien	Zinn	72,3	Silber	4,3	76,6
Brasilien	Kaffee	62,3	Kautschuk	15,9	78,2
Chile	Salpeter	71,3	Kupfer	7,0	78,3
Costa Rica	Bananen	50,9	Kaffee	35,2	86,1
Ecuador	Kakao	64,1	Kaffee	5,4	69,5
El Salvador	Kaffee	79,6	Edelmetalle	15,9	95,5
Guatemala	Kaffee	84,8	Bananen	5,7	90,5
Haiti	Kaffee	64,0	Kakao	6,8	70,8
Kolumbien	Kaffee	37,2	Gold	20,4	57,6
Kuba	Zucker	72,0	Tabak	19,5	91,5
Mexiko	Silber	30,3	Kupfer	10,3	40,6
Paraguay	Yerba Mate	32,1	Tabak	15,8	47,9
Peru	Kupfer	22,0	Zucker	15,4	37,4
Uruguay	Wolle	42,0	Fleisch	24,0	66,0
Venezuela	Kaffee	52,0	Kakao	21,4	73,4

Aus: Victor Bulmer-Thomas: *The Economic History of Latin America*, Cambridge: Cambridge University Press 1994, S. 59.

Q 45   Außenhandel II: Absatzmärkte (1913)

Exporte nach Hauptabsatzmärkten, 1913

Land	Exportwert (in Millionen US-Dollar)	USA (%)	Vereinigtes Königreich (%)	Deutschland (%)	Frankreich (%)	Gesamt (%)
Argentinien	510,3	4,7	24,9	12,0	7,8	49,4
Bolivien	36,5	0,6	80,8	8,5	4,9	94,8
Brasilien	315,7	32,2	13,1	14,0	12,2	71,5
Chile	142,8	21,3	38,9	21,5	6,2	87,9
Kolumbien	33,2	44,5	13,5	7,1	2,0	67,1
Costa Rica	10,5	49,1	41,3	4,8	0,9	96,1
Kuba	164,6	79,7	11,2	2,8	1,0	94,7
Dominikanische Republik	10,5	53,5	2,3	19,8	8,5	84,1
Ecuador	15,8	24,3	10,3	16,6	34,1	85,3
El Salvador	9,3	29,7	7,4	17,9	21,4	76,4
Guatemala	14,5	27,1	11,1	53,0	0,1	91,3
Haiti	11,3	8,8	7,1	37,2	44,2	97,3
Honduras[a]	3,2	86,9	1,8	5,3	0,2	94,2
Mexiko[b]	148	75,2	13,5	3,5	2,8	95,0
Nicaragua	7,7	35,3	12,9	24,5	22,9	95,6
Panama	5,1	94,1	1,3	4,3	0,3	99,9
Paraguay	5,5	–	k.A.	22,0	0,6	28,1
Peru	43,6	33,2	37,2	6,7	3,5	80,6
Puerto Rico[c]	46,2	84,6	k.A.	k.A.	k.A.	84,6
Uruguay	71,8	4,0	11,2	19,5	17,4	52,1
Venezuela	28,3	29,4	7,6	19,3	34,7	91,0
Lateinamerika[d]	*1.588,2*	*29,7*	*20,7*	*12,4*	*8,0*	*70,8*

[a] Bilanzjahr 1912–13
[b] Bilanzjahr 1911–12
[c] Angaben sind von 1910
[d] ohne Puerto Rico

Aus: Victor Bulmer-Thomas: *The Economic History of Latin America*, Cambridge: Cambridge University Press 1994, S. 74

Q 46　Die Eisenbahn in Peru und die Hoffnung auf Reichtum und Fortschritt (1860)

Die fehlende verkehrstechnische Erschließung war in weiten Teilen Lateinamerikas ein Hindernis für wirtschaftliche Entwicklung. Das galt auch für Peru, das um die Mitte des 19. Jahrhunderts vom Boom des Guanoexports profitierte. Mit dem Bau von Eisenbahnen, der in diesem Zeitraum in einigen Ländern der Region begann, verbanden sich daher große Fortschrittshoffnungen. Der spätere peruanische Präsident und Gründer der Civil-Partei Manuel Pardo y Lavalle (1834–1878) drückte in einem Artikel für die Zeitschrift »Revista de Lima« 1860 den Zeitgeist treffend aus, als er die Vorzüge der Eisenbahn für die nationale Entwicklung am Beispiel der Provinz Jauja pries.

[...] Erträge zu schaffen, die den Guano ersetzen, Steuereinkünfte zu schaffen, die die des Guano ersetzen: Hier liegt das Problem. Die nationale Produktion zu fördern: Hier liegt die Lösung. Sie schafft Erträge für unseren Handel, sie schafft Einkünfte für den Staat. [...]

Welches leichtere, schnellere und mächtigere Mittel gibt es, gleichzeitig die nationale Produktion und den privaten und staatlichen Reichtum zu vergrößern? Welches schnellere und einfachere Mittel gibt es als Verkehrswege? [...]

[...] Es gibt keine Notwendigkeit, in den Vereinigten Staaten, England, Frankreich oder Deutschland nach Beispielen zu suchen. Es reicht, die Verwandlung zu beobachten, die seit fünf Jahren bis heute sogar unsere Mutter Spanien Dank des Auftriebes durchmacht, der dem Bau von Eisenbahnen zu verdanken ist, um den magischen Wandel zu erkennen, den die großartige Erfindung des 19. Jahrhunderts – noch großartiger aufgrund ihrer Folgen als aufgrund ihrer Einzelheiten – im Leben eines Landes bewirkt.

Wir glauben nicht, dass eine Eisenbahn von Jauja nach Lima die einzige Ausnahme wäre, die in dieser Hinsicht die Geschichte der Eisenbahnen bereit hält. Wir glauben im Gegenteil, dass wenige [Eisenbahnstrecken] gigantische und schnelle Ergebnisse erzielen können. Wir haben es schon gesagt: Wenn in den europäischen Nationen die Rolle einer Eisenbahnstrecke sich darauf beschränkt, den Verkehr zwischen den Orten des Gebiets zu erleichtern und zu beschleunigen, so ist es ihre Aufgabe in Peru, diese Verbindungen erst zu schaffen, die zwischen Orten, die untereinander nicht in Verbindung stehen, nicht existieren. In Europa erleichtern sie den Verkehr und den Handel, fördern somit die Industrie und geben dem Eigentum einen höheren Wert; in Peru werden sie all das erst schaffen, Handel, Industrie und sogar das Eigentum, weil sie demjenigen einen Wert geben, das heute noch keinen hat.

Welchen Wert stellt heute im Rahmen des nationalen Reichtums das Gebiet des Bezirks von Junín dar? In Wahrheit einen ziemlich unbedeutenden. Ein Kalksteinbruch in der Nähe von Lima ist mehr Wert als alle Marmorsteinbrüche, als alle Steinkohlenlager dieses Bezirks und noch dazu ein großer Teil seiner Silberminen und der größte Teil der Blei- und Kupferminen. Es gibt kleine Landgüter zum Anbau von Grundnahrungsmitteln an der Küste, die einen größeren Wert als irgendeine Hacienda mit einem Umfang von dreißig *leguas* in Junín haben. Und wie viel produzieren die Berge Perus heutzutage?

Welchen Wert würde dasselbe Gebiet zehn Jahre nach der Eröffnung einer Eisenbahn haben? Es ist nicht möglich, das zu veranschlagen, weil man nicht ins Unendliche veranschlagen kann. [...]

Da wir angesetzt haben, die Frage nicht nur vom Standpunkt der lokalen Interessen dieses oder jenes Departements aus zu erörtern, sondern vom höheren Standpunkt des allgemeinen Wohlstands des Landes, ist es nicht möglich, einige weitere Erwägungen von bedeutender Wichtigkeit unerwähnt zu lassen [...].

Eine Eisenbahn, die die Hauptstadt der Republik mit dem Bezirk Junín verbindet, wird große politische Folgen haben. Und eine Eisenbahn, die die ungesunde Pazifikküste mit dem Tal von Jauja verbindet, wird gesundheitliche Folgen von unschätzbarem Wert für die Erziehung der kraftlosen und blassen Jugend von Lima haben.

Wir glauben nicht, dass jemand die politischen Folgen einer Eisenbahn nach Jauja bezweifelt. Wenn die Eisenbahnen dazu berufen sind, eine Aufgabe der Wiederbelebung in den wilden

Einöden von Amerika zu erfüllen, sind sie nicht weniger dazu berufen, eine moralische und intellektuelle Revolution bei den rückständigen und ignoranten Massen hervorzurufen, die das Gros unserer Bevölkerung bilden. Diesen wohltuenden Einfluss üben die Verkehrswege in zweierlei Hinsicht aus: zum einen, indem sie den Menschen Mobilität verschaffen, die heutzutage angenagelt wie Steine oder Pflanzen an dem Ort leben und sterben, an dem sie die Natur hervorgebracht hat, weil die Mobilität für sie einstweilen die materielle Freiheit und auch ein Bestandteil der moralischen Freiheit ist, sofern sie die Fesseln lösen, mit denen die Unbeweglichkeit sie unterworfen hat. Die Mobilität bringt auch Aufklärung mit sich, und zweifelsfrei nicht die Aufklärung der Bücher und der Theorien, sondern die praktischen Lehren des Lebens, die der regelmäßige Umgang mit anderen Menschen nach sich zieht.

Zum anderen überträgt sich die Vermehrung des materiellen Reichtums, die die Eisenbahnen bewirken, auch auf eine wahrhafte Vermehrung der Zivilisation, auf eine moralische und intellektuelle Verbesserung der Bevölkerung, deren Gebiete plötzlich durch die Lokomotive bereichert werden. Die Vermehrung der Reichtümer eines Gebiets erhöht den Wohlstand seiner Bewohner, und es ist ein anerkannter Grundsatz, dass in dem Maße, wie das Wohlergehen dem Menschen dabei hilft, seine moralischen Gefühle zu verwirklichen, das vornehmste und zugleich der Vater dieser Gefühle erhöht wird: das Gefühl der persönlichen Würde. Die Schulen und die politischen Katechismen können aus den Indios unseres Landesinneren Pedanten machen, schwerlich Bürger. Nur wenn man ihre materielle Situation verbessert, kann man ihnen die Grundsätze der Würde und der persönlichen Unabhängigkeit geben, ohne die sie niemals etwas anderes sein können als elende Entrechtete, der Erde ergebene Hörige und blinde Instrumente von jedem, der einen Stock erhebt, um ihnen zu befehlen. Indem wir die materielle Situation unserer Bevölkerung verbessern, werden wir das wirksamste Hindernis gegen den Vormarsch der Tyrannei und auch gegen die Kräfte der Anarchie errichten. Das ist die zweite Form, wie die Eisenbahnen ihren moralischen Einfluss auf die Bevölkerung ausüben sollen. [...]

Aus: Manuel Pardo: Estudios sobre la provincia de Jauja, in: Jacinto López: *Manuel Pardo*, Lima: Gil 1947, S. 232–274, hier 259–262.

Q 47   Internationale Unternehmen und Technologietransfer: Die Funkentelegrafie (1913)

Für den Absatz lateinamerikanischer Exportprodukte auf den Märkten in Übersee spielte die Beschleunigung von Informationsflüssen durch neue Technologien eine wichtige Rolle. Die Verbreitung der Telegrafie und ab ungefähr 1900 auch der Funkentelegrafie – der Übertragung von Morsenachrichten mittels früher Radiotechnologie – erfolgte dabei zumeist durch europäische und nordamerikanische Unternehmen. Diese Systeme hatten große Bedeutung für die zivile Hochseeschifffahrt und für die Reduzierung umweltbedingter Unwägbarkeiten bei der Übermittlung von Gütermengen und -preisen, dienten aber auch den militärischen Interessen und der territorialen Konsolidierung der Nationalstaaten. In einem 1913 in Berlin gehaltenen Vortrag fasste der kaufmännische Angestellte Fritz Pauli die Aktivitäten des deutschen Unternehmens Telefunken in Lateinamerika zusammen.

Telefunken im lateinischen Amerika

Die Gesamtzahl der auf der ganzen Welt installierten Telefunkenstationen hat heute die Zahl 2.000 weit überschritten; ein glänzender Beweis deutschen Fleißes und deutscher Beharrlichkeit, welche einen jahrelangen Vorsprung einer mächtigen Konkurrenz einholten und überflügelten. Wie sich an der genannten Gesamtzahl das lateinische Amerika mit nicht weniger als 10 % beteiligt, ist der Gegenstand der folgenden Ausführungen.

Die Ursache, weshalb diese Länder die Radiotelegrafie bedeutend früher und auch gleich in viel großzügigerem Maßstabe sich zunutze machten, als manche alten Kulturländer, ist vor allen Dingen in den eigenartigen Verhältnissen zu suchen, welchen die tropische Vegetation, die Urwaldzonen, das Gepräge geben. Diese Regionen, welche von dem Verkehr und der Zivilisation fast gänzlich abgeschlossen waren und aller Anstrengungen spotteten, die in engere Verbindung zu bringen, sind durch das Medium »Funkentelegrafie« urplötzlich untereinander und mit den Zivilisationszentren verbunden worden. Handel und Wandel wurden dadurch normalere Bedingungen gegeben, und manche Gebiete sind durch die Verwendung dieses Verständigungsmittels überhaupt erst besiedelungsfähig geworden.

In den ungeheuren Urwaldgebieten hatte die Erfahrung gelehrt, dass die Anwendung der alten Draht-Telegrafie oder -Telefonie immer nur eine sehr kurze Freude bedeutete und trotz aller aufgewandten Mühen und Kosten nicht den gewohnten Erwartungen entsprach; denn trotz der kostspieligen Kontrollen war die Leitung schon wieder rettungslos unterbrochen, wenn man eben noch Verbindung hatte. Ein Unterhalt dieser Leitung erwies sich einfach als unmöglich, wie manche gründlich fehlgeschlagenen Versuche mit solchen Installationen fühlbar bewiesen haben.

Vor allen Dingen war es ganz unmöglich, die Linien von der üppig wuchernden Urwaldvegetation freizuhalten, so dass Stromunterbrechungen durch das Darauffallen lebensmüder Urwaldriesen und Ableitungen durch sich herumschlingende Lianen auf der Tagesordnung standen, und da die einzelnen Stationen oft hunderte von Meilen voneinander entfernt lagen, so nahm es oft Wochen, nicht selten Monate in Anspruch, ehe der zerstörte Punkt aufgefunden und ausgebessert werden konnte. Es liegt auf der Hand, dass unter solchen Umständen von einer Rentabilität solcher Anlagen gar keine Rede sein kann, zu deren Herstellung man unter großen Kosten meilenlange Pfade durch den Urwald schlagen musste. Ein Übriges taten auch Feuchtigkeit und Hitze, welche zusammen die baldige Verwitterung der Drähte und Pfähle besorgen; Termiten und Bohrwürmer und sogar Wildschweine legten die Pfähle schon vorher nieder und last not least waren es die vielen Affenherden, die ihre Seiltanzkunststücke an den Drähten probierten und es fertig brachten, die solidesten Drähte zu zerreißen, oder wo mehrere vorhanden waren, diese kunstgerecht zusammenzudrehen. Auf diese Weise wurde es in der Tat zur Unmöglichkeit, die Telegrafenlinien in Ordnung und den Verkehr stets offen zu halten.

Mit beiden Händen griffen daher die Südamerikaner nach der neuen Erfindung und verstanden es – und wohl mit einem Erfolg wie in keinem anderen Lande – sich die Funkentelegrafie ausgiebig zunutze zu machen und mächtige Vorteile herauszuziehen. Die in ganz Südamerika und Mexiko dominierende Verwendung deutscher technischer Erzeugnisse und die Nachrichten von den außerordentlichen Vorzügen des Telefunkensystems ließ dann die meisten Staaten nach mancherlei Erwägungen sich für dieses System entschließen, und wenn auch späterhin in diesem oder jenem Lande die englische oder französische Konkurrenz herangezogen wurde, so spielten hierfür wohl ganz andere Momente mit, als die Überzeugung von der Superiorität diese Systeme. Jedenfalls gibt es – mit Ausnahme der britischen Kolonien – von Mexiko bis Argentinien hinunter kein Land, welches der Radiotelegrafie erschlossen ist, in dem sich keine Telefunkenstationen befinden, und ich werde Ihnen später die Verbreitung der verschiedenen Systeme vergleichsweise illustrieren.

Zunächst werde ich jetzt die einzelnen Länder durchgehen und mit dem größten Staatenbunde Brasilien beginnen. Die geographischen Verhältnisse lassen Brasilien auf den ersten Blick als ein Hauptabsatzgebiet für Radiostationen erkennen, und tatsächlich sind nach dort von der Telefunkengesellschaft bis heute ca. 26 Landstationen geliefert worden, welche sich an der Küste und hauptsächlich im Amazonasgebiet verteilen und gerade für letzteres wesentlich zu dessen Erschließung beigetragen haben. Der Amazonenstrom von Pará bis Cruzeiro do Sul weist eine ganze Kette von Stationen auf, welche sich in Pará an die Seekabel und im Westen an das Radionetz Perus anschließen, so dass augenblicklich der ganze südamerikanische Kontinent tatsächlich überbrückt ist. Das Netz, von dem bereits die Stationen Pará, Manaus und Santarém längere Zeit bestanden, wurde im vorigen Jahre durch die Inbetriebsetzung der fünf Stationen Cruzeiro do Sul, am oberen Lauf des Juruá gelegen, Senna Madureira, am oberen Laufe des Purusflusses, Rio Branco, Xapuri und Boca de Tarauaca (Vila Seabra)ve rvollständigt.

Die erstgenannten neuen Stationen stehen über die Kordilleren hinweg mit Lima und Iquitos in Verkehr, Entfernungen von 500 bzw. 1.000 km. Alle diese Stationen verkehren nämlich auch untereinander, wobei das dazwischen liegende Terrain ausnahmslos aus hohem, zum Teil unerforschtem Urwald besteht. Ganz besonders schwierig gestaltete sich der Transport der Materialien, die in Manaus wegen der sehr ungünstigen Wasserverhältnisse auf Lanchas umgeladen werden mussten, und es nahm drei bis vier Wochen in Anspruch, um von dort zu den Stationsplätzen zu gelangen. Dabei mussten komplette Lokomobilen auf den Lanchas untergebracht werden. Diese Lokomobilen waren für Holzfeuerung eingerichtet, eine Anordnung, die sich für radiotelegrafische Zwecke in diesen Gebieten sehr gut bewährt hat. [...]

Wenn man jetzt die Zahl der gelieferten Telefunkenstationen und die Zahl der sämtlichen Stationen anderen Systems gegenüberstellt, so ergibt sich, dass von ca. 163 festen oder mobilen Landstationen nicht weniger als 123 Telefunkenstationen sind, also über 75%. Bei den Schiffsstationen ist das Verhältnis: Telefunken= 112, Konkurrenz = 89.

Mit diesen Zahlen glaube ich Ihnen den Beweis dessen erbracht zu haben, was ich schon am Anfang meines Vortrages erwähnte, nämlich dass es auch auf diesem Gebiete der deutschen Technik gelang, trotz des jahrelangen Vorsprunges der Konkurrenz, sich den Vorrang im lateinischen Amerika heute und für die Zukunft zu sichern.

Dass die drahtlose Telegrafie für diese Gebiete den größten und wichtigsten Zivilisationsfaktor bedeuten wird, ist von Kennern des Landes wiederholt dargelegt worden; Herr [Otto] Preusse-Sperber schreibt z. B. in seinem soeben erschienenen Buch über Süd- und Mittelamerika, dass mithilfe der Funkentelegrafie es heute möglich ist, die entferntesten Gummizonen mit den betreffenden Handelszentren zu verbinden, so dass die Auftraggeber immer wissen können, mit welchen Quantitäten sie zu rechnen haben. Materiallieferungen für Wegebauten oder solche für Eisenbahnen usw. können dadurch rechtzeitig bestellt werden, so dass die Arbeiten keine Unterbrechungen erleiden. Früher musste man monatelange Reisen für solche Zwecke machen, die sehr oft durch das Zusammentreffen unglücklicher Zufälle sozusagen erfolglos blieben.

Alles diese den Verkehr und Handel behindernden Widerwärtigkeiten spielen heute keinerlei Rolle mehr, da die drahtlose Telegrafie sie geradezu spielend aus dem Wege räumt. Sogar besonders günstige Marktkonjunkturen können die Gummigesellschaften mithilfe der drahtlosen Telegrafie ausnutzen. So genügt eine drahtlose Anfrage bei dem Verwalter der »Gomales«, um zu erfahren, wie viel Gummi bereits geworben und zur Verschiffung bereit liegt, um diesen auf Ziel auf dem Markt verkaufen zu können. In früheren Jahren hingegen war dies unmöglich, und monatelang schwebten die Gummigesellschaften absolut im Unklaren über die gemachte Ausbeute. Durch die drahtlose Telegrafie lässt sich sogar ein ziemlich stabiler Gummimarkt erzwingen, da Angebot und Nachfrage leicht balanciert werden können, was bisher einfach unmöglich war.

Wie großzügig die Südamerikaner jetzt nach diesen vielen Erfolgen vorgehen, lässt sich daraus ersehen, dass in Bälde sowohl in Argentinien als auch an der Küste Brasiliens Großstationen entstehen werden, welche ev. den Atlantischen Ozean bis New York und bis zur alten Welt überbrücken werden. Dies sind Pläne, welche schon jetzt den Kabelgesellschaften Kopfschmerzen zu machen scheinen; denn die billigere Radiotelegrafie wird wahrscheinlich nicht ohne Einfluss auf die schönen Sätze der Kabelgesellschaften bleiben.

Auf jeden Fall kann man heute den Südamerikanern die Anerkennung nicht versagen und kann nicht mehr zweifeln, dass mit dem Erstarken dieser Länder auch der Unternehmungsgeist seiner Bewohner zunimmt und sie im Verein mit der deutschen Industrie einer neuen Zeit entgegengehen.

Aus: Fritz Pauli: *Telefunken im lateinischen Amerika. Vortrag, gehalten am 20. November 1913 in der Deutsch-Südamerikanischen Gesellschaft, Berlin. Sonderabdruck aus der Halbmonatsschrift »Süd- und Mittel-Amerika« vom 20. März 1914*, Berlin 1914, S. 1–4, 21–22.

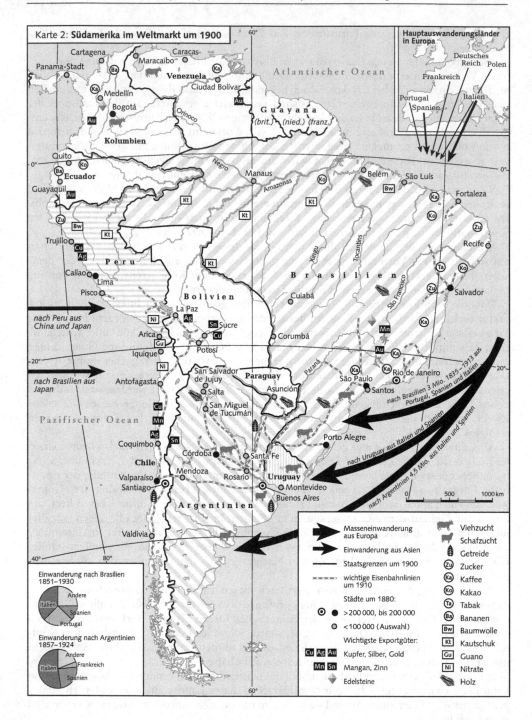

Karte 2: **Südamerika im Weltmarkt um 1900**

Hauptauswanderungsländer in Europa

nach Peru aus China und Japan

nach Brasilien aus Japan

nach Brasilien 3 Mio. 1835–1913 aus Portugal, Spanien und Italien

nach Uruguay aus Italien und Spanien

nach Argentinien 4,5 Mio. aus Italien und Spanien

Einwanderung nach Brasilien 1851–1930

Italien · Andere · Spanien · Portugal

Einwanderung nach Argentinien 1857–1924

Italien · Andere · Frankreich · Spanien

0   500   1000 km

➤ Masseneinwanderung aus Europa	Viehzucht
➤ Einwanderung aus Asien	Schafzucht
— Staatsgrenzen um 1900	Getreide
⋯ wichtige Eisenbahnlinien um 1910	(Zu) Zucker
Städte um 1880:	(Ka) Kaffee
◉ ● >200 000, bis 200 000	(Ko) Kakao
○ <100 000 (Auswahl)	(Ta) Tabak
Wichtigste Exportgüter:	(Ba) Bananen
(Cu)(Ag)(Au) Kupfer, Silber, Gold	(Bw) Baumwolle
(Mn)(Sn) Mangan, Zinn	(Kt) Kautschuk
Edelsteine	(Gu) Guano
	(Ni) Nitrate
	Holz

2. Die Masseneinwanderung

Q 48   Hauptzielländer der europäischen Einwanderung (1819–1933)

Argentinien und Brasilien waren neben Uruguay, Paraguay und Chile die wichtigsten Einwanderungsziele in Lateinamerika im 19. und 20. Jahrhundert. Die folgenden Aufstellungen zeigen die Mengen der vornehmlich europäischen Einwanderer.

Übersee-Einwanderung nach Argentinien (Übersee 2. und 3. Klasse) 1857–1928

	1857–69	1870–79	1880–89	1890–99	1900–09	1910–19	1920–28
Italiener	102.808	156.716	472.179	464.905	746.514	419.194	509.184
Spanier	22.609	44.802	148.394	135.114	541.475	679.837	371.184
Franzosen	7.080	32.938	79.422	43.208	32.960	27.336	9.991
Deutsche	1.395	3.522	12.958	9.964	16.782	20.642	41.367
Österreicher	1.045	3.469	16.469	10.705	34.708	23.299	5.915
Briten	3.962	9.265	15.692	5.112	11.361	14.544	8.551
Schweizer	1.781	6.203	11.659	5.220	4.586	4.771	3.464
Russen	–	–	3.837	17.784	74.015	69.106	6.625
Portugiesen	–	–	1.751	1.817	7.633	17.580	11.311
Sonstige	7.997	7.923	33.035	32.312	89.280	131.218	265.540
Gesamt	*148.672*	*264.868*	*795.396*	*726.141*	*1.559.314*	*1.407.527*	*1.233.132*

Einwanderung nach Brasilien 1819–1933

	1819–59	1860–69	1870–79	1880–89	1890–99	1900–09	1910–19	1920–29	1930–33
Portugiesen	64.524	563.618	67.609	104.690	219.353	195.586	318.481	301.915	46.086
Italiener	209	4.916	47.100	277.124	690.365	221.394	138.168	106.835	11.242
Spanier	191	633	3.940	30.066	164.293	113.142	181.651	80.931	8.142
Deutsche	22.798	16.514	14.627	18.901	17.084	13.848	25.902	75.801	11.254
Österreicher	–	104	7.580	4.603	38.487	15.443	13.085	12.020	1.282
Franzosen	396	2.564	4.213	2.856	7.575	3.682	8.163	6.797	1.617
Schweizer	4.411	758	1.838	1.117	1.056	993	1.586	3.859	691
Russen	–	–	8.075	2.094	41.416	14.906	39.288	7.171	3.609
Polen	–	–	–	–	1.420	–	–	28.028	9.001
Japaner	–	–	–	–	–	861	27.432	58.286	55.880
Türken / Araber	–	–	–	–	3.617	16.131	35.193	23.784	269
Sonstige	15.090	30.986	38.949	6.500	13.035	18.367	25.273	112.391	16.777
Gesamt	*137.119*	*110.093*	*193.931*	*444.155*	*1.197.701*	*614.353*	*813.722*	*844.190*	*167.484*

Aus: Hernán Asdrúbal Silva (Hg.): *Inmigración y estadisticas en el Cono Sur de América. Argentina – Brasil – Chile – Uruguay*, Mexiko-Stadt: Instituto Panamericano de Geografía e Historia 1990, S. 47–48, 149–157.

Q 49   Immigration und »Zivilisation« in Argentinien (1852)

Wie Sarmiento (vgl. Quellen 24 und 63) war der argentinische Jurist Juan Baustista Alberdi (1810–1884) ein bedeutender Denker, der vor der Diktatur von Juan Manuel Rosas nach Chile geflohen war und dort 1852 mit »Grundlagen und Gesichtspunkte für die politische Organisation der Republik Argentinien« (»Bases y puntos de partida para la organización política de la República Argentina«) sein zentrales Werk zu den Fortschrittsmöglichkeiten seines Landes schrieb. Wie Sarmiento teilte Alberdi die Abneigung gegen das autochthone Erbe seines Landes, das er als Barbarei betrachtete. Eine positive Entwicklung Argentiniens konnte nach Alberdi nur durch eine Ausrichtung auf das moderne Westeuropa hin erfolgen. Seines Erachtens war eine massive Einwanderung vonnöten, um die Defizite der eigenen Bevölkerung auszugleichen und eine Leistungssteigerung und zukünftigen Erfolg zu erreichen.

XII. Zivilisatorische Aktivität Europas in den Republiken Südamerikas

Die Republiken Südamerikas sind Produkt und lebendiges Zeugnis der Aktivität Europas in Amerika. Was wir das unabhängige Amerika nennen, ist nicht mehr als das in Amerika etablierte Europa, und unsere Revolution ist nichts anderes als die Aufspaltung einer europäischen Macht in zwei Hälften, die heutzutage für sich selbst handeln.

Alles an der Zivilisation auf unserem Boden ist europäisch. Amerika selbst ist eine europäische Entdeckung. Ein genuesischer Seemann brachte es ans Licht, und eine Frau aus Spanien unterstützte das Entdeckungsunternehmen. Cortés, Pizarro, Mendoza und Valdivia, die nicht in Amerika geboren wurden, besiedelten es mit der Bevölkerung, die es heute in Besitz hat und die gewiss keine Eingeborenenbevölkerung ist.

Es gibt hier keine einzige wichtige Stadt, die nicht von Europäern gegründet wäre. Santiago wurde von einem Ausländer namens Pedro Valdivia gegründet, und Buenos Aires durch einen anderen Ausländer namens Pedro de Mendoza.

Alle unsere wichtigen Städte erhielten von ihren ausländischen Gründern europäische Namen. Selbst der Name *Amerika* leitet sich von einem dieser ausländischen Entdecker ab: Amerigo Vespucci.

Selbst heute, in Zeiten der Unabhängigkeit, hat der indigene Bewohner keine Bedeutung in unserer Gesellschaft.

Wir, die wir uns Amerikaner nennen, sind nichts anderes als in Amerika geborene Europäer. Schädelform, Blut, Farbe, alles kommt von außen.

Der Indigene gibt uns Recht, er nennt uns bis heute *Spanier*. – Ich kenne keine vornehme Person unserer Gesellschaften, die einen Nachnamen der *Pehuenchen* oder *Araukaner* trüge. Die Sprache, die wir sprechen, kommt aus Europa. [...]

Unsere christliche Religion haben die Ausländer nach Amerika gebracht. Wir haben es nur Europa zu verdanken, dass Amerika nicht die Sonne, die Bäume, die Tiere anbetet, keine Menschen zum Opfer verbrennt und die Ehe kennt. Europas Hand errichtete das Kreuz von Jesus Christus in einem vorher heidnischen Amerika: Allein schon deswegen muss die Hand Europas gelobt werden! [...]

In Amerika ist alles, was nicht europäisch ist, barbarisch, und es gibt nur diese Unterteilung: 1. das Indigene, das heißt das Wilde, 2. das Europäische, das heißt wir, die wir in Amerika geboren sind und Spanisch sprechen, an Jesus Christus glauben und nicht an Pillan (den Gott der Indigenen).

Es gibt keine andere Unterscheidung in Bezug auf den amerikanischen Menschen. Die Unterscheidung in Städter und Menschen vom Land ist falsch, existiert nicht, ist eine Reminiszenz an die Studien von Niebuhr über die Frühgeschichte Roms. – Rosas hat nicht mit den Gauchos, sondern mit der Stadt seine Herrschaft ausgeübt. [...]

Die einzige Unterteilung, die in Bezug auf den amerikaspanischen Menschen zulässig ist, ist die in einen *Menschen der Küste* und in einen *Menschen des Landesinneren* oder einen *Mittelländischen*. Diese Unterscheidung ist real und bedeutend. Ersterer ist das Produkt der zivilisatorischen Aktivität des Europa dieses Jahrhunderts, die durch den Handel und die Einwanderung in den Städten der Küste betrieben wird. Der andere ist das Werk des Europa des 16. Jahrhunderts, des Europa der Konquistazeit, der sich wie in einem Gefäß in den im Landesinneren gelegenen Siedlungen unseres Kontinents intakt erhält, wo ihn Spanien mit der Absicht hinbrachte, dass er so bliebe. Zwischen den einen und den anderen Menschen liegen drei Jahrhunderte. Als Produkt der Zeit Machiavellis und Philipps II. ist unser Mensch des Landesinneren geschickt, schlau, hinterhältig und kaltherzig; der Mensch der Küste ist großzügiger, offener und befähigter dazu, dem Fortschritt dieser Länder nützlich zu sein, da er ein Produkt des Europa unserer Zeit ist. – Zwischen Chuquisaca und Valparaíso liegen drei Jahrhunderte Abstand, und es ist nicht das Institut von Santiago, das diesen Abstand zugunsten dieser Stadt bewirkt. Dieser Abstand besteht auch zwischen Córdoba, das seit zwei Jahrhunderten eine Universität besitzt, und Buenos Aires, wo sie erst seit kurzem besteht. Es sind nicht unsere armen und unergiebigen Schulen, die der Küstenregion Südamerika einen Vorsprung von dreihundert Jahren vor den mittelländischen Städten gebracht haben. Gerade an der Küste gibt es keine Universitäten. Der lebendigen Aktivität des gegenwärtigen Europa, wie sie sich im Freihandel, der Einwanderung und dem Gewerbe in den Siedlungen der Küstenregion äußert, verdankt sich deren ungeheurer Fortschritt im Vergleich zu den anderen. [...]

Seit dem 16. Jahrhundert bis zum heutigen Tag hat Europa nicht einen einzigen Tag aufgehört, die Quelle und der Ursprung der Zivilisation dieses Kontinents zu sein. Unter dem alten Regime hat Europa diese Rolle vermittels der Leitung Spaniens ausgeübt. Diese Nation brachte uns die letzte Äußerung des Mittelalters und die Anfänge der Renaissance der Zivilisation in Europa.

Mit der amerikanischen Revolution endete die Aktion des spanischen Europa auf diesem Kontinent; aber an ihre Stelle trat die Aktion des angelsächsischen und französischen Europa. Wir Amerikaner von heute sind Europäer, die die Lehrmeister gewechselt haben: Dem spanischen Unternehmergeist ist der englische und französische gefolgt. Aber immer ist Europa die Gestalterin unserer Zivilisation. Die Art der Aktion hat sich gewandelt, aber das Produkt bleibt dasselbe. Das Europa von heute tut in Amerika nichts anderes, als das Werk Europas des Mittelalters zu vervollständigen, das im Keim angelegt und erst halb vollendet ist. Seine gegenwärtigen Mittel der Einflussnahme sind weder Schwert noch Konquista. Amerika ist schon erobert, es ist europäisch und deshalb auch nicht mehr zu erobern. Der Eroberungskrieg setzt rivalisierende Zivilisationen und entgegengesetzte Stadien wie zum Beispiel wild und europäisch voraus. Dieser Gegensatz besteht nicht. Das Wilde ist besiegt und verfügt in Amerika weder über Macht noch über Herrschaft. Wir, Europäer von Rang und Zivilisation, sind die Herren Amerikas.

Es ist Zeit, dieses Gesetz unseres amerikanischen Fortschritts anzuerkennen und erneut dieses Europa um Unterstützung für unsere unvollständige Kultur zu bitten, das wir bekämpft und mit Waffen auf den Schlachtfeldern besiegt haben, das wir aber auf dem Felde der Ideen und des Gewerbes noch lange nicht besiegen werden. [...]

In ihr Werk [die Unabhängigkeit] verliebt, erschrecken die Patrioten der ersten Phase vor allem, was dieses vermeintlich gefährden könnte.

Wir aber, die wir mehr auf das Werk der Zivilisation als auf den Patriotismus einer bestimmten Zeit fixiert sind, sehen alles das ohne Angst kommen, was Amerika an großartigen Ereignissen hervorbringen kann. Durchdrungen von der Gewissheit, dass seine jetzige Situation nur einen Übergang darstellt, dass sein zukünftiges Schicksal ebenso groß wie unbekannt ist, erschreckt uns nichts, und auf alles gründen wir unsere hehren Hoffnungen auf Besserung.

Ihm geht es nicht gut; es ist unbewohnt, einsam und arm. Es verlangt nach Bevölkerung und Wohlstand.

Woher können diese in der Zukunft kommen? Aus derselben Quelle, woher sie auch bisher kamen: aus Europa.

XIII. Von der Einwanderung als Mittel für Fortschritt und Kultur für Südamerika

Wie und in welcher Form kann in Zukunft der belebende Geist der europäischen Zivilisation zu uns kommen? So, wie er zu allen Zeiten gekommen ist: Europa wird uns seine neue Ideen, seinen Erwerbsgeist, seine kulturelle Erfahrung mit den Einwanderern bringen, die es uns schickt.

Jeder Europäer, der an unsere Küsten kommt, bringt uns mehr Zivilisation durch sein Verhalten, das er dann unseren Bewohnern weitergibt, als viele philosophische Bücher. Nur schlecht versteht man eine Vorbildhaftigkeit, die man nicht sieht, nicht berührt und nicht begreift. Ein arbeitsamer Mensch ist der lehrreichste Katechismus.

Wollen wir in Amerika die englische Freiheit, die französische Kultur, die Arbeitsamkeit von Menschen aus Europa und den Vereinigten Staaten einpflanzen und heimisch machen? Lasst uns diese Werte, die in den Gewohnheiten ihrer Bürger lebendig sind, herholen und sie hier verwurzeln.

Wollen wir, dass Verhalten wie Ordnung, Disziplin und Fleiß sich in unserem Amerika durchsetzen? Dann müssen wir es mit Menschen bevölkern, die solches Verhalten zur Genüge besitzen. [...]

Aus: Juan Bautista Alberdi: *Bases y puntos de partida para la organización política de la República Argentina. Derivados de la ley que preside al desarrollo de la civilización en la América del Sud*, Buenos Aires: Imprenta Argentina 1852, S. 32–37. Zit. und überarbeitet nach: Hans-Joachim König: Europa in der Sicht Lateinamerikas, in: Andreas Michler/Waltraud Schreiber (Hgg.): *Blicke auf Europa. Kontinuität und Wandel*, Neuried: Ars Una 2003, S. 331–384, hier 355–358.

Q 50   Die deutschsprachige Einwanderung nach Brasilien I: Die brasilianische Sicht (1862)

In den Anfangsjahren der Einwanderung nach Brasilien traten immer wieder Missstände auf. Der Schweizer Gesandte Johann Jakob von Tschudi (1818–1889) kritisierte während seiner Amtszeit (1859–1861) die Verhältnisse in der Kolonie Santa Leopoldina in der Provinz Espírito Santo. Der Provinzpräsident José Fernandes da Costa Pereira Junior reagierte 1862 mit einer Rede im Provinzparlament auf diese Kritik und machte auch die Siedler für die Probleme verantwortlich. Nicht zuletzt ging es dem Befürworter der Einwanderung darum, gegen den schlechten Ruf der tropischen Provinz für Einwanderer vorzugehen.

Santa Leopoldina

Diese Ansiedlung hat viel Pech gehabt, nicht nur aufgrund der Unannehmlichkeiten, gegen die sie gekämpft hat, sondern auch aufgrund der ungerechten Verurteilung, deren Opfer sie geworden ist. Herr Baron Tschudi, der Gesandte der Helvetischen Konföderation, der sich von der wenig vorteilhaften Lage seiner dort befindlichen Landsleute hat beeindrucken lassen und der darüber hinaus nicht die nötige Zeit für eine tiefgehende und angemessene Beobachtung mitbrachte, äußerte sich derart ungünstig über die Kolonie Santa Leopoldina, dass sein Bericht, der auf der doppelten Autorität des Staatsmanns und des Wissenschaftlers fußt, außerhalb dieser Provinz als wahrhaft verdammendes Urteil aufgenommen wurde.

Zu unserem Glück war die Meinung des illustren Diplomaten nicht das Ergebnis einer längeren und gründlichen Untersuchung, die die besonderen Umstände der Kolonie erfordert hätten.

Da wir seinen Intentionen Gerechtigkeit widerfahren lassen, dürfen wir nicht ihm, sondern der ihm fehlenden Zeit und dem Eindruck, der der unangenehme Anblick des Elends unter fast all seinen Landsleuten auf seinen Geist machen musste, die Schuld geben.

Wenn Seine Exzellenz in Ruhe und gänzlich mit allen Angelegenheiten der Ansiedlung vertraut sorgfältig den Anteil ermitteln könnte, welchen die Verwaltung des Landes an diesem Elend hatte und welcher den Schweizer Siedlern anzulasten ist, hätte er ohne Frage erkannt, dass, wenn die Verwaltung auch das Unglück hatte, sich zu täuschen, indem sie nicht den geeignetsten Standort für die Ansiedlung der Kolonie wählte und in diesem Sinne unfreiwilligerweise dazu beitrug, dass der Fortschritt dort nicht so schnell war, wie ihn die Vorstellung der Einwanderer erhoffte, eine viel größere und viel schwerere Schuld die Schweizer Siedler hatten, die schon in Ubatuba als träge und für regelwidriges Verhalten bekannt waren und die zum Großteil nach dem Umzug nach S. Leopoldina keine bessere Arbeitseinstellung und größere Geschäftigkeit zeigten oder an Energie und an der für die Landarbeit unabdingbaren Geduld hinzugewannen.

Außerdem sollte man anerkennen, dass die Gründung einer Kolonie und die Prosperität der Siedler nicht zwei Faktoren sind, die rasch aufeinander folgen, wie vorteilhaft die Beschaffenheit des Boden, des Klimas und der Eigenart der Siedler auch sei. Und wenn diese Faktoren schon nicht mit Schnelligkeit in Hinblick auf die nationalen Siedler aufeinander folgen, dann noch weniger, wenn es sich um Ausländer handelt, für die es neben anderen immer das große Hindernis der Akklimatisierung gibt.

Wir befinden uns nicht mehr in den Zeiten der märchenhaften Erzählungen vom *mysteriösen* Kontinent Amerika. Die Wunder von El Dorado sind mit den Jahrhunderten der Unwissenheit vorübergegangen, dank dem Dampfschiff, das alle Länder einander annähert, und jenem großen Telegrafen, der Presse heißt – Siegerin über Raum und Zeit. Und leider wurde Brasilien von seinen Gästen ziemlich falsch dargestellt, so dass die unwissendsten Menschen Europas zu dem Urteil kommen können, dass in unserem Land der Boden mit der wunderbaren Fruchtbarkeit von Kanaan, dem Land der Verheißung, Früchte trage.

Wenn der Siedler, der in seinem an Bevölkerung überlaufenden Land nicht ein Fleckchen Land, in dem er das fürs Leben Nötige hätte ernten können, und nicht einen kärglichen Schuppen besessen hat, in dessen Schatten er das erschöpfte oder kranke Haupt hätte ausruhen können, hier dem Vorteil begegnet, Eigentümer zu sein, wird er deshalb von diesem Besitz nicht prompt üppige Früchte erhalten, die der ungeheißenen Freigiebigkeit der Natur entstammen. Die Arbeit ist die Bedingung der menschlichen Natur, und der göttliche Fluch, der sie auferlegte, breitete seine Strafe auf alle Völker und alle Kontinente aus.

Und diese Arbeit ist umso beschwerlicher in den ersten Jahren der Niederlassung in Brasilien, solange das von Wäldern bedeckte und fast überall vom Brennen der Tropensonne erhitzte Land zuerst einmal der Anstrengungen mit der Axt als der mit der Hacke oder dem Pflug, der Entbehrungen der Akklimatisierung, der Gewöhnung an die besonderen Nahrungsmittel des Landes, der Kenntnis der Sprache und aller sonstigen Faktoren bedarf, die eine wahrhafte Nationalisierung ausmachen.

Und – all das lässt sich nicht schnell oder durch ein Wunder bewerkstelligen – all das ist mehr als das Werk der Vorstellungskraft oder des Willens, es ist das Werk der Zeit. [...]

Anstelle des Bodens von S. Leopoldina, der an einigen Stellen wenig fruchtbar ist, gebt der Mehrzahl der aus Ubatuba hergezogenen Siedler die fruchtbarsten Böden des Rio Doce. Gebt ihnen Lehrer, Verpflegung, Arbeitsgeräte, erste Rodungen zur Schaffung von Weideland und Baugrund für Wohnstätten, und das Ergebnis wird das, welches sich an jenem Ort einstellte, ein wenig oder bei weitem übertreffen.

Und wer wie ich ohne Vorwarnung und mit der Kenntnis über das Land die Kolonie besucht hätte, wer während eines Jahres mit den Angelegenheiten befasst gewesen wäre, die diese Ansiedlung betreffen, bedauernswerte Klagen und die tausend Mal wiederholte Geschichte der Unglücklichen gehört hätte, die meist schnell durch das Verhalten des Jammernden erklärt werden können, sei es in der Hauptstadt, sobald er von der Überfahrt ankommt, sei es in der Kolonie: Man muss die Eindrücke des Augenblicks überwinden, ohne einige Fehler zu übersehen, die normal sind, wenn man eine wichtige Aufgabe ausführt, wenn man das große Unternehmen der Umpflanzung von Menschen und Familien beginnt, die schwieriger als die von Bäumen ist, und man muss gegen die Strenge protestieren, mit der im Namen des Elends von einigen Einwanderern diesen die Trägheit vergeben wird und mit der die rigorose Verurteilung gegen die Verwaltung des Landes ausgesprochen wird.

Meines Erachtens, das sage ich mit Genugtuung, werden die Übel von Santa Leopoldina durch das Vorgehen der Regierung abgestellt werden, übrigens Übel in fast allen entstehenden Kolonien, die hauptsächlich bestehen aus:

1. der Eigenart einiger Siedler und im Fehlen der Kenntnis der Aufgabe des Ackerbaus,
2. der schlechten Qualität einiger zugewiesener Landparzellen,
3. der oft wechselnden Verwaltung.

Alle kennen die Schwierigkeit bei der Auswahl der Siedler: Die Einwanderung nach Brasilien ist noch nicht zu einem wahren Strom wie der nach den Vereinigten Staaten vor dem Bürgerkrieg geworden, der dort zurzeit wütet.

Trotz aller Opfer der Regierung ist die Anzahl der Einwanderer, die nach der Gastlichkeit und den reichen Gütern unseres wundervollen Landes streben, derart begrenzt, dass man in Anbetracht der unermesslichen Größe des Kaiserreiches in der Tat von einem Wassertropfen sprechen kann, der in den Ozean fällt. [...]

Und dennoch steht es außer Frage, dass trotz aller Fehler die Mehrheit der Einwanderer in Brasilien eine tausend Mal günstigere Lage vorgefunden hat als die, in der sie sich in ihrem Land befand, in diesen alten Ländern, wo das Proletariat jedes Elend erträgt, alle Entbehrungen erleidet, mit Kälte und Hunger kämpft, unglücklich sogar in Bezug auf die Fruchtbarkeit seiner Frauen ist, häufig der süßen Dinge des häuslichen Lebens beraubt ist, dem letzten und sichersten Zufluchtsort des Menschen, und sein Unglück und seine im Elend geborenen Laster an seine Kinder vermacht, die als Lasttiere geboren werden, um für die Arbeit und für die Arbeit ohne Rast zu leben. [...]

Der Siedler, der auch keine Ausbildung erhalten hat, der sich dem Unbekannten gegenüber sieht und weder das Land auszusuchen noch die Pflanzungen abzuwechseln weiß, sät aufs Geratewohl heraus, ohne zu prüfen, ob der Boden für die Kultur, auf die er setzt, der geeignetste ist. Für ihn muss die Erde überall fruchtbar sein, und seine Vorstellung und extreme Unwissenheit oder Ungeduld auf Gewinn bringen ihn vielleicht dazu zu denken, dass der amerikanische Boden auf die Schläge seiner Hacke mit der wundersamen Bereitwilligkeit und der Gehorsamkeit der Felsen antwortet, auf die Moses mit seinem Stab klopft.

Und wenn die Erde, die stumm gegenüber der Aufforderung des Unwissenden ist, nicht mit reichlicher Ernte entspricht, wenn die unerfahrene Arbeit nicht die Frucht schafft, die gewünscht wird, hält die Enttäuschung Einzug, und es wird nicht die Unwissenheit, die irrte, sondern der Boden verurteilt, den man nicht bearbeitete, wie es sich gehört, und nicht der schlecht geführte Arm des Menschen, sondern die Erde, deren Schoß demjenigen nicht immer großzügige Versorgung liefert, der sich nicht um sie zu bemühen weiß. Daher die Reklamationen, die Klagen und die Verurteilung des Geländes der Kolonie S. Leopoldina. [...]

Der Grundschulunterricht wird von der katholischen Pfarrei übernommen, jedoch fehlen jener Zeit und genügende Kenntnisse der Landessprache. Und die geringe Vergütung, mit der die Aufgaben des Lehramts bezahlt werden, erlaubt nicht, dass sich ausreichend befähigte Einheimische einfinden, um dieses Amt in der Kolonie auszuüben. Da es nicht einfach das Ziel der Kolonisierung ist, die Anzahl der produzierenden Arbeitskräfte im Land zu erhöhen, sondern mit der Beschaffung dieser Arbeitskräfte die Beschaffung gut erzogener und genügend ausgebildeter Bürger zu fördern, damit sie die Ausübung der wichtigen Pflichten begreifen, die der Staat von seinen Mitgliedern fordert, muss sehr darauf geachtet werden, dass den Kindern der Siedler die Schrift des Landes gelehrt wird, anstatt sie aufgrund der Unwissenheit in Bezug auf die Sprache und Schrift ihrer neuen Heimat zu konservieren, indem sie von der brasilianischen Gemeinschaft entfernt bleiben, eine kleine europäische Gruppe bilden – und Germanien oder Helvetien im Schoß der amerikanischen Erde weiterführen.

Ich erwarte von der Kaiserlichen Regierung Maßnahmen im Sinne der Förderung des Unterrichts in der Kolonie, und zwar in einer wirksameren Weise. [...]

Aus: *Relatorio apresentado á Assemblea Legislativa Provincial do Espirito Santo no dia da abertura da sessão ordinaria de 1862 pelo Presidente, José Fernandes da Costa Pereira Junior*, Vitória: Typ. Capitaniense de P.A. d'Azeredo 1862, S. 37–46.

Q 51   Die deutschsprachige Einwanderung nach Brasilien II: Die deutsche Sicht (1886)

Im Zuge der Masseneinwanderung gelangten im 19. Jahrhundert auch rund 150.000 Deutsche nach Brasilien. Vor allem im klimatisch gemäßigten Süden bauten sie sich oft in geschlossenen Siedlungen eine Existenz als Kleinbauern auf. Der folgende Bericht eines deutschen Reisenden aus dem Jahr 1886 beschreibt die deutsche Prägung der Siedlungen am Beispiel der Kleinstadt São Leopoldo, die bereits 1824 im Bundesstaat Rio Grande do Sul gegründet wurde. Der Text zeigt auch das Interesse national gesinnter Kreise in Deutschland an einem starken Auslandsdeutschtum, mit dessen Hilfe man deutsche Wirtschafts- und Machtinteressen in Übersee absichern wollte.

In S. Leopoldo, in der Provinz Rio Grande do Sul, begannen vor 60 Jahren die ersten Versuche der deutschen Kolonisation in Süd-Brasilien, die für das Land vielfach von so großer Bedeutung werden sollte und die jetzt eben durch das patriotische Vorgehen des Deutschen Kolonialvereins einen neuen, hoffen wir für Brasilien und Deutschland gleich bedeutsamen Aufschwung zu nehmen im Begriff steht. S. Leopoldo hat daher in diesem Augenblick wohl etwas Interesse. Um zu dem fast rein deutschen Städtchen zu gelangen, setzen wir uns in Porto Alegre auf die Eisenbahn. Wir fahren zuerst am linken Ufer des stolzen breiten Guahyba entlang; zur Rechten haben wir die Rua Voluntários da Pátria, die bald in die nach dem Flecken Navegantes führende Landstraße übergeht, an der zahlreiche, zum Teil recht hübsche und ansehnliche Chácaras (Landsitze) von Deutschen und Brasilianern liegen. Dicht hinter Navegantes überschreiten wir den in den Guahyba fließenden Rio dos Sinos [...] und durchfahren nun eine campoartige Gegend mit inselartig auf ihr zerstreuten einzelnen Waldbeständen. Die erste Station ist Morretes [...], beliebt als Sommerausflug der Bewohner Porto Alegres; vielleicht entwickelt sich hier mit der Zeit eine recht hübsche Sommerfrische. Schon jetzt wohnen in dem Gasthause des Herrn Wittrock allsommerlich viele deutsche Familien, und die deutschen Vereine der Hauptstadt machen mit Vorliebe hierhin ihre Ausflüge, an denen sich stets zahlreiche Brasilianer beteiligen. Die zweite Station ist Capucaia, eine kleine brasilianische Ortschaft, deren Umgegend wie geschaffen zur Anlage von Kolonien erscheint. Voraussichtlich würde sich hier mit Vorteil Reis bauen lassen. Jetzt sind wir auch aus dem Campland herausgetreten und in das Hügelland gekommen. Die Bahn führt durch zuweilen recht malerische Gegenden, und je mehr wir uns S. Leopoldo nähern, umso mehr erkennen wir das Walten der menschlichen Hand. Ausgedehnte Felder und stattliche Pflanzungen bemerken wir zu beiden Seiten der Bahn. Nach etwa zweistündiger Fahrt von Porto Alegre aus laufen wir in den kleinen Bahnhof von S. Leopoldo ein; das Städtchen liegt etwa zehn Minuten von der Bahn entfernt, diese Letztere fährt noch weiter bis zur deutschen Kolonie Neu-Hamburg und Hamburger Berg. S. Leopoldo selbst mag jetzt etwas über 5.000 Einwohner haben, von denen gewiss über 4.000 Deutsche sind. Dieselben sind Kolonisten, Handwerker und Kaufleute. Die ziemlich regelmäßig angelegten Straßen sind breit, doch meistens noch ungepflastert; zum Teil jedoch ziehen sich Bürgerstege an den Häusern entlang, so dass man bei Regenwetter nicht nötig hat, durch den Schmutz zu waten. Am Äußern der Häuser erkennt man auf den ersten Blick, ob sie von Brasilianern oder Deutschen bewohnt werden. Während die Ersteren in der Regel schmutzig und zerfallen aussehen, zeichnen sich die Letzteren durch Schmuckheit und Sauberkeit aus. Im Hotel »Koch« ist der Fremde aufs beste aufgehoben, aber auch sonst gibt es noch verschiedene gute deutsche Wirtschaften, natürlich mit Kegelbahn. Abends glaubt man sich hier in ein kleines deutsches Landstädtchen versetzt; da kommen die Leute mit langen Pfeifen, schieben Kegel, spielen Karten oder unterhalten sich. Dazu wird das in Porto Alegre oder S. Leopoldo selbst gebraute Bier getrunken, das, wenn man sich einmal daran gewöhnt hat, wirklich gar nicht so übel ist. Die Stadt liegt am linken Ufer des Rio dos Sinos, der mit kleinen Dampfboten von Porto Alegre aus befahren wird. Außer der Eisenbahnbrücke führt über den Fluss noch eine hübsche Brücke in Eisenkonstruktion, über welcher der Verkehr mit dem jenseitigen Ufer vermittelt wird.

In S. Leopoldo haben die Jesuiten – leider – ihre Hauptwohnstätte aufgeschlagen. Sie haben hier eine große Kirche und eine Schule mit Knaben- und Mädchen-Pensionat. Auch eine eigene Zeitung »Volksblatt« geben sie heraus, durch welches sie auf den Kolonien einen großen Einfluss ausüben. Die Schule, die sowie das Pensionat trefflich eingerichtet ist, erfreut sich eines starken Besuches, leider auch von seiten protestantischer Kinder. Vermöge der schier unerschöpflichen Mittel des Ordens Jesu können die Preise für Schule und Pensionat so billig gestellt werden, dass jede Konkurrenz nur schwer aufkommen kann. Das gilt namentlich von dem Unternehmen des verdienstvollen protestantischen Pfarrers Dr. W. Rotermund, der, soviel wir wissen, mit der Barmer Missionsgesellschaft in Verbindung steht. Dr. Rotermund ist Pfarrer der evangelischen Gemeinde, hat eine Schule mit Knaben- und Mädchen-Pensionat, eine deutsche Buchhandlung und gibt ein zweimal wöchentlich erscheinendes Blatt heraus, die »Deutsche Post«. Man kann sich leicht vorstellen, dass die Lage D. Rotermunds durchaus nicht beneidenswert ist. Ganz auf sich angewiesen, hat er gegen den immer mächtiger werdenden Einfluss der Jesuiten anzukämpfen, und dazu existieren in der protestantischen Gemeinde selbst noch zwei verschiedene Parteien. Die kirchlichen Missverhältnisse sind derart, dass z. B. vor einigen Jahren der eine Teil der Protestanten einen Herrn v. Franckenberg, einen früheren preußischen Offizier und Katholiken, zum Pfarrer sich auserkoren hatte. Von seiten Rotermunds gehört wirklich ein großer moralischer Mut dazu, inmitten solcher Verhältnisse auszuharren. Keiner, der die Verhältnisse in S. Leopoldo kennt, wird dem wackeren Manne das Zeugnis versagen können, dass er voll und ganz seine Pflicht tut und stets wie ein Soldat auf seinem Posten steht.

Früher, d. h. ehe die Bahn von Neu-Hamburg nach Porto Alegre gebaut war, hatte S. Leopoldo eine hohe Bedeutung als Stapelplatz für die Produkte der deutschen Kolonien des Hinterlandes. Jetzt aber werden dieselben meistens direkt bis nach Porto Alegre gebracht, und der eigentliche Markt ist der Bahnhof von Porto Alegre, wenn man so will. Die Hauptindustrie des Städtchens ist die Gerberei und Sattlerei. Ein großer Teil der Sättel und des sonstigen Lederzeuges für die Reit- und Zugtiere für die Kolonien wird hier angefertigt. Männer, welche S. Leopoldo seit langen Jahren kennen, haben behauptet, dass mit dem steigenden Einfluss der Jesuiten die Gewerbetätigkeit der Bewohner etwas nachgelassen habe; es werde zu viel gebetet. Unwahrscheinlich ist das nicht, nach Beobachtungen zu schließen, welche wir anderswo gemacht haben, und dass S. Leopoldo in der letzten Zeit sich relativ viel langsamer und namentlich einseitiger entwickelt hat, wie andere deutsche Niederlassungen, das kann wohl nicht bezweifelt werden. Nichtsdestoweniger ist aber das Städtchen ganz wohlhabend und hat auch sicher noch eine große Zukunft. Die Umgegend ist schon ziemlich dicht kolonisiert; wir treffen da zahlreiche größere und kleinere Niederlassungen, in denen eine eifrige deutsche Bevölkerung wohnt. Das Deutschtum hat sich in allen diesen Kolonien so gut erhalten, dass nicht nur Enkel und Urenkel der vor 60 Jahren eingewanderten Kolonisten noch heute den Dialekt ihrer Vorfahren sprechen, sondern dass selbst die Neger und zahlreiche Brasilianer deutsch sprechen. In dem ganzen Munizip S. Leopoldo, welches etwa die Größe des Großherzogtums Hessen hat, mögen jetzt 50.000 Seelen wohnen, darunter gewiss 40.000 Deutsche und deren Nachkommen. Wie viele Deutsche können also allein noch in diesem einen Distrikt eine zweite Heimat finden!

Das gesellige Leben ist in S. Leopoldo wie auf allen deutschen Kolonien stark, fast zu stark entwickelt. Da gibt es Gesangvereine, Theatervereine, einen Schützenverein und dergleichen. Die Herren Patres sehen diese vielen weltlichen Vergnügungen recht ungern; aber der junge

Deutsch-Brasilianer lässt sich seine Prados (Rennen), seine Kerb und seine Tanzvergnügungen nicht nehmen. Er meint nach des Tages Last und Hitze ein Anrecht darauf zu haben, und bei einem mehrtägigen Ritt durch die Kolonie-Region kann man ziemlich sicher sein, irgendwo ein Tanzvergnügen zu finden. Es ist dann aber auch eine wahre Freude, diese kräftigen, blühenden, von Gesundheit strotzenden Gestalten, diese Söhne und Töchter des deutsch-brasilianischen Urwaldes zu sehen, die den stolzen, kräftigen Körper der Germanen haben und sich dabei, im Gegensatz zu unseren Bauern, mit dem Selbstbewusstsein und der Freiheit des Romanen bewegen. Fürwahr, hier im Urwald von Rio Grande do Sul ist ein germanischer Menschenschlag, wie er nicht häufig angetroffen wird, und an uns ist es, dafür zu sorgen, dass derselbe weiter gedeihe und sich vermehre, so dass dereinst, wenn die Zeit dazu gekommen sein wird, das Deutschtum in jenen Gegenden von ausschlaggebender Bedeutung auch in politischer Hinsicht ist.

Aus: Anonym, vermutl. Wilhelm Breitenbach: Das deutsche Städtchen S. Leopoldo in Süd-Brasilien, in: *Der Deutsche Ansiedler* 24, 4, Barmen (1886), S. 25–27.

3. Alte und neue Imperialismen

Q 52   Großbritannien und der brasilianische Sklavenhandel (1845)

Seit Beginn des 19. Jahrhunderts setzte sich Großbritannien aus wirtschaftlichen und humanitären Gründen für die Abschaffung des Sklavenhandels ein. Nachdem ein entsprechender Vertrag mit Brasilien abgelaufen war und Brasilien trotz eines Gesetzes den Sklavenhandel nach 1830 nicht stoppte, verabschiedete 1845 das House of Commons eine Vorlage des Außenministers Lord Aberdeen, die unter dem Namen Bill Aberdeen bekannt wurde. Großbritannien ordnete einseitig Durchsuchungen von brasilianischen Schiffen an, die des Sklavenhandels verdächtigt wurden. Die mutmaßlichen Sklavenhändler sollten unter britische Gerichtsbarkeit fallen. Brasilien widersetzte sich diesem Vorstoß, wie der Protest des brasilianischen Außenministers Antônio Paulino Limpo de Abreu (1798–1883) vom 22. Oktober 1845 gegen die Bill Aberdeen zeigt. Der brasilianische Sklavenhandel wurde erst 1850 eingestellt, als britische Kriegsschiffe in brasilianischen Hoheitsgewässern operierten.

Seine Majestät der Kaiser von Brasilien, mein erhabener Souverän, hat mit tiefstem Schmerz erfahren müssen, dass am 8. August des laufenden Jahres ein Akt des Parlaments als Gesetz Ihrer Majestät der Königin von Großbritannien gebilligt und angenommen wurde, kraft dessen man dem Obersten Gericht der Admiralität und jedem Gericht der Vizeadmiralität Ihrer Britischen Majestät innerhalb ihres Machtbereichs das Recht auf Ermittlung und auf Wahrnehmung der gerichtlichen Zusprechung eines jeden Schiffes unter brasilianischer Flagge erteilt, das Sklavenhandel im Widerspruch mit der Konvention vom 23. November 1826 betreibt und das durch eine Person im Dienste Ihrer genannten Majestät gestoppt und aufgebracht wird.

Sobald diese Gesetzesvorlage im Parlament durch die Britische Regierung vorgestellt worden war, protestierte der Außerordentliche Gesandte und bevollmächtigte Minister Seiner Majestät des Kaisers von Brasilien am Hof von London gegen sie, wie es seine Pflicht war, und zwar mittels der als Kopie beiliegenden Note, die, datiert vom 25. Juli dieses Jahres, an Lord Aberdeen, den ersten Staatssekretär Ihrer Britischen Majestät im Foreign Office, gerichtet war.

Seine Majestät der Kaiser, dem das Protestschreiben von seinem Außerordentlichen Gesandten und bevollmächtigtem Minister am Hof von London zur Kenntnis gebracht wurde, wies den Unterzeichner, Minister und Staatssekretär der auswärtigen Angelegenheiten an, dass er den genannten Protest gutheiße und in Kraft setze und außerdem eine detailliertere Darlegung und Analyse der Tatsachen und des Rechts anfertige, welches die Kaiserliche Regierung hat, um sich mit aller Energie zu äußern, und das der Gerechtigkeitssinn gegen einen Rechtsakt gibt, der so direkt Brasiliens Rechte der Souveränität und Unabhängigkeit als auch die aller Nationen angreift. [...]

Es ist eine unbestreitbare Wahrheit, dass sich die Kaiserliche Regierung im Jahre 1835 ebenso wie in den Jahren 1840 bis 1842 mit entschiedenstem Eifer den verschiedenen durch die Regierung Ihrer Britischen Majestät vorgeschlagenen Verhandlungen gewidmet hat.

Dass keine dieser Verhandlungen abgeschlossen und ratifiziert werden konnte, lag daran, dass die Kaiserliche Regierung sich vor die Alternative gestellt sah, entweder sich gegen ihren Willen diesen Verhandlungen zu verweigern oder dem vollständigen Ruin des rechtmäßigen Handels seiner Untertanen zuzustimmen, den sie im Übrigen bewachen und schützen soll. Die Wahl konnte nicht zweifelhaft sein für eine Regierung, die sich über ihre Pflichten im Klaren ist. [...]

Der Grundsatz des Völkerrechts ist, dass keine Nation irgendeinen Akt der Gerichtsbarkeit über das Eigentum und die Individuen auf dem Territorium einer anderen ausüben darf.

Die Inspektion und Durchsuchung auf hoher See in Friedenszeiten sind ebenso wie die Gerichtsverfahren mehr oder weniger Akte der Gerichtsbarkeit. Abgesehen davon ist dieses Recht ausschließlich Kriegsrecht.

Indessen hat die Regierung Ihrer Britischen Majestät trotz der Unanfechtbarkeit dieser Prinzipien mit dem am 8. August durch Ihre Majestät die Königin verabschiedeten Gesetz nicht davor zurückgeschreckt, die vom 23. Juli dieses Jahres datierte Drohung zum Gesetz zu machen, die sie vorher durch ihren Außerordentlichen Gesandten und bevollmächtigten Minister an diesem Hof hier gemacht hat, indem sie die brasilianischen Schiffe, die mit dem Sklavenhandel beschäftigt seien, seinen Gerichten der Admiralität und der Vizeadmiralität unterwirft.

In Anbetracht dieses Aktes, der soeben Gesetz geworden ist, ist es unmöglich, diesen nicht zu rechtfertigenden Machtmissbrauch zu verkennen, der die Rechte und Vorrechte aller freien und unabhängigen Nationen bedroht. [...]

Wenn diese Verletzung jetzt mit dem großen Interesse der Unterdrückung des Sklavenhandels bemäntelt wird, ist es fraglos so, dass die Ziele nicht die Widerrechtlichkeit der ergriffenen Mittel rechtfertigen, und es wird nicht verwundern, wenn sich unter dem Vorwand anderer aufkommender Interessen die Macht und die Gewalt unter dem Richterstuhl der stärksten Nationen anschicken, den Rat der Vernunft und die Grundsätze des Völkerrechts zu ersetzen, auf denen der Friede und die Sicherheit der Staaten ruhen müssen. [...]

Es ist nicht erkennbar, wie heutzutage der Sklavenhandel nach unserem Recht als Piraterie angesehen werden kann, wenn vor nicht allzu langer Zeit gerade England sich nicht für schändlich gehalten hat, mit afrikanischen Sklaven zu handeln, und wenn andere kultivierte Nationen erst seit kurzem diesen Handel ächten.

Großbritannien hat gegenwärtig indische Sklaven.

Russland, Frankreich, Spanien, Portugal, die Vereinigten Staaten von Nordamerika, Brasilien und andere Mächte haben die Sklaverei noch nicht abgeschafft. [...]

Folglich protestiert namentlich der Unterzeichner, Minister und Staatssekretär für äußere Angelegenheiten auf Geheiß Seiner Majestät, dem Kaiser und erhabenen Souverän, gegen den genannten Akt als einen offensichtlich missbräuchlichen, ungerechten und die Rechte der Souveränität und der Unabhängigkeit der Brasilianischen Nation verletzenden, indem er keine seiner Folgen anerkennen wird, es sei denn als Folgen und Resultate der Macht und der Gewalt, und schon jetzt alle Nachteile, Verluste und Schäden reklamiert, die für den rechtmäßigen Handel der brasilianischen Untertanen entstehen, denen die Gesetze Schutz versprechen und denen Seine Majestät der Kaiser ständigen und wirksamen Schutz schuldet.

Indem sie jeglichen anderen Erwägungen die großmütigen Gefühle der Gerechtigkeit und Menschenliebe entgegenstellt, die sie bei allen Handlungen bewegen und leiten, wird die Kaiserliche Regierung trotz alledem damit fortfahren, gemäß den Landesgesetzen seine Kräfte für die Unterdrückung des Sklavenhandels einzusetzen, und wünscht sehr, dass die Regierung Ihrer Britischen Majestät einen Vertrag eingeht, der, indem er die Interessen des rechtmäßigen

Handels der brasilianischen Untertanen respektiert, das erwünschte Ziel erreicht, jenem Handel ein Ende zu setzen, den alle aufgeklärten und christlichen Regierungen beklagen und verurteilen.

Antônio Paulino Limpo de Abreu

Aus: Protesto do Governo Imperial contra o Bill sanccionado em 8 de Agosto de 1845, relativo aos navios brasileiros que se empregarem no trafico, in: Antonio Pereira Pinto (Hg.): *Apontamentos para o direito internacional ou Collecção completa dos tratados celebrados pelo Brasil com differentes nações estrangeiras.* Band 1, Rio de Janeiro: F.L. Pinto & Co. 1864, S. 426–445.

Q 53   Die französische Intervention in Mexiko (1864)

Nachdem Mexiko 1861 die Rückzahlung seiner Auslandsschulden aussetzte, entsandten Spanien, Großbritannien und Frankreich Expeditionstruppen nach Mexiko, um ihre Interessen zu wahren. Nach dem Abzug der Spanier und Briten hoffte Napoleon III., ein mit Frankreich assoziiertes Reich in Mexiko errichten zu können, und bewog den österreichischen Erzherzog Maximilian (1832–1867) dazu, Kaiser von Mexiko zu werden. Am 10. April 1864 unterzeichneten der französische Bevollmächtigte Herbert und der mexikanische Sondergesandte Joaquín Velázquez de León ein Abkommen mit geheimen Zusatzartikeln auf Maximilians Schloss Miramare bei Triest. Darin wurden die Bedingungen des Verbleibs der französischen Truppen in Mexiko geregelt: Maximilian akzeptierte das französische Protektorat.

Artikel 1
Die französischen Truppen einschließlich der Fremdenlegion, die sich zurzeit in Mexiko befinden, werden so schnell wie möglich auf ein Korps von 25.000 Mann reduziert.

Um die Interessen zu garantieren, die zur Intervention geführt haben, verbleibt das Korps vorläufig in Mexiko zu den in den folgenden Artikel ausgehandelten Konditionen:

Artikel 2
Die französischen Truppen räumen Mexiko in dem Maße, wie Seine Majestät der Kaiser von Mexiko die nötigen Truppen organisieren kann, um sie zu ersetzen.

Artikel 3
Die Fremdenlegion im Dienst von Frankreich, bestehend aus 8.000 Mann, verbleibt indes nach dem Abzug der übrigen französischen Truppen gemäß Artikel 2 noch sechs Jahre in Mexiko.

Von diesem Moment an geht die oben stehende Fremdenlegion in die Dienste und Besoldung der mexikanischen Regierung über. Die mexikanische Regierung behält sich die Entscheidung vor, die Dauer der Beschäftigung der Fremdenlegion in Mexiko zu verkürzen.

Artikel 4
Die Stellungen, die die französischen Truppen besetzen sollen, wie auch die militärischen Expeditionen dieser Truppen, soweit sie stattfinden, werden in gemeinsamer Vereinbarung und direkt zwischen Seiner Majestät dem Kaiser von Mexiko und dem Oberbefehlshaber des französischen Korps festgelegt.

Artikel 5
In allen Stellungen, deren Garnison sich nicht ausschließlich aus mexikanischen Truppen zusammensetzt, wird das militärische Kommando auf den französischen Kommandanten übertragen. Im Falle von aus französischen und mexikanischen Truppen zusammengesetzten Ex-

peditionen verbleibt der Oberbefehl über die Kräfte ebenfalls beim französischen Kommandanten.

Artikel 6
Die französischen Kommandeure dürfen sich nicht in irgendeinen Bereich der mexikanischen Verwaltung einmischen.

Artikel 7
Solange die Bedürfnisse des Korps des französischen Heeres alle zwei Monate eine Schiffsverbindung zwischen Frankreich und dem Hafen von Veracruz erfordern, gehen die Kosten dieses Dienstes, der auf die Summe von 400.000 Francs pro Hin- und Rückfahrt festgelegt ist, zu Lasten der mexikanischen Regierung und werden in Mexiko beglichen.

Artikel 8
Die Flottenstützpunkte, die Frankreich auf den Antillen und im Pazifik unterhält, schicken regelmäßig Schiffe, um die französische Flagge in den Häfen von Mexiko zu zeigen.

Artikel 9
Die Kosten der französischen Expedition in Mexiko, die die mexikanische Regierung zurückerstatten muss, werden auf die Summe von 270 Millionen für die gesamte Dauer dieser Expedition bis zum 1. Juli 1864 festgesetzt. Diese Summe unterliegt einem jährlichen Zins von 3%. Ab dem 1. Juli gehen die Kosten des mexikanischen Heeres zulasten Mexikos.

Artikel 10
Die Entschädigung, die die mexikanische Regierung ab dem 1. Juli 1864 an Frankreich für den Sold, die Verpflegung und den Lebensunterhalt der Truppen des Korps des Heeres zu zahlen hat, bleibt auf die jährliche Summe von 1.000 Francs pro Stellung festgesetzt.

Artikel 11
Die mexikanische Regierung übergibt sofort an die französische Regierung die Summe von 66 Millionen in Anleihen zum Ausgabepreis, und zwar: 54 Millionen als Anrechnung der in Artikel 9 erwähnten Schulden und zwölf Millionen als Zahlung der den Franzosen geschuldeten Entschädigungen aufgrund des Artikels 14 dieses Abkommens.

Artikel 12
Für die Zahlung des Überschusses der Kriegsausgaben und zur Erfüllung der in den Artikeln 7, 10 und 14 erwähnten Tätigkeiten, verpflichtet sich die mexikanische Regierung, jährlich an Frankreich die Summe von 25 Millionen in bar zu zahlen. Diese Summe wird bezahlt: erstens für die Schulden gemäß der erwähnten Artikel 7 und 10; zweitens für den Gesamtbetrag von Zinsen und Kapital der in Artikel 9 genannten Summe; drittens für die Entschädigungen, die den französischen Untertanen aufgrund der Artikel 14 und folgende geschuldet werden.

Artikel 13
Die mexikanische Regierung übergibt am letzten Tag jedes Monats zu Händen des Hauptzahlmeisters des Heeres in Mexiko das Angemessene zur Deckung der Kosten der französischen Truppen, die gemäß Artikel 10 in Mexiko verbleiben.

Artikel 14
Die mexikanische Regierung verpflichtet sich dazu, die französischen Untertanen für die Schäden zu entschädigen, die sie unverschuldeterweise erlitten und die zur Expedition Anlass gaben.

Artikel 15
Eine gemischte Kommission, die aus drei Franzosen und drei Mexikanern zusammengesetzt wird, die durch ihre jeweiligen Regierungen ernannt werden, tritt innerhalb von drei Monaten in Mexiko zusammen, um diese Ansprüche zu prüfen und zu regeln.

Artikel 16
Eine Kontrollkommission, die aus zwei Franzosen und zwei Mexikanern zusammengesetzt wird, die auf die gleiche Weise ernannt werden, und die in Paris eingerichtet wird, schreitet zur endgültigen Liquidation der schon durch die Kommission aus dem vorangegangenen Artikel angenommenen Forderungen und entscheidet über jene, deren Entscheidung aufgeschoben wurde.

Artikel 17
Die französische Regierung entlässt alle mexikanischen Kriegsgefangenen in die Freiheit, sobald der Kaiser seine Staaten betritt.

Artikel 18
Das vorliegende Abkommen wird ratifiziert, und die Ratifikationen werden so schnell wie möglich ausgetauscht.

Beschlossen auf Schloss Miramare, den 10. April 1864. – Unterzeichnet: Herbert. – Joaquín Velázquez de León.

Geheime Zusatzartikel
1. Da Seine Majestät der Kaiser von Mexiko die in der Bekanntmachung von General Forey vom 11. Juni 1863 angekündigten Grundsätze und Zusagen und die durch die Regentschaft und den französischen Oberbefehlshaber ergriffenen Maßnahmen gebilligt hat, hat Seine Majestät gemäß dieser Erklärung beschlossen, seine Absichten in der Angelegenheit seinem Volk in einem Manifest mitzuteilen.
2. Seine Majestät der Kaiser der Franzosen erklärt seinerseits, dass er die derzeitige Truppenstärke des französischen Korps von 38.000 Mann nur allmählich und von Jahr zu Jahr dergestalt verringern wird, dass die Anzahl der französischen Truppen, die in Mexiko bleiben, einschließlich der Fremdenlegion sei:
28.000 Mann 1865;
25.000 Mann 1866;
20.000 Mann 1867.
3. Wenn gemäß der Vereinbarung in Artikel 3 des Abkommens die Fremdenlegion in die Dienste von Mexiko übergeht und von diesem Land bezahlt wird und somit weiterhin einer Sache dient, die Frankreich interessiert, behalten der General und die Offiziere, die Teil von ihr sind, ihre Eigenschaft als Franzosen und ihr Recht auf Beförderung im französischen Heer im Einklang mit dem Gesetz.
Beschlossen auf Schloss Miramare, den 10. April 1864. Unterzeichnet: Herbert. – Velázquez de León.

Aus: Ernesto de la Torre Villar/Moisés González Navarro/Stanley Ross: *Historia documental de México*. Band 2, Mexiko-Stadt: UNAM 1974, S. 322–325.

Q 54   Das Ende des spanischen Kolonialreichs I: Die Abtretung Kubas (1898)

*In der berühmten, 1885 gegründeten mexikanischen Satirezeitschrift »El Hijo del Ahuizote«
erschien am 18. September 1898 eine Karikatur, die auf den Spanisch-Kubanisch-US-amerika-
nischen Krieg Bezug nahm und ihn – wenngleich ambivalent – in einen größeren historischen
Kontext stellte. Sie zeigt den mit großem Stock bewaffneten Onkel Sam, der den spanischen
Raben aus Kuba vertreibt, und im Hintergrund den mexikanischen Unabhängigkeitshelden
Miguel Hidalgo, der den Raben, beginnend mit dem sogenannten »Aufruf von Dolores«
(»Grito de Dolores«), 1810 aus Mexiko vertrieben hatte.*

Aus: Miguel Rojas Mix (Hg.): *La gráfica política del 98*, Cáceres: Centro Extremeño de Estudios y Cooperación con Iberoamérica 1998, S. 85.

Q 55   Das Ende des spanischen Kolonialreichs II: Der Friedensvertrag mit den USA (1898)

*Spanien verlor gewissermaßen zweimal sein Überseeimperium. Zuerst führten die Unabhän-
gigkeitskriege zu Beginn des 19. Jahrhunderts zum Verlust aller kontinentalen Besitzungen in
Amerika. Dennoch konnte Spanien Kolonien in Amerika und Asien halten. 1868 trat jedoch
auf Kuba eine erste Unabhängigkeitsbewegung in Erscheinung. Das repressive Vorgehen der
spanischen Kolonialtruppen in dem desaströsen zehnjährigen Guerillakrieg sorgte international für Empörung. Als 1896 das US-Schlachtschiff Maine unter bis heute nicht geklärten
Umständen vor Kuba explodierte, lieferte es den Vereinigten Staaten den nötigen Grund, Spanien den Krieg zu erklären. Im Friedensvertrag von Paris von 1898 verzichtete Spanien auf die
letzten Kolonien seines Imperiums.*

Artikel 1

Spanien verzichtet auf jegliche Souveränitäts- und Besitzrechte auf Kuba. Im Interesse der genannten Insel wird sie von den Vereinigten Staaten besetzt werden, sobald sie durch Spanien geräumt ist. Solange ihre Besetzung andauert, ergreifen diese von ihr Besitz und erfüllen die Verpflichtungen, die ihnen aufgrund der Tatsache der Besetzung das Internationale Recht zum Schutz der Menschen und Güter auferlegt.

Artikel 2

Spanien tritt den Vereinigten Staaten die Insel Puerto Rico und alle weiteren westindischen Inseln ab, die gegenwärtig unter seiner Herrschaft stehen, des Weiteren die Insel Guam in den Marianen oder Ladronen.

Artikel 3

Spanien übergibt den als Philippinen bekannten Archipel an die Vereinigten Staaten. [...]

Artikel 8

In Übereinstimmung mit den Artikeln 1, 2 und 3 dieses Vertrages verzichtet Spanien auf Kuba und gibt in Puerto Rico und sämtlichen anderen westindischen Inseln sowie auf der Insel Guam und den Philippinen jeglichen Anspruch auf Gebäude, Häfen, Kasernen, Festungen, sonstige Einrichtungen, öffentliche Straßen und andere Liegenschaften auf, die dem Recht entsprechend öffentliches Gut sind und so der Krone von Spanien gehören.

Darum wird festgelegt, dass diese Lossagung oder Abtretung aufgrund der Angelegenheit, auf die sich der vorherige Paragraf bezieht, überhaupt nicht den Privatbesitz oder die Ansprüche schmälern kann, die in Übereinstimmung mit den Gesetzen dem friedlichen Eigentümer der Güter aller Klassen der Provinzen, Gemeinden, öffentlichen oder privaten Einrichtungen, zivilen und kirchlichen Körperschaften zuteil werden [...].

Artikel 9

Die spanischen Untertanen iberischer Herkunft, die in dem Gebiet leben, auf dessen Souveränität Spanien aufgrund dieses Vertrages verzichtet oder diese aufgibt, können im genannten Gebiet bleiben oder dieses verlassen, wobei in beiden Fällen ihre Besitzrechte einschließlich des Verkaufsrechts oder der Verfügungsgewalt über derlei Besitz oder seiner Produkte gewahrt werden. Des Weiteren haben sie das Recht, ihr Gewerbe, ihren Handel oder ihren Beruf auszuüben, wobei sie diesbezüglich an die Gesetze gebunden sind, die für die übrigen Ausländer gelten. [...]

Artikel 15

Die Regierung eines jeden Landes gesteht den Handelsschiffen des anderen für die Frist von zehn Jahren die Gleichbehandlung bezüglich der Hafenabgaben zu, einschließlich der für Ein- und Ausfahrt, für Leuchtturm und Fracht, die für die eigenen, nicht im Küstenschifffahrtshandel tätigen Handelsschiffe gelten.

Dieser Artikel kann jederzeit durch eine beidseitige Übereinkunft mit einer sechsmonatigen Kündigungsfrist suspendiert werden.

Artikel 16

Es wird vereinbart, dass jede in diesem Vertrag festgehaltene Verpflichtung der Vereinigten Staaten bezüglich Kubas sich auf den Zeitraum der Besetzung dieser Insel beschränkt. Die USA werden jedoch bei Beendigung der Besatzung die neue Regierung darauf hinweisen, dieselben Pflichten zu akzeptieren.

Artikel 17

Der vorliegende Vertrag wird durch Ihre Majestät die Königin, Regentin von Spanien, und durch den Präsidenten der Vereinigten Staaten in Übereinstimmung und mit der Bestätigung

des Senats ratifiziert werden; und die Ratifizierungen sollen in Washington spätestens inner-
halb der nächsten sechs Monate ausgetauscht werden, wenn möglich auch früher.
　In diesem Glauben haben die Bevollmächtigten den Vertrag unterschrieben und besiegelt.
In Paris zweifach ausgefertigt, am 10. Dezember des Jahres 1898.
　William R. Day, Cushman K. Davis, William P. Frye, Geo. Gray, Whitelaw Reid, Eugenio
Montero Rios, B. de Abarzuza, J. de Garnica, W.R. de Villa Urrutia, Rafael Cerero
　Die Ratifikationen wurden am 11. April 1899 in Washington ausgetauscht.

Aus: *Documentos presentados a las Cortes en la legislatura de 1898 por el Ministro de Estado. Conferencia de París y Tratado de Paz de 10 de diciembre de 1898*, Madrid: Est. Tip.
Sucesores de Rivadeneyra 1898, S. 303–315.

Q 56　Die Drago-Doktrin gegen Interventionen in Schuldnerländern (1902)

*In Reaktion auf die zahlreichen ausländischen Eingriffe gab es in Lateinamerika seit dem 19.
Jahrhundert Überlegungen, das Interventionsrecht durch eine Neugestaltung des Völkerrechts
einzuschränken. Als England und Deutschland 1902 Venezuela mit einer militärischen Blockade belegten, um Schulden einzutreiben, führte dies zu einer internationalen Krise mit den
Vereinigten Staaten, die ihren Vormachtanspruch in den Amerikas bedroht sahen. In diesem
Zusammenhang entwickelte der argentinische Außenminister Luis María Drago (1859–1921),
anknüpfend an die von seinem Landsmann Carlos Calvo seit 1868 entwickelte Nichtinterven-
tionsklausel, in einer Instruktion vom 29. Dezember 1902 an den argentinischen Gesandten
in Washington Vorstellungen, die dem US-amerikanischen Präsidenten Theodore Roosevelt
vorgetragen wurden. Dieser diktierte 1904 als Ergänzung zur Monroe-Doktrin die Roosevelt-
Corollary, nach der die Vereinigten Staaten unter Zurückweisung europäischer Ansprüche für
sich das alleinige Recht beanspruchten, im Falle von »Fehlverhalten« lateinamerikanischer
Staaten zu intervenieren.*

Ich habe das Telegramm Eurer Exzellenz vom 20. des Monats bezüglich der Ereignisse, die
sich kürzlich zwischen der Regierung der Republik Venezuela und den Regierungen Großbri-
tanniens und Deutschlands zugetragen haben, erhalten. Gemäß den Informationen Eurer Exzellenz liegen die Gründe des Streits teils in den Schäden, die die Angehörigen der Gläubiger-
nationen während der Revolutionen und Kriege erlitten haben, die sich jüngst auf dem Territorium jener Republik ereigneten und teils auch in der Tatsache, dass bestimmte Zahlungen
auf die Auslandsschulden der Nation nicht rechtzeitig erfolgt sind.
　[...] Unsere Regierung empfindet es als notwendig, Eurer Exzellenz einige Vorstellungen
bezüglich der gewaltsamen Eintreibung öffentlicher Schulden zu übermitteln, die sich durch
diese Ereignisse aufdrängen. [...]
　Unter den fundamentalen Grundprinzipien des öffentlichen Völkerrechts, die der Menschheit heilig sind, ist dasjenige eines der wertvollsten, das besagt, dass alle Staaten, gleich welche
Macht ihnen zur Verfügung steht, rechtliche Einheiten sind, die untereinander absolut gleich-
berechtigt sind und denen daher die gleiche Zuvorkommenheit und der gleiche Respekt zustehen.
　Die Anerkennung der Schulden und ihre vollständige Rückzahlung können und müssen
durch den Staat ohne Verminderung seiner inhärenten Rechte als souveräne Einheit vorgenommen werden, aber die zwangsläufige und sofortige Eintreibung zu einem bestimmten
Zeitpunkt unter Gewaltanwendung würde nichts anderes hervorrufen als den Ruin der
schwächsten Nationen und den Verlust der Regierungen nebst allen Funktionen, die diesen
innewohnen, an die Mächtigen der Erde [...].
　Dies ist in keiner Weise eine Verteidigung von Handlungen wider Treu und Glauben, von
Unordnung sowie von absichtlicher und selbst zu verantwortender Insolvenz. Es soll nur die

Würde der öffentlichen internationalen Gemeinschaft aufrechterhalten werden, die so nicht in einen Krieg gezerrt werden darf, zum Nachteil der hohen Absichten, die die Existenz und die Freiheit der Nationen festlegen.

Die Tatsache, dass die Schuldeneintreibung nicht mit gewaltsamen Mitteln erfolgen darf, entwertet nicht die Anerkennung der öffentlichen Schuld und die definitive Verpflichtung, diese auch zurückzuzahlen. [...]

Da diese Überzeugungen von Gerechtigkeit, Loyalität und Ehre das argentinische Volk durchdringen und seine Politik immer inspiriert haben, werden Eure Exzellenz verstehen, dass es sehr besorgt ist zu erfahren, dass Venezuelas Versagen, die Zahlungen seiner öffentlichen Schulden zu leisten, als wesentlicher Grund dafür angeführt wird, seine Flotte zu beschlagnahmen, einen seiner Häfen zu bombardieren und eine strikte Blockade seiner Küsten durchzuführen. Wenn ein solches Vorgehen grundsätzlich übernommen werden würde, dann wäre dies ein Präzedenzfall, der für die Sicherheit der Staaten dieses Teils von Amerika bedrohlich ist. Die Eintreibung von Anleihen mit militärischen Mitteln impliziert territoriale Besetzungen, um sie durchzuführen, und territoriale Besetzungen bedeuten die Unterdrückung oder Unterordnung der Regierungen der Länder, denen sie auferlegt werden.

Eine solche Lage stimmt ganz offensichtlich mit den häufig proklamierten Prinzipien der Länder Amerikas und insbesondere mit der Monroe-Doktrin nicht überein, die von den Vereinigten Staaten ständig mit so viel Nachdruck bekräftigt und verteidigt wird; eine Doktrin, zu der sich auch die Argentinische Republik zuvor feierlich bekannt hat. [...]

Der einzige Grundsatz, den die Argentinische Republik aufrechterhält und den sie angesichts der Ereignisse in Venezuela mit großer Befriedigung durch eine Nation übernommen sähe, die so viel Autorität und Prestige genießt wie die Vereinigten Staaten, ist das bereits anerkannte Prinzip, dass es weder eine territoriale Expansion in Amerika durch Europa noch eine Unterdrückung der Völker dieses Kontinents geben darf, nur weil eine unglückliche finanzielle Lage eines von ihnen dazu bringen könnte, die Erfüllung seiner Verpflichtungen aufzuschieben. In einem Wort: Das Prinzip, dass [Argentinien] anerkannt wissen möchte, ist das, wonach die Staatsschuld nicht die bewaffnete Intervention oder gar die tatsächliche Besetzung des Territoriums amerikanischer Nationen durch europäische Mächte nach sich ziehen kann.

Der Verlust des Prestiges und der Kreditwürdigkeit, den Staaten erleiden, die die Ansprüche ihrer legitimen Gläubiger nicht erfüllen, bringt Schwierigkeiten von solcher Größe mit sich, dass es unnötig ist, das vorübergehende Unglück der Insolvenz durch die Unterdrückung mittels Interventionen von außen zu verschlimmern. [...]

Im gegenwärtigen Augenblick treibt uns also weder ein eigennütziges Gefühl an noch verfolgen wir unseren eigenen Vorteil, indem wir unseren Wunsch kundtun, dass die öffentliche Staatsschuld nicht als Grund für einen bewaffneten Angriff auf Staaten herhalten soll. [...]

Und es ist wegen dieses Gefühls der kontinentalen Verbrüderung und wegen der Kraft, die immer aus der moralischen Unterstützung eines ganzen Volkes hervorgeht, dass ich mich an Sie, den Herrn Minister, unter Befolgung der Anweisungen Seiner Exzellenz des Präsidenten der Republik wende, damit Sie der Regierung der Vereinigten Staaten unseren Standpunkt hinsichtlich der Ereignisse übermitteln, in deren weiterer Entwicklung jene Regierung eine so wichtige Rolle spielen wird [...].

Aus: Carlos Alberto Silva: *La política internacional de la Nación Argentina*, Buenos Aires: Imprenta de la Cámara de Diputados 1946, S. 493–496.

Q 57   Der Panama-Kanal I: Die kolumbianische Reaktion (1903)

Ende des 19. Jahrhunderts waren die technischen Möglichkeiten und das Kapital vorhanden, um am Isthmus von Panama eine Kanalverbindung zwischen Atlantik und Pazifik zu realisie-

ren. Die USA erwarben die Rechte zum Weiterbau des Kanals, nachdem ein erstes französisches Projekt gescheitert war. Nach einer nicht abgesprochenen Intervention der USA in Panama im September 1902 verweigerte Kolumbien jedoch die Ratifizierung des Vertrages. Theodore Roosevelt knüpfte daraufhin Kontakte zur separatistischen Bewegung in Panama. Diese sicherte die Zustimmung zum Kanalvertrag zu gegen das Versprechen der USA, die Separatisten zu unterstützen und den neuen Staat innerhalb von 48 Stunden anzuerkennen. Am 3. November 1903 erklärte Panama sich ohne Blutvergießen für unabhängig. Die kolumbianische Regierung war gegenüber der militärischen Übermacht der USA chancenlos. In einem Schreiben vom 23. Dezember 1903 beschwerte sich der kolumbianische Gesandte Rafael Reyes (1849–1921) gegenüber US-Außenminister John Hay über das Verhalten der US-Regierung und den Bruch des Freundschaftsvertrages von 1846/48.

Ehrenwerter Herr!

Die Regierung und die Völker Kolumbiens fühlen sich durch die Regierung der Vereinigten Staaten geschädigt, da sie der Überzeugung sind, dass die Maßnahmen, die ihre Regierung in Bezug auf die Ereignisse angewandt hat, die sich in Panama entwickelt und kürzlich vollzogen haben, ihren Interessen schweren Schaden zugefügt haben.

[...] Aber da die Vorfälle, die sich ereignet haben, nicht nur wertvolle und geschätzte Interessen, sondern auch die Unabhängigkeit und Souveränität Kolumbiens berühren, hält es meine Regierung für ihre Pflicht, die Vereinigten Staaten an die in Absatz 5, Artikel 35 festgelegte Abmachung des Vertrags von 1846 zu erinnern, die für beide Länder gilt und wörtlich so lautet:

»Wenn unglücklicherweise einige der in diesem Vertrag enthaltenen Artikel in irgendeiner anderen Form verletzt oder missachtet werden sollten, wird ausdrücklich vereinbart, dass keiner der beiden Vertragspartner irgendwelche Repressalien ergreifen oder genehmigen wird und auch nicht aufgrund einer Beschwerde wegen Beleidigungen, die durch sachliche Beweise erhärtet ist, bei der Forderung nach Gerechtigkeit und Genugtuung Krieg gegen den anderen erklären wird, denn dies wäre als Verletzung der Gesetze und des Internationalen Rechts verboten.«

Es ist wohl nur recht und billig [...] daran zu erinnern, dass der Vertrag, der am 22. Januar zwischen Eurer Exzellenz und dem Bevollmächtigten Kolumbiens, Herrn Dr. Tomás Herrán abgeschlossen wurde, folgende Bedingung enthält:

»Der Vertrag soll, sobald er von den Vertragsparteien unterschrieben ist, in Übereinstimmung mit den Gesetzen der betreffenden Länder ratifiziert werden etc.«

Diese Bedingung, die selbstverständlich auf einer richtigen Auffassung der Regel fußt, die in solchen Angelegenheiten von fast allen konstitutionellen Ländern der Welt akzeptiert ist, konnte Herr Dr. Herrán nicht umgehen, da es nach unserer Verfassung und nach unseren Gesetzen dem Kongress zusteht, die von der Regierung unterzeichneten Verträge zu verabschieden oder abzulehnen, so dass diese nicht eher rechtskräftig sind, bis diesem Erfordernis Genüge getan ist [...].

Der Hay-Herrán-Vertrag nahm in Washington keinen anderen Verlauf als in Bogotá. Die parlamentarischen Debatten, die im Senat stattfanden, waren so ausführlich und ernst, dass der Vertrag erst in der darauf folgenden außerordentlichen Sitzung genehmigt wurde. Und wenn er abgelehnt worden wäre, so hätte die Ablehnung keine Kränkung für Kolumbien bedeutet, denn wenn einfachen Unterhandlungen über den Vertrag die zwangsweise Genehmigung desselben durch die gesetzgebende Gewalt bedingten, wäre es ja überflüssig, ihn derselben zur Entscheidung vorzulegen. [...]

Es ergibt sich daraus, dass der Kongress von Kolumbien, der nach unseren Gesetzen die Befugnis und die Souveränität besitzt, Verträge, die die Regierung geschlossen hat, zu verabschieden oder abzulehnen, sein volles Recht ausübte, als er den Hay-Herrán-Vertrag verwarf. Dieser Schritt hat die Regierung nicht der Möglichkeit beraubt, einen anderen Vertrag mit der Regierung Eurer Exzellenz abzuschließen, und sie hatte tatsächlich beschlossen, einen diesbezüglichen Vorschlag zu machen [...].

Daher die vom Senat bekundeten Bemühungen sich zu vergewissern, ob die amerikanische Regierung gewissen Abänderungen zustimmen würde [...]. Die Bemühungen des Senats in dieser Richtung sind ausführlich bewiesen, und ich bin der sehr festen Überzeugung, dass er den erwähnten Vertrag mit den Abänderungen, die den Vereinigten Staaten mutmaßlich annehmbar gewesen wären, genehmigt hätte, wenn nicht der amerikanische Gesandte in Bogotá wiederholt in nachdrücklicher Weise erklärt hätte, dass seine Regierung jede vorgeschlagene Abänderung zurückweisen würde. [...]

Das Memorandum, das derselbe Minister am 13. Juni dieses Jahres unserem Minister für Auswärtige Angelegenheiten überreichte, besagt:

»Meine Regierung hat mich telegrafisch davon unterrichtet, dass allem Anschein nach die Regierung von Kolumbien sich dem Ernst der Lage nicht bewusst ist. Die Panamakanal-Verhandlungen wurden von Kolumbien initiiert und von meiner Regierung jahrelang energisch vorangetrieben. Die Vorschläge, die Kolumbien machte, wurden schließlich mit geringfügigen Änderungen von uns angenommen. Veranlasst durch diesen Vertrag widerrief unser Kongress seinen früheren Beschluss und entschied sich zugunsten der Panama-Route. Wenn Kolumbien jetzt den Vertrag zurückweist oder seine Bestätigung ungebührlich hinausschiebt, wären die freundschaftlichen Beziehungen zwischen unseren beiden Ländern so ernstlich gefährdet, dass unser Kongress im nächsten Winter Schritte unternehmen könnte, die jeder Freund Kolumbiens ernstlich bedauern würde.« [...]

Im Schreiben vom 5. August dieses Jahres sagt er unter anderem Folgendes: [...]

»Ich benutze die Gelegenheit, um ehrerbietigst zu wiederholen, was ich Eurer Exzellenz bereits mitgeteilt habe, nämlich dass der jetzige Vertrag genau in der Form, in der er jetzt abgefasst ist, ohne irgendwelche Abänderungen bestätigt werden muss, wenn es Kolumbiens aufrichtiger Wunsch ist, die freundschaftlichen Beziehungen, die zurzeit zwischen den zwei Ländern bestehen, aufrechtzuerhalten und sich gleichzeitig die außerordentlichen Vorteile zu sichern, die ihr durch den Bau des Kanals auf kolumbianischem Gebiet in dem Fall zukämen, dass dieser durch eine so enge Verbindung nationaler Interessen unterstützt würde, wie sie mit den Vereinigten Staaten zustande käme. Ich erwähne dies, weil es meine feste Überzeugung ist, dass meine Regierung in keinem Fall Abänderungen akzeptieren wird.«

Da der Kongress nicht imstande war, auch nur eine der Bedingungen des Vertrages so, wie sie verfasst waren, anzunehmen, weil nämlich die Verfassung dies nicht erlaubt, kann es wohl niemanden überraschen, dass er unter dem Druck so ernsthafter und verstörender Drohungen und in Anbetracht der diplomatischen Note durch die dazu befugte Autorität, dass keine Änderung in ihm akzeptiert werde, es vorzog abzulehnen. [...]

Jede Regierung ist bekanntlich verpflichtet, die Rechte, die aus der Unabhängigkeit und Oberhoheit des Staates erwachsen, zu achten. Deshalb stellt nach Meinung der alten und neuen Gelehrten auf dem Gebiete des Internationalen Rechts die frühzeitige Anerkennung der Provinz Panama durch die Vereinigten Staaten, die sich mit Waffengewalt von dem Lande, dem es angehört, losreißen wollte, obgleich es allgemein bekannt ist, dass Kolumbien genug Macht besitzt, um sie zu unterwerfen, nicht nur eine schwere Beleidigung Kolumbiens, sondern auch einen formellen Angriff auf seinen Wohlstand dar. [...]

Wenn das Recht einen Zweck und ewige und unwandelbare Grundsätze hat, so ist Kolumbien von den Vereinigten Staaten durch eine unglaubliche Überschreitung der Grenzen, die Redlichkeit und Gerechtigkeit vorschreiben, verletzt worden.

Ehe der Staatsstreich in Panama stattfand, der die Unabhängigkeit des Isthmus verkündete, befanden sich in derselben Stadt Agenten der Urheber jenes Staatsstreichs, die mit hohen Persönlichkeiten in öffentlichen Ämtern verhandelten, was in seriösen amerikanischen Zeitungen bestätigt wurde. Es ist mir mitgeteilt worden, dass eine New Yorker Bank ihnen einen bedeutenden Kredit gewährte, und dass ihr der Zweck, für den dieser Kredit verwandt werden sollte, wohlbekannt war. [...]

Es darf nicht unerwähnt bleiben, dass, ehe die Nachricht sich verbreitete, dass eine Revolution auf dem Isthmus bevorstehe, amerikanische Kreuzer in den Gewässern des Atlantik und Pazifik kreuzten, die ihren Bestimmungsort genau am Vorabend des Aufstands erreichten. [...]

Ein Militärbeamter der Regierung der Vereinigten Staaten verhinderte, dass die Eisenbahn, so wie sie es hätte tun sollen, ein Bataillon, das soeben von Bogotá kommend in Colón eingetroffen war, nach Panama brachte, und zwar gerade in dem Moment, als die Ankunft der Truppen in dieser Stadt jeden revolutionären Ausbruch verhindert oder erstickt hätte. [...]

Inmitten eines tiefen Friedens zwischen beiden Ländern verhinderten die Vereinigten Staaten gewaltsam das Landen von Truppen, die erforderlich waren, um in wenigen Stunden die Ordnung in der aufrührerischen Provinz wiederherzustellen. [...]

Hätte Kolumbien nicht die ausreichenden Kräfte gehabt, um Panama zu zwingen, ein Teil der nationalen Einheit zu bleiben, so hätte es zweifellos die Vermittlung eines befreundeten Landes erbeten, um zu einer Einigung mit der *De-facto*-Regierung, die dort ins Leben getreten war, zu gelangen.

Um aber den Aufruhr mit Gewalt niederschlagen zu können, wäre es notwendig gewesen, dass die Regierung Eurer Exzellenz sich in diesem Streit neutral verhalten hätte. Dadurch, dass sie dies nicht tat, hat Ihre Regierung selbst »die Rechte der Souveränität und des Eigentums, die Kolumbien über das genannte Gebiet hat und besitzt«, verletzt, folglich nicht die Verpflichtung erfüllt, die sie in dem oben erwähnten Absatz des Artikels 35 des Vertrages eingegangen ist. [...]

Wenn wir unsere nationale Unversehrtheit bewahren, könnten wir in ein paar Jahren des Friedens die Macht, die wir durch unglückselige Bürgerkriege eingebüßt haben, wieder erlangen und hoffen, aufgrund der geistigen und körperlichen Befähigung unserer Rasse eine hervorragende Stellung auf dem amerikanischen Kontinent einzunehmen. Aber wenn sich die Regierung der Vereinigten Staaten durch das Verhindern der kolumbianischen Militäraktion zur Unterwerfung der Aufrührer unter den gesetzlichen Gehorsam in gewisser Weise zu einem Verbündeten der panamaischen Revolutionäre machen würde, wäre dieselbe Regierung verantwortlich für jede neue Sezessionsbewegung, die auftreten könnte, sowie, zumindest im Urteil der Geschichte, für Anarchie, Freigeisterei und Zersetzung, die eine neue Abspaltung verursachen könnte. Traurig ist das Schicksal meines Landes, das bald dazu verdammt ist, das Ungemach der eigenen Bürgerkriege zu erdulden, bald dazu, den Angriff eines mächtigen, aber befreundeten Staates mit ansehen zu müssen, der zum ersten Mal mit seinen ehrenhaften und uralten Traditionen bricht, das Recht anderer, besonders das Recht der Schwächeren, zu achten, um uns schonungslos den unglückseligen Missgeschicken des Schicksals preiszugeben. [...]

Jede Nation ist für ihr Verhalten anderen gegenüber verantwortlich, woraus sich ergibt, dass alle untereinander Rechte und Pflichten haben. Jedoch sind die Rechte und Pflichten durch das Besitzrecht beschränkt. Der Besitzer eines Gebäudes kann sich nicht dagegen widersetzen, dass beispielsweise eine von der Gesellschaft benötigte Eisenbahn durch das Gebäude fährt, aber sehr wohl kann er verlangen, dass ihm der entstandene Schaden ersetzt wird. Auf gleiche Weise kann sicherlich ein Staat nicht verhindern, dass ein Kanal durch sein Gebiet führt, den der Fortschritt der Zeit und die Bedürfnisse der Menschheit erforderlich machen, aber sehr wohl hat er das Recht, die Bedingungen zu bestimmen, damit seine Souveränität bewahrt bleibt, und Entschädigung für dessen Nutzung zu fordern. Die Gründe, die auf den Bedürfnissen der Menschheit beruhen, sind zweifellos sehr stichhaltig, aber sie beweisen nicht überzeugend, dass man einem rechtmäßigen Besitzer einen großen Teil seines Gebietes rauben darf, um sie zu befriedigen. [...]

In dieser unerwarteten wie schrecklichen Lähmung meines Landes baut Kolumbien auf das Gerechtigkeitsgefühl, das die Regierung Eurer Exzellenz beseelt, und hofft ohne Misstrauen darauf, dass dieselbe Regierung, die die Welt schon so oft durch ihre Weisheit überrascht hat, sie auch in diesem Fall durch ihr Beispiel zu überraschen weiß. [...]

Da der oben erwähnte Vertrag das Gesetz ist, das zwischen den beiden Ländern herrscht, und da jetzt die Schwäche und der Ruin meines Landes nach dreijährigem, kaum beendetem Bürgerkrieg, in dem es Tausende seiner tapfersten Söhne verloren und alle seine Geldmittel verbraucht hat, es in die schmerzvolle Lage bringen, von der Regierung Eurer Exzellenz Gerechtigkeit zu erbitten, schlage ich ihr vor, dass die Ansprüche, die ich in diesem Schreiben aufgrund der Verletzung des vorbenannten Vertrages erhebe, sowie alle weiteren, die ich aufgrund der Vorgänge in Panama zu erheben hätte, dem Schiedsgericht in Den Haag unterbreitet werden sollen.

Mit Gefühlen vorzüglicher Hochachtung und großer Wertschätzung habe ich als Ihr achtsamer und verlässlicher Diener die Ehre, mich von Eurer Exzellenz zu verabschieden,

[gezeichnet] Rafael Reyes

Aus: Del General Rafael Reyes, Ministro Especial de Colombia en Washington, a John Hay, Secretario de Estado de los Estados Unidos. Legación de Colombia en misión especial. Washington, diciembre 23 de 1903, in: Arosemena G./Diógenes A.: *Historia documental del Canal de Panamá. Edición conmemorativa.* Band 2, Panama-Stadt: Instituto Nacional de Cultura ²1997, S. 47–66.

Q 58   Der Panama-Kanal II: Arbeiter (1906–1914)

Am Bau des Panama-Kanals waren Zehntausende Arbeiter aus vielen verschiedenen Nationen beteiligt. Die Bauarbeiten dauerten von 1906 bis 1914 und waren extrem beschwerlich und gefährlich. Durch Krankheiten und Unfälle kamen rund 5.600 Arbeiter ums Leben. Das hier abgebildete Foto zeigt eine Arbeiterkolonne.

Aus: David McCullough: *The Path between the Seas. The Creation of the Panama Canal, 1870–1914*, New York: Simon and Schuster 1977, S. 434.

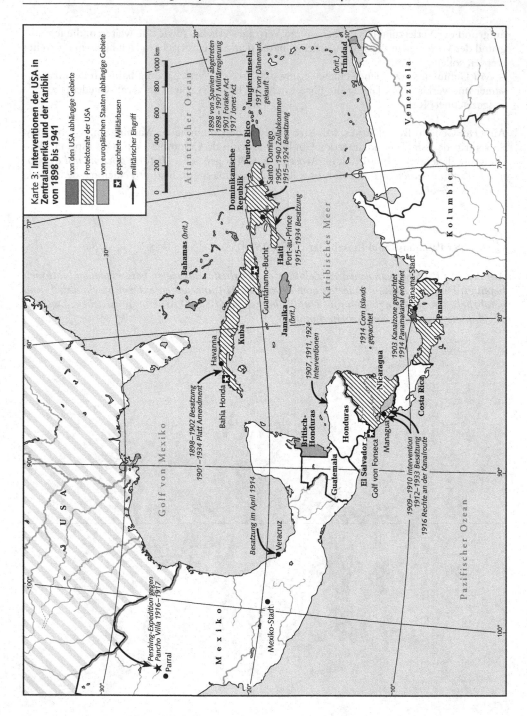

Karte 3: Interventionen der USA in Zentralamerika und der Karibik von 1898 bis 1941

Q 59   Die argentinische Presse über den Ausbruch des Ersten Weltkriegs I (1914)

Die Ober- und Mittelschichten in den Zentren Lateinamerikas waren über die Krise in Europa umfassend informiert. Bereits am 2. August 1914, einen Tag nach der deutschen Mobilmachung und Kriegserklärung an Russland, mit der die Lawine der gegenseitigen Kriegserklärungen losgetreten wurde, konnten sie die Kommentare zum Kriegsausbruch lesen. »La Nación« *und* »La Prensa« *waren die führenden Tageszeitungen Argentiniens, die weit über die Landesgrenzen hinaus wahrgenommen wurden und weltweit als wichtige Stimme Lateinamerikas galten.*

Eine der größten Katastrophen der Menschheitsgeschichte

Wir wohnen einem der größten Geschehnisse und einer der größten Katastrophen der Menschheitsgeschichte bei. Der europäische Krieg, bereits unvermeidlich, stürzt die Welt in eine Verzweiflung, wie sie diese noch nie gespürt hat. Wahrhaftig bezahlt unsere Zivilisation, die die Entfernungen und die Zeit mit unbestreitbaren Wohltaten für die Produktivkraft der Spezies beherrscht, hart mit Nerven und Gefühlen die materiellen Vorteile, die diese Herrschaft mit sich brachte. Ebenso wie der Geistesblitz einer Entdeckung oder Kreation oder des Genies heute fast zeitgleich von dem Ort, an dem er sich entzündet, alle Ebenen des Denkens erleuchtet, so erschüttert und verändert sogar noch schneller und mit noch mehr Kraft auch der Blitz, der an irgendeinem Punkt des Planeten in die Gesamtheit des Raumes einschlägt, in dem der Mensch arbeitet, fühlt und leidet. Dieses Mal schlägt der Blitz im Zentrum ein, der großen Bühne des allgemeinen Lebens, die vor Angst und Terror erzittert, als sei für sie bereits die Nacht ohne Ende angebrochen. [...] Aus der Explosion Europas, aus der Erschütterung, die heute die sozialen Organismen bewegt, steigt ein Problem herauf, das sich bis jetzt noch nie gestellt hat und dessen Prämisse ist: Es gibt keine Zuschauer in diesem Drama, die gesamte Menschheit ist mehr oder weniger direkte Mitwirkende.

Aus: Ecos del día. La catástrofe, in: *La Nación*, Buenos Aires (2. August 1914), S. 2.

Q 60   Die argentinische Presse über den Ausbruch des Ersten Weltkriegs II (1914)

Erläuterungen siehe Quelle 59.

Das Ende der wirtschaftlichen Solidarität
Die Lage und argentinische Pflichten und Verantwortlichkeiten

Die politisch-militärische Katastrophe ist eingetreten. Es gab nur noch zwei mögliche Lösungen, nachdem die Mächte den Beweis ihrer wirtschaftlichen Widerstandsfähigkeit bis zum unhaltbar Äußersten erbracht hatten: Abrüstung oder Krieg.

Da es zum Krieg gekommen ist, ist die wirtschaftliche Solidarität der Welt vernichtet. Jeder Markt zieht sich auf sich selbst zurück und begegnet und gestaltet sein eigenes Schicksal unter Missachtung der anderen und ohne andere Kriterien, als den grundlegenden Anforderungen für das eigene Überleben zu folgen.

Nun, da sich die Menschheit in dieser unheilvollen Stunde der Katastrophe befindet, kümmert sich kein Markt mehr um die Auswirkungen, die seine wirtschaftlichen, monetären und finanziellen Maßnahmen im Ausland haben können.

Alle mehr oder weniger empirischen wirtschaftlichen Regeln, die freilich in normalen Zeiten Geltung gezeigt haben, wie die Begrenzung und Ausbremsung von Spekulationen, gelten nicht mehr.

Die katastrophalen Zustände führen zu ebenfalls außergewöhnlichen Maßnahmen staatlicher Rettung.

Im aktuellen blutigen Fall von Europa ist es eine unbestreitbare Wahrheit, dass wirtschaftliche Fragen einer einzigen, universellen und höchsten Regel unterworfen sind: Gott für alle und jeder für sich.

Darf und soll sich die Republik Argentinien in dieser höchst unheilvollen Stunde des Weltgeschehens von der überall praktizierten Regel ausschließen?

Wir antworten mit Überzeugung: nein. Wir sollten uns auf uns selbst konzentrieren, nur an unsere Situation und an unsere Mittel denken und uns vor dem allgemeinen Untergang retten, denn wenn wir das tun, dienen wir Europa selbst, weil wir selbst bereits ein Faktor der Menschheit, eine führende Kraft der Zivilisation sind.

Wir können von Glück sagen, dass wir, um dies zu bewerkstelligen, über eine innere Lage verfügen, die uns alle notwendigen Elemente für den Widerstand bietet, um die Auswirkung der allgemeinen Probleme zu mildern und um unseren Organismus, der zweifelsohne bereits angegriffen ist, in einen Zustand der Erholung zu bringen.

Tatsächlich war die wirtschaftliche Lage des nationalen Organismus niemals stärker als heute.

Wir verfügen über Edelmetallreserven, die in den Annalen Südamerikas beispiellos sind. [...] Lasst uns diese Reserven vor dem europäischen Strudel schützen, der droht, alles zu verschlucken.

Diese Grundlagen der wirtschaftlichen Widerstandskraft können und dürfen nicht europäische Übel mildern. Die Devise der großen Finanzmächte muss heute die unsere sein: ein jeder für sich selbst!

Unsere allgemeine Produktion steigt zum Glück so sehr, dass die Handelsbilanz des letzten Halbjahres umfassend und nachhaltig günstig gewesen ist. Allerdings wäre sie sehr viel stärker gewesen, wenn natürliche Widrigkeiten nicht die Exporte gehemmt hätten.

Aber selbst dieses Hemmnis wird durch den Anstieg der Preise für Getreide und Lebensmittel aufgefangen werden.

Schließlich horten die Banken in Europa und hier Papiere in nie gesehenem Umfang in Bezug auf Verantwortlichkeiten.

Wir sind also ein Land, das sich vollständig behauptet, denn das liegt nicht an Gesetzen, sondern an Taten und der nationalen Produktion.

Sicher, es hat einen Abfluss von Gold gegeben, aber dieses Phänomen [...] war auch bis vor dem Kriegsausbruch nichts Außergewöhnliches. [...]

Das Gold der Konversionskasse ist im Wesentlichen dreifacher Herkunft: Es stammt aus dem Detailhandel, d.h. den Saldi der nationalen Produktion, aus europäischem Kapital, das in Hypotheken und Spekulationen angelegt ist, und aus europäischem Kapital in großen Industrien wie den Kühlhäusern, Zuckerfabriken und dergleichen.

Das Gold der ersten und dritten Kategorie fließt nicht ab, es ist fest verwurzelt. Es fließt das Gold aus der zweiten Kategorie ab.

Dürfen wir den Abfluss angesichts dieser anormalen Situation in Europa zulassen? Auf keinen Fall: Man muss es legal im Lande halten.

Es kam zu einer normalen Zeit, um unseren Reichtum zu fördern, und es darf nicht unter dem Druck einer Katastrophe fliehen. Es muss hier bleiben, um als Faktor der nationalen Widerstandskraft zu dienen.

Schließlich sollten die Banken von finanzieller Kraft und Vertrauen strotzen, um weiterhin die Produktion in der gesamten Republik zu stützen.

Aber es ist klar, dass sie – wenn es so kommt – noch weiter ihren Diskont einschränken werden, wenn sie am Montag ihre Türen nicht auf der Basis einer Sicherheit öffnen, die es ihnen erlaubt, ihre Kräfte zu mobilisieren.

Diese allgemeinen Ideen – wenngleich skizzenhaft – führen uns dazu, den öffentlichen Gewalten zu raten, dass sie die Stunden dieser Woche als eine der wertvollsten Zeiten unseres öffentlichen Lebens betrachten, um Gesetze zu verabschieden, die die erwähnten hohen Interessen schützen.

Am Montag müssen Banken, Handel und Publikum den Tag mit dem Wissen beginnen können, dass die argentinische Nation, bewusste Herrin ihrer selbst, sie mit ihren kräftigen Armen unterstützt und dass trotz der Katastrophe in Europa alle in Ruhe und Normalität ihrer Arbeit und ihrem Auftrag nachgehen können.

Aus: Ruptura de la solidaridad económica, in: *La Prensa*, Buenos Aires (5. August 1914), S. 5.

Q 61   Das wahre Gesicht Europas (1914)

Der Erste Weltkrieg führte schnell zu einer grundsätzlichen Kritik am alten Zentrum des Weltsystems und damit einhergehend auch zu einer Infragestellung der bisherigen einseitigen Ausrichtung auf Europa, wie eine Karikatur aus der damals führenden chilenischen illustrierten Zeitschrift »Zig-Zag« von 1914 zeigt.

Aus: Civilización, in: *Zig-Zag*, Santiago de Chile (26. September 1914), o.S.

D. Die Suche nach Identität

Bereits in der Kolonialzeit hatten sich bei den kreolischen Oberschichten Identitäten herausgebildet, die zwischen der Orientierung an den Mutterländern und am amerikanischen Umfeld schwankten. In der Phase der Unabhängigkeitskriege ging die Separation mit einer geistigen Trennung von den Metropolen einher. Das galt insbesondere für Spanien, das zum Sinnbild für Rückschrittlichkeit und Grausamkeit wurde. Demgegenüber stiegen die Zentren des aufgeklärten Europa im gleichen Zeitraum zu neuen Fixpunkten auf. Insbesondere Frankreich und England repräsentierten ein an Vernunft und Freiheit orientiertes Gegenbild zum reaktionären und tyrannischen Spanien.

Die Jahrzehnte nach der politischen Unabhängigkeit bis zum Ende des 19. Jahrhunderts waren eine Phase, die in kultureller Hinsicht geprägt war von der Suche nach eigenen nationalen und lateinamerikanischen Identitäten und vom Versuch, die spanische koloniale Erblast abzuschütteln. Bei dieser Suche nach dem Eigenem, auf dem man die neuen Republiken aufbauen wollte, blieb Europa in vielerlei Hinsicht ein Bezugspunkt. Der alte Kontinent übte in diesem Zeitraum eine enorme Anziehungskraft auf junge Lateinamerikaner aus den privilegierten gesellschaftlichen Oberschichten aus, die in zunehmender Zahl zum Vergnügen oder zu Studienzwecken nach Europa reisten.

In diesem Zeitraum griff man die für die gesamte lateinamerikanische Geschichte des 19. Jahrhunderts zentrale Idee des Fortschritts nach westeuropäischem Vorbild als anzustrebendes Ziel für die jungen Staaten auf. Die Fortschrittsidee umfasste dabei das gesamte Spektrum menschlichen Lebens, bezog sich also auf wirtschaftliche und politische Entwicklungen ebenso wie auf kulturelle und soziale. Für lateinamerikanische Entwicklungsprobleme wie die fehlende nationale Integration und die Marginalisierung breiter Bevölkerungsschichten wurden europäische Mittel in Betracht gezogen. Diejenigen, die nicht integrierbar schienen, mussten nach diesem Verständnis ausgemerzt werden. So war etwa für die indigene Bevölkerung kein Platz in dieser Nationsvorstellung.

Angesichts dieser Haltung der zur Modernisierung drängenden Teile der lateinamerikanischen Eliten war es kein Wunder, dass europäische Einflüsse das Selbstverständnis bis hin zum Namen der Region beeinflussen konnten. »Lateinamerika« war ein Begriff, der dem panlateinischen französischen Denken entstammte und in Amerika dankbar aufgegriffen wurde. Diese Bezeichnung erlaubte es, sich sowohl vom spanischen Erbe als auch von den Vereinigten Staaten abzugrenzen, die den einstmals dem Süden vorbehaltenen Namen »Amerika« zunehmend exklusiv für sich beanspruchten. Mit der Verwendung des Begriffs »Lateinamerika« erhoben die Intellektuellen der Region den Anspruch auf kulturelle und politische Eigenständigkeit in ihren Beziehungen sowohl zu Europa als auch zu den Vereinigten Staaten.

Die Orientierung an Europa hatte in der Tat Grenzen. Vielerorts setzten traditionalistische und patriarchalische Vorstellungen vom Gesellschaftsaufbau dem Modernisierungseifer Grenzen. Außerdem gab es satirische Kritik an der Nachäffung des europäischen Stils. Darüber hinaus erhoben sich selbst innerhalb der aufgeklärten Eliten Stimmen, die schon früh erkannten, dass die indigenen und andere Elemente integraler Bestandteil Lateinamerikas waren. Die Existenz dieser heterogenen Bevölkerungsgruppen aber machte eine vollständige Europäisierung unmöglich. Die Auseinandersetzung mit der eigenen Wirklichkeit in Abkehr von der herrschenden Europäisierungsideologie gewann daher zunehmend an Bedeutung. Da sich die erhofften Entwicklungserfolge oft nicht oder nur schleppend einstellten, war eine solche Rückbesinnung nur natürlich. Dabei spielte die Verärgerung über die mit der oberflächlichen Übernahme europäischer Rezepte einhergehende Dominanz der Europäer im eigenen Land eine wichtige Rolle. Vor dem Hintergrund des romantischen Historismus und des antispanischen Denkens erfuhr der Indio nun vielerorts eine Idealisierung. Dabei handelte es sich allerdings zumeist noch um die Fortsetzung des aufklärerischen Diskurses vom »edlen Wilden«.

Über die symbolische Aneignung hinaus blieb die Masse der Bevölkerung aus Indios,

Schwarzen und Mestizen von den Projekten der Europäisierer ebenso ausgeschlossen wie von denen ihrer Kritiker. Das hieß aber nicht, dass diese Unterschichten vor allem auf dem Land, aber auch in den wachsenden Städten der Europäisierung nichts entgegenzusetzen gehabt hätten. Ihre Traditionsverbundenheit, ihr an der Gemeinschaft und weniger am Individuum orientiertes Wertesystem gaben ihnen eine Grundlage für den Widerstand gegen den Druck des Wandels durch die europäisierten Oberschichten der Städte.

Um die Wende vom 19. zum 20. Jahrhundert fächerte sich auch der Diskurs der Eliten weiter auf. So etablierte sich ab 1898 der ursprünglich aus Spanien stammende Panhispanismus, da die unmittelbare Bedrohung durch die alte Kolonialmacht nach dem Verlust Kubas keine Rolle mehr spielte. Dabei war die Bezugnahme auf eine kulturelle Verbundenheit mit dem alten Mutterland sowie der Gegensatz zum vermeintlichen Utilitarismus der Vereinigten Staaten von entscheidender Bedeutung. Durch die Betonung von traditionellen Werten war dieses Denken in Lateinamerika vor allem für konservative Kreise attraktiv. Allerdings verbanden sich mit diesem Denken auch rassistische Vorurteile gegen die ethnische Vielfalt Lateinamerikas. Sie gaben Anlass zu pessimistischen, selbstkritischen Prognosen über die Entwicklungsfähigkeit der eigenen Region.

Gleichzeitig wurde jedoch auch ein weiterer Bezugspunkt denkbar: Die Entdeckung des eigenen Amerika und der Vielfalt seiner Ethnien als potenzielle Quelle der Kraft und des Selbstbewusstseins. Vordenker dieser Bewegung eines Panamerikanismus genuin lateinamerikanischer Provenienz, die im Begriff »Unser Amerika« als Gegensatz zum Amerika des Nordens ihr Schlagwort hatte, wurde der Kubaner José Martí. Die Suche nach den Wurzeln des Eigenen in den autochthonen Kulturen und bei der Masse der Ausgegrenzten sowie die Forderung nach einer Einheitsfront zur Abwehr der nordamerikanischen Gefahr entwickelte sich zwischen 1898 und 1914 zu einem wichtigen innovativen Element in der lateinamerikanischen Geistesgeschichte.

1. Die Auseinandersetzung mit Europa

Q 62 Die Loslösung vom Mutterland (1811)

Antonio Nariño (1765–1823) wurde in Santa Fe de Bogotá geboren und spielte eine wichtige Rolle innerhalb der Unabhängigkeitsbewegung Neu-Granadas. Zu seinen herausragendsten Tätigkeiten während seines politischen Wirkens zählte die Übersetzung der Menschen- und Bürgerrechte vom Französischen ins Spanische. Im Jahr 1811 gründete er die Zeitung »La Bagatela«. In diesem Blatt veröffentlichte er Texte, die sich für die Unabhängigkeit von Spanien aussprachen, darunter den folgenden Leserbrief vom 1. September 1811.

An den Autor der Bagatela:

[...] Der [Begriff], der nicht in meinen Kopf will und dessen Sinn ich trotz häufigen Nachsinnens – ohne Zweifel aufgrund meiner geistigen Beschränktheit, weshalb ich mir auch über 500 Kopfnüsse gegeben habe – nicht verstehen kann, ist *Madre patria* [Mutterland], ein Begriff, der in unseren öffentlichen Blättern immer wieder auftaucht und in den Handelsblättern von Cádiz bis zum Überdruss immer wiederholt wird. Diese patriotische Mutterschaft oder dieser väterliche Patriotismus hat mich zu geistigen Anstrengungen getrieben, ohne dass es mir jedoch jemals gelungen wäre, die Verbindung zu unserer politischen Genealogie zu finden. Sollte diese eine Ähnlichkeit mit der biologischen haben, dann kann diese doch nicht daher rühren, dass sich die Amerikas wie Töchter verhalten hätten, sondern dass zunächst einmal Spanien sich wie eine wirkliche Mutter betragen hat. Um den Titel *patria* [Vaterland] verdientermaßen zu tragen, hätte meiner Meinung nach Spanien das für die Amerikaner sein müssen, was Amerika für die Spanier war. Diejenigen, die jetzt die Mutterschaft so herausposaunen, sollten uns zuerst einmal den Patriotismus zeigen können, den wir von jener Mutter erben, die doch, nachdem sie auf Kosten der Tochter gelebt hat, ihre Verwandtschaft nur anführt, da sie diese zu überleben und zu beerben beabsichtigt. Und warum überhaupt so viel Aufhebens mit der Nachkommenschaft, wo doch keines in Bezug auf die Vorfahren gemacht wird? Die Nachforschung ist zu verworren, und wenn wir uns dort mit den Expeditionen der Karthager, Römer, Alanen, Goten, Sueben und Mauren beschäftigen würden, dann stellte sich der Stammbaum der *madre patria* wie ein Labyrinth dar. Tausend Mal habe ich wissen wollen, wer denn die *abuela patria* [Großmutterland], die *hermana patria* [Schwesterland], die *prima patria* [Kousinenland] oder die *tia patria* [Tantenland] sind, ohne dass ich aus meinen Nachforschungen eine andere Erkenntnis als die von der *madrastra patria* [Stiefmutterland] gewonnen hätte, die ihre Verwandten immer wie Fremde und ihre Söhne wie Sklaven behandelt hat. Ich halte diese klebrige Mutterschaft für eine Lappalie (*bagatela*), allerdings für eine Lappalie mit großem Einfluss auf die Emanzipation von einigen Völkern, die selbstständig werden wollen, eine Lappalie, aus der sich die Notwendigkeit ableiten lässt, die Sprache der Abhängigkeit zu verbannen. [...]

Aus: Carta dirigida al autor de la Bagatela, in: Antonio Nariño: *La Bagatela*, Bogotá: Cahur 1947, S. 63–64. Zit. und überarbeitet nach: Hans-Joachim König: Europa in der Sicht Lateinamerikas, in: Andreas Michler/Waltraud Schreiber (Hgg.): *Blicke auf Europa. Kontinuität und Wandel*, Neuried: ars una 2003, S. 331–384, hier 345.

Q 63   Europa als Ideal I: Sarmiento in Paris (1846)

Domingo Faustino Sarmiento (1811–1888), von Beruf Schriftsteller, Lehrer, Journalist und Politiker, war Präsident der Argentinischen Republik von 1868 bis 1874. Im vorliegenden Auszug aus Reiseberichten, die Sarmiento zwischen 1845 und 1847 verfasste, ist ein Europa-Bild zu erkennen, das Lateinamerika als Beispiel dienen sollte und das Sarmiento insbesondere mit Paris assoziierte. Die »Reisen durch Europa, Afrika und Amerika« (»Viajes por Europa, África y América«) wurden erstmalig 1849 in Santiago de Chile gedruckt und im Jahre 1856 auch in Buenos Aires publiziert. Sarmientos Bericht ist die Zusammenfügung einer Sammlung von Briefen, die er an verschiedene Bekannte richtete. Ausschnitte aus diesen Briefen wurden zudem in der Presse Uruguays, Frankreichs, Spaniens und Chiles veröffentlicht.

[...] Hier, wo die menschliche Intelligenz zu ihrer jüngsten Entfaltung gelangt ist, wo alle Ansichten, alle Systeme, die Wissenschaften und die Glaubenslehren, die Künste und die Phantasie in parallelen Bahnen verlaufen, ohne sich wechselseitig zu hemmen, wie es in anderen Nationen geschieht, ohne dass ein Zweig durch die Unterdrückung anderer noch wichtigerer hervorragen würde, hier, wo der Mensch im Wahren wie im Irrtum frei von Bevormundung wandelt, ohne Fesseln, zeigt sich meiner Ansicht nach die menschliche Natur in ihrer ganzen Wahrhaftigkeit, und man kann annehmen, dass sie tatsächlich so sei, wie sie sich darstellt, und dass sie sich immer so präsentieren würde, ließe man sie nur ihren natürlichen Neigungen folgen. Man sage nicht, dass der Luxus die moralische Kraft des Menschen verderbe, noch dass die Vergnügung sie entkräfte, da fortwährend in diesem Volk Anzeichen von moralischer Stärke hervortreten, die unter den mäßigeren und bescheideneren unbekannt sind. Der Franzose von heute ist der tollkühnste Krieger, der inbrünstigste Poet, der tiefgründigste Gelehrte, der frivolste Kavalier, der pflichteifrigste Bürger, der genussfreudigste Jüngling, der feinfühlendste Künstler und der sanfteste Mensch im Umgang mit seinen Mitmenschen. Seine Ideen und seine Moden, seine Menschen und seine Dichtkunst dienen heute allen anderen Nationen als Modell und Vorbild, und ich beginne zu glauben, dass jenes, was uns allenthalben anlockt, das wir für Nachahmung halten, in Wirklichkeit das Streben des menschlichen Wesens nach Annäherung an eine Art von Perfektion ist, die in ihm selbst angelegt ist und die je nach den Verhältnissen eines jeden Volkes mehr oder weniger zu Tage tritt. Ist es nicht zweifelsohne schön und tröstlich sich vorzustellen, dass eines nicht allzu weit entfernten Tages alle christlichen Völker nichts wären als ein einziges Volk, vereint durch Eisenbahnen oder Dampfer, mit einem Postdienst, der ein Ende der Erde mit dem anderen verknüpft, mit der gleichen Kleidung, den gleichen Ideen, den gleichen Gesetzen und Verfassungen, den gleichen Büchern, den gleichen Kunstobjekten? Dies kann nicht in naher Zukunft sein, dennoch schreitet es fort und wird zum Ziel gelangen, nicht der Veranlagung der Völker, an die ich nicht glaube, sondern den unterschiedlichen Stufen der Kultur zum Trotz, in der die Spezies sich an bestimmten Orten der Erde befindet. Und es wird immer das Verdienst von Fourier sein, die menschliche Intelligenz so weit geführt zu haben, dass sie fähig ist, das Universum zu vervollkommnen, in der Schöpfung die Macht des Schöpfers vergöttlicht zu haben und die Arbeit und die menschliche Intelligenz anstelle der zerstörenden Kraft blutrünstiger Helden zu poetisieren, die bis heute die Fülle der epischen Dichtung bestimmen, wie in vergangenen Zeiten unmoralische, launische und ungerechte Götter. [...]

Aus: Domingo Faustino Sarmiento: *Obras completas*. Band 5: Viajes por Europa, África y América (1845–1847), Buenos Aires: Universidad Nacional de la Matanza 2001, S. 112.

Q 64   Europa als Ideal II: Cané in London (1881/82)

Der argentinische Politiker und Publizist Miguel Cané (1851–1905) bereiste 1881 und 1882 Europa. 1884 wurde sein Bericht mit dem Titel » Auf Reisen (1881–1882)« (»En viaje [1881– 1882]«) in Paris veröffentlicht. Die zweite Ausgabe wurde 1907 in Bogotá gedruckt.

[...] An den bedeutenden Tagen der *season* bietet Covent Garden einen besonderen Anblick. Diejenigen, die sich dort versammeln, gehören aufgrund ihres Namens, ihres Talentes oder ihres Reichtums zu den gehobenen Schichten der Gesellschaft. Zweitausend aus den vier Millionen Einwohnern Londons auserwählte Personen, einhundert vornehme Ausländer aus aller Herren Länder: daher der Andrang. Ein unvergleichlicher Wohlstand ist zu spüren, das unaufdringliche Treiben der vornehmen Welt, gemäßigt noch durch das zum englischen Charakter gehörige Anstandsgefühl, zudem eine heitere Höflichkeit, ohne das lärmende Auftreten der Lateinamerikaner, das ruhige Gewissen sich *in the right place* zu befinden. Anstelle von Namen fliegen rasche Blicke durch den Saal, die die Präsenz einer hochgestellten Person verkünden. So ist in jener Loge auf der rechten Seite die aufmerksame und gedankenvolle Miene der Prinzessin von Wales zu sehen, hier und dort die großen Namen Englands, deren Klang in den Ohren die Erinnerungen an glorreiche Tage weckt, Generationen von berühmten Männern in den Kämpfen des Verstandes und der Taten. Kein Geflüster übertönt ein anderes. Der Applaus ist ehrlich, aber gemäßigt infolge der guten Sitte. [...]

Aus: Miguel Cané: *En viaje (1881–1882)*, Buenos Aires: Ed. Universidad de Buenos Aires 1968, S. 61.

Q 65   Die Jahrhundertfeiern in Venezuela (1910)

Die Jahrhundertfeiern, die 1910 in vielen lateinamerikanischen Staaten begangen wurden, waren ein Höhepunkt nationaler Selbstvergewisserung. Wie auf dieser Fotografie von einer Festveranstaltung in Maracaibo vom 19. April 1910, die eine allegorische Darstellung des venezolanischen Bundesstaats Zulia zeigt, bediente man sich dabei einer eng an europäische Vorbilder angelehnten Symbolsprache.

Aus: Ramón Gutiérrez/Rodrigo Gutiérrez Viñuales (Hgg.): *América y España, imágenes para una historia. Independencias e identidad 1805–1925*, Madrid: Fundación MAPFRE 2006, S. 282.

2. Neue Identitätskonzepte

Q 66   Einbeziehung des Indigenen in die nationale Identität in Brasilien (1843)

Der deutsche Naturforscher Carl Friedrich Philipp von Martius (1794–1868) bereiste 1817 bis 1820 Brasilien im Auftrag des bayrischen Königs. 1843 gewann er mit dem Aufsatz »Bemerkungen über die Verfassung einer Geschichte Brasiliens«, aus dem die folgenden Auszüge stammen, einen Wettbewerb des Brasilianischen Instituts für Geschichte und Geografie. In seiner portugiesischen Übersetzung hatte dieser Aufsatz großen Einfluss auf die Geschichtsschreibung und damit auch auf das Selbstverständnis der brasilianischen Gelehrten.

Wer sich anschickt, die Geschichte Brasiliens, dieses so hoffnungsreichen Landes zu schreiben, der wird vor allem ins Auge fassen müssen, aus welchen Elementen sich dort der Mensch entwickelt hat.

    Es sind aber diese Elemente von sehr verschiedener Natur, und zwar haben drei Menschenraçen hier auf eine ganz eigentümliche Weise zusammengewirkt: die rote oder amerikanische;

die weiße, europäische u. die schwarze oder äthiopische Raça. Aus der Begegnung, der Vermischung und gegenseitigen Anregung u. Veränderung dieser drei Raçen ist die gegenwärtige Bevölkerung mit ihrer zum Teil ganz eigentümlichen Geschichte hervorgegangen.

Man kann sagen, dass jeder Menschenraça vermöge der ihr angeborenen Eigenschaften u. der Umgebung, unter welchen sie lebt und sich entfaltet, eine ganz eigentümliche Bewegung zukommt. Wo wir daher ein neues Volk aus der Vereinigung u. dem Konflikte solcher verschiedenen Raçen-Glieder hervorgehen u. sich entwickeln sehen, da können wir annehmen, dass diese Geschichte gleichsam nach einem eigentümlichen Gesetze der diagonalen Kräfte sich gestalten müsse.

Jede Eigentümlichkeit einer Raça in somatischer u. psychischer <Lücke> gewährt hierbei ein besonderes Moment, und nach der größeren Energie, Quantität und bürgerlichen Geltung (Dignität) einer jeden Raça wird dieses Moment von größerem oder geringerem Einfluss auf die Gesamtheit der Entwicklung sein. So ist es also natürlich, dass der Portugiese, der als Entdecker, Eroberer, Sieger und Herr in die Entwicklung eingegriffen hat, der im Grund die physische u. moralische Bedingung und Gewährschaft für die Entfaltung zu einem selbstständigen Reiche gegeben, auch immer als das gewaltigste und wesentlichste Moment erscheint. Sicherlich würde es aber ein Fehler gegen die Prinzipien pragmatischer Geschichtsschreibung sein, wenn man nicht auch auf diejenigen Kräfte Rücksicht nehmen wollte, die die Ureinwohner des Landes u. die eingeführten Neger bei der bürgerlichen, sittlichen und physischen Entwicklung der Gesamtbevölkerung mit ins Spiel gebracht haben. Der Indianer und der Neger, beide haben auf die vorherrschende Raça zurückgewirkt. [...]

So dürfte also ein Hauptgesichtspunkt für den Geschichtsforscher sein darzustellen, wie in der allmählichen Entwicklung Brasiliens die Bedingungen gegeben sind zu einer Veredlung dreier Menschenraçen, welche hier auf eine Weise, wie sie die alte Geschichte nirgends darbietet, nebeneinander bestehen u. sich gegenseitig Mittel u. Zweck werden sollen. [...]

Diese Verschiedenheit ist in Brasilien selbst nicht genug gekannt [sic], denn nur wenige Brasilianer haben das ganze Land gesehen. Man macht sich deshalb höchst unrichtige Vorstellungen von lokalen Zuständen, ein Umstand, der ohne Zweifel auch dazu beigetragen hat, dass die politischen Unruhen einzelner Provinzen erst so spät gedämpft werden konnten. [...]

Die Geschichte ist eine Lehrerin nicht bloß der Zukunft, sondern auch der Gegenwart. Sie ist im Stande, den Lebenden die Gefühle u. Gesinnungen des edelsten Patriotismus einzuflößen. Ein Geschichtswerk über Brasilien muss meiner Ansicht nach auch in der Absicht unternommen werden: Vaterlandsliebe, Mut, Standhaftigkeit, Bürgerfleiß, Treue, Klugheit, mit einem Worte, alle Tugenden des Bürgers bei den Lesern anzuregen und zu beleben. Brasilien leidet an unreifen, politischen Ideen. die unter vielen Gliedern seiner Bevölkerung verbreitet sind. Es gibt dort Republikaner von den verschiedensten Farben, Ideologen jeder Art. Gerade unter diesen befinden sich viele Leute, welche eine Geschichte ihres Landes mit Interesse in die Hand nehmen werden. Für sie also insbesondere muss das Buch berechnet sein, um sie auf eine geschickte Weise von der Untunlichkeit ihrer utopischen Pläne, von der Unstatthaftigkeit einer lizentiösen Beratung öffentlicher Zustände, durch eine allzu freie Presse, von der Notwendigkeit der Monarchie für ein Land, welches so viele Sklaven hat, zu überzeugen. Brasilien fängt jetzt erst an, sich als ein Ganzes zu fühlen, zurzeit herrschen noch viele Vorurteile der einzelnen Provinzen gegeneinander; diese müssen durch richtige Belehrung vertilgt, jeder Teil des Landes muss den andern Wert gemacht werden. Man muss darauf hinarbeiten zu zeigen, dass Brasilien, ein großes und an mannigfachen Quellen des Wohlstandes u. bürgerlichen Glückes reiches Land, sich am günstigsten entwickeln wird, wenn es, an der monarchischen Verfassung festhaltend, alle einzelnen Provinzen in eine organische Wechselverbindung zueinander setzt. [...]

Aus: Carl Friedrich Philipp von Martius: Bemerkungen über die Verfassung einer Geschichte Brasiliens, in: *Institut Martius-Staden Jahrbuch* 50, São Paulo (2003), S. 192–212.

Q 67   Der Wert der indigenen Vergangenheit in Guatemala (1851/52)

Der guatemaltekische Erzbischof und Historiker Francisco de Paula García Peláez (1785–1867) verfasste 1851/52 eine mehrbändige Geschichte der Kolonialzeit seines Landes, in der er einleitend kurz auf die noch dunkle indigene Vorgeschichte einging, indem er bekannte europäische Autoren auswertete. Dabei betonte er die Eigenständigkeit des »guatemaltekischen Volkes«. Interessant sind besonders die Aussagen über dessen Ursprung.

[...] Etwa fünf oder sechs Meilen östlich von Ococingo ist eine große Zahl von uralten Gebäuden freigelegt worden, aus denen insbesondere acht Türme herausragen, die mit einzigartiger Kunstfertigkeit bearbeitet sind: Aus ihren Wänden treten die gemeißelten Abbilder von Männern in Militärkleidung hervor, die Köpfe geschmückt mit Sturmhauben und Federbüschen [...].

Die Vollkommenheit und Kunstfertigkeit dieser Werke beweist, dass sie nicht von barbarischen Völkern geschaffen wurden. Die Kleidungsstücke der Statuen offenbaren, dass die Dargestellten keine Indios waren, denn diese gebrauchten nie eine derartige Kleidung. Durch ihre Garderobe kommt der besondere Nutzen der Kleidungsvielfalt zum Tragen, der darin besteht, anhand der getragenen Kleidung Völker und Zeiten zu unterscheiden. Im Gebrauch von Mitren oder langen Zylindern ohne Krempe ist die uralte Kleidung der Phönizier, der Karthager und Spanier auszumachen [...].

Eine Kommission der Geografischen Gesellschaft in Paris, die 1836 eine Abhandlung über die antiken Werke Zentralamerikas verfasst hat, spricht von einem Kreuz, das sich an einem der Monumente von Palenque befindet, und erachtet es nur als möglich, dieses nutzbringend zu studieren, sofern Angaben über die Symbole und Charaktere vorliegen, mit denen seine Umgebung geschmückt ist [...].

Sie teilt mit, dass kreisförmige Medaillons aus Stuck oder Granit, blank oder verziert und eingepasst in das Mauerwerk eine beachtenswerte Besonderheit dieser Monumente darstellen. In jeder Hinsicht lässt sich behaupten, dass die Gebäude von Palenque einen speziellen Charakter besitzen. Sie finden sich im Rest des Landes Guatemala und in Yucatán. Sie künden von einem einzigartigen Volk abseits von Mexiko und Südamerika, so wie das gesamte Gebiet zwischen dem Isthmus von Panama und dem von Tehuantepec eine eigenständige Region darstellt, die vom nördlichen und südlichen Amerika durch natürliche Grenzen abgetrennt ist. [...]

Die Kommission fährt mit einigen allgemeinen Überlegungen fort. Die Beschreibung von Utatlán sowie das, was über Palenque, Uxmal, Copán, Petén und Yucatán bekannt ist, und schließlich die Zeichnungen, die von ihren antiken Stätten vorliegen, zeigen eine von Mexiko grundlegend verschiedene Kunst. Diese Unterscheidung ist wichtig und erregt unser Interesse. Das Land besitzt seine natürlichen Grenzen, die von der spanischen Politik durcheinandergebracht worden sind. Die Sprachen sind nicht weniger weit voneinander entfernt. Die Rassen sind verschieden. Die geografische Lage ist ebenso gänzlich speziell, sei sie von der Seite des Antillenmeeres oder von der Seite des pazifischen Meeres und Ozeans aus betrachtet. Jeder, der die Fragmente der aus Palenque stammenden Figuren studiert hat, wird mit Leichtigkeit einen eigenen physiognomischen Typus wiedererkennen, der in Harmonie zu den Skulpturen der Monumente steht. Die Menschen dieses Landes haben ihr Abbild in den Flachreliefs hinterlassen und sie haben es aus hartem Stein geformt. Sie haben es mit gebrannter Erde modelliert, und jenes Abbild gleicht weder den Mexikanern noch den Peruanern, eher noch den Südamerikanern, als denen des Nordens. Aber all dies sind lediglich Vermutungen. Das Volk, welches die antiken Monumente Guatemalas erbaut hat, ist vollständig unbekannt; nicht einmal sein Name ist bekannt. Sicherlich lassen sich weder die Institutionen noch die Kunst dieses im Dunkeln verborgenen Volkes mit denen des alten Kontinents vergleichen. Es hat keine Literatur hinterlassen. Seine beschriebenen Denkmäler, also jene, von denen angenommen wird, dass sie mit Schriftzeichen versehen sind, sind unzweifelhaft nur symbolische Malereien, unzulänglich übrigens im Vergleich zu den ägyptischen Hieroglyphen. Wir halten an dem Glauben fest, dass die Monumente Zentralamerikas bis heute nicht mit Exaktheit kopiert worden sind und dass dies vielmehr auf ungenügende Zeichenfähigkeiten zurückzuführen ist, als auf fehlende Geschicklichkeit der Urheber dieser Monumente. Diese sind, so versichern die Reisenden, den mexikanischen sowohl aufgrund des Stils ihrer Bildhauerkunst, als auch wegen der Größe ihrer Gebäude überlegen. [...]

Folgendes wissen wir über das guatemalanische (*guatemalano*) Volk. Sein Ursprung scheint im westlichen, an das Mittelmeer angrenzende Asien zu liegen, und da jenes den nördlichen Teil Amerikas berührte, spendete es dem Anahuac Bewohner. Das Volk, nachdem es große Wechselfälle und Rückschläge in seinem sozialen Gefüge erlitt und sich in den tropischen Regionen [...] ausbreitete, fand sich dort im Angesicht eines Vulkans wieder, dessen Namen es annahm. Es gehört nicht zu den umherziehenden Stämmen des Nordens, sondern weist den Aussagen seiner Beobachter zufolge urbar gemachte Plätze, Maisfelder, Kakaopflanzungen, Baumwollpflanzungen, Gebäude und Städte auf, oder damit gleichbedeutend ein Vaterland und Heimstätten, die es zu lieben und zu verteidigen gilt. Es pflegt die Künste, die Wissenschaften, den Handel und sorgt im Hinblick auf die Annehmlichkeiten des Lebens auch für öffentlichen Zeitvertreib. Zusammengefasst ist es Herrscher über sich selbst und in gewissem Grad opulent und aufstrebend, es reiht sich ein unter die zivilisierten Nationen des Kontinents in der amerikanischen Hemisphäre. [...]

Aus: Francisco de Paula García Peláez: *Memorias para la historia del antiguo reyno de Guatemala*. Band 1, Guatemala-Stadt: Luna 1851, S. 4–52.

Q 68   Die Erfindung »Latein«-Amerikas (1857)

In seinem Gedicht »Die zwei Amerikas«, das am 15. Februar 1857 in dem in Paris erscheinenden »El Correo de Ultramar« erstmals gedruckt wurde, verknüpfte der aus Bogotá stammende Diplomat und Intellektuelle José María Torres Caicedo (1830–1889) den Aufruf, dem »angelsächsischen« Vordringen durch die mexikanischen Gebietsabtretungen und die Aktivitäten von Abenteurern und Filibustern wie William Walker mit der Konstruktion einer neuen, »lateinischen« Identität für das Amerika südlich der USA zu widerstehen. Der neu erfundene räumliche Bezugsrahmen »Lateinamerika« hat somit seine Wurzeln in der Gruppe von Intellektuellen im Exil, die sich kulturell an Frankreich orientierten.

I

Reich, mächtig, tatkräftig und waghalsig
Erhebt sich im Norden Amerikas
Eine Nation ohne Könige und Höfe, –
Sich selbst Herrin – Sklavin des Gesetzes;
Gestern noch schwach, menschenleer,
Als sie sah, dass Albion ihre Freiheit raubte, –
Fort mit Dir!, schrie sie: Hier endet die Knechtschaft,
Weil sich heute ein Volk zum König ernennt!

Und bereit zum Gefecht, mit ungetrübtem Antlitz,
Warf es sich in den Kampf; schlug sich mutig;
Es triumphierte, überall; frei, unabhängig, –
Und nannte sich sogleich Republik.
Und dieses Volk so wild in der Schlacht,
Umsichtig zeigte es sich nach dem Sieg,
Und sein erstes Ruhmesblatt
War, dass es die Freiheit in der Ordnung gründete. [...]

III

Während von den Ufern des Nordens her
Das Gesetz Christi überall jubelte,
Träumte dort im Süden Amerika
Von Freiheit, einer schönen Zukunft.
Es schlug die Stunde. Wild warfen
Die Krieger sich für ihr Vaterland in den Kampf;
Vom Plata zum Orinoco sah man die Schwerter
Von tausenden Mutigen schwenken. [...]

Tausend Triumphe krönten ihre Heldentaten,
Die Anden bejubelten ihren Sieg;
Vor der Welt Amerika mit Ruhm
Sich zeigte schließlich frei, unabhängig.
Der Plata sah die siegreichen Heerscharen,
Überall hörte man mit Begeisterung
Die Geschichte von Maipú, von Carabobo,
Von Boyacá, Pinchina und von Junín.

IV

Mexiko im Norden. Gen Süden die anderen Töchter,
Die die spanische Mutter zurückwiesen,
Die Heimat Washingtons erachteten sie
Als eine große Schwester, als Halt;
Ahmten inbrünstig ihre weisen Gesetze nach,
Nahmen sie als Ideal, als Vorbild;
Ihre Freundschaft suchten sie mit lebhafter Sehnsucht,
Und die Allianz mit ihr betrachteten sie als Gut.

Sie verschmähte währenddessen stolz
Die Freundschaft ihrer Schwestern zu akzeptieren;
Der Gigant des Nordens, wie Zwerge
Betrachtete er die Republiken des Südens.
Es war nötig, dass Albion sie aufnahm
In das Buch, in dem man die Nationen verzeichnet
Damit ihre Banner ehren würde,
Die Nation ohne Kindheit, ohne Jugend.

V

Später, seine Kräfte missbrauchend,
ruft er zum Krieg gegen ein befreundetes Volk;
Dringt ein in dessen Gebiet, er ergießt Heere
Über dessen Land und schöne Hauptstadt.
Das mexikanische Land war damals
In gegnerische Parteien gespalten: –
Wehe dem Volk, dass im Bruderkrieg
Den Schrei zum Nationalkrieg hört!

Umsonst war es, dass seine besten Söhne
Sich mutig in die Schlacht stürzten, –

Dass der Feind auf seinem Feldzug niederschoss
Die mexikanischen Heere, ihre Flagge;
Der Yankee, in seinem Hass auf die spanische Rasse,
Behandelt hochmütig das unterjochte Volk,
Und vom besetzt gehaltenen Land,
Riss er sich eine riesige Portion heraus… […]

VII

Die Moral dieses [US-amerikanischen] Volkes ist schlaff;
Nur der Handel rettet seine Existenz;
Aber, voll von Herrschsucht wird es in seinem Wahn
Seine Glaubwürdigkeit zerstören.
Südamerika öffnet ihm seine Häfen,
An seinen Reichtümern teilzuhaben lädt es es ein, –
Und dieses, derweil, überlegt perfide
Es seiner schönen Zukunft zu berauben! […]

VIII

Die, die sich noch gestern unverzagt hinwegsetzten
Über die kastilischen Heere allerorts,
Werden die Ehre ihrer Flagge hochhalten
Und den Namen Südamerikas;
Seine Söhne, die Erben dieses Ruhmes
Werden den Glanz unserer Geschichte erhöhen, –
Denn für das Vaterland und den Ruhm zu kämpfen,
Weiß die amerikanische Jugend.

IX

Jedoch sind sie isoliert, entzweit,
Diese Völker, geboren um sich zu verbünden:
Die Einheit ist ihre Pflicht, sich zu lieben ihr Gesetz:
Gleiche Herkunft und Mission haben sie; –
Die Rasse Lateinamerikas
Sieht der sächsischen Rasse gegenüber, –
Tödliche Feindin, die schon droht
Ihre Freiheit zu zerstören und ihren Banner.

Südamerika ist aufgerufen
Seine wahre Freiheit zu verteidigen,
Die neue Idee, die göttliche Moral,
Das heilige Gesetz von Liebe und Barmherzigkeit.
Die Welt liegt in tiefer Finsternis: –
In Europa herrscht der Despotismus, –
In Nordamerika der Egoismus,
Der Durst nach Gold und scheinheilige Frömmigkeit.

Es ist Zeit, dass diese Jungfrau sich erhebt,
Die zwischen zwei Ozeanen eingelullt
Im Schatten der hohen Anden liegt.
Sie soll ihrer prophetischen Stimme Gehör verschaffen.

Der Himmel, der ihr so viele Schönheiten gab,
Hat ihr eine prachtvolle Bestimmung zugedacht:
Als neue Vestalin wird sie das heilige
Feuer hüten, das nie erlöschen darf. [...]

Es werden die Regierungen des Rechts walten;
Sklave des Gesetzes [ist] der Bürger, –
Seiner Taten vollkommener Souverän,
Bestimmt die Vernunft seine Handlungen.

Es erledigen sich die selbstgerechten Grenzen
Die Nationen von Nationen trennen;
Und statt der Stimme der Kanonen,
Wird man die Gesänge der Union vernehmen. [...]

Schöner Kontinent gesegnet
Durch die rechte Hand der göttlichen Vorsehung:
Wenn Du es willst, das Wohl Deiner Existenz
Findest Du leicht – es gibt Dir die Union!
Das fehlt Dir, um glücklich zu sein,
Reich, mächtig, groß, respektiert;
Union! Und das viel erträumte Paradies
Wird durch Segnung unter Deinen Himmel errichtet!

Dieselbe Sprache, die Religion dieselbe,
Gleiche Gesetze, dieselben Traditionen: –
Alles ruft diese jungen Nationen auf
Vereint und umschlungen zu leben.
Südamerika! Allianz, Allianz,
Zu Zeiten des Friedens wie des Krieges;
So wird das Versprechen Deiner Erde sein:
Die Allianz wird Deine Zukunft bedeuten! [...]

X

Zu den Waffen! Auf in die Schlacht!
Unseren Ruhm zu verteidigen, eilen wir,
Unsere Geschichte vor der Niedertracht zu retten,
Die Heimat und die Ehre hochzuhalten!
Der Norden sendet ohne Unterlass Hilfe
An Walker, den grausamen Abenteurer, –
Und bedroht den ganzen Kontinent,
Und versucht uns einen Herrn zu geben! [...]

Der Frieden ist heilig; aber wenn
Ein verwegenes Volk einem harmlosen Volk Krieg aufzwingt,
Dann ist Krieg eine Pflicht – wirkt heilend,
Denn durch ihn wird sich der Frieden festigen.
Union! Union! denn der Kampf beginnt bereits
Und unsere Heime sind angegriffen!
Völker des Südens, mutige, entschlossene,
Die Welt wird Eure Allianz besingen!...

Aus: José María Torres Caicedo: Las dos Américas, in: Arturo Ardao: *Génesis de la idea y el nombre de América Latina*, Caracas: Centro de Estudios Latinoamericanos Rómulo Gallegos/ Consejo Nacional de la Cultura 1980, S. 175–185.

Q 69   Die Ideologie der »rassischen Aufweißung« (1895)

Der aus dem galizischen Santiago de Compostela stammende Künstler Modesto Brocos (1852–1936) wirkte nach mehreren früheren Aufenthalten in Brasilien von 1891 bis zu seinem Tod als Professor an der Escola Nacional das Belas Artes in Rio de Janeiro und wurde einer der herausragenden brasilianischen Vertreter der realistischen Malerei und der Gravur. Sein Ölgemälde »Die Erlösung Hams« (» A redenção de Cam«) von 1895 ist eine Visualisierung der in Brasilien seit dem späten 19. Jahrhundert sehr einflussreichen Ideologie der rassischen »Aufweißung« (»branqueamento«), die die Reduzierung und letztendliche Beseitigung des afrobrasilianischen Bevölkerungsanteils durch europäische Einwanderung und »rassische Durchmischung« vorsah.

Aus: Heloisa Aleixo Lustosa/Amândio Miguel dos Santos/Henrique Guilherme Guimarães Viana (Hgg.): *Museu Nacional de Belas Artes. Acervo*, São Paulo: Instituto Cultural Banco Santos 2002, S. 80.

Q 70 Die intellektuelle Auseinandersetzung mit den USA I: José Martí (1891)

Der kubanische Schriftsteller und Freiheitskämpfer José Martí (1853–1895) hat mit seinem ursprünglich 1891 in der mexikanischen Zeitung »El Partido Liberal« veröffentlichten Aufsatz »Unser Amerika« (»Nuestra América«) wie kaum ein anderer das lateinamerikanische Denken geprägt. Niedergeschrieben hat er ihn in New York, wo er nach Gefängnis und Verbannung in Spanien und Reisen in unterschiedlichen Ländern Lateinamerikas seit 1881 lebte. Dort engagierte er sich für die Unabhängigkeit seines Landes von Spanien, sollte diese aber nicht mehr erleben, da er kurz nach seiner Rückkehr nach Kuba 1895 im Kampf fiel. Er gilt heute als kubanischer Nationalheld.

[...] Den Schwächlingen, diesen Siebenmonatskindern, fehlt wohl nur der Mut. Wer nicht fest an sein Land glaubt, ist ein Mann von sieben Monaten. Weil ihnen der Mut fehlt, gestehen sie ihn anderen nicht zu. Ihr kraftloser Arm, mit Armbändchen behängt und mit bemalten Fingernägeln ganz nach der jeweiligen Mode von Madrid oder Paris, reicht nicht hinauf zum schwer erreichbaren Baum, und so erklären sie, es sei unmöglich, diesen Baum zu erreichen. Die Schiffe muss man vollstopfen mit diesen Schädlingen, die dem Vaterland, das sie doch ernährt, an den Knochen nagen. Wenn sie aus Madrid oder Paris stammen, dann sollen sie doch zum Prado gehen und herumprahlen, oder zu Tortoni und Eis schlecken! Diese Zimmermannssöhne, die sich schämen, dass ihr Vater Zimmermann ist! Die in Amerika auf die Welt kamen und sich schämen, weil in ihnen das Indianerblut der Mutter fließt, die sie stillte! Ihre Mutter ist nun krank, doch diese Taugenichtse verleugnen sie und lassen sie allein auf ihrem Krankenlager liegen! Wer ist denn nun ein Mann? Wer bei der Mutter bleibt, um ihre Krankheit zu heilen, oder wer sie dort arbeiten lässt, wo niemand sie sieht, und von ihrem Broterwerb in verfaulten Ländern lebt, Krawatten trägt, die Würmern gleichen, den Schoß verflucht, der ihn getragen, und auf dem Rücken seines Papierkittels das Etikett eines Verräters spazieren trägt? Diese Söhne unseres Amerikas, das sich mit seinen Indios retten muss und wird und immer mehr erstarkt, diese Deserteure ergreifen das Gewehr in den Armeen Nordamerikas, das seine Indianer im Blut ersäuft und immer schwächer wird! Diese empfindlichen Wesen, die Männer sind und dennoch keine Männerarbeit verrichten wollen! Ging denn Washington, der ihnen dieses Land schuf, hin und lebte mit den Engländern? Lebte er etwa mit den Engländern während der Jahre, in denen er sah, dass sie sich gegen sein eigenes Land erhoben? Diese »unglaublichen« Männer einer Ehre, die sie im Ausland in den Schmutz ziehen, ganz so, wie es die »Unglaublichen« mit der Französischen Revolution taten, deren »r« sie so rollten und dabei tanzten und prahlten!
   Auf welches Vaterland kann denn ein Mann stolzer sein als auf unsere schmerzensreichen Republiken Amerikas, die auf den blutigen Armen von hundert Aposteln inmitten stummer Indiomassen aufgebaut wurden, während der Kampf zwischen Buch und Altarleuchter tobte? Niemals wurden innerhalb eines kürzeren historischen Zeitraums aus so verschiedenartigen Bestandteilen so fortgeschrittene und kompakte Nationen geschaffen. Es glaubt der Hochmütige, dass die Erde dazu geschaffen wurde, ihm als Sockel zu dienen, weil seine Feder flüssig und sein Wort farbenprächtig ist; so wirft er seiner Republik, in der er auf die Welt kam, vor, sie sei unfähig und unheilbar, weil ihm ihr junges Wachstum nicht erlaubt, fortwährend als verschwenderischer Bonze durch die Welt zu reisen, persische Pferdchen zu lenken und Champagner in Strömen fließen zu lassen. Nicht das entstehende Land, das auf seine Bedürfnisse abgestimmte Formen und eine ihm nützliche Größe verlangt, ist unfähig; unfähig ist vielmehr, wer ursprüngliche Völker, Völker von eigentümlicher und wilder Zusammensetzung, mit Gesetzen regieren will, die ein Erbstück von vier Jahrhunderten freier Anwendung in den Vereinigten Staaten und von neunzehn Jahrhunderten Monarchie in Frankreich sind. Mit einem Dekret Hamiltons in der Hand kann man des Tiefländers Fohlen nicht zügeln. Mit einem Satz von Sieyès auf den Lippen kann man das dickflüssige Blut der indianischen Rasse nicht in Wallung bringen. Wollen die Politiker gut regieren, so haben sie sich um die tatsächlichen Verhältnisse in ihrem Staat zu kümmern; denn ein guter Staatsmann ist in Amerika nicht, wer

Deutsche oder Franzosen gut zu regieren versteht, sondern wer sich der Zusammensetzung seines Landes bewusst ist und weiß, wie er alle Kräfte einen und lenken kann, um mithilfe von Methoden und Institutionen, die aus dem Land selbst stammen, zu jenem erstrebenswerten Staat zu gelangen, in dem jeder Mensch sich kennt und seine Rechte und Pflichten wahrnimmt; dort erfreuen sich alle des Überflusses, den die Natur zum Nutzen aller dem Volke schenkte, das sie mit ihrer Arbeit befruchten und ihrem Leben verteidigen. Die Regierung muss aus dem Land selbst erwachsen. Die geistige Grundlage der Regierung muss aus dem Lande selbst stammen. Die Regierungsform muss sich der dem Lande eigenen Struktur anpassen. Die Regierung ist nichts weiter als das Gleichgewicht zwischen den naturgegebenen Kräften des Landes.

Aus diesem Grunde unterlag in Amerika das importierte Buch dem natürlichen Menschen. Die natürlichen Menschen haben die künstlichen Gelehrten besiegt. Der einheimische Mestize hat den fremdartigen Kreolen besiegt. Die Schlacht tobt nicht zwischen Zivilisation und Barbarei, sondern zwischen falscher Gelehrsamkeit und der Natur. Der natürliche Mensch ist gut; er weiß eine überragende Intelligenz zu schätzen und belohnt sie, solange sie seine Ergebenheit nicht dazu benutzt, ihm Schaden zuzufügen, oder ihn übergeht und damit beleidigt. Ein solches Vorgehen verzeiht der natürliche Mensch nicht und wird sich gewaltsam den Respekt dessen verschaffen, der sein Gefühl verletzt oder seine Interessen beeinträchtigt. Aufgrund der Übereinstimmung mit diesen verachteten naturgegebenen Kräften gelangten die Tyrannen Amerikas zur Macht; verrieten sie sie jedoch, so war ihr Fall nur eine Frage der Zeit. In den Tyranneien haben die Staaten für ihre Unfähigkeit gebüßt, die wahren Kräfte des Landes zu erkennen, die Regierungsform auf sie abzustimmen und mit ihnen zu regieren. Denn in einem neuen Volk regieren heißt, Schöpfer sein.

Wo Gebildete und Ungebildete in einem Volk zusammenleben, werden die Ungebildeten dort regieren, wo die Gebildeten die Kunst des Regierens nicht erlernen; denn sie sind es gewohnt, gewaltsam die Initiative zu ergreifen und etwaige Zweifel gewaltsam zu zerstreuen. Die ungebildete Masse ist schlaff und schüchtern in Sachen Intelligenz; sie wünscht nur, gut regiert zu werden. Wenn ihr die Regierung aber nun Schaden zufügt, so schüttelt sie sie ab und regiert selbst. Wie sollen aus den Universitäten denn Staatsmänner hervorkommen, wenn es in Amerika keine Universität gibt, die die elementarsten Grundlagen der Regierungskunst, also gerade die Analyse der spezifischen Merkmale der Völker Amerikas, zu vermitteln in der Lage wäre? Unvorbereitet treten die jungen Menschen in die Welt, die sie durch ihre nordamerikanischen und französischen Brillen sehen, und suchen ein Volk zu leiten, das ihnen unbekannt ist. In der politischen Laufbahn müsste der Eintritt denen verwehrt bleiben, die dieser elementaren Dinge der Politik unkundig sind. In Wettbewerben sollte man den Preis nicht der besten Ode, sondern vielmehr der besten Forschungsarbeit über die jeweils bestimmenden Faktoren des Landes, in dem man lebt, zuerkennen. In der Zeitung, am Lehrstuhl und an der Akademie muss die Erforschung der realen Faktoren des Landes vorangetrieben werden. Ihre Kenntnis genügt, ganz ohne Scheuklappen und ohne alle Beschönigungen. Denn wer einen Teil der Wahrheit willentlich oder versehentlich beiseite lässt, den bringt früher oder später die fehlende Wahrheit zu Fall, die in der Nachlässigkeit wächst und umstürzt, was sich ohne sie erhebt. Es ist einfacher, ein Problem zu lösen, dessen Faktoren man kennt, als ohne deren Kenntnis eine Lösung zu versuchen. Nun kommt der natürliche Mensch; seine Kraft verbindet sich mit seiner Empörung, und er stürzt der Bücher aufgehäufte Gerechtigkeit um, die man ihm widerfahren lässt, ohne sie vorher in Einklang mit den Grundbedürfnissen des Landes gebracht zu haben. Kennen heißt lösen. Das Land kennenzulernen und gemäß dieser Kenntnis zu regieren ist die einzige Möglichkeit, es von Tyranneien zu befreien. Die europäische Universität muss der amerikanischen weichen. Die Geschichte Amerikas von den Inkas bis heute muss in allen Einzelheiten vermittelt werden, auch wenn man auf die Geschichte der griechischen Archonten verzichten müsste. Unser Griechenland ist dem Griechenland vorzuziehen, das eben nicht das unsere ist. Für uns nämlich ist es von größerer Notwendigkeit. Den Interessen der Nation verpflichtete Politiker müssen die am Ausland orientierten ersetzen. Möge man ruhig die Welt in unsere Republiken einsäen – der Stamm muss jedoch der unserer Republiken sein. Und möge der Besserwisser schweigen, er ist besiegt: Auf kein Vaterland kann ein Mann stolzer sein als auf unsere schmerzensreichen Republiken Amerikas. [...]

Aus: José Martí: *Nuestra América*, Mexiko-Stadt 1891. Zit. nach: José Martí: Unser Amerika, Übers. Ottmar Ette, in: Angel Rama (Hg.): *Der lange Kampf Lateinamerikas. Texte und Dokumente von José Martí bis Salvador Allende*, Frankfurt a. M.: Suhrkamp 1982, S. 56–67, hier 57–60.

Q 71   Die intellektuelle Auseinandersetzung mit den USA II: César Zumeta (1899)

Der venezolanische Journalist, Schriftsteller und liberale Politiker César Zumeta (1860–1955) verfasste 1899 in New York während seines rund siebenjährigen Exils das Pamphlet »Der kranke Kontinent« (»El continente enfermo«). Darin ging er auf die 1898 erfolgte US-amerikanische Machtübernahme auf Kuba ein und sah den lateinamerikanischen Kontinent aufgrund seiner politischen und wirtschaftlichen Probleme im Blickfeld imperialer Mächte.

[...] Die Bedürfnisse des modernen Fortschritts zwingen die großen Industriestaaten dazu, als Voraussetzung für die Erhaltung ihrer Macht die Produktion von Rohstoffen zur Versorgung ihrer Industrie und gleichzeitig den Handel mit ihren Erzeugnissen anzuregen.

Da diese doppelte Kapazität von Produktion und Konsum bei jedem Volk in direkter Abhängigkeit von der von ihm erreichten Entwicklungsstufe wächst, geht die moderne Tendenz im Kampf um größere Märkte dahin, unentwickelte Gebiete zu erwerben, um zumindest theoretisch das Entwicklungsniveau unter den Einwohnern des eroberten Landes anzuheben und ihren Reichtum auszubeuten.

Daher dient die Aufteilung der unzivilisierten Gebiete Afrikas und der Herrschaft über die alten Zivilisationen Asiens dem Zweck, diese Gebiete zu kolonisieren oder sie ganz einfach den politischen und steuerlichen Systemen zu unterwerfen, die dem Warenaustausch förderlich sind. Gerade jetzt, da die Abgrenzung der Einflusssphären in den unterjochten Ländern vor dem Abschluss steht, treten die Vereinigten Staaten als weiterer Machtfaktor auf und erklären sich zum Erben des spanischen Kolonialreiches, sei es mittels Eroberung, wie im Falle Puerto Ricos oder der Philippinen, oder durch Annexion bzw. Errichtung eines Protektorats wie in Kuba. [...]

Dabei ist es unnütz, über Rechtsfragen zu diskutieren, wo Tatsachen sich ihr eigenes Recht schaffen.

Ernst genommen wird das internationale Recht nur zwischen den Mächten, deren Kräfte sich die Waage halten; und da von alledem nur das Faustrecht nicht verjährt, sind es Armstrong, Bange und Krupp, die sich am Ende überall ihr Recht verschaffen.

Die heute anerkannte Doktrin wäre etwa die folgende: Die Völker, die aufgrund ihrer Kenntnisse oder materiellen Möglichkeiten nicht in der Lage sind, die Reichtümer ihres Bodens zu nutzen und die weiten, leeren Landstriche, die sich aufgrund eines geografischen und politischen Zufalls innerhalb ihrer Grenzen befinden, zu bevölkern, schaden dadurch der Landwirtschaft auf der ganzen Welt; daher zeugt es von sittlicher Höhe, wenn die Fähigsten und Arbeitsamsten das besetzen, was in fahrlässiger Weise ungenutzt bleibt. Die Wälder gehören dem Holzfäller, die Äcker dem, der sie bestellt, und die Flüsse eben dem, der sie kanalisiert und befährt. Es ist der uralte Kampf der Völker und Rassen, die hoch entwickelte Formen des Fortschritts vertreten, mit den Völkern und Rassen, die für die unendlichen Schattierungen von Stagnation und Barbarei stehen.

Und diese Doktrin will man auf uns anwenden, weil in Europa und Nordamerika die Anschauung vorherrscht, dass wir unfähig seien, die Entwicklung der Territorien, die sich in unserem Besitz befinden, in Übereinstimmung mit den Zielen der heutigen Zivilisation voranzutreiben. [...]

Die kritische Stunde unserer nationalen Existenz überrascht uns, denn wir sind zur Verteidigung nicht gerüstet.

In mehr als einem unserer Länder nahmen Gebüsch und Unkraut die Ackerflächen wieder ein, die ihnen zu Kolonialzeiten mit Axt und Pflug entrissen worden waren. Der Mangel an intensiver Nutzung ist dafür verantwortlich, dass unser Ackerbau und unsere Viehzucht verhältnismäßig unproduktiv geblieben sind; Wälder und überreiche Bodenschätze sind noch immer ungenutzt; durch Monokultur bei gleichzeitiger Aufgabe anderer ertragreicher und Erfolg versprechender Anpflanzungen wie z.B. Textilfasern, Zuckerrohr, Baumwolle, Indigo, Tabak, Kautschuk und Weizen erreichten wir, dass selbst die öffentliche Ordnung manchmal von den Schwankungen eines Produkts auf dem Weltmarkt abhängig ist; durch das Streben nach Verträgen mit ausländischen Spekulanten regten wir die habgierigsten Formen der Unterschlagung an, und durch das Monopol erstickten wir die Entwicklung einer Industrie im Keim; wir brachten uns selbst in die Abhängigkeit von Londoner Bankleuten und Bauunternehmen, indem wir für etwas das Fünfzig- oder Hundertfache und mehr bezahlten; wir lockten Abenteurer übelsten Schlages an, die nun mit dem Wissen protzen, wie man die Zustimmung gewisser hoher Beamter erreichen kann; zwischen Anarchie und Diktatur schwankend, konnten wir für individuelle Freiheit, Eigentum und selbst das bloße Leben nicht mehr bürgen, so dass folgerichtig der große Einwandererstrom aus dem Mittelmeergebiet, der sich unserer Zone und Rasse angepasst hätte und mit ihr verschmolzen wäre, dem Norden und Süden zufloss und auch heute noch unsere Küsten meidet. Lebensmittel, ja selbst Obst beziehen wir aus dem Norden und Kleidung aus dem Rest der Welt.

Mit Ausnahme Venezuelas höhlten Papiergeld und Silber unsere Kräfte aus, und ausnahmslos in allen Ländern wurde infolge internationaler Rückforderungen und Staatsanleihen das Gespenst des Bankrotts über dem Kontinent heraufbeschworen, so dass wir zu oft schmerzlicher Außerkraftsetzung von Rechten gezwungen waren. Wir schätzten unsere eigene große Leistungsfähigkeit gering ein und vergeudeten unsere Kräfte anderweitig, während ein beschämend geringer Anstieg von Handel, Produktion und Bevölkerung bei erstaunlich rapider Vergrößerung der Staatsschulden unsere Lage kennzeichnete. Wir waren in hohe Ideale verliebt, aber nicht bereit, sie in die Tat umzusetzen; vielmehr galt uns die Gewalt als höchste Entscheidungsinstanz. Unsere Glaubwürdigkeit war schwer in Mitleidenschaft gezogen, Gerichtsbarkeit, Richterstand und demokratische Tugenden um ihr Ansehen gebracht worden: In dieser Situation ließen wir uns am Festmahl des Lebens nieder wie kleine Kinder, die kräftigendes Essen meiden, um sich vielmehr an Schleckereien und Nachspeisen gütlich zu tun. Wir sind auch weiterhin bereit, uns in Massen für jedwede Sache zu opfern und vergessen darüber unsere eigenen Interessen von Volk und Rasse; so gehen wir singend und streitend wie die Bohemiens dieses Jahrhunderts oder früherer Zeiten unseren Weg, wodurch wir die strengen Urteile, die europäische und angelsächsische Philosophen und Publizisten über uns fällen, erst ermöglichen.

Dies ist die lange Liste von Vorwürfen, die man dem tropischen Amerika gegen Ende der ersten hundert Jahre seiner Unabhängigkeit machen könnte.

All diese Dinge dienen denen als Beweis, die die Doktrin des Nordens vertreten, das es physisch unmöglich sei, eine fortschrittliche Zivilisation in den Tropen zu schaffen. Dem beklagenswerten Pessimismus dieses extremen Standpunktes antworten andere mit nicht weniger extremem Optimismus, dass die Achse der Weltzivilisation wieder in die Tropen zurückkehren würde und wir die Staaten des Nordens nachahmen müssten.

Die Wahrheit scheint eher zwischen diesen beiden gleichermaßen gewagten Behauptungen zu liegen. Die Geschichtswissenschaften lehren uns, dass die Zivilisation auf unserem Planeten weder einheitlich war noch dies jemals sein kann, sondern sich vielmehr selbst unter dem Einfluss desselben politischen Zentrums in Abhängigkeit vom Klima verschieden bildet; dies aber weist auch darauf hin, dass die tropischen Länder nur eine ihnen eigene Zivilisation anstreben sollten. [...]

Die sofortige Bewaffnung ist unsere Pflicht.

Das Bewusstsein von der Notwendigkeit der nationalen Verteidigung muss über allen politischen Querelen im Innern stehen; die Überzeugung, dass nicht ein Volk, sondern ein ganzer Kontinent, eine ganze Rasse gefährdet ist, muss alle egoistischen Regungen, denen zufolge etwa nur Nicaragua oder Panama, das Amazonas- oder das Orinocotiefland die erhoffte Beute wären, zum Verstummen bringen. [...]

Seien wir vorausblickend.

Die lateinamerikanischen Republiken sind die einzigen schwachen Völker der Erde, deren Unterjochung noch aussteht.

Nach längerer Waffenruhe hat nun wieder jene Epoche »eines allgemeinen Kampfes der Mächte gegen die Freiheit« begonnen, die der Befreier vorhergesehen hatte.

Möge angesichts der gemeinsamen Gefahr die Zwietracht der Bürger ruhen. Bereiten wir uns 75 Jahre nach Ayacucho, wie Bolívar schon am Tage nach seinem Sieg, »auf einen glänzenden, aber äußerst langwierigen und mühseligen Krieg von größter Bedeutung« vor.

Die Starken verschwören sich gegen unsere Unabhängigkeit, während der Kontinent an Schwäche erkrankt ist.

Das Eisen bringt Stärkung.

Bewaffnen wir uns.

Allein mit dieser Vorsichtsmaßnahme können wir der Gefahr ausweichen, ja selbst die Katastrophe bannen.

Unser Schicksal hängt von uns selbst ab.

Aus: César Zumeta: *El continente enfermo*, New York 1899. Zit. nach: César Zumeta: Der kranke Kontinent, Übers. Ottmar Ette, in: Angel Rama (Hg.): *Der lange Kampf Lateinamerikas. Texte und Dokumente von José Martí bis Salvador Allende*, Frankfurt a. M.: Suhrkamp 1982, S. 83–96, hier 84–85, 87–88, 94–95.

Q 72   Die intellektuelle Auseinandersetzung mit den USA III: José Enrique Rodó (1900)

Schon bei José Martí spielte der Gegensatz zwischen dem angelsächsischen Norden und dem lateinischen Amerika eine wichtige Rolle. Wesentlich dezidierter wurde dieser im vielleicht wirkungsmächtigsten Werk der lateinamerikanischen Literatur jener Jahrzehnte ausgemalt und daraus ein Modell eigener Stärke abgeleitet. In seinem kulturkritischen Essay »Ariel« (1900) präsentierte der Uruguayer José Enrique Rodó (1871–1917) die Idee einer Antithese zwischen Nord- und Südamerika. Rodó übersetzte die in Europa geläufige kritische Definition des Begriffs »Amerikanismus« und präsentierte die USA in der Figur des aus Shakespeare entlehnten Caliban, der Verkörperung des krassen Utilitarismus.

[...] Die enge Verbindung des Nützlichkeitsbegriffs als Idee menschlicher Bestimmung mit der Gleichheit im Mittelmaß als Norm der sozialen Verhältnisse bildet die Formel dessen, was man in Europa den Geist des *Amerikanismus* zu nennen pflegt. — Man kann unmöglich über beide Grundlagen individuellen und gesellschaftlichen Verhaltens nachdenken und sie mit den ihnen entgegengesetzten vergleichen, ohne dass diese gedankliche Verbindung beharrlich im Geiste das Bild jener ungeheuren und fruchtbaren Demokratie hervorruft, die dort oben im Norden ihre Prosperität und Macht als leuchtenden Beweis für die Leistungsfähigkeit ihrer Institutionen und die Ausrichtung ihrer Ideen zur Schau stellt. — Wenn man vom Utilitarismus sagen konnte, er sei das Wort des englischen Geistes, so können die Vereinigten Staaten als die Fleischwerdung des Wortes vom Nutzen angesehen werden. Und das Evangelium dieses Wortes verbreitet sich dank der materiellen Wunder seines Triumphes über die Welt. Hispanoamerika ist in dieser Hinsicht längst keine Diaspora mehr. Der mächtige Staatenbund überzieht uns mit einer Art moralischer Konquista. Die Bewunderung für seine Größe und Stärke schreitet mit Riesenschritten im Geiste unserer führenden Männer und, mehr noch vielleicht, in dem der Massen voran, die leicht vom Eindruck des Sieges geblendet werden. — Und von der Bewunderung ist es nur ein kleiner Schritt zur Nachahmung. Bewunderung und Glaube sind für den Psychologen bereits passive Arten der Nachahmung. [...] Man ahmt den nach, an dessen Überlegenheit oder Ansehen man glaubt. Viele, die ein aufrichtiges Interesse an unserer Zukunft haben, träumen bereits von der Vision eines *entlatinisierten* Amerika, das eine solche Entwicklung aus eigenem Antrieb vollzieht und sich – ohne durch eine Eroberung dazu erpresst worden zu sein – am Urbild des Nordens ausrichtet und stärkt; diese Vision mehrt den Genuss, mit dem sie auf Schritt und Tritt die beeindruckendsten Parallelen ziehen, und äußert sich in unablässig vorgebrachten Vorschlägen für Erneuerungen und Reformen. Wir haben unsere *Nordomanie*. Es ist an der Zeit, sie in die Schranken zu weisen, die Vernunft und Gefühl ihr gemeinsam setzen.

Ich will keineswegs, dass solche Schranken den Sinn einer völligen Verweigerung annehmen. — Ich verstehe sehr wohl, dass das Beispiel der Starken durchaus Eingebungen, Erleuchtungen, Lehren vermitteln kann, und ich verkenne nicht, dass es insbesondere für Völker, die noch mit der Formung und Modellierung ihres nationalen Wesens beschäftigt sind, ungemein fruchtbar ist, ihre kluge Aufmerksamkeit auf das Ausland zu richten, um allenthalben das Bild des Vorteilhaften und Nützlichen zu reflektieren. — Ich verstehe sehr wohl das Bemühen, durch beharrliche Erziehung jene Charakterzüge einer menschlichen Gesellschaft zu korrigieren, welche mit neuen Erfordernissen der Zivilisation und neuen Lebenschancen in Einklang gebracht werden müssen, um so durch den Einfluss von Neuerungen ein Gleichgewicht gegenüber den Kräften des Ererbten und Gewohnten zu schaffen. — Ruhm erblicke ich aber weder in dem Vorhaben, den Charakter von Völkern – ihren *persönlichen* Genius – zu verfälschen, um ihnen die Identifikation mit einem fremden Vorbild aufzuzwingen, dem ihre unersetzliche geistige Originalität zu opfern wäre, noch in dem naiven Glauben, man könne dies durch künstliche und improvisierte Nachahmungsprozesse irgendwann einmal erreichen. [...] Im menschlichen Zusammenleben wie in Literatur und Kunst wird eine unüberlegte Nachahmung immer nur die Züge des Vorbilds entstellen. Die Selbsttäuschung derer, die glauben, sie hätten den Charakter einer menschlichen Gemeinschaft, die lebendigen Kräfte ihres Geistes und damit die Geheimnisse ihres Erfolgs und ihrer Prosperität im Wesentlichen reproduziert, wenn sie den Mechanismus ihrer Institutionen und die äußeren Formen ihrer Gebräuche bis ins Detail abgekupfert haben, erinnert an die Illusionen argloser Anfänger, die meinen, den Geist des Meisters zu besitzen, wenn sie seine stilistischen Wendungen oder seine Kompositionstechniken kopiert haben.

[...] Vielleicht werdet Ihr sagen hören, es gäbe kein eigenes und fest umrissenes Gepräge in der gegenwärtigen Organisation unserer Völker, für dessen Erhalt und Integrität es sich zu kämpfen lohnte. Es mag sein, dass in unserem Kollektivcharakter die festen Konturen der »Persönlichkeit« fehlen. Doch haben wir Latein-Amerikaner in Ermangelung einer vollkommen ausgestalteten und autonomen Wesensart ein rassisches Erbe, eine große ethnische Tradition zu bewahren, ein heiliges Band, das uns mit unsterblichen Seiten im Buch der Geschichte verbindet und es unserer Ehre anheim gibt, all dies für die Zukunft zu erhalten. Der Kosmopolitismus, den wir als zwingende Voraussetzung unserer Entstehung achten und anerkennen müssen, schließt weder das Gefühl der Treue gegenüber der Vergangenheit aus noch die leitende und formgebende Kraft, mit welcher sich der Genius der Rasse bei der Verschmelzung jener Elemente durchzusetzen hat, die endgültig den Amerikaner der Zukunft ausmachen werden.

[...] Amerika muss in der Gegenwart notwendig die ursprüngliche Dualität seiner Beschaffenheit bewahren, welche jenen klassischen Mythos zur Wirklichkeit der eigenen Geschichte werden lässt, in dem zwei Adler – zu gleicher Zeit an beiden Polen der Erde losgelassen – gleichzeitig an die Grenzen ihrer Reiche vorstoßen. Diese geniale und rivalisierende Verschiedenheit schließt einmütige Solidarität keineswegs aus, sondern duldet, ja begünstigt sie sogar in vielerlei Hinsicht. Und wenn sich von unserem heutigen Standpunkt aus eine Einmütigkeit auf höherer Ebene als Formel für eine ferne Zukunft abzeichnet, dann wird sich diese nicht [...] der *einseitigen Nachahmung* einer Rasse durch die andere verdanken, sondern einer Wechselseitigkeit von Einflüssen und einem wohl abgestimmten Zusammenspiel von Eigenschaften, auf denen der Ruhm beider Seiten beruht.

Darüber hinaus treten bei einem leidenschaftslosen Studium dieser Zivilisation, die so mancher uns als allein selig machendes Vorbild präsentiert, Gründe hervor [...], welche die Begeisterung derer dämpfen, die von uns abgöttische Bewunderung fordern. [...]

Jedem strengen Urteil über die Nordamerikaner muss man zunächst einen ritterlichen Gruß vorausschicken, wie man dies gegenüber hochgestellten Gegnern täte. — Solchen Gruß zu entbieten, fällt mir nicht schwer. [...]

Ist nun durch die aufrichtige Anerkennung all dessen, was es an Strahlendem und Großem in der mächtigen Nation gibt, das Recht erworben, die Formel der Gerechtigkeit auch auf alles andere in ihr auszudehnen, dann drängt sich eine höchst interessante Frage auf. — Verwirklicht jene Gesellschaft die Idee eines vernunftbestimmten Verhaltens, das den legitimen Forderungen des Geistes, der intellektuellen und moralischen Würde unserer Zivilisation gerecht wird, oder versucht sie es zumindest? [...]

Das Leben der Nordamerikaner beschreibt in der Tat jenen Teufelskreis, den Pascal im rastlosen Streben nach Wohlstand erkannte, solange dieses sein Ziel nicht außerhalb seiner selbst findet. Ihre Prosperität ist ebenso groß wie ihr Unvermögen, auch nur eine mittelmäßige Vorstellung von der Bestimmung des Menschen zu befriedigen. Haben ihre enormen Willensanstrengungen und ihre unerhörten Triumphe auf allen Gebieten materieller Expansion auch ein titanisches Werk vollbracht, so vermittelt ihre Zivilisation, betrachtet man sie in ihrer Gesamtheit, doch unzweifelhaft einen sonderbaren Eindruck von Ungenügen und Leere. Und stellt man mit dem Recht, das einem die Evolution einer von der Würde des klassischen Geistes und des christlichen Geistes angeführten Geschichte von dreißig Jahrhunderten gibt, die Frage, welches ihr Leitprinzip, welches ihr ideales *substratum,* welches ihr Endzweck sei, der hinausweisen könnte über die unmittelbare Sorge um handfeste Interessen, die eine so ungeheure Menschenmasse umtreibt, dann wird man als Formel des endgültigen Ideals einzig die immer gleiche bedingungslose Sorge um den materiellen Triumph antreffen. — Ohne tief reichende Traditionen, die wie Ahnen den Weg weisen könnten, hat es dieses Volk, diese Nation nicht vermocht, das Fehlen einer inspirierenden Idealität der Vergangenheit durch eine hohe und interesselose Auffassung von der Zukunft wettzumachen. Sie lebt für die unmittelbare, gegenwärtige Realität und ordnet deshalb all ihr Tun dem Egoismus eines persönlichen und gemeinschaftlichen Wohlstands unter. [...]

Aus: José Enrique Rodó: *La vida nueva III. Ariel,* Montevideo: Imprenta de Dornaleche y Reyes 1900. Zit. nach: José Enrique Rodó: *Ariel,* Übers. Ottmar Ette, Mainz: Dietrich 1994, S. 136–151.

II. Das frühe 20. Jahrhundert

Zu Beginn des 19. Jahrhunderts hatte ganz Lateinamerika mit den Unabhängigkeitsrevolutionen ein Ereignis von epochalem Umbruchcharakter erlebt. Eine vergleichbare, die gesamte Region erschütternde historische Zäsur war ein Jahrhundert später nicht zu verzeichnen. Zu diesem Zeitpunkt hatten sich zahlreiche Staaten etabliert, die trotz vieler Ähnlichkeiten sehr unterschiedliche Entwicklungen in den ersten 100 Jahren ihrer Unabhängigkeit durchlaufen hatten. In der historischen Forschung wird oftmals betont, dass es die Kontinuitätslinien, die von der Unabhängigkeit bis weit ins 20. Jahrhundert hineinreichten, kaum erlauben, von einer Zeitenwende zu sprechen. Mit Blick auf den Staat ist diese These sicherlich zutreffend. Dennoch verdichteten und beschleunigten sich die Veränderungen in anderen Dimensionen zu Beginn des 20. Jahrhunderts und insbesondere um das Jahr 1910, so dass durchaus von einem Umbruch gesprochen werden kann, der einen neuen Zeitabschnitt der lateinamerikanischen Geschichte einläutete.

Dies lässt sich an drei Ereignissen festmachen, die teils für ganz Lateinamerika, teils zumindest für weite Teile des Subkontinents von Bedeutung waren. Erstens begannen 1910 die Hundertjahrfeiern der Unabhängigkeit und brachten neben dem Jubel über das Erreichte auch erstmals nachhaltige öffentliche Kritik an den Versäumnissen insbesondere in sozialer Hinsicht. Zweitens führte auch der Ausbruch des Ersten Weltkriegs 1914 zu einer grundlegenden Neubewertung der bis zu diesem Zeitpunkt dominanten Ausrichtung auf Europa. Wichtig waren die wirtschaftlichen und sozialen Auswirkungen des Kriegs. Das Ende des klassischen liberalen Weltwirtschaftssystems löste Verwerfungen in den lateinamerikanischen Volkswirtschaften und Gesellschaften aus. Die einseitige wirtschaftliche Ausrichtung auf Europa wurde in vielen Ländern durch eine Umorientierung auf die Vereinigten Staaten ersetzt. Mit dem Kriegseintritt einiger Staaten an der Seite der Alliierten 1917 trat Lateinamerika zumindest theoretisch erstmals aus der Objektrolle der Weltpolitik heraus und als eigenständiges Subjekt in Erscheinung. Drittens war die Revolution in Mexiko, die 1910 begann, ein Ereignis mit Signalwirkung, das weit über die nationalen Grenzen ausstrahlte. Dadurch schienen revolutionäre Veränderungen in Lateinamerika möglich zu werden – ein Eindruck, der sich durch die Entwicklungen auf internationaler Ebene, insbesondere die Russische Revolution von 1917 noch verstärkte.

Zwar kam es nicht überall wie in Mexiko zu revolutionären Umgestaltungen, jedoch manifestierte sich der soziale Wandel in den ersten Jahrzehnten des 20. Jahrhunderts in vielen Staaten der Region. So vertieften sich auf der politischen Ebene Demokratisierungsansätze und der Aufstieg neuer Parteien ebenso, wie sich neue Formen von Diktaturen etablierten. Dies stand im Zeichen der Entstehung neuer sozialer Bewegungen wie insbesondere der Arbeiter-, Studenten- und Frauenbewegungen, aber auch der nationalistischen Organisationen, die diesen Zeitraum prägten. Daran ließ sich der Aufstieg neuer sozialer Schichten insbesondere in den schnell wachsenden Städten ablesen, der wichtige soziale Differenzierungen mit sich brachte. Diese Entwicklungen gingen einher mit tiefgreifenden kulturellen Wandlungsprozessen, die im Zusammenhang mit der Globalisierungswelle dieses Zeitraums stehen. Das frühe 20. Jahrhundert war in Lateinamerika eine Epoche des gesteigerten Nationalismus, der vielerorts in einem ambivalenten Spannungsverhältnis zu den zeitgleich ablaufenden Prozessen der »Nordamerikanisierung« – verstanden als Kontakt mit den neuartigen Medien und Produkten der Massenkultur – stand. Neben diesen Veränderungen stehen jedoch auch die Kontinuitäten oligarchischer Herrschaft, die in vielen Fällen weiter dominierte und in anderen nur oberflächlich überlagert wurde.

Die Weltwirtschaftskrise der 1930er Jahre sollte vielen Reformansätzen ein Ende setzen, während sich andere dadurch vertieften. In der Historiografie wird diese Krise oft als Epochenscheide angesetzt, weil sie in wirtschaftlicher Hinsicht alle lateinamerikanischen Staaten mehr oder weniger heftig und teils katastrophal erschütterte. Ihre Auswirkungen im politischen Bereich zeigten sich in zahlreichen Staaten an Umstürzen und in manchen Ländern am Aufstieg von »Populismen«. Für einige Staaten der Region bildete die große Krise daher in der Tat einen epochalen Bruch. Letztlich brachten aber der Zweite Weltkrieg und die neue Weltordnung, die damit entstand, eine entscheidende Neuausrichtung. Zwischen 1933 und 1945 hatte es den Anschein, als werde Lateinamerika im internationalen Rahmen als »guter Nachbar« und gleichberechtigter Partner im Kampf gegen die europäischen Faschismen ernst genommen und als könne mit dem Sieg der westlichen Demokratien gegen die Achsenmächte auch eine neue demokratische Ära für den Subkontinent eingeläutet werden.

Aufgrund der Betonung der Heterogenität und Divergenzen der lateinamerikanischen Geschichte im frühen 20. Jahrhundert sind zusammenfassende Beurteilungen, wie sie für das 19. Jahrhundert vorliegen, für diese Phase selten. In jüngster Zeit wird der Zeitraum zwischen 1910 und 1945 aber vor allem aus einer kulturhistorischen Perspektive als wichtige und in sich zusammenhängende Umbruchphase erkannt. Geprägt wurde sie durch einen Modernisierungswandel, der zu einer zunehmenden Differenzierung innerhalb Lateinamerikas führte.

A. Revolution, Reform und Beharrung

Das 20. Jahrhundert begann in Lateinamerika mit einer Revolution, die zu den zentralen Ereignissen der Geschichte des 20. Jahrhunderts zählt. Der Ausbruch dieser Revolution in Mexiko, dem Land, das die aus Europa stammende Fortschrittsideologie scheinbar perfekt übernommen hatte, überraschte die Zeitgenossen. Zunächst schien es, als handele es sich um einen der typischen Staatsstreiche, die das lange 19. Jahrhundert geprägt hatten. Im Jahr der Jahrhundertfeiern der mexikanischen Unabhängigkeit 1910 erhob sich die Opposition unter Francisco I. Madero, einem Angehörigen der Oberschicht, gegen den greisen Diktator Porfirio Díaz, der Mexiko seit 1876 mithilfe von Auslandskapital und blutiger Repression nachhaltig verändert hatte. 1911 musste Díaz Mexiko verlassen, und Madero wurde zum neuen Präsidenten gewählt.

Damit war die Revolution jedoch noch nicht beendet. Madero enttäuschte viele seiner Anhänger durch seine nachgiebige Haltung gegenüber den alten Eliten. So verselbstständigten sich die heterogenen Gruppen, die nur der Widerstand gegen Díaz vereint hatte, und es kam zum Bürgerkrieg. Im Norden des Landes, wo die Bewegung unter der Führung von Pascual Orozco und später Francisco (Pancho) Villa stand, sowie im Süden, wo Emiliano Zapata sie anführte, wurden sozialrevolutionäre Forderungen insbesondere mit Blick auf eine Bodenreform laut. Letztlich stürzte jedoch das Militär unter General Victoriano Huerta mithilfe des US-amerikanischen Botschafters 1913 Präsident Madero und etablierte ein konterrevolutionäres Regime. Huerta konnte sich angesichts des andauernden Bürgerkriegs nicht lange halten.

Unter dem Gouverneur und Großgrundbesitzer Venustiano Carranza errangen nun die sogenannten »Konstitutionalisten« die Macht, die für einen eher konservativen Kurs standen und radikalere Kräfte bekämpften. Die Strategie der Konstitutionalisten, die Anhänger Villas und Zapatas zu spalten und einzeln zu besiegen, ging auf. 1916 hatte sich Carranza durchgesetzt, was auch die Vereinigten Staaten anerkannten. Zwar dauerten die Kämpfe an, doch sollte eine neue Verfassung die Herrschaft legitimieren. Im Widerspruch zu Carranzas Intention enthielt die Verfassung von 1917 zahlreiche soziale Bestimmungen, die zumeist allerdings erst in den 1930er Jahren umgesetzt wurden. Nach der Ermordung Carranzas 1920 stabilisierte sich die Lage, was 1928 durch die Gründung einer Staatspartei abgesichert wurde, die ab 1946 »Partei der Institutionalisierten Revolution« (»Partido Revolucionario Institucional«) hieß. Bis zum Jahr 2000 dominierte der PRI das politische System des Landes.

Durch den Nachdruck, mit dem sozialrevolutionäre Forderungen gestellt, zumindest partiell auch durchgesetzt wurden, und durch den Aufstieg eines revolutionären Nationalismus, der die sozialen Umbrüche begleitete, gewann die Revolution in Mexiko kontinentale Bedeutung. Zwar gab es kaum direkte kausale Zusammenhänge, doch wirkten die Ereignisse und Verlautbarungen in Mexiko in Kombination mit den internationalen Umwälzungen der Jahre 1917/18 stimulierend in zahlreichen lateinamerikanischen Staaten. Sozialer Protest regte sich nun vielerorts, nahm aber sehr unterschiedliche Formen an.

Der Anlass des Protests waren die sozialen Ungleichheiten, die die Gesellschaften Lateinamerikas in diesem Zeitraum weiterhin prägten. In der ersten Hälfte des 20. Jahrhunderts entstand in vielen Ländern eine vor allem städtische Mittelschicht, die sich aus Beamten in den stetig wachsenden staatlichen Verwaltungen, Angestellten in privaten Unternehmen, Kleinunternehmern, Handwerkern, Akademikern, Freiberuflern etc. zusammensetzte. Aus dieser neuen sozialen Schicht rekrutierten sich zahlreiche Kritiker der gesellschaftlichen Verhältnisse, die sich beispielsweise in der Studentenbewegung von 1918 und der neuen Frauenbewegung engagierten oder sich für die nicht-privilegierten Schichten einsetzten.

Der weitaus größte Teil der Bevölkerung – man spricht von rund vier Fünfteln – gehörte der Unterschicht an und lebte in erster Linie auf dem Land. Landbesitzende Kleinbauern und Pächter, landlose Arbeiter und Tagelöhner sowie kleine Gewerbetreibende stellten die große

Mehrheit der Bevölkerung. Sie lebten in der Regel in traditionellen Abhängigkeitsverhältnissen, die sich durch die Intensivierung der Exportwirtschaften teils noch vertieften. Unterschiedliche Formen und Ausprägungen von Schuldknechtschaft bestimmten das Bild. Diese wurzelte in der extrem ungleichen Landverteilung, so dass der Ruf nach Land eine zentrale Forderung mexikanischer Revolutionäre und später der Sozialreformer allerorten war. Eine durchschlagende und nachhaltige Umgestaltung der sozialen Verhältnisse auf dem Land sollte jedoch selbst in Mexiko noch viele Jahre auf sich warten lassen, nicht zuletzt weil die Mobilisierung der Landarbeiter schwierig blieb.

In vielen Regionen bot sich durch die Abwanderung in den boomenden Bergbau oder in die neu entstehenden Industriebetriebe der Städte zumindest für Teile der Arbeiterschaft ein Ausweg. In der Regel konnten dort höhere Löhne erzielt werden, obwohl die Arbeitsbedingungen sehr schlecht und die Arbeitsplätze stärker von Konjunkturschwankungen abhängig waren. Auch für die Einwanderer, die bis 1930 noch in großen Massen vor allem nach Argentinien und Brasilien strömten, war die Industriearbeit attraktiv. Schon vor 1910 waren mit den Einwanderern anarchistische und sozialistische Ideen nach Lateinamerika gekommen, die sich im Aufstieg der Arbeiterbewegung niederschlugen. In Ländern wie Argentinien, Brasilien und Chile entstand diese gegen Ende des 19. Jahrhunderts, während etwa in Venezuela, Ecuador oder Zentralamerika noch keine dauerhaften Organisationsstrukturen erkennbar waren. Erst durch die Krise des Ersten Weltkriegs kam es zu einer starken quantitativen und regionalen Expansion der organisierten Arbeiterschaft. Überall wuchsen nun Gewerkschaften, Arbeitervereine, Zeitungen und politische Parteien, blieben jedoch durch ideologische Grabenkämpfe zwischen Anarchisten, Syndikalisten, Sozialisten, Kommunisten und katholischen Arbeitervereinen gespalten. Im Kampf um ihre Rechte griff die Arbeiterbewegung zunehmend auf das Mittel des Streiks zurück. Arbeitgeber und Staat reagierten darauf zumeist mit brutaler Unterdrückung. Allerdings kam es in diesem Zeitraum unter anderem auf Druck liberaler und katholischer Sozialreformer auch zu den ersten gesetzlichen Maßnahmen zum Schutz der Arbeiter.

Die Ungleichheit in Lateinamerika hatte nach wie vor nicht nur eine soziale, sondern auch eine ethnische Dimension. Seit der Jahrhundertwende war mit den kritischen Reflexionen über die Entwicklungsdefizite auch das Problem der indigenen Bevölkerungsgruppen ins Zentrum des Interesses gerückt. In Ländern mit einem hohen indigenen Bevölkerungsanteil wie Bolivien, Guatemala, Mexiko und Peru äußerten sich kritische Intellektuelle zur Marginalisierung und sozioökonomischen Notlage dieser Bevölkerungsgruppe und forderten Reformen. Insbesondere in Mexiko und Peru entstanden indigenistische Bewegungen, die die fehlende Integration der Indigenen nicht mehr auf deren kulturelle oder gar »rassische« Minderwertigkeit zurückführten, sondern als ökonomisches Problem erkannten. Auch die Lage der schwarzen Bevölkerung begann sich langsam zu ändern. So organisierten sich Afrobrasilianer im Kampf gegen die Diskriminierung.

Ein epochenspezifisches Phänomen war die zunehmende Kritik an der internationalen Dimension der Ungleichheit. Seit der Jahrhundertwende nahm der US-amerikanische Interventionismus in Zentralamerika und der Karibik stetig zu. Als nach dem Ende des Ersten Weltkriegs das europäische Gegengewicht fehlte, erschien die von den Vereinigten Staaten ausgehende Gefahr noch bedrohlicher. Der Widerstand blieb nun nicht mehr auf die theoretische Ebene beschränkt, sondern schlug sich in der Gründung dezidiert anti-imperialistischer Bewegungen und Parteien nieder, die zur panlateinamerikanischen Solidarität aufriefen. In den 1920er Jahren fanden sie ihren Kristallisationspunkt im Kampf nicaraguanischer Rebellen gegen die US-amerikanischen Besatzer, der weltweite Aufmerksamkeit erregte und den die Linke – insbesondere die Komintern – für Propagandazwecke aufgriff.

Mit der Entstehung sozialer Bewegungen gingen Demokratisierungsansätze einher, insbesondere in den südlichen Ländern Lateinamerikas, wo die politische Partizipation durch Ausweitung des Wahlrechts nun schrittweise erweitert wurde. Insgesamt waren sie ein Spiegel des wachsenden politischen Interesses der Bevölkerung. Allerdings stemmten sich die traditionellen Oligarchien lange Zeit mehr oder weniger erfolgreich gegen den Verlust ihres Machtmonopols. In Ländern wie Guatemala etwa blieben sie von kurzen Intermezzi abgesehen bis 1945 an der Macht. Demgegenüber wirkten beispielsweise in Chile und Ecuador junge Militärs als Motoren des Wandels und durchschlugen den Reformstau im politischen System mit neuartigen Entwicklungsdiktaturen. Auch in Brasilien gab es derartige Ansätze, doch konnten sich die konservativen Kräfte hier wie in vielen weiteren Staaten noch behaupten. Sie hielten an der Vision einer von oben gesteuerten Modernisierung nach europäischen und zunehmend auch US-amerikanischen Vorbildern fest.

Die hier kurz skizzierten sozialen und politischen Veränderungen spiegelten sich im kulturellen Wandel dieser Zeit wider. So engagierten sich etwa die indigenistischen Bewegungen in dezidiert kulturpolitischer Art und Weise, wie z. B. in der Bildungsreform des revolutionären Mexiko, die nach ganz Lateinamerika ausstrahlte. Sie war ein Ergebnis der gestiegenen Wertschätzung des Eigenen, einer Festigung des Nationalstolzes, auf den der nationalistische Diskurs unterschiedlicher politischer Couleur in dieser Zeit zurückgriff. Ergänzt wurde dieser durch die Untersuchungen zur kulturellen oder gar »rassischen« Einheit in Lateinamerika. Literatur und Kunst entdeckten indigene und afrikanische Elemente als genuin lateinamerikanische Stärken. Doch auch die modernen Sportarten wie der Fußball konnten zur Quelle des Selbstbewusstseins werden. Parallel dazu und als Herausforderung stand die Dynamik einer kulturellen Nordamerikanisierung, die sich im Kino, in Musik und Tänzen niederschlug. So prägten auch in kultureller Hinsicht Widersprüche und Gegensätze das frühe 20. Jahrhundert Lateinamerikas.

1. Revolution in Mexiko

Q 73   Ricardo Flores Magón kritisiert Porfirio Díaz (1910)

Die lang anhaltende Regierung von General Porfirio Díaz (1830–1915) stützte sich vor allem auf ein Netzwerk von politischen und militärischen Persönlichkeiten, lokalen Kaziken und öffentlichen Funktionären, während neue soziale Akteure wie Arbeiter und eine begrenzte Mittelschicht aus Angestellten und Bürokraten nicht mit dem Regime einverstanden waren. Der Anarchist Ricardo Flores Magón (1873?–1922) repräsentierte mit seiner Zeitung »Regeneración« eine dieser Stimmen des erstarkenden Radikalismus, die Díaz vehement kritisierten.

Hinter der Freiheit her

[...] Mexiko ist das Land der unermesslich Armen und der unermesslich Reichen. Man kann fast sagen, dass es in Mexiko keinen Mittelweg zwischen den beiden sozialen Klassen gibt, der oberen und der unteren, der besitzenden und der nicht-besitzenden; es gibt, ganz einfach, Arme und Reiche. Die ersten, die Armen, sind fast gänzlich ohne jede Annehmlichkeit, ohne jeden Wohlstand, die zweiten, die Reichen, sind mit allem versorgt, was das Leben angenehm macht. Mexiko ist das Land der Gegensätze. Auf einer wundersam reichen Erde vegetiert ein unvergleichbar armes Volk dahin. Um eine schillernde und prächtig herausgeputzte Aristokratie herum zeigt die Arbeiterklasse ihre Nacktheit. Luxuriöse Eisenbahnen und stolze Paläste zeigen die Macht und die Arroganz der reichen Klasse, während sich die Armen in den Hinterhöfen und Schweineställen der Vororte der großen Städte zusammendrängen. Und damit auch wirklich alles in Mexiko zum Gegensatz wird, zeigt sich neben einer großen, von einigen Klassen erworbenen Bildung die Dunkelheit der krassen Unwissenheit der anderen.

Diese beträchtlichen Gegensätze, die kein Fremder, der Mexiko besucht, übersehen kann, nähren und stärken zwei Gefühle: Das eine ist die unendliche Verachtung der reichen und gebildeten Klasse durch die Arbeiterklasse, und das andere ist der bittere Hass gegen die Arbeiterklasse seitens der herrschenden Klasse. Gleichzeitig erzeugt dieser spürbare Unterschied zwischen den beiden Klassen in jeder von ihnen unterschiedliche ethnische Spuren bis zu dem Grad, dass man fast sagen kann, dass die mexikanische Familie aus zwei unterschiedlichen Rassen besteht und mit der Zeit dieser Unterschied von solcher Natur sein wird, dass die Geografiebücher der Zukunft von Mexiko sagen werden, dass es zwei Rassen bewohnen, wenn nicht eine soziale Erschütterung die beiden sozialen Klassen annähern und mischen würde und die physischen Unterschiede beider zu einem einzigen Typ vermengen würde. [...]

Die Revolution

[...] Die Revolution wird jeden Moment ausbrechen. Diejenigen, die lange Jahre alle Vorkommnisse sozialen und politischen Lebens des mexikanischen Volkes überwacht haben, können uns nicht täuschen. Die Symptome der ungeheuren Katastrophe lassen keinen Zweifel aufkommen, dass etwas am Entstehen und bald am Zusammenbrechen ist, dass sich etwas erheben und dass etwas fallen wird. Endlich, nach 34 schändlichen Jahren, wird das mexikanische Volk sein Haupt erheben, und letztendlich wird nach dieser langen Nacht das schwarze Gebilde, dessen Leid nicht erlosch, in sich zusammenfallen. [...]

Genossen, die Sache ist ernst. Mir ist klar, dass Ihr zum Kampf entschlossen seid, aber kämpft zum Wohl der armen Klassen. Alle Revolutionen haben bis heute die oberen Klassen für sich genutzt, weil Ihr von Euren Rechten und Euren Interessen keine klare Idee hattet, die, wie Ihr wisst, vollständig entgegengesetzt sind zu den Rechten und Interessen der intellektuellen und reichen Klasse. Das Interesse der Reichen ist es, dass die Armen auf ewig Arme bleiben, weil die Armut der Massen die Garantie ihrer Reichtümer ist. Wenn es keine Menschen gibt, die für andere Menschen arbeiten müssen, sind die Reichen dazu genötigt, irgendetwas Nützliches zu tun und etwas von allgemeinem Nutzen zu produzieren, um leben zu können. Sie werden also keine Sklaven mehr haben, die sie ausbeuten können.

Ich wiederhole, dass es nicht möglich ist vorherzusagen, wieweit die Forderungen des Volkes in der kommenden Revolution gehen werden, aber man muss so viel versuchen wie möglich. Es wäre schon ein großer Schritt, wenn das Land das Eigentum aller wäre, und falls es keine ausreichende Kraft oder kein ausreichendes Bewusstsein seitens der Revolutionäre geben sollte, um weitere Vorteile als diesen zu erlangen, wäre dieser diejenige Basis für die nächsten Forderungen, die das Proletariat durch die reine Kraft der Umstände erobern würde.

Vorwärts, Genossen! Bald werdet Ihr die ersten Schüsse hören, bald werden die Unterdrückten den Schrei zur Rebellion erheben. Auf dass es keinen einzigen gebe, der aufhört, die Bewegung zu unterstützen und mit aller Kraft der Überzeugung diesen höchsten Schrei auszurufen: Land und Freiheit!

Aus: Ricardo Flores Magón: En pos de la libertad. Disertación leída la noche del domingo del 30 de octubre de 1910, in: Armando Bartra Vergés (Hg.): *Regeneración 1900–1918. La corriente más radical de la revolución de 1910 a través de su periódico de combate*, Mexiko-Stadt: HADISE 1972, S. 299–305; ders.: La revolución (Regeneración, 19 noviembre 1910), in: Ebd., S. 315–318.

Q 74   Der Plan von San Luis (1910)

Eines der Probleme, mit dem sich das Regime von Porfirio Díaz konfrontiert sah, war die Präsidentschaftsnachfolge. Nachdem Díaz 1908 gegenüber dem Journalisten Creelman erklärt hatte, er wolle sich nicht wiederwählen lassen, begann ein Mitglied einer reichen Familie aus dem Norden Mexikos, Francisco I. Madero (1873–1913), mit einem Wahlkampf und war damit derart erfolgreich, dass er verhaftet wurde, um seinen Aufstieg an die Macht zu verhindern. Nach seiner Flucht aus dem Gefängnis veröffentlichte Madero 1910 mit dem sogenann-

ten Plan von San Luis einen Aufruf gegen die Regierung, in dem er die jüngsten Entscheidungen des Präsidenten kritisierte und eine bewaffnete Rebellion ausrief.

Manifest an die Nation

Die Völker sehen sich in ihrem dauerhaften Bemühen, den Idealen der Freiheit und Gerechtigkeit zum Triumph zu verhelfen, in bestimmten historischen Augenblicken dazu genötigt, die größten Opfer zu erbringen.

Unser geliebtes Vaterland ist an einen solchen Moment gelangt: Eine Tyrannei, die die Mexikaner zu erleiden nicht gewohnt waren, seitdem wir unsere Unabhängigkeit erkämpft haben, unterdrückt uns derart, dass sie unerträglich geworden ist. Im Tausch für diese Tyrannei bietet man uns Frieden, aber es ist ein beschämender Frieden für das mexikanische Volk, weil er nicht das Recht, sondern die Gewalt als Grundlage hat, weil er nicht die Stärkung und das Wohlergehen des Vaterlandes zum Ziel hat, sondern die Bereicherung einer kleinen Gruppe, die, indem sie ihren Einfluss missbraucht, die öffentlichen Ämter in eine Quelle für ausschließlich persönliche Bereicherungen verwandelt hat und ohne Skrupel die Konzessionen und die lukrativen Verträge ausbeutet.

Sowohl die Legislative als auch die Judikative sind vollständig der Exekutive unterworfen; die Gewaltenteilung, die Souveränität der Bundesstaaten, die Freiheit der Gemeinden und die Bürgerrechte existieren nur auf dem Papier unserer Verfassung, aber in Wirklichkeit kann man im Grunde sagen, dass in Mexiko dauerhaft das Kriegsrecht herrscht. Die Justiz, anstatt den Schwachen Schutz zu geben, dient nur dazu, die Diebstähle zu rechtfertigen, die der Starke verübt. Die Richter, anstatt Repräsentanten der Justiz zu sein, sind Agenten der Exekutive, deren Interessen sie treu dienen. Das Parlament der Union hat keinen anderen Willen als den des Diktators. Die Regierenden der Bundesstaaten werden von ihm ernannt, und sie ihrerseits ernennen und bestimmen in gleicher Weise die munizipalen Machthaber.

Das Resultat ist, dass das gesamte administrative, judikative und legislative Getriebe nur auf einen Willen hört, nämlich nur auf die Laune von General Díaz, der während seiner langen Regierungszeit gezeigt hat, dass der Hauptbeweggrund, der ihn leitet, der Machterhalt um jeden Preis ist.

Seit vielen Jahren spürt man in der ganzen Republik diesem Regime gegenüber ein tiefes Unbehagen, aber General Díaz hatte es mit großer List und Ausdauer geschafft, alle unabhängigen Elemente zu vernichten, so dass es nicht möglich war, irgendeine Art von Bewegung zu organisieren, um ihn von der Macht zu vertreiben, von der er so schlechten Gebrauch machte. Das Übel verschlimmerte sich kontinuierlich, und die Hartnäckigkeit von General Díaz, mit der er der Nation einen Nachfolger in der Person von Herrn Ramón Corral aufnötigt, steigerte es bis zum Höhepunkt und führte dazu, dass viele Mexikaner, obwohl ohne offensichtliche politische Identität – es war unmöglich, diese während der 36 Jahre der Diktatur zu entwickeln – sich mit uns in den Kampf stürzten und versuchten, die Souveränität des Volkes und seine Rechte auf tatsächlich demokratischem Terrain zurückzuerobern.

Neben anderen Parteien, die dasselbe Ziel haben, hat sich die Nationale Partei gegen die Wiederwahl (*Partido Nacional Antireeleccionista*) organisiert, die als Grundsätze »effektives Wahlrecht und keine Wiederwahl« ausruft, die als einzige fähig sind, die Republik vor der drohenden Gefahr zu retten, die durch die Verlängerung einer täglich lästigeren, despotischeren und unmoralischeren Diktatur droht.

Das mexikanische Volk unterstützte diese Partei wirksam und schickte, indem es auf ihren Aufruf reagierte, seine Vertreter zu einem Konvent, in dem auch die Nationale Demokratische Partei (*Partido Nacional Democrático*) vertreten war, die sich ebenfalls der Sehnsüchte des Volkes angenommen hatte. [...]

Schließlich kam der Moment, an dem sich General Díaz der wahren Situation der Republik bewusst wurde und verstand, dass er nicht erfolgreich mit mir auf dem Feld der Demokratie kämpfen konnte, und ließ mich vor den Wahlen ins Gefängnis stecken, die man durchführte, indem man das Volk mittels Gewalt von den Wahlen ausschloss, die Gefängnisse mit unabhängigen Bürgern füllte und die schamlosesten Betrügereien verübte.

In Mexiko als demokratischer Republik kann die öffentliche Macht keinen anderen Ursprung und keine andere Grundlage haben als den Willen des Volkes, und dieser kann nicht durch Verfahren übergangen werden, die auf betrügerische Weise durchgeführt werden. [...]

Aber ein solches Verhalten führte unweigerlich dazu, dass wir der ganzen Welt zeigen, dass das mexikanische Volk für die Demokratie geeignet ist, dass es nach Freiheit dürstet und dass seine derzeitigen Regierenden nicht seinen Zielen entsprechen. [...]

Aus diesem Grund, und dabei spiegle ich den nationalen Willen wider, erkläre ich die vergangenen Wahlen für illegal, und da die Republik folglich ohne legitime Regierende ist, übernehme ich provisorisch die Präsidentschaft der Republik, bis das Volk gemäß den Gesetzen seine Regierenden bestimmt. Um dieses Ziel zu erreichen, ist es nötig, die dreisten Usurpatoren von der Macht zu vertreiben, die im Schein der Rechtmäßigkeit einen skandalösen und unmoralischen Betrug begehen.

Die aktuelle Regierung, obwohl sie auf Gewalt und Betrug gründet, kann ab dem Moment, ab dem sie vom Volk anerkannt wird, gegenüber den ausländischen Nationen bis zum 30. des Monats, in dem ihre Machtbefugnisse auslaufen, gewisse Rechtstitel inne haben; aber da es nötig ist, dass die neue, aus dem letzten Betrug hervorgegangene Regierung sich nicht an der Macht erhalten darf oder sich wenigstens mit dem größten Teil der Nation konfrontiert sieht, die mit Waffen in der Hand gegen diese Usurpation protestiert, habe ich Sonntag, den 20. November dazu bestimmt, dass ab sechs Uhr abends alle Gemeinden der Republik zu den Waffen greifen [...].

Aus: Francisco I. Madero: *Plan de San Luis. Documentos facsimilares*, Mexiko-Stadt: Partido Revolucionario Institucional, Comisión Nacional Editorial 1976, S. 7–16.

Q 75   Emiliano Zapatas Manifest an die Nation (1913)

Der indigene Bauernführer Emiliano Zapata (1879–1919) aus dem mexikanischen Bundesstaat Morelos hatte sich schon frühzeitig im Kampf seines Dorfes gegen den expandierenden Großgrundbesitz engagiert. Bei Ausbruch der Revolution unterstützte er zunächst Francisco I. Madero, wandte sich aber bereits 1911 enttäuscht von diesem ab, als ihm die Unterstützung für seine sozialen Reformforderungen versagt wurde. Im Plan von Ayala forderte er daraufhin eine Landreform für die Kleinbauern und den Erhalt des bäuerlichen Gemeinschaftsbesitzes. Der Schlachtruf »Tierra y Libertad« (»Land und Freiheit«) leitete sich davon ab. Als Zapata sich am 20. Oktober 1913 von seinem Lager in Morelos aus mit dem folgendem Manifest an die Nation wandte, war er zu einem der wichtigsten Revolutionsführer avanciert und kämpfte gegen die neuen Machthaber. Trotz vorübergehender Erfolge wurde er 1916 schließlich besiegt. 1919 fiel er einem Attentat zum Opfer und wurde schnell Gegenstand der Mythenbildung. Seine sozialrevolutionären Forderungen blieben ein wichtiger Bestandteil der mexikanischen Revolutionsrhetorik.

[...] Der verhängnisvolle Bruch des Planes von San Luis Potosí motivierte und rechtfertigte unsere Rebellion gegen jenen Akt, der alle Verpflichtungen wertlos machte und alle Hoffnungen zerstörte. Da diese Tat alle Anstrengungen und Opfer zur Unfruchtbarkeit verdammte, verstümmelte sie unwiderruflich jenes Werk der Erlösung, das diejenigen so großherzig unternommen hatten, die ohne zu zaudern ihr Blut hingaben, um mit ihm die Erde zu befruchten. [...] Sagen wir es nochmals: Angesichts der Sache, um die wir kämpfen, geht es uns nicht um Personen; wir kennen die Situation zu gut, als dass wir uns durch den scheinbaren Triumph einiger weniger Revolutionäre täuschen ließen, die sich in Herrscher verwandelt haben. Genauso, wie wir Francisco I. Madero bekämpften, so werden wir auch in Zukunft all diejenigen bekämpfen, deren Herrschaft sich nicht auf die Prinzipien gründet, für die wir gekämpft haben.

Nach dem Bruch des Planes von San Luis nahmen wir das Banner wieder auf und verkündeten den Plan von Ayala. Der Sturz der vorigen Regierung konnte für uns nicht mehr als einen Anlass bedeuten, unsere Anstrengungen zu verdoppeln [...] All dies zum Ursprung der Revolution; was ihre Ziele hingegen anbelangt, so sind diese so klar und bestimmt, so gerecht und edel, dass sie allein in sich eine übergeordnete Kraft darstellen. Es ist die einzige, auf die wir zählen, um unbesiegbar zu sein, die einzige, die diese Berge, in denen die Freiheit ihren Zufluchtsort gefunden hat, uneinnehmbar macht.

Die Sache, um die wir kämpfen, die Prinzipien und Ideale, die wir verteidigen, sind unseren Landsmännern bereits wohlbekannt, haben sie sich doch in ihrer Mehrzahl um dieses Banner der Erlösung, um diese heilige, auf den einfachen Namen Plan von Villa de Ayala getaufte Standarte des Rechts geschart. Er enthält die gerechtesten Bestrebungen des Volkes, legt die dringendsten sozialen Notwendigkeiten dar und entwickelt die wirtschaftlichen und politischen Reformen, ohne deren Verwirklichung das Land unvermeidbar in den Abgrund treiben und im Chaos von Unkenntnis, Elend und Sklaverei versinken würde.

Der gewaltige Widerstand gegen den Plan von Ayala versuchte, ihn vielmehr mit Beschimpfungen zu diskreditieren, als ihn mit Argumenten zu bekämpfen. Zu diesem Zweck entfesselte die gekaufte Presse, die ihre Würde feilbietet und ihre Kolumnen vermietet, gegen uns einen ekelhaften Sturm mit jenem Schmutz, in dem sie ihr schamloses Treiben und ihre Niederträchtigkeit nährt. Und dennoch: Die Revolution geht unaufhaltsam ihrem Sieg entgegen. Von Porfirio Díaz bis Victoriano Huerta hat die Regierung nichts anderes getan, als den Krieg der Überfressenen und Privilegierten gegen die in Unterdrückung und Elend Lebenden zu unterstützen und zu verkünden. Die ihr übertragene Macht wandelte sie in Pfründe um und trat damit die Volkssouveränität mit Füßen; sie verleugnete die Gesetze der Evolution und versuchte, die Entwicklung der Gesellschaft aufzuhalten; sie entriss dem Menschen die geheiligtsten Rechte, die die Natur ihm gab, und verletzte die Grundprinzipien der Gleichheit. Hieraus erklärt sich unsere Haltung, hieraus erklärt sich das Rätsel unseres unbezähmbaren Widerstandes, und einmal mehr wird das riesige Problem deutlich, das gegenwärtig nicht nur unsere Mitbürger, sondern auch viele Ausländer mit Unruhe erfüllt. Es gibt keine andere Möglichkeit, dieses Problem zu lösen, als sich dem Willen der Nation unterzuordnen, eine freie Entwicklung der Gesellschaft zu erlauben und sowohl die Interessen anderer als auch das Menschliche überhaupt zu respektieren.

Andererseits müssen wir noch weitere Dinge klarstellen und soweit als möglich konkretisieren, um unser Verhalten in Vergangenheit, Gegenwart und Zukunft zu erklären. Die mexikanische Nation ist zu reich. Landwirtschaft und Bergbau sind ihr Reichtum, obwohl er unberührt, d.h. noch nicht genutzt ist. Aber diese Reichtümer, diese unerschöpfliche Fülle von Gold, die mehr als 15 Millionen Einwohnern gehört, befinden sich in den Händen einiger weniger tausend Kapitalisten, die oft nicht einmal Mexikaner sind. Aufgrund eines raffinierten und unheilvollen Egoismus beuten Gutsbesitzer, Großgrundbesitzer und Mineneigentümer nur einen kleinen Teil des Acker- und Weidelandes sowie der Bodenschätze aus, ziehen allein den Profit aus ihren überreichen Erzeugnissen und lassen den größten Teil ihres Besitzes völlig unberührt, währenddessen die ganze Republik ein Bild unbeschreiblichen Elends bietet. Mehr noch: Es genügt dem Bourgeois nicht, große Schätze, an denen er niemanden beteiligt, zu besitzen, sondern er bringt in seiner unersättlichen Habsucht Arbeiter und Knecht um den Lohn ihrer Arbeit und stiehlt dem Indio seinen kleinen Besitz. Noch immer unbefriedigt, beschimpft und schlägt er ihn überdies, da er mit dem Schutz, dem die Gerichte ihm gewähren, prahlen kann: Denn des Schwachen einzige Hoffnung, der Richter, steht ebenfalls in Diensten dieses Lumpenpacks. Dieses wirtschaftliche Ungleichgewicht, diese gesellschaftliche Zerrüttung, diese augenfällige Verletzung des Naturrechts und der menschlichen Befugnisse wird von einer Regierung gutgeheißen, die ihrerseits ihre eigene Würde außer Acht lässt und eine abscheuliche Soldateska stützt.

Kapitalist, Soldat und Staatsmann hatten in Ruhe gelebt; sie wurden weder im Genuss ihrer Privilegien noch ihres Besitzes gestört. Dies geschah auf Kosten eines in Sklaverei und Analphabetismus gehaltenen besitzlosen Volkes ohne Zukunft, das dazu verurteilt war, pausenlos zu arbeiten, um schließlich vor Hunger und Erschöpfung zu sterben. Dieses Volk opferte seine ganze Kraft, um unschätzbare Reichtümer zu produzieren, doch selbst die unentbehrlichsten Dinge, die Befriedigung der dringlichsten Bedürfnisse wurden ihm verweigert. Eine derartige Struktur von Wirtschaft und Verwaltung kam für das Volk einem Massenmord, für die Nation einem kollektiven Selbstmord und für die ihrer Ehre und Verantwortung bewussten Menschen einer Beleidigung, ja einer Schande gleich und konnte daher nicht länger andauern: So kam es zur Revolution, die wie jede Massenbewegung aus der Not entstand. Hier nahm der Plan von Ayala seinen Anfang. [...]

Möge es Wahlen geben, sooft man will, mögen wie Huerta andere Männer auf den Präsidentenstuhl gelangen, unabhängig davon, ob sie sich nun auf die Armee stützen oder auf die Farce einer Wahl: Das mexikanische Volk kann darauf vertrauen, dass wir weder unsere Flagge einholen noch auch nur einen Augenblick im Kampf nachlassen werden, bis wir nach unserem Sieg mit unseren eigenen Köpfen dafür bürgen können, eine Ära des Friedens, die sich auf Gerechtigkeit und folglich auch wirtschaftliche Freiheit gründet, einzuleiten. [...]

Aus: Emiliano Zapata: Manifiesto a la nación, in: Ders.: *Manifiestos*, Mexiko-Stadt: Ed. Antorcha 1986, S. 23–31. Zit. nach: Emiliano Zapata: Manifest an die Nation (1913), Übers. Ottmar Ette, in: Angel Rama (Hg.): *Der lange Kampf Lateinamerikas. Texte und Dokumente von José Martí bis Salvador Allende*, Frankfurt a.M.: Suhrkamp 1982, S. 134–137.

Q 76   Die Revolutionsverfassung (1917)

Im Dezember 1916 trat in der mexikanischen Provinzstadt Querétaro ein verfassungsgebender Kongress zusammen, an dem allerdings u.a. die Anhänger von Pancho Villa und Emiliano Zapata nicht teilnahmen. Dennoch kam es zu heftigen Kontroversen zwischen konservativen Kräften um Präsident Venustiano Carranza und progressiven Reformern um den sonorensischen General Álvaro Obregón. Letztere konnten sich in diversen Punkten mit einigen radikalen Reformideen durchsetzen. Die 1917 verabschiedete Verfassung galt daher schnell weit über die Grenzen Mexikos hinaus als revolutionärer Wendepunkt in der Geschichte Lateinamerikas und manchen Kommentatoren gar als Ausdruck bolschewistischer Tendenzen. Die neuen Verfassungsartikel weckten hohe Erwartungen, fanden jedoch noch bis in die 1930er Jahre kaum Anwendung.

Artikel 3
[...] Die Bildung ist frei, aber jene in den öffentlichen Bildungsstätten soll weltlich sein, wie auch der Grundschul-, Sekundarschul- und Hochschulunterricht, der in privaten Einrichtungen erteilt wird.

Keine religiöse Vereinigung und kein Priester irgendeiner Religion dürfen Grundschulen aufbauen oder leiten.

Private Grundschulen dürfen nur unter staatlicher Aufsicht eingerichtet werden.

In den öffentlichen Einrichtungen wird der Grundschulunterricht unentgeltlich erteilt. [...]

Artikel 27
Das Eigentum am Grund und Boden und an den Gewässern innerhalb der Grenzen des Landesgebietes steht ursprünglich der Nation zu, welche das Recht gehabt hat und noch hat, die Besitzgewalt über dieselben auf Privatpersonen zu übertragen, wodurch privates Eigentum geschaffen wird. [...]

Die Nation behält jederzeit das Recht, dem Privateigentum diejenigen Leistungen aufzuerlegen, die durch das öffentliche Interesse geboten sind, sowie das Recht, die Nutzbarmachung der Naturschätze, die der Aneignung fähig sind, zu regeln, um eine gerechte Verteilung des Volkswohlstandes zu bewirken und für seine Erhaltung zu sorgen. Zu diesem Zweck sind die nötigen Maßnahmen zu treffen für die Aufteilung des Großgrundbesitzes, die Förderung des Kleinbesitzes, die Schaffung neuer landwirtschaftlicher Siedlungszentren mit dem unentbehrlichen Besitz an Böden und Gewässern, die Förderung des Ackerbaus, den Schutz der Naturschätze gegen Zerstörung und die Bewahrung des Eigentums gegen Schäden auf Kosten der Allgemeinheit. Die Dörfer, Ansiedlungen und Gemeinden, die keinen oder einen für die Bedürfnisse ihrer Bevölkerung unzureichenden Besitz an Boden und Wasser haben, sollen den Anspruch haben, dass ihnen aus den umliegenden Ländereien solcher zugewiesen wird, wobei jedoch der Kleinbesitz zu schonen ist. [...]

Der Nation steht das unmittelbare Eigentumsrecht an allen Erzen und sonstigen Stoffen zu, die in Form von Flözen, Adern, Schichten, Massen oder Fundstellen Ablagerungen bilden, deren Natur von den Bestandteilen des Bodens verschieden ist, so wie die Erze, aus denen in der Industrie verwendete Metalle und Metalloide gewonnen werden, die Fundstellen von Edelsteinen und von Steinsalz, die Salinen, die unmittelbar von dem Meerwasser gebildet werden, die Produkte des Abbaus von Gesteinen, wenn ihre Förderung Arbeit unter Tage erfordert, die zur künstlichen Düngung verwendbaren Phosphate, die festen mineralischen Brennstoffe, das Petroleum und alle festen, flüssigen und gasförmigen Kohlenwasserstoffe.

[...D]ie Besitzgewalt der Nation ist unübertragbar und unverjährbar, und Konzessionen können an Privatpersonen oder bürgerliche Vereinigungen oder Handelsgesellschaften, die gemäß den mexikanischen Gesetzen gebildet sind, nur durch die Bundesregierung verliehen werden, unter der Bedingung, dass ordnungsmäßige Arbeiten zum Zwecke der Ausbeutung der betreffenden Werte vorgenommen werden und die durch die Gesetze vorgesehenen Vorbedingungen erfüllt sind.

Für die Fähigkeit, das Besitzrecht an Grund und Boden oder Gewässern von der Nation zu erwerben, sollen folgende Bestimmungen maßgebend sein:

1. Nur Mexikaner von Geburt oder durch Einbürgerung und mexikanische Gesellschaften haben das Recht, Besitz an Grund und Boden, Gewässer und deren Zubehör zu erwerben oder Konzessionen für die Ausbeutung von Minen, Gewässern oder mineralischen Brennstoffen in der Republik Mexiko zu erlangen. Der Staat soll dasselbe Recht Ausländern verleihen können, vorausgesetzt, dass diese vor dem Staatssekretariat des Auswärtigen ihre Einwilligung erklären, bezüglich der genannten Güter den Inländern gleichgestellt zu werden und daher hinsichtlich jener Güter nicht den Schutz ihrer Regierungen anzurufen [...].

6. Den Gemeinwesen, Flecken, Weilern, Dörfern, Ansiedlungen, Stämmen und sonstigen geschlossenen Bevölkerungsgruppen, die de facto oder de jure eine Gemeinschaft bilden, soll das gemeinsame Nutzungsrecht über die Ländereien, Forsten und Gewässer zustehen, die ihnen gehören [...].

Artikel 123

Der Kongress der Union und die gesetzgebenden Körperschaften der Staaten haben Gesetze über die Arbeitszeitverhältnisse zu erlassen, die auf den Bedürfnissen der einzelnen Landesteile basieren, ohne jedoch gegen die folgenden Grundsätze zu verstoßen, die für die Werktätigkeit aller Arbeiter, Tagelöhner, Angestellten, Dienstboten und Handwerker sowie ganz allgemein für jeden Arbeitsvertrag maßgebend sind:

1. Das Höchstmaß der täglichen Arbeitszeit soll acht Stunden sein.

2. Das Höchstmaß der Arbeitsdauer für Nachtarbeit soll sieben Stunden betragen. Ungesunde oder gefährliche Arbeiten sind für Frauen allgemein und für Jugendliche unter 16 Jahren verboten. Desgleichen dürfen solche nicht zu gewerblicher Nachtarbeit verwendet werden. In kaufmännischen Geschäftshäusern dürfen sie nicht nach zehn Uhr abends arbeiten.

3. Für Jugendliche zwischen zwölf und 16 Jahren ist das Höchstmaß der täglichen Arbeitsdauer sechs Stunden. Die Arbeit von Kindern unter zwölf Jahren kann nicht Gegenstand eines Arbeitsvertrages sein.

4. Auf je sechs Arbeitstage hat jeder Werktätige Anspruch auf mindestens einen Ruhetag.

5. Frauen dürfen während der drei Monate vor einer Entbindung keine körperlichen Arbeiten verrichten, die eine beträchtliche Kraftanstrengung erfordern. In dem auf die Entbindung

folgenden Monat sind sie verpflichtet, sich jeder Werktätigkeit zu enthalten, bleiben jedoch im Genuss ihrer ungekürzten Gehalts- oder Lohnbezüge ihres Anstellungsverhältnisses und aller Rechte, die sie durch ihren Arbeitsvertrag erworben haben. Während des Zeitraums, in welchem sie ihr Kind selbst nähren, sind ihnen täglich zwei außerordentliche Ruhepausen von je einer halben Stunde Dauer für das Stillen des Kindes zu gewähren.

6. Das Mindestmaß des Lohnes, der einem Arbeiter zusteht, muss unter Berücksichtigung der besonderen örtlichen Verhältnisse als ausreichend für die Befriedigung der normalen Lebensbedürfnisse des Arbeiters, für die Förderung seiner Bildung und für seine harmlosen Zerstreuungen gelten können, wobei er als Familienoberhaupt zu betrachten ist. In jedem landwirtschaftlichen, kaufmännischen, gewerblichen oder bergbaulichen Unternehmen haben die Arbeiter Anrecht auf Gewinnbeteiligung [...].

7. Gleicher Arbeit soll gleiche Entlohnung entsprechen, ohne Rücksicht auf Geschlecht oder Staatsangehörigkeit. [...]

17. Streiks und Betriebsstilllegungen sind durch die Gesetze als Recht der Arbeitnehmer bzw. Arbeitgeber anzuerkennen. [...]

Artikel 130

Den bundesstaatlichen Gewalten obliegt es, in Bezug auf die religiösen Kulte und die externe Disziplin gemäß den Gesetzen zu intervenieren. [...]

Die Eheschließung ist ein ziviler Vertrag. Diese und andere Handlungen bezüglich des Familienstandes der Personen gehören innerhalb des vorgegebenen Gesetzesrahmens in den alleinigen Zuständigkeitsbereich der Beamten und Behörden der zivilen Ordnung und besitzen die Kraft und Gültigkeit, die dieser Gesetzesrahmen ihnen zugesteht. [...]

Das Recht spricht den religiösen Vereinigungen, genannt Kirchen, keinerlei Rechtspersönlichkeit zu.

Die Priester von Religionen werden wie Personen behandelt, die einen Beruf ausüben, und sind direkt den Gesetzen unterworfen, die zu ihrem Sachgebiet verabschiedet werden.

Einzig die Parlamente der Bundesstaaten besitzen die Befugnis, die Höchstzahl der Priester von Religionen gemäß den lokalen Gegebenheiten festzulegen.

Um in den Vereinigten Staaten von Mexiko ein religiöses Amt auszuüben, muss man Mexikaner von Geburt sein.

Die Priester von Religionen dürfen niemals die grundlegenden Gesetze des Landes, der Behörden im Einzelnen oder der Regierung im Allgemeinen kritisieren, weder in einer öffentlichen Versammlung, einer privaten Sitzung, in religiösen Handlungen noch als religiöse Propaganda. Sie besitzen weder aktives noch passives Wahlrecht und dürfen sich nicht zu politischen Zwecken zusammenschließen. [...]

Strikt verboten bleibt die Bildung jeder Art von politischer Gruppierung, deren Bezeichnung irgendein Wort oder irgendeinen Hinweis enthält, der sie mit einer religiösen Konfession in Verbindung bringt. In den Gotteshäusern dürfen keine Versammlungen politischen Charakters abgehalten werden. [...]

Aus: *Constitución política de los Estados Unidos Mexicanos, expedida el 31 de enero de 1917*, Mexiko-Stadt 1917. Zit. nach: *Artikel 27, 28 und 123 der Mexikanischen Verfassung*, Berlin: Mexikanische Gesandtschaft 1924, S. 1–16.

Q 77 Die National-Revolutionäre Partei (1928)

Um das Problem der mexikanischen Präsidentschaftsnachfolge zu lösen, das die Mexikanische Revolution ausgelöst hatte, wurde 1928 eine Partei gegründet, die alle wichtigen politischen Akteure, vor allem Militärs, vereinigte. Die »National-Revolutionäre Partei«, später »Partei der Institutionellen Revolution« (»Partido Revolucionario Institucional«, PRI), wurde von

Plutarco Elías Calles (1877–1945) ins Leben gerufen, der nach der Ermordung des gewählten Präsidenten Álvaro Obregón (1880–1928) als »Oberbefehlshaber der Revolution« (»Jefe Máximo de la Revolución«) regierte. Das hier wiedergegebene erste Manifest des Organisationskomitees der Partei stammt vom 1. Dezember 1928.

In der Rede vom vergangenen 1. September wurde die Notwendigkeit angesprochen, unsere Probleme, die die Politik und die Wahlen betreffen, mittels neuer Methoden und Vorgehensweisen zu lösen, schon weil uns der unersetzliche Verlust von General Obregón vor besonders schwierige Umstände stellte. Denn mit ihm verlor die Nation den fähigen Anführer, der das Problem der Präsidentschaftsnachfolge allein durch sein persönliches Ansehen in der Öffentlichkeit hätte lösen können. Dieser aus bestem Gewissen gemachte Vorschlag stieß nicht nur im revolutionären Umfeld, sondern im gesamten Land auf breite Zustimmung, vielleicht weil er auf positiven und mit voller Aufrichtigkeit vertretenen Tatsachen beruhte.

Innerhalb unseres konstitutionellen Systems und in voller Übereinstimmung mit den demokratischen Institutionen, die uns leiten, können diese neuen Methoden und verschiedenen Vorgehensweisen keine anderen sein als die Gründung und die Arbeit von politischen Parteien mit festen Prinzipien und dauerhafter Existenz.

Aufgrund des Fehlens starker Persönlichkeiten, die Magneten der Sympathie und Garanten der Einheit der unterschiedlichen gesellschaftlichen Kräfte sind und sich im Kampf durchsetzen und die Zustimmung durch sehr persönliche Qualitäten erobern könnten, werden zur Gewinnung der öffentlichen Meinung und zur Unterstützung der Regierungen organisierte politische Kräfte benötigt. Diese, die Parteien, sollen die Diskussion unter das Volk bringen, und zwar nicht nur über Personen, sondern über Regierungsprogramme; sie sollen die genannten Kräfte zu einer bestimmten Ideologie führen; sie sollen den Willen der Bürger erobern, die Wahlen moralischer machen und, sobald der Wahlerfolg errungen wurde, als Unterstützung der Regierung fungieren, um ihr all ihre Hilfe bei der Umsetzung des verabschiedeten Programms zu leisten. Gleichzeitig sollen sie ruhige und vernünftige Kritiker sein, damit im Falle, dass sich solche Regierungen in ihrem Handeln von den versprochenen Parteiprogrammen entfernen, sie sich nicht entzweien und zugrunde gehen, wie es bis zum heutigen Tage geschehen ist. Sie sollen mehr sein als eine politische Strömung, die lediglich der Regierung applaudiert, nur weil sie es geschafft haben, in die Reihen der Bürokratie zu kommen, und mehr als die anderen, die das nicht geschafft haben, die Reihe der Unzufriedenen und Trotzigen bilden und an aller öffentlichen Machtausübung etwas zu kritisieren haben.

Die Revolution hat durch den damaligen Präsidenten der Republik in seiner Rede vom 1. September das Land zur Gründung von politischen Parteien mit klaren Ausrichtungen und dauerhaftem Bestehen aufgerufen, um zu erreichen, dass wir in unserem institutionellen Leben eine wirkliche und organische Demokratie errichten.

Die Logik legt es nahe, dass sich aus den vielfältigen Richtungen und Auffassungen, die momentan unsere Nation spalten, zwei mächtige Strömungen herausbilden sollten, die diese kanalisieren und bündeln: die innovative, reformistische oder revolutionäre Strömung und die konservative oder reaktionäre Strömung.

Um diese Entwicklung der mexikanischen Politik zu initiieren und um alle Kräfte der ersten, also der revolutionären Strömung zu sammeln und zu vereinigen, haben wir Unterzeichner uns verbunden, um das Organisationskomitee der National-Revolutionären Partei (*Partido Nacional Revolucionario*) zu gründen, wobei wir den bereits genannten Vorschlägen aus der Parlamentsansprache folgen und die Rechte wahrnehmen, die unsere Gesetze uns Bürgern zugestehen.

Dieses Organisationskomitee verfolgt folgende Ziele:

Erstens, alle Parteien, Gruppierungen und politischen Organisationen der Republik mit revolutionärem Bekenntnis einzuladen, sich zusammenzuschließen und die National-Revolutionäre Partei zu gründen.

Zweitens, rechtzeitig einen Konvent von Repräsentanten aller derjenigen bestehenden Organisationen einzuberufen, die beabsichtigen, Teil der National-Revolutionären Partei zu werden. Dort sollen diskutiert werden:

a) die Statuten oder die Verfassung der Partei,

b) das Grundsatzprogramm derselben,

c) die Nominierung eines Kandidaten für die Präsidentschaft der Republik,

d) die Nominierung der Personen, die das Leitende Komitee oder den Nationalrat der genannten Institution bilden sollen für eine Zeitspanne, die die verabschiedeten Statuten bestimmen.

Um die Bildung der National-Revolutionären Partei sowie den Ablauf des Konvents selbst zu erleichtern, übt das Organisationskomitee folgende Funktionen aus:

1. zu günstiger Zeit Bekanntmachung der Einberufung des Konvents sowie Festsetzung der Grundlagen, an die sich die Gruppierungen halten sollen, die sich zur Bildung der National-Revolutionären Partei zusammenfinden wollen.

2. Erstellung einer internen Satzung für den Konvent, damit die Debatten ordnungsgemäß und gewinnbringend geführt werden können.

3. Vorbereitung eines Entwurfs für das Grundsatzprogramm der Partei, das rechtzeitig allen teilnehmenden Organisationen zur Kenntnis gegeben wird, damit es durchgearbeitet und diskutiert werden kann.

4. Vorbereitung eines Entwurfs für die Statuten und Verfassung der Partei, der ebenfalls bei günstiger Gelegenheit allen teilnehmenden Organisationen zur Kenntnis gegeben wird, damit er durchgearbeitet und diskutiert werden kann.

5. Übergabe aller Akten des Komitees an den Konvent.

Zur landesweiten Bekanntmachung der revolutionären Anstrengungen muss ferner erklärt werden, dass sich die Rolle des Komitees darauf beschränkt, die verstreuten Kräfte der Revolution einzuladen, um sie bis zum Beginn des Konvents, der souverän zu sein hat, zu vereinen und zu organisieren und um kurzum über Programme, Statuten und den Präsidentschaftskandidaten der National-Revolutionären Partei zu entscheiden. Insofern darf oder sollte dieses Komitee für keinen bestimmten Präsidentschaftskandidaten arbeiten.

Wir laden also in Ausübung unserer Rechte als Bürger alle Revolutionäre der Republik und alle politischen Organisationen dieser politischen Richtung dazu ein, sich um das Revolutionsprogramm zu sammeln, das im Laufe der Jahre anhand der Taten der Regierung die Prinzipien unserer Revolution deutlich machen wird.

Fest davon überzeugt, dass die momentane Stunde jene historische Stunde ist, in der politische Parteien von Grundwerten und Dauer entstehen und sich bilden, richten wir uns mit ganzem Enthusiasmus an die Revolutionäre des Landes, damit wir uns um unsere alte Fahne sammeln. Denn wir glauben, dass, wenn uns heute die Gründung stabiler Parteien gelingt und diese die unterschiedlichen politischen Strömungen des Landes repräsentieren, wir die Republik vor der Anarchie retten werden, zu der einzig personenbezogene Ambitionen führen können, und die Grundlagen einer wirklichen Demokratie gelegt haben werden.

Mexiko-Stadt, den 1. Dezember 1928

General Plutarco Elías Calles, Lic. Aarón Sáenz, Ing. Luis L. León, General Manuel Treviño, Prof. Basilio Vadillo, Prof. Bartolomé García, Manilo Fabio Altamirano, Lic. David Orozco

Aus: Primer manifiesto del Comité Organizador del Partido Nacional Revolucionario, 1°. de diciembre de 1928, in: *Historia documental del Partido de la Revolución.* Band 1: PNR 1929–1932, Mexiko-Stadt: PRI/icap 1981, S. 37–39.

2. Soziale Bewegungen, Demokratisierungsansätze und Diktaturen

Q 78   Anarchismus und Gewerkschaftsbewegung in Argentinien (1895)

In Argentinien bildete sich im Zuge der Masseneinwanderung, der Urbanisierung und der Entstehung großer Betriebe für die Exportproduktion früh ein breites Spektrum sozialer Bewegungen heraus. Hierbei spielten die anarchistischen Gruppen eine wichtige Rolle, die sich von den Reformanliegen der Gewerkschaften und sozialistischen Parteien abgrenzten und für die Arbeiter mehr Autonomie sowie Anspruch auf die Produktionsmittel forderten. Zahlreiche anarchistische Zeitungen erschienen auf Italienisch, so dass der Anarchismus von den südamerikanischen Regierungen als »ausländische« Bewegung disqualifiziert wurde. »La Questione Sociale« (»Die soziale Frage«), die zwischen 1894 und 1896 in Buenos Aires erschien, druckte zunehmend spanischsprachige Artikel, um eine breitere Leserschaft zu erreichen.

Die Streiks

In Buenos Aires sind die Gipsarbeiter, die Bäcker und die Hafenarbeiter zeitgleich in den Streik getreten.

Warum sollte man die Geschichte der Geplänkel zwischen Kapital und Arbeit wieder aufnehmen? Die verheerenden Folgen für Letztere sind zu offensichtlich, als dass wir mit ihrer Beschreibung Zeit verschwenden sollten.

Sprechen wir von *den Zielen und der Haltung*, die wir Arbeiter gegenüber der Bourgeoisie in all den Kämpfen, die wir gegen sie führen werden, annehmen müssen, und darunter sind die zwei Prinzipien, mit denen wir uns heute kurz befassen werden.

Streiks müssen als Teilkämpfe aufgefasst werden, in denen der Arbeiter als voranschreitender Wachposten der Anarchie seine Ideen und revolutionären Handlungsweisen in kleinem Maßstab zur Schau stellt und gegenüber der Gesellschaft – die ihm den letzten Platz im Konsum und allem anderen zuweist – nicht als demütiger Diener auftritt, als Bittsteller, sondern als Mann der Revolution, der sich durchsetzt.

In der kraftvollen und kühnen Selbstbehauptung liegt das Geheimnis seines Triumphes.

Werden die Streiks derart aufgefasst, sind wir bereit, unsere Schultern zur Unterstützung anzubieten, und unsere inbrünstigste und gewaltsamste Ergriffenheit wird sich bemerkbar machen. Die Arbeitskämpfe müssen jedoch auch zum Ziel haben, die Arbeiter an das Gefecht gegen die Bourgeoisie zu gewöhnen, und zwar an jene Gefechte, aus denen wir als Sieger und niemals als Besiegte hervorgehen wollen.

Denn wenn der Sieg – der dauerhafte Sieg – darin besteht, sich kühn durchzusetzen, so ist das der Weg, der direkt zur sozialen Revolution führt.

Um diese zu erreichen, ist es unverzichtbar, dass die Bourgeoise – der Feind, den es zu besiegen gilt – im vollen Maße die Ausgaben für die Streiks bezahlt.

Man hat genug an die Solidarität der Arbeiter appelliert, um fehlende Ressourcen zu beschaffen. Das muss aufhören, wenn es nicht schon beendet wurde. Wir Arbeiter sind alle mittellos und können uns lediglich zusammenschließen, um uns gegenseitig persönliche Hilfe zu leisten.

Es geht darum, von den öffentlichen und privaten Betrieben und Geschäften als Kriegsentschädigung die Vorräte zu nehmen, die uns für die erfolgreiche Durchführung [des Krieges] fehlen, und unsere Versorgung zu sichern – so, wie die sich gegenseitig bekämpfenden politischen Parteien Züge überfallen, ausrauben und plündern, zerstören und in Brand setzen und dem Volk Tribute abverlangen, um mit Eifer auf dem Kampfplatz zu bestehen und ihre ehrgeizigen Ziele durchzusetzen.

Diese sich nun durchsetzende Haltung ist der Geschichte der Bürgerkriege und der Eroberung geschuldet, und es ist diese Haltung, die wir von unseren streikenden Genossen mit Mut vorgetragen sehen wollen, und sei es auch auf ihre zaghaften Forderungen nach dem *8-Stunden-Tag* beschränkt. Denn die Absicht ist zu siegen und den Feind aufzuhalten, gleichgültig unter welchen Zielsetzungen der Sieg errungen wird, [...] bis unsere Ideale Wirklichkeit werden.

Kurz gefasst ist dies unsere Meinung zu den Arbeitskämpfen.

Eine gewaltsame Meinung, das ist wahr, aber so gewaltsam – und zudem unmoralisch – alle Maßnahmen der Bourgeoisie gegen uns sind, so gewaltsam müssen heutzutage leider alle Anstrengungen sein, um ein winzig kleines Stück Freiheit und Gerechtigkeit zu erlangen.

Die Lehre Platons darf nicht vorherrschen. Die Zeit ist vorbei, in der die streikenden Arbeiter in den Straßen herumspaziert sind oder sich in ihre Häuser zurückgezogen haben, wo sie mit verschränkten Armen darauf warteten, dass der bourgeoise Gott Wunder tun möge.

Der Arbeiter von heute, Atheist und Materialist, soll sich auf nichts weiter als auf seine eigenen Kräfte verlassen und soll mit ihnen gerüstet, gleichgültig auf welche Art, vom ersten Tage des Streiks an seinen Tageslohn einziehen, damit er seine Familie weiter ernähren kann, und dergleichen fort alle Tage lang, bis die Umstände beseitigt wurden, die ihn zu diesem Schritt zwangen.

Nur so ist es wahrscheinlich, dass der unterlegene Bourgeois sich seiner erbarmt und ihm zu den eingeforderten Bedingungen Arbeit gibt, und er wird viel von seiner Tugend erhalten, wenn er sich damit begnügt.

Nur Mut, Arbeiter!

Aus: Las huelgas, in: *La Questione Sociale* 2, 7, Buenos Aires (1. Januar 1895), o.S.

Q 79   Sozialistische Parteien am Beispiel Chiles (1912)

Der chilenische Buchdrucker Luis Emilio Recabarren (1876–1924) war zu Beginn des 20. Jahrhunderts Mitglied der 1887 gegründeten Demokratischen Partei Chiles, die Gewerkschaftsinteressen vertrat. In der nördlichen Provinz Tarapacá gehörte er zur Provinzleitung und schrieb Zeitungsartikel. Er gewann die Überzeugung, dass die Gründung einer radikaleren Partei des Proletariats notwendig sei, was schließlich 1912 zur Abspaltung der »Sozialistischen Arbeiterpartei« (»Partido Obrero Socialista«) führte. Diese war die Vorläuferin der 1922 gegründeten Kommunistischen Partei Chiles. Im Artikel »Auf zum Sozialismus« (»Vamos al socialismo«) legte Recabarren am 21. Mai 1912 in seiner Zeitschrift »El Despertar de los Trabajadores« (»Das Erwachen der Arbeiter«) seine Gründe für die Abspaltung dar und griff den Gründer und Vorsitzenden der Demokratischen Partei Malaquías Concha (1859–1921) scharf an.

Auf zum Sozialismus

Mit der Neuorganisation der Demokratischen Partei in dieser Provinz kam gleichzeitig auch das Bestreben auf, unsere Organisation in die Idee des Sozialismus einzubinden und ihr ihren eigenen Namen zu geben.

So kam es, dass eine gute Anzahl der neuen Gruppen der Pampa sich nun »Sozialisten« nannte, womit jene demonstrieren, dass sie in Ideologie und Aktion voranschreiten möchten.

Bis heute hat die Demokratische Partei ihren alten und unwürdigen Namen beibehalten, ohne dass irgendjemand die Gründung von Sektionen verurteilt hätte, die von der Demokratischen Partei abhängig sind, aber den Namen »sozialistisch« führen.

Auf der letzten Sitzung des Direktoriums der Zentralgruppe wurde die Namensänderung unserer Partei auf Provinzebene vorgeschlagen. Einige wollen, dass wir einfach den Namen Sozialistische Partei annehmen, andere schlagen vor, dass wir uns Demokratische Sozialisten nennen, und wieder andere, dass wir uns Sozialistische Arbeiterpartei als Namen geben.

Da diese Punkte der Abwägung aller Gruppen und Sektionen der Partei in der Provinz unterzogen werden müssen, halten wir es für opportun, mit diesen Zeilen diesbezüglich einige Ideen zu verdeutlichen.

Wir akzeptieren die Namensänderung und damit einhergehend, dass wir uns aus den folgenden Gründen endgültig aus dem Schoß der Demokratischen Partei lösen:

1. weil die Demokratische Partei in ihrer Politik und ihren öffentlichen Auftritten während der letzten Jahre deutlich gemacht hat, dass sie nicht den Interessen der Arbeiterklasse dient, weil sie bei jeder Wahl gemeinsame Sache mit den Parteien der Klasse der Ausbeuter und Unterdrücker gemacht hat.

2. weil die Parteiführung in ihrer Mehrheit aus bürgerlichen Elementen besteht, die die materiellen und weltanschaulichen Bedürfnisse des Volkes weder kennen noch zu spüren wissen. Der Parteivorstand hat sich weder um Volkskonferenzen noch um eine entschiedene, ausdauernde und aktive Presse gekümmert.

Während der 25 Jahre des Bestehens der Demokratischen Partei ist uns weder ein offizielles Dokument des Parteivorstands noch eine Denkschrift untergekommen, die uns irgendetwas gelehrt hätten.

Die einzige Geschichte, die in Buchstaben geschrieben existiert, die niemals getilgt werden, ist jene, die den Parteivorstand bezichtigt, die gefesselte und erniedrigte Partei in jeder Wahlperiode den Klassen der Unterdrücker des arbeitenden Volkes ausgeliefert zu haben.

Während die organisierten Kräfte der Partei dazu gebracht wurden, die Kandidaten der Bourgeoisie zu wählen und sie triumphieren zu lassen, erlebte die Demokratische Partei tausend Fehlschläge.

Im letzten Wahlkampf unterstützte die Demokratische Partei Konservative und Balmacedisten [benannt nach dem ehemaligen chilenischen Präsidenten José Manuel Balmaceda], damit diese wüchsen, während wir, die Leidtragenden, vom Betrug und der Bestechung erdrückt zurückblieben.

Die Balmacedisten hatten 14 Abgeordnete, jetzt haben sie 26 und stehen kurz davor, sich auf 28 zu steigern. Damit ist ihre parlamentarische Kraft verdoppelt.

Die Demokraten hatten gemäß den Abmachungen zwölf garantierte Sitze. Sie erhielten fünf.

All diese Umstände sind gewichtige Gründe, weshalb die Arbeiterklasse dieser Region ihre Unterstützung nicht weiter einer Partei geben wird, die die [...] Hoffnungen des Volkes betrogen hat.

Wir werden nicht weiter die Nachbeter des Parteivorstands und der Partei sein, die durch die List des verhängnisvollen Don Malaquías Concha in den Ruin geführt wird.

Nein, ihr Salpeterarbeiter, wir unterstützen diese niederträchtige Politik nicht länger. Heben wir unser Haupt und legen wir hier ohne zu Zögern den großartigen Grundstein der Sozialistischen Partei in Chile.

Wir erwarten die Meinungen aller guten Kämpfer dieser Provinz, damit wir in Kürze diese Ideen im Rahmen einer Provinzversammlung diskutieren können.

Luis E. Recabarren S.

Aus: Luis Emilio Recabarren: Vamos al socialismo, in: Ximena Cruzat/Eduardo Devés (Hgg.): *Recabarren. Escritos de prensa*. Band 2: 1906–1913, Santiago de Chile: Editorial Nuestra América/Terranova Editores 1986, S. 162–163.

Q 80   Die frühe afrobrasilianische Presse (1918)

Nach der Abschaffung der Sklaverei in Brasilien 1888 verfestigte sich im Zuge der Urbanisierung und der Masseneinwanderung die unterprivilegierte Stellung der Afrobrasilianer. Aus Tanzvereinen gingen in São Paulo ab 1915 erste Zeitungen hervor, die sich meist an »farbige Menschen« richteten, da die Selbstdefinition als »schwarz« alles andere als selbstverständlich war. Sie sahen die Verantwortung für den sozialen Aufstieg vor allem bei den Afrobrasilianern selbst, wie die folgende, am 3. September 1918 in der Wochenzeitung »O Alfinete« (»Die

Stecknadel«) erschienene Kolumne von A. Oliveira zeigt. Ab Mitte der 1920er Jahre, vor allem ab dem Erscheinen der Zeitungen »O Clarim da Alvorada« (»Das Signalhorn der Morgendämmerung«) und schließlich »A Voz da Raça« (»Die Stimme der Rasse«), formulierte die afrobrasilianische Presse offene Kritik am Rassismus der brasilianischen Gesellschaft.

An unsere Leser

In den psychologischen Gesetzen der Evolution der Völker ist die Rolle der schwarzen Rasse, wenn sie in einigen Ländern Afrikas auch untergeordnet sein mag, sehr wichtig, und die schwarze Rasse bewegt sich unter denselben moralischen und intellektuellen Bedingungen voran wie die anderen Rassen.

In den Vereinigten Staaten ist ihre schöpferische Fähigkeit erstaunlich. Die schwarze Rasse zeichnet sich in jeder Hinsicht in der Landwirtschaft und in der Industrie aus, das Erwachen ihrer Lebensenergie entwickelt in Verbindung mit einer soliden intellektuellen Bildung auf wunderbare Weise den Fortschritt dieser großen Nation, deren Handel den der größten europäischen Mächte verdrängt hat. Im eigenen Land behauptet sie sich gegenüber ihrer Rivalin, der weißen [Rasse], mit der sie parallel auf dem Pfad der Zivilisation schreitet.

Und in Brasilien? Vor nicht langer Zeit gab es Farbige (*homens de cor*), die wahrhaft stolz auf ihre Klasse waren. José do Patrocínio, der kämpferische Geist des brasilianischen Journalismus, unterstützte und verteidigte glanzvoll die abolitionistische Bewegung, bis die letzten Kettenglieder brachen, die uns an das Schandmal der Schmach banden – die Sklaverei.

Luiz Gama, auch farbig, arbeitete unermüdlich an der Verteidigung seiner Klasse, bis am 13. Mai 1888 die triumphale Morgenröte unserer Freiheit anbrach.

Nun gut, obwohl dieser Tag den Pfad für den ersten Schritt in eine bessere Zukunft öffnen sollte, fällt und verschwindet unsere Rasse unbemerkt im Rauschen der weißen Zivilisation, es schwinden all ihre Energien, sie verarmt moralisch, ohne sich jemals weder in gesellschaftlichen noch in intellektuellen Fragen zu behaupten.

Es scheint, als lebe sie mit angeketteten Gedanken oder als halte sie sich tatsächlich für minderwertig und in diesem Fall für anmaßend, weil sie sich in Angelegenheiten einmischt, die sie nichts angehen.

Aber wofür war das Gesetz zur Abschaffung der Sklaverei in Brasilien letztlich gut?

Einzig, um dem Ausland unsere augenscheinliche Zivilisiertheit zu zeigen, denn wenn es die offizielle Sklaverei abgeschafft hat, so hat es die individuelle Knechtschaft eingeführt, wenn sie das Regime unfreier Sklaven gestürzt hat, so hat sie das freiwilliger Knechte etabliert.

Wer sind die Schuldigen an diesem schwarzen Makel, der ewig unsere Stirn befleckt?

Wir, allein wir, die wir in der beschämendsten Unwissenheit leben, im tiefsten moralischen Abgrund, die wir letztlich die betrübliche Situation, in der wir leben, nicht verstehen.

Bilden wir uns, rotten wir unseren Analphabetismus aus, und wir werden sehen, ob wir die Nordamerikaner nachahmen können oder nicht.

Oliveira

Aus: Aos nossos leitores, in: O Alfinete 1, 2, São Paulo (3. September 1918), S. 1.

Q 81   Die argentinische Studentenbewegung (1918)

Der Erste Weltkrieg, die Mexikanische und die Russische Revolution schufen ein Klima der Umwälzungen, das von der jungen Generation aufgegriffen wurde und in eine Studentenrevolte mündete. Sie nahm in der argentinischen Provinzstadt Córdoba, Sitz einer bereits 1613 gegründeten Universität, ihren Ausgang. Neben der Modernisierung der universitären Lehre und Selbstverwaltung, die im sogenannten »Manifest von Córdoba« von 1918 im Mittelpunkt stand, hatte die sich rasch in ganz Lateinamerika ausbreitende Bewegung weitreichende poli-

tische Ziele. Die Universitäten wurden damit zu Zentren des reformerischen und revolutionä-
ren Aktivismus.

Als Menschen einer freien Republik haben wir soeben die letzte Kette gesprengt, die uns mitten im 20. Jahrhundert noch an die alte Herrschaft der Monarchen und Mönche fesselte. Wir
haben beschlossen, alle Dinge bei ihrem Namen zu nennen. Córdoba befreit sich. Von heute
an gibt es für dieses Land eine Schande weniger und eine Freiheit mehr. Die Schmerzen, die
verbleiben, sind die Freiheiten, die noch fehlen. Wir glauben nicht, dass wir uns irren, das
Pochen unserer Herzen sagt es uns: Wir stehen am Beginn einer Revolution, wir erleben eine
Sternstunde Amerikas. In Córdoba bricht der Aufstand heute mit solcher Heftigkeit los, weil
hier die Tyrannen hochmütig geworden waren und weil die Erinnerung an die Konterrevolu-
tionäre der Mairevolution für immer ausgelöscht werden musste. Die Universitäten sind nun
ein Jahrhundert lang Freistatt der Mittelmäßigen gewesen, Pachtgut der Ignoranten, sicheres
Asyl der Untauglichen und – was noch schlimmer ist – der Ort, an dem alle Formen der Tyrannei und der Abstumpfung ihren Lehrstuhl fanden. Die Universitäten wurden so zu einem
getreuen Abbild dieser dekadenten Gesellschaften, die beharrlich das triste Schauspiel einer
senilen Unbeweglichkeit bieten. Deshalb geht die Wissenschaft an diesen stummen, verriegel-
ten Anstalten schweigend vorbei oder stellt sich verstümmelt und verzerrt in den Dienst der
Bürokratie. Wenn sie in einer flüchtigen Anwandlung den großen Geistern ihre Pforten öffnen,
so nur, um es gleich wieder zu bereuen und ihnen in ihrem Bereich das Leben schwer zu machen. Deshalb macht sich in einem solchen System ganz zwangsläufig das Mittelmaß in der
Lehre breit, und der lebenswichtige Ausbau der Universitätsorgane ist nicht Frucht einer orga-
nischen Entwicklung, sondern Ausfluss periodisch wiederkehrender Revolutionen.

Unser Universitätssystem [...] ist anachronistisch. Es basiert auf einer Art göttlichem Recht:
dem göttlichen Recht der Professorenschaft. Es ist sich selbst Anfang und Ende. Es verharrt in
olympischer Abgeschiedenheit. Die Universitätsföderation von Córdoba erhebt sich zum
Kampf gegen dieses System und weiß, dass dabei ihre Existenz auf dem Spiel steht. Sie fordert
streng demokratische Gremien und vertritt die Auffassung, dass der *Demos* der Universität,
die Souveränität, das Recht, sich selbst zu verwalten, vorwiegend in der Studentenschaft wur-
zelt. Die Autorität, die in einer Lehranstalt einem Direktor oder Lehrer eigen ist und auch
zusteht, kann sich nicht auf die Macht der Disziplin stützen, die nichts mit dem eigentlichen
Gehalt des Studiums zu tun hat. Autorität übt man in einer Lehranstalt nicht durch Befehle
aus, sondern durch Anregung und Zuneigung: *durch Lehren.*

Wenn zwischen dem Lehrenden und dem Lernenden keine geistige Beziehung besteht, so ist
alles Lehren feindselig und folglich unfruchtbar. Die ganze Erziehung ist ein anhaltendes Werk
der Liebe gegenüber den Lernenden. Wenn man die Garantie für einen fruchtbaren Frieden
auf den einschüchternden Artikel einer Verordnung oder einer Satzung gründet, so verteidigt
man damit jedenfalls ein Kasernenregime, leistet aber keine wissenschaftliche Arbeit. Das
derzeitige Verhältnis zwischen Herrschenden und Beherrschten aufrechtzuerhalten heißt, das
Ferment künftiger Unruhen aufrühren. Das Gemüt der Jugend muss durch geistige Kräfte
bewegt werden. Die ausgeleierten Triebfedern einer Autorität, die aus der Gewalt erwächst,
genügen weder den Ansprüchen des Gefühls noch einer modernen Auffassung von der Universität. Das Knallen der Peitsche kann nur das Schweigen der Ahnungslosen oder der Feiglinge
abhaken. In einem wissenschaftlichen Institut ist allein das Schweigen derer am Platze, die einer Wahrheit lauschen oder experimentieren, um sie herauszufinden oder zu beweisen.

Deshalb wollen wir im Organismus der Universität endgültig den Autoritätsbegriff ausmer-
zen, der in diesen Lehranstalten ein Bollwerk absurder Tyrannei ist und der nur dazu dient, in
verbrecherischer Weise den Schein der Würde und der Kompetenz zu wahren. [...] Man beschuldigt uns nun als Aufrührer im Namen einer Ordnung, die wir nicht bestreiten, die uns
aber auch nicht im geringsten betrifft. Wenn dies so ist, wenn man uns im Namen der Ordnung weiterhin an der Nase herumführen und verdummen will, dann verkünden wir allerdings mit lauter Stimme das geheiligte Recht zum Aufstand. Dann bleibt uns als einzige offene
Tür zur Hoffnung nur noch das heroische Geschick der Jugend. Das Opfer ist uns der beste

Ansporn; die geistige Erlösung der amerikanischen Jugend unser einziger Lohn, denn wir wissen, dass unsere Wahrheiten – in all ihrer Schmerzlichkeit – für den ganzen Kontinent gelten. [...]

Die Jugend ist immer bereit, sich aufzuopfern. Sie ist uneigennützig, sie ist rein. Sie hat noch keine Zeit gehabt, sich zu infizieren. Sie irrt sich nie in der Wahl ihrer eigenen Lehrmeister. Bei der Jugend verdient man sich keine Sporen durch Schmeichelei und Bestechung. Man muss sie ihre Lehrmeister und Direktoren selbst wählen lassen und kann sicher sein, dass der Erfolg ihre Entscheidungen krönen wird. In der zukünftigen Universitätsrepublik werden nur noch die wahren Erbauer des Geistes, die Schöpfer des Wahren, des Schönen und des Guten Lehrmeister sein können. Die Universitätsjugend von Córdoba glaubt, dass die Stunde gekommen ist, dieses schwerwiegende Problem dem Land und seinen herausragenden Persönlichkeiten zur Diskussion zu stellen. [...]

Die Jugend bittet nicht mehr. Sie fordert, dass man ihr das Recht zuerkennt, das eigene Denken in den Universitätsgremien durch ihre Vertreter zu äußern. Sie ist es leid, die Tyrannen zu ertragen. Wenn sie fähig gewesen ist, eine Revolution des Bewusstseins herbeizuführen, so kann man ihr nicht die Fähigkeit absprechen, bei der Verwaltung ihres eigenen Hauses mitzuwirken. Die Universitätsjugend von Córdoba entbietet über ihre Föderation den Genossen in ganz Amerika ihren Gruß und fordert sie auf, das Werk der Befreiung mitzutragen, das sie begonnen hat.

Aus: *Manifiesto. A la juventud argentina*, Córdoba 1918. Zit. nach: Das Manifest von Córdoba (1918). Die argentinische Jugend von Córdoba an die freien Menschen Südamerikas, Übers. Wilfried Böhringer, in: Angel Rama (Hg.): *Der lange Kampf Lateinamerikas. Texte und Dokumente von José Martí bis Salvador Allende*, Frankfurt a.M.: Suhrkamp 1982, S. 173–178.

Q 82   Die kolumbianische Arbeiterbewegung (1925)

María Cano (1887–1967), geboren in Medellín, war eine Anführerin der kolumbianischen Arbeiterbewegung. Im Rahmen des 1926 einberufenen 3. Nationalen Arbeiterkongresses war sie an der Gründung der »Revolutionären Sozialistischen Partei« (»Partido Socialista Revolucionario«, PSR) beteiligt, in deren Vorstand sie gewählt wurde. Im konservativ regierten Kolumbien der 1920er Jahre, das von regionaler Isolation und dürftigen Möglichkeiten der sozialen Vernetzung geprägt war, galt sie als Übermittlerin von Nachrichten, die für die Arbeiterschaft und die Oppositionellen von großem Interesse waren, wie etwa die Kämpfe der Arbeiter auf den Ölfeldern und Bananenplantagen für politische und soziale Rechte. Zudem gilt sie als Schlüsselfigur der lateinamerikanischen Frauenbewegung. Die folgende Rede, die in der Zeitung »La Humanidad« am 22. Dezember 1925 veröffentlicht wurde, hielt María Cano vor Bergarbeitern.

Arbeiter, steht auf!

Kameraden, steht auf! Seid bereit, uns zu verteidigen. Lasst uns ein einziges Herz sein, ein einziger Arm. Schließt die Reihen, vorwärts! Jeder Moment des Zögerns oder der Gleichgültigkeit bietet der Unterdrückung neuen Raum und birgt die Gefahr einer neuen Unterjochung.

Tapfere Soldaten der Sozialen Revolution, marschiert! Unsere Feinde verstärken die Jahrhunderte alte Unterdrückung [...]. Die Brüste, die der Kampf der Arbeiter gehärtet hat, sollen Felsen sein, an denen die feindlichen Speere zerschellen. Jene organisieren sich, um zu zerstören, wir aber organisieren uns, um zu erschaffen.

Die Volksseele muss ein Granitblock sein, so dass die Wirklichkeit die Lehren des großen sozialen Evangeliums bestätigt. Lasst uns zusammentreten rings um unsere Fahne, den roten Streifen, Emblem unseres blutigen Kampfes, der den Tyrannen gegenüber das Proletariat als ein vereintes Herz offenbart, eine entzündete Flamme, die an den Grundfesten des Monsters lodert und es an einem nahenden Tage verschlingen wird.

Soldaten des Proletariats! Vorhut der Freiheit! Eilt herbei, um den glorreichen Schwur auf unsere Fahne abzulegen. Wir müssen sie vor dem Schlamm beschützen, der sie zu beschmutzen sucht. Wir müssen sie schwenken, um Unrecht und Unterdrückung zu rächen.

Hört meine Stimme an, die Euch zusammenruft, auf dass die durch die Arbeitsmühe noch gespannten Muskeln, die schweißgebadeten Stirnen, die von der Folter des Denkens verschatteten Augen durch das Wehen der Freiheit beim ehrenvollen Schwenken unserer Fahne Luft schöpfen und gestärkt werden mögen!

Lasst uns die Reihen schließen. Vorwärts!

María Cano, Blüte der Arbeit

Aus: María Cano: ¡Obreros, en pie!, in: Dies.: *Escritos*, hg. v. Miguel Escobar Calle, Medellín: Ediciones Extensión Cultural Departamental 1985, S. 122–123.

Q 83   Der peruanische Aprismus (1926)

Der Peruaner Víctor Raúl Haya de la Torre (1895–1979) machte nach dem Ersten Weltkrieg als Studentenführer auf sich aufmerksam. Im Zuge der Universitätsreformbewegung gründete er 1919 die nach dem Literaten und Sozialkritiker Manuel González Prada benannten Volks-universitäten, die sich insbesondere an die Arbeiterschaft wandten. Mit seinen auch in andere lateinamerikanische Länder hineinreichenden Organisationsbemühungen zog er den Zorn des Regimes von Augusto B. Leguía auf sich und musste 1923 ins Exil nach Mexiko gehen, wo er ein Jahr später die neue Partei A.P.R.A. gründete, deren Grundsätze er 1926 in dem Beitrag » Was ist die A.P.R.A.?« (» What is the A.P.R.A.?«) in der englischen Zeitschrift » The Labour Monthly« vorstellte. Bis zu seinem Tod 1979 prägte Haya de la Torre die Politik Perus nachhaltig.

Die Organisation des antiimperialistischen Kampfes in Lateinamerika durch eine internationale Einheitsfront der Hand- und Kopfarbeiter (Arbeiter, Studenten, Bauern, Intellektuelle usw.) mit einem gemeinsamen politischen Aktionsprogramm, das ist die A.P.R.A. (*Alianza Popular Revolucionaria Americana* – Revolutionäre Amerikanische Volksallianz).

Ihr Programm

Das internationale Programm der A.P.R.A. besteht aus fünf allgemeinen Punkten, die den nationalen Sektionen in jedem lateinamerikanischen Land als Grundlage für ihr Programm dienen sollen. Die fünf allgemeinen Punkte sind die folgenden:

1. gegen den Yankeeimperialismus.
2. für die politische Einheit Lateinamerikas.
3. für die Verstaatlichung von Ländereien und Industrie.
4. für die Internationalisierung des Panamakanals.
5. für die Solidarität mit allen unterdrückten Völkern und Klassen der Welt.

Ihre Organisation

Die A.P.R.A., die zukünftige Antiimperialistische Revolutionspartei Lateinamerikas, ist eine neue internationale Organisation der jungen Generation von Hand- und Kopfarbeitern aus mehreren Ländern Lateinamerikas. Sie wurde im Dezember 1924 mit der Verkündung ihrer fünf allgemeinen Programmpunkte gegründet und hat in zwei Jahren bereits einige nationale Sektionen aufgebaut, die allerdings nach so kurzer Zeit noch nicht sehr zahlreich sind. Die A.P.R.A. verfügt bereits über eine große Sektion in Peru und Zellen in Mexiko, der Republik Argentinien, Zentralamerika usw., und eine Sektion in Europa, derzeit mit Zentrum in Paris, wo eine mitgliederstarke Zelle von Studenten und Arbeitern mit Unterabteilungen in Deutschland, Spanien und England besteht. Der vorläufige Exekutivausschuss hat bisher seinen Sitz in London.

Die Einheitsfront

Die A.P.R.A. organisiert die große antiimperialistische Einheitsfront und setzt sich dafür ein, in dieser Front alle Kräfte zu einen, die in der einen oder anderen Form gegen die Gefahr der Eroberung, die unser Amerika bedroht, gekämpft haben oder noch kämpfen. Bis 1923 wurde diese Gefahr unterschiedlich vorausgeahnt und interpretiert. Für die einen handelte es sich um einen Rassenkonflikt (zwischen Angelsachsen und Romanen), für die anderen um einen Konflikt zwischen Kulturen oder eine Frage des Nationalismus. In den González-Prada-Volksuniversitäten in Peru entstand eine neue Interpretation des Problems und insbesondere der Form, in der es anzugehen sei. Der Imperialismus war zwar als ökonomischer Sachverhalt bereits dargestellt worden, nicht aber sein Klassencharakter und die Kampftaktik, um uns gegen ihn zu verteidigen. Aus den González-Prada-Volksuniversitäten erhebt sich diesbezüglich im Jahre 1923 die erste Stimme und ruft zur Einigung der jungen Hand- und Kopfarbeiter in einer revolutionären Aktion gegen den Imperialismus auf [...]. Im Jahre 1924 wurde in Mexiko die erste Panamerikanische Antiimperialistische Liga gegründet, und 1925 in Buenos Aires die Lateinamerikanische Union. Die Antiimperialistische Liga war der erste konkrete Schritt in Richtung auf den Zusammenschluss einer Einheitsfront von Arbeitern, Bauern und Studenten, wie sie in Peru von den González-Prada-Volksuniversitäten proklamiert und im Massaker von Lima am 23. Mai 1923 von der peruanischen Regierung »made in USA« mit Blut getauft worden war. Die Lateinamerikanische Union von Buenos Aires wurde als Einheitsfront der antiimperialistischen Intellektuellen gegründet. Doch die Panamerikanische Antiimperialistische Liga verkündete kein politisches Programm, sondern ein Programm des Widerstands gegen den Imperialismus, und die Lateinamerikanische Union beschränkte sich auf geistige Aktionsziele. Als Ende 1924 das Programm der A.P.R.A. verkündet wird, enthält es bereits ein revolutionäres Programm für die politische Aktion und den Aufruf, alle zersplitterten Kräfte in einer einzigen Einheitsfront zusammenzuschließen.

Der Klassenkampf und der Yankeeimperialismus in Lateinamerika

Die Geschichte der politischen und wirtschaftlichen Beziehungen zwischen Lateinamerika und den Vereinigten Staaten und insbesondere die Erfahrungen der Mexikanischen Revolution lassen uns folgende Schlüsse ziehen:

1. Die herrschenden Klassen der lateinamerikanischen Länder, Großgrundbesitzer, Handelsoligarchie und Bourgeoisie, sind Verbündete des Imperialismus.

2. Diese Klassen haben in unseren Ländern die Regierungsmacht inne, als Gegenleistung für eine Politik der Konzessionen, Anleihen oder anderer Operationen, die Großgrundbesitzer, Bourgeoisie, Handelsoligarchie und die politischen Gruppen oder Führer dieser Klassen mit dem Imperialismus aushandeln oder gemeinschaftlich betreiben.

3. Als Resultat dieser Klassenallianz werden die natürlichen Ressourcen unserer Länder mit Hypotheken belastet oder verkauft, die Finanzpolitik unserer Regierungen beschränkt sich auf eine irrwitzige Aufeinanderfolge von Großanleihen, und unsere Arbeiterklasse, die für die Herren produzieren muss, wird brutal ausgebeutet. [...]

4. Die fortschreitende wirtschaftliche Unterwerfung unserer Länder unter den Imperialismus führt zur politischen Unterwerfung, zum Verlust der nationalen Souveränität, zu bewaffneten Invasionen durch die Land- und Seestreitkräfte des Imperialismus, zum Kauf kreolischer

Caudillos usw., Panama, Nicaragua, Kuba, Santo Domingo, Haiti sind durch die »Penetrationspolitik« des Imperialismus zu wahren Kolonien oder Protektoraten der Yankees geworden. [...]

Schlussfolgerung

Die A.P.R.A. ist also eine politische Organisation in Kampf gegen den Imperialismus und im Kampf gegen seine Helfershelfer und Komplizen, die herrschenden Klassen Lateinamerikas. Die A.P.R.A. ist die Lateinamerikanische Antiimperialistische Revolutionspartei, die die größte Einheitsfront der Hand- und Kopfarbeiter Lateinamerikas organisiert, die Vereinigung von Arbeitern, Bauern, Eingeborenen usw. mit Studenten, intellektueller Avantgarde, Lehrern usw., um die Souveränität unserer Länder zu verteidigen. Die A.P.R.A. ist eine autonome lateinamerikanische Bewegung ohne jede Einmischung oder Beeinflussung von außen. Sie ist Ausdruck des natürlichen Antriebs unserer Völker, gemeinsam ihre Freiheit zu verteidigen und die inneren und äußeren Feinde zu besiegen. Die historischen Erfahrungen Mexikos, Zentralamerikas, Panamas und der Antillen und die gegenwärtige Situation Perus, Boliviens und Venezuelas, wo die »Penetrationspolitik« des Imperialismus deutlich zu spüren ist, haben uns dazu bewogen, die A.P.R.A. auf vollkommen neuen Grundlagen aufzubauen und realistische, wirksame Methoden der politischen Aktion zu proklamieren. Der Wahlspruch der A.P.R.A. fasst in eindeutiger Weise zusammen, wonach zwanzig bedrohte Völker trachten: »Gegen den Yankeeimperialismus, für die politische Einheit Lateinamerikas, für die Verwirklichung der sozialen Gerechtigkeit.«

Aus: Víctor Raúl Haya de la Torre: What is the A.P.R.A.?, in: *The Labour Monthly* 8, 12, London (Dezember 1926), S. 756–759. Zit. nach: Víctor Raúl Haya de la Torre: Was ist die A.P.R.A.?, Übers. Wilfried Böhringer, in: Angel Rama (Hg.): *Der lange Kampf Lateinamerikas. Texte und Dokumente von José Martí bis Salvador Allende*, Frankfurt a.M.: Suhrkamp 1982, S. 193–199.

Q 84   Die indigene Wirklichkeit Perus (1928)

Trotz seines frühen Todes zählt der peruanische Intellektuelle José Carlos Mariátegui (1894–1930) zu den wichtigsten marxistischen Denkern Lateinamerikas. Er war zunächst Gründungsmitglied der A.P.R.A. von Haya de la Torre, mit dem er sich aber 1928 überwarf. Daraufhin gründete er die Sozialistische Partei von Peru und engagierte sich in der Gewerkschaftsbewegung. Im folgenden Text, dem dritten seiner berühmten »Sieben Essays zur Interpretation der peruanischen Wirklichkeit«, die 1928 erstmals veröffentlicht wurden, wandte er sich dem zentralen Problem seines Landes, der sozialen Lage der indigenen Bevölkerung, zu.

Wenn wir das Indioproblem vom sozialistischen Standpunkt aus untersuchen und beschreiben, müssen wir zunächst die humanitären und philanthropischen Standpunkte für völlig überholt erklären, auf die sich die alte Kampagne der Pro-Indígena-Bewegung stützte, die gewissermaßen eine Fortsetzung des apostolischen Kampfes des Padre de las Casas war. Unsere erste Anstrengung wird daher der Bemühung gelten, den Charakter dieses Problems als einen grundsätzlich ökonomischen darzustellen. Wir wenden uns gegen die instinktive – und defensive – Tendenz des Kreolen [...], es auf ein ausschließlich administratives, pädagogisches, ethnisches oder moralisches Problem zu reduzieren, nur um so um jeden Preis der Ebene der Ökonomie zu entkommen. Der absurdeste Vorwurf, den man gegen uns erheben kann, ist daher der, zu lyrisch oder zu literarisch zu sein. Indem wir das sozioökonomische Problem in den Mittelpunkt stellen, sind wir so wenig lyrisch und literarisch, wie es überhaupt nur geht. Wir sind nicht damit zufrieden, für den Indio das Recht auf Bildung, auf Kultur, auf Fortschritt, auf Liebe und auf das Himmelreich zu fordern. Wir fordern zuallererst kategorisch sein Recht auf diese Erde. Diese durch und durch materialistische Forderung müsste ausreichen, damit man uns nicht mit den Erben und Nachbetern der christlichen Botschaft des großen spanischen Mönches verwechselt, den wir allerdings ungeachtet all unseres Materialismus tief verehren.

Wir sind auch nicht bereit, das Problem des Bodens – das ganz offenkundig mit dem Indioproblem zusammenhängt – in opportunistischer Weise zu verwässern und zu verharmlosen. Ganz im Gegenteil. Was mich angeht, so versuche ich, es in klaren und unmissverständlichen Worten zu formulieren. Das Agrarproblem besteht vor allem in der Notwendigkeit, den Feudalismus in Peru abzuschaffen. Das hätte bereits das bürgerlich-demokratische Regime tun müssen, das sich seit der Unabhängigkeitsrevolution der Form nach etabliert hat. Aber in Peru haben wir in hundert Jahren Republik keine wirkliche bürgerlich-kapitalistische Klasse gehabt. Die alte feudale Klasse hat – als republikanische Bourgeoisie getarnt oder verkleidet – ihre Stellung gehalten. Die von der Unabhängigkeitsrevolution eingeleitete Politik der Schuldenbefreiung des Landbesitzes – eine logische Folge der Ideologie dieser Revolution – führte nicht zur Entwicklung des kleinen Grundeigentums. Die alte Grundbesitzerklasse hatte ihre Vorherrschaft nicht verloren. Die Herrschaft der Großgrundbesitzer bestand fort und sorgte in der Praxis für die Aufrechterhaltung des Latifundiums. Man weiß, dass die Schuldenbefreiung sich vielmehr gegen die indianische Dorfgemeinschaft richtete. Und in der Tat hat sich in den hundert Jahren des Bestehens der Republik der große Landbesitz stabilisiert und erweitert, im Widerspruch zum theoretischen Liberalismus unserer Verfassung und den praktischen Anforderungen der Entwicklung unserer kapitalistischen Wirtschaft.

Das Fortbestehen des Feudalismus drückt sich in zwei Phänomenen aus: Großgrundbesitz und Leibeigenschaft, die zusammengehören und einander ergänzen. Die Untersuchung beider führt uns zu dem Schluss, dass man die Leibeigenschaft, die auf der indianischen Rasse lastet, nicht abschaffen kann, ohne dabei auch den Großgrundbesitz zu beseitigen.

Wenn man das Agrarproblem in Peru so formuliert, lässt es sich nicht mehr in missverständlicher Weise verdrehen. Es wird in seinem ganzen Ausmaß als sozioökonomisches – und damit politisches – Problem sichtbar, und alle, die in diesem Bereich praktisch oder theoretisch tätig sind, müssen sich damit auseinandersetzen. Jeder Versuch, es zum Beispiel in ein agrartechnisches Problem zu verwandeln und die Agronomen für allein zuständig zu erklären, wäre völlig verfehlt. Jeder weiß, dass die liberale Lösung in Übereinstimmung mit der individualistischen Ideologie die Aufteilung des Großgrundbesitzes wäre, um Kleineigentum zu schaffen. Die Unkenntnis der elementaren Prinzipien des Sozialismus, der man auf Schritt und Tritt begegnet, ist so grenzenlos, dass es weder selbstverständlich noch überflüssig ist, wenn wir darauf bestehen, dass dieser Vorschlag – Aufteilung des Großgrundbesitzes zugunsten des Kleineigentums – weder utopisch noch ketzerisch noch revolutionär noch bolschewistisch noch fortschrittlich ist, sondern orthodox, verfassungsgemäß, demokratisch, kapitalistisch und bürgerlich. Und dass er aus dem Fundus der liberalen Ideen stammt, aus dem sich die Verfassungen aller bürgerlich-demokratischen Staaten nähren. Und schließlich hat in den mittel- und osteuropäischen Ländern mit dem Einverständnis des westlichen Kapitalismus, der diesen Block anti-bolschewistischer Länder seitdem gerade Russland entgegensetzt, der Krieg die letzten Bastionen des Feudalismus erschüttert. In der Tschechoslowakei, in Rumänien, Polen, Bulgarien usw. sind Agrargesetze verabschiedet worden, die grundsätzlich den Landbesitz auf ein Maximum von 500 ha beschränken.

Aufgrund meiner ideologischen Position meine ich, dass in Peru die Zeit für die liberale Methode, den individualistischen Ansatz, bereits verstrichen ist. Neben grundsätzlichen Überlegungen halte ich einen unwiderlegbaren konkreten Faktor für entscheidend, der den besonderen Charakter in unserem Agrarproblem ausmacht: das Fortbestehen der indianischen Dorfgemeinschaft und von Elementen eines praktischen Sozialismus in der Landwirtschaft und im Leben der Indianer.

Diejenigen, die sich im Rahmen des liberal-demokratischen Denkens bewegen, können – wenn sie wirklich eine Lösung für das Indianerproblem suchen, die diese Rasse vor allem von der Leibeigenschaft befreit – ihr Augenmerk auf die tschechische oder rumänische Erfahrung richten, wenn sie die mexikanische wegen ihres ideologischen Hintergrundes und ihrer Entwicklung für ein zu gefährliches Beispiel halten. Sie haben noch Zeit, ein liberales Konzept vorzuschlagen. Damit würden sie wenigstens erreichen, dass in der Debatte über das Agrarproblem, wie sie von der jungen Generation geführt wird, das liberale Denken nicht ganz fehlen würde, das angeblich seit der Gründung der Republik das Leben Perus bestimmt – so jedenfalls behauptet unsere Geschichtsschreibung. [...]

Aus: José Carlos Mariátegui: El problema de la tierra. Requisitoria contra el gamonalismo o feudalidad, in: *Amauta* 2, 2, Lima (Januar 1928), S. 5–15. Zit. nach: José Carlos Mariátegui: Das Bodenproblem, Übers. Eleonore von Oertzen, in: Ders.: *Revolution und peruanische Wirklichkeit*, Frankfurt a. M.: isp 1986, S. 70–72.

Q 85   Der Freiheitskampf in Nicaragua (1929)

Für viele soziale Bewegungen im Lateinamerika der 1920er Jahre war der Widerstand gegen den US-amerikanischen Interventionismus ein wichtiges Motiv. Das galt insbesondere für Nicaragua, das lange Jahre von US-Truppen besetzt war. Der seit 1926 im unzugänglichen Segovias-Gebirge kämpfende Augusto César Sandino (1895–1934) wurde zu einer wichtigen Symbolfigur. Bereits ab 1928 kam es zu internationalen Solidaritätsbekundungen für Sandino. Mit seinem Namen schmückten sich die nicaraguanischen Rebellen der 1970er Jahre. Sandinos Projekt zur Schaffung einer »Lateinamerikanischen Nation« vom März 1929 stand im Zusammenhang der Suche nach Verbündeten im Kampf gegen die US-amerikanischen Truppen und den willfährigen Präsidenten José María Moncada.

Verschieden und verschiedenartig sind die Theorien, die ersonnen wurden, um entweder eine Annäherung, eine Allianz oder gar eine Föderation zu erreichen, welche die 21 Teilgebiete unseres Amerika zu einer einzigen Nation zusammenfassen könnte. Aber noch nie hatte sich diese einhellig vom lateinamerikanischen Volk ersehnte Einigung so gebieterisch und notwendig wie heute gezeigt, noch hatten sich die Dringlichkeiten wie auch die Möglichkeiten dargestellt, die gegenwärtig für einen so hohen Zweck vorhanden sind, den die Geschichte als größtes von den Bürgern Lateinamerikas zu leistendes Werk vorschreibt. [...]
    Wir sind der Überzeugung, dass der nordamerikanische Kapitalismus in die letzte Phase seiner Entwicklung eingetreten ist, mit der er sich folgerichtig zum Imperialismus wandelt, dass er keine Rechts- und Gerechtigkeitsnormen mehr achtet und sich ohne jede Rücksicht über die unumstößlichen Prinzipien der Unabhängigkeit der Lateinamerikanischen Nation hinwegsetzt. Angesichts dieser Tatsache halten wir das Bündnis unserer Lateinamerikanischen Staaten für unumgänglich, ja für unaufschiebbar, um unsere Unabhängigkeit unversehrt gegen die Ansprüche des nordamerikanischen Imperialismus oder gegen jede andere Macht, deren Interessen man uns unterordnen will, zu bewahren. [...]
    Die Bedingungen, unter denen unser bewaffneter Kampf gegen die in Nicaragua eingedrungenen nordamerikanischen Truppen und die ihrer Verbündeten bisher stattgefunden hat, haben uns davon überzeugt, dass unser zäher Widerstand seit nunmehr drei langen Jahren sich noch über zwei, drei, vier oder wer weiß wieviel Jahre hinziehen könnte; wenn wir aber in unserem Kampf allein sind und nicht auf die unerlässliche offizielle oder inoffizielle Unterstützung irgendeiner Regierung oder irgendeines Landes rechnen könnten, würde der Feind am Ende über alle Mittel und Ressourcen verfügen und den Sieg davontragen.
    Diese düstere Zukunftsaussicht zwang uns, darüber nachzudenken, wie wir am besten den Sieg des Feindes verhindern. [...]
    Wir begriffen [...], dass die Regierung der Vereinigten Staaten Nordamerikas niemals den Drang aufgeben würde, die zentralamerikanische Souveränität anzugreifen, um ihre ehrgeizi-

gen Pläne in diesem Teil unseres Amerika verwirklichen zu können. Von diesen Plänen hängt es weitgehend ab, ob Nordamerika seine Vormachtstellung aufrechterhalten kann – selbst wenn es dafür eine Zivilisation zerstören und zahllose Menschenleben opfern muss.

[…] Wir meinen, dass das Schweigen, mit dem die Regierungen Lateinamerikas die mittelamerikanische Tragödie betrachteten, ihre stille Zustimmung zu der aggressiven und unverschämten Haltung der Vereinigten Staaten von Nordamerika einem weiten Gebiet dieses Kontinents gegenüber enthielt und das zu einer Aggression, die zugleich die kollektive Minderung des Rechts auf Selbstbestimmung der Lateinamerikanischen Staaten bedeutet.

Diese Überlegungen ließen uns die Notwendigkeit erkennen, dass die Tragödie, die die mittelamerikanischen Mütter, Gattinnen und Waisen durchlebt hatten, als sie auf den Schlachtfeldern der Segovias durch die Soldaten des nordamerikanischen Imperialismus ihrer liebsten Angehörigen beraubt worden waren, nicht nutzlos gewesen sein darf; sie darf nicht verraten werden, sondern soll zur Festigung der Lateinamerikanischen Nation beitragen, die alle Verträge, Pakte oder Übereinkünfte zurückweist, die unter dem Schein der Legalität abgeschlossen worden sind und die auf die eine oder andere Weise die absolute Souveränität sowohl Nicaraguas wie auch der übrigen Lateinamerikanischen Staaten verletzen. Um das zu erreichen, ist nichts logischer, nichts entscheidender und lebensnotwendiger, als die 21 Staaten unseres Amerika zu einer einzigen Lateinamerikanischen Nation zusammenzuschließen […].

Bürger, Vertreter der 21 Lateinamerikanischen Staaten: Wir, das Heer zur Verteidigung der Souveränität Nicaraguas, die wir dieser erlauchten Versammlung, die das unaufschiebbare Bündnis zwischen den 21 verstreuten Staaten zur Lateinamerikanischen Nation schließen will, dieses erstmalige Projekt vorlegen, sind uns voll der ungeheuren geschichtlichen Verantwortung bewusst, die wir vor unserem Amerika und vor der Welt auf uns nehmen. Deshalb haben wir nicht versucht, einen phantastischen und abenteuerlichen Plan vorzulegen, sondern wir haben uns in Bezug auf unsere Realität bemüht, dieses Projekt anwendbar zu machen, so dass es imstande ist, unsere unmittelbarsten Probleme zu lösen. Vor allem müssen wir die dringende Notwendigkeit angehen, die einhellig ersehnte Lateinamerikanische Allianz zu verwirklichen – nur die Theorien eines jämmerlichen Skeptizismus und einer Kurzsichtigkeit in Bezug auf die Innen- und Außenpolitik unserer Staaten können sich ihr entgegenstellen. Da wir uns auf die Wirklichkeit stützen, schlagen wir ein Bündnis und keine Konföderation der 21 Staaten unseres Amerika vor. Wir wissen, dass es zur Erreichung dieses hohen Ziels vor allem notwendig ist, die elementaren Grundlagen für das Bündnis zu schaffen. Wir befinden uns also noch nicht auf dem Gipfel unserer Bestrebungen. Es ist nur der erste Schritt auf festem Boden, dem andere künftige, fruchtbare Bemühungen unserer Nation folgen werden.

Vielleicht werden Männer mit fortschrittlichen und universalen Ideen der Meinung sein, dass unseren Bestrebungen durch die geografische Ausdehnung Grenzen gesetzt sind, da sie im Norden mit dem Río Bravo und im Süden mit der Magellanstraße endet. Aber mögen sie doch bedenken, wie lebensnotwendig unser Lateinamerika die Verwirklichung eines Bündnisses noch vor einer Konföderation der 21 Staaten braucht; es sichert unsere Freiheit und unsere Souveränität gegenüber dem gefräßigsten Imperialismus, um später mit der Lateinamerikanischen Nation das große Ziel, den Gipfel zu erreichen, das Land der Verheißung für die Menschen aller Völker und Rassen zu schaffen. […]

Aus: Augusto César Sandino: Plan de realización del supremo sueño de Bolívar, in: *Tareas*, 46, Panama-Stadt (Oktober 1979 – März 1980), S. 59–74. Zit. nach: Augusto César Sandino: Plan zur Verwirklichung von Bolívars höchstem Traum, Übers. Maria Bamberg, in: Angel Rama (Hg.): *Der lange Kampf Lateinamerikas. Texte und Dokumente von José Martí bis Salvador Allende*, Frankfurt a. M. 1982, S. 227–241.

Q 86   Subtile Formen der Kritik in Peru (1920er Jahre)

Der peruanische Fotograf Martín Chambi (1891–1973) war von kleinbäuerlicher Herkunft und erlernte sein Handwerk bei einer englischen Bergbaugesellschaft. In politischer Hinsicht sympathisierte er mit der A.P.R.A. Chambi produzierte in den 1920er Jahren in Cusco eine Reihe von Bildern mit dokumentarischem und durchaus auch satirischem Charakter, darunter das vorliegende Foto, das einen Polizisten mit einem scheinbar auf frischer Tat ertappten Straßenjungen zeigt.

Aus: Robert M. Levine: *Images of History. Nineteenth and Early Twentieth Century Latin American Photographs as Documents*, Durham, NC/London: Duke University Press 1989, S. 101.

Q 87   Demokratisierungsbemühungen in Uruguay (1916)

Während seiner zwei Präsidentschaften (1903–1907 und 1911–1915) verfolgte José Batlle y Ordóñez (1856–1929) zahlreiche Reformvorhaben, die u.a. auf eine Öffnung des Bildungssystems, bessere Arbeitsbedingungen und eine größere wirtschaftliche Unabhängigkeit Uruguays abzielten. Ab 1913 machte er eine umfassende Verfassungsreform zu seinem Hauptziel. Die damit beabsichtigte Einführung eines Regierungskollegiums sollte einerseits den Klientelismus einschränken und andererseits mithilfe gestaffelter Amtsperioden für die einzelnen Mitglieder der Exekutive seine Colorado-Partei länger an der Macht halten. In dem folgenden offenen Brief, der am 29. Juli 1916 in der von ihm 1886 gegründeten Zeitung »El Día« abgedruckt wurde, warb Batlle für die Wahl zur Verfassungsgebenden Versammlung, die die Reformgegner am darauffolgenden Tag jedoch gewannen.

Mein Freund:

Ich nenne Sie Freund, weil Sie angefangen haben, diesen Brief zu lesen, und das macht Sie mir sympathisch. Menschen, die miteinander reden, verstehen sich, und ich glaube, wenn Sie mich weiter meine Worte an Sie richten lassen, das heißt, wenn Sie weiter diese Zeilen lesen, werden wir uns letztendlich verstehen, zumindest in einigen der Punkte, mit denen ich mich beschäftigen werde. Sich gegenseitig zu verstehen ist fast dasselbe wie Freunde sein. Ich werde mit der Kollegialregierung beginnen. Die Kollegialregierung ist nichts anderes als die Regierung durch eine Kommission: Anstelle eines Menschen regiert eine neunköpfige Junta. Das ist alles. Jede dieser neun Personen verfügt über dieselbe Autorität wie die anderen, und damit die Regierung etwas verordnen kann, muss es die Mehrheit beschließen. Sollte einer von ihnen Befehle erteilen, ist niemand verpflichtet zu gehorchen. Die wahre Regierung wird die Mehrheit sein.

Das soll eingeführt werden, damit die Beliebigkeit, die schlechte Laune, die Freundschaften, die Feindschaften, die persönlichen Interessen nicht zu viel Einfluss auf die Regierung haben. Mit der jetzigen Verfassung kann man gegen diese Dinge nichts unternehmen. Sollte es einem Präsidenten einfallen, irgendeine Gemeinheit zu begehen, ist es nicht möglich, ihn davon abzuhalten; wenn er an Tagen miesepetrig ist, wird man seine schlechte Laune und Schlimmeres ertragen müssen; seine engen Freunde werden sich eines größeren Einflusses erfreuen als jene, die nicht dazu zählen; seinen Feinden kann leicht Schaden zugefügt werden; und sollte zum größten Unglück dem Präsidenten daran gelegen sein, aus seiner Anstellung mehr Geld herauszuschlagen als ihm zusteht, dann kann niemand mehr das Übel überblicken, dem das Land ausgesetzt ist.

In einer Regierung, die aus einer Kommission gebildet wird, wird der Beliebigkeit oder der schlechten Laune eines ihrer Mitglieder durch das gute Urteilsvermögen und die Besonnenheit der anderen Einhalt geboten. Wer mit einem von ihnen verfeindet oder befreundet ist, wäre dies nicht gleichzeitig mit allen anderen, und wenn ein Mitglied vom rechten Weg abkommt, würden die übrigen ihm Aufrichtigkeit beibringen. Es wäre leicht, sich bei der Wahl von einem oder zweien zu täuschen, aber nicht bei der aller. Deshalb wäre es gut, wenn die Regierung aus einer Kommission bestünde. [...]

Auch wenn man schlecht von ihm spricht, ist das Plebiszit eine gute Sache. Plebiszit, mein Freund, heißt so etwas wie »Entscheidung des Volkes«. Wenn ein Plebiszit stattfindet, treffen sich die Leute, um zu verordnen, dass die Dinge so gemacht werden, wie sie es wollen, und nicht wie einige Magnaten es aus welchen Motiven auch immer gerne hätten. [...] In letzter Zeit waren die Eigentümer ein wenig verärgert, da sie meinen, dass sie zu viele direkte Abgaben zahlen müssten. Mir wurde versichert, dass einer von ihnen, den ich kenne, sich deshalb über die Regierung geärgert hat und sich daran gemacht hat, gegen die Reform zu arbeiten. Wie die Menschen so sind, Freund. Sie denken nicht nach und tun manchmal genau das Gegenteil von dem, was gut für sie ist! Die Regierungen werden immer Geld benötigen und werden immer versuchen, die Steuern zu erhöhen. Und wenn es schlechte Regierungen sind, werden sie sie erhöhen, ohne viele Gründe dafür angeben zu müssen, jedenfalls solange wir die jetzige Verfassung behalten, weswegen der mir bekannte Großgrundbesitzer begonnen hat, für ihren Erhalt zu arbeiten. Es werden keine falschen Hoffnungen gemacht. Wenn die Eintreiber klopfen, wird man die Taschen aufmachen müssen.

Aber wenn die Kollegialregierung eingeführt wird, die der genannte Eigentümer bekämpfen wird, werden eben jener Eigentümer und alle anderen, die die neue Abgabenerhöhung ungerecht finden, in dem Plebiszit die notwendige Waffe zur Verteidigung ihrer Interessen finden. Sie werden eine Abstimmung verlangen, damit das Volk entscheidet, ob das Erhöhungsgesetz angewandt werden soll oder nicht, und da es in diesem Land zahlreiche Eigentümer gibt und sie mehr oder weniger großen Einfluss auf andere Personen ausüben, kann ihr Widerstand nur besiegt werden, wenn die Güte des Gesetzes klar ist und viele aus ihren eigenen Reihen es daher anerkennen. Der Eigentümer, der verärgert ist und sich deswegen gegen die Reform und damit gegen das Plebiszit entscheidet, lehnt damit eine Waffe ab, die man ihm zu seiner Verteidigung gegen jede von ihm für inakzeptabel erachtete Steuer in die Hand geben will. Er wird abstimmen, weil man ihn nicht gegen ein Gesetz abstimmen lässt, das ihm schlecht erscheint. Er wird seine Stimme gegen seine eigene Stimme abgeben! ... Aber... dieser Brief wird zu lang. Sollte ich Ihre Aufmerksamkeit ungebührlich lange beansprucht haben, entschuldigen Sie mich, aber bedenken Sie die Absichten, die mich leiten.

Diese Absicht ist, dass Sie verstehen, was gut für Sie, für Ihre Kinder, sofern Sie welche haben, für Ihr Department und für Ihr Land ist, und dass Sie nicht mit verbundenen Augen den Politikern, die das Präsidentenamt anstreben, folgen, wohin sie wollen. Wenn jetzt die Verfassung nicht geändert wird, wird sie in fünfzig Jahren nicht geändert. Wenn man Ihnen jetzt keine Kollegialregierung, kein Plebiszit und keine Autonomie der Departments gibt, werden Sie solche Dinge möglicherweise nie bekommen.

Stimmen Sie für die Reform, und wenn Sie sich aus irgendeinem Grund gezwungen sehen, Ihr die Zustimmung zu verweigern, stimmen Sie nicht ab.

Das Gesetz verpflichtet unter Androhung einer Geldstrafe zur Registrierung, es verpflichtet nicht zur Abstimmung. Ihr Freund,
Juan Verdad [Juan Wahrheit].

Aus: José Batlle y Ordóñez: Carta abierta, in: Juan Odonne: *Batlle. La democracia uruguaya*, Buenos Aires: Centro Editor de América Latina 1971, S. 318.

Q 88   Das Manifest der chilenischen Militärjunta (1924)

1924 war die innenpolitische Situation in Chile extrem angespannt. Während eine allgemein als dringend notwendig anerkannte Sozialgesetzgebung im Parlament nicht vorankam, einigten sich die ansonsten zerstrittenen Abgeordneten auf eine Diätenerhöhung. Daraufhin griff das Militär im September in die Politik ein, um den Reformstau aufzulösen. Auf den Rücktritt des amtierenden Präsidenten Arturo Alessandri reagierten die Offiziere mit der Bildung einer Regierungsjunta, die am 11. September in einem Manifest ihre Ziele darlegte.

Bevor wir dem Land unsere Pläne in endgültiger Form darlegen, war es uns wichtig, dass Taten unseren Worten vorangehen: Das alte und unglaubwürdig gewordene System, das Versprechungen macht, ohne sie einhalten zu können, widerspricht unserer Vorstellung von Rechtschaffenheit.

Die Korruption des politischen Lebens der Republik brachte unsere Institutionen an einen Abgrund, in den selbst die durch rein persönliche Interessen bedrängte Verfassung abzuleiten begann.

Die gesunden Elemente hatten sich von den Staatsgeschäften seit so langer Zeit fern gehalten, dass sie ihre Abwesenheit bereits als Schuld auf sich lasten fühlten.

Das Elend des Volkes, die Spekulation, die Unredlichkeit der Herrschenden, die wirtschaftliche Instabilität und die fehlende Hoffnung auf eine Erneuerung innerhalb des bestehenden Regimes haben zu einem Gärungsprozess geführt, der die Gemüter der Klassen verärgerte, deren Überlebenskampf der schwerste ist.

Und aus all dem erhob sich die Bedrohung einer zivilen Kraftprobe.

Diese Bewegung ist die spontane Frucht dieser Umstände gewesen.

Ihr Zweck ist es, die verfaulte Politik abzuschaffen, und ihr energisches Vorgehen ist ein Werk der Chirurgie und nicht der Rache oder der Strafe.

Es handelt sich um eine Bewegung ohne Fahne von Sekten oder Parteien, die gegen alle politischen Lager gleichermaßen gerichtet ist, die den öffentlichen Wettbewerb geschwächt und unsere organische Fäulnis verursacht haben.

Keine der Parteien wird sich die Inbrunst unserer Taten anmaßen können oder für sich die Ernte unserer Anstrengung erwarten dürfen. Wir haben nicht die Macht ergriffen, um sie zu behalten.

Wir haben keinen *caudillo* erhoben und werden keinen erheben, weil unser Werk von allen und für alle sein soll.

Wir werden die öffentlichen Freiheiten erhalten, weil deren Ausübung schöpferische Kraft hat und weil wir wohl wissen, dass durch sie die erhabenste der Eroberungen ihr Dasein erhält: die Anerkennung der Souveränität des Volkes. Es ist ein Moment der schöpferischen Kraft und nicht der Reaktion.

Unser Ziel ist es, eine freie verfassungsgebende Versammlung einzuberufen, aus welcher eine Verfassung hervorgehen soll, die mit den nationalen Bestrebungen übereinstimmt. Nachdem die neue Verfassung ins Leben gerufen ist, muss die Wahl der öffentlichen Gewalten über Verzeichnisse erfolgen, die durch umfassende und freie Registrierung zustande kommen.

Nachdem diese Gewalten eingesetzt wurden, ist unsere Aufgabe beendet.

Derweil wünschen wir, dass man unsere Tätigkeit mit strengem Blick und innerhalb einer wahrhaften Konzeption der Politik überwacht, und wir bitten darum, dass dem patriotischen und unermüdlichen Werk, das das neue Nationalbewusstsein wird erzeugen müssen, die robuste Zusammenarbeit der lebendigen und nicht kontaminierten Kräfte der Republik zuteil wird.

Bevor man eine feindliche Haltung gegenüber dieser Bewegung einnimmt, bedenke man, dass es am ehrenhaftesten und logischsten ist, zuallererst zu versuchen, ihre Bedeutung und Tragweite zu verstehen.

Lasst uns Vertrauen in die Sache haben, die wir verteidigen, lasst uns den Argwohn vertreiben, der trennt, und lasst uns, indem wir durch das gesunde Ziel vereint sind, die Republik zu retten, dafür arbeiten, unserem Vaterland das freie Zusammenspiel seiner neuen und gesunden grundlegenden Institutionen zurückzugeben.

Santiago, den 11. September 1924

Aus: Manifiesto del 11 de septiembre, in: Carlos Molina Johnson: *Chile. Los militares y la política*, Santiago de Chile: Andrés Bello 1989, S. 107–108.

Q 89 Diktatur und Personenkult in der Dominikanischen Republik (um 1946)

Rafael Leonidas Trujillo (1891–1961), der aus ärmlichen Verhältnissen stammend in den 1920er Jahren eine militärische Karriere durchlaufen hatte, übernahm 1930 nach einem Putsch die Herrschaft in der Dominikanischen Republik und übte diese bis zu seiner Ermordung 1961 aus. Während des Zweiten Weltkriegs hatte er sich frühzeitig auf die Seite der Vereinigten Staaten geschlagen, von denen er unterstützt wurde. Seine langjährige Diktatur gilt als eine der brutalsten im Lateinamerika des 20. Jahrhunderts. Wie kaum ein anderer lateinamerikanischer Diktator trieb er den Personenkult auf die Spitze. Die vom dominikanischen Dichter Héctor Bienvenido de Castro Noboa um 1946 herausgegebene poetische Anthologie legt davon Zeugnis ab.

Keine andere Figur der dominikanischen Geschichte hebt sich durch ihre erhabenen Taten, durch ihr vollendetes Profil eines carlyle'schen Helden, durch ihr beispielhaftes und asketisches Leben glanzvoller hervor als die mit Myrte und Gold bedeckte eponyme Figur des Rafael Leonidas Trujillo Molina, die mit den strahlenden Umrissen eines antiken Halbgottes der Legende entstiegen ist und dennoch wirklich, kraftvoll und menschlich ist.

Ergriffen von seinem zivilisatorischen Werk ist er seit dem Morgendämmern seiner Herrlichkeit von 1930 der Vormund der Republik, der feste Bezugspunkt des Neuen Vaterlandes und der am höchsten emporragende Gipfel dominikanischer Verehrung. Seine Sorge um die Neugeburt [der Republik] hat das Wunder einer Ära transzendentaler Errungenschaften geschaffen, die das Urteil der Geschichte mit dem Namen Ära Trujillo geweiht hat und die sich – gleich dem erleuchtetsten Zeitalter Griechenlands, das auf den Namen des Perikles getauft wurde – im erhabenen Schatten des stabilsten und strahlendsten Friedens, den es auf quis-queyanischem [Insel Hispaniola in der Sprache der Taíno] Boden je gegeben hat, durch eine Blüte von Literatur und Kunst, durch die dauerhafte Fruchtbarkeit der Kultur und durch die spektakulärsten Eroberungen des Fortschritts auszeichnete. [...]

Die dominikanische Dichtkunst, unsere dem Wesen nach subjektive Dichtkunst, lernte erst spät die epischen Klangfarben der Leier kennen. Voller Überraschung und Bedeutung ist das magische Erwachen einer wachsenden Zahl Aöden, die zur heißen und heroischen Schöpfung fähig sind. Diese drückt sich in glanzvollen Gesängen der Lobpreisung und der Tapferkeit aus, nachdem sie die simplen Reime und die süßen Anspielungen einer aus dem Mondschein ge-speisten Lyrik der seufzenden Klagen und mystischen Idealisierungen hinter sich gelassen hat. Die zitternde, sentimentale und zärtliche Intonation wurde durch die mannhafte Strophe und das vollendete Rollen des überwältigenden und klangvollen Verses ersetzt, der den Kriegs-hymnen eigen ist, mit denen die Tyrtaioi, Homeroi und Pindaroi den Helden und Halbgöttern huldigten.

Das ist der entscheidende, tiefe Wurzeln schlagende Einfluss, den die mächtige Flugbahn einer männlichen Tat auf die Seele der Dichter ausgeübt hat. Deshalb haben alle, die sich ihrer großen gesellschaftlichen Verpflichtung bewusst sind und die sich vollkommen mit den weisen Doktrinen des Führers und Patrioten identifizieren, ihre Leiern in der erhabensten aller Ton-arten gestimmt, um der Dämmerung dieses glorreichen Erneuerungsfeldzugs des dominikani-schen Volkes mit der Entschlossenheit einer Siegeshymne ein Willkommen zu entbieten und um den illustren Vorkämpfer der Neuen Ära, der mit seinen glänzenden Ruhmestaten einen vorzüglichen Platz im unantastbaren Reich der Unsterblichkeit erobert hat, in den Quadrigen des heroischen Verses bis auf die Höhen des Parnassos zu geleiten.

Unsere Männer an der Leier, die mit ihrer Inspiration die Stanzen des Gesangs der Helden-verehrung erarbeiten, haben es verstanden, ihre von der Vorsehung bestimmte, hohe Mission zu erfüllen, indem sie den unwelkbaren Ruhm des wahren Befreiers der Republik in alle Him-melrichtungen verkündeten und indem sie sich als getreue Anhänger und Unterstützer des neuen zivilisatorischen Evangeliums geschlossen an seine Seite stellten, das das Ansehen und die Würde der Nation der Anonymität entrissen hat.

Mit dem Aufplatzen des befruchteten Samens ist die Ähre des Gedichtes gewachsen. Unter dem belaubten Baum des Fortschritts ist Jubelsang aufgebraust. Im Angesicht der glanzvolls-ten Epoche des dominikanischen Volkes sind die Leiern und Trompeten angestimmt worden, um in Liedstrophen das Leben und das Werk des wundertätigen Geistes des großen Generals, des obersten Erzeugers aller Herrlichkeiten des Vaterlandes, unsterblich zu machen. [...]

Trujillo

Du erobertest in einem historischen Moment
die Macht, oh genialer Auserkorener!,
und sofort fuhr das Schiff des Staates
in ruhigere Gewässer.

Und als Darreichung an das erstarkte Vaterland
schmiedetest Du, zum Glanze Deiner Geschichte,
den Frieden, den Banner Deines Lebens,
und die Arbeit, Deinen Siegesgesang!

Und deswegen verehrt das quisqueyanische Volk
Deine Erscheinung, gleich einem Spartaner,
und verherrlicht Dich in Liedern des Sieges...!

Denn Dein Werk des Bürgersinns enthält
eine große Fülle an Patriotismus
und einen großen Bestand unsterblicher Taten...

Aus: Héctor Bienvenido de Castro Noboa: Prólogo, in: Ders. (Hg.): *Antología poética Trujillista*, Santiago: Editorial El Diario um 1946, S. XI–XVI; ders.: Trujillo, in: Ebd., S. 18.

Q 90   Diktatur und Fortschrittsideologie in Peru (1930)

Der peruanische Präsident Augusto B. Leguía (1863–1932) verstand seine elfjährige autoritäre Herrschaft als Zeit der Entwicklung und des Fortschritts. In der Tat ließ er mit Anleihen vor allem aus den USA zahlreiche öffentliche Baumaßnahmen umsetzen, doch ging dies mit der brutalen Unterdrückung jeglicher Opposition und der Missachtung der Verfassung einher. Im Juli 1930 ließ sich Leguía von seinem Entwicklungsministerium mit einer Festschrift ehren, die das hier gezeigte Umschlagbild schmückte. Einen Monat später wurde er im Gefolge der durch die Weltwirtschaftskrise ausgelösten Umwälzungen gestürzt.

Aus: *La labor constructiva del Perú en el gobierno del Presidente Don Augusto Bernardino Leguía, 1919–30*, Lima: Torres-Aguirre 1930, Umschlag.

3. Kultureller Wandel

Q 91   Integrationsbemühungen in Zentralamerika (1923)

Mit dem Ende der Diktatur von Manuel Estrada Cabrera (1898–1920) wurden in Guatemala Forderungen nach einer Vereinigung Zentralamerikas als föderale Republik laut. Die politischen Bestrebungen zur Union Zentralamerikas waren allerdings kein neues Phänomen. Schon einige Jahre nach der Erlangung der Unabhängigkeit (1821) wurde Zentralamerika zeitweilig zur föderalen Republik. Das 1923 erschienene Gedicht »Für das Vaterland« (»Pro patria«) von Adolfo Contreras zeigt sehr eindrücklich das Geschichtsbild der Nation, das in den 1920er Jahren von Intellektuellen der sogenannten Generation 20 gezeichnet wurde.

Auf dem großen Friedhof der Jahrhunderte
bleiben die Völker und Rassen zurück,
und mit ihnen die Sprachen,
die Städte,
ihre Paläste und Tempel, ihre Gottheiten,
die Tradition, die Geschichte;
und von ihnen überdauern freie Namen,
die den ewigen Strom des Ruhmes vermehren!

Und es werden andere Völker geboren,
die die Reste dieser abgestiegenen Völker in sich aufnehmen,
nachdem sie auf der Oberfläche
einer gleichgültigen Welt gelebt haben,
die ihren Lauf unendlich fortsetzen wird,
während die Sonne in den Räumen des Alls scheint.

Völker von verwandtem Blut, deren Wiege
sich in den Schatten der Nacht verliert,
Völker des Isthmus, Brüder,
die zwei Ozeane in den Schlaf wiegen,
lasst zu, dass in einem Moment der Ruhe
Eure Geschichte sich entblättert
und jene Männer ins Leben treten,
die Imperien und Städte gründeten
und deren Namen
der Lorbeer des unvergänglichen Ruhmes schmückte!

Erinnert Euch, dass jeder von Euch
einen Platz in der Geschichte hat,
denn Ihr seid die mannigfachen Säulen,
die die Gewölbe eines Tempels stützen.

Nicarao, Atlacatl, Tecún, Lempira
und Urraca der Unzähmbare sind
die Gipfel der indianischen Macht,
die bald von der Conquista niedergeworfen werden sollte.

Der Mensch besiegte den Menschen aufgrund seiner Wissenschaft,
und auf den Ruinen jener alten Rasse
erbaute eine neue Rasse ihre Städte.

Danach kam eine andere Zeit,
große Ereignisse
gaben dem Volk sein Bewusstsein,
und in León, San Salvador und Guatemala
kämpfte man für die heilige Unabhängigkeit;
und an einem unvergesslichen fünfzehnten September,
nach so viel vergeblichen Mühen,
wurde die Bande zerstört,
die Euch für drei Jahrhunderte
mit dem starken iberischen Volk vereinte.

Später sind es andere Menschen, die
wie verirrte Sterne im Leben
dieser vereinten Völker funkeln;
obwohl, ach! der nie schlafende Ehrgeiz
die Menschen das zu trennen zwingt,
was die Hand Gottes eigentlich für immer zusammengefügt hat.

Und so übernehmen diese getrennten Völker
Fortschritte, die weder
die Flamme ihrer eigenen Traditionen löschen,
noch ihre Macht auf jene Höhe heben,
die die wunderbare Vereinigung unseres Vaterlandes hätte,
wenn sie in Erfüllung ginge: Zentralamerika.

Aus: Adolfo Contreras: Pro patria, in: *Studium. Revista trimestral. Órgano de la Asociación de Estudiantes Universitarios de la República de Guatemala* 2, 8/9, Guatemala-Stadt (1923), S. 75.

Q 92   Rassenideologien in Mexiko am Beispiel von José Vasconcelos (1925)

José Vasconcelos (1882–1959) war einer der einflussreichsten mexikanischen Intellektuellen der ersten Hälfte des 20. Jahrhunderts. Nachdem er unter mehreren revolutionären Regierungen als Universitätsrektor und Bildungsminister tätig gewesen war, ging er nach seiner gescheiterten Präsidentschaftskandidatur 1930 für zehn Jahre ins US-amerikanische Exil. Mit seinem 1925 erschienenen Buch »Die kosmische Rasse« (»La raza cósmica«) stellte er den biologischen Evolutionismus der modernen Rassentheorien auf den Kopf, indem er den Grad der Vermischung als Gradmesser für »rassische« Höherwertigkeit definierte.

[...] Der Weiße hat die Grundlagen für eine Mischung aller Rassen und Kulturen geschaffen. Der von ihm eroberte Kulturkreis bietet heute alle nötigen Voraussetzungen für die Verschmelzung der Völker zu einer fünften, universellen Rasse, in der die Wesensmerkmale der vorherigen zu einer neuen, höheren Einheit zusammenfließen.
   Die Kultur der Weißen, der Europäer, ist auf Verbreitung angelegt; jedoch ist die Eingliederung der Indios in die präuniverselle Kultur, deren Träger seit Jahrhunderten der Weiße war, nicht ein gemeinsames Werk der Europäer. Diese bedeutende Aufgabe fiel den beiden ausgeprägtesten und zugleich gegensätzlichsten europäischen Völkern zu: den Spaniern und den Engländern. [...]

Die Nordamerikaner verfügen über ein klares Bewusstsein von ihrer historischen Rolle, während wir uns immer wieder im Labyrinth unserer Tagträume verlieren. Gott selbst scheint die Schritte der Angelsachsen zu lenken, während wir uns entweder im Streit um den wahren Glauben umbringen oder aber zum Atheismus bekennen. Wie lächerlich müssen diesen Begründern mächtiger Imperien unsere Anmaßung und unsere oberflächliche Selbstgefälligkeit erscheinen! Ihr Denken wird nicht durch die lateinische Tradition der Rhetorik belastet, ihr Temperament nicht von widersprüchlichen Neigungen, wie sie sich aus der Mischung unterschiedlicher Rassen ergeben, bestimmt. Aber sie versündigten sich an den anderen Rassen, indem sie sie unterdrückten oder ausrotteten, während wir sie assimilierten. Daraus beziehen wir eine neue Legitimation und die Hoffnung auf eine einzigartige geschichtliche Mission. Deshalb können uns letzten Endes auch alle Schwierigkeiten und Hindernisse nicht von der einmal eingeschlagenen Richtung abbringen; ja, wir ahnen, dass sie für die Suche nach einem eigenen Weg sogar notwendig sind. In unserer Eigenart liegt unsere Zukunft; erst wenn wir uns nicht mehr an den anderen orientieren, wenn wir Neues entdecken, schöpferisch sind, werden wir die Überlegenen sein. Der Vorteil unserer kulturellen Tradition liegt darin, dass sie Fremden gegenüber aufgeschlossen ist. Es scheint, dass unsere Kultur trotz all ihrer Mängel dazu ausersehen ist, durch die Mischung aller Rassen einen neuen Menschentyp zu schaffen, der Menschheit der Zukunft den Weg zu ebnen. Dieser besondere geschichtliche Auftrag kristallisiert sich seit der Mischung des Spaniers mit dem Indio und dem Schwarzen heraus. Liebe war die Voraussetzung für die Verschmelzung der weißen Rasse mit den Eingeborenen und für die Verbreitung der westlichen Kultur durch die Lehre und das Beispiel der Missionare. Sie bereiteten die Indios auf die neue Zeit, die Zeit einer geeinten Welt, vor. Die spanische Kolonisation kannte keine Rassentrennung, darin liegt ihre Besonderheit und ihre Zukunft. Die Engländer mischten sich auch in der Neuen Welt nur untereinander und begannen mit der Vernichtung der Indianer, die sie heute mit den noch wirksameren Waffen der wirtschaftlichen Unterdrückung fortsetzen. Dies ist ein Anzeichen für ihre Engstirnigkeit und den Beginn ihres Niedergangs. Ihr Verhalten entspricht in etwa den inzestuösen Eheschließungen der Pharaonen, die dieses Geschlecht schließlich zugrunde richteten, außerdem steht es im Gegensatz zum Endziel der Menschheitsgeschichte, nämlich der Verschmelzung aller Völker und Kulturen. Das Bestreben, die Welt zu anglisieren, die Indianer auszurotten, damit Amerika ein neues Nordeuropa mit ausschließlich weißer Bevölkerung wird, entspricht dem üblichen Verhalten einer Rasse nach dem Sieg über eine andere. Die rothäutigen Menschen verhielten sich ebenso; alle starken und homogenen Völker handelten in gleicher Weise oder versuchten es zumindest, jedoch löst man so nicht das Problem der Menschheit. Amerika hat nicht fünftausend Jahre gewartet, um schließlich ein so erbärmliches Ziel zu verfolgen. Die Aufgabe der Neuen Welt, des alten Kontinents, ist viel bedeutender. Amerikas Bestimmung ist es, die Wiege einer fünften Rasse, zu der alle Völker verschmelzen, zu sein. Diese wird an die Stelle der vier Rassen treten, die bisher den Lauf der Geschichte bestimmt haben. Auf amerikanischem Boden werden die Gegensätze zwischen den Rassen überwunden und die Einheit der Menschheit verwirklicht werden. [...]

Seit den Unabhängigkeitskriegen repräsentieren die amerikanische und die lateinamerikanische Gesellschaft jeweils zwei entgegengesetzte soziologische Lager: Die eine verteidigt mit allen Mitteln die Vorherrschaft der Weißen, die andere hingegen bildet eine neue Rasse, in der nach und nach die ganze Menschheit aufgehen soll. Zum Beleg dieser These genügt es, auf die zunehmende spontane Rassenmischung auf dem ganzen lateinamerikanischen Kontinent zu verweisen und demgegenüber auf die unveränderte Rassenpolitik in den Vereinigten Staaten, die Schwarze und Weiße trennt, und in Kalifornien Japaner und Chinesen vom gesellschaftlichen Leben ausschließt.

[...] Aus der gleichen Angst vor Überfremdung werden von den amerikanischen Behörden die Asiaten zurückgewiesen, jedoch auch, weil die Amerikaner sie verachten und sich niemals mit ihnen mischen würden. In San Francisco ist es schon vorgekommen, dass amerikanische Frauen sich weigerten, mit Offizieren der japanischen Marine zu tanzen, obwohl diese mindestens ebenso gepflegt, intelligent und auf ihre Art schön sind wie die Offiziere jeder anderen

Marine der Welt. Sie werden jedoch niemals begreifen, dass ein Japaner schön sein kann. Der Angelsachse lässt sich auch kaum davon überzeugen, dass der Weiße, ebenso wie der Asiate oder der Schwarze, einen eigenen Körpergeruch hat. Auch in Lateinamerika gibt es diese spontane Abneigung gegen Menschen anderer Rasse, jedoch in viel geringerem Ausmaß. Bei uns gibt es tausend Brücken für eine aufrichtige und brüderliche Verständigung aller Rassen. Die spontane Herzlichkeit und Aufgeschlossenheit der Lateinamerikaner ist im Vergleich mit der Isolierung der Nordamerikaner gegenüber anderen Völkern unser größter Vorteil für die Zukunft. Sie gehört uns, während die Nordamerikaner die ewig Gestrigen sein werden. Amerika wird das letzte Imperium einer einzigen Rasse, das letzte Imperium der Weißen gewesen sein. Indessen werden wir noch länger das Durcheinander, das die Bildung eines Volkes aus den verschiedensten Menschentypen mit sich bringt, durchleben müssen, jedoch in der Gewissheit, so eine höhere Entwicklungsstufe der Menschheit zu erreichen. In Lateinamerika wird die Natur keines ihrer einseitigen Experimente wiederholen, diesmal wird das vergessene Atlantis nicht mehr die Wiege einer Rasse mit einer bestimmten Hautfarbe, mit bestimmten Gesichtszügen sein. Die zukünftige Rasse ist weder eine fünfte noch eine sechste, die über die anderen die Oberhand gewinnt, vielmehr entsteht in Lateinamerika die endgültig letzte, alle Menschentypen verbindende Rasse aus der Verschmelzung aller Völker, die deshalb zu mehr wirklicher Brüderlichkeit und universellem Denken fähig sein wird. Um dieses hohe Ziel zu erreichen, müssen wir, um es bildlich auszudrücken, das Zellgewebe schaffen, das der neuen Art als Grundstoff dienen wird. Um dieses wandelbare, formbare, ätherische Gewebe bilden zu können, muss die lateinamerikanische Rasse sich ihrer Mission bewusst werden und sich ihr vollends verschreiben.

Vielleicht ist nichts in der Geschichte ohne Sinn: So haben sogar unsere Isolation und der Irrtum, einzelne Staaten zu gründen, uns im Zusammenwirken mit der Rassenmischung vor der engstirnigen angelsächsischen Rassentrennung bewahrt. Die Geschichte beweist, dass derartig strenge Ausleseverfahren, wenn sie lange praktiziert werden, äußerlich vollendete Menschentypen hervorbringen, die jedoch keine innere Kraft besitzen. Sie sind von seltener Schönheit, wie die Angehörigen der jahrtausendealten Brahmanenkaste, jedoch letzten Endes dekadent. Sie sind weder begabter noch gütiger noch stärker als andere Menschen. Der von uns eingeschlagene Weg ist mutiger, bricht mit den alten Vorurteilen, und wäre kaum verständlich, folgte er nicht einem Ruf aus weiter Ferne, nicht der der Vergangenheit, sondern aus der geheimnisvollen Ferne, aus der Zukunftsahnungen zu uns gelangen. [...]

Die Angelsachsen haben ihre historische Aufgabe schneller erfüllt als wir die unsere, da sie einem bekannten geschichtlichen Muster, nämlich dem üblichen Verhalten aller siegreichen Völker, folgten. Die Amerikaner übernahmen das Wertesystem Europas, und die kulturelle Entwicklung des Weißen erreichte in der Neuen Welt ihren Höhepunkt. Deshalb ist die Geschichte Nordamerikas ein einziges kraftvolles Allegro, ein einziger Triumphzug.

Wie anders ist dagegen der Rhythmus der lateinamerikanischen Entwicklung! Er gleicht dem wechselvollen Scherzo einer endlosen, tiefgründigen Sinfonie, in ihr klingen Weisen vom untergegangenen Atlantis an, tun sich Abgründe auf, unergründlich wie der Blick des Indios, der alles, was einst seine Weisheit ausmachte, vergessen zu haben scheint. Seine Seele gleicht der glatten Oberfläche des tiefen grünen Wassers in den alten Cenotes der Maya [natürliche Einsturzkessel in der Erdoberfläche, die Zugang zu unterirdischen Seen haben]. Dieser unendliche Gleichmut wird von dem Tropfen afrikanischen Blutes in unseren Adern, dem Hunger nach sinnlichem Glück, der Trunkenheit von Tänzen und Ausschweifungen in Bewegung gebracht. Ebenfalls spürbar ist der Einfluss des Asiaten, der alles unter einem anderen Blickwinkel betrachtet, von dem aus sich ganz neue Dimensionen ergeben. Hinzu kommt die klare, seiner Hautfarbe und seinen Träumen gleichende Denkweise des Weißen; jüdische Einflüsse, die auch nach der Vertreibung im spanischen Volk weiterlebten; und als Anteil der Übersensibilität des Arabers eine gewisse Melancholie. Keiner, der nicht etwas von alldem hätte oder haben möchte! Auch der Inder, dessen Denken schon zu uns gelangt ist, wird sich uns anschließen. Obwohl dies so spät geschieht, gibt es offensichtlich viele Gemeinsamkeiten zwischen ihm und uns. All diesen Einflüssen gegenüber müssen wir uns öffnen, sie in uns aufnehmen, uns von ihnen bewegen lassen, dann werden wir mit ganzer Kraft die Welt vollkommen umgestalten. Unser Geist wird alle Dimensionen erfassen und über den Weltkreis hinauswachsen können.

Aus: José Vasconcelos: *La raza cósmica. Misión de la raza iberoamericana*, Paris/Madrid/Lissabon: Agencia Mundial de Librería 1925. Zit. nach: José Vasconcelos: Die kosmische Rasse, Übers. Birgit Opiela, in: Angel Rama (Hg.): *Der lange Kampf Lateinamerikas. Texte und Dokumente von José Martí bis Salvador Allende*, Frankfurt a. M.: Suhrkamp 1982, S. 140–157.

Q 93   Der Rückbezug auf das Indigene in Peru (1926)

Der peruanische Bildhauer David Lozano (1885–1936) schuf das 1926 in Lima eingeweihte Denkmal zu Ehren von Manco Cápac. Anlässlich der Unabhängigkeitsfeiern von 1921 beschloss die japanische Einwanderergemeinde, dem ersten Herrscher der Inka eine Statue zu stiften, der in den Mythen der Inka als Sohn der Sonne gilt – ein auch in Japan bekanntes Konzept. Gleichzeitig wird auch der anerkennende Rückbezug auf die indigene Vergangenheit Perus deutlich.

Aus: Rodrigo Gutiérrez Viñuales/Ramón Gutiérrez (Hgg.): *Pintura, escultura y fotografía en Iberoamérica, siglos XIX y XX*, Madrid: Ediciones Cátedra 1997, S. 112.

Q 94   Muralismo in Mexiko (1947)

Beeinflusst durch mehrere lange Aufenthalte in Europa zwischen 1908 und 1922, orientierte sich der mexikanische Maler Diego Rivera (1886–1957) stilistisch zunächst am Kubismus. Nach seiner Rückkehr nach Mexiko begann er, sich im Rahmen der Kultur- und Bildungspolitik der Regierung großflächigen »murales«, Wandbildern, zu widmen. Dabei kombinierte er moderne Techniken mit traditionellen realistischen Stilelementen. In dem Wandbild »Traum von einem Sonntagnachmittag in der Alameda Central« (»Sueño de una tarde dominical en la alameda central«), das Rivera 1947 für das Hotel del Prado in Mexiko-Stadt anfertigte, vermischen sich die Kindheitserinnerungen des Künstlers mit einer Vielzahl geträumter Episoden aus der mexikanischen Geschichte. Der folgende Ausschnitt repräsentiert die Jahre der Mexikanischen Revolution im Zerrspiegel vielfältiger Erinnerungen und Träume – auch derer des jungen, Kuchen essenden Rivera am rechten unteren Bildrand.

Aus: Museo Mural Diego Rivera (Hg.): *Mural 50 años: 1947–1997. Sueño de una tarde dominical en la alameda central*, Mexiko-Stadt: Instituto Nacional de Bellas Artes 1997, S. 29.

Q 95   Der brasilianische Modernismus (1929)

In den 1920er Jahren entstand in Brasilien mit dem »modernismo« eine avantgardistische Kunstrichtung, die Parallelen zum europäischen Futurismus aufwies und die den herrschenden Kunstbegriff revolutionierte. In der »Woche der Modernen Kunst« (»Semana de Arte Moderna«) manifestierte sich 1922 in São Paulo diese neue Strömung, zu deren wichtigsten Vertretern neben Manuel Bandeira vor allem Mário und Oswald de Andrade zählten. Letzterer rief mit seiner »Revista de Antropofagia« die kulturelle Methode der »Anthropophagie« ins Leben, mit deren Hilfe eine neue brasilianische Nationalkultur in Abgrenzung zu Europa entstehen sollte. Im ironischen Rückgriff auf den der indigenen Bevölkerung Amerikas von den Europäern zugeschriebenen Kannibalismus sollte durch die Einverleibung europäischer und indigener Elemente etwas Neues geschaffen werden. Ihre Ziele umschrieb Oswaldo Costa in einem für die Manifeste der klassischen Moderne typischen provokativen Sprache 1929 folgendermaßen:

Über Anthropophagie

die falsche Kultur, die falsche Moral, die falsche Religion, alles wird verschwinden, indem es durch uns mit der größten Wildheit gefressen wird

Es täuschen sich die, die denken, dass wir nur gegen den Missbrauch der westlichen Kultur sind. Wir sind gegen ihren Gebrauch.

Die Anthropophagie ist kein romantischer Abklatsch des Indianers. Sie ist nicht die lyrische Entstellung des Indianers. Sie hat dem tapferen *tupy* der literarischen Fiktion das Hemd der portugiesischen Gefühle und die Glasperlen der Katechese ausgezogen. Sie hat ihn nackt gemacht, wie es angemessen ist.

Wir setzen die karaïbische Tradition fort, die durch die Entdeckung unterbrochen und vier Jahrhunderte lang durch den verderblichen Einfluss der geistigen Eroberung unterdrückt wurde. [...]

Gegen die geistige Knechtschaft. Gegen die koloniale Mentalität. Gegen Europa. Im Ererê-Gebirge sind alle Dinge groß, die Wespen, die Kolibris, die *mucuim*-Milben, die Zecken sind groß, es gibt Wasser oben im Gebirge und am Rand Blumen; alles, was es dort gibt, duftet. Brasilien ist unser Ererê-Gebirge. Wir wollen keinen Leonardo, wir haben Zecken. Wir wollen keinen Wagner, wir haben *mucuins*. Wir wollen keine Literatur, wir haben Wespen und Kolibris. Hier duftet alles. Wir wollen keine Museen. Alle Dinge sind groß. Nietzche [sic], wofür?

Wir vertreiben die Eindringlinge, wir fressen die Betrüger. Brasilien ist unser Obstbaum. [...]

Nur der Wilde wird uns erretten. Diese tiefe Kraft, die wir fühlen und die es im ständigen Kampf zu erhalten gilt, kommt von ihm, wir kommen von ihm. Die Katechese holte den Indianer nicht aus dem Urwald heraus. Er blieb im Wald und kam jetzt nur für den siegreichen antropophagischen Abstieg heraus.

Wir erschaffen das brasilianische Brasilien, störe es, wen es störe, und beklage sich, wer will. Alle alten Gemälde der importierten Zivilisation werden durch uns unbarmherzig zertrümmert werden, bis dass die letzte Spur von ihnen in unsrem Land verschwinde. [...]

Die Fortsetzung des Indianers. Marajó. Die Bräuche des Iurupari. Anstelle von Soutanen Schamanen. Jene menschliche Würde von dem, der singend auf Feindeserde stirbt. Gegen die Entschuldigung, die Rache: »Das Chamäleon bat seinen Gott, es möge feinen Regen geben, damit das Fell des Faultiers nass werde, daraufhin das Faultier ebenfalls seinen Gott bat, es möge starken Regen geben, so dass er auf dem Bauch des Chamäleons trommele.«

Die Anthropophagie hat nichts mit der indianistischen Romantik zu tun. Dem Indianer, Sohn der Maria, dem Indianer, Bruder des Heiligsten, dem von der Katechese entwürdigten Indianer, von dem Couto de Magalhães spricht, setzen wir den Kannibalen entgegen, der den Katechismus verschlang und zu Hans Staden sagte, er solle sich nicht ärgern, denn er sei lecker. Der nackte Indianer.

Aus: Oswaldo Costa: De antropofagia, in: *Revista de Antropofagia. Órgão da Antropofagia Brasileira de Letras. Diário de São Paulo*, São Paulo (15. Mai 1929), S. 1.

Q 96 Fußball und das neue Selbstbewusstsein Lateinamerikas (1928)

Als die uruguayische Fußballnationalmannschaft 1928 zum zweiten Mal das olympische Fußballturnier gewann, schien eine Wachablösung in diesem modernen und rasch immer wichtiger werdenden neuen Wettkampfsport erfolgt zu sein. Die Karikatur »Die Meisterinnen« (»Las campeonas«) spiegelt dies wider. In der Bildunterschrift ließ der chilenische Karikaturist der Zeitschrift »Sucesos« die alte Dame Europa sagen: »Es ist nur natürlich, dass Sie mehr Tore erzielen als ich, mein Töchterchen. Deshalb gehört der Ball Ihnen. Die Jugend setzt sich durch.«

Aus: *Sucesos*, Santiago de Chile (28. Juni 1928), Titelblatt.

Q 97 Fußball und nationale Identität in Brasilien (1947)

Der Fußball wurde in den 1880er Jahren von Beschäftigten englischer Firmen und von jungen Brasilianern, die in England studiert hatten, nach Brasilien gebracht. Als 1923 der Verein Vasco da Gama mit einer aus Arbeitern und Schwarzen bestehenden Mannschaft die Stadtmeisterschaft in Rio de Janeiro gewann, hatte sich der »futebol« endgültig zu einem Massenphänomen entwickelt. In seinem Vorwort zum 1947 veröffentlichten Buch »Der Schwarze im brasilianischen Fußball« (»O negro no futebol brasileiro«) des Journalisten Mário Filho (1908–1966) beschrieb der brasilianische Soziologe Gilberto Freyre (1900–1987) den Fußball als eine der wichtigsten kulturellen Ausdrucksformen der durch ethnische Mischung geprägten brasilianischen Gesellschaft.

Der Schwarze im brasilianischen Fußball

Hier liegt ein Kapitel brasilianischer Fußballgeschichte vor, das auch ein wertvoller Beitrag zur Geschichte der brasilianischen Gesellschaft und Kultur in ihrem Übergang von der vorwiegend ländlichen zur vorwiegend städtischen Phase ist. Abgesehen davon konfrontieren uns die eindruckvollsten Seiten von Mário Filho mit dem Konflikt zwischen den beiden unermesslichen Kräften im Verhalten und im Leben der Menschen – der Rationalität und der Irrationalität – in diesem Falle der Menschen Brasiliens. Menschen einer hybriden Gesellschaft, mestizisch, voller indianischer und afrikanischer und nicht nur europäischer Wurzeln.

Ich glaube, dass ich nichts Neues sage, wenn ich wiederhole, dass hinter der beachtlichen Institution, zu der der Fußball in unserem Land geworden ist, sich seit Jahren alte psychische Energien und irrationale Impulse des brasilianischen Menschen verdichten und anhäufen, die auf der Suche nach Sublimierung sind. Diese Sublimierung war früher nur durch Heldentaten oder bewundernswerte Leistungen möglich, die das Militär, die Marine und die mehr oder minder patriotischen Revolutionen den weißen Brasilianern und vor allem den Mestizen und farbigen Brasilianern eröffneten, die stärker von animalischen Energien und irrationalen Impulsen übersprudeln. Von diesen Energien und diesen Impulsen waren einige sadistisch, andere masochistisch. Einige waren exhibitionistisch, andere narzisstisch. Wenn das offen anerkannt wird, dann muss dies angesichts der erreichten Form der Sublimierung nicht zu einer Missbilligung der Größe und Schönheit dieser Handlungen führen, denn solche Elemente befinden sich an der Wurzel einiger der schönsten Ausdrucksformen von Mut, Heldentum und Tapferkeit, die bis heute von Menschen gleich welcher Hautfarbe, welchen Ranges oder Bildungsstandes ausgeübt werden.

Das war der Fall, immer wenn diese Energien oder diese Impulse nicht moralisch und sozial zum Banditentum oder zu den *rabos-de-arraia* der *capoeiragem* [bestimmte Bewegungen im afrobrasilianischen Kampftanz Capoeira] verkamen, die in der Geschichte der brasilianischen Gesellschaft berühmt sind, sondern stattdessen sublimiert oder durch den Sport oder die ländlichen Quasi-Sportarten der Fest- oder Alltage befriedigt wurden, die im patriarchalischen Brasilien dominant sind – die Reitturniere, die Ochsenrennen, die Jagden, die Fischerei, nächtelange Sambas oder erschöpfende Tänze, die langen Wanderungen durch das Hinterland, die Jagd auf die geflohenen Indios oder Schwarzen, die Flucht der Schwarzen vor den Aufsehern oder vor dem Trübsinn der landwirtschaftlichen Arbeitsabläufe auf den Zuckerrohrplantagen und den Fazendas. Völlig irrationale Sportarten.

Der Fußball hat in einer Gesellschaft wie der brasilianischen, die in ihrer Kultur zum großen Teil aus primitiven Elementen geformt ist, eine ganz spezielle Bedeutung, die erst jetzt mithilfe von soziologischen und parasoziologischen Kriterien erforscht wird. Und es war selbstverständlich, dass er hier den besonderen brasilianischen Charakter angenommen hat, den er jetzt besitzt. Denn er ist zu einem Ausdrucksmittel geworden, das durch uns hier – die Regierung, die Kirche, die öffentliche Meinung, das schöne Geschlecht, die Presse – moralisch und gesellschaftlich angenommen wurde. [Er ist] ein Ausdrucksmittel für psychische Energien und irrationale Impulse, die ohne die Entwicklung des Fußballs – oder etwas dem Fußball Ähnlichem – zur wahren nationalen Institution, die er heute bei uns ist, wahrscheinlich Ausdrucksformen angenommen hätten, die den bei uns geltenden Moralvorstellungen völlig widersprechen. Das Banditentum hätte sich wahrscheinlich zu einem urbanen Gangstertum entwickelt, wobei São Paulo zu einem Klein-Chicago mit italobrasilianischen Al Capones verkommen wäre. Die *capoeiragem* hätte ohne Sampaio Ferraz [Polizeichef von Rio de Janeiro um 1890] die Polizei der Städte wahrscheinlich noch einmal in der Form ernster Konflikte herausgefordert, wie es sie schon einmal zwischen tapferen *favela*-Bewohnern und Polizisten der jetzt asphaltierten Prachtstraßen gegeben hat. Der Samba wäre dann derart primitiv, afrikanisch und irrational geblieben, dass seine modernen Stilbildungen unbekannt wären, zum Schaden unserer Kultur und ihrer hybriden Lebhaftigkeit. Die *malandragem* [Schlitzohrigkeit] wäre ebenfalls vollständig ein Leiden oder ein Übelstand geblieben.

Die Entwicklung des Fußballs nicht zu einer Sportart wie andere, sondern zu einer wahren brasilianischen Institution, ermöglichte die Sublimierung der irrationalen Elemente unserer sozialen und kulturellen Entwicklung. Die *capoeiragem* und der Samba zum Beispiel sind so präsent in der brasilianischen Art und Weise, Fußball zu spielen, dass ein scharfsinniger Kritiker wie Mário Filho von einem Spieler, der wie Domingos so eiskalt und in seiner Spielweise bewundernswert ist, aber fast ohne graziöse Bewegungen auskommt – diese graziösen barocken Bewegungen, die so sehr nach dem brasilianischen Geschmack sind – sagen kann, er sei für unseren Fußball wie Machado de Assis für unsere Literatur, das heißt in der Situation eines unter Tropenbewohnern verlorenen Engländers. In moderner soziologischer Sprache gesprochen also in der Situation eines *Apollinikers* unter *Dionysikern*. Was nicht heißen soll, dass es nicht etwas dezidiert Brasilianisches im Spiel von Domingos gibt, so wie auch irgendetwas dezidiert Brasilianisches in der Literatur von Machado existiert. Nur gibt es beim einen wie beim anderen eine Selbstbeherrschung, die nur die Klassiker, die per Definition apollinisch sind, in absolutem oder fast absolutem Maße besitzen, im Gegensatz zu den romantischen, etwas freier Schöpfenden. Aber es soll mal jemand das Spiel von Domingos oder die Literatur von Machado gründlich erforschen, dann wird er mit Sicherheit in den Wurzeln der beiden ein wenig Samba, ein wenig bahianische Verspieltheit und sogar etwas pernambucanische *capoeiragem* sowie *malandragem* aus Rio finden, die ihnen brasilianische Authentizität geben. Mit diesen Residuen hat sich der brasilianische Fußball von seinem wohlgeordneten britischen Ideal entfernt, um zu dem Tanz voller irrationaler Überraschungen und dionysischer Vielfalt zu werden, der er jetzt ist. Dieser bahianische Tanz wird von einem Leonidas und von einem Domingos mit einem Gleichmut getanzt, der vielleicht indianische Anregungen oder Einflüsse auf seinen Charakter [...] erkennen lässt. Aber auf alle Fälle ist es ein Tanz.

Wegen der Sublimierung des Primitivsten, Jugendlichsten, Elementarsten in unserer Kultur war es selbstverständlich, dass der Fußball in Brasilien in seinem Aufstieg zu einer nationalen Institution auch den Schwarzen, den Nachkommen des Schwarzen, den *mulato* [Nachkomme von Weißen und Schwarzen], den *cafuzo* [Nachkomme von Indigenen und Schwarzen], den *mestiço* [Nachkomme von Weißen und Indigenen] aufsteigen lassen würde. Und von den jüngsten – das heißt in den letzten zwanzig oder dreißig Jahren – sozialen Aufstiegskanälen des Schwarzen oder *mulato* oder *cafuzo* in Brasilien übertrifft keiner in seiner Bedeutung den Fußball. [...]

Aus: Gilberto Freyre: Prefácio, in: Mário Filho: O *negro no futebol brasileiro*, Rio de Janeiro: Civilização Brasileira 1964, o.S.

Q 98   Nordamerikanisierung durch das Kino (1929)

Das neue Medium Kino trat in den 1920er Jahren seinen Siegeszug in Lateinamerika an und entwickelte sich rasch zur Attraktion für die breite Masse der Bevölkerung vor allem in den städtischen Zentren, die in diesem Zeitraum rasch wuchsen. Von Beginn an war der Einfluss Hollywoods dominant. In einigen Ländern der Region stammten mehr als 95% aller gezeigten Filme aus den USA. Der spanische Schriftsteller José M. Salaverría (1873–1940), der einige Jahre in Argentinien gelebt hatte und danach als Korrespondent verschiedener lateinamerikanischer Zeitungen arbeitete, nahm dazu 1929 kritisch Stellung.

[...] Vom Kinematografen kann man nicht sagen, er hätte die Menschen reicher oder besser gemacht. Er hat jedoch dazu beigetragen, dass sie sich gegenseitig besser kennenlernen, was einen beträchtlichen Fortschritt auf dem Weg zur Einheit der Menschheit bedeutet. Spielerisch und ohne jeglichen erzieherischen Anspruch und ohne zu fordern, dass man ihn besonders wichtig nehme, hat der Kinematograf die Kultur, die praktischste und am schwierigsten zu vermittelnde Kultur, in alle Ecken der Welt und in alle Schichten der Gesellschaft getragen: das unmittelbare Wissen über Sitten, die Gebärden und die Lebensformen aller Länder der Welt. [...]

Das Land, das sich durch den Kinematografen am meisten bekannt gemacht hat, ist Nordamerika. Indem es fast die gesamte Produktion der kinematografischen Industrie an sich gerissen hat, hat Nordamerika zwei gute Ergebnisse erzielt: einen riesigen Geldprofit und eine erfolgreiche Werbung für seinen nationalen Stil. Das heißt, dass sich die Vereinigten Staaten von einem weit entfernten und fast unbekannten Land in das Volk verwandelt haben, das alle Bewohner der Welt in allen Einzelheiten kennen. In der hinterletzten Siedlung des zurückgebliebensten Landes wissen die Menschen bereits, wie die nordamerikanischen Städte sind, wie ihre Züge und Schiffe funktionieren, wie sich das Leben in den Straßen abspielt, welche Gefühle und Leidenschaften ihre Bewohner bewegen, welche Tugenden und Defekte sie entwickeln, wie ihre Felder, Flüsse und Berge aussehen.

Es stimmt, dass die weltweite Zuschauerschaft mithilfe des Kinematografen feststellen kann, dass die Menschheit an unterschiedlichen Orten der Erde nicht sehr verschieden ist und dass sich die Nordamerikaner ungeachtet des Ansehens ihrer Macht und ihres Reichtums letztendlich denselben Lappalien, Nöten und Dummheiten ausgesetzt sehen wie alle anderen Menschen auch. Tatsächlich präsentieren uns die Komödien Szenen aus dem nordamerikanischen Leben, die dem Alltagsleben in Madrid, Barcelona oder Marseille ähneln wie ein Ei dem anderen. Es fehlen nicht einmal die geschmacklosen Fräuleins, die abscheulichen Gasthäuser, die Familien, die wollen, aber nicht können, die befehlssüchtigen Schwiegermütter, die lächerlichen Liebespaare und die restliche soziale Fauna, die von ihrer unrühmlichsten Seite gezeigt wird. Natürlich behalten sich die Yankees ihre Rechte vor, und sobald heldenhafte Charaktere präsentiert werden, erweist es sich, dass es keine Menschen gibt, die den Nordamerikanern in ihrem Mut, ihrer Energie, Gutmütigkeit, Vornehmheit, ihrem Witz und ihrer Haltung – in allem – überlegen sind. Die nordamerikanischen Filme haben den Vorzug, dass sie den Cid, Bayardo, Don Juan und D'Artagnan wiederauferstehen lassen, die sich nach ihrer wundersamen Rückkehr in einem erstaunlichen Mischmasch in einen Yankee unserer Tage verformen. Das ist recht: Dafür sind sie die Gebieter und können malen, wie sie wollen.

Andererseits nordamerikanisieren die Yankees dank des Kinematografen die Welt. Es sind weder die Literatur und die Kunst, noch die Wissenschaft, noch die Geselligkeit der Vereinigten Staaten, die beauftragt sind, den nordamerikanischen Lebensstil in die restliche Welt zu transportieren. Diesmal – ein sehr seltener Fall in der Geschichte – hat der Geist oder der Lebensstil eines Landes eine so bescheiden und zweitrangig wirkende Sache wie das »Kino« als Vehikel gewählt, und als Verstärkung hat das »Kino« die Unterstützung der Jazzmusik und des Jazztanzes angenommen. Zu anderen Zeitpunkten der Geschichte wurde der Lebensstil eines Volkes anderen Gesellschaften vermittels einer höheren Kultur, vollendeter Sitten oder durch das Prestige siegreicher Waffen aufgeprägt. Die Vereinigten Staaten können sich der Eigentümlichkeit rühmen, ihren Stil durchzusetzen, indem sie einfach nur Filme und Negerorchester exportieren. Die Europäer, die sich zuvor wie vernünftige Personen benahmen, die der Verschwendung feindlich gesinnt sind, ahmen nun die Gebärden der Yankees aus dem »Kino« nach und träumen alle vom Besitz eines Automobils und von Abendessen in prunkvollen Restaurants. Die Jugendlichen wollen echte Jugendliche aus dem Film sein, sich kleiden und Sport treiben wie die Yankees. Und die Mädchen haben sich mit einer erstaunlichen Geschwindigkeit vollkommen nordamerikanisiert und leben so, wie sie das Leben der Yankeemädchen in den Filmen sehen. [...]

Aus: José M. Salaverría: Perspectivas cinematográficas, in: *La Nación*, Santiago de Chile (15. November 1929), S. 3.

Q 99   Die Wiederentdeckung der Nationalkultur in Chile (1928)

Auf die Nordamerikanisierung reagierte man vielerorts kritisch. Insbesondere konservative Eliten forderten eine Stärkung der nationalen Kultur. Im chilenischen Fall entdeckte man in den 1920er Jahren u.a. den traditionellen Tanz der »Cueca« als neues nationales Symbol, mit dem die Einflüsse aus den USA auf dem Unterhaltungssektor zurückgedrängt werden sollten. In der Boulevardzeitung »Las Últimas Noticias« kommentierte man dies mit Verweis auf den in Argentinien lebenden chilenischen Musiker Osmán Pérez Freire (1880–1930) und die Folklore-Gruppe »Cuatro Huasos« (»Vier Cowboys«) sehr positiv.

Willkommen seien die Cueca und das chilenische Lied

Eine schöne Aufgabe beginnt die Behörden im ganzen Land zu beschäftigen: der Versuch, den Gesang und das Gefallen an der Volksmusik zu beleben.

In den Konzerten, in den Musikgruppen, in den Orchestern der Kinos und in einigen eleganten Klubs halten Cueca und nationale Lieder auf dem ehrbarsten Wege Einzug.

Nach der Invasion einer gewissen, verdächtig anstößigen Musik, einem Übermaß an Tangos und zweifelhaften Liedern der Negermusik, seien, wie ein spanischer Publizist beobachtete, unsere eingängigen, fröhlichen und unschuldigen Cuecas willkommen geheißen, die die Gefühle der Volksseele aufnehmen und jene Wallungen zurückbringen, mit denen sie seit den frühen Tagen der Kindheit unser Gehör umschmeichelten.

Ist unsere Cueca nicht ein Beispiel für feine bzw. sehr harmonische Musikalität?

Warum sollte sie gegenüber dem allgemeinen Repertoire des weinerlichen, dürftigen und schwülen Tango minderwertig sein?

Es gibt viel und sehr Wertvolles in der chilenischen Folklore, die es in stilisierter Form, wenn man so will, oder mit gewissem Interesse aufgenommen dazu bringen kann, uns etwas Eigenes zu geben, das dem, was uns die *Zarzuelas* [spanische Singspiele] gegeben haben, in nichts nachsteht, und das seit Menschengedenken schließlich das Einzige war, das mit gewissem Gefallen mitgesungen wurde.

Wir haben schon gehört, wie sehr in allen Ländern das *Ayayai* beginnt, Objekt einmütigen Wohlgefallens und häufiger Streitereien über seine Herkunft zu werden. Vielleicht wäre sein Autor, Pérez Freire, der einzige Berufene, um für Chile auf dieses schöne Lied Anspruch zu erheben, das in den Ländern von Nordamerika als mexikanisch und in denen von Südamerika als argentinisch bekannt ist.

Das gesamte Repertoire an Volksmusik eben jenes Pérez Freire und der *Cuatro Huasos*, denen in den Ländern jenseits der Anden Beifall gespendet wurde, zeigt deutlich, dass wir etwas Eigenes aufmerksam fördern und verteidigen müssen.

Willkommen seien also die Cueca und das chilenische Lied, weil sie uns etwas Eigenes ins Gehör der Volksseele bringen: Aus den Gebräuchen unseres Volkes wird nach und nach das wahrhafte Gefühl des Chilenen entstehen, das Chilenentum (*chilenidad*), wie ein gewisser argentinischer Schriftsteller sagte.

Juan Pelambre

Aus: Juan Pelambre: Bienvenidas la Cueca y la canción chilena, in: *Las Últimas Noticias*, Santiago de Chile (15. Mai 1928), S. 3.

Q 100   Amerika, auf den Kopf gestellt (1936)

Der uruguayische Künstler Joaquín Torres García (1874–1949) kehrte aus finanziellen Gründen während der Weltwirtschaftskrise aus Europa in sein Heimatland zurück. Dort bemühte er sich um eine eigenständige, genuin lateinamerikanische Kunstsprache und gründete die

Zeitschrift »Círculo y Cuadrado« (»Kreis und Quadrat«). In der ersten Nummer dieses Blattes erschien im Mai 1936 diese Zeichnung einer auf den Kopf gestellten Karte Südamerikas.

Aus: María del Carmen Suescun Pozas: Doing and Undoing Imperialism in the Visual Arts, in: Gilbert Joseph u.a. (Hg.): *Close Encounters of Empire. Writing the Cultural History of U.S.-Latin American Relations*, Durham, NC/London: Duke University Press 1998, S. 525–556, hier S. 532.

B. Von der Weltwirtschaftskrise zum Zweiten Weltkrieg

Lateinamerikas wirtschaftliche Entwicklung erfuhr im frühen 20. Jahrhundert eine Neuausrichtung, die im engen Zusammenhang mit den Verwerfungen durch den Ersten Weltkrieg und die Weltwirtschaftskrise stand. Bis 1930 blieb die traditionelle Außenorientierung für weite Teile des Subkontinents prägend, d.h. man blieb in erster Linie als Lieferant von Rohstoffen und landwirtschaftlichen Produkten und Empfänger von Fertigwaren in das System der Weltwirtschaft eingebunden. Die Konjunktur war in den meisten Ländern wesentlich vom Export eines oder weniger Güter abhängig. Im Andenraum, in Zentralamerika und andernorts entstanden von ausländischen Investitionen abhängige Enklaven im Bergbau und in den Plantagenwirtschaften. Die Gewinner dieses Wirtschaftssystems waren die traditionellen Oligarchien und die Investoren, wobei sich durch den Ersten Weltkrieg eine eindeutige Verschiebung zu den USA als Hauptquelle des Kapitals ergab.

Der Erste Weltkrieg bedeutete in vielerlei Hinsicht einen Schnitt und gab Anlass zum Umdenken. Durch den Krieg brachen traditionelle Absatzmärkte in Europa zusammen, und es entstanden Engpässe bei der Versorgung mit Fertigprodukten. Die Importe aus den Vereinigten Staaten konnten dies nicht vollständig ausgleichen. Die kriegsbedingte Krise sorgte für Impulse, die zu Industrialisierungsansätzen insbesondere in der Konsumgüterindustrie in den Bereichen Textilien, Nahrungs- und Genussmittel beispielsweise in Argentinien, Brasilien und Chile führten. Die zunehmende Urbanisierung dieser Länder in den 1920er Jahren und das Wachstum der dortigen Arbeiterbewegung standen in engem Zusammenhang mit der frühen Industrialisierung. Parallel dazu fand in diesem Zeitraum ein wirtschaftspolitisches Umdenken statt. Der nationalistische Zeitgeist schlug sich in protektionistischen Maßnahmen nieder. Das konnte man sich leisten, da die Nachkriegsjahre eine Phase relativer Prosperität waren. Paradoxerweise wurde diese jedoch vielerorts mit Kapital aus den USA finanziert. Damit wurden Investitionen getätigt, die bis 1930 den Glauben an den Fortschritt innerhalb der gegebenen sozioökonomischen Strukturen aufrechterhielten, ja in manchen Fällen geradezu einen Boom, einen »Tanz der Millionen«, auslösten.

Das wirtschaftliche Wohlergehen hing 1929 so stark von den Entwicklungen der Weltwirtschaft und insbesondere der Vereinigten Staaten ab, dass die Nachrichten vom Börsencrash in New York umgehend Bestürzung auslösten. Als die US-amerikanischen Investoren panikartig ihre Investitionen zurückzogen, war die Krise in Lateinamerika angekommen. Binnen kürzester Zeit fielen die wirtschaftlichen Indikatoren auf einen Krisenstand. Die Exportmärkte in Europa und den USA brachen wie 1914 erneut zusammen, doch gab es nun keinen Ausgleich durch die Nachfrage nach kriegswichtigen Gütern. Gleichzeitig verschlechterten sich die *terms of trade*. Daher konnten die notwendigen Importe nicht mehr bezahlt werden, und das Volumen der Einfuhren war dementsprechend stark rückläufig. Die Verminderung des Handelsvolumens war katastrophal. Die häufig von den Einnahmen aus den Außenhandelszöllen abhängigen Staatshaushalte brachen ein. Wegen Kapitalmangels mussten die öffentlichen Baumaßnahmen eingestellt werden. Dafür stiegen die Inflations- und Arbeitslosenraten unaufhaltsam an. Nach kurzer Zeit erklärte ein lateinamerikanisches Land nach dem anderen seine Zahlungsunfähigkeit. Ausländisches Kapital zur Umschuldung und zu Neuinvestitionen war unter diesen Bedingungen nicht mehr zu haben.

Als die Wucht des wirtschaftlichen Zusammenbruchs deutlich wurde, ging der Glauben an die Exportorientierung, die »Entwicklung nach außen«, verloren. Das war nicht zuletzt darauf zurückzuführen, dass die Weltwirtschaftskrise neue internationale Rahmenbedingungen schuf, denn die Industrieländer schotteten sich durch protektionistische Maßnahmen rigide ab und rückten vom Goldstandard als Währungssystem ab. In Lateinamerika folgte man diesen Vorgaben, führte Devisen- und Importkontrollen ein und wertete die eigenen Währungen ab. Ziel war, die Krise durch eine Einschränkung der Importe zu überwinden. Dazu war es notwendig, die heimische Produktion zu fördern. Tatsächlich fand in diesem Zeitraum eine Neuausrichtung auf eine binnenmarktorientierte Wirtschaftspolitik, die »Entwicklung nach innen«, statt. Dies zeigte sich selbst in der Einwanderungspolitik, die nun restriktiv gehandhabt wurde. Die Binnenorientierung galt sowohl für die Landwirtschaft, die Infrastruktur als auch insbesondere für die Industrie. Aufbauend auf den bereits seit dem Ersten Weltkrieg angelegten Strukturen und Vorbildern legte man in den 1930er Jahren die Grundlagen für die importsubstituierende Industrialisierungspolitik, die Lateinamerika in den kommenden Jahrzehnten prägen sollte. Dabei darf allerdings nicht vergessen werden, dass die wirtschaftspolitischen Anstrengungen ab 1933 vom Aufschwung der Weltnachfrage nach Rohstoffen aus Lateinamerika profitierten. Länder wie Kuba oder Venezuela verdankten ihre relativ rasche Gesundung vor allem der Erholung des Exportsektors, und sogar in sich industriell entwickelnden Ländern wie Brasilien und Chile spielte dieser Faktor eine wichtige Rolle.

Die große Krise hatte nicht nur wirtschaftliche, sondern auch tiefgreifende politische Folgen. Der ökonomische Zusammenbruch verursachte zahlreiche Umstürze und stärkte nationalistische, teils radikale Tendenzen. In einem Fall – dem Konflikt zwischen Bolivien und Paraguay um den Chaco (1932–1935) – gab er sogar Anlass zu einem Krieg. War die Herrschaft der traditionellen Oligarchie in einigen Ländern schon seit 1910 ausgehöhlt und in Mexiko sogar gebrochen worden, so sollte sich dieser Trend nun noch vertiefen. Häufig wurden die Regierungen durch Militärs oder zumindest mit deren Unterstützung gestürzt. Die Militärregimes, die sich z. B. in Argentinien und Bolivien an der Macht behaupteten, wiesen Affinitäten zu den europäischen Faschismen auf. Andernorts setzten sich populistische Regimes durch, die einen Umbau der Gesellschaft nach korporatistischen und technokratischen Vorstellungen verfolgten. Überall weitete der Staat seine Aktivitäten erheblich aus, was nicht zuletzt auf die zunehmend bessere verkehrsmäßige Erschließung durch neue Verkehrsmittel wie Autos und Flugzeuge zurückzuführen war. Charismatische Staatsmänner wie Getúlio Vargas in Brasilien, Lázaro Cárdenas in Mexiko und später Juan Domingo Perón in Argentinien verliehen der Politik ein neues Gesicht. Breitere soziale Schichten wurden durch populistische sozialpolitische Maßnahmen angesprochen, Gewerkschaften in ein Abhängigkeitsverhältnis zu Regierungen gebracht. Die krisenhaften 1930er Jahre waren auch eine Phase verschärfter Arbeitskonflikte, wobei sich die Kommunisten auf Kosten der Anarchisten profilierten.

Nach dem Ersten Weltkrieg und der Weltwirtschaftskrise löste der Zweite Weltkrieg die dritte von außen angestoßene Krise in diesem Zeitraum aus. Schon im Vorfeld hatte sich die starke Abhängigkeit Lateinamerikas von der Weltpolitik gezeigt, an der es im Völkerbund seit 1919 aktiv teilnahm. Die Vereinigten Staaten, die sich während der Weltwirtschaftskrise einem nochmals gestiegenen Anti-US-Amerikanismus gegenüber sahen, änderten bereits ab 1933 ihre Lateinamerikapolitik unter dem Motto der »Guten Nachbarschaft«. Lateinamerika sollte so in eine panamerikanische Allianz gegen die europäischen Totalitarismen eingebunden werden. Daneben waren wirtschaftliche Motive ausschlaggebend. Diese Politik wurde mit kulturpolitischen Maßnahmen propagiert. Die Reaktionen in Lateinamerika waren ambivalent. Misstrauen und Abneigung gegen die Nachbarn im Norden blieben stark. Viele Regierungen spielten in den 1930er Jahren die Gegensätze zwischen den USA und Europa aus, um ihre eigenen nationalen Interessen zu verfolgen. Wie die Vereinigten Staaten erklärten auch die Lateinamerikaner 1939 zunächst ihre Neutralität, verfolgten aber mit Sorge die militärischen Erfolge Deutschlands.

Der japanische Angriff auf die Vereinigten Staaten brachte ein Umdenken in Lateinamerika und führte zu einer Annäherung, da die gemeinsame Verteidigung unter dem neuen Stichwort »kollektive Sicherheit« vordringlich erschien. Ab 1942 brachen die lateinamerikanischen Staaten – bis auf Argentinien – ihre Beziehungen zu den Achsenmächten nach und nach ab und traten in den Krieg der Alliierten ein. Einwanderer und ihre Nachkommen aus Deutschland, Italien und Japan wurden zunehmend als Gefahr für die innere Sicherheit wahrgenommen und verfolgt. Die Öffnung gegenüber den Flüchtlingen vor dem nationalsozialistischen Terror geschah demgegenüber nur halbherzig. Der Kriegsbeitrag Lateinamerikas bestand vor allem in der Lieferung von kriegswichtigen Rohstoffen und der Bereitstellung von Militärstützpunkten. Das war durchaus profitabel, schuf aber durch die Einseitigkeit der Ausrichtung auf die Vereinigten Staaten auch Abhängigkeiten. Außerdem wurden durch den Exportboom die Industrialisierungsbemühungen gebremst.

Diese Abhängigkeit wurde in Lateinamerika gegen Kriegsende kritisch diskutiert. Da das gemeinsame Ziel der Verteidigung gegen die Aggression der Achsenmächte erreicht war, traten die grundsätzlich unterschiedlichen Interessen zwischen den USA und Lateinamerika nun wieder offen zu Tage. Zwar unterstützten die lateinamerikanischen Regierungen die Pläne Washingtons zur Schaffung der Vereinten Nationen, allerdings lehnten sie den exklusiven Sicherheitsrat für die Großmächte ab. In wirtschaftspolitischer Hinsicht gab es ebenfalls Meinungsverschiedenheiten, denn die USA plädierten für Freihandel, während die Lateinamerikaner eine nationalistische und staatlich gelenkte Wirtschaftspolitik betrieben. Durch die Neuausrichtung der US-amerikanischen Nachkriegspolitik auf Europa geriet Lateinamerika an den Rand des Interesses und erhielt nur noch minimale Wirtschaftshilfe. Auch die Förderung der Demokratie in den Amerikas, die in einigen Ländern in den 1940er Jahren durchaus erfolgreich war, erlahmte bald. Unter dem Eindruck des beginnenden Kalten Krieges unterstützte Washington Diktaturen, solange diese die US-amerikanischen Interessen schützten und antikommunistisch waren. Das führte bereits Ende des Jahrzehnts in vielen Ländern zu einem eindeutigen Rechtsruck. In diesem Zusammenhang standen auch die erfolgreichen Bemühungen zur Schaffung eines interamerikanischen Sicherheitssystems mit antikommunistischer Ausrichtung, die 1948 in der Schaffung der Organisation Amerikanischer Staaten gipfelten und die Vorherrschaft der USA in der Region festigten.

1. Die wirtschaftliche Katastrophe

Q 101   Zusammenbruch der Absatzmärkte und Handelsrückgang (1930–1939)

Außenhandelsindizes für Lateinamerika und ausgewählte Länder (1930–1939) in % gegenüber den Durchschnittswerten von 1925–29

	Exportmenge	Terms of Trade	Importkapazität	Importmenge
Lateinamerika				
1930–1934	– 8,8	– 24,3	– 31,3	
1935–1939	– 2,4	– 10,8	– 12,9	
Argentinien				
1930–1934	– 8	– 20	– 27	– 32
1935–1939	– 11	0	– 11	– 23
Brasilien				
1930–1934	+ 10	– 40	– 35	– 48
1935–1939	+ 52	– 55	– 32	– 27
Chile				
1930–1934	– 33	– 38	– 58	– 60
1935–1939	– 2	– 41	– 42	– 50
Mexiko				
1930–1934	– 25	– 43	– 55	– 45
1935–1939	– 11	– 36	–-39	– 26

Aus: Celso Furtado: *Economic Development of Latin America*. Cambridge: Cambridge University Press 1970, S. 40–41.

Q 102 Auswirkungen der Weltwirtschaftskrise in Bolivien (1930)

Die Weltwirtschaftskrise erschütterte 1929 und in den Folgejahren nicht nur die USA und Europa. Bald nach dem »Schwarzen Donnerstag« am 24. Oktober 1929 wurden die Konsequenzen der Krise auch in der wirtschaftlichen Peripherie spürbar. Die stark sinkende Weltmarktnachfrage nach den Exportprodukten Lateinamerikas, in den meisten Fällen Primärgüter, ließ deren Preise rasant sinken. Boliviens wichtigster und zugleich überwiegend exportorientierter Wirtschaftszweig war der Bergbau. Zinn und andere Bergbauprodukte bildeten das ökonomische Rückgrat des Landes. Mit der Krise erlitten sie starke Preisverluste. Allein der Welthandelspreis von Zinn reduzierte sich zwischen 1927 und 1930 um die Hälfte. In einem Artikel in der bolivianischen Zeitung »La Razón« vom November 1930 kommentierte der Journalist Fabio Espejo F. angesichts der Krise die nationale wirtschaftliche Entwicklung im Kontext des internationalen Finanz- und Währungssystems.

[...] Anlässlich der Erklärungen der Zentralbank von Bolivien steht im Leitartikel der Ausgabe von »El Diario« vom 18. dieses Monats: »Der Bergbau war und ist der Wirtschaftszweig, der den größten Beitrag zur Aufrechterhaltung des Steueraufkommens und des Landes im Allgemeinen leistet. *Daher ist unter den gegenwärtigen Umständen die fehlende Unterstützung der Bergbauindustrie genauso töricht wie es das Verschließen einer Quelle wäre, die einem Dorf das Trinkwasser liefert.*«

Wenn man zu einer klaren Sicht auf das Problem gelangt, wird man nicht mehr daran denken, den Bergbau im Stich zu lassen, wie viele es im Sinn hatten, um die Kräfte des Landes anderen Produktionszweigen zu widmen. Zwar bieten jene von intensiver Bewirtschaftung unberührten Agrarflächen sichere Bedingungen für die Kapitalanlage und hinsichtlich der bereitstehenden Arbeitskraft. Sie erfordern jedoch eine längere Vorbereitungszeit und mehr langfristiges Investitionskapital, das heute in einem Dauerschlaf unproduktiv in den Banken schlummert, obwohl es zum Erwachen wirtschaftlicher Aktivität anregen könnte [...]. Heute jedoch müssen wir alle Aufmerksamkeit und Kraft des Volkes darauf richten, die Bergbauwirtschaft vor dem steilen Absturz ihrer Produktionswerte zu bewahren. [...]

[...] Da es sich um eine weltweite Entwicklung handelt, wird sich die Entwicklungsrichtung unserer Finanzen daraus ergeben, wie die Alte Welt auf ihre wirtschaftliche Lage reagiert. Es ist wichtig, sich eindeutig bewusst zu machen, dass die gegenwärtige Krise *einzigartig und ohne jeden Vergleich* ist. Ihre dem Weltkrieg geschuldeten Vorläufer unbekannten Ausmaßes und ihre unvorhersehbaren Folgen haben eine der menschlichen Erfahrung bis dahin unbekannte Tragweite. Diese Folgen haben die von den besten Wirtschaftswissenschaftlern erdachten Lehren zum Einsturz gebracht. So ergriff man in den vergangenen 16 Jahren, in denen sich seit dem Krieg ein wachsender Strudel ungebremster Expansion entwickelt hatte, auf die wiederum ein Panikausbruch folgte, keine Maßnahmen, die die Bereitschaft zur Einleitung von Schutzmaßnahmen für die Wirtschaft erkennen ließen.

Schon seit einem Jahr erwarten wir die Katastrophe und sollten dabei nicht vergessen, dass während dieser Zeit viele der renommiertesten Wirtschaftswissenschaftler der Vereinigten Staaten uns wiederholt mitteilten, die schlimmste Phase der Krise sei überstanden. Damit suggerierten sie den Kapitalanlegern, dass sie die Gelegenheit für große Geschäfte nutzen sollten. Diese tätigten große Investitionen in treuhänderische Werte, welche innerhalb kürzester Zeit ihren desaströsen Kollaps fortsetzten, ohne dass bis heute ein Ende des Absturzes abzusehen wäre. So kam es auch, dass Herr [Edwin W.] Kemmerer [US-amerikanischer Finanzberater diverser lateinamerikanischer Staaten], als er diesbezüglich befragt wurde, erklärte, das Zinn könne niemals unter einen Verkaufspreis von 200 Pfund Sterling pro Tonne fallen.

Alle Berechnungen und alle getroffenen Vorsichtsmaßnahmen, die auf der wirtschaftlichen und industriellen Entwicklung der Vergangenheit basierten, unterliegen *falschen Annahmen.* Bolivien, ein Land, dessen gegenwärtige wirtschaftliche Aktivität jung ist und dem bei all seinen Anstrengungen zur politischen und wirtschaftlichen Entwicklung *die langjährigen Erfahrungswerte gut geführter Statistiken und Beobachtungen fehlen,* hätte diesbezüglich niemals gesetzliche Maßnahmen ergreifen dürfen, erst recht nicht in Momenten, in denen es mangels solider Grundlagen nichts anderes tat, als den noch jungen Aufwärtstrend zu stoppen. In dem weltweiten Wahn, der eine fantastische, aber falsche Vision vom finanziellen Aufstieg versprach, lieferte es ein Lehrstück ab. [...]

In letzter Zeit hält durch die jüngsten Telegramme aus dem Ausland die weltweite Panik in unsere Wirtschaftssphäre Einzug, so dass der Boden, den wir bei diesem rasanten Sturz in den Abgrund erreichen werden, noch nicht sichtbar ist. Wir dürfen diejenigen Ereignisse nicht aus den Augen verlieren, die sich in solch einer Situation in der Finanzwelt abspielen. Und wir müssen sehr aufmerksam die Bewegungen und besonders die Maßnahmen der großen Finanzkörperschaften sowie der namhaften ausländischen Finanziers beobachten [...].

Tatsächlich verdüstert das Notsignal, das durch die gegenwärtige Panik ausgesandt wurde, die Zukunft. Es besteht vor allem in dem Übel, dass sich die Bezugsquellen des [Goldes] erschöpfen und es Berechnungen gibt, wonach seine Produktion von ungefähr 20 Millionen Unzen pro Jahr nur bis 1934 oder 1935 aufrechterhalten werden kann, um danach abzufallen, wenn man bis dahin keine neuen Vorkommen und Bezugsquellen entdeckt, die den Hunger nach diesem Metall stillen können. Schon wird geredet, dass wir zum Bimetallismus zurückkehren werden, doch wird diese Maßnahme, so befürchtet man, in erster Linie störend wirken. Platin soll eingeführt werden, aber auch solche Projekte sind im Moment noch nicht im Bereich des Möglichen.

Alles, was ich sage, wird durch ein Telegramm bestätigt, das am 19. dieses Monats in der Tagesillustrierten »La Razón« veröffentlicht wurde, in dem es heißt: »Der Goldstandard ist in seiner Hauptfunktion gescheitert«, womit es sich auf eine Rede von Lord d'Abernon vor der Liverpooler Handelskammer bezieht.

Vorausblicken ist Regieren.

Aus: Fabio Espejo F.: Crisis económica mundial, in: Edmundo Vázquez (Hg.): *La economía y las finanzas de Bolivia. Documentos y opiniones emitidas sobre problemas de la crisis 1929–1930*, La Paz: Atenea 1931, S. 31–34.

Q 103   Das Ende der Weltwirtschaft (1932)

Der deutschstämmige Chilene Carlos Keller Rueff (1897–1979) durchlief nach dem Studium in Deutschland in Chile eine Karriere als Hochschullehrer der Ökonomie und brachte es bis zum Generaldirektor des Statistischen Amtes. Sein Buch »Ein Land auf Abwegen« (»Un país al garete«) zählte zu den präzisen Analysen der wirtschaftlichen Lage Chiles, mit denen Keller in der bewegten Phase der frühen 1930er Jahre auf sich aufmerksam machte. Er selbst suchte den Ausweg im politischen Radikalismus und gründete im Erscheinungsjahr des Buches gemeinsam mit Jorge González von Marées die »National-Sozialistische Bewegung Chiles« (»Movimiento Nacional-Socialista de Chile«).

[...] Die wichtigste wirtschaftliche Folge des Weltkriegs war die Akkumulation hoher Profite in den Vereinigten Staaten. Die Vereinigten Staaten bereicherten sich in dem Maße, in dem Europa verarmte.

Als der Krieg beendet war, wurden diese riesigen Kapitalsummen für eine in vorherigen Zeiten ungekannte Kreditexpansion eingesetzt. Das Kapital wurde eingesetzt, um neue Unternehmen zu gründen und die bestehenden zu vergrößern, sowohl in den Vereinigten Staaten als auch in den übrigen Ländern, in die es floss, da es in jenem Land nicht absorbiert werden konnte. Die Vereinigten Staaten erhielten Anleihen, die sie einsetzten, um riesige Investitionen zu tätigen, die direkt oder indirekt in eine wirtschaftliche Expansion mündeten.

Diese Kreditexpansion verlief ungeplant. Während die nordamerikanischen Kupferwerke in Chile erweitert wurden und das in Potrerillos gebaut wurde, während die Salpeterwerke »María Elena« und »Pedro de Valdivia« errichtet wurden, während der Landwirtschaft zum Ziel der Produktionsausweitung große Kredite zugeführt wurden, bedachte niemand, was auf gleichem Gebiet in anderen Ländern geschah. Die Folge war eine weltweit ungekannte Überproduktion. [...]

Diese Überproduktion wurde durch den Umstand verstärkt, dass die Investition dieses Kapitals mit der Absicht erfolgte, die Industrie rational zu mechanisieren, das heißt, den Arbeiter durch die Maschine zu ersetzen. [...]

Die Folgen der Mechanisierung waren allumfassend. Während neue Industrieanlagen errichtet wurden, fanden alle Arbeit, und die Weltwirtschaft bot den Anblick einer künstlichen Blüte. Aber sobald die neuen Fabriken zu arbeiten begannen und sobald sich die Expansion der Landwirtschaft und des Bergbaus verwirklichte, begann die Arbeitslosigkeit immer größere Dimensionen anzunehmen. Jeder Arbeiter ohne Arbeit reduzierte die Güternachfrage. So wurde die Arbeitslosigkeit als logische Folge der wahnsinnigen, kreditfinanzierten Expansion zu einem Problem, dass alle kapitalistischen Länder der Welt betrifft. [...]

Heutzutage ist die Großindustrie nicht mehr im Besitz von bestimmten Personen, denn ihr Kapital befindet sich im Besitz unendlich vieler Aktionäre und Wertpapierinhaber, die man angesichts der Leichtigkeit, mit der die Titel von einer Hand zur nächsten weitergereicht werden, wahrscheinlich nicht identifizieren kann. Die kleinen Unternehmen, die organisch mithilfe eigener Ressourcen entstehen, sind durch die Superunternehmen verdrängt worden, die unvermittelt mithilfe von Fremdkapital geschaffen wurden. [...]

Die strengen Formen des Kapitalismus alten Stils wurden also durch eine außergewöhnliche Kapitalmobilität ersetzt. Mit der Entwicklung dieser neuen Phase des Kapitalismus stimmte das Wirtschaftssystem nicht länger mit den nationalen Territorien überein. [...]

Auf diese Weise konnte sich eine »Weltwirtschaft« herausbilden, die von den Grenzen der nationalen Territorien unabhängig war und eigenen Gesetzen gehorchte.

Das chilenische Wirtschaftswachstum verdankt sich im Wesentlichen der Herausbildung dieser Weltwirtschaft. Das ausländische Kapital ist gekommen, um unsere Reichtümer zu erschließen. Die inländischen Produktionskosten erweckten das nationale Wirtschaftssystem zum Leben; von ihnen lebten zu großen Teilen unsere Landwirtschaft und unsere nationale Industrie; von ihnen rührte ein Großteil des Steueraufkommens her; aus ihnen stammten die Einkünfte der Fachleute (die Konzessionen zur Salpeterausfuhr fallen unter diesem Gesichtspunkt in Chile unter »Kosten«). Der erzielte Gewinn verließ das Land und begünstigte die fast ausnahmslos ausländischen Kapitalisten, die ihr Geld für den Aufbau der Unternehmen zur Verfügung gestellt hatten oder ihren Organisatoren geliehen hatten. Die chilenische Volkswirtschaft nahm einen künstlichen Charakter an, weil ihre Entwicklung keinen dynamischen internen Kräften gehorchte, sondern sich als schlichte Reflexbewegung auf das Auslandskapital bildete, das unsere Reichtümer erschloss. Ohne die Auslandsinvestitionen in die Salpeter- und Kupferindustrien wäre die Existenz unserer Hauptstadt mit 750.000 Einwohnern, die ein Sechstel der Landesbevölkerung darstellen, nicht vorstellbar, und auch nicht die eines Staates mit einem Haushalt, der um eine Milliarde Pesos [...] gewachsen ist, und auch nicht die Verbreitung, die die freien Professionen in Chile gefunden haben. Unsere ganze Existenz als Nation leitet sich buchstäblich vom Salpeter und vom Kupfer ab. [...]

Die Existenz der Weltwirtschaft hing jedoch von der Umsetzung einer Reihe von Prämissen ab: Das Kapital musste sich frei über die nationalen Grenzen hinweg bewegen können, der internationale Handel musste sich ohne Hemmnisse entwickeln, die Zahlungsbilanzen mussten ausgeglichen bleiben, der Wille der Nationen durfte sich nicht der Existenz der Weltwirtschaft als solcher widersetzen. [...]

Besonders seit die gegenwärtige Krise anfing, der Existenz der Völker Schwierigkeiten zu bereiten, sahen sich die Staaten gezwungen, die ihnen durch die politische Organisation verliehene kollektive Macht zu nutzen, um ihre Auswirkungen abzumildern. Die Grenzen wurden in immer größerem Maße abgeschottet. Es wurde eine Politik der Importeinschränkung eingeleitet, um das nationale Wirtschaftssystem zu entwickeln, obwohl ihre Kosten viel höher waren und sie das Leben verteuerte. Diesen negativen Wirkungen stand das große Argument gegenüber, den Arbeitslosen Arbeit zu geben.

So kam es zur Auseinandersetzung zwischen der nationalistischen Politik der Regierungen und der nationalen Produzenten und den Interessen derer, die ihr Kapital im Ausland investiert hatten. Der Einfluss der nationalen Produzenten, die von den in ihrer Existenz bedrohten Arbeitermassen unterstützt wurden, war überall viel größer und entscheidender als der der Investoren. Einmal begonnen, wurde der Kampf zugunsten der ersten Gruppe entschieden. Mit dem Problem konfrontiert, eine der Interessengruppen zu opfern, entschieden sich die Staaten zugunsten der nationalen Industrie.

Man kann in Folge dieser Konstellation ohne Übertreibung vom Ende der Weltwirtschaft sprechen. Zurzeit sind große nationale Volkswirtschaften im Entstehen begriffen. [...]

Momentan übersteigt das in Chile investierte Auslandskapital 10 Milliarden Pesos [...]. Wenn wir annehmen, dass dieses Kapital (Anleihen, Investitionen in Wirtschaftsunternehmen etc.) einen Durchschnittsertrag von acht Prozent erwirtschaftet, dann bedeutet das, dass wir jährlich 800 Millionen Pesos an das Ausland zahlen müssen. Wenn wir uns durch die Aufnahme neuer Anleihen nicht noch mehr verschulden wollen, muss der Wert unserer Exporte den unserer Importe um diese Summe übersteigen. Dann würde unsere Volkswirtschaft normal funktionieren. [...]

Wenn jetzt die Politik der Großmächte und besonders die der Vereinigten Staaten uns die Umsetzung dieser Vorgabe nicht erlaubt, weil sie unsere Produkte nicht abnehmen, so bedeutet das, dass sie bereit sind, ihr in unserem Land investiertes Kapital und ihre Kredite zu opfern.

Es waren nicht wir, die Importbeschränkungen verhängten. Als unsere Exporte einen klaren Abschwung verzeichneten, behielten wir ein Importniveau bei, das nicht der Kaufkraft des Landes entsprach, und als Folge zerstörten wir unser Währungssystem. Von Chile aus betrachtet liegen die Gründe der Krise ausschließlich im Ausland. Von dort aus überrollte sie unser Land und lähmte unsere nationalen Aktivitäten. [...]

Chile hat nicht die geringste Schuld daran, dass sich die Situation so darstellt. Wie ich bereits gezeigt habe, funktionierte unser Wirtschaftssystem immer als schlichter Reflex auf die Weltwirtschaft. Es besaß keinerlei eigenen Willen. Alles ist auf natürlichem Wege geschehen, als einfache Folge der wirtschaftspolitischen Maßnahmen, die die Großmächte ergriffen haben. Der einzige Vorwurf, den man uns machen kann – oder besser gesagt, den wir uns selber machen müssen – ist, dass wir angesichts dieser Situation nicht früher reagiert haben, dass wir die ausweglose Sackgasse nicht bemerkten, in die wir uns begaben, und dass wir keine effizienten Maßnahmen ergriffen haben, um all das Unheil zu verhindern, das über uns gekommen ist. [...]

Aus: Carlos Keller Rueff: *Un país al garete. Contribución a la seismología social de Chile*, Santiago de Chile: Nascimento 1932, S. 39–57.

2. Politische Umbrüche und Populismen

Q 104   Verstaatlichungspolitik in Mexiko (1938)

Der bei der Bevölkerung enorm populäre mexikanische Präsident Lázaro Cárdenas (1895–1970) verfestigte während seiner Amtszeit von 1934 bis 1940 die Machtposition der »National-Revolutionären Partei« (»Partido Revolucionario Nacional«). Während seiner Präsidentschaft wurde eine breit angelegte Landreform durchgeführt, bei der 18 Millionen Hektar an

Grundbesitz enteignet wurden und an ca. 800.000 Begünstigte verteilt wurden. Zudem verfolgte seine Regierung eine staatlich gelenkte Entwicklungs- und Industrialisierungspolitik, die, ähnlich wie in Brasilien unter Vargas oder in Argentinien unter Perón, auf die Verstaatlichung zentraler Wirtschaftsbereiche setzte und damit die institutionellen Grundlagen für eine Politik der importsubstituierenden Industrialisierung legte. In dem folgenden Auszug aus der Erklärung an die Nation vom 18. März 1938 legte Cárdenas die Argumente für die Enteignung und Verstaatlichung der Erdölindustrie dar.

[...] Es wurde immer und immer wieder gesagt, dass die Erdölindustrie dem Land ein enormes Kapital zur Förderung seiner Entwicklung gebracht habe. Diese Behauptung ist übertrieben. Die Erdölgesellschaften haben sich während vieler Jahre, den meisten ihres Bestehens, zugunsten ihrer Entwicklung und Expansion großer Privilegien wie Zollfreiheit, Steuerfreiheit und unzähliger anderer Vorrechte erfreut; diese Gunstfaktoren stellen, vereint mit dem außerordentlichen Reichtum der erdölführenden Schichten, für welche die Nation ihnen oftmals gegen ihren eigenen Willen und das öffentliche Recht eine Konzession gewährte, fast die Gesamtheit des eigentlichen Kapitals dar, von dem so viel geredet wird.

Ein großer potenzieller Reichtum der Nation, eine lächerlich geringe Entlohnung der Einheimischen für ihre Arbeit, Steuerfreiheit, wirtschaftliche Privilegien und Duldsamkeit von Seiten der Regierung sind die entscheidenden Faktoren für den Aufschwung der Erdölindustrie in Mexiko.

Betrachten wir doch einmal die sozialen Verdienste der Unternehmen: In wie vielen der Dörfer, die sich in unmittelbarer Nähe der Erdölfelder befinden, gibt es ein Krankenhaus, oder eine Schule, oder ein soziales Zentrum, oder eine Wasserspeicher- bzw. Wasseraufbereitungsanlage, oder eine Sportanlage, oder ein Elektrizitätswerk, wie dies beispielsweise auf der Basis der vielen Millionen Kubikmeter Gas möglich wäre, die die Unternehmen ganz einfach nicht nutzen?

In welchem Erdölzentrum gibt es hingegen keine Privatpolizei, deren Aufgabe die Wahrung privater, egoistischer und manchmal illegaler Interessen ist? Von diesen, von der Regierung oftmals nicht einmal zugelassenen Gruppen gehen viele Gewalttätigkeiten, Gesetzesüberschreitungen, ja Morde aus, und zwar immer zugunsten der Unternehmen.

Wessen Kenntnis entzieht sich der wuterregende Unterschied bei den Richtlinien für den Bau gesellschaftseigener Siedlungen? Komfort für das ausländische Personal, mittelmäßige, ja elende und gesundheitsschädigende Verhältnisse für die Einheimischen. Die einen erhalten Kühlschränke und Insektenschutz, die anderen lässt man gleichgültig im Stich, nur spärlich bekommen sie Arztbesuche und kaum Medikamente; schwere und erschöpfende Arbeit bei niedriger Entlohnung für die Unsrigen.

Missbrauch einer Toleranz, die, von der Ignoranz, Pflichtverletzung und Schwäche der Führer des Landes begünstigt, entstand – gewiss, doch waren es die Finanzhyänen, die dieses Komplott in Bewegung setzten, da sie dem Reichtum, den zu genießen sie gekommen waren, ein nur ungenügendes moralisches Verantwortungsgefühl gegenüberzustellen vermochten.

Eine weitere unvermeidliche Gefahr stellt der Machteinfluss der durch ihre stark antisozialen Tendenzen hervortretenden Erdölindustrie dar, und eine vielleicht noch schädlichere Gefahr als all die zuvor genannten entsteht durch die andauernde und rechtswidrige Einmischung der Unternehmen in die Politik der Nation.

Niemand bezweifelt heute mehr ernstlich, dass starke Kontingente rebellierender Gruppen in der Huasteca von Veracruz und im Isthmus von Tehuantepec in den Jahren 1917–1920 von den Erdölgesellschaften gegen die eingesetzte Regierung unterstützt wurden. Niemandem ist es unbekannt, dass die Erdölgesellschaften nach den oben erwähnten Vorgängen immer wieder und selbst bis auf den heutigen Tag fast ungeniert die Ambitionen Unzufriedener gegen die Regierung des Landes schüren, sobald sie ihre Geschäfte beeinträchtigt sehen, sei es bereits aufgrund einer Steuerfestsetzung, einer berechtigten Beschneidung ihrer Privilegien und ihres Nießnutzes oder der Entziehung gewohnter Duldsamkeit. Für die Rebellion verfügten sie über Geld, Waffen und Munition. Geld für die gegen das Vaterland gerichtete Presse, die sie verteidigt. Geld zur Bereicherung ihrer bedingungslosen Verteidiger. Für den Fortschritt des Landes aber, für ein Gleichgewicht auf der Basis einer gerechten Arbeitsvergütung, für die Verbesserung der hygienischen Zustände in ihren eigenen Arbeitsbereichen oder für die Erhaltung bedeutender Reichtümer, wie sie die natürlichen Gase, die in der Natur zusammen mit dem Erdöl vorkommen, darstellen, ist kein Geld da – weder sind die wirtschaftlichen Möglichkeiten noch ist der Wille vorhanden, dieses Geld von den eigenen Gewinnen abzuziehen.

All dies ist auch nicht vorhanden, um eine durch einen Urteilsspruch für sie festgelegte Verantwortung zu respektieren, da ihre wirtschaftliche Macht und ihr Hochmut sie ihrer eigenen Einschätzung zufolge gegen die Würde und Souveränität einer Nation schützen, die ihnen freigebig den Reichtum ihrer Bodenschätze übergab und nun mit legalen Mitteln die Erfüllung ihrer grundlegendsten Obliegenheiten nicht erreichen kann.

Es ist daher als logische Folge dieser kurzen Analyse unvermeidlich, endgültige gesetzliche Maßnahmen zu ergreifen, um Schluss zu machen mit diesem Zustand, in dem das Land einen verzweifelten Kampf führt und dabei bemerken muss, wie sein Fortschritt industrieller Gebiete von denen gebremst wird, die skrupellos die Macht in ihren Händen halten und sie dabei nicht für hohe und edle Ziele einsetzen, sondern oftmals diese enorme Wirtschaftsmacht missbrauchen; sie gehen so weit, selbst das Leben der Nation aufs Spiel zu setzen, die ihr Volk mit eigenen Gesetzen und unter Ausnutzung der eigenen Mittel emporzuheben sucht und die ihre Geschicke frei bestimmen will.

Nachdem hiermit die einzig mögliche Lösung dieses Problems aufgezeigt ist, bitte ich die ganze Nation um eine moralische und materielle Rückendeckung, die ausreicht, um einen solch gerechtfertigten und unumgänglichen Beschluss von so großer Tragweite erfolgreich durchführen zu können.

Die Regierung hat bereits die notwendigen Maßnahmen ergriffen, um einer Verminderung der konstruktiven Aktivitäten, die sich in der ganzen Republik entwickeln, entgegenzuwirken; darum bitte ich das Volk um volles Vertrauen und uneingeschränkte Unterstützung hinsichtlich der Verfügungen, die die Regierung zu treffen genötigt sein könnte.

Dennoch: Wenn es nötig werden sollte, werden wir all die konstruktiven Aktivitäten aufopfern, welche die Nation während der gegenwärtigen Regierungsperiode in Angriff genommen hat, um die wirtschaftlichen Verpflichtungen erfüllen zu können, die die Anwendung des Enteignungsgesetzes auf eine so breit angelegte Interessenverflechtung von uns verlangt, und wenn uns auch die reichen Bodenschätze des Vaterlandes die wirtschaftlichen Mittel zur Abdeckung der von uns eingegangenen Entschädigungsverpflichtung an die Hand geben werden, so müssen wir dennoch akzeptieren, dass der Bereich unserer individuellen Wirtschaft ebenfalls die unumgänglichen Anpassungen erfährt; selbst eine Änderung des jetzigen Wechselsystems unserer Währung könnte im Bereich des Möglichen liegen, wenn dies die Bank von Mexiko für notwendig erachten sollte, damit das ganze Land auf Bargeld wie auch auf Stützfaktoren für diesen Akt einer wesentlichen und tiefgehenden wirtschaftlichen Befreiung Mexikos zählen kann.

Es ist notwendig, dass alle Bereiche der Nation einen aufrichtigen Optimismus an den Tag legen und dass jeder einzelne Bürger bei seiner Tätigkeit in Landwirtschaft, Industrie, Handel oder Verkehr usw. in Zukunft eine größere Aktivität entwickelt, um neue Quellen zu erschließen, die aufzeigen, in welchem Maße der Geist unseres Volkes in der Lage ist, die Wirtschaft des Landes durch die Anstrengung seiner Bürger selbst zu retten.

Und da es möglich sein könnte, dass die Interessengruppen, die auf internationaler Ebene in hitziger Form miteinander debattieren, von diesem Akt alleiniger nationaler Souveränität und Würde eine Ablenkung von Rohstoffen fürchten, die für den Kampf, in den die mächtigsten Nationen verwickelt sind, von ausschlaggebender Wichtigkeit sind, möchten wir hiermit zum Ausdruck bringen, dass unsere Erdölförderung um keinen Zollbreit von der moralischen Solidarität abrücken wird, die unser Land mit den Nationen demokratischen Selbstverständnisses verbindet; ihnen möchten wir versichern, dass die beschlossene Enteignung nur auf die Beseitigung von Hindernissen abzielt, für die Gruppen verantwortlich sind, die die Entwicklung nicht als Notwendigkeit der Völker empfinden und denen es auch nicht weh tun würde, wenn sie selbst das mexikanische Erdöl dem Meistbietenden in die Hände spielten, ohne die Folgen zu berücksichtigen, die die Volksmassen wie auch die in jene Auseinandersetzung verwickelten Nationen dann tragen müssten.

Aus: Lázaro Cárdenas: Mensaje a la nación del Presidente de la República con motivo de la expropiación petrolera, México, D.F., 18 de marzo de 1938, in: Ders.: *Palabras y documentos públicos de Lázaro Cárdenas*. Band 2: Informes de gobierno y mensajes presidenciales de año nuevo, 1928–1940, Mexiko-Stadt: Siglo Veintiuno 1978, S. 282–288. Zit. nach: Lázaro Cárdenas: Verstaatlichung der mexikanischen Erdölindustrie (1938), Übers. Ottmar Ette, in: Angel Rama (Hg.): *Der lange Kampf Lateinamerikas. Texte und Dokumente von José Martí bis Salvador Allende*, Frankfurt a. M.: Suhrkamp 1982, S. 248–257, hier S. 253–257.

Q 105   Das demokratische Experiment in Guatemala (1945)

Juan José Arévalo (1904–1990) regierte Guatemala von 1945 bis 1951. Er war der erste frei gewählte Präsident Guatemalas nach der Revolution vom 20. Oktober 1944, durch die der Diktator General Jorge Ubico gestürzt wurde. Arévalo verfolgte einen »socialismo espiritual«, einen moderaten und von humanistischen Idealen geprägten Sozialismus, und setzte u. a. Arbeiter- und Gewerkschaftsrechte sowie eine staatliche Sozial- und Krankenversicherung durch. Die Revolution von 1944 und ihre Ideale sind bis heute ein wichtiger Bezugspunkt für die politische Linke in Guatemala. 1954 wurde das sogenannte »demokratische Experiment« mit dem Sturz von Arévalos Nachfolger Jacobo Arbenz Guzmán durch antikommunistische Kräfte und den Druck der US-amerikanischen Regierung beendet. Arévalo formulierte seine politischen Ziele in seiner Antrittsrede vom 15. März 1945.

Verehrte revolutionäre Junta, verehrte nationale verfassungsgebende Versammlung, verehrter Kongress, verehrte Justiz, hochwürdigster und erlauchter Erzbischof von Guatemala, Ihre Exzellenzen die Repräsentanten der befreundeten Nationen, Volk der Republik.

In sehr wenigen Monaten haben wir Ereignissen von großer nationaler und internationaler Tragweite beigewohnt. Ein ganzes Volk hat mit bloßen moralischen und materiellen Kräften ein totalitäres Lebenssystem zerschlagen, um zur Wiederherstellung der Republik selbst die Regierung zu übernehmen. Das guatemaltekische Volk hat so dazu beigetragen, das demokratische Ideal zu verwirklichen, das nun die Kontinente und Meere entflammt, in einem höllischen Kampf gegen jene Regierungen, die sich verschworen haben, die legitimen Bestimmungen des Menschen zu entstellen.

Nun, wir glauben, dass das, was im Moment in Guatemala passiert, eine einzigartige Bedeutung für die internationale Ordnung hat. Guatemala ist keine demokratische Maskerade mehr, sondern hat sich in eine Demokratie verwandelt. Und so können wir mit dieser neuen sozialen Realität und in diesem neuen moralischen Gewand ohne Scham und ohne Täuschung fortfahren und nach unseren Kräften an der Seite der großen demokratischen Mächte kämpfen, die ihr Blut, ihre materielle Kraft, ihr Geld und ihre Zeit für die Verteidigung aller Bewohner der Erde hergeben.

Guatemala war mit der Demokratie in Verzug. Wir hatten aus der Demokratie ein rhetorisches Mittel für unser inneres Leben und einen gefälschten Ausweis gemacht, um mit den demokratischen Nationen in wilder Ehe zusammenzuleben. Am 20. Oktober 1944, als in einer einzigen Aktion des Volkes alle moralischen Reserven der Republik zusammenkamen, setzten wir jene demokratische Maske in Brand. [...]

Aber wir können diese demokratische Restauration von Guatemala nicht vollständig feiern, ohne unser Herz in Zentralamerika zu verorten. [...] Es gibt keinen Guatemalteken, der nicht vom großen Vaterland träumte, der nicht Zentralamerika als politisches Ideal und empfindsame Realität liebte. [...] Die zentralamerikanische Föderation wäre schon verwirklicht, wenn die Regierungen ihre persönlichen Interessen zurückgestellt hätten. Während die einen fürchten, die Macht zu verlieren, denken die anderen nur an die Föderation, um in der neuen, großen Republik, die aufgebaut werden soll, an die Macht zu gelangen. Beide Anliegen müssen verschwinden. Wir Regierenden Zentralamerikas müssen die Föderation anstreben und zuvor alle unsere politischen Ämter aufgeben. Die revolutionäre Junta der Regierung von Guatemala hat uns die endgültige Lektion erteilt: Man muss die eigenen politischen Ämter aufgeben, um etwas Großes und Würdiges für die moderne Geschichte vollbringen zu können. Die zentralamerikanische Föderation ist kein Mythos: Sie ist eine Möglichkeit in naher Zukunft. Wir brauchen nur eine Zusammenkunft von uns fünf Präsidenten, um unseren Völkern unseren Rücktritt von den derzeitigen Präsidentschaften anzubieten, von jeder zukünftigen Präsidentschaft Abstand zu nehmen und uns zu einer absolut freien Wahl zu verpflichten, mit einem Wort: um Amerika die seit einem Jahrhundert in eine lebendige Demokratie verwandelte zentralamerikanische Nation zurückzugeben, die von acht Millionen friedlichen Arbeitern bevölkert wird, wirtschaftlich stark und militärisch modernisiert ist. Ich kann versichern, dass das Volk und die Armee Guatemalas die Wiedergeburt des großen Vaterlandes auf der Basis von Freundschaft, Gleichheit und Selbstlosigkeit mit Jubel begrüßen würden.

Während wir auf die Föderation warten, wird Guatemala immer in ihrem Geist, wie man so sagt, vor der eigenen Tür kehren. Die Modernisierung der Armee ist auf den Weg gebracht, sie wird von heute an eine autonome Einheit mit großer Berufsverantwortung sein, Hüterin des inneren Friedens, Unterstützerin der großen kulturellen Unternehmungen des Landes, von Männern geführt, die ihren Patriotismus und ihre Liebe zum Volk unter Beweis gestellt haben. Auch die guatemaltekische Universitätsreform ist auf den Weg gebracht, die anstrebt, die Universität auch zu einem autonomen Organ, zur Förderin der Hochkultur und Unterstützerin der nationalen Alphabetisierungs- und Hygieneunterfangen zu machen. Ihre umfassende geistige Tradition berechtigt sie dazu, zur Hüterin der geistigen Güter der Nation zu werden. Auch die neuartige Reform unter uns ist auf den Weg gebracht. Sie soll zu gegenseitigem Respekt unter den großen Staatsorganen führen, um herauszufinden, inwieweit die Gerechtigkeit zu einem Erbe der Judikative und die Gesetzgebung zu einem Erbe der Legislative werden kann. Die »feministische« Politik Guatemalas hat schon fast begonnen, die der alphabetisierten Frau die gleichen staatsbürgerlichen Rechte verleiht wie dem Mann. Wir könnten sicherstellen, dass dieses Mal das Gesetz von der Erfahrung ausgeht und nicht die Erfahrung Folge des Gesetzes sein wird. Die guatemaltekische Frau hat 1944 den gleichen demokratischen Glauben, die gleiche staatsbürgerliche Leidenschaft, den gleichen Mut, den gleichen heroischen Willen gezeigt wie die Männer. Sie hat sich die bürgerlichen Auszeichnungen im Schützengraben des Gemeinsinns verdient, und die verfassungsgebende Versammlung von 1945 hat nichts anderes getan, als unseren Frauen ein Recht zuzusprechen, das sie mit Ehre ausgeübt haben. Die große soziale Reform zum Schutz der Arbeiter, Bauern, Kranken, Alten und Kinder ist auf dem Weg ihrer Einführung. Die guatemaltekische Regierung litt unter bestimmten sozialen Vorurteilen. Die Arbeiter, die Bauern, die Armen wurden mit Misstrauen betrachtet, vielleicht sogar mit Verachtung. Dieselben Kapitalisten, die Grundbesitzer und die Unternehmensleiter wurden daran gehindert, etwas für die Bedürftigen zu tun, weil jede Gesetzesinitiative oder Schutzkampagne von der Regierung als etwas Schlechtes angesehen wurde. Es herrschte ein grundlegender Mangel an Sympathie für die Arbeiter, und die kleinste Forderung nach Gerechtigkeit wurde ignoriert und bestraft, als ob es um das Ersticken des Keims einer schrecklichen Epidemie ginge. Nun werden wir für den Menschen, der auf dem Land, in den Werkstätten, in den Kasernen und im Handel arbeitet, eine Zeit der Sympathie errichten. Wir werden Mensch und Mensch gleichsetzen. Wir werden uns der schuldhaften Angst vor den großmütigen Ideen entledigen. Wir werden der Ordnung die Gerechtigkeit und das Glück hinzufügen, denn die Ordnung nützt uns nichts auf der Grundlage von Ungerechtigkeit und Demütigung. Wir werden alle Menschen, die in der Republik leben, staatsbürgerlich und rechtlich neu wertschätzen. Und wir werden das in allgemeiner Übereinstimmung, ohne Gewalt, ohne sture Forderungen, ohne Engherzigkeit oder Wuchereien erreichen. Alle Kapitalisten der Republik, die Industriellen und Grundbesitzer, Guatemalteken oder Ausländer, haben die volle Unterstützung der Regierung bei der Wahrung ihrer legitimen Interessen und noch etwas mehr als Unterstützung: Sie werden auch das Wohlwollen der Regierung bekommen, das ihnen zusteht, weil wir wissen, dass sie für die Größe Guatemalas arbeiten. Und ab sofort weiß ich, dass ich auf alle zähle, um langsam und fortschreitend zu einer neuen Wertschätzung der Männer der Arbeit zu gelangen. Vielleicht hatten diese die Befürchtung, dass eine Regierung demokratischen Ursprungs weniger stark sei als eine totalitäre Regierung. Im Gegenteil, eine Regierung, die den Glauben seines Volkes verdient, kann besseren Schutz bieten als eine Regierung, die von ihrem Volk getrennt ist. Demokratische Regierungen sind keine anarchischen Regierungen. Die Demokratie setzt die gerechte Ordnung, den konstruktiven Frieden, die innere Disziplin voraus. Die heitere und fruchtbare Arbeit. Der Unterschied beruht darauf, dass die demokratische Regierung die Würdigkeit der Mächtigen voraussetzt und fordert. Neben diesen Reformen unternehmen wir die große Kulturreform. Die neue Verfassung verpflichtet die Regierung dazu, mit der Alphabetisierung der Massen zu beginnen. Das ist eine Pflicht, die wir Revolutionäre uns auferlegt haben, um bei ihrer Erfüllung nicht zu zögern. Wir werden anfangen, Gebäude für Schulen zu bauen. Wir werden die Schulen in die Dörfer bringen, und einige dieser Schulen werden Räder haben, um die Berge zu erklimmen und in die Wälder hineinzukommen. Die Schulen werden nicht nur die Hygiene und das Alphabet bringen: Sie werden die Doktrin der Revolution bringen. Die derzeitigen Armeeführer haben die neue Organisation der Militärkasernen auch unter der Zielvorstellung der Alphabetisierung der Menschen auf dem Land konzipiert. In dieser Zeit der Erneuerung bewegt Zivilisten und Militärs die gleiche kulturalistische Leidenschaft.

In einem Wort: Innerhalb der Grenzen seiner wirtschaftlichen Möglichkeiten, angesteckt von der weltweiten Beklommenheit, bereitet sich Guatemala darauf vor zu beweisen, dass die demokratische Idee nicht einfach nur die Idee von Wahlen ist, sondern eine soziale, wirtschaftliche, kulturelle, militärische Verpflichtung. Die guatemaltekische Demokratie wird sich nicht in den Wahlen erschöpfen. Es wird ein dauerhaftes, dynamisches System mit Vorhaben für das gesellschaftliche Ganze und unermüdlicher Wachsamkeit werden. Demokratie heißt moralische und wahre Vereinigung. Und Guatemala verpflichtet sich, die Idee und die Wirklichkeit der Demokratie in ihrem vollen Glanz zu erhalten, um uns unseren Sitz an den runden Tischen der internationalen Debatten wohl zu verdienen und um das Glück, das dieses Volk sich erobert hat, zu besitzen und zu behalten und, wo immer es möglich ist, zu vermehren. [...]

Aus: Juan José Arévalo: Toma de la Presidencia, in: *Páginas escogidas sobre la Presidencia del Doctor Juan José Arévalo, 1945–1951*, Guatemala-Stadt: Editorial Universitaria, Universidad de San Carlos de Guatemala 2004, S. 61–70.

Q 106   Der brasilianische Integralismus (1935)

In Brasilien gab es mit dem Integralismus eine den europäischen Faschismen ähnliche Bewegung. Neben einer totalitären und nationalistischen Weltanschauung lassen sich auch symbolische Parallelen nennen: Die Mitglieder der 1932 gegründeten »Brasilianischen Integralistischen Aktion« (»Ação Integralista Brasileira«, AIB) trugen grüne Uniformen, benutzten als Emblem das Summenzeichen Sigma, um die Gesamtheit der Volksgemeinschaft zu symbolisieren, und begrüßten sich mit einer dem »Hitlergruß« ähnlichen Geste. Die Begrüßungsformel lautete »Anauê«, was auf Tupi »Du bist mein Bruder« bedeutet. Ein Putschversuch der Integralisten gegen Getúlio Vargas, der die AIB zuvor verboten hatte, scheiterte 1938. Das Foto von Carmen Medeiros zeigt einen Aufmarsch der Integralisten in der südbrasilianischen Stadt Blumenau während des Integralistenkongresses vom 7. bis zum 10. Oktober 1935. In der ersten Reihe ist mit Schnauzbart der Parteivorsitzende Plínio Salgado (1895–1975) zu erkennen.

Aus: Foto AAB/AIB 016, Coleção Alfredo Adolfo Beck, Centro de Documentação sobre a Ação Integralista Brasileira e o Partido de Representação Popular, Porto Alegre, Brasilien.

Q 107   Die Ära Getúlio Vargas in Brasilien (1954)

Getúlio Vargas (1882–1954) gelangte 1930 durch einen Putsch an die Macht. Nach der zeitweiligen Rückkehr zur konstitutionellen Regierungsform 1934 installierte er nach einem Selbstputsch 1937 den autoritären »Estado Novo« (»Neuer Staat«). Alle Parteien wurden verboten. Das korporatistische Modell zielte auf die Einbindung aller Interessengruppen, wobei die Zustimmung der Bevölkerung über eine arbeiterfreundliche Sozialgesetzgebung und die Organisation staatlich kontrollierter Massengewerkschaften erreicht werden sollte. Vargas' Politik der forcierten Industrialisierung sah die Verstaatlichung strategischer Wirtschaftssektoren vor. Nach seiner Absetzung durch das Militär 1945 kehrte Vargas 1951 in Wahlen an die Regierung zurück. Angesichts des erneuten Drängens der Armee auf seinen Rücktritt beging Vargas am 24. August 1954 Selbstmord und hinterließ den folgenden Vermächtnisbrief.

Wieder einmal haben sich die gegen das Volk gerichteten Kräfte und Interessen zusammengetan und wieder einmal wüten sie gegen mich.

Sie beschuldigen mich nicht, sie beleidigen mich; sie bekämpfen mich nicht, sie verleumden mich und gestehen mir kein Recht auf Verteidigung zu. Sie haben es nötig, meine Stimme zu ersticken und mein Handeln zu unterbinden, damit ich das Volk nicht mehr verteidigen kann, so wie ich es immer verteidigt habe, insbesondere die Armen. Ich folge dem mir auferlegten Schicksal. Nach Jahrzehnten der Herrschaft und Ausbeutung durch die internationalen Wirtschafts- und Finanzinteressen machte ich mich zum Anführer einer Revolution und siegte. Ich begann die Arbeit der Befreiung und erreichte die soziale Befreiung. Dann musste ich abtreten. In den Armen des Volkes kehrte ich an die Regierung zurück. Die geheimen Machenschaften internationaler Gruppen verbündeten sich mit den nationalen Kräften, die dem Regime der Arbeitsgarantie entgegenstanden. Die Gewinnsteuer für ausländische Konzerne (*Lei de Lucros*

Extraordinários) wurde durch den Kongress blockiert. Es erhob sich der Hass gegen die gerechte Anpassung des Mindestlohns. Mit Hilfe der Petrobrás wollte ich zur Erlangung der nationalen Freiheit unsere Reichtümer erschließen, doch kaum nimmt sie ihre Arbeit auf, türmt sich vor ihr eine Woge der Agitation auf. Der Eletrobrás wurden bis zur Verzweiflung Hindernisse in den Weg gelegt. Sie wollen die Freiheit des Arbeiters nicht. Sie wollen nicht, dass das Volk unabhängig ist.

Ich übernahm die Regierung inmitten der Inflationsspirale, welche den Wert der Arbeit vernichtete. Die Unternehmensprofite erreichten bis zu 500 % pro Jahr. Durch die Fälschung unserer Importbilanzen wurden über 100 Millionen Dollar unterschlagen. Dann kam die Kaffeekrise, in der wir unser wichtigstes Produkt stützen mussten. Wir versuchten, seinen Preis zu verteidigen, und die Antwort war gewaltsamer Druck auf unsere Volkswirtschaft, dem wir schließlich nachgeben mussten.

Ich kämpfte Monat für Monat, Tag für Tag, Stunde für Stunde, um dem konstanten, unaufhörlichen Druck zu widerstehen, ich ertrug alles still, vergaß alles, gab mich selbst auf, um das Volk zu beschützen, das nun ohne Schutz bleibt. Außer meinem Blut kann ich Euch nichts mehr geben. Da die Raubvögel jemandes Blut wollen, da sie weiter das brasilianische Volk aussaugen wollen, biete ich mein Leben als Opfer an. Ich wähle diesen Weg, um ewig bei Euch zu sein. Wenn sie Euch demütigen, werdet Ihr meine leidende Seele an Eurer Seite spüren. Wenn der Hunger an Eure Tür klopft, werdet Ihr in Eurer Brust die Energie verspüren, für Euch und Eure Söhne zu kämpfen. Wenn sie Euch verachten, spürt Ihr in Euren Gedanken die Kraft zum Widerstand. Durch mein Opfer werdet Ihr vereint, und mein Name wird die Flagge Eures Kampfes sein. Jeder Tropfen meines Blutes wird in Eurem Bewusstsein ein unsterblicher Ruf sein und den heiligen Geist des Widerstandes erhalten. Dem Hass begegne ich mit Gnade. Und jenen, die glauben, mich besiegt zu haben, antworte ich mit meinem Triumph. Ich war der Sklave des Volkes und heute befreie ich mich, um in das ewige Leben überzugehen. Dieses Volk jedoch, dessen Sklave ich war, wird niemandes Sklave mehr sein. Mein Opfer wird zum Bestandteil seiner Seele und mein Blut ist der Preis seiner Befreiung.

Ich kämpfte gegen die Plünderung Brasiliens. Ich kämpfte gegen die Beraubung des Volkes. Ich kämpfte mit offener Brust. Der Hass, die Niederträchtigkeit, die Verleumdung brachen meinen Willen nicht. Ich gab Euch mein Leben. Jetzt biete ich Euch meinen Tod. Ich fürchte nichts. Ruhig gehe ich den ersten Schritt auf dem Weg in die Ewigkeit und verlasse das Leben, um in die Geschichte einzugehen.

Getúlio Vargas

Aus: Getúlio Vargas: Carta-testamento, in: Ders.: *O governo trabalhista do Brasil*. Band 4: Do projeto do Instituto Nacional de Babaçu (1953) à carta-testamento, Rio de Janeiro: José Olympio 1969, S. 510–511.

Q 108   Der argentinische Peronismus I (1946)

Der charismatische General und Politiker Juan Domingo Perón (1895–1974), ein Bewunderer Mussolinis, stand mehrmals an der Spitze Argentiniens und prägte das Land besonders zwischen 1943 und 1955. Argentinien war nach 1930 in eine schwere politische und wirtschaftliche Krise gestürzt, weshalb Perón darauf abzielte, die politischen Strukturen zugunsten eines starken, unabhängigen Staates und der bis dahin benachteiligten Bevölkerungsschichten zu verändern, die er durch staatliche Sozialmaßnahmen gesellschaftlich zu integrieren versuchte. Er verfolgte eine nationalistische, staatlich gelenkte Wirtschafts- und Industrialisierungspolitik und regierte zunehmend autoritär. Der Peronismus spielt bis heute eine zentrale Rolle in der argentinischen Politik. Der folgende Ausschnitt ist einer Kongressrede vom 21. Oktober 1946 entnommen, in der Perón die Ziele des ersten Fünfjahresplans umschrieb.

Ohne wirtschaftliche Basis kann sozialer Wohlstand nicht existieren; es ist notwendig, diese wirtschaftlichen Grundlagen zu schaffen. Einige, die sich bereits Sorgen machen, fragen, was wir mit dieser Basis machen, wenn wir die Produktion erhöhen, diese aber nicht von den Ländern, die sie benötigen, abgenommen wird. Es wäre eine selbstmörderische Entscheidung, würde man die Produktion nicht erhöhen, wenn man es könnte, weil man glaubt, es könnte eine Zeit kommen, in der wir die Produkte nicht verkaufen können. Dazu ist es nötig, einen besseren Wirtschaftskreislauf innerhalb der Nation zu errichten – und auch darauf zielt unser Plan ab. Wir müssen das Doppelte dessen produzieren, was wir zurzeit herstellen. Diese Verdopplung müssen wir durch eine gute Industrialisierung mit vier multiplizieren, das heißt unsere Produktion durch die Industrie bereichern; wir müssen diesen Reichtum gerecht verteilen und den Lebensstandard unserer hungernden Bevölkerung steigern, die die Hälfte des Landes ausmacht. Wir müssen diesen Kreislauf mit einer angemessenen Verteilung und Vermarktung dieses Reichtums schließen, und wenn der Kreislauf von Produktion, Industrialisierung, Vermarktung und Konsum geschlossen ist, dann brauchen wir keine ausländischen Märkte mehr anzubetteln, weil wir einen Binnenmarkt haben werden und mit ihm eine der wichtigsten Fragen gelöst haben werden: die soziale Stabilität. Denn der Hunger ist ein schlechter Ratgeber der Massen. Reichtum kann sehr mächtig sein, aber ohne soziale Stabilität ist er außerordentlich zerbrechlich, und wir wollen dem Land großen, gefestigten Reichtum für eine perfekte soziale Ausgewogenheit schenken. Wir wollen, dass durch den Gewinn, die Verarbeitung und Vermarktung dieses Reichtums, das Kapital und die Arbeit Teilhaber und Partner sind und nicht Kräfte im Streit, denn Kampf vernichtet Werte. Es sind nur die Partnerschaft, der gute Wille und die Kooperation, die die Kräfte hervorbringen, Werte aufzubauen und den Reichtum zu vermehren.

Aus: Juan Domingo Perón: Bases económicas. En el Congreso de la Nación, al explicar el Plan Quinquenal, octubre 21 de 1946, in: *Habla Perón*, Buenos Aires 1949, S. 129–130.

Q 109   Der argentinische Peronismus II (1949)

Der folgende Ausschnitt stammt aus einer Flugschrift der peronistischen Regierung von 1949, in der die Erfolge und die weiteren Ziele des Fünfjahresplans dargestellt werden.

[...] In der internationalen Ordnung steht Argentinien für Frieden, Kooperation, Solidarität und Respekt. Das drückte es durch die Stimme seines Ersten Mandatsträgers aus und demonstrierte es durch die Instrumente, Verträge und Vereinbarungen, die unseren Reichtum und unsere Arbeit zu einem Faktor der Überlegenheit über Nachbarn und Entfernte machen. Im Innern ist es gekennzeichnet durch einen Wiederaufstieg ohne die Geringschätzung legitimer Interessen, durch Industrialisierung ohne die Opferung anderer Produktionsformen, durch die Wertschätzung der Produkte der Arbeit zugunsten des Allgemeinwohls, durch soziale Gerechtigkeit ohne Ausnahmen, Gesundheit, Bildung und eine großartige Planung der Zukunft des Vaterlandes.

Dieses Werk, das einen enormen aktuellen Wert besitzt und sich vielfach in der historischen Perspektive unserer Entwicklung zeigt, korrespondiert in seiner Konzeption und seinem Antrieb mit dem Menschen, in den das Volk seine Hoffnungen setzte und den es in den eindeutigen Wahlen vom Februar bestätigte. Mit ihm arbeiten alle moralischen Kräfte des Vaterlandes bei dem Vorhaben zusammen, die Nation umzugestalten und einen bedeutenden Wohlstand für die argentinischen Familien zu erobern. Arbeiter, Intellektuelle, Facharbeiter, fortschrittliche Industrielle, Männer, Frauen und Kinder der Nation, geführt durch General Perón, festigen von ihrem Arbeits- oder Studienplatz aus die Fundamente des neuen Argentinien. Die Streitkräfte, Wächter der Souveränität und der nationalen Würde, vervollständigen das Bild dieser beispiellosen Mobilisierung für den kollektiven Wohlstand und die Größe des Vaterlandes.

Dieses Werk, das das Fundament unserer zukünftigen Größe ist, wird sich unerbittlich fortsetzen bis zur vollständigen Erreichung der Regierungsziele. Das Volk will es so, die Regierung verlangt es so, das Land und seine Zukunft brauchen es so. Nichts und niemand wird diesen fortschrittlichen Verlauf unseres Kampfes für mehr Wohlstand, höheres Glück und eine bessere Zeit aufhalten. Das Werk, das die Regierung in ihren ersten drei Regierungsjahren umsetzte, in ihrem Streben angetrieben durch den Führer unseres Wiederaufstiegs, ist die Garantie der Zukunft.

Aus: Conclusiones, in: *Perón cumple su plan de gobierno*, Buenos Aires 1949, S. 61–62.

3. Lateinamerika als »guter Nachbar«?

Q 110   Die »Good-Neighbor-Policy« der USA (1933)

Nach den militärischen Interventionen in Haiti und Nicaragua war das politische Ansehen der USA in Lateinamerika auf einem Tiefpunkt angelangt. Schon Präsident Herbert Hoover bemühte sich daher ab 1928, die Beziehung zwischen den Vereinigten Staaten und ihren südlichen Nachbarn zu verbessern und führte den Begriff der »Guten Nachbarschaft« ein. Die Regierung von Franklin Delano Roosevelt (1933–1945) knüpfte daran an. Roosevelt erklärte mehrfach, dass die US-amerikanische Politik von nun an jegliche Art der bewaffneten Intervention ächten würde. In einer Presseerklärung des Weißen Hauses vor der siebten Panamerikanischen Konferenz in Montevideo im Jahr 1933 wurden die Grundzüge der neuen »Good-Neighbor-Policy« beschrieben.

Heute wurden endgültige Pläne für die Teilnahme der Delegation der Vereinigten Staaten an der Konferenz der Amerikanischen Staaten verabschiedet, die für den 3. Dezember in Montevideo, Uruguay, angesetzt ist und die siebte einer fortlaufenden Serie von Konferenzen zwischen den amerikanischen Nachbarrepubliken zur Förderung des Wohlwollens und der besseren Kommunikation ist. Präsident Roosevelt misst der Konferenz eine solche Bedeutung für das wachsende Verständnis und die Übereinkunft zwischen den amerikanischen Staaten bei, dass er Außenminister Hull angewiesen hat, persönlich zugegen zu sein. Herr Hull wird nicht nur an den Sitzungen in Montevideo teilnehmen, sondern auch die Gelegenheit nutzen, an den regulär anzulaufenden Dampfschiff-Häfen beider Küsten einen Aufenthalt einzulegen, um die Hauptstädte verschiedener lateinamerikanischer Länder zu besuchen, wie er hofft auch einschließlich Mexikos, um Kontakt und persönliche Beziehungen mit ihren Staatsmännern aufzunehmen. [...]
   In Annäherung an die Aufgaben der Konferenz hat die Regierung sorgfältig und voller Zuversicht die Mittel geprüft, Präsident Roosevelts Politik der Guten Nachbarschaft auch praktisch zum Ausdruck zu bringen.
   Diese Überprüfung hat zu der Überzeugung geführt, dass unabhängig davon, welche vorteilhaften Abmachungen in jüngster Zeit getroffen wurden, solche Abmachungen ihre volle Wirksamkeit hinsichtlich der Vertiefung von nachbarschaftlichen Kontakten und Handel verfehlen werden, solange die Geschwindigkeit von Kommunikation und Transport nicht verbessert wird. Solche Verbesserungen werden dazu beitragen, die zwei Kontinente noch näher zusammenzubringen.
   Gegenwärtig werden die Vereinigten Staaten beispielsweise bei zunehmendem Luftverkehr in immer ernsthafteres Hintertreffen geraten, solange deutsche Luftschiffe von Europa fahrplanmäßig in 60 Stunden nach Südamerika reisen, während Dampfschiffreisen von New York nach Montevideo mehr als zwei Wochen dauern.
   Deswegen ist es die Absicht der Vereinigten Staaten, auf der Konferenz darauf zu drängen, dass der Tagungsabschnitt bezüglich des Transportwesens als eines der wichtigsten Themen behandelt wird.

Die Politik der Vereinigten Staaten wird es sein, in Zusammenarbeit mit den anderen Regierungen ein Forschungsprogramm auszuarbeiten, um nach der unverzüglichen Beschleunigung von Verbesserungen in allen vier Bereichen des Transport- und Personenverkehrs zu suchen – zu Luft, auf der Schnellstraße, zu Wasser und auf der Schiene.

Autostraßen würden nicht nur einen beträchtlichen Frachtverkehr befördern, sie würden ebenso den Tourismus anwachsen lassen und einem besseren panamerikanischen Verständnis sehr zugute kommen. Seit einigen Jahren berät eine Kommission zur interamerikanischen Autobahn theoretisch über eine Straße, die von diesem Land zur Spitze des südlichen Kontinents führen soll. Aktuelle Untersuchungen haben gezeigt, dass abgesehen von einem kleinen Abschnitt in Costa Rica die Fertigstellung einer solchen Straße von den Vereinigten Staaten nach Panama innerhalb eines Jahres nach vollständiger Zustimmung seitens Mexikos und der zentralamerikanischen Republiken und mit Zusammenarbeit der benachbarten Regierungen gänzlich machbar wäre. […]

Was Verbesserungen im Eisenbahnverkehr angeht, hat die Regierung ernsthaft in Betracht gezogen, die notwendigen Geldmittel für Feldforschungen zur Verfügung zu stellen, die sich mit der Planung einer neu vorgeschlagenen Strecke als Ersatz für die ursprüngliche Straße beschäftigen sollen, nämlich der Oststrecke, die ein reiches, unerschlossenes Gebiet östlich der Anden durchqueren und bis nach Buenos Aires weiterführen wird. […]

Möglichkeiten des Luftreisens bestehen unmittelbar für Express- und Passagierdienste. Private Gesellschaften haben bereits große Flugzeuge entwickelt, die regelmäßig entlang der südamerikanischen Küste verkehren. Aber leider können diese Flugzeuge ausgerechnet wegen fehlender Leuchtsignale ausschließlich tagsüber fliegen, weshalb die Reise von Miami sieben Tage dauert.

Durch die Bereitstellung von Beleuchtungsanlagen ist es möglich, die gegenwärtige Reisezeit beispielsweise von Miami nach Buenos Aires von sieben auf etwas mehr als zwei Tage zu verkürzen. Passagiere, Post und Expressfracht könnten so bis zu einem Gewicht von 15.000 Pfund transportiert werden. Mithilfe von Beleuchtungsanlagen könnte ein schnelles Flugzeug für Post- und Eilfrachtdienste in zweieinhalb Tagen von New York nach Buenos Aires fliegen, und ein komfortablerer Passagierliniendienst könnte zwischen diesen beiden Zielen mit einer Reisedauer von drei Tagen betrieben werden. Die Politik der Vereinigten Staaten wird es sein, in Zusammenarbeit mit den anderen Staaten wieder die Initiative zu ergreifen, indem jegliche finanzielle Hilfe für den größtmöglichen Ausbau der Beleuchtungsanlagen dieser Luftwege angeboten wird. Der Kongress wird aufgefordert, diese Politik zu unterstützen.

Ansonsten wird sich die Konferenz in Montevideo mit der Erörterung des Programms beschäftigen, das für die vor zwei Jahren unvermeidlich vertagte Konferenz vorbereitet worden war. Allerdings haben seitdem interne wirtschaftliche Entwicklungen in fast jedem betroffenem Land bestimmte vorläufige politische Maßnahmen hinsichtlich einiger wichtiger Entwicklungen der Wirtschaft- und Handelsbedingungen notwendig gemacht, die offenkundig damals nützliche Schlussfolgerungen undurchführbar machen, was einige Punkte der alten Agenda angeht.

Es versteht sich natürlich, dass die Vereinigten Staaten nach dem Ende der gegenwärtigen Umstände, die eine Notstandspolitik bedingen, diese Artikel im Einklang mit dem ursprünglichen Programm wieder aufnehmen werden. Derweil lassen es ungeklärte Rahmenbedingungen wie die europäischen Handelsbeschränkungen für die Vereinigten Staaten wünschenswert erscheinen, schnellstens Erörterungen zu Themen wie Währungsstabilisierung, einheitliche Einfuhrverbote, dauerhafte Zollgebühren und Ähnlichem zu diskutieren.

Ansonsten wird die Konferenz, abhängig von den Wünschen der Delegierten, die umfangreiche Agenda behandeln, die so wichtige Themen beinhaltet wie die Friedenssicherung, internationales Recht, die politischen und bürgerlichen Rechte von Frauen, einheitliche Gesetzgebung in Bezug auf Frachtbriefe im Seeverkehr und Wechselmethoden, soziale Probleme, intellektueller Austausch und die besten Wege, von den Ergebnissen der Panamerikanischen Konferenzen zu profitieren.

Obwohl nicht auf der Tagesordnung, ist es wahrscheinlich, dass die Frage nach der Verbesserung des Funkverkehrs angesprochen wird.

Aus: White House Statement on the Conference of American States in Montevideo. A Practical Expression of the Good-Neighbor Policy. November 9, 1933, in: Samuel I. Rosenman (Hg.): *The Public Papers and Addresses of Franklin D. Roosevelt with a Special Introduction and Explanatory Notes by President Roosevelt.* Band 2: The Year of Crisis 1933, New York: Random House 1938, S. 459–464.

Q 111   Die Annäherung Mexikos an die USA (1943)

Während des Zweiten Weltkriegs kam es im Zuge der Politik der »Guten Nachbarschaft« zu einer Intensivierung des kulturellen Austauschs zwischen Lateinamerika und den USA. Die mexikanische Regierung nutzte dies zu einer Werbekampagne für den gerade erst entstehenden Tourismussektor, um wohlhabende Nordamerikaner ins Land zu locken. Der mexikanische Künstler Jorge González Camarena (1908–1980) schuf 1943 im Auftrag der Tourismusbehörde eine Serie von Werbeplakaten, die die Stereotypen von Mexiko inszenierten.

Aus: María del Carmen Suescun Pozas: Doing and Undoing Imperialism in the Visual Arts, in: Gilbert Joseph u.a. (Hg.): *Close Encounters of Empire. Writing the Cultural History of U.S.-Latin American Relations*, Durham, NC/London: Duke University Press 1998, S. 525–556, hier S. 534.

Q 112   Lateinamerikanische Reaktionen auf die »Good-Neighbor-Policy« (1943)

Der chilenische Schriftsteller und Nationalpreisträger Benjamín Subercaseaux (1902–1973)
wurde 1940 mit dem Buch »Chile oder Eine verrückte Geografie« (»Chile, o, una loca geo-
grafía«) berühmt. Ausgedehnte Reisen nach Europa, Asien und Afrika prägten sein Leben.
Mitten im Zweiten Weltkrieg bereiste er auch die Vereinigten Staaten und verfasste einen jener
essayistischen Reiseberichte über den Nachbarn im Norden, die seit den 1920er Jahren in
Lateinamerika in Mode waren. Subercaseaux zählte damit zu den lateinamerikanischen Intel-
lektuellen, die der vermeintlichen Verbrüderung zwischen Nord und Süd in den Amerikas mit
Skepsis gegenüberstanden.

[...D]ennoch, um Misstrauen zu vermeiden, muss ich sehr ernsthaft bekennen, dass meine
Zuneigung und meine Freundschaft zu den Vereinigten Staaten, so groß sie auch sein mögen,
immer der Unmöglichkeit untergeordnet sind, für die Meinen zu schreiben, ohne in erster Linie mein Dasein als Chilene zu berücksichtigen, und vor dem als Chilene mein Dasein als Latino, und vor diesen Dingen meine Berufung und meine Verpflichtung als Schriftsteller.

Indem ich die Lobreden, die lobenden Zahlen und Betrachtungen beiseite lasse, die für die
edle Haltung dieses Volkes auf dem Kreuzweg der Zivilisation unerlässlich sind, habe ich es
daher vorgezogen, mich mit der Ausräumung gewisser Mythen zu beschäftigen, die auf die
Dauer Vorurteile in unseren allgemeinen Beziehungen heraufbeschwören könnten, da ja viele
von ihnen sich auf psychologischem Gebiet abspielen, der einzigen unveränderlichen und
dauerhaften Grundlage, die sich nicht durch kriegerische Vorkommnisse beeinflussen lässt
oder der Politik guter oder schlechter Nachbarschaft unterworfen wird. [...]

Wenn man den persönlichen Aspekt beiseite lässt, scheint mir, dass die Tatsachen, die wir
aufgeschrieben haben, reich an Lehren sind und dass sie es verdient haben, in diesen schlichten Chroniken schriftlich festgehalten zu werden zur besseren Unterrichtung derjenigen, die in
den Vereinigten Staaten das auf die Erde gebrachte Paradies oder im Gegenteil den imperialistischen Kraken zu sehen glauben, der sich anschickt, mit seinen Tentakeln seine Brüder auf
dem Kontinent zu umschlingen.

Ich glaube, wenn dieses Buch irgendeinen Zweck hat, dann den, klar zu machen, dass beide
Behauptungen falsch sind und dass sie es in einem gänzlich anderen Sinne sind als jener, wo
sie uns lehrten, uns zu lieben oder einander Böses zu wollen. [...]

Einstweilen wissen wir alle, dass es leichter ist, alle zehn Tage ein Schiff vom Stapel zu lassen, als in der gleichen Zeit einen Südamerikaner, der in einen Yankee verwandelt ist, oder einen Spanisch sprechenden Nordamerikaner zu bekommen... Daher beginnen mich die stan-
dardisierten und mechanisierten Abhandlungen innerhalb der *Good Neighbor's Policy* schon
ungeduldig zu machen. Ich habe keine Geduld mehr, die nordamerikanischen Artikel zu lesen,
die auf unsere Vorzüglichkeit aufmerksam machen. Mir sind ebenfalls die heuchlerischen und
absurden Lobpreisungen einiger Südamerikaner zuwider, die es in diesen Zeiten immer noch
für möglich halten, »innerhalb der Höflichkeit« zu schreiben, so wie derjenige, der das gute
Essen des Gastgebers lobt, obwohl es ihm einen Angriff auf die Leber verursacht hat. In einem
Wort, mich langweilt all das so sehr, was mit der *mise en scène* des *Good Neighbor* zu tun
hat, dass ich fast schon an dem Punkt bin, mich sogar mit dem Kapitel zu langweilen, das ich
schreibe. [...]

Wenn ich einem Nordamerikaner begegne, der uns *wirklich* mag, habe ich schon die Psy-
choanalyse für die merkwürdige Persönlichkeit parat: Es handelt sich um einen Künstler (und
wir Künstler sind niemals ehrbar), es handelt sich um einen Liebhaber, oder er hat einen sehr
schlechten Geschmack, oder er hat einen hervorragenden, oder er ist ein Apostel, oder er ist
ein Perverser. Es kann auch sein, dass er keiner dieser Kategorien angehört, in diesem Fall ist
er ein gelehrter Trottel. [...]

[...] Aber nicht *alle* Nordamerikaner sind in diesen sieben Kategorien inbegriffen. [...] Nun,
dieser mittlere Nordamerikaner *spürt eine wahrhafte Allergie und muss sie spüren*, sobald er
in einen längeren Kontakt mit uns tritt. Warum? Aus einem einfachen Grund, den sich keiner

zu nennen traut: Weil wir Südamerikaner *nicht die geringste Erfahrung darin haben, was eine Demokratie ist, und weil es uns an moralischen Werten mangelt, die diese in einem Volk, das durch eine umfassende religiöse Erziehung erzogen ist, hervorruft.* Im Gegensatz dazu ist der Nordamerikaner aufgrund verschiedener Gründe, die lang zu analysieren wären, das erste Beispiel des Erscheinens der Demokratie in der Seele und im Verhalten des Individuums. [...]

Es gibt nordamerikanische Qualitäten, die anzuerkennen und zu bewundern kein integrer Mensch in irgendeinem Teil der Welt verweigern kann. An erster Stelle – wir haben es schon gesagt –, ist das nordamerikanische *gute Denken* lobenswert, in dem Sinne, dem Nächsten nicht das Schlechteste, sondern seine relevanten Eigenschaften zuzuschreiben. Natürlich fühlen wir, die wir in einem von Kampf und moralischen Ungleichheiten geprägten Umfeld und in schwachen Ländern geboren wurden, die frei von jener bindenden Kraft sind, die jeden Versuch individueller Exzentrizität ausgleicht, dass diese Bewunderung für das nordamerikanische *gute Denken* eher *ein Wunsch ist, eines Tages jenes Leben ohne Sorgen zu erreichen, das Nordamerika genießt und das ihm den Luxus erlaubt, nicht misstrauen zu müssen.* Wir bewundern diese nordamerikanische Qualität als einen Widerhall des Umfelds und nicht als eine individuelle Tugend, da diese keinen Sinn in einem durchtriebenen und kampfgeprägten Umfeld *ohne Beschränkungen* hätte, wie es das unsere ist.

Die Ehrlichkeit bewundern wir ebenfalls, aber wir denken, dass der Reichtum und das Leben ohne dringende Bedürfnisse die Ehrlichkeit erleichtern, besonders die eines Volkes, für das die Arbeit und die Kapitalakkumulation zum Hauptziel der Existenz geworden sind und bei dem die Leidenschaft und die biologischen oder gefühlvollen Genüsse in der Arbeit und unschuldigen Freizeitaktivitäten sublimiert worden sind, die sich uns als frei von Geschmack erweisen.

Diese zwei Beispiele für nordamerikanische Tugenden, von der lateinischen Seele her betrachtet, können als Standpunkt dienen, um unseren *psychologischen Good Neighbor* auf eine ernstere Grundlage zu stellen. Aus ihnen wird klar, dass wir Südamerikaner viel von den Nordamerikanern zu lernen haben, aber dass sie genauso viel von uns zu lernen haben. [...]

Es ist nun an der Zeit, dass ein gleicher Typ von katholischer und moralischer Erziehung uns zu Brüdern in diesem großen demokratischen und christlichen Konzept macht, nach dem die Amerikas streben. In diesem Sinne verfügt die nordamerikanische katholische Kirche über ein weites religiöses und erzieherisches Feld, das wertvoll für die Politik des Guten Nachbarn und von großer Nützlichkeit für uns selbst werden wird. [...]

Aus: Benjamin Subercaseaux: *Retorno de U.S.A. New York, Spring '43. Crónicas*, Santiago de Chile: Zig-Zag 1943, S. 10–11, 230, 248–268.

4. Von der Neutralität zum Kriegseintritt

Q 113   Reaktionen in El Salvador auf den Kriegseintritt (1941)

Der Diktator General Maximiliano Hernández Martínez (1882–1966), der El Salvador von 1931 bis 1944 regierte, hegte Sympathien für die Achsenmächte und bewunderte Mussolini und Hitler vor allem wegen ihrer öffentlichen Inszenierungen und des Führerkultes. Demgegenüber versuchten die USA, das kleine El Salvador in eine hemisphärische Allianz einzubinden und das Land ökonomisch und militärisch zu unterstützen. Nach der US-amerikanischen Kriegserklärung an Japan am 8. Dezember 1941 und an Deutschland und Italien am 11. Dezember aktivierten die USA die Vereinbarungen zur gegenseitigen Unterstützung und forderten El Salvador auf, ebenfalls den Krieg zu erklären. Dem kam Hernández Martínez trotz seiner gegensätzlichen politischen Ausrichtung nach. Der US-Gesandte in El Salvador Robert Frazer berichtete in einer Depesche an den US-Außenminister vom 12. Dezember 1941 über die Reaktionen der Bevölkerung auf den Kriegseintritt.

Sir: In Erläuterung der Depesche der Gesandtschaft Nr. 1889 vom 10. Dezember 1941, die Kriegserklärung der salvadorianischen Regierung an Japan betreffend, habe ich die Ehre zu berichten, dass die salvadorianische Öffentlichkeit zweifelsfrei mit ganzem Herzen die Schritte der Regierung begrüßt und dass sie aufrichtig und warm mit den USA fühlt.

Am Nachmittag des 8. Dezember versammelte sich eine Menge von etwa 2.000 Personen spontan vor der Botschaft und jubelte den USA zu.

Um fünf Uhr nachmittags des 9. Dezember wurde eine von der Pro Patria-Partei (der Regierungspartei) organisierte Kundgebung im Barrios-Park in San Salvador abgehalten. Verschiedene Seiten schätzten, dass zwischen 15.000 und 25.000 Teilnehmer dort waren, von denen viele die salvadorianischen Farben trugen, amerikanische und britische Flaggen oder »V«-Schilder hielten. Präsident Martínez, Minister aus dem Kabinett, hohe Pro Patria-Parteifunktionäre und Mitglieder des Diplomatischen Corps (die Mitarbeiter dieser Gesandtschaft eingeschlossen) versammelten sich auf dem Balkon des Nationalpalastes, der Aussicht auf den Park bietet. Präsident Martínez sprach als Erster über Lautsprecher und Mikrofon zur Massenkundgebung. Er erklärte, dass El Salvador im Krieg stünde und dass die Menschen die wahre Bedeutung des Wortes »Krieg« erkennen müssten – Hass und die Zerstörung von Kultur. Er sagte weiterhin, dass El Salvador den Krieg in Verteidigung des kostbarsten aller Schätze erklärt habe, der Freiheit. »Zur Verteidigung Amerikas«, sagte er, »wird es keine Opfer geben, denn es ist kein Opfer, aus Freude das zu tun, was Ehre und Würde fordern. Was wollen Sie lieber sein, Sklaven oder freie Menschen?« Woraufhin die Menge rief: »Freie Menschen!«

Während meiner Abwesenheit würdigte Oberstleutnant Moscoso, stellvertretender Militärattaché und perfekt des Spanischen mächtig, im Namen der Vereinigten Staaten die freundschaftliche Haltung der salvadorianischen Regierung und des salvadorianischen Volkes. Ihm folgte Dr. Lázaro Arévalo Vasconcellos, der Generalstaatsanwalt der Republik, der als Präsident der Pro Patria-Partei die volle Unterstützung der Regierung durch seine Partei versprach. Nach mehreren anderen kurzen, patriotischen Ansprachen wurde die Demonstration mit Jubeln für El Salvador, die Vereinigten Staaten und Großbritannien beendet.

Ähnliche durch die Pro Patria-Partei organisierte Massenkundgebungen wurden gleichzeitig in allen anderen Städten der Republik abgehalten.

Am Abend des 11. Dezember veranstalteten einige hundert Studenten der Universität von El Salvador vor der Botschaft eine Demonstration, bei der ich und die Führer der Studenten kurze Reden der Freundschaft für die USA hielten, die von den üblichen »vivas« erwidert wurden.

Seit die Nachricht vom Krieg mit Japan bekannt wurde, hat die Gesandtschaft eine große Zahl von Telegrammen von Organisationen und Privatpersonen erhalten, die ihre Abscheu über die heimtückische Aggression Japans und ihr tiefes Mitgefühl für die Vereinigten Staaten ausdrücken.

Ihr sehr ergebener Robert Frazer

Aus: The Minister in El Salvador (Frazer) to the Secretary of State, San Salvador, December 12, 1941, in: *Foreign Relations of the United States. Diplomatic Papers, 1941.* Band 6, Washington D.C.: US Government Printing Office 1963, S. 92–93.

Q 114   Flucht vor dem Zweiten Weltkrieg nach Lateinamerika (1940/41)

Lisa Fittko wurde 1909 geboren, lebte in Berlin und flüchtete 1933 zusammen mit ihrem Mann Hans über Prag, Zürich und Amsterdam nach Paris. 1940 wurde sie als »feindliche Ausländerin« im Frauenlager von Gurs interniert. Sie entkam nach Marseille und stieß dort auf Varian Fry und das »Emergency Rescue Committee«, das – meist illegal – organisierte Fluchthilfe betrieb. An seinen Hilfsaktionen hatten die Fittkos maßgeblichen Anteil. Sie führ-

ten Flüchtlinge, darunter auch Walter Benjamin, auf dem gefährlichen Weg über die Pyrenäen nach Spanien. Ende 1941 gelang ihnen die Flucht nach Kuba, während der Lisa Fittko Tagebuch schrieb. 1948 siedelten die Fittkos in die USA über. Lisa Fittko starb 2005 in Chicago.

Spanien.

Drei unbehagliche Tage. Die Zahnpasta- und Rasiercreme-Tuben mit den Listen scheinen hier einen Zentner zu wiegen. Trotzdem gingen wir in Madrid auf ein paar Stunden in den Prado.

In unserer Pension ist eine Gruppe von jüdischen Jungens, die direkt aus Berlin kommen. Wir wollten uns mit ihnen unterhalten und hören, was vor sich geht. Sie waren aufgeregt und ein wenig durcheinander, und sie erzählten von einem Gerücht: Man habe Juden in einen Zug gesteckt, vorgeblich zur Umsiedlung in Polen, doch dann wurde Gas in die Wagen gepumpt. Ich sagte nachher zu Hans: Hast Du das gehört? Grauenhaft, wie die Nazis die Juden verängstigen – diese Jungen scheinen wirklich zu glauben, dass so etwas möglich ist.

Portugiesische Grenze.

Unser Abteil ist voll von Emigranten. Der Zug hält, wir sind an der Grenze, wir sind nun wirklich in Portugal. Vertreter des jüdischen Flüchtlingskomitees HICEM stehen am Bahnsteig und warten auf uns. Jemand wartet auf uns! Jemand kümmert sich um uns.

Wir steigen aus und stehen auf neutralem Boden. Eine Mitreisende sagt zu mir: »Auf der Toilette ist ein Stück echte Seife.« Ich gehe schneller, und dann fühle ich die glatte Seife in meinen Händen und lasse sie hin- und hergleiten, auch über Gesicht und Arme, ich spüre den Schaum zwischen den Fingern und wie wohl das tut. Weiße, weiche Seife – nicht die graue, klebrige Masse mit Schotter, der einem die Haut aufreißt.

Lissabon.

Maurice und seine Frau holten uns vom Bahnhof ab und schleppten uns direkt in die Schweizer Konditorei, ich aß Schokoladentorte mit Schlagsahne und bin immer noch krank.

Tuben mit Listen reibungslos abgeliefert, an einen Spanier in einer Privatwohnung.

Wir treffen Bekannte, darunter Spanienkämpfer, die auf Schiffe nach Mexiko warten. Unser Schiff ist ohne uns abgefahren, kein Platz mehr. Das Komitee verspricht, uns auf dem nächsten Boot unterzubringen. Paul Westheim ist noch hier, auch er wartet auf einen Schiffsplatz nach Mexiko. Inzwischen wandern wir mit ihm durch die Stadt, und er zeigt uns die geheimen Wunder von Lissabon, die Ecken und Winkel, die kleinen Kirchen und Bauten und Mosaiken, die sich sonst vor den Besuchern verstecken.

Berthold Jacob, immer wieder Berthold Jacob! Er wurde im Hausflur des Büros der Unitarier von Gestapo-Agenten entführt, hier, im neutralen Portugal. Wie damals, 1936, als wir zusammen in Basel waren und er aus der neutralen Schweiz entführt wurde. Nochmals werden die Bestien ihn nicht davonkommen lassen.

Auf der »SS Colonial«.

Kleines Schiffchen, sieht gar nicht wie ein Ozeandampfer aus, hat angeblich früher Kaiser Wilhelm gehört. Unglaubliches Gedränge. Wir liegen noch in der Bucht, und schon geht das Kotzen los.

So viele Menschen, man kann sich kaum rühren. Darunter viele alte Leute und kleine Kinder. Die meisten sind jüdisch, nur eine Handvoll »Arier« dazwischen. Wir schlafen tief unten in einem Riesenraum ohne Luken, wo man sonst das Gepäck verstaut. Männer auf einer Seite des Schiffes, Frauen und Kinder auf der anderen. Fast alle sind seekrank; uns anderen wird vom Gestank übel.

Beim Aufwachen sehe ich die fette Ratte auf dem Balken direkt über meinem Kopf hin- und herrennen. Die blonde Russin neben mir greift nach meiner Hand und drückt sie und flüstert: »*Ne bougez pas, ne bougez pas.*« [...]

[...] Es muss sich herumgesprochen haben, dass Hans und ich uns mit Papieren auskennen. Man spürte die Angst, als sie uns ihre Visen zeigten: »Sieht es echt genug aus? Kann ich damit in Kuba durchkommen?« Es sind recht gute Fälschungen, wirklich geschickt gemacht, und mit etwas Glück wird es gut gehen.

Darum wohl die dummen Späße. Sie versuchen, sich die eigene Angst zu vertreiben.

Wir unterhalten uns mit Frau Levy, die sich oft zu uns setzt. Herr Levy ist ein Großkaufmann aus Bremen und sie kommen direkt von dort. Das Geschäft hat man ihnen natürlich weggenommen. Die Kinder sind alle in Amerika verheiratet. »Sie haben uns schon seit Jahren gedrängt, zu kommen«, erzählt sie uns.

Wieso haben sie dann bis jetzt gewartet?

»Mein Mann meinte immer, wer nichts Unrechtes tut, dem geschieht nichts.«

Wir schwimmen schon seit zehn Tagen auf dem Atlantischen Ozean.

Eine Frau ist gestorben. Der alte orthodoxe Jude, der sich mit Hans angefreundet hat, fragt ihn, ob er *Schive* sitzen kann. »Ich bin doch ein Goi«, sagt Hans. »Macht nischt, Ihr sind a giete Goi«, sagt der Alte und zieht Hans mit sich.

Seit es wärmer ist, schlafe ich auf Deck.

Am vierzehnten Tag wecken uns Rufe:

»Die Küste! Kuba!«

Havanna am grünblauen Meer, die Morgensonne schüttet helles Gold auf die weißen Bauten, am Quai betteln braune Kinder um Pennies und tauchen ins Wasser, um sie herauszufischen. Menschen stehen am Dock und spähen auf die »SS Colonial« nach Angehörigen. Manche lachen und winken, sie werfen ihre Strohhüte in die Luft und rufen ihren Leuten an Bord etwas zu, doch in dem Lärm kann man nichts verstehen. Ich sehe auch Leute, die weinen; wie oft sind sie wohl schon umsonst zum Hafen gekommen?

Nach vielen Stunden des Wartens in der jetzt glühenden Sonne werden wir alle abtransportiert und in das Lager Tiscornia gesperrt.

Kuba. (Aus den ersten Blättern des kubanischen Tagesbuchs.)

Freunde, die vor uns angekommen sind, nehmen Verbindung mit uns im Lager auf und geben uns eine Einführung: Der Präsident heißt Fulgencio Batista, er ist ein Bandit; die Regierung, das ganze Land ist korrupt. Nicht einmal einen Totenschein kann man ohne Bestechungsgeld bekommen.

Im Lager Tiscornia sind Hunderte von Emigranten. Ein zweites Schiff kommt an – vielleicht das letzte? – rein mit den Leuten ins Lager. Man versucht, uns zu erpressen: Wir sollen mehr Geld zahlen. Da wir keines haben, lässt man uns nach etwa zehn Tagen heraus. Auch die meisten anderen werden nach und nach entlassen – die Echtheit der Visen spielt keine große Rolle, Bestechungsgeld ist wichtiger.

Wir kommen erst einmal in Máximos Hotel unter – es ist ein großes, sonderbares Gebäude mit drei Stockwerken; innen wie in einem Zuchthaus runde, offene Gänge, von denen unzählige Türen in die Zimmer führen. Der kleine, graumelierte Máximo ist einer der vielen Juden, die vor Jahren aus Polen hier eingewandert sind. Sein Hotel beherbergt Hunderte von Emigranten zu billigen Preisen. Hans unterhält sich oft mit ihm. Es ist Ende November 1941.

Anfang Dezember. Japan bombardiert Pearl Harbor. Amerika tritt in den Krieg ein. Endlich! Kuba schließt sich den Vereinigten Staaten an.

Meine Eltern. Jetzt sind sie in Frankreich stecken geblieben, sie und alle die anderen. Die Verbindungen sind abgebrochen.

In Kuba werden nichtjüdische Deutsche zu feindlichen Ausländern erklärt und verhaftet. [...]

Die Polizei kommt ins Hotel. Máximo, der mit der Polizei auf gutem Fuß steht, schwört, dass Hans Fittko ein Jude ist; was da in seinen Papieren steht, ist eben ein Irrtum. »Ich weiß wer is a Jid, *claro que sí es hebreo*«, sagt er in seinem Jiddisch-Kubanisch und drückt dem Polizisten etwas in die Hand. Hans wird freigelassen.

Auch eine Reihe von anderen »arischen« politischen Flüchtlingen werden durch Mithilfe des Emerescue-Komitees in New York und durch die Solidarität unter uns Politischen vor der Internierung bewahrt. Aber es gelingt nicht allen. Die Verhafteten werden, zusammen mit den in Kuba lebenden Nazis, nach der *Isla de Pinos* gebracht und auf der Insel eingesperrt.

Die kubanischen Behörden überlassen die Lagerverwaltung den Nazis.

Das Jahr 1941 geht dem Ende zu. Zu Weihnachten haben wir 32° im Schatten.

1942. Aus dem kubanischen Tagebuch.

»... verkündete die Ausrottung aller europäischen Juden...«, schreiben die Zeitungen, sagt das Radio.

Ausrottung? Nein, es kann nicht wahr sein.

Sicher sind die Nazis zu jedem Verbrechen fähig. Aber diese Ungeheuerlichkeit ist unfassbar – – nein.

Ich weiß, dass die Bilder, die ich mir ausmale, einfach Fieberphantasien sind. Die schwarzen Uniformen mit den Totenschädeln rotten Millionen von Menschen aus, so wie ich die *cucarachas*, die Schaben in unserer Küche ausrotte. Ich spritze etwas auf sie und sehe, wie sie sich grotesk krümmen und dann zusammensacken – – ach, das ist ja Wahnsinn, ich muss an etwas anderes denken. Aber ich kann nicht. Ich muss mich aufraffen – aber es geht nicht.

Die jüdischen Organisationen haben zu einer Protestdemonstration aufgerufen. Der Zug der Tausende, deren Angehörige ausgerottet werden sollen, strömt durch die breiten, sonnigen Avenidas von Havanna.

Wer hört uns? [...]

Aus: Lisa Fittko: *Mein Weg über die Pyrenäen. Erinnerungen 1940/41*, München/Wien: Hanser 1985, S. 263–268.

Q 115   Die Probleme Venezuelas im Programm der Demokratischen Aktion (1941)

Venezuela erlebte von 1908 bis 1935 unter Juan Vicente Gómez (1857–1935) eine der langlebigsten Diktaturen Lateinamerikas. Gómez' Herrschaft gründete auf der blutigen Verfolgung jedweder Opposition. Davon war auch der junge Rómulo Betancourt (1908–1981) betroffen. Erst nach dem Tod des Diktators konnten sich Reformforderungen langsam durchsetzen. Die Gründung der sozialdemokratisch ausgerichteten Partei »Acción Democrática« 1941 war ein Meilenstein, denn diese Partei sollte die Geschicke des Landes im 20. Jahrhundert wesentlich mitbestimmen. Die programmatischen Äußerungen des späteren Präsidenten Betancourt (1945–1948 und 1959–1964) bei der Gründung der Partei standen unter dem Eindruck des Zweiten Weltkriegs und des wirtschaftsnationalistischen Denkens dieser Zeit.

[...] Das größte Problem der Nation ist der Bankrott unserer Wirtschaft; das weiß die Demokratische Aktion und sie spricht es auch aus. Es ist paradox, aber unser Land ist gleichzeitig reich und verarmt: Unser Staat arbeitet mit Millionen, und die Bergbauindustrie schließt ihre Jahresbilanzen mit astronomischen Ziffern ab. Und dennoch ist die Mehrheit der venezolanischen Bevölkerung verarmt und lebt in wirtschaftlicher Unsicherheit und Not. [...]

Woher kommt nun das weit verbreitete Elend in einem Land, dessen Regierung keine Auslandsschulden hat und sich den Luxus leistet, eines der höchsten Jahresbudgets von Amerika zu haben? Was ist der Grund dafür, dass ein Land wie Venezuela, das das meiste Erdöl auf der Welt exportiert und den dritten Platz in der Weltproduktion dieses überaus einträglichen mineralischen Rohstoffs einnimmt, ein solches Bild allgemeiner Armut bietet?

Die Ursache ist folgende: Unser Land kreist wirtschaftlich und auch konkret um eine einzige Quelle des Reichtums, um das Erdöl; die venezolanischen Regierungen haben es bis heute nicht verstanden, den anderen Produktionsquellen einen kämpferischen, dynamischen Rhythmus zu geben. In demselben Maße, in dem die Ausbeutung des Schwarzen Goldes gestiegen ist – eine Ausbeutung, die von ausländischem Kapital kontrolliert wird –, ist unsere Agrar- und Fischereiproduktion zurückgegangen. [...]

Dies beinhaltet eine doppelte Gefahr für unser Land, vor der die Demokratische Aktion als wachsame Vorhut der Nation warnt. Die doppelte Gefahr ist, dass Venezuela sein Schicksal auf eine einzige Karte setzt, auf den Bergbau nämlich, der von Natur aus eine vergängliche Industrie ist und der erschöpft ist, wenn die Goldader endet oder das Erdöl versiegt. Und dann der übermächtige Einfluss, den die Firmen, die diese Bodenschätze ausbeuten, auf die Wirtschaft und den Fiskus ausüben. Sie bestimmen zwar nur indirekt, aber nicht weniger wirksam den politischen und sozialen Weg der Nation, denn derjenige hat nun mal das Sagen im Haus, der den Schlüssel zur Speisekammer hat. [...]

Ich habe die Lage in realistischen, sogar düsteren Farben gemalt, denn unsere Partei will keine rosa Brille aufsetzen, wir wollen vielmehr die nationale Wirklichkeit mit hellen, offenen Augen sehen – diese Lage hat sich durch den europäischen Krieg nur noch verschlimmert. Die Steuereinnahmen – 1939 noch die höchsten des Landes – nahmen 1940 und im laufenden Jahr 1941 stetig ab. Es fehlen sichere Märkte für unsere an sich schon schwachen Exporte. Handelsschiffe verschiedener Herkunft laufen die Häfen der Republik nicht mehr an, und die Frachtgebühren steigen täglich. Die Industrie hat Schwierigkeiten, ausländische Rohstoffe und Maschinen zu bekommen, der Handel ist über die Unsicherheit der Geschäfte und die Hindernisse bei der Beschaffung von Importwaren besorgt. Alles, was wir im Ausland kaufen, und das ist fast alles, was wir im Lande verbrauchen, ist teurer geworden. [...]

Die Demokratische Aktion sagt in ihrem Programm, dass ein Land, das über so viel Reichtum und wirtschaftliche Möglichkeiten verfügt, keinen Grund hat, von unbefriedigten Bedürfnissen belastet zu sein. Und dass es nur einen wissenschaftlichen, kühnen, gut durchgearbeiteten Plan für den Anstoß der nationalen Produktion braucht, um eine Ära des Wohlstands zu erreichen. Unsere Partei meint, dass der venezolanische Staat in dieser Hinsicht eine zentrale Aufgabe zu erfüllen hat. Da unsere Wirtschaftsstruktur nicht sehr stark ist, verfügt der venezolanische Staat über Geld und alle möglichen Mittel, die ihn zum »Führer« für diese Aufgabe des nationalen Wiederaufbaus machen. [...]

Außerdem die einheimische Industrie anregen und energisch fördern. Das verbrauchen, was wir produzieren, und uns anstrengen, immer mehr zu produzieren. Wir sollten stolz die Kleidung tragen, deren Stoff von einheimischen Handwerkern in der mit nationalem Kapital bezahlten Textilfabrik hergestellt wird, stolz darauf sein, uns mit Medikamenten aus nationalen Laboratorien zu versorgen und uns von einheimischen Forschern kurieren zu lassen; stolz darauf sein, unsere Häuser mit dem Holz zu bauen, das in den venezolanischen Bergen von venezolanischen Tagelöhnern gefällt wurde. [...]

Aus: Rómulo Betancourt: Programa de Acción Democrática, 1941, in: Ramón J. Velásquez (Hg.): *Documentos que hicieron historia*. Band 2, Caracas: Ed. Conmemorativas del Sesquicentenario de la Independencia 1962, S. 304–316. Zit. nach: Rómulo Betancourt: Programm der Demokratischen Aktion (1941), Übers. Ulrike Michael, in: Angel Rama (Hg.): *Der lange Kampf Lateinamerikas. Texte und Dokumente von José Martí bis Salvador Allende*, Frankfurt a. M.: Suhrkamp 1982, S. 293–303.

Q 116   Brasilien und die Angst vor dem Feind im eigenen Land (1942)

Schon während des Ersten Weltkriegs gab es in Brasilien Konflikte mit den deutschstämmigen Einwanderern, denen unter dem Schlagwort »Deutsche Gefahr« vorgeworfen wurde, sich nicht ausreichend zu integrieren; dem Deutschen Reich wurden Expansionspläne unterstellt. Dieser Konflikt brach in den 1930er Jahren erneut aus, als die Regierung von Getúlio Vargas Nationalisierungsmaßnahmen durchführte und sich gleichzeitig Teile der deutschstämmigen Bevölkerung, vor allem aber Reichsdeutsche in Brasilien, zu radikalisieren begannen. Unter anderem entstand eine NSDAP-Auslandsgruppe in Brasilien. Zeitweise wurden deutsche Schulen, Zeitungen und Vereine geschlossen. Der Polizeipräsident des Bundesstaats Rio Grande do Sul, Aurélio da Silva Py, veröffentlichte 1942 eine Propagandaschrift über nationalsozialistische Aktivitäten in Brasilien. Im selben Jahr erklärte Brasilien den Achsenmächten den Krieg, nachdem deutsche U-Boote brasilianische Schiffe versenkt hatten.

[...] Das Programm von Hitler

Es war 1937, zwei Jahre, nachdem Hitler den Betrag von 262 Millionen Mark für die nationalsozialistische Betätigung im Ausland zur Verfügung gestellt hatte, als die nazistische Kampagne in Brasilien in eine Phase von intensiver Aktivität und perfekter Organisation eintrat.

Um diese Betätigung auszubauen, wurde vorsichtig ein umfassender Plan aufgestellt, dessen Umsetzung leider verschiedene Elemente unterstützten, die hier verwurzelt waren und die – oft unbewusst – unter dem Befehl und der direkten Leitung der gegenwärtigen Herrscher in Deutschland das Spiel der nazistischen Interessen mitspielten.

Es ist allgemein bekannt, dass Brasilien unzählbare Reichtümer besitzt und, bereits in umfassender wirtschaftlicher Entwicklung begriffen, Möglichkeiten eines grenzenlosen Gedeihens vorweist. Da es zuerst noch sporadisch und später immer häufiger als potenzielle Kornkammer der Welt bezeichnet wurde, konnte es unser Land natürlich nicht vermeiden, die gierigen Blicke des germanischen Imperialismus auf sich zu ziehen. [...] Und selbst Hitler nimmt in seinen geheimen Machenschaften offen auf unser Brasilien als ideales Gebiet Bezug, um ein »neues Deutschland« zu errichten.

Nun, ein weites Land von fruchtbarem Boden und voll von unerschöpflichen Erzlagern, hat Brasilien immer jene Elemente mit offenen Armen empfangen, die, da sie dazu gezwungen waren, aus überindustrialisierten und überbevölkerten Ländern auszuwandern, hier einen Platz zum Leben suchten, der sich nie jemandem versagt hat, wobei sie sich neue Lebensbedingungen schufen und leichter ihr Glück aufbauten. Mehr als das, unsere Regierung half solchen Elementen stets mit Land, landwirtschaftlichem Gerät und Waren, um den Einwanderern in ihrer Adoptivheimat alle Erleichterungen zu verschaffen.

Und obwohl sich das Tempo des Einwanderungsstromes mehr und mehr beschleunigte, ließ sich nichts vom Einwanderer argwöhnen. Der Ausländer, der sich in Brasilien niederließ, schien sich nur um den Ertrag seiner Arbeitskraft zu kümmern. Während sie ihre wichtigsten Sammlungspunkte in den Staaten S. Paulo, Paraná, Santa Catarina und Rio Grande do Sul bildeten, deren Klima am meisten dem von Mitteleuropa gleichkommt, integrierten sich unsere Einwanderer mehr oder weniger in der Masse der einheimischen Bevölkerung und in den Gebräuchen der Leute aus Brasilien.

Von diesen Elementen wurden jedoch immer die Ideologen und Verteidiger des Pangermanismus verborgen, so dass nicht selten ihr Einfluss unter uns zum Vorschein kam, sogar in der Frage der Verteilung der Einwanderer auf die verschiedenen Gegenden des nationalen Territoriums, und ihre Betätigung wurde immer im Schoß der sich bildenden Gemeinden spürbar, zuerst unter den Ausländern und später unter den Brasilianern selbst, den Nachfahren der Ausländer.

Die absurden Theorien, die durch den Nazismus propagiert wurden, verstärkten diesen Einfluss entscheidend und hatten in der Tat Rio Grande do Sul als Ausgangspunkt, den südlichsten Bundesstaat Brasiliens, der von großem wirtschaftlichen Wert und nicht geringerer strategischer Bedeutung ist. Anfangs entfalteten sich diese Theorien nach Belieben. Nur Funken von Misstrauen kamen den Menschen in den Sinn, die damit betraut sind, die Geschicke von Brasilien und besonders die von Rio Grande do Sul zu bewachen. Aber die Anzeichen der organisierten Durchdringung, die anfangs sehr langsam kamen, riefen eine immer größere Unruhe hervor, als sie dazu übergingen, deutlicher und lang anhaltender in Formen zu Tage zu treten, die auf große Gefahr hindeuteten. Die nazistische Arroganz hat sie verraten. Zögerliche und ängstliche Infiltrationen gewannen an Sicherheit und Kühnheit. Es festigten sich die Propagandaherde der expansionistischen Idee und der Organisation des deutschen Nationalsozialismus, und diese Herde breiteten sich aufgrund der Gutherzigkeit des Umfelds aus und bildeten neue Zysten, die die Einheit der Nation zersetzten. [...]

Wie man eine Fünfte Kolonne aufbaut

Nachdem diese Zellen gebildet waren, entwickelte die NSDAP (National-Sozialistische Deutsche Arbeiterpartei) unter uns eine ungehemmte Aktivität, deren Phase der reinen Unterweisung sich in Rio Grande do Sul durch die Milde der angewandten Mittel bei der Eroberung von Beitritten auszeichnete.

Das unterwiesene Element sollte freiwillig beitreten. Die, die nicht zustimmten, wurden daher lediglich als *Zögerer* bezeichnet. Aber die nazifizierende Betätigung in unserem Land sollte sich bald in eine Massenbewegung verwandeln, die durch Gewalt schließlich jene kleinen unentschlossenen Inseln absorbieren musste, die im Schoß der deutsch-brasilianischen Bevölkerung verloren waren. Dazu trugen sehr die privaten Schulen bei, die Dank der vom Deutschen Konsulat in Porto Alegre zugewiesenen Hilfsgelder zu Hunderten in Rio Grande do Sul verstreut waren.

Die Beweise unserer Behauptung sind in der umfangreichen Dokumentation enthalten, die bei Ermittlungen der Polizei von Rio Grande do Sul zusammengetragen wurde, die von der polizeilichen Sonderstelle für politische und soziale Ordnung geleitet wurden, deren unermüdlicher Aktivität man übrigens zum Großteil die Aufdeckung des nazistischen Aufstiegs verdankt, der uns mit einer wahrhaften Verdrehung der in Brasilien bestehenden demokratischen Methoden zu bedrohen begann – und wenn es nur das wäre. Die diesbezüglichen Beweisstücke belegen allesamt die vorliegende Darstellung.

Da die Schulen kontrolliert wurden, wurden die Schüler missioniert. Über diese hatten die grauen Agenten die Unterstützung der Mütter sicher. Und die Mütter zogen die Väter nach sich.

Das war das angewandte Werkzeug in der ersten Zeit. Um es zu verstärken, wurde die Kontrolle aller Freizeit-, Sport- und reinen Wohltätigkeitsvereine nötig.

Es gab schon eine ausreichende Anzahl an PGs (Parteigenossen), damit der »Marsch durch die Vereine« abgeschlossen werden konnte. Dafür ordnete der Kreisleiter – der Chef der Partei im Land – an, dass seine in Gruppen eingeteilten Parteigenossen Mitglieder des anvisierten Vereins werden sollten. Immer nach derselben Methode: Ein kleines trojanisches Pferd, oder modern gesprochen, eine kleine Fünfte Kolonne, eine Gruppe von »Touristen«... Die Partei zahlte die Aufnahmegebühren und die Mitgliedsbeiträge. Sobald sie endlich die absolute Mehrheit im sozialen Umfeld bildeten oder sobald sich schon vorher eine gute Gelegenheit aufgrund der Abwesenheit oder des Desinteresses von Mitgliedern ergab, wurde der »Anschluss« vollzogen. Die Mitgliederversammlung wurde einberufen, es wurde abgestimmt, und der Verein wurde zum Eigentum der Partei.

So eroberte der Nazismus ein wertvolles Erbe in Porto Alegre. Das war der Fall des »Deutschen Schützen-Vereins« [...] mit mehr als 70 Jahren Bestehen in der Hauptstadt von Rio Grande do Sul, welcher sich von einer Stunde zur anderen in ein Nazi-Zentrum verwandelt sah. [...]

Wie der »Deutsche Schützen-Verein« wurden alle anderen Vereine, die von deutschen Elementen gegründet wurden oder von deutscher Abstammung sind, durch die Partei annektiert, mit Ausnahme des »Turner-Bundes«, der Unterstützungskasse Navegantes und zehn weiteren Vereinen, unter ihnen einige aus Santa Cruz, von 350 in Rio Grande do Sul bestehenden.

Die angegliederten Vereine gründeten nach ihrem Zusammenschluss einen Verband namens »Verband Deutscher Vereine« [...], der entgegen unserer Gesetze sofort dem »Verband Deutscher Vereine im Ausland« [...] angeschlossen und unterstellt wurde, eine Tatsache, zu der die Polizei über Beweise verfügt.

Die Gesangsvereine – »bestimmt für die Pflege und die Verbreitung des guten deutschen Gesangs« – bildeten den Kreis der Deutschen Sänger in Rio Grande do Sul, eine Körperschaft, die dem Deutschen Sängerbund Brasilien mit Sitz in São Paulo angeschlossen wurde. Der Bund seinerseits schloss sich dem »Verband Deutscher Vereine im Ausland« (Berlin) an.

Nach diesem wahrlichen Überfall auf das moralische und materielle Erbe von Tausenden von Brasilianern, Opfern der eigenen ethnischen Herkunft, wurden innerhalb der eroberten Vereine alle gesellschaftlichen Akte im Namen von Hitler und zu Ehren und Ruhm des deutschen Führers, »dem großen und einzigen Führer«, ausgeführt.

In ihrer Durchdringungsarbeit benutzten die Agenten der Gestapo noch die Pfarrer der Deutsch-Evangelischen Kirche, welche sich erstaunlicherweise für die neue Aufgabe hergaben, wobei sie die heiligen Abschnitte der Bibel mit der nationalsozialistischen Doktrin vermischten. Die Polizei aus Rio Grande do Sul überraschte viele dieser Pfarrer bei umfangreicher politischer Aktivität. Schulen, Vereine und Kirchen, das sind die drei von den Agenten Hitlers mobilisierten Waffen in diesem Staat zur Schaffung der Fünften Kolonne, die den Zugang zu einem Gebiet erleichtern sollte, das in geheimen nazistischen Papieren mit dem Hakenkreuz versehen und als deutscher »Lebensraum« bezeichnet wird und so dazu vorgesehen ist, eines Tages zu einem bloßen »Protektorat« von Groß-Deutschland zu werden. [...]

Die Pflicht aller Brasilianer: Die nationale Einheit erhalten!

Wir sind nun am Ende dieses Werkes angelangt. Wir könnten noch vieles in Bezug auf die nazistische Verschwörung in Rio Grande do Sul und ebenfalls über die unheilvolle und gefährliche Betätigung der Fünften Kolonne in Brasilien aufzählen. Die Archive der Polizei dieses Bundesstaats mit ihren unzähligen spezialisierten Abteilungen enthalten eine sehr umfangreiche Dokumentation, äußerst reichliches und unbestreitbares Beweismaterial, das uns ermöglichen würde, mehrere Bücher zu schreiben, anstatt nur eines. Aber wozu mehr? Was wir auf den vorangegangenen Seiten aufgezeichnet haben, scheint uns auszureichen, um vollständig das gesamte Komplott der infamen Vorgänge zu enttarnen, in den die unnachgiebigen Anhänger der totalitären Regime uns einzuwickeln und zu verschlingen versuchten und noch versuchen, welche schon den Ruin von anderen Nationen und das Unglück von so vielen anderen Völkern herbeigeführt haben. Und wir meinen auch, dass wir genügend Dokumente gesammelt haben, um dem brasilianischen Volk einen Eindruck von dem Ausmaß der Gefahr zu vermitteln, die leider noch über unserem Vaterland schwebt. Ja, noch schwebt sie über unserem Vaterland, weil es trotz aller Bemühungen, die bisher ergriffen worden sind, um in unserem Land die Maschinerie der nazistischen Herrschaft zu demontieren, wahr ist, dass noch viel zu tun ist, um dieses Ziel zu erreichen. [...]

Mehr noch: Die umfangreiche Dokumentation, die wir zusammengestellt haben, zeigt uns leider, dass es nicht nur Ausländer sind, die sich zu dieser Mordkampagne gegen unser Vaterland zusammenschließen. Von Ausländern abstammende Brasilianer und – welch höchstes Elend! – Brasilianer mit reiner »Mischlingsherkunft«, wie die reinen »Arier« sagen würden, beteiligen sich ebenfalls an diesem Kampf auf der Seite derjenigen, die, Sieger in ihren Träumen der Vorherrschaft und des Ehrgeizes, ohne Zweifel zu Vertretern mit unmittelbarem Vertrauen der »*großen Herren*« werden [...].

Genau aus diesen und anderen Gründen glauben wir, dass die Gefahr noch lebendig ist und dass wir kämpfen müssen, unaufhörlich, unerschrocken und patriotisch kämpfen müssen, um nicht alle im schrecklichen und verheerenden Schlund verschluckt zu werden. [...]

Um sich dieser enormen Gefahr entgegenzustellen – geben wir uns nicht der geringsten Illusion hin – ist es unerlässlich, absolut unerlässlich – wie wir schon mehr als einmal betont haben – dass ganz Brasilien einen einzigen Block bildet, mit der Festigkeit von Granit und undurchlässig gegenüber der fremden Durchdringung, die das Band der Einheit auflöst und zersetzt, jener nationalen Einheit, die so viele Anstrengungen und so viel Blut von unseren ruhmreichen Vorfahren forderte und für die wir die unverjährbare Verpflichtung haben, sie die Jahrhunderte über zu bewahren.

Denn durch die Erhaltung unserer Traditionen des Liberalismus und des christlichen Glaubens, indem wir die Reihen schließen und uns massenhaft für die Verteidigung unserer Institutionen und unserer gesellschaftlichen Organisation aufstellen; mit diesem ganzen bewundernswerten moralischen Erbe, das sozusagen das wahre kulturelle Substrat des Vaterlandes bildet; durch die nationale Einheit, die Vereinigung aller unserer Landsleute rings um die Flagge, die die Regierung der Republik flattern lässt und unnachgiebig verteidigt: – mit all dem werden wir dereinst das Brasilien erschaffen, von dem alle guten Brasilianer träumen: – ein starkes und geachtetes Brasilien, ein großartiges und unvergängliches Brasilien.

Aus: Aurélio da Silva Py: *A 5.ª coluna no Brasil. A conspiração nazi no Rio Grande do Sul*, Porto Alegre: Edição da Livraria Globo ²1942, S. 19–20, 57–59, 399–402.

5. Nachkriegsplanungen

Q 117   Der Rio-Pakt (1947)

Das »Interamerikanische Abkommen über gegenseitigen Beistand«, auch bekannt als »Rio-Pakt«, wurde am 2. September 1947 von den USA und 18 lateinamerikanischen Staaten in Rio de Janeiro unterzeichnet und trat am 3. Dezember 1948 in Kraft. Hauptanliegen des von Washington initiierten Paktes war eine Beistandsverpflichtung im Falle eines Angriffs von außen. Dabei berief man sich auf das Selbstverteidigungsrecht in Artikel 51 der Charta der Vereinten Nationen. Allerdings kam es seit der Unterzeichnung des Rio-Paktes immer wieder zu Kontroversen, wann die Beistandsverpflichtung einzuhalten sei, so etwa beim Falkland-Krieg 1982 oder nach den Terroranschlägen vom 11. September 2001.

Artikel 1
Die ehrenwerten Vertragspartner verurteilen in aller Form den Krieg. Sie verpflichten sich, in ihren internationalen Beziehungen keine Drohung und Gewalt in der Weise anzuwenden, die den Bestimmungen der Charta der Vereinten Nationen oder dieses Vertrages widerspricht.

Artikel 2
Als Konsequenz aus dem im vorhergehenden Artikel festgelegten Grundsatz verpflichten sich die ehrenwerten Vertragspartner, jeden zwischen ihnen aufkommenden Streit mit friedlichen Mitteln zu schlichten und sich zu bemühen, jeglichen derartigen Streitfall untereinander im Rahmen der geltenden Bestimmungen des Interamerikanischen Systems zu lösen, bevor er an die Generalversammlung oder den Sicherheitsrat der Vereinten Nationen weitergeleitet wird.

Artikel 3
1. Die ehrenwerten Vertragspartner vereinbaren, dass ein bewaffneter Angriff irgendeines Staates gegen einen amerikanischen Staat als Angriff auf alle amerikanischen Staaten angesehen wird. Als Konsequenz daraus verpflichtet sich jeder der erwähnten Vertragspartner unter Ausübung des von Artikel 51 der Charta der Vereinten Nationen anerkannten Rechts auf individuelle und kollektive Selbstverteidigung, bei der Abwehr dieses Angriffs Beistand zu leisten.

2. Auf Verlangen des Staates oder der Staaten, die direkt angegriffen werden, und bis zur

Entscheidung des Konsultationsorgans des Interamerikanischen Systems kann jeder Vertragspartner die sofortigen Maßnahmen bestimmen, die er individuell zur Einhaltung der aus dem
vorherigen Paragraphen resultierenden Verpflichtungen und in Übereinstimmung mit dem
Prinzip der kontinentalen Solidarität einhalten möchte. Das Konsultationsorgan soll ohne
Verzögerung zusammentreten, um solche Maßnahmen zu prüfen und um gemeinsame Maßnahmen zu beschließen, die ergriffen werden sollen. [...]
  4. Die in diesem Artikel festgelegten Maßnahmen zur Selbstverteidigung dürfen angewandt
werden, bis der Sicherheitsrat der Vereinten Nationen die notwendigen Maßnahmen zur Aufrechterhaltung des internationalen Friedens und der internationalen Sicherheit ergriffen hat.
[...]

Aus: *Inter-American Treaty of Reciprocal Assistance. Signed at the Inter-American Conference for the Maintenance of Continental Peace and Security, Rio de Janeiro, August 15 –
September 2, 1947*, Washington D.C.: Pan American Union 1961, S. 2–3.

Q 118   Die Charta der OAS (1948)

*Noch vor In-Kraft-Treten des Rio-Paktes gründeten 21 Länder am 30. April 1948 auf der 9.
Panamerikanischen Konferenz in Bogotá die Organisation Amerikanischer Staaten (OAS).
Heute gehören der OAS alle 35 Staaten des Kontinents an. Auch Kuba wird weiter als Mitglied geführt, auch wenn das Castro-Regime 1962 nach der Kubakrise von der Teilnahme an
der OAS ausgeschlossen wurde. Die Organisation sieht sich in der Tradition der Idee Simón
Bolívars einer lateinamerikanischen Staatengemeinschaft und ist der organisatorische Nachfolger der 1910 gegründeten Panamerikanischen Union. Neben der OAS-Charta wurde in
Bogotá auch die »Interamerikanische Erklärung der Menschenrechte« und der »Amerikanische Vertrag über friedliche Streitschlichtung« (Bogotá-Pakt) unterzeichnet. Die Charta wurde
mehrfach ergänzt, zuletzt 1997. Die folgenden Auszüge stammen aus der Originalfassung von
1948.*

Artikel 1
Die amerikanischen Staaten schaffen mit dieser Charta die internationale Organisation, die
sie entwickelt haben, um eine Ordnung des Friedens und der Gerechtigkeit zu erreichen, ihre
Solidarität zu fördern, ihre Zusammenarbeit zu festigen sowie ihre Souveränität, territoriale
Integrität und Unabhängigkeit zu verteidigen. Innerhalb der Vereinten Nationen bildet die
Organisation Amerikanischer Staaten eine Regionalorganisation. [...]

Artikel 4
Um ihre Grundsätze, auf denen sie beruht, in die Tat umzusetzen und um ihre regionalen
Verpflichtungen im Rahmen der Charta der Vereinten Nationen zu erfüllen, erklärt die Organisation Amerikanischer Staaten folgende wesentlichen Ziele:
  a) den Frieden und die Sicherheit des Kontinents zu festigen;
  b) möglichen Ursachen für Schwierigkeiten vorzubeugen und die friedliche Beilegung von
Konflikten sicherzustellen, die unter den Mitgliedsstaaten entstehen können;
  c) im Angriffsfall für ein gemeinsames Handeln dieser Staaten zu sorgen;
  d) nach einer Lösung für politische, juristische und wirtschaftliche Probleme zu suchen, die
zwischen ihnen auftreten können; und
  e) durch gemeinsames Handeln ihre wirtschaftliche, soziale und kulturelle Entwicklung
voranzutreiben.

Artikel 5

Die amerikanischen Staaten bekräftigen die folgenden Grundsätze:

a) Das Völkerrecht ist die Richtlinie für die gegenseitigen Beziehungen zwischen den Staaten.

b) Die internationale Ordnung basiert wesentlich auf dem Respekt vor der Rechtspersönlichkeit, Souveränität und Unabhängigkeit der Staaten und der gewissenhaften Erfüllung der aus Abkommen und anderen Quellen des Völkerrechts erwachsenen Verpflichtungen.

c) Vertrauen soll die Beziehungen zwischen den Staaten leiten.

d) Die Solidarität der amerikanischen Staaten und die hohen Ziele, die sie damit verfolgen, machen die politische Organisation dieser Staaten auf der Basis der effektiven Ausübung der repräsentativen Demokratie notwendig.

e) Die amerikanischen Staaten verurteilen den Angriffskrieg. Der Sieg verschafft keine Rechte.

f) Eine Angriffshandlung gegen einen amerikanischen Staat ist eine Angriffshandlung gegen alle übrigen amerikanischen Staaten.

g) Kontroversen internationalen Charakters, die zwischen zwei oder mehr amerikanischen Staaten aufkommen, sollen mit friedlichen Mitteln beigelegt werden.

h) Soziale Gerechtigkeit und soziale Sicherheit sind die Basis eines dauerhaften Friedens.

i) Wirtschaftliche Zusammenarbeit ist entscheidend für allgemeinen Wohlstand und Gedeihen der Völker des Kontinents.

j) Die amerikanischen Staaten bekennen sich zu den grundsätzlichen Persönlichkeitsrechten ohne Unterscheidungen wie Rasse, Nationalität, Glauben oder Geschlecht.

k) Die geistige Einheit des Kontinents wird durch den Respekt vor den kulturellen Werten der amerikanischen Länder begründet und fordert deren enge Zusammenarbeit für die großen zivilisatorischen Ziele.

l) Die Erziehung der Völker soll auf Gerechtigkeit, Freiheit und Frieden ausgerichtet sein. [...]

Artikel 13

Jeder Staat hat das Recht, sein kulturelles, politisches und wirtschaftliches Leben frei und spontan zu entwickeln. Bei dieser freien Entwicklung respektiert der Staat die Rechte des Individuums und die Prinzipien der allgemeinen Moral. [...]

Artikel 15

Kein Staat und keine Staatengruppe hat das Recht, sich aus welchem Motiv auch immer direkt und indirekt in die inneren oder äußeren Angelegenheiten irgendeines anderen Staates einzumischen. Der genannte Grundsatz schließt nicht nur Waffengewalt aus, sondern auch jede andere Form der Einmischung oder der Bedrohung der Rechtspersönlichkeit des Staates und der politischen, wirtschaftlichen und kulturellen Bestandteile, die ihn ausmachen.

Artikel 16

Kein Staat darf wirtschaftliche und politische Zwangsmittel anwenden oder anregen, um auf den souveränen Willen eines anderen Staates einzuwirken und von ihm irgendwelche Vorteile zu erhalten.

Artikel 17

Das Territorium eines Staates ist unverletzlich; es darf weder direkt oder indirekt aus welchem Grund auch immer Gegenstand von militärischer Besetzung noch Gegenstand von anderen Zwangsmaßnahmen seitens eines anderen Staates werden, auch nicht zeitweilig. Gebietserwerbungen oder besondere Vorteile, die durch Gewalt oder irgendein anderes Zwangsmittel erreicht werden, werden nicht anerkannt.

Artikel 18

Die amerikanischen Staaten verpflichten sich dazu, in ihren internationalen Beziehungen nicht auf die Anwendung von Gewalt zurückzugreifen, es sei denn, es handelt sich um rechtmäßige Verteidigung in Übereinstimmung mit geltenden Verträgen oder in Ausführung der vorliegenden Verträge.

Artikel 19

Die Mittel, die in Übereinstimmung mit geltenden Verträgen zur Aufrechterhaltung des Friedens und der Sicherheit ergriffen werden, stellen keine Verletzung der in den Artikeln 15 und 17 genannten Grundsätze dar. [...]

Artikel 24

Jede Aggression eines Staates gegen die territoriale Unversehrtheit und Unverletzlichkeit, gegen die Souveränität oder die politische Unabhängigkeit eines amerikanischen Staates wird als Aggressionsakt gegen alle übrigen amerikanischen Staaten betrachtet. [...]

Artikel 33

Die Interamerikanische Konferenz ist das höchste Organ der Organisation Amerikanischer Staaten. Sie entscheidet über die allgemeine Vorgehensweise und Politik der Organisation, bestimmt die Struktur und die Funktionen ihrer Organe und hat die Befugnis, jedes Thema zu behandeln, das das Zusammenleben der amerikanischen Staaten betrifft. Es übt diese Eigenschaften in Übereinstimmung mit dieser Charta und anderen interamerikanischen Verträgen aus. [...]

Aus: *Carta de la Organización de los Estados Americanos. Suscrita en la Novena Conferencia Internacional Americana, Bogotá, Marzo 30 – Mayo 2, 1948*, Washington D.C.: Unión Panamericana 1949, S. 2–8.

Q 119 Die Abschaffung der Armee in Costa Rica (1948)

Aufgrund von Streitigkeiten um den Wahlausgang kam es im März und April 1948 in Costa Rica zu einem Bürgerkrieg, der rund 2.000 Opfer forderte. Die »Nationale Befreiungsarmee« (»Ejército de Liberación Nacional«), die der sozialliberale Landbesitzer und Industrielle José Figueres Ferrer (1906–1990) aufgebaut hatte, ging siegreich aus dem blutigsten Konflikt in der costaricanischen Geschichte hervor. Figueres, der eine Übergangsregierung bildete, schaffte noch im selben Jahr die ohnehin stark geschwächte reguläre Armee ab. Zwar wurden in Costa Rica seitdem keine regulären Streitkräfte mehr aufgebaut, doch verfügt das Land über vergleichbare Polizeieinheiten, die vor allem im Kampf gegen den Drogenschmuggel eingesetzt werden.

[...] Am 1. Dezember 1948 schlug ich mit einem Hammer einige Male auf eine Mauer der Kaserne *Bellavista* ein, um so die Auslöschung der Spuren des früheren militärischen Geistes in Costa Rica symbolisch darzustellen. Ich machte aus dem Gebäude den Standort eines ethnologischen Museums, das heute Kulturarbeit leistet. An eben diesem Tag des Hammerschlags bestätigte ich erneut die Auflösung und das Verbot der Streitkräfte von Costa Rica, was ich per Gesetz bereits am 8. Mai desselben Jahres getan hatte, als ich die Verfassung von 1871 aufhob, die noch immer gültig war und in der die Streitkräfte als rechtliche Institution festgeschrieben waren.

Ich machte meine Worte wahr, die [Francisco de Paula] Santander paraphrasierten und die ich auch bei anderen Gelegenheiten benutzt habe:

Kolumbianer: Die Waffen haben Euch die Unabhängigkeit gegeben. Die Gesetze werden Euch die Freiheit geben.

Unser Vaterland würde ein von Gesetzen regiertes und ein Land freier Menschen sein.

Später richtete ich als Mitglied der Gründungsjunta (*Junta Fundadora*) an die Verfassungsgebende Versammlung den Vorschlag, sie möge das Verbot der Streitkräfte unserer Nation als dauerhafte Institution in unsere Verfassung aufnehmen. So geschah es! Costa Rica ist heute das einzige Land auf der Welt, in der die Streitkräfte durch die Verfassung geächtet sind! [...]

Aus: José Figueres Ferrer: *El espiritu de 48*, San José: Editorial Costa Rica 1987, S. 321.

III. Lateinamerika im Zeitalter des Kalten Kriegs

Anders als im kriegsgeplagten Europa oder Asien bedeutete das Kriegsende für Lateinamerika keinen umwälzenden Epochenbruch. Jedoch schuf die Weltordnung, die im Gefolge des Zweiten Weltkriegs entstand, neue Rahmenbedingungen und verstärkte Dynamiken, die sich nun noch stärker und unvermittelter in der Region bemerkbar machten, als dies zuvor bereits der Fall gewesen war. Lateinamerika rückte in diesem Zeitraum wiederholt ins Zentrum der Weltöffentlichkeit. Nicht nur in außenpolitischer Hinsicht veränderten sich die Parameter grundlegend. In Gesellschaft und Wirtschaft vertieften sich wichtige Entwicklungen wie z.B. die Industrialisierung und die Verstädterung, die im frühen 20. Jahrhundert angelegt waren. In einigen Ländern setzten diese erst nach der Jahrhundertmitte ein. Neue gesellschaftliche Akteure traten auf und trugen zum Wandel bei. Insgesamt verstärkten sich die sozialen Herausforderungen. Sie führten auf der politischen Ebene zu unterschiedlichen, ja gegensätzlichen Reaktionen, die in ihrer Radikalität und in ihren Zielvorstellungen neuartig waren. Gemeinsam war ihnen der Hang zur gewaltsamen Lösung von Konflikten. Daran zeigte sich der hohe Ideologisierungsgrad, der sich aus dem globalen Kontext speiste und diesem Zeitabschnitt lateinamerikanischer Geschichte einen eigenständigen Charakter verlieh.

Der Weg ins Industriezeitalter, den man mancherorts schon lange vor 1945 und auch schon vor 1930 eingeschlagen hatte, prägte die lateinamerikanische Geschichte dieser Jahrzehnte. Die einseitige staatliche Konzentration auf den industriellen Sektor, die im Kontext der neuen Entwicklungstheorie gesehen werden muss, konnte die sozialen Probleme nicht verdecken, die das lange Zeit noch größtenteils agrarisch geprägte Lateinamerika belasteten. Dennoch brachte das Bevölkerungswachstum einen Trend zur Urbanisierung, der durch die Binnenmigration beständig zunahm. Auf die Massengesellschaften, die sich nun entwickelten, war man nicht vorbereitet. Hinzu kamen die strukturellen Probleme der Wirtschaft, die durch den Zwang der Weltmarktlogiken und die damit einhergehenden Verschuldungsprobleme noch vertieft wurden. Insgesamt klaffte die Schere zwischen Arm und Reich immer weiter auseinander. »Unterentwicklung« wurde nun intensiver denn je diskutiert, und man suchte neue Wege, sie zu bekämpfen.

Bereits direkt nach Kriegsende 1945 gab es zahlreiche Ansätze zur Förderung von Demokratisierung und Sozialreformen. Viele dieser Vorstöße scheiterten im Kontext des Kalten Krieges, wobei die Vereinigten Staaten, die eine hegemoniale Stellung in der Region einnahmen, häufig eine unrühmliche Rolle spielten. Washington stützte blutige Diktaturen, solange diese im Kampf gegen den Kommunismus nützlich erschienen. Teils als Reaktion darauf wurden die Rufe nach radikalem Wandel lauter. Abhängigkeit und Befreiung waren die Schlagworte jener Zeit. Damit verbanden sich ausgefeilte sozioökonomische Theoriegebäude, die von Lateinamerika ausgehend weltweit an Einfluss gewannen. Spätestens seit dem Sieg der Kubanischen Revolution 1959, ein Meilenstein in der Geschichte des 20. Jahrhunderts, nahmen viele Beobachter Lateinamerika als den »Revolutionskontinent« schlechthin wahr. Das Wort »Guerilla« fand weite Verbreitung in vielen Sprachen. Daneben existierten zahlreiche traditionelle Diktaturen weiter bzw. etablierten sich in den 1950er Jahren neu. Hinzu kam seit dem Militärputsch in Brasilien 1964 eine Welle neuartiger militärischer Gewaltherrschaften, die unter dem Banner der »Doktrin der nationalen Sicherheit« massive Menschenrechtsverletzungen begingen und versuchten, Wirtschaft und Gesellschaft in ihrem Sinn umzubauen.

Vor dem Hintergrund dieser Entwicklungen wandelte sich auch das kulturelle Leben in Lateinamerika tiefgreifend. Trotz – teils auch wegen – der Unterdrückungsmechanismen schalteten sich immer breitere Bevölkerungsgruppen ein und leisteten einen Beitrag zur andauernden Suche nach Identitäten. Die ethnische und kulturelle Vielfalt Lateinamerikas, die man schon seit dem Ersten Weltkrieg zunehmend untersucht hatte, rückte nun verstärkt ins Zentrum des Interesses und galt mehr denn je als positives Element.

Der welthistorische Umbruch um das Jahr 1990 machte sich auch in Lateinamerika bemerkbar. Mit dem Ende der letzten Militärdiktaturen brachte er hier eine einschneidende Zäsur. Es bestehen also gute Gründe, den Zeitraum von ca. 1945 bis ca. 1990 als zusammenhängende Periode zu betrachten, in der sich die historische Entwicklung des Subkontinents unter den Vorzeichen des Kalten Kriegs vollzog. In Überblicksdarstellungen wird dieser Zeitabschnitt aufgrund des Ausbleibens nachhaltiger Entwicklungserfolge oft als Phase enttäuschter Hoffnungen, als »verlorene Dekaden« interpretiert. In der Tat blieben in diesen Jahrzehnten viele strukturelle Probleme ungelöst und neue taten sich auf, jedoch war Lateinamerika damit keine Ausnahmeerscheinung. Die Länder des Subkontinents gingen einen eigenständigen Weg, der Rückwirkungen auf andere Weltregionen hatte und insbesondere für Afrika und Asien richtungweisend war.

A. Das »Wirtschaftswunder« und seine Schattenseiten

Das Ende des Zweiten Weltkriegs war in wirtschaftlicher Hinsicht für Lateinamerika nicht unproblematisch. Durch den Wegfall der kriegsbedingten Nachfrage nach Rohstoffen in den USA und die wiedererstarkende Konkurrenz aus anderen Weltteilen ging das Volumen der lateinamerikanischen Exporte zunächst zurück. Auch die Wirtschaftshilfe aus den USA versiegte. Allerdings stiegen die Preise für die Exportprodukte nach dem Wegfall der künstlichen Preishemmnisse während der Kriegsphase schnell an, schneller als die der Importe, so dass sich die *terms of trade* für Lateinamerika in den ersten Nachkriegsjahren deutlich verbesserten. Die meisten Staaten nutzten diese Konjunktur, um ihre Altschulden abzutragen. Außerdem nationalisierten sie Schlüsselsektoren der Wirtschaft wie z.B. Industrien und öffentliche Versorgungsunternehmen. Schließlich trug auch die gestiegene Nachfrage nach Importgütern zum schnellen Aufzehren der Devisenreserven bei.

1950 arbeitete noch immer mehr als die Hälfte der Beschäftigten in der Landwirtschaft. Allerdings war der Anteil seit 1930 stark gesunken, und der Trend sollte sich weiter fortsetzen. Die volkswirtschaftliche Bedeutung der Landwirtschaft ging kontinuierlich zurück, obwohl die Produktivität erheblich anstieg. Letzteres war auf die Ausweitung der Produktionsflächen in bisher noch unerschlossene Gebiete im Hinterland – etwa in Brasilien – sowie auf eine allgemeine Modernisierung zurückzuführen. Davon profitierten allerdings vor allem die Mittel- und Großbetriebe, die über das notwendige Kapital für neue Maschinen und Dünger verfügten, während die Kleinbauern und Tagelöhner zunehmend verelendeten. Nun wurde die seit langem geforderte Landreform zu einem Thema auf der politischen Agenda. In den 1950er Jahren machten sich Länder wie Guatemala und Bolivien an diese Aufgabe. Dort erhob sich aber schnell der Widerstand der Oligarchien, die reformbereite Regierungen stürzten. Erst unter dem Eindruck der Kubanischen Revolution wurde die Landreform auch andernorts ernsthaft angegangen. Einige Länder taten dies unter eher konservativen – z.B. in den 1960er Jahren mit US-amerikanischer Entwicklungshilfe im Rahmen der »Allianz für den Fortschritt« – andere unter revolutionären Vorzeichen wie etwa Chile in den frühen 1970er und Nicaragua in den 1980er Jahren. Insgesamt änderten die Reformen jedoch nur wenig an der ungerechten Verteilung der Ressourcen. Die Militärregimes im Süden machten sie teilweise wieder rückgängig. Die arme Landbevölkerung wanderte häufig in die Städte ab oder lebte von den Rücküberweisungen der Familienmitglieder, die sich den Arbeitsmigrationen anschlossen.

Die Krise auf dem Land war auch ein Indiz für die wirtschaftspolitische Konzentration auf den industriellen Sektor. Vom weiter gestiegenen Nationalismus und vom Misstrauen gegenüber dem Weltmarkt beeinflusst, gingen viele lateinamerikanische Regierungen in den 1950er Jahren mit neuem Elan zu einer importsubstituierenden Wirtschaftspolitik über, die die folgenden Jahrzehnte prägen sollte. Hinter dieser wirtschaftspolitischen Ausrichtung stand nicht zuletzt das Wirken der 1948 gegründeten UN-Wirtschaftskommission für Lateinamerika CEPAL (»Comisión Económica para América Latina«), die erste rein auf Lateinamerika bezogene internationale Organisation. Die CEPAL-Denker gingen aufgrund der Erfahrungen der Weltkriege und der Weltwirtschaftskrise davon aus, dass die wirtschaftliche Außenorientierung eine Fehlentwicklung war. Ferner prognostizierte man, dass sich die *terms of trade* für Lateinamerika in der Zukunft kontinuierlich verschlechtern würden, da das in »Zentren« und »Peripherien« geteilte Weltwirtschaftssystem den Primärgüter exportierenden Subkontinent strukturell benachteiligte. Daher propagierten die führenden Köpfe der CEPAL den Ersatz der Importe durch die heimische Industrie, wobei der Staat eine zentrale Steuerungsrolle übernehmen sollte. Die »Entwicklung nach innen« trat nun an die Stelle der »Entwicklung nach außen«.

Die größten Länder der Region wie vor allem Argentinien, Brasilien, Mexiko und auch Chile folgten diesen Vorgaben mit Überzeugung. Sie schränkten die Einfuhren durch unterschiedliche protektionistische Maßnahmen ein. Gleichzeitig bauten sie den industriellen Sektor im Staatsbesitz gezielt aus und bemühten sich um die Schaffung einer schwerindustriellen Basis. Trotz der staatlichen Aktivitäten waren weiterhin auch ausländische Investitionen notwendig, die jedoch von Beginn an in einem Spannungsverhältnis zu den Nationalisierungstendenzen standen. Dass sich ausländische Unternehmen – darunter auch deutsche wie die AEG oder Volkswagen – trotz dieser Probleme für Investitionen entschieden, lag an der potenziellen Aufnahmefähigkeit der lateinamerikanischen Märkte. Die Anstrengungen schlugen sich in einem Boom mit hohen Wachstumsraten nieder, der teils bis in die 1970er Jahre andauerte und sogar die Werte in den Industrieländern übertraf. Insbesondere Brasilien und Mexiko, mit Abstrichen Argentinien sowie mit einigem Abstand aufgrund des kleineren Binnenmarkts Chile und Kolumbien entwickelten sich zu industriellen Schwellenländern, die auch ihre Verkehrsinfrastruktur planmäßig ausbauten. Dadurch wuchsen das Selbstbewusstsein und die Überzeugung, bald schon Teil der industrialisierten Welt zu sein. Mancherorts sprach man gar von einem »Wirtschaftswunder«.

Doch nicht überall setzte man von Beginn an einseitig auf Industrialisierung. Länder wie Mexiko und Kolumbien etwa bemühten sich gleichzeitig um eine Förderung ihrer Exporte und anderer Devisenquellen, wie im mexikanischen Fall den Tourismus. Außerdem hielten zahlreiche kleinere Länder am exportbasierten Entwicklungsmodell fest. Zum einen fehlten dort die Grundlagen für die Industrialisierung. Zum anderen waren die traditionellen, Land besitzenden und vom Export profitierenden Oligarchien hier häufig noch an der Macht. Der Exportsektor blieb oft noch auf ein oder wenige Produkte konzentriert. Das galt etwa für Venezuela mit seinem Erdöl, Bolivien mit Zinn oder Kuba mit Zucker. Andere Länder wie Peru, Ecuador und einige zentralamerikanische Staaten verbreiterten ihre Exportproduktpalette. Die Export-Länder sahen sich jedoch in den Jahrzehnten nach Kriegsende durch die Konjunkturschwankungen auf dem Weltmarkt den seit langem bekannten Problemen ausgesetzt. Hinzu kamen Umweltprobleme durch die fortschreitende Vernichtung der Wälder und die dadurch verschärften Naturkatastrophen und klimatischen Probleme. Die Konflikte mit ausländischen Investoren, die nach wie vor eine zentrale Rolle im Exportsektor spielten, nahmen aufgrund des wachsenden Nationalismus und Anti-Imperialismus ebenfalls zu. Letztlich versuchten gegen Ende der 1950er Jahre auch die kleineren Staaten ihr Glück mit einer eigenständigen Industrialisierung, doch stellten sich wegen der fehlenden Binnenmärkte kaum Erfolge ein. Daran änderten auch die Versuche der regionalen Integration wenig, die insbesondere in den 1960er Jahren zunahmen, aber aus unterschiedlichen Gründen kaum fruchteten.

Selbst im Fall der großen lateinamerikanischen Länder hatte der Industrialisierungserfolg Schattenseiten. Die im protektionistischen Klima erzeugten Güter waren überteuert und konnten internationaler Konkurrenz nicht standhalten. Die Produktion war ineffizient. An einen Export der lateinamerikanischen Industrieprodukte war daher nicht zu denken. Devisen mussten vielmehr durch traditionelle Exportgüter erwirtschaft werden, die nach wie vor vom Weltmarkt abhängig blieben. Das war besonders deshalb heikel, weil das Ziel der Industrialisierungspolitik, die Senkung der Importe, nicht erreicht werden konnte. Aus dieser Situation ergaben sich strukturelle Probleme, die sich zunehmend verschärften. Durch diese Konstellation wuchs das soziale Konfliktpotenzial weiter an. Zwar differenzierte sich die Mittelschicht weiter aus. Auch ihr Anteil an der Beschäftigungsstruktur stieg dank der Rolle des Staates als Arbeitgeber weiter an. Jedoch war diese Entwicklung nicht stark genug, um die weiterhin vorhandenen enormen gesellschaftlichen Ungleichheiten abzubauen. Im Gegenteil, der weitaus größte Teil der Bevölkerung zählte nach wie vor zu den Unterschichten, auch wenn diese nun in ihrer Mehrheit in den Städten lebten. Längst nicht alle fanden in den Industrien Arbeit, sondern ein zunehmender Prozentsatz driftete in den sogenannten informellen Sektor ungeregelter Beschäftigungsverhältnisse ab.

Bereits in den 1960er Jahren spitzten sich die mit dem Entwicklungsmodell nach innen verbundenen Krisensymptome in vielen lateinamerikanischen Ländern zu. In Reaktion darauf kam es – in unterschiedlichem Ausmaß und Tempo – zu einer Abkehr von diesem Modell und zu einer Neuausrichtung. Die Militärregimes in Ländern wie Argentinien, Chile und Uruguay suchten in einer abrupten wirtschaftspolitischen Kehrtwende und in der Liberalisierung des Außenhandels ihr Heil. Auch andere Länder setzten nun wieder verstärkt auf den Exportsektor. Gleichzeitig stieg die Außenverschuldung nach der Ölkrise von 1973 stark an, weil Kapital zu günstigen Konditionen zu haben war. Als dann aber zu Beginn der 1980er Jahre die Rohstoffpreise erneut fielen und sich die Kreditbedingungen verschlechterten, kam es in Lateinamerika wieder zu einer tiefen Krise, die 1982 in der Zahlungsunfähigkeit Mexikos gipfelte. Diese Krise läutete das Ende der importsubstituierenden Industrialisierungspolitik ein, denn die internationalen Gläubiger forderten in den zähen Verhandlungen um die Schuldenregulierung die Liberalisierung der Märkte, umfassende Privatisierungsmaßnahmen und den Umbau der Sozialsysteme. Dies stand im Zusammenhang mit dem neuen neoliberalen ökonomischen Denken, das diesen Zeitraum prägte. Lateinamerika folgte diesen Vorgaben mehr oder wenig willig, doch eine wirtschaftliche Konsolidierung stellte sich zumeist erst gegen Ende des Jahrzehnts ein. Sinkende Reallöhne, steigende Arbeitslosenzahlen, das Ausufern des informellen Sektors und das Auseinanderklaffen der Schere zwischen Arm und Reich waren die hohen sozialen Kosten der Umstellung.

Mit den wirtschaftlichen Aufs und Abs ging tiefgreifender sozialer Wandel einher. Am besten ließen sich diese Dynamiken am raschen Bevölkerungswachstum und an der Urbanisierung ablesen. Zwischen 1945 und 1990 verdreifachte sich die Bevölkerung Lateinamerikas. Insbesondere in den 1950er und 1960er Jahren erlebte der Subkontinent eine regelrechte Bevölkerungsexplosion, die vor allem auf die sinkenden Sterbeziffern dank der besseren medizinischen Versorgung zurückzuführen war. Die Geburtenraten blieben ebenfalls hoch. Eine Folge waren zunehmende Wanderungsbewegungen der Armen in – vermeintlich – reichere Regionen. Dabei handelte es sich zumeist um Landflucht. Die Städte wuchsen in diesem Zeitraum explosionsartig und wurden teils wie São Paulo oder Mexiko-Stadt zu Megastädten, ohne darauf vorbereitet zu sein. Einerseits entstanden moderne Stadtteile, die westlichen Architekturstandards folgten und mit den Errungenschaften der modernen Konsumgesellschaft lockten. Andererseits – und manchmal in direkter Nachbarschaft dazu – expandierten die Elendsviertel, in denen selbst die Grundversorgung nicht gewährleistet war. Häufig wurden diese Siedlungen zu sozialen Brennpunkten. Allerdings bildeten die Unterschichten keine einheitliche Schicht. Durch die Zunahme des informellen Sektors verstärkte sich der Trend zur Fragmentierung. Die große Masse der Armen stand in der Regel mehr oder weniger stark wachsenden Mittelschichten und sehr kleinen Oberschichten gegenüber, die sich aus traditionellen Familien der alten Landbesitzeroligarchien sowie aus dem neuen Umfeld von Unternehmern speisten. Die Sozialstruktur blieb bis auf wenige Ausnahmen extrem heterogen, was sich durch die Auswirkungen der neoliberalen Reformen in den 1980er Jahren noch verstärkte.

1. Industrialisierung und Probleme der Agrargesellschaft

Q 120   Industrielle und Arbeitsethos in Brasilien (1946)

Seit den späten 1920er Jahren bildete sich in Brasilien eine neue industrielle Elite heraus, die verstärkt versuchte, die Arbeiter von den Vorzügen der kapitalistisch-industriellen Produktionsweise und der bürgerlich-liberalen Gesellschaftsordnung gegenüber der sozialistischen bzw. kommunistischen Ausrichtung der Arbeiterbewegung zu überzeugen. Mit der Gründung des »Nationalen Industriellen Ausbildungsdienstes« (»Serviço Nacional de Aprendizagem Industrial«, SENAI) wurde 1942 ein institutioneller Rahmen für die technische Berufsausbildung geschaffen, dem 1946 der »Sozialdienst der Industrie« (»Serviço Social da Indústria«, SESI) angegliedert wurde, der die Aufgabe hatte, den Lebensstandard der Arbeiter in den Bereichen Gesundheit, Bildung, Freizeit und Kultur zu erhöhen. Den Beitrag des SESI zur Entspannung der sozialen Konflikte erörterte der Unternehmer, Historiker und langjährige Vorsitzende des Paulistaner Industriellenverbands Roberto Simonsen (1889–1948) am Gründungstag des SESI, dem 1. Juli 1946.

Die soziale Frage in Brasilien

[...] Der SESI wird durch den Geist, aus dem er erwachsen ist, und durch die ihm gegebene Organisationsstruktur auch eine pädagogische und erzieherische Mission mit klar umrissenen ethischen und gesellschaftlichen Werten erfüllen. Die technisch-berufliche Ausbildung unserer Arbeiter, die entweder durch den Staat – über seine öffentlichen Lehranstalten – oder durch den SENAI durchgeführt wird, verlangte nach einer Ergänzung, die die vollständige staatsbürgerliche Bildung des in sein berufliches und soziales Umfeld eingebundenen arbeitenden Menschen ermöglichte. Der SESI wird diesem Ziel zweifellos gerecht werden. Er wird ein exzellentes Instrument zur Verbreitung der Kultur und zur Popularisierung der kulturellen Werte in den proletarischen Schichten sein und das umsetzen, was ein christlicher Denker die »innere Modellierung des menschlichen Geistes« genannt hat.

Dieses ist die pädagogische Mission des SESI im Bereich der ethischen Erziehung: der kulturellen Bildung unserer Arbeiter ein christliches und brasilianisches Erscheinungsbild zu geben, so dass sie an der Seite der anderen sozialen Klassen am Genuss des geistigen Reichtums teilhaben.

Der Techniker – sei es der einfache Handwerker oder sogar der qualifizierteste Forscher – ist durch die eingeschränkte Sicht auf das Universum, durch die natürliche Tendenz zur Wertschätzung geistiger Spezialbereiche sozusagen ein Terrain, das den subtilen Behauptungen von Ideen und Doktrinen ausgesetzt ist, die die Traditionen verformen und den Menschen entstellen.

Aus der Perspektive einer christlichen Philosophie, deren staatsbürgerliche Wurzeln durch die schönsten und echtesten nationalen Ausdrucksformen von Freiheit und demokratischem Bürgerrecht eingepflanzt werden, wird der SESI neben den staatlichen Schulungseinrichtungen in ihren unterschiedlichen technisch-kulturellen Formen eine wahrhaftige öffentliche Bildungseinrichtung sein. Er wird weniger der spezifischen Ausbildung unserer Arbeiter dienen – die hauptsächlich seine Aufgabe ist –, als vielmehr der allgemeinen Politik des Landes für die Achtung und Aufwertung der Demokratie und für die zweckmäßigste Bildung des brasilianischen Bürgers, die im Einklang mit den Richtlinien der Regierung des illustren Generals Eurico Gaspar Dutra steht. Dies wird er logischerweise durch das natürliche Eindringen seiner pädagogischen Tätigkeiten in Nachbarbereiche der eigentlichen Arbeiterschaft [erreichen], wobei er seine vorgegebenen Begrenzungen überschreiten wird und eine Lehre moralischer, staatsbürgerlicher und sozialer Werte vermitteln wird, welche die brasilianische Gesellschaft auf ihrem harmonischen Evolutionspfad prägen.

Somit wird der SESI eine erzieherische Kraft im Interesse nicht nur einer Klasse, der Arbeitgeber oder der Arbeiter, sein, sondern im unterschiedslosen Interesse der ganzen Gesellschaft in der Vielfalt der sie ausmachenden Gruppen.

In Zusammenarbeit mit den erzieherischen Kräften des Staates, der eine Ausbildung rein formalen Charakters anbietet und der durch seine Einschränkungen die Arbeiterklassen weitgehend nicht erreicht, wird der SESI in der Welt der Fabriken, der Arbeiter und der Arbeitgeber durch das gegenseitige Verständnis und durch die freundschaftlichen Kontakte das Organ der Eintracht darstellen, da sich jenseits der funktionalen Differenzierungen, die die Gesellschaft für ihr Überleben und ihren Fortschritt errichtet, alle in der Verehrung desselben Gottes, derselben Flagge, derselben vaterländischen Geschichte, derselben Sozial- und Familienethik mit dem Bewusstsein für das geteilte Schicksal und der geteilten Anstrengung für die gemeinsame Arbeit für den Aufstieg des Landes als Brüder erkennen werden.

Der SESI wird neben den demokratischen und liberalen politischen Parteien eine erzieherische Kraft im Kampf gegen das bedauerliche falsche Verständnis vom Sinn und von der Praxis wahrhaftiger Demokratie sein. Und er wird, wenn Sie mir dieses biblische Bild erlauben, dafür sorgen, dass die brasilianischen Arbeitermassen trockenen Fußes das Rote Meer des repressiven und unmenschlichen Totalitarismus durchqueren und am Ende des Tagewerks, das zweifellos mühevoll sein wird, die durch den Bürgersinn und unsere demokratische Berufung gereinigte brasilianische Luft einatmen werden.

Er wird also auf dem Feld der Arbeit die Schlacht der Aufklärung ausfechten in der Gewissheit, dass der aufgeklärte Arbeiter in seiner Eigenschaft als Mensch dasjenige hochschätzt, was man ihm zu entreißen versucht: das freie Leben, das den Zugang zur Hierarchie der gesellschaftlichen Funktionen ermöglicht.

In der vollen Einsicht, dass man die gesellschaftlichen und ökonomischen Probleme nicht voneinander und beide nicht von moralischen Fragen trennen kann, wird der SESI bestrebt sein, über seine Forschungsabteilung und seine beratenden Gremien, in denen Techniker und Experten von anerkannter Kompetenz sitzen, die Ursprünge der Reibungen und Missverständnisse, wo immer sie auftreten, aufzudecken, zu untersuchen und in Übereinstimmung mit den hohen Ansprüchen der sozialen Gerechtigkeit, also im Rahmen der grundlegenden Postulate der christlichen Soziallehre zu lösen.

Das Dekret des Herrn Präsidenten der Republik, das den neuen Dienst mit der aufrichtigen Unterstützung der brasilianischen Industrie einrichtet, beweist, dass unsere Arbeitgeberklassen in vollständigem Einklang mit dem Staat anerkennen, dass die Beziehungen, die zwischen Arbeitern und Arbeitgebern bestehen müssen, nicht rein ökonomischer Natur sind. Und wenn man diese Beziehungen allein auf Übereinkünfte materieller Natur beschränkt, werden sie unausweichlich Streitigkeiten und andauernde Klassenkämpfe hervorrufen.

Die Beziehungen zwischen Arbeitern und Arbeitgebern müssen sowohl soziale als auch moralische Aspekte umfassen, so dass, wann immer eine Unternehmung in Angriff genommen wird, auch immer ein vollkommener Mannschaftsgeist herrscht, der allein den Produktionsüberschuss und die Harmonie ermöglicht, die nötig ist, damit die größte Anzahl den größten Wohlstand genießen kann. [...]

Aus: Roberto Cochrane Simonsen: O problema social no Brasil, in: Ders.: *Evolução industrial do Brasil e outros estudos*, hg. v. Edgar Carone, São Paulo: Ed. Nacional/Ed. da USP 1973, S. 443–454, hier S. 449–451.

Q 121   Arbeit auf dem Land in Mexiko (1959)

Oscar Lewis (1914–1970), ein Sozialanthropologe aus den USA, der die ethnologische Reportage zur Perfektion entwickelte, erzielte mit seinen Familienstudien zur Alltagsgeschichte der städtischen und der ländlichen Armut vor allem zu Mexiko hohe Buchauflagen. Bei der folgenden Quelle »Ein Tag in einem mexikanischen Dorf. Die Familie Martínez« von 1959 handelt es sich um die Alltagsbeschreibung einer Kleinbauernfamilie, die in einem Dorf im zentralen Hochland von Mexiko nach der Mexikanischen Revolution von der Nutzung kommunalen Landes lebte. Die Namen der Orte und Personen wurden vom Autor verändert.

Mitwirkende

Pedro Martínez, 59 Jahre, der Vater
Esperanza García, etwa 54 Jahre, die Mutter
Conchita Martínez, 29 Jahre, die älteste Tochter, verheiratet, lebt mit ihrem Ehemann Juan zusammen
Felipe Martínez, 23 Jahre, der älteste Sohn
Martín Martínez, 22 Jahre, der zweite Sohn
Ricardo Martínez, 18 Jahre, der dritte Sohn
Machrina Martínez, 17 Jahre, die jüngere Tochter
Moisés Martínez, 13 Jahre, der jüngste Sohn
Germán Martínez, 7 Jahre, Conchitas unehelicher Sohn

[...] Pedro und Ricardo waren unterwegs zum Maisfeld am Berghang, das sie im letzten Jahr gelichtet hatten. Dies war Gemeindeland, das dem aus sieben Dörfern bestehenden Munizip gehörte; jeder konnte es bestellen. Alle zwei bis drei Jahre musste neues Land gerodet werden, da starke Regenfälle den Oberboden wegwuschen. Um neue Anbaufläche zu gewinnen, verbrannten Pedro und seine Söhne das Unterholz und Unkraut, fällten die jüngeren Bäume und errichteten mit Steinen neue Umfriedungen. Die Jungen arbeiteten fleißig; sie besaßen die größte Lichtung am Berghang in ganz Azteca. Dennoch würde der Ernteertrag an Mais und Bohnen nur für drei oder vier Monate ausreichen. Deshalb musste Pedro zusätzlich andere Wege finden, um den Lebensunterhalt zu verdienen – durch das Drehen von Seilen aus den Fasern der Maguey-Agave, aus dem Verkauf von Pflaumen oder dadurch, dass er seine Söhne als Landarbeiter verdingte. Eine Sache, die er nicht tun würde, um Geld zu verdienen, war die Herstellung von Holzkohle zum Verkauf, wie es so viele seiner Nachbarn taten. Diese Praxis, das wusste er, schadete den kostbaren Eichen- und Kieferwäldern und ruinierte letztlich den Boden. Er war einer der Anführer im Kampf um die Erhaltung des kommunalen Waldlandes gewesen. Daher stellte er nur einmal im Jahr und ausschließlich für den Gebrauch seiner eigenen Familie Holzkohle her.

Felipe und Martín waren auf dem Weg zu Don Porfirios Feldern, auf denen sie als *peones* [Hilfsarbeiter] arbeiteten. Diese auf recht ebenem Gelände gelegenen Felder wurden mit dem Pflug anstelle der alten *coa*, d.h. des Pflanzstocks, bestellt, den Pedro an seinem Berghang benutzte. Das Land war einfacher zu bestellen als die Berglichtung, und Don Porfirio war ein weniger strenger Arbeitgeber als Pedro. Daher waren die Jungen froh über die Gelegenheit, für Don Porfirio zu arbeiten und etwas Bargeld für die Familie zu verdienen. Von Pedro konnten sie dafür später etwas erwarten – ein neues Hemd oder einen Sombrero oder ein kleines Taschengeld.

Als sie zum Feld von Don Porfirio zogen, bogen die zwei älteren Jungen von der Straße ab. Pedro nickte zum Abschied und ging still und gedankenverloren neben Ricardo weiter. Er hatte am Tag zuvor sein Maultier an Don Gonzalo verkauft, um seine Schulden bei Doña Conde zu begleichen, und es ärgerte ihn, dass er ihn für nur 300 Pesos hatte verkaufen müssen, obwohl er locker 450 wert war. Nun hatte er nur noch ein Maultier übrig. Das bedeutete, dass die Jungen nur noch die halbe Menge Holz aus den Bergen hinunterbringen konnten als sonst und dass wenig für den Verkauf übrig bleiben würde, nachdem Esperanza davon genommen hätte, was sie benötigte. Außerdem konnten die Jungen nun während der Pflaumensaison nur die Hälfte des Ertrags aus dem Vorjahr erzielen, wenn sie Obstkisten zur Eisenbahnstation schleppten. Und zur Erntezeit würden sie doppelt so viele Wege zurücklegen müssen, um den Mais von den Feldern herunterzuholen.

Pedro konnte sich an keine Zeit erinnern, in der er nicht verschuldet gewesen wäre. Im vergangenen Jahr, nachdem er aus dem Krankenhaus entlassen worden war, hatte er sich von der Witwe Isabel 300 Pesos geliehen, um Arztrechnungen zu begleichen. Später ärgerte er sich über diese Schulden, da sie freie »Rechtsberatung« von ihm erwartete, und er lieh sich 150 Pesos von einem reichen *político*, die er ihr zurückgab, und 300 Pesos von Asunción, um weitere Rechnungen zu bezahlen. Und während der ganzen Zeit zahlte er einen Kredit von 200 Pesos zu acht Prozent Zinsen im Monat zurück, den er im Jahr zuvor aufgenommen hatte. Manchmal kam es ihm vor, als würde er bis in alle Ewigkeit in einer Tretmühle alter Verpflichtungen im Kreis laufen. »Die Schulden bleiben, nur die Gläubiger wechseln.«

Für Pedro und die meisten Bewohner von Azteca war es ein Kraft raubendes, nie aufhörendes Problem, von einer Ernte zur nächsten genug Geld für Essen und Kleidung zu beschaffen. Im günstigsten Fall verdiente Pedro mithilfe seiner Frau und seiner Söhne 2.400 Pesos im Jahr (300 US-amerikanische Dollar zum Wechselkurs von 1948). Die Jungen verdienten etwa die Hälfte davon, indem sie als Tagelöhner arbeiteten und Brennholz sammelten und verkauften. Ein weiteres Drittel erwirtschafteten sie mit Pflaumen, der Herstellung von Seilen und mit Mais. Einen kleinen Anteil, kaum mehr als 60 Pesos, steuerten die Honorare bei, die die Dorfbewohner an Pedro zahlten, wenn er sie zu einem Anwalt oder zu einer Gerichtsverhandlung in Cuahnahuac begleitete. Pedro hatte während seiner Jahre als politischer Aktivist einiges über Rechtsangelegenheiten gelernt und sich den Ruf verdient, »ein halber Rechtsanwalt« zu sein. Dennoch war das Einkommen, das er mit seiner »Rechtsberatung« erzielte, nicht größer als das, welches Esperanza mit gelegentlichen kleinen Verkäufen einnahm. Pedro hätte sein Einkommen verdoppeln können, wenn er und die Jungen als Tagelöhner das ganze Jahr über zum lokal üblichen Tagessatz von vier Pesos gearbeitet hätten, doch er weigerte sich, auf den Haciendas zu arbeiten oder dies seinen Söhnen zu erlauben, da sie für ihn immer noch ein Symbol der Unterdrückung darstellten. Ganzjährige, dauerhafte Arbeit war im Dorf nicht verfügbar, und Pedro zog es auf jeden Fall vor, als eigenständiger Bauer tätig zu sein.

Um ein unabhängiger Bauer mit einer eigenen Landparzelle zu werden, hatte Pedro mit Zapata in der Revolution gekämpft. Pedro hatte für andere gearbeitet, seit er acht Jahre alt war, zuerst hatte er Rinder für seinen Onkel Agustín gehütet, der ihn oft schlug, und seit seinem zehnten Lebensjahr bis nach seiner Heirat arbeitete er als *peón* auf Haciendas, wo er ebenfalls häufig geschlagen wurde. Sogar in der kurzen, glücklichen Zeit, in der seine Mutter ihn und seine Schwester zu sich und ihrem Stiefvater nach Tepetate, einer großen Stadt, geholt hatte und er eine öffentliche Schule besuchte, musste sich Pedro gegenüber den »überlegenen« Schulkameraden verteidigen. Er sprach damals nur Nahuatl, die Sprache der Azteken, und er geriet in Prügeleien, da seine Schulkameraden ihn als »Indio« beschimpften.

»Ich konnte kein Spanisch sprechen, aber ich wusste, wie man kämpft. Dann rannten sie heulend zum Lehrer, und der kam und verpasste mir noch mehr Schläge. Ich hatte viel Ärger, aber ich mochte die Schule sehr. Eines Tages kurz vor Schulschluss war der Lehrer draußen und die Jungen begannen mit leiser Stimme ›Indio, Indio‹ zu mir zu sagen. Ich hob meinen Ellbogen nur ein kleines bisschen und traf einen von ihnen dort, wo es wehtut. Au! Er fing zu schreien an, und der Lehrer kam herbeigerannt und fragte, ›Was ist hier los?‹

Nun ja, alle von ihnen zeigten auf mich, und er schlug mich zwölf Mal mit einem Stock. Zack! Ich Armer! Er stieß mich sogar zu Boden und stieß mich herum, bis ich urinierte. Dann, als es Zeit war zu gehen und die Türen geschlossen wurden, nahm er mich und zwang mich, mit ausgestreckten Armen und einem Stein auf jeder Hand auf einem Tisch zu knien. Ich sage Ihnen, ich hatte Angst. Sie ließen mich zurück wie einen Gefangenen! Aber gerade, als der Lehrer gehen wollte, sprang ich von diesem Tisch, begann zu schreien und rannte den ganzen Weg nach Hause. Ich erzählte meiner Mutter und meinem Stiefvater, was passiert war. Meine Mutter sagte, ›Nun gut, du magst ungebildet sein, aber du hast dich selbst gewehrt.‹«

Pedro schloss die erste Klasse nicht ab und lernte kaum lesen, da sein Stiefvater ihn von der Schule nahm, damit er 18 Centavos am Tag auf einer nahe gelegenen Hacienda verdiente. Als die Revolution kam, war Pedro bereits verheiratet und Vater eines Kindes. Für ihn war es selbstverständlich, mit Zapata zu sympathisieren, und er schloss sich dem Kampf an. Später arbeitete er für die Verbesserung seines eigenen Dorfes, indem er sich am Wiederaufbau, an den neuen Wahlen, an der Munizipalverwaltung, am Kampf um den Erhalt der Wälder und am Bau der Straße beteiligte. Der alte Machtmissbrauch wurde beseitigt. Das Dorf erlangte das Recht zurück, sein Gemeindeland am Berghang zu nutzen und einige glückliche Bauern erhielten *ejido*-Land [Gemeindeland], das von den Haciendas zurückgewonnen wurde. Die Verschuldung und die akute Armut wurden vermindert, die Verpfändung von Kindern als Dienstboten wurde abgeschafft, der Schulbesuch nahm zu, und es gab mehr persönliche Freiheiten. Dennoch ist für Pedro die Revolution gescheitert. Er glaubte, nicht viel besser zu leben als unter der vorrevolutionären Regierung von Porfirio Díaz. Hohe Preise und der wachsende Bedarf an Bargeld machten das Leben schwierig. »Was nützt uns Freiheit, wenn wir nicht genug zu Essen haben? Früher waren es die Besitzer der Haciendas, die uns ausbeuteten, heute sind es die Regierung und die Banken. Es ist alles dasselbe.«

Ja, Pedro fühlte sich besiegt. Für ihn war die Revolution mit dem Tod Zapatas vorbei. Seine 25 Jahre als *político* hatten ihm wenig mehr als Prestige eingebracht. Seine eifrigen Bemühungen, sich selber Lesen und Schreiben beizubringen und seine älteste Tochter auszubilden, hatten die Familie nicht »weitergebracht«, wie er gehofft hatte. Sogar seine Konversion vom Katholizismus zum Siebenten-Tags-Adventismus vor 15 Jahren hat ihn nicht zufrieden gemacht. Pedros Leben war mehr eine Suche nach Idealen und Ursachen als ein Kampf um persönlichen Aufstieg. Er verstand die sich wandelnde Zeit nicht, die Geldwirtschaft oder die unternehmerischen Werte des nachrevolutionären Mexiko. Er wusste nur, dass er immer noch ein armer, landloser Bauer war, der stark von der Arbeitskraft seiner Söhne abhing, um über die Runden zu kommen. [...]

Aus: Oscar Lewis: A Day in a Mexican Village. The Martínez Family, in: Ders.: *Five Families. Mexican Case Studies in the Culture of Poverty*, New York: New American Library 1959, S. 21–57, hier 33, 39–42.

Q 122   Das brasilianische »Wirtschaftswunder« (1970)

Der brasilianische Politiker Mário David Andreazza (1918–1988) war von 1967 bis 1974 Verkehrsminister der Militärregierung, die durch einen Putsch 1964 an die Macht gekommen war. Während der Diktatur erlebte Brasilien einen starken Wirtschaftsaufschwung, der Kräfte für umfassende Infrastrukturmaßnahmen freisetzte. Neben der verstärkten Arbeit der »Bundesbehörde für die Entwicklung des Nordostens« (»Superintendência do Desenvolvimento do Nordeste«, SUDENE) wurde auch die Erschließung Amazoniens angestrebt. In einer Parlamentsansprache vom 1. Juli 1970 stellte Andreazza die Planungen für Straßenbauarbeiten in der Region vor. Das wichtigste Projekt war die Transamazônica, die 1972 eingeweiht wurde, allerdings aufgrund fehlender Asphaltierung größtenteils unpassierbar wurde. Entlang der Straße, an deren Asphaltierung immer noch gearbeitet wird, wurde der Regenwald nicht nur planmäßig, sondern auch wild zerstört.

[...] Zwei bedeutende historische Notwendigkeiten, die sich beide durch einzigartige Aspekte auszeichnen, die sie so weitgehend voneinander unterscheiden, fordern die brasilianische Nation an dieser Schwelle zum Jahrzehnt der 70er heraus.

Ich beziehe mich zum einen auf das Gebot, den Prozess der effektiven Einbeziehung Amazoniens in unser wirtschaftliches, gesellschaftliches und kulturelles Eigentum durch die Anbindung des unermesslichen jungfräulichen Gebiets an die anderen Regionen des Landes und durch die Besetzung und geordnete und vernünftige Ausbeutung des Bodens mittels der Ansiedlung des Menschen auf seinen reichen, endlosen Freiflächen zu beschleunigen.

Zum anderen möchte ich mich auf die Angelegenheit des Nordostens beziehen, dessen leidendes und durch die Dürre schrecklich gequältes Antlitz aufs Neue ins Gesicht der eigenen Nation blickt, wobei es nicht mehr und nicht nur um Fürsorge und Mitleid geht, sondern um die Abhilfe, die uns unser Entwicklungsstand auferlegt und uns unsere Technologie erlaubt und die wir nicht umgehen oder hinausschieben dürfen. [...]

Selten hat ein Staatschef in einer derart eng mit den innigsten Wünschen seines Volkes übereinstimmenden Weise entschieden wie in dem Augenblick, als Präsident Emílio Garrastazu Médici beschloss, die vitalen Kräfte der Nation zur Ausführung des Programms der nationalen Integration zusammenzurufen, in das er als Priorität den Bau der Autostraßen Transamazônica und Cuiabá-Santarém mit einbezogen hat.

Durch das Wunder der Arbeit und des Glaubens wird die brasilianische Nation in Kürze mit Autostraßen, die sich im Inneren des unermesslichen Tropenwaldes kreuzen, das Bild des Kreuzes des Südens unseres Himmels nachbilden.

Mit diesen 3.000 neuen Straßenkilometern, die entlang fruchtbarer Täler verlaufen und mit anderen wichtigen Arbeiten und Maßnahmen der Bundesregierung in der Region einhergehen, öffnen sich mit einem Mal weitgehende und reiche Perspektiven, die beispiellos in unserem Kampf für wirtschaftliche und soziale Entwicklung sind, für die endgültige Inbesitznahme Amazoniens und für die weitergehende Aufhellung des Horizonts für unseren Bruder im Nordosten.

Die Straßen Transamazônica und Cuiabá-Santarém, das will ich hervorheben, sind nur Teile des komplexen und großartigen Programms der nationalen Integration. [...]

Nach der Rückkehr aus dem Nordosten wurden folgende Handlungsvorgaben in ministerialer Runde unter der Leitung Seiner Exzellenz des Präsidenten der Republik aufgestellt:

– umgehend die Transamazônica und die Cuiabá-Santarém zu bauen, als in den Katalog der mittelfristigen Maßnahmen einzureihende Vorkehrung, welche in dem Treffen der SUDENE am 6. Juni 1970 angekündigt wurden.

– diese Straßen dergestalt zu bauen, dass die Inbesitznahme der wasserreichen Täler und der bestehenden freien Räume im ausgedehnten unerforschten Streifen des nationalen Territoriums ermöglicht wird, wobei die geordnete und zweckmäßige Nutzung von überschüssiger Arbeitskraft aus der semiariden Region vermittels eines wirksamen Kolonisationsplanes ermöglicht wird, der entscheidend zur Inbesitznahme Amazoniens und zu seiner wirtschaftlichen und sozialen Einbindung ins Nationaleigentum beitragen soll. Die Transamazônica und die Cuiabá-Santarém werden ein wahres Rückgrat eines umfassenden Umsiedlungsprogramms von Landarbeitern aus dem halbtrockenen Hinterland (*sertões*) bilden, das auf ihre angemessene Ansiedlung unter intensiver sozialer, technischer und finanzieller Hilfestellung in weiten und fruchtbaren Gebieten abzielt, die in den Staaten Maranhão und Pará sowie auf der zentralen Hochebene liegen, so dass mittel- und langfristig das Erscheinungsbild der beiden Regionen verändert wird. Diese Nutzbarmachung von überschüssiger Arbeitskraft entspricht den größten Sorgen der SUDENE, für die »das Problem der Arbeitslosigkeit und der Unterbeschäftigung als eines der größten für die Region anwächst« [...].

– die Straßenanbindung der bestehenden Flusshäfen an den durch die Straße überquerten Flüssen zu ermöglichen, wobei so das Transportsystem der wenigen bestehenden städtischen Gebiete in der Region vervollständigt wird und diesen eine dauerhafte Landverbindung zur Erweiterung ihres wirtschaftlichen und sozialen Austausches gesichert wird.

– die Anbindung des umfangreichen nordöstlichen Straßennetzes an das große im Bau befindliche Autostraßensystem in Amazonien in einem für permanenten Verkehr tauglichen Zustand sicherzustellen.

– Vorkehrungen gegen die eventuelle Zweckentfremdung der kolonisierenden Funktion der wichtigen Landerschließung zu treffen sowie der ungeordneten Besetzung seiner Randgebiete und der Ausübung von wirtschaftlichen Landspekulations- und Raubaktivitäten vorzubeugen. Zu diesem Zweck für die Kolonisation einen Landstreifen von rund 10 km links und rechts der Straßenachse entlang ihrer vollen Länge dergestalt vorzuhalten, dass in diesem breiten Streifen von 20 km die zuständigen Abteilungen der Bundesregierung und der lokalen Regierungen koordiniert das rationale Programm zur menschlichen Besitzergreifung des Bodens und dessen adäquate und produktive wirtschaftliche Ausbeutung planen und ausführen können.

– so umfassend, wie es die technischen Baubedingungen des Straßenbaus erlauben und es die sanitären Bedingungen der Arbeitsfront zulassen, den Einsatz der nordöstlichen Arbeitskraft zu fördern, die sich aus spezialisierten und nicht spezialisierten Arbeitern aus den am meisten von der Dürre betroffenen Gebieten zum Einsatz für verschiedene Aufgaben des Straßenbaus rekrutiert, wobei durch das garantierte Angebot von landwirtschaftlich nutzbarem Land unter Garantie und angemessener Hilfestellung Anreize zur Niederlassung ihrer Familien in der Region geschaffen werden.

– die für die Durchführung der Arbeiten an den beiden Straßen notwendigen Lager zu planen und zu errichten, damit sie sich umgehend zu Pionierzentren der Kolonisierung entwickeln und auch nach der Fertigstellung der Arbeiten dort bestehen bleiben. Die Bauunternehmer sollten nicht nur das eigentliche Baufeld errichten, sondern ebenso eine gesamte Infrastruktur für lokale Dienstleistungen wie Wohnungen, Elektrizität, Wasserversorgung, Schulen, Gesundheitsstationen, Kommunikationszentren und Bankfilialen, zusätzlich zu wichtigen Einrichtungen, die dem Landwirtschaftsministerium unterstellt sind: Zentren für die mechanisierten Trupps und für den Wiederverkauf von landwirtschaftlichem Material, Töpferwerkstätten, Sägewerke, Warenlager der CIBRAZEM [Companhia Brasileira de Armazenamento, Brasilianische Lagergesellschaft], Lebensmittelgeschäfte der COBAL [Companhia Brasileira de Alimentos, Brasilianische Nahrungsmittelgesellschaft], Labore zur Bodenanalyse, Grundbuch- und Vermessungsämter, kleine Wetterstationen etc. [...]

Es sei mir erlaubt hervorzuheben:

– dass der Bau der Straßen Transamazônica und Cuiabá-Santarém umgehend dazu führen wird, einen Großteil der Arbeitslosen und Arbeiter in derzeitiger Unterbeschäftigung im Nordosten aufzunehmen, was günstige Folgen für die Region hat;

– dass die erste Etappe des Programms der nationalen Integration auch die erste Phase des Bewässerungsplans des Nordostens beinhaltet und für dieses Unternehmen umfangreiche Mittel bereitstellt, die in dieses Programm fließen;

– dass die koordinierte Entwicklung von Amazonien und dem Nordosten eine gegenseitige Ergänzung ihrer Ökonomien erlauben wird, da sich die Regionen jeweils auf jene Aktivitäten spezialisieren, für die sie günstigere Bedingungen vorweist. Amazonien konzentriert sich mehr auf die Aktivitäten des Primärsektors – Landwirtschaft, Viehzucht, Extraktionswirtschaft – und der Nordosten entwickelt sein Industrialisierungsprogramm und stärkt seine Landwirtschaft. Sie werden einen gemeinsamen Markt zum realen Nutzen für beide Regionen bilden können;

– dass das Programm zur nationalen Integration Maßnahmen umfasst, die sich durch den geringen Einsatz des Produktionsfaktors Kapital auszeichnen, an dem es in unserem Land mangelt, die aber eines erhöhten Einsatzes der reichlicher vorhandenen Faktoren Land und Arbeitskraft bedürfen, so dass die Eröffnung der neuen wirtschaftlichen Grenze und die territoriale Inbesitznahme Amazoniens in vernünftiger Weise gesichert wird;

– dass das Programm ausgeführt wird entweder mit schon vorgesehenen Mitteln für die betroffenen nordöstlichen und amazonischen Regionen oder durch steuerliche Anreize mit zielgerichteter Bestimmung.

Aus all diesen Gründen sind wir davon überzeugt, dass das Programm zur nationalen Integration sich aufgrund der effektiven territorialen Inbesitznahme Amazoniens nicht nur als Faktor von bedeutender Relevanz für die nationale Sicherheit erweisen wird, sondern aufgrund der Einbeziehung ausgedehnter Regionen in unseren ökonomischen und sozialen Entwicklungsprozess vor allem für die nationale Wirtschaft.

Präsident Médici wünscht, dass die Transamazônica und die Cuiabá-Santarém bis zum Dezember des kommenden Jahres fertig sind. Dazu wird es weder am Arbeitseifer der Techniker und Arbeiter mangeln noch an nationalen Ressourcen, noch an der Unterstützung durch den Nationalkongress und die Streitkräfte, noch an der Kooperation der Presse unseres Landes, noch an der Gunst der öffentlichen Meinung.

Lasst uns nun ans Werk gehen, indem wir vom Nordosten und dem mittleren Süden nach Amazonien auf der Suche nach neuen Grenzen vorstoßen, mit all unserem Enthusiasmus, mit all unserem Glauben, mit all unserer Entschlossenheit eines Volkes, dass dazu bestimmt ist, in den Tropen eine große Zivilisation zu erschaffen, als einen weiteren durch das brasilianische Volk der Welt erbrachten Beweis der Befähigung und des Idealismus, des Glaubens und der Arbeit, des Schweißes und der Hoffnung.

Mit dem zyklopischen Straßenwerk bahnen wir auf dem Boden den Weg der Zukunft, und unsere eigene Verpflichtung gegenüber der Zukunft schreibt sich in die Erde ein.

Aus: Mário Andreazza: *Transamazônica. Pronunciamento feito na Câmara dos Deputados em 1.° de julho de 1970*, Brasília 1970, S. 3–4, 13–15, 35–36.

Q 123   Die Indianerfrage in Brasilien (1976)

Der brasilianische Ethnologe, Soziologe, Schriftsteller und Politiker Darcy Ribeiro (1922– 1997) gilt als einer der prominentesten Denker über die Indigenenfrage in Brasilien. Im vor-

liegenden Beitrag zum Symposium über Indianerpolitik und Kolonialismus auf dem 42. Inter-
nationalen Amerikanisten-Kongress 1976 in Paris zeichnete Ribeiro ein Bild von der zeitge-
nössischen Situation der Indigenen und der Probleme bei ihrem Kontakt mit der sogenannten
»Zivilisation«. In Brasilien existiert seit 1967 mit der »Nationalen Stiftung des Indio«
(»Fundação Nacional do Índio«, FUNAI) eine Regierungsbehörde, die indigene Gebiete mar-
kiert und die Interessen der Indigenen in der brasilianischen Gesellschaft vertreten soll.

[...] Die zahlreichen kleinen Stämme leben zum Teil isoliert und haben ihre traditionelle Stam-
messsprache und -kultur, zum Teil leben sie aber auch integriert und sind häufig nur noch Indianer hinsichtlich ihrer rassischen Herkunft; der einzige Rest ihrer ethnischen Eigenart besteht
dann in ihrer Selbstidentifikation als Indianer und in der extremen Not, die sie fast alle gemein
haben.

Ein weiteres wichtiges Merkmal dieser kleinen Stämme ist ihre geringe demographische
Masse, insbesondere im Vergleich zu der gesamten nationalen Bevölkerung. Ihre Zahl ist so
gering, dass das, was mit ihnen auch immer geschieht, die nationale Gesamtgesellschaft nicht
im Geringsten beeinflusst. In diesem Sinne stellen sie kein nationales Problem dar. Aus der
Perspektive der Nation handelt es sich in ihrem Fall um eine kleine marginale Bevölkerungsgruppe, die sich von der übrigen Bevölkerung durch ihre präkolumbianische Herkunft und
ihre Leiden – Beschädigung von Leben und Gesundheit und Einschränkung des Lebensraums
– im Zusammenhang mit der Expansion der nationalen Gesellschaft unterscheidet. In Brasilien gibt es zum Beispiel etwa 150 verschiedene Stämme, die größtenteils nicht mehr als 100
Menschen umfassen und die zusammen auf kaum mehr als 100.000 kommen [...], was angesichts einer nationalen Gesamtbevölkerung von 120 Millionen verschwindend gering ist. Die
meisten dieser kleinen Stämme sind weitgehend akkulturiert, und die wenigen, die ihre ursprüngliche Kultur noch erhalten konnten, machen zurzeit einen mehr oder weniger intensiven
Prozess des Kulturverlustes durch; das unterliegt nicht ihrem Willen, sondern hängt von der
Expansionsdynamik der nationalen Gesellschaft ab, von der sie erreicht werden. Daher hängt
ihre Bevölkerungsentwicklung und die Bewahrung ihres kulturellen Erbes nicht von ihnen
selber ab; das ist nur bei jenen Gruppen der Fall, die in nicht umstrittenen Gebieten, den sogenannten natürlichen Rückzugsregionen, leben.

Diese kleinen Stämme haben eine weitere Besonderheit: Sie benötigen einerseits Schutz-
maßnahmen gegen die Ausrottung und den Kulturverlust, andererseits müssen sie vor den
Folgen dieser Schutzmaßnahmen bewahrt werden, nämlich vor Abhängigkeit und Apathie.
Letztere ist manchmal fatal; sie stürzt die Indianer in tiefste Enttäuschung, sie nimmt ihnen
den Lebenswillen und demoralisiert sie völlig als Folge immer neuer Frustrationen. Wenn der
Staat oder die kirchlichen Missionen die Indianer andererseits nicht schützen, sinken ihre
Überlebenschancen drastisch, und zwar deshalb, weil sie aufgrund verschiedener Faktoren in
der direkten Auseinandersetzung mit der sie umgebenen Gesamtgesellschaft unterlegen sind,
und zwar besonders in der Phase der ersten Kontakte. Solche Faktoren sind zum Beispiel die
größere Anfälligkeit gegen die ansteckenden Krankheiten der Weißen; die Schwierigkeit, sich
in der nationalen Sprache auszudrücken; die Zugehörigkeit zu einer Kultur mit Motivationen
und Werten, die sich von denjenigen der nationalen Kultur unterscheiden und ihnen manchmal sogar entgegengesetzt sind, wie zum Beispiel die Solidarität der Indianer im Gegensatz
zum Egoismus der Privatwirtschaft; das Erleiden von Diskriminierung und Hass seitens einiger Gruppen der nationalen Gesellschaft, besonders seitens jener, die im Grenzraum der Zivilisation leben und die Indianer als *Wilde* betrachten, mit denen sie im Konflikt leben und die
zu ermorden nicht schlimm, sondern manchmal sogar verdienstvoll ist. Alle diese Faktoren,
welche die Indianer im Kontakt und in der Konkurrenz mit anderen Gruppen der Bevölkerung unterlegen machen, erfordern Schutzmaßnahmen, damit sie eine Chance bekommen, *in
integrierter Form* innerhalb der sie umgebenden Gesellschaft zu überleben.

Diese Integration bedeutet allerdings nur einen *modus vivendi*, d.h. eine Anpassung, denn
kein indianischer Stamm assimiliert sich völlig innerhalb der nationalen Gesellschaft, so dass
er von ihr nicht mehr zu unterscheiden wäre, und zwar auch dann nicht, wenn der Akkultura-

tionsprozess abgeschlossen ist und die ursprüngliche Sprache und Kultur verloren gegangen ist. Ein indianischer Stamm assimiliert sich nicht; es gibt zwei Alternativen: Er verschwindet, entweder dadurch, dass er langsam ausstirbt oder ausgerottet wird; oder er überlebt als »integrierte« Gruppe innerhalb einer regionalen Gesellschaft und gleicht sich allmählich immer stärker an sie an, ohne jedoch die Identifikation als Indianer zu verlieren. [...]

Die meisten dieser kleinen Stämme leben unter schlechtesten Bedingungen innerhalb der nationalen Gesellschaft. Die wenigen Gruppen, die sich dem Zugriff der Zivilisation entziehen oder sich in Stammesterritorien isolieren und in dieser Form überleben können, erhalten unter größten Anstrengungen ihre indianische Art und einen gewissen ethnischen Eigenstolz. Die anderen, die wie Inseln in einem Meer von Weißen leben, die für andere arbeiten müssen, um ihren Lebensunterhalt zu verdienen, die als Wilde, Exoten und Faulpelze beschimpft sowie als misstrauisch, unehrlich, ketzerisch, schmutzig und hoffnungslos rückständig angesehen werden, haben eine Welterfahrung, wie man sie sich tragischer nicht vorstellen kann. Besonders wenn sie den Kontakt zu ihrer Gruppe verloren haben oder zu bloßen Gelegenheitsarbeitern geworden sind, die von Farm zu Farm irren, leben sie in extremer Misere und Einsamkeit.

Alles, was bisher gesagt wurde, zeigt, dass sowohl die kleinen Stämme wie die großen indianischen Bevölkerungsgruppen unter tragischen und unmenschlichen Bedingungen leben. Kein anderes erobertes und unterjochtes Volk wurde in einer derart brutalen Weise misshandelt und jahrhundertelang ununterbrochen unterdrückt. Am schlimmsten an dieser Situation ist die Tatsache, dass man sich nicht damit abfindet, dass sie genau wie ihre Unterdrücker ihre eigene Identität haben und behalten wollen.

Der beginnende Kampf der indianischen Bevölkerungen für ihre Emanzipation als freie Völker wird von der herrschenden Klasse der nationalen Gesellschaft als tödliche Bedrohung empfunden. Sie sehen ihn als gegen sich selbst gerichtet und reagieren entsprechend, denn sie fürchten ihre Vernichtung, falls er eines Tages Erfolg haben sollte.

Im Falle der kleinen Stämme reagiert die nationale Gesellschaft keineswegs großzügig, etwa weil sie viel größer und stärker ist und nicht im mindesten durch das verändert wird, was immer auch in diesen kleinen Minderheitsgruppen geschehen mag. Ganz im Gegenteil: Ihre Intoleranz und Ungeduld im Hinblick auf den unerträglichen Widerstand dieser Kleinstvölker – die weder ihre Identität aufgeben noch in einer nationalen Gesamtethnie verschwinden wollen – ist viel ausgeprägter. [...]

Um ihnen ein Lebensniveau zu ermöglichen, das oberhalb des existenziell unbedingt Notwendigen liegt, sind daher protektionistische Maßnahmen erforderlich, über die der Kontakt zwischen ihnen und den Trägern der Zivilisation mediatisiert wird.

Die Funktion dieser protektionistischen Maßnahmen liegt zuallerst in der friedlichen Sicherung eines Gebiets, das winzig ist im Vergleich zu dem, das sie einmal hatten, und ebenfalls winzig im Vergleich zu dem, das die zivilisierten Eindringlinge besetzt haben, aber immerhin ausreichend, um den Indianern auf der Grundlage ihrer Produktionstechniken ihr Überleben zu sichern. Innerhalb dieser Reservate muss man den Indianern helfen, sich von den Seuchen der Zivilisation zu heilen, die sie dahinsiechen lassen, und ihr Leben sozial zu reorganisieren, damit sie das produzieren, was sie verbrauchen und möglichst noch einen Überschuss erwirtschaften, damit sie Waren auf dem Markt kaufen können. Nach dieser Sicherung des physischen Überlebens kommen die komplexeren Probleme der Vermittlung von intellektuellen und moralischen Elementen, damit sie das Zusammenleben mit den sie umgebenden Menschen ertragen und gleichzeitig ein positives Selbstwertgefühl erhalten bzw. neu beleben.

Derartige protektionistische Maßnahmen können verschiedene Träger haben. Der einfachste und billigste Träger, der von vielen »Zivilisierten« bevorzugt wird, ist der Ausbeuter selber, der immer mit dem Schutz der Indianer in dem von ihm besetzten Gebiet beauftragt werden kann, um sie auf seine Weise an die Zivilisation heranzuführen. Er könnte zusätzlich die Funktion des Taufpaten und des Katechisten der Indianer übernehmen, wie es die Spanier mit den *encomenderos* versucht haben. Allerdings ist damit ein sicheres und kalkulierbares Risiko verbunden; alle verfügbaren Quellen lassen keinen Zweifel daran, dass dieser Träger der Zivilisation ähnlich viel Schaden angerichtet hat wie die von den Europäern eingeschleppten Seuchen. Dutzende von Stämmen, die ihren Ausbeutern direkt ausgeliefert waren, gerieten in ein unbeschreibliches Elend und starben in wenigen Jahren aus.

In Brasilien gibt es dafür reichliche Erfahrungen, weil es der offiziellen Indianerschutz-Organisation und den religiösen Missionen nicht gelungen ist, in viele entlegene Regionen des Amazonas-Gebiets – wie etwa nach Acre – vorzudringen oder weil sie dort erst ankamen, nachdem die Indianer schon jahrzehntelang der tropischen Waldwirtschaft der Eindringlinge ausgesetzt waren. Als Folge davon sind ganze Stämme dieser Regionen ausgestorben; bei manchen von ihnen wissen wir nichts über ihre Sprache und Kultur.

Ein anderer, komplexerer und kostspieligerer Vermittler der Zivilisation ist der Missionar. Er wird zu den heidnischen Indianern geschickt, damit ihre Seelen gerettet werden, und er kümmert sich dabei auch um den Leib, in dem diese Seelen sitzen. Sicherlich verfolgt er dabei bestimmte Interessen oder hat zumindest eine kompensatorische persönliche Motivation. Zwar ist das sicherlich weniger egoistisch als das Gewinnstreben des Unternehmers, trotzdem liegt darin auch eine Suche nach Selbstbestätigung, weil der Missionar an sein eigenes Seelenheil und an sein mögliches Martyrium denkt. Dieser Umstand und die Unterordnung des Christentums unter die sich messianisch ausbreitende christliche Zivilisation haben die Missionen jahrhundertelang zu Armeen der Zwangseuropäisierung gemacht; wenn sie auch nicht alle Formen der Brutalität praktiziert haben, haben sie die Christianisierung der Heiden doch mit allen Tricks betrieben.

Im letzten Jahrzehnt ist allerdings eine bemerkenswerte Umorientierung der religiösen Orden – und zwar namentlich der katholischen – in ihrer Einstellung gegenüber den indianischen Kulturen erfolgt. Nach jahrhundertelanger europäisierender Missionierung voller Vorurteile und Intoleranz, die den indianischen Bevölkerungen sehr geschadet hat, beginnen einige Missionen, ihre menschlichen Pflichten gegenüber den von ihnen missionierten Indianern klar zu erkennen; früher hatten sie auf sie wenig Rücksicht genommen, besonders wenig auf ihre Kultur und ihre Überlebensformen als Völker, die trotz ihrer geringen Größe und Rückständigkeit ein Recht darauf haben, mit einer eigenen Identität und mit ihren eigenen Sitten zu leben. [...]

Der dritte Typ von Vermittler ist der weltliche Regierungsangestellte, der mit den Indianern lebt, um ihnen zu helfen und sie zu schützen. Er ist von den drei Typen der beste, weil er eine unpersönliche bürokratische Aufgabe erfüllt, ohne irgendwelchen matieriellen oder geistigen Nutzen daraus zu ziehen. Seine Hauptaufgaben sind: die Pazifisierung der Indianer, d. h. die Beendigung ihrer Konflikte mit den zivilisierten wie auch mit anderen Stämmen bzw. ihrer internen Konflikte; die Absteckung und Registrierung von Indianerland als kollektiven und unveräußerlichen Besitz; die Einführung neuer Techniken und die Organisation ihrer produktiven Arbeit, um sie für die Sicherung ihres Lebensunterhalts von Dritten unabhängig zu machen; die Verbesserung der Kindererziehung; die ärztliche Versorgung; eine allgemeine Orientierungshilfe und schließlich der Schutz der Indianer – namentlich der zuletzt pazifisierten – vor einem zu intensiven Kontakt mit Fremden, um Ansteckungen zu vermeiden und ihnen mehr Zeit und Ruhe zu lassen, um sich auf das Zusammenleben mit den Zivilisierten vorzubereiten. [...]

Aus: Darcy Ribeiro: Os protagonistas do drama indígena, in: *Vozes* 71, 6, Petrópolis (1977), S. 5–20. Zit. nach: Darcy Ribeiro: Die Indianer und wir, Übers. Manfred Wöhlcke, in: Ders.: *Unterentwicklung, Kultur und Zivilisation. Ungewöhnliche Versuche*, Frankfurt a.M.: Suhrkamp 1980, S. 255–284 (© Suhrkamp Verlag).

Q 124   Die Agrarreform in Ecuador (1980)

Nach dem Zweiten Weltkrieg unternahmen verschiedene lateinamerikanische Länder Agrarreformen. Dabei stand nicht nur eine neue Landverteilung im Vordergrund, die vor allem

Latifundien und unrentable Minifundien betraf, es ging auch um die Verbesserung der Ar-
beitsbedingungen, die teilweise noch von der Kolonialzeit geprägt waren, und um die Moder-
nisierung der Produktionsprozesse zur Erreichung einer höheren Wirtschaftlichkeit. So wurde
auch im nationalen Entwicklungsplan Ecuadors von 1980 u.a. auf Druck indigener Landar-
beiterbewegungen die Agrarreform als wichtige Strukturreform auf den Weg gebracht. Wie
schon in früheren Fällen blieben nachhaltige Erfolge jedoch aus. Das Protestpotenzial stieg
daher weiter an.

[...] Die Agrarreform ist ein altes und tief verwurzeltes Anliegen der bäuerlichen Bevölkerung
und der Nation selber. Durch diese Maßnahme hoffte man, dass die vielen sozialen und wirtschaftlichen Probleme der Bauern gelöst würden und dass das ländliche Gebiet zu einem
Schlüsselbestandteil des übergeordneten nationalen Entwicklungsprozesses würde. Aber die
Ergebnisse vorangegangener Reformprogramme waren bislang unzureichend. Daher wird im
Zeitraum 1980–1984 ein Versuch unternommen, die Idee einer Agrarreform wiederzubeleben
und zu verbessern, indem sie in Form einer Reihe von gleichzeitigen Maßnahmen restruktu-
riert wird, die die Verteilung, Verpachtung und Nutzung des Landes im Rahmen verschiedener
integrierter ländlicher Entwicklungsprojekte betreffen.

a) Ziele

1. Die Ungleichheiten bei der Landverteilung und -verpachtung korrigieren, indem landlosen
Bauern, landwirtschaftlichen Lohnarbeitern und Arbeitern aus Minifundien bevorzugter Zugang ermöglicht wird.
    2. Die Bauern in den politischen, sozialen, wirtschaftlichen und kulturellen Entwicklungs-
prozess des Landes einbeziehen, indem kollektives Handeln und die unabhängige Entwicklung
von wirtschaftlichen, sozialen und kulturellen bäuerlichen Organisationen gefördert werden.
    3. Die Einrichtung von Produktionseinheiten fördern, die effizient von Einzelpersonen oder
bäuerlichen Organisationen in Form von Genossenschaften, Gemeindeunternehmen oder anderen Vereinigungen verwaltet werden.
    4. Die Produktivität des Ackerbau- und Viehhaltungssektors steigern, die rationale Nutzung
von Land, Wasser und anderen ländlichen Ressourcen erleichtern und die Grundlagen für die
Entwicklung von landwirtschaftlicher Industrie schaffen, und:
    5. Den Lebensstandard der ländlichen Bevölkerung verbessern und eine gerechte Einkom-
mensverteilung erreichen.

b) Strategie

1. Die Agrarreformpolitik wird an der derzeitigen Gesetzgebung festhalten.
    2. Geplante Agrarreformmaßnahmen werden auf der Grundlage von Regionalisierungspro-
grammen und der Auswahl von bevorzugt zu behandelnden Gegenden gefördert.
    3. Minifundien werden zusammengeschlossen, um selbstverwaltete Unternehmen zu schaf-
fen.
    4. Gerichtsverfahren zur Beilegung von Streitigkeiten über die Verpachtung von Ländereien,
die durch das Ecuadorianische Institut für Agrarreform und Kolonisation (IERAC, Instituto
Ecuatoriano de Reforma Agraria y Colonización) enteignet wurden, werden beschleunigt.
    5. Moderne und effiziente Agrareinheiten, die den Bedingungen des Agrarreformgesetzes
entsprechen, werden unterstützt.
    6. Die Organisation von Begünstigten der Agrarreform und ihre tatkräftige Beteiligung bei
der Schaffung von selbst geleiteten Betrieben, Kommunen und Genossenschaften wird gefördert. Dieselben Maßnahmen werden angewendet, um die Integration von Minifundien zu gewährleisten.
    7. Gebiete, die für Bewässerungsprojekte vorgesehen sind, werden durch das Agrarreform-
gesetz enteignet.

8. Es werden Maßnahmen ergriffen, um spekulative Landentwicklungsprojekte (für Wochenendhäuser) zu verhindern, die die Produktionskapazität des Landes verringern, besonders in Gebieten in der Nähe von Großräumen, und:

9. Eine juristische Prüfung wird unternommen, um die Bestimmungen, die in verschiedenen Gesetzen zur ländlichen Entwicklung enthalten sind, zu vereinen und zu festigen. [...]

Aus: *The National Development Plan of Ecuador, 1980–1984. The Major Objectives*, Otavalo: Ed. Gallocapitán 1980, S. 61–63.

2. Verstädterung und Massengesellschaften

Q 125   Verstädterung (1955–2005)

Die zehn größten städtischen Ballungsräume Lateinamerikas – Einwohner in Tausend

	1955	1965	1975	1985	1995	2005
Mexiko-Stadt	3.801	6.653	10.690	14.109	16.790	19.013
São Paulo	3.030	5.494	9.614	13.395	15.948	18.333
Buenos Aires	5.843	7.557	9.143	10.538	11.861	13.349
Rio de Janeiro	3.580	5.387	7.557	9.086	10.174	11.469
Lima	1.282	2.223	3.651	5.090	6.667	8.180
Bogotá	939	1.794	3.070	4.373	5.716	7.594
Santiago de Chile	1.645	2.396	3.234	4.162	4.931	5.623
Belo Horizonte	564	1.078	1.906	2.946	4.093	5.304
Guadalajara	593	1.148	1.850	2.615	3.431	3.905
Porto Alegre	653	1.111	1.727	2.504	3.236	3.795

Aus: Population Division of the Department of Economic and Social Affairs of the United Nations Secretariat: *World Urbanization Prospects. The 2003 Revision*, New York: United Nations 2004, S. 262–272.

Q 126   Landflucht in Peru (1989)

In vielen Ländern Lateinamerikas bedeutet Migration eine wichtige Perspektive zur Verbesserung von wirtschaftlichen und gesellschaftlichen Lebensbedingungen der Familien. Bei der Abwanderung ins Ausland, wie z. B. die USA, aber auch vom Land in die Städte sind Arbeit, Bildung und eine Teilhabe an der städtischen Kultur wichtige Motivationsgründe. Diese Wanderungsbewegungen ziehen tiefgreifende soziale und kulturelle Veränderungen nach sich: Während 1940 noch 64% der peruanischen Bevölkerung auf dem Land lebten, waren es 1991 nur noch 20%. Die Einwohnerzahl der urbanen Zentren vervielfachte sich. Ein großer Teil der ehemaligen Landbevölkerung gelangte in die Elendssiedlungen der Städte. Eine Migrantin aus dem Departement Apurímac, die von ihrem Onkel in die Stadt gebracht wurde und in Lima sowie Cusco als Hausmädchen beschäftigt war, schilderte 1989 ihre Situation in einem Interview.

Was mir in Qoyllurqui so gut gefiel, waren die Haustiere. Als meine Großmutter und mein Vater noch lebten, hatten wir sehr viele Tiere, und die Leute sagten, wir seien eine reiche Familie. Wir besaßen Pferde, Ziegen und viele Felder. Aber als meine Oma und dann mein Vater starben, da begannen auch die Tiere zu sterben. Die Jungtiere starben ganz von allein: beim Fressen oder im Schlaf. Jeden Tag starben fünf bis sechs Tiere.

Was konnte ich in meinem Dorf schon tun? Willst du ein Geschäft betreiben, dann gibt es niemanden, der dir etwas abkauft, weil die Leute arm sind und kein Geld haben. Du kannst dort nichts machen, gar nichts. Bist du verheiratet und hast vielleicht einen Mann, der kaum etwas dazuverdient, dann bleibt dir nichts anderes übrig, als nur auf dem Feld zu arbeiten. Das mag ich nicht. Du kannst nicht einmal Handel treiben und dich von den Einkünften gut kleiden. Was du auf dem Feld erwirtschaftest, reicht nur aus, um dich selbst zu ernähren. Verkaufst du eine Arroba [ca. 25 Pfund] Bohnen, Mais oder Kartoffeln, dann erhältst du dafür nur 10.000, 8.000 oder sogar nur 5.000 Intis [Ende 1989 entsprachen 10.000 Intis etwa 1,55 DM]. Damit machst du gar nichts! Das mag ich nicht.

Meine Mutter sagte: »Komm doch hierher! Hier wird es uns an nichts fehlen!« Aber ich antwortete ihr, dass ich in Cusco bleiben werde. Cusco ist eine große Stadt. Hier sehe ich fern, ich gehe ins Kino – das ist schon was anderes! Ich gehe auch zur Schule und lerne. Meine Freundinnen in Qoyllurqui sagen: »Dir geht es gut. Wir beglückwünschen dich. Nur wir werden halt hier im Dorf bleiben.«

Zurzeit kommen die Leute aus Qoyllurqui nicht nach Cusco, weil sie nichts ernten. Was sollen sie essen? Diese Würmer [eine Getreideplage] legen Eier, zehn bis zwanzig, und daraus schlüpfen ungefähr hundert Würmer. Die fressen den Weizen, den Mais, alles fressen sie.

Aus: Annette Holzapfel: Über das Leben auf dem Land, in: Rose Haferkamp/Annette Holzapfel/Klaus Rummenhöller (Hgg.): *Auf der Suche nach dem besseren Leben. Migranten aus Peru,* Unkel/Rhein: Horlemann 1995, S. 64–73, hier 66–67.

Q 127   Leben in einer brasilianischen Favela (1960)

In ihrem Tagebuch schilderte die afrobrasilianische Autorin Carolina Maria de Jesus (1914–1977), eine Müllsammlerin und alleinerziehende Mutter von drei Kindern, von ihrem Leben in einer Favela, einer Armensiedlung von São Paulo. Ihre Aufzeichnungen wurden von einem Journalisten entdeckt und 1960 unter dem Titel »Rumpelkammer« (»Quarto de despejo«) veröffentlicht. Weitere Veröffentlichungen und Übersetzungen u.a. ins Deutsche folgten.

20. Juli 1955

Ich bin um 4 Uhr aufgestanden, um zu schreiben. Ich habe die Tür aufgemacht und habe den gestirnten Himmel betrachtet. Als das Königsgestirn aufzugehen begann, holte ich Wasser. Ich hatte Glück. Die Frauen waren nicht beim Wasserhahn. Ich habe meinen Kanister gefüllt und bin schnell nach Hause gegangen... Bei Arnaldo holte ich Milch und Brot. Auf dem Rückweg traf ich Senhor Ismael mit einem etwa 30 Zentimeter langen Messer. Er sagte mir, er wolle Binidito und Miguel auflauern, um sie umzubringen, weil sie ihn verprügelt hätten, als er betrunken war. [...]

Ich habe die morgendliche Mahlzeit hergerichtet. Jedes Kind mag etwas Bestimmtes besonders gern: Vera Brei aus geröstetem Weizenmehl; João José schwarzen Kaffee; José Carlos Milch, und ich Haferbrei.

Da ich meinen Kindern nicht ein anständiges Haus zum Wohnen bieten kann, bemühe ich mich, ihnen eine würdige Mahlzeit zu geben.

Sie haben die Mahlzeit beendet. Ich habe das Geschirr aufgewaschen. Dann ging ich Wäsche waschen. Ich habe keinen Mann im Haus. Ich bin mit meinen Kindern allein. Aber ich will mich nicht gehen lassen. Mein Traum wäre, sehr sauber herumzulaufen, teure Kleidung zu tragen, in einem gemütlichen Haus zu wohnen; aber es ist nicht möglich. Ich bin mit dem Beruf, den ich ausübe, nicht unzufrieden. Ich habe mich schon daran gewöhnt, schmutzig herumzulaufen. Seit acht Jahren sammle ich Papier. Mein großer Kummer ist, dass ich in der Favela wohne. [...]

22. Mai 1958

[...] Die Kinder essen viel Brot. Sie mögen gern weiches Brot. Aber wenn keines da ist, essen sie hartes. Das Brot, das wir essen, ist hart. Das Bett, in dem wir schlafen, ist hart. Das Leben des Favela-Bewohners ist hart.

Oh! São Paulo, Königin, die du eitel deine goldene Krone aus Wolkenkratzern trägst, die du dich in Samt und Seide kleidest und an den Füßen Baumwollstrümpfe, die Favela, trägst.

... Das Geld reichte nicht, um Fleisch zu kaufen; ich kochte Nudeln mit Mohrrüben. Ich hatte kein Fett; es schmeckte schrecklich. [...]

27. Mai 1958

... Ich habe bemerkt, dass man im Kühlhaus Kreolin in den Abfall gießt, damit die Leute aus der Favela kein Fleisch zum Essen aufsammeln. Ich habe keinen Kaffee getrunken; mir war schwindelig. Der Schwindel des Hungers ist schlimmer als der des Alkohols. Der Schwindel des Alkohols macht uns singen. Ich stellte fest, wie schrecklich es ist, nur Luft im Magen zu haben.

Im Munde schmeckte es bitter. Ich dachte: Genügt die Bitternis des Lebens nicht mehr? Anscheinend hat das Schicksal mich bei meiner Geburt gebrandmarkt, damit ich Hunger leide. Ich habe einen Sack Papier gesammelt. Als ich in die Rua Paulina Guimarães ging, gab mir eine Dame ein paar Zeitungen. Sie waren sauber; ich ging zur Sammelstelle. Auf dem Wege sammelte ich alles, was ich fand. Eisen, Dosen, Kohle, alles kann der Bewohner der Favela gebrauchen. [...]

30. Mai 1958

Ich habe Vera umgezogen, und wir sind aus dem Haus gegangen. Ich dachte: Ob Gott sich meiner erbarmen wird? Ob ich heute Geld beschaffe? Ob Gott weiß, dass es Favelas gibt und dass die Bewohner der Favela Hunger leiden?

... José Carlos kam mit einem Sack Keks nach Hause, die er im Abfall gesammelt hatte. Wenn ich sehe, wie sie das Zeug aus dem Abfallhaufen essen, denke ich: Und wenn es vergiftet ist? Die Kinder ertragen den Hunger nämlich nicht. Die Kekse schmeckten sehr gut. Ich habe sie gegessen und dachte an das Sprichwort: Wer zum Tanzen geht, soll tanzen. Und da ich auch Hunger habe, muss ich essen.

Es sind neue Leute in die Favela gekommen. Sie laufen in Lumpen, gehen gebeugt und schauen auf den Boden, als ob sie an das Unglück dächten, an einem so hässlichen Ort wohnen zu müssen. Einem Ort, an dem man keine Blumen pflanzen kann, um ihren Duft zu atmen, um das Summen der Bienen oder des Kolibris zu hören, der die Blume mit seinem feinen Schnäbelchen liebkost. Der einzige Duft, den die Favela ausströmt, kommt von dem fauligen Schlamm, den Exkrementen und dem Zuckerrohrschnaps. [...]

16. Juli 1958

... Auf den Straßen lag kein Papier. Ich ging beim Kühlhaus vorbei. Man hatte sehr viel Wurst auf den Abfallhaufen geworfen. Ich sammelte die heraus, die nicht verdorben war. ... Ich will nicht schwach werden und kann sie nicht kaufen. Ich habe einen Löwenhunger. Deshalb gehe ich zum Abfallhaufen.

26. Juli 1958

Mir war schwindlig vor Hunger, weil ich sehr früh aufgestanden war. Ich kochte Kaffee. Dann wusch ich die Wäsche im See und dachte dabei an den Gesundheitsdienst, der in der Zeitung veröffentlicht hat, dass es hier in der Favela do Canindé 160 positive Fälle der Schnecken-krankheit gibt. Aber man gab den Bewohnern keine Medikamente. Die Frau, die den Film über die Schneckenkrankheit vorführte, sagte uns, dass die Krankheit sehr schwer zu heilen ist. Ich habe mich nicht untersuchen lassen, weil ich die Medikamente nicht kaufen kann.

… Ich schickte João zu Senhor Manoel, um Alteisen zu verkaufen. Und ich ging Papier sammeln. Im Abfall des Kühlhauses lagen viele Würste. Ich sammelte die besten auf, um eine Suppe zu kochen. … Auf der Straße sammelte ich Alteisen. Als ich zur Straßenbahnendhalte-stelle kam, traf ich José Carlos, der zum Markt ging, um Gemüse zu sammeln. […]

19. Dezember 1958

Ich wachte mit Leibschmerzen auf und erbrach mich. Ich war krank und hatte nichts zu essen. Ich schickte João zur Alteisensammelstelle, um etwas Werg und etwas Alteisen zu verkaufen.

Er bekam 23 Cruzeiros. Das genügte nicht einmal, um eine Suppe zu kochen… Was ist es doch eine Qual, hier in der Favela zu erkranken! Ich dachte: Heute ist mein letzter Tag auf dieser Erde.

… Ich bemerkte, dass es mir besser ging. Ich setzte mich im Bett hin und fing an, Flöhe zu fangen. Der Gedanke an den Tod entfernte sich allmählich, und ich fing an, Pläne für die Zu-kunft zu schmieden.

Heute bin ich nicht aus dem Hause gegangen, um Papier zu sammeln. Gottes Wille soll sich erfüllen.

5. Januar 1959

… Es regnet. Ich wurde beinahe wahnsinnig, wegen der Tropfstellen über den Betten; das Dach ist mit Pappe gedeckt und die Pappe ist schon verteilt. Das Wasser steigt und dringt in die Höfe der Favela ein. […]

5. Juni 1959

… Als ich nach Hause kam, kochte ich Hafersuppe. Vera weinte. Sie wollte keinen Hafer es-sen. Sie sagte:

»Das mag ich nicht.«

Ich schlug sie, und sie aß.

… Wir gingen zu Bett. Um 10 Uhr nachts begann das Schauspiel in der Favela. Aparecida, die neue Nachbarin, hat sehr viel getrunken und fing an, sich mit Leila zu streiten. Leilas Männer wollten in ihre Bude eindringen. Sie rief die berittene Polizei. Adalberto stand auf, um Leila zu Hilfe zu kommen. Er fing an zu reden. Als sie das Getrappel der berittenen Polizei hörten, waren sie still.

Euclides, der dunkle Neger, der mit Aparecida zusammenlebt, ist entsetzlich, wenn er trinkt. Er spricht für hundert.

»Ich schieße. Ich töte!«

Als er aufhörte zu reden, war es 3 Uhr morgens. Der Nachbar drehte das Radio an. Ich schlief nicht wegen des Lärms in der Favela. Sogar die Kinder wachten auf. […]

Aus: Carolina Maria de Jesus: *Quarto de despejo. Diário de uma favelada*, São Paulo: Livra-ria Francisco Alves [8]1960. Zit. nach: Carolina Maria de Jesus: *Tagebuch der Armut. Das Le-ben in einer brasilianischen Favela*, Bornheim-Merten: Lamuv 1983, S. 30–31, 53–60, 113, 121, 168, 175, 196.

Q 128   Konsum und Werbung am Beispiel Perus (um 1970)

Konsum und Massenwaren machten auch vor Lateinamerika nicht halt. Die vorliegende Werbung für »Inca Kola – Die goldene Kola« wurde um 1970 nach internationalen Kriterien produziert und zeigt das posierende peruanische Modell Gladys Arista. Obwohl große Teile Perus indigener Abstammung sind, hat man bewusst ein »weißes« Modell eingesetzt.

Aus: Raúl Castro Pérez (Hg.): *Historia de la publicidad en el Perú*, Lima: Ed. El Comercio 2003, S. 113.

Q 129   Megastädte und Stadtplanung am Beispiel von São Paulo (1986)

In den schnell anwachsenden Megastädten führten die ungeregelte Bebauung und die laxen Gesetze zu massiven Umweltproblemen, insbesondere in den ärmeren Bezirken. 1986 legten Architekten und Städteplaner, unter ihnen Oscar Niemeyer (*1907), einen Bebauungs- und Reurbanisierungplan für den Rio Tietê vor. Das Projekt blieb Vision, aber seit 1992 wird versucht, den verseuchten und kanalisierten Fluss, der durch São Paulo fließt, zu dekontaminieren. Die Kosten betrugen bisher über eine Milliarde US-Dollar.

Wer den Stadtplan von São Paulo sieht, merkt schnell, dass diese Stadt ohne Kontrolle gewachsen ist und dass die Einschätzung richtig ist, dass eine für eine Million Einwohner erbaute Stadt nicht 14 Millionen beherbergen kann, ohne zu verschmutzen und an Wert einzubüßen.

Wo sind die Grünflächen, die das Leben fordert? Die Parks und Gärten, die den Städten die unentbehrlichen menschlichen Eigenschaften geben? Wo ist die Ruhe, die São Paulo vor Jahren ausstrahlte?

Und all das beeindruckt und macht diejenigen nachdenklich, die diese Stadt mit Zuneigung in Augenschein nehmen und sie wiederherstellen wollen, die in ihr die in den langen

Jahren der Fehltritte und des Unverständnisses verloren gegangenen Wonnen neu erschaffen wollen.

Das Problem der Urbanisierung des Tietê ist eindeutig, völlig eindeutig, und auf der Suche nach einem günstigen Siedlungsgelände erscheinen seine Ufer natürlich als bevorzugter Ort. Wie so oft kam ein unerwartetes Hindernis zum Vorschein. Die Ufer des Tietê sind von zwei großen Hauptverkehrsstraßen zugemauert. Zwei Straßen, die ihn von der Stadt abschotten wie etwas Verbotenes.

Für São Paulo existiert der Tietê nicht. Ein solcher Grundfehler, dass es uns erschreckt, wie er bis heute nicht korrigiert werden konnte.

Wir verfolgten immer entschlossener die Idee, eines seiner Ufer wiederherzustellen, wobei sich das spärlich urbanisierte Südufer als das geeignetere erwies. Diese Lösung ist städtebaulich so richtig und passgenau, dass sie uns mit der Einfachheit eines Ei des Kolumbus kam.

Dieses Ufer in einer variablen Breite zwischen 300 und 1.000 Metern wiederzubeleben, ist unseres Erachtens die zu verfolgende Lösung.

Der nötige städtebauliche Eingriff, der einzige, der São Paulo die grüne Lunge geben würde, die ihm fehlt. Ein riesiger Park mit Sport- und Freizeitstätten, Clubs, Restaurants, Wohnungen, Büros, einem Kultur- und einem Bürgerzentrum. Und: in Versöhnung mit seinem Fluss, in einem städtischen und einladenden Umfeld.

Es ist offensichtlich, dass es sich um ein bedeutendes Unternehmen handelt, das den Furchtsamen niemals einfallen würde. Eine Lösung, die Abrissarbeiten, Enteignungen etc. erfordern würde. Probleme, die wir für gering halten angesichts der unabweisbar notwendigen und grundlegenden städtebaulichen Umwandlung, wie sie sich für diese so abgeschlossene, geballte und verschmutzte Stadt darstellen wird.

Eine Arbeit, die für São Paulo mehr bedeuten würde als für Rio de Janeiro die Eröffnung der Avenida Rio Branco, die für Le Corbusier von größter Bedeutung war, der von dem Mut und der Entschlossenheit ihres Erbauers Pereira Passos begeistert war. Es ist klar, dass diese Lösung eine sorgfältige und realistische Recherche erforderte, bei der abgewogen werden musste, was abgerissen werden soll und was nicht. Und das haben wir sehr sorgfältig mit vielen Besuchen vor Ort gemacht, über die Stadtpläne von São Paulo gebeugt.

Und hier ist unser Plan: zehn Millionen Quadratmeter Grünflächen, die Parks und Gärten, Sport- und Erholungsmöglichkeiten, Wohnungen, Büros, ein Bürger- und Kulturzentrum umfassen. Alles von Vegetation umgeben, einschließlich des Bürgerzentrums, das niemals das Umfeld und die Flächen haben würde, die ein Werk von diesem Ausmaß verlangt, wenn es in den in Restrukturierung befindlichen Vierteln gebaut würde. Es wären zehn Millionen Quadratmeter an Grünflächen, die den bevorzugten Ort der Stadt darstellen würden, es wären die Parks und Gärten, von denen Jung und Alt in São Paulo immer geträumt haben.

Auf der anderen Seite sieht das Projekt einen bestimmten Umfang an Bauten vor, ohne die Grundidee eines großen Parks aus den Augen zu verlieren, ein Umfang, der, so glauben wir, die wirtschaftliche Hürde verringert und so seine Umsetzung ermöglicht.

Es handelt sich um ein derart wichtiges Projekt, dass wir, da es unsere ausschließliche Aufmerksamkeit braucht, um die Befreiung von der von uns angebotenen Zusammenarbeit mit den Vierteln in Restrukturierung bitten. Dort wird sich die Urbanisierung auf Kompromisslösungen beschränken, die die Verkehrs- und Infrastrukturprobleme etc. wohl eher verschlimmern und die nicht die Einheitlichkeit und das Ausmaß haben, die die Bebauung des Tietê anbietet.

Eine Lösung, die in dieser Stadt ähnlich wie in Defènse in Paris eine neue Etappe in der Geschichte ihres Städtebaus, ihrer Architektur und ihrer Kultur schaffen würde.

Dem Präfekten Jânio Quadros wird die Ehre gebühren, sie in dieser Epoche angestoßen und gefördert zu haben, in der die großen Unternehmungen an der Ängstlichkeit und der fehlenden Größe der Machthaber scheitern.

Aus: Oscar Niemeyer u. a.: *Parque do Tietê. Plano de reurbanização da margem do rio Tietê*, São Paulo: Almed 1986, S. 5–13.

B. Im Zeichen politischer Gewalt

Die sozialen und wirtschaftlichen Probleme Lateinamerikas, die in den Jahrzehnten nach dem Zweiten Weltkrieg trotz aller Bemühungen nicht wie erhofft bewältigt werden konnten, lösten schon bald heftige Diskussionen um den richtigen Weg in die Zukunft aus. Doch blieb es nicht bei der Auseinandersetzung auf theoretischer Ebene, sondern schon bald trug man die ideologischen Konflikte in Lateinamerika mit Waffengewalt aus. Lateinamerika entwickelte sich damit zu einem Schauplatz intensiver politischer Gewalt. Die Region war Teil des globalen Kampfes der Ideologien und ein zentraler Schauplatz des Kalten Kriegs.

Diese Entwicklung speiste sich aus der weltweiten Rivalität der Ideologien des Kapitalismus und des Marxismus. Darauf aufbauend entstanden in Lateinamerika eigene Beiträge zur Theorieentwicklung, die weltweit rezipiert wurden. Die Kritik am wirtschaftlichen Entwicklungsoptimismus wurde angesichts der ausbleibenden Erfolge immer lauter. Auch die von der CEPAL propagierte Entwicklung nach Innen hatte keine nachhaltigen Ergebnisse zu verzeichnen, da sie, so die Kritiker, ebenfalls einseitig auf ein westliches Erfolgsmodell ausgerichtet gewesen sei. Aus dieser Kritik entstand in den 1960er Jahren die sogenannte »Theorie der Abhängigkeit«, die Dependenztheorie. Ihre Anhänger verstanden Unterentwicklung als Ergebnis einer von äußeren Mächten dominierten Geschichte und sahen Entwicklung und Unterentwicklung, Reichtum und Armut, Tradition und Moderne nicht als sich ausschließende Gegensätze an, sondern als Elemente eines Weltsystems, das von Zentren beherrscht wird und die Peripherien in Abhängigkeit hält. Diese Grundidee verband die Dependenztheoretiker, wenngleich es innerhalb dieses Gedankengebäudes durchaus unterschiedliche, etwa marxistische und nationalistische, Strömungen gab. Die wissenschaftliche Kritik hat der Dependenztheorie erhebliche Defizite und Unschärfen nachgewiesen, politisch einflussreich weit über den akademischen Kontext hinaus blieb sie dennoch.

Die Dependenztheorie stand nicht allein. Auch die katholische Kirche, die sich im 19. und frühen 20. Jahrhundert trotz der Einflüsse der katholischen Soziallehre seit der Jahrhundertwende vor allem als Bewahrerin des gesellschaftlichen Status quo in Lateinamerika ausgezeichnet hatte, entdeckte im Gefolge des Zweiten Vatikanischen Konzils (1962–1965) die Probleme der Unterentwicklung. Soziale Gerechtigkeit und Kampf gegen die Armut gewannen zentrale Bedeutung bei Teilen des Klerus, die die von der lateinamerikanischen Bischofskonferenz 1968 ausgegebene Formel der »Option für die Armen« ernst nahmen und sich in den lateinamerikanischen Armenvierteln in Stadt und Land engagierten. Der peruanische Theologe Gustavo Gutiérrez (*1928) prägte dafür den Begriff »Befreiungstheologie«. Ähnlich wie in der Dependenztheorie ging es auch den Befreiungstheologen um eine eigenständige Interpretation der Probleme der Gegenwart, wobei es auch hier sehr unterschiedliche Strömungen gab. Die Nähe zur revolutionären marxistischen Linken war bei einigen Priestern unübersehbar, die sich teils sogar dem bewaffneten Kampf der Guerilla anschlossen. Nicht nur aufgrund der Radikalisierung Einzelner blieb der Widerstand gegen die Befreiungstheologie innerhalb der katholischen Kirche groß.

Ein Leitmotiv, um das die Lehren der Dependenztheoretiker und Befreiungstheologen kreiste, war der Begriff der Gewalt, die als von den herrschenden sozioökonomischen Verhältnissen ausgehend diagnostiziert wurde. »Strukturelle« und »institutionalisierte« Gewalt waren Bezeichnungen, die in den Diskussionen dieser Jahre eine entscheidende Rolle spielten. Für die radikaleren Stimmen der diese Diskussionen dominierenden politischen Linken, die in den 1960er Jahren aufgrund des von Kuba ausgehenden revolutionären Diskurses in Lateinamerika an Bedeutung gewannen und denen sich zahlreiche namhafte Intellektuelle, Wissenschaftler und Künstler anschlossen, konnte die Antwort nur Gegengewalt heißen. Da sich die von den Kommunistischen Parteien verfolgten Strategien des Umsturzes innerhalb des politischen Systems als erfolglos erwiesen hatten, erlebte dieses Jahrzehnt den Wiederaufstieg der politischen Guerilla, die in Lateinamerika seit der Unabhängigkeit eine lange Tradition hatte – wobei die Übergänge zum unpolitischen Banditentum schon immer fließend waren.

Gewalt prägte den politischen Wandel in diesem Zeitraum. Lateinamerika, wo der Begriff »Revolution« schon seit langem für alle möglichen Formen gewaltsamer und unkonstitutioneller Regierungswechsel Verwendung fand, wurde in der Außenwahrnehmung stärker denn je zum »Revolutionskontinent«. In der Tat ereigneten sich in diesem Zeitraum in Lateinamerika Revolutionen, die wie die Mexikanische Revolution von 1910 über den gewalttätigen Umsturz hinaus tiefgreifende Veränderungen im politischen System und im sozialen Gefüge nach sich zogen, wenngleich diese nicht immer von langer Dauer waren. Gemeinsam war ihnen die anti-imperialistische, anti-kolonialistische und – mit Abstrichen – anti-kapitalistische Ausrichtung, die mit einem starken Nationalismus einherging.

Den Anfang machte mit Bolivien ein Land, das über einen besonders großen indigenen Bevölkerungsanteil verfügte und nach westlichen Maßstäben besonders stark »unterentwickelt« war. Die herrschende Oligarchie hatte sich bereits durch die Niederlage im Chaco-Krieg (1932–1935) gegen das kleine Nachbarland Paraguay diskreditiert. Doch dauerte es, ehe sich mit dem »Movimiento Nacionalista Revolucionario« (MNR) eine schlagkräftige nationalistische Opposition herausschälte. Als dem MNR 1951 der Wahlsieg vorenthalten werden sollte, stürzte dieser 1952 die Regierung und setzte daraufhin mit der Verstaatlichung der Rohstoffvorkommen, einer Agrarreform und der Erweiterung des Wahlrechts umfangreiche Reformen um. Allerdings verlor sich der revolutionäre Elan schon bald aufgrund von internen Querelen innerhalb des MNR, und die Reformen wurden widerrufen. Vor dem Hintergrund zunehmender Guerilla-Aktivitäten wurden in den 1960er und 1970er Jahren Militärs unterschiedlicher politischer Ausrichtung zum bestimmenden Element in der bolivianischen Politik.

Hatten sich die Vereinigten Staaten bereits bei der Eindämmung der bolivianischen Revolution engagiert, so spielten sie in Guatemala eine noch aktivere Rolle. Präsident Jacobo Arbenz vertiefte ab 1951 die Reformpolitik seines Vorgängers Arévalo und setzte unter anderem eine Agrarreform durch, unter der US-amerikanische Bananenproduzenten litten. Als er auch noch Mitglieder der Kommunistischen Partei in die Regierung berief, betrachtete man ihn in Washington als Werkzeug des internationalen Kommunismus. Daraufhin koordinierte der US-Geheimdienst CIA einen Umsturz, der 1954 Oberst Carlos Castillo an die Macht brachte und den Reformprozess abrupt stoppte.

Nicht erfolgreich waren die USA dagegen in Kuba, dem Land, das von 1898 bis 1958 wie kein zweites in Lateinamerika von US-amerikanischem Einflüssen durchdrungen war. Hier setzte sich Anfang 1959 Fidel Castro, der seit seiner Landung 1956 mit einer kleinen Guerillatruppe den korrupten Diktator Fulgencio Batista bekämpft hatte, mit seiner revolutionären Bewegung durch. In der ersten, demokratischen Phase der Revolution wurden zahlreiche soziale und politische Reformmaßnahmen wie unter anderem eine Agrarreform umgesetzt. Unter dem Eindruck der US-amerikanischen Bedrohung, die im gescheiterten Invasionsversuch in der Schweinebucht von 1961 gipfelte, steuerte Castro um, und die Revolution erhielt einen sozialistischen Charakter. Dabei blieb der nun eingeschlagene Weg zum kommunistischen Kuba jedoch ein eigenständiger, da die politische Macht in der Person des charismatischen »máximo lider« Castro und nicht in der Partei zentriert war. Auch die Beziehungen zur Sowjetunion gestalteten sich keineswegs konfliktfrei.

Die Kubanische Revolution entwickelte innerhalb und außerhalb Lateinamerikas eine enorme Strahlkraft und wurde – nicht zuletzt wegen Castros langjährigem Wegbegleiter Ernesto »Che« Guevara – zum Mythos verklärt. Sie schuf ein Klima des revolutionären Aufbruchs, von dem die Linke in vielen lateinamerikanischen Staaten profitierte. In Chile kam 1970 mit Salvador Allende ein sozialistischer Politiker durch eine demokratische Wahl an die Macht, der einen eigenständigen »chilenischen Weg zum Sozialismus« suchte und dabei ebenfalls tiefgreifende soziale und wirtschaftliche Veränderungen anstrebte, die von einer Landreform über die Nationalisierung der Bodenschätze bis hin zu Bildungsreformen reichten. Das chilenische Experiment endete bereits drei Jahre später, als die Militärs unter dem Eindruck einer massiven Wirtschaftskrise putschten und Präsident Allende Selbstmord beging.

Ende der 1970er Jahre rückte die Revolution in Nicaragua ins Zentrum des Weltinteresses. Die nach dem Nationalhelden der 1920er Jahre benannte nationale Freiheitsbewegung »Frente Sandinista de Liberación Nacional« (FSLN) stürzte 1979 die Somoza-Diktatur. Auch hier kam es zu umwälzenden Reformen, doch stieß die Revolution auf teils hausgemachte, teils von außen gestützte Widerstände. Ähnlich wie im Chile Allendes griffen die USA zum Mittel des Wirtschaftsboykotts, um die aus ihrer Sicht bedrohliche Situation einzudämmen. Außerdem unterstützte Washington die bewaffnete Opposition der sogenannten Contras, die ab 1982 einen blutigen Bürgerkrieg führten, der über die Grenzen Nicaraguas hinaus fühlbar war. Durch den Konflikt geschwächt, brauchten die Sandinisten das in sie anfangs von breiten Bevölkerungsschichten gesetzte Vertrauen im Laufe der 1980er Jahre auf. 1990 wurden sie in einer freien Wahl abgewählt.

Mit Ausnahme Kubas, wo die hehren revolutionäre Ideale jedoch durch das Castro-Regime selbst verraten wurden, zeigten sich schon bald die Grenzen der Revolutionen in Lateinamerika, wenn auch aus ganz unterschiedlichen Gründen und mit unterschiedlichen Folgen. Selbst in Mexiko, dem Land der »institutionalisierten Revolution«, wurden diese Grenzen spätestens 1968 einer breiten Weltöffentlichkeit deutlich, als die Regierung brutal auf Studenten schießen ließ, um sich der Welt als viel versprechendes Schwellenland im Rahmen der ersten in Lateinamerika ausgetragenen Olympischen Spiele zu präsentieren.

Dennoch übernahm Lateinamerika mit seinen revolutionären Ideen und Bewegungen in diesem Zeitraum eine Führungsrolle in der Welt. Linke Intellektuelle der Industrieländer nahmen die lateinamerikanischen Anstöße für die eigene Theoriebildung und für ihren politischen Aktivismus auf, was sich an der europäischen Studentenbewegung der 1960er und am Terrorismus der 1970er Jahre verfolgen lässt. Die Entdeckung der Dritten Welt durch staatliche Entwicklungshilfe aus Ost und West und durch nichtstaatliche Solidaritätsbewegungen rückte Lateinamerika ins Zentrum des Weltinteresses. Die Vereinigten Staaten antworteten mit massiven Interventionen, aber auch mit dem groß angelegten Entwicklungshilfeprogramm der »Allianz für den Fortschritt«. Die Sowjetunion bemühte sich dagegen, durch Unterstützung Kubas die revolutionären Bewegungen zu exportieren und die eigene Stellung im »Hinterhof« der USA auszubauen, was im Oktober 1962 während der Kubakrise zu einer ernsthaften Bedrohung durch einen möglichen Atomkrieg führte. Der Subkontinent wurde zum Schauplatz von mehr oder weniger »heißen« Stellvertreterkriegen für die Weltmächte. Gleichzeitig gingen von Lateinamerika und insbesondere von Kuba jedoch auch wichtige Impulse zum Beschreiten eines antikolonialen »dritten Wegs« zwischen Kapitalismus und Kommunismus aus und gipfelten im kubanischen Militäreinsatz in Afrika sowie in der Bewegung der Trikontinentale, bestehend aus revolutionären Vertretern der armen Kontinente Afrika, Asien und Lateinamerika.

Die Hochphase der Revolutionen in Lateinamerika ging bereits Mitte der 1960er Jahren schrittweise zu Ende. In erster Linie war das Militär dafür verantwortlich, das sich in den meisten südamerikanischen Staaten an die Macht putschte. 1964 machte Brasilien den Anfang. Bald folgten Peru (1968), Bolivien (1971), Ecuador (1972), Chile (1973), Uruguay (1976) und Argentinien (1976). Auch in den zentralamerikanischen Staaten El Salvador, Honduras, Guatemala und Panama regierten Militärs mehr oder weniger lange und blutig. In der Regel begründeten die Putschisten ihr Vorgehen mit dem Verweis auf das Versagen der Politiker bei der Lösung der anstehenden wirtschaftlichen und sozialen Probleme. Im Fall Perus und Ecuadors traten die Offiziere zunächst mit sozialreformerischen Programmen an, wurden dann aber 1975 bzw. 1976 von rechten Kräften innerhalb der Streitkräfte gebremst, die die eingeleiteten Reformen wieder rückgängig machten. Die rechten Militärjuntas, die hier wie in den anderen erwähnten Fällen an die Macht kamen, verwiesen auf die Bedrohung der inneren Sicherheit durch die kommunistische Infiltration und Subversion, die sich am Aufstieg der Guerilla ablesen ließ, deren Bombenattentate und Entführungen die Öffentlichkeit erschütterten. Im Denken der Militärs paarte sich ein starker und von den Vereinigten Staaten mittels Militärhilfe und Indoktrination geförderter antikommunistischer Affekt mit der Doktrin der nationalen Sicherheit.

Die Diktaturen, die die Militärs einrichteten, unterschieden sich von den Regimes des 19. und frühen 20. Jahrhunderts, als es bereits zu zahlreichen militärischen Eingriffen in die Politik gekommen war. Meist stand nicht ein traditioneller militärischer Caudillo im Zentrum – Ausnahmen wie das Regime Alfredo Stroessners in Paraguay (1954–1989) bestätigen die Regel –, sondern die Befehlshaber der unterschiedlichen Waffengattungen teilten sich die Macht und bildeten eine Junta. Dabei konnte es wie im Fall Chiles unter Augusto Pinochet später durchaus zu einer Personalisierung der Herrschaft kommen. Es gab Unterschiede zwischen den Einzelfällen, und die teils sehr langlebigen Militärregimes durchliefen auch unterschiedliche Phasen, doch hatten sie das Element der staatsterroristischen Gewaltanwendung gegen die – realen oder vermeintlichen – politischen Gegner gemein. Die Repression gewann durch Menschenrechtsverletzungen wie massive Folter oder das Verschwindenlassen der Opfer und durch die transnationale Vernetzung der Geheimdienste in der sogenannten »Operation Condor« eine neue Dimension. Sie trieb viele Lateinamerikaner ins Exil und hielt das weltweite Interesse an diesem Subkontinent wach.

Ein weiteres gemeinsames Merkmal der Militärdiktaturen war der politische Anspruch, mit dem das Ausmaß der Gewalt legitimiert wurde. Dieses Mal sollte es sich nicht um vorübergehende Eingriffe handeln wie noch in den 1920er Jahren, sondern man verfolgte langfristige Pläne zum Umbau von Staat und Wirtschaft sowie teils auch der Gesellschaft. Dabei präsentierte sich das Militär als quasi überparteiliche und unpolitische, nur am Wohl der Nation interessierte Instanz. Zu diesem Zweck rekrutierte man vielerorts neue technokratische Eliten, die die Wirtschaft und die sozialen Sicherungssysteme unter neoliberalen Vorzeichen veränderten. Die lange verpönten ausländischen Investitionen wurden nun wieder gezielt eingeworben. Trotz der neoliberalen Rhetorik behielt der von den Militärs kontrollierte Staat aber wichtige Interventionsfunktionen. Wenngleich sie phasenweise durchaus Erfolge vorzuweisen hatten, konnten jedoch auch die Militärdiktaturen den versprochenen Ausweg aus der strukturellen Krise nicht finden. Die Zeit der Militärs lief in den 1980er Jahren ab.

1. Der ideologische Wandel

Q 130　Die Dependencia-Kritik (1966)

Mitte der 1960er Jahre entwickelten lateinamerikanische Ökonomen und Soziologen wie z.B. Raúl Prebisch, Enzo Faletto und Fernando Henrique Cardoso die Dependenztheorien als Reaktion auf die modernisierungstheoretischen Ansätze in den Sozialwissenschaften. Die »dependentistas«, denen sich bald Sozialwissenschaftler wie der Deutsch-US-Amerikaner André Gunder Frank (1929–2005) anschlossen, sahen die sozioökonomischen Verwerfungen der »peripheren« Gesellschaften nicht als Folge interner Entwicklungshemmnisse, sondern in einem systematischen Zusammenhang mit der Ausbreitung einer europäisch dominierten Weltwirtschaft und mit ihrer Ausbeutung durch die reichen Gesellschaften des »Zentrums«. Als Ausweg aus der auf ungleichen Tauschbeziehungen beruhenden »Unterentwicklung« schlugen einige »dependentistas« die sektorale Abkopplung der lateinamerikanischen Volkswirtschaften von den Weltmärkten vor, um so einen eigenständigen Industrialisierungsprozess zu stimulieren.

Wir können nicht hoffen, eine adäquate Entwicklungstheorie und Politik für die Mehrheit der Weltbevölkerung, die unter der Unterentwicklung leidet, zu formulieren, wenn wir nicht zuvor die vergangene ökonomische und soziale Geschichte, die die gegenwärtige Unterentwicklung verursachte, studiert haben. Die meisten Historiker untersuchen jedoch nur die entwickelten Länder und schenken den kolonialen und unterentwickelten Ländern kaum Aufmerksamkeit. Aus diesem Grund sind die meisten unserer theoretischen Kategorien und Leitbilder der Entwicklungspolitik ausschließlich Ergebnis der historischen Erfahrung der europäischen und nordamerikanischen entwickelten kapitalistischen Länder.

Da aber die historische Erfahrung der kolonialen und unterentwickelten Länder augenscheinlich eine davon völlig verschiedene Erfahrung gewesen ist, und die bestehende Theorie deshalb die Vergangenheit des unterentwickelten Teils der Welt zu reflektieren versäumt, so berücksichtigt sie derart die Geschichte der Welt – quo Totalität – nur zum Teil. Wichtiger noch: Unsere Ignoranz gegenüber der Geschichte der unterentwickelten Länder führt uns dazu anzunehmen, ihre Vergangenheit und in der Tat auch ihre Gegenwart entspreche früheren Stadien der Geschichte der jetzt entwickelten Länder. Diese Ignoranz und diese Annahmen führen uns zu vollkommen falschen Vorstellungen über die Gleichzeitigkeit von Unterentwicklung und Entwicklung. Weiterhin versäumen es die meisten Studien über Entwicklung und Unterentwicklung, die ökonomischen und anderen Beziehungen zwischen den Metropolen und ihren ökonomischen Kolonien unter dem Aspekt der gesamten Geschichte der weltweiten Expansion und Entwicklung des merkantilistischen und kapitalistischen Systems zu betrachten. Konsequenterweise versäumt unsere Theorie dann fast immer, die Struktur und Entwicklung des kapitalistischen Systems als Ganzes zu erklären und uns Rechenschaft über die gleichzeitige Entwicklung der Unterentwicklung in einigen Teilen und die ökonomischen Entwicklung in anderen abzulegen.

Es wird allgemein angenommen, dass die ökonomische Entwicklung in der Reihenfolge der Entwicklungsstufen der kapitalistischen Länder verläuft, und dass die Länder, die heutzutage unterentwickelt sind, sich noch auf einer Stufe befinden, die manchmal als ursprüngliches Stadium der Geschichte geschildert wird, durch das die jetzt entwickelten Länder vor langer Zeit hindurchgegangen sind. Selbst eine bescheidene Kenntnis der Geschichte jedoch zeigt, dass die Unterentwicklung nicht ursprünglich oder traditionell ist, und dass weder die Vergangenheit noch die Gegenwart der unterentwickelten Länder in irgendeiner Hinsicht der Vergangenheit der jetzt entwickelten Länder entspricht. Die jetzt entwickelten Länder waren niemals unterentwickelt, auch wenn sie unentwickelt gewesen sein mögen. Ebenso wird oft angenommen, dass die derzeitige Unterentwicklung eines Landes als das Produkt oder die Reflexion seiner eigenen ökonomischen, politischen, sozialen und kulturellen Besonderheiten oder Struktur verstanden werden könne. Die historische Forschung zeigt jedoch, dass die zurzeit stattfindende Unterentwicklung zum großen Teil das historische Produkt der vergangenen und andauernden wirtschaftlichen und anderen Beziehungen zwischen den unterentwickelten Satelliten und den jetzt entwickelten Metropolen ist. Weiterhin sind diese Beziehungen ein wesentlicher Teil der Struktur und Entwicklung des kapitalistischen Systems in seinem gesamten Weltumfang. Eine ähnliche und meist genauso falsche Ansicht ist, dass die Entwicklung dieser unterentwickelten Länder und unter ihnen der am stärksten unterentwickelten einheimischen Gebiete dadurch erzeugt und stimuliert werden muss und wird, dass von den internationalen und nationalen Metropolen Kapital, Institutionen und andere Werte an sie verteilt werden. Die historische Perspektive, die sich auf die Erfahrung der Vergangenheit der unterentwickelten Länder stützt, legt jedoch nahe, dass im Gegenteil die ökonomische Entwicklung der unterentwickelten Länder jetzt nur unabhängig von den meisten dieser Verteilungsmechanismen stattfinden kann.

Augenscheinliche Einkommensunterschiede und Unterschiede in der Kultur haben viele Beobachter dazu verleitet, »duale« Gesellschaften und Wirtschaftssysteme in den unterentwickelten Ländern zu sehen. Von jedem der beiden Teile nimmt man an, er habe eine eigene Geschichte, Struktur und gleichzeitig eine eigene Dynamik, die überwiegend unabhängig vom anderen Teil sei. Vermutlich wurde nur ein Teil der Wirtschaft und Gesellschaft von engeren wirtschaftlichen Beziehungen mit der »äußeren« kapitalistischen Welt betroffen. Dieser Teil, so nimmt man an, wurde gerade durch diesen Kontakt modern, kapitalistisch und relativ entwickelt. Der andere Teil wird verschiedentlich als isoliert, auf bloßer Lebensreproduktion basierend, feudal oder präkapitalistisch und deshalb als unterentwickelt betrachtet. Ich glaube im Gegenteil, dass die ganze These von der »dualen« Gesellschaft falsch ist, und dass alle politischen Empfehlungen, zu denen sie verleitet, folgte man ihnen, nur dazu dienen werden, gerade die Bedingungen der Unterentwicklung zu verstärken und zu verewigen, die sie vermeintlich zu beseitigen beabsichtigten. Ein wachsender Berg von Beweisen zeigt (und ich bin sicher, dass die zukünftige historische Forschung das bestätigen wird), dass die Expansion des kapitalistischen Systems während der vergangenen Jahrhunderte sogar in die scheinbar isoliertesten Sektoren der unterentwickelten Welt wirksam und vollständig vorgedrungen ist. Deshalb sind die ökonomischen, politischen, sozialen und kulturellen Institutionen und Verhältnisse, die wir jetzt dort vorfinden, nicht weniger das Produkt der historischen Entwicklung des kapitalistischen Systems, als die scheinbar moderneren oder kapitalistischen Züge der nationalen Metropolen dieser unterentwickelten Länder. Analog zu den Beziehungen zwischen Entwicklung und Unterentwicklung im internationalen Rahmen sind die jetzt unterentwickelten Institutionen der sogenannten zurückgebliebenen oder feudalen einheimischen Gebiete eines unterentwickelten Landes nicht weniger das Produkt des einzigen historischen Prozesses der kapitalistischen Entwicklung als die sogenannten kapitalistischen Institutionen der vermeintlich fortschrittlichen Gebiete. In diesem Aufsatz möchte ich gern diejenigen Beweise skizzieren, die diese These unterstützen und zur gleichen Zeit Richtlinien andeuten, nach denen das weitere Studium und die Forschung fruchtbar fortfahren könnten. [...]

Dass die gegenwärtige Unterentwicklung Lateinamerikas das Resultat seiner jahrhundertelangen Beteiligung am Prozess der kapitalistischen Weltentwicklung ist, habe ich, so glaube ich, in meiner Fallstudie der ökonomischen und sozialen Geschichte von Chile und Brasilien gezeigt. Meine Studie über die chilenische Geschichte deutet an, dass die Eroberung dieses Land nicht nur völlig in die Expansion und Entwicklung des merkantilen Weltsystems und später des industriellen kapitalistischen Systems aufnahm, sondern dass sie auch die monopolistische Struktur des Verhältnisses der Metropolen zu den Satelliten und die Entwicklung des Kapitalismus in die einheimische, chilenische Wirtschaft und Gesellschaft selbst einführte. Diese Struktur durchdrang und beeinflusste ganz Chile sehr schnell. Seit jener Zeit und im Laufe der chilenischen und der mondialen Geschichte, während der Epoche des Kolonialismus, des freien Handels, des Imperialismus und der Gegenwart ist Chile immer mehr von der wirtschaftlichen, sozialen und politischen Struktur der Unterentwicklung der Satelliten gezeichnet worden. Diese Entwicklung der Unterentwicklung hält noch heute an, sowohl dadurch, dass Chile weiterhin von den Weltmetropolen zum Satelliten gemacht wird, als auch durch die immer schärfere Polarisierung der einheimischen Wirtschaft Chiles.

Die Geschichte Brasiliens ist vielleicht der klarste Fall von sowohl nationaler, als auch regionaler Entwicklung der Unterentwicklung. Die Expansion der Weltwirtschaft seit Anfang des 16. Jahrhunderts verwandelte nacheinander den Nordosten, Minas Gerais im Innern, den Norden und den Zentral-Süden (Rio de Janeiro, São Paulo und Paraná) in Exportlandwirtschaften und nahm sie so in die Struktur und Entwicklung des kapitalistischen Weltsystems auf. Jede dieser Regionen erfuhr während ihrer goldenen Jahre etwas, das wie eine wirtschaftliche Entwicklung erschienen sein mag. Aber es war die Entwicklung eines Satelliten, die weder von selbst erzeugt noch fortgesetzt worden war. Als der Markt oder die Produktivität der ersten drei Regionen abnahm, schwand das ausländische und einheimische wirtschaftliche Interesse an ihnen und sie wurden zurückgelassen, um die Unterentwicklung zu entwickeln, in der sie heute leben. In der vierten Region erfuhr die Kaffeewirtschaft ein ähnliches, obgleich bislang noch nicht ganz so ernstes Schicksal (aber die Entwicklung eines synthetischen Kaffeeersatzes verspricht ihr, in nicht allzu ferner Zukunft, den Todesstoß zu versetzen). Alle diese historischen Beweise stehen den allgemein akzeptierten Thesen entgegen, Lateinamerika leide an einer dualistischen Gesellschaft oder am Überleben feudaler Institutionen und eben sie seien die wichtigen Hindernisse für seine wirtschaftliche Entwicklung. [...]

All diese Hypothesen und Studien legen nahe, dass die globale Ausdehnung und Einheit des kapitalistischen Systems, seine Monopolstruktur und die während seiner ganzen Geschichte andauernde ungleiche Entwicklung und das daraus sich ergebende Fortbestehen des Handelskapitalismus im Gegensatz zum Industriekapitalismus in der unterentwickelten Welt – ihre industriell fortgeschrittensten Länder einbezogen – weit mehr Aufmerksamkeit beim Studium der ökonomischen Entwicklung und der kulturellen Veränderung verdienen, als man ihnen bisher geschenkt hat. Obwohl die Wissenschaft und die Wahrheit keine nationalen Grenzen kennen, sind es vielleicht doch neue Generationen von Wissenschaftlern aus den unterentwickelten Ländern selbst, die diesen Problemen die notwendige Aufmerksamkeit schenken und den Prozess der Unterentwicklung klären. Es ist ihr Volk, das letzten Endes dem Versuch, diesen nicht länger akzeptablen Prozess zu ändern und diese elende Wirklichkeit aufzuheben, ins Gesicht sehen muss. Sie werden diese Ziele nicht dadurch erreichen können, dass sie sterile Stereotypen aus den Metropolen importieren, die weder mit der Realität einer Satellitenwirtschaft übereinstimmen, noch mit ihren befreienden politischen Notwendigkeiten. Um ihre Wirklichkeit zu verändern, müssen sie das verstehen. Aus diesem Grund hoffe ich, dass eine weitere Bestätigung dieser Hypothesen und eine weitere Verfolgung der vorgeschlagenen historischen, holistischen und strukturellen Methoden den Völkern der unterentwickelten Länder helfen wird, die Ursachen zu verstehen und die Realität ihrer Entwicklung der Unterentwicklung und ihrer Unterentwicklung der Entwicklung aufzuheben.

Aus: André Gunder Frank: The Development of Underdevelopment, in: *Monthly Review* 18, 4, New York (1966), 17–31. Zit. nach: André Gunder Frank: Die Entwicklung der Unterentwicklung, in: Bolívar Echeverría/Horst Kurnitzky (Hgg.): *Kritik des bürgerlichen Antiimperialismus*, Berlin: Wagenbach 1969, S. 30–45, hier 30–36, 43–44.

Q 131   Die Theologien der Befreiung (1967)

Zahlreiche lateinamerikanische Kirchenvertreter schlossen sich der progressiven Interpretation des Zweiten Vatikanischen Konzils (1962–1965) an und befürworteten radikale gesellschaftliche Veränderungen. Als Reaktion sprach sich Papst Paul VI. in seiner Enzyklika »Populorum Progressio« gegen Gewaltanwendung und für eine sozial gerechte Entwicklung in der »Dritten Welt« aus. Diese Ansätze päpstlicher Kritik an sozialer Ungerechtigkeit nahm die Gruppe der »Bischöfe der Dritten Welt« 1967 auf und entwickelte sie weiter. Ihr Manifest stand am Beginn einer Phase, in der die katholische Kirche verstärkt mit der Forderung nach einer praxisbezogenen Theologie der »Opfer« konfrontiert war, bei der das Evangelium als ein Prozess der Befreiung gedeutet wird. Obwohl die Befreiungstheologien immer wieder kircheninterner Kritik etwa durch die Glaubenskongregation ausgesetzt waren, hatten einige ihrer Kerngedanken wie z. B. die sprachliche Vereinfachung der Liturgie, der Basisbezug und die Betonung des Sozialen großen Einfluss auf die Kirche weltweit.

Angesichts der heutigen Unruhe unter der Masse der Arbeiter und Bauern der Dritten Welt schicken einige Bischöfe, die Hirten dieser Völker, diese Botschaft an ihre Priester, Gläubigen und alle Menschen guten Willens. Dieser Brief erweitert und passt den konkreten Verhältnissen an, was in der Enzyklika über die Entwicklung der Völker [Populorum Progressio] gesagt wird.

Von Kolumbien und Brasilien bis nach Ozeanien und China, von Jugoslawien bis zum Mittleren Osten und der Sahara erhellt das Licht des Evangeliums die Fragen, die in all diesen Gebieten die gleichen sind.

In dem Augenblick, in dem die armen Völker und Rassen sich ihrer selbst und der Ausbeutung, unter der sie noch stehen, bewusst werden, wird diese Botschaft all denen eine Hilfe sein, die für die Gerechtigkeit leiden und kämpfen, die eine unverzichtbare Vorbedingung des Friedens ist.

1. Als Bischöfe einiger Länder, die sehr für ihre Entwicklung eintreten und kämpfen, vereinigen wir unsere Stimmen mit dem sorgenvollen Ruf Papst Pauls VI. in seiner Enzyklika Populorum Progressio, um ihre Forderungen an unsere Priester und Gläubigen zu präzisieren und um an unsere Brüder in der Dritten Welt einige Worte des Mutes zu richten.

2. Unsere Kirchen in der Dritten Welt sehen sich in einen Konflikt hineingezogen, der sich heute nicht nur zwischen Osten und Westen abspielt, sondern vielmehr zwischen drei Gruppen von Völkern: den westlichen Mächten, die sich im vergangenen Jahrhundert bereichert

haben, den zwei großen kommunistischen Ländern, die zu Großmächten geworden sind, und schließlich dieser Dritten Welt, die noch einen Weg sucht, sich aus der Herrschaft der Großen zu befreien und sich frei entwickeln zu können. Selbst innerhalb der entwickelten Nationen besitzen einige soziale Klassen, Rassen und Völker noch nicht das Recht auf ein wahrhaft menschliches Leben. Ein unaufhaltsamer Drang treibt diese armen Völker dazu, sich von allen Kräften der Unterdrückung zu befreien, um am Fortschritt teilnehmen zu können. Wenn die meisten dieser Nationen ihre politische Freiheit auch schon erkämpft haben, so gibt es doch wenige wirtschaftlich unabhängige Völker. Es gibt auch wenige, in denen soziale Gleichheit herrscht, die eine unabdingbare Voraussetzung für eine wahre Brüderlichkeit ist, zumal auch der Frieden nicht ohne Gerechtigkeit bestehen kann. Die Völker der Dritten Welt bilden das Proletariat der heutigen Menschheit, sie werden durch die Großen ausgebeutet und in ihrer bloßen Existenz bedroht. Dieselben Großmächte maßen sich das Recht an, eigenmächtig und aufgrund ihrer Stärke die Richter und die Polizisten der materiell weniger reichen Ländern zu spielen. Nun gut, unsere Völker sind aber weder weniger ehrenwert noch weniger gerecht als die Großen dieser Erde.

3. In der gegenwärtigen Weltentwicklung kamen Revolutionen auf oder sind noch im Entstehen. Das überrascht nicht. Alle etablierten Mächte wurden in der näheren oder ferneren Vergangenheit einmal aus einer Revolution geboren, also aus einem Bruch mit einem System, das nicht mehr das Gemeinwohl sicherte, und aus der Errichtung einer neuen Ordnung, die dieses besser garantieren konnte. Nicht alle Revolutionen sind unbedingt gut. Einige sind nichts anderes als Palastrevolutionen, die nicht mehr bringen als einige Veränderungen in der Art der Unterdrückung des Volkes. Einige bringen mehr Schlechtes als Gutes, »indem sie neue Ungerechtigkeiten erzeugten...« (Populorum Progressio). Atheismus und Kollektivismus glauben, sich in einigen Anliegen verbinden zu müssen, sie sind aber tatsächliche schwere Gefahren für die Menschlichkeit. Doch die Geschichte zeigt, dass gewisse Revolutionen nötig waren, denn sie trennten sich von ihrer ursprünglichen Religionsfeindlichkeit und brachten gute Früchte hervor. Das beste Beispiel dafür ist diejenige, die 1789 in Frankreich die Proklamierung der Menschenrechte möglich gemacht hat (vgl. Pacem in Terris). Viele unserer Nationen mussten oder müssen noch mit diesen tiefgreifenden Änderungen rechnen. Wie sollen sich die Christen und die Kirchen angesichts dieser Situation verhalten? Papst Paul VI. hat in seiner Enzyklika über den Fortschritt der Völker (Populorum Progressio) unseren Weg schon klar vorgezeichnet. [...]

8. Die Kirche identifiziert sich niemals mit irgendeinem ökonomischen, politischen oder sozialen System, weil das ihrem Wesen nicht entspricht und weil sie ihren Bestand nicht dadurch sichern will. Das entspricht weder ihrem Glauben noch der Gemeinschaft mit Christus im Evangelium. In dem Augenblick aber, da in einem System die Sicherheit des Gemeinwohls durch die Interessen einiger weniger gefährdet wird, hat die Kirche die Pflicht, nicht nur die Ungerechtigkeit anzuprangern, sondern darüber hinaus sich von dem ungerechten System zu trennen und es vorzuziehen, mit einem anderen System zusammenzuarbeiten, das besser an die Zeitverhältnisse angepasst und gerechter ist. [...]

12. Mehr noch, die Christen und ihre Hirten müssen in der Lage sein, die Hand des Allmächtigen in den Ereignissen zu erkennen, welche von Zeit zu Zeit die Mächtigen von ihren Thronen stürzen und die Demütigen erheben, den Reichen die leeren Hände zurückgeben und die Hungrigen sättigen. Gegenwärtig »fordert die Welt mit Zähigkeit und Vehemenz die volle Anerkennung der Würde des Menschen und die soziale Gleichheit aller Klassen« (Patriarch Maximus IV. Saigh in seiner Rede vor dem Konzil vom 27. Oktober 1964). Die Christen und alle Menschen guten Willens können sich dieser Bewegung nur anschließen, auch wenn sie selbst auf ihre Privilegien und ihr persönliches Vermögen zugunsten der menschlichen Gemeinschaft in einer bestmöglichen sozialen Gerechtigkeit verzichten müssen. Die Kirche ist auf keinen Fall die Beschützerin großer Besitztümer. Sie fordert mit Johannes XXIII., dass das Eigentum an alle aufgeteilt werde, da das Eigentum von Anfang an eine soziale Bestimmung habe (Mater et Magistra [Enzyklika von 1961]). Paul VI. erinnerte vor kurzem an den Satz des Heiligen Johannes: »Wenn einer, der die Reichtümer der Welt genießt, seinen bedürftigen

Bruder sieht und sein Innerstes vor ihm verschließt, wie kann da in ihm die Liebe Gottes wohnen?« (1 Jo 3,17). Er erinnerte auch an den Satz des heiligen Ambrosius: »Die Erde ist für alle da, nicht nur für die Reichen« (Populorum Progressio). [...]

14. Es war notwendig, und zwar für gewisse materielle Fortschritte, dass die Kirche ein Jahrhundert lang den Kapitalismus tolerierte – mit seinem Kreditzins und anderen Gebräuchen, die wenig mit der Moral der Propheten und des Evangeliums übereinstimmten. Aber sie muss sich freuen, wenn unter den Menschen ein anderes Gesellschaftssystem entsteht, das von diesem Ideal weniger weit entfernt ist. Die Christen von morgen werden gemäß der Initiative Pauls VI. diese moralischen Strömungen zu ihren christlichen Quellen zurückführen, zu Solidarität und Brüderlichkeit (Ecclesiam suam [Enzyklika von 1964]). Die Christen haben die Pflicht zu zeigen, dass »der wahre Sozialismus das gelebte Christentum ist, mit einer gerechten Verteilung der Güter und einer grundsätzlichen Gleichheit« (Patriarch Maximus IV. Saigh in seiner Rede vor dem Konzil vom 28. September 1965). Anstatt uns dem Sozialismus zu versperren, sollten wir uns ihm als einer Form des sozialen Lebens anschließen, die unserer Zeit besser angepasst ist und dem Geist des Evangeliums mehr entspricht. So verhindern wir, dass manche Gott und den Glauben gleichsetzen mit den Unterdrückern der Armen und der Arbeiter auf der ganzen Welt, nämlich dem Feudalismus, Kapitalismus und Imperialismus. Diese unmenschlichen Systeme haben es erreicht, dass andere Systeme, die die Völker zu befreien suchen, tatsächlich die Menschen unterdrücken, da sie dem totalitären Kollektivismus und der religiösen Verfolgung verfallen. Aber Gott und die wahre Religion haben nichts mit den verschiedenen Formen des Mammon und der Ungerechtigkeit zu tun. Im Gegenteil, Gott und die wahre Religion sind immer bei denen, die danach trachten, unter allen Kindern Gottes in der großen Menschheitsfamilie eine gleiche und brüderliche Gesellschaft aufzubauen. [...]

17. Niemand möge in unseren Worten irgendeine politische Absicht suchen. Unsere einzige Quelle ist das Wort dessen, der zu den Propheten und zu den Aposteln gesprochen hat. Das Alte Testament und das Neue Testament verurteilen jedes Vergehen gegen die Würde des Menschen, des Ebenbildes Gottes, als eine Sünde wider Gott. In dieser Forderung, die menschliche Person zu respektieren, finden sich heute die Atheisten guten Willens mit den Gläubigen zusammen, um gemeinsam der Menschheit bei ihrer Suche nach Gerechtigkeit und Frieden zu helfen. Gleicherweise können wir in Zuversicht an alle Menschen Worte des Mutes richten. Es ist nämlich für alle nötig, viel Mut und Kraft einzusetzen, um diese große und dringliche Arbeit zu einem guten Ende zu führen. Das allein kann die Dritte Welt von Not und Hunger heilen und die Menschheit vor der Katastrophe eines nuklearen Krieges bewahren. »Nie wieder Krieg, nieder mit den Waffen!« (Paul VI. vor den Vereinten Nationen) [...]

21. Was für den einzelnen richtig und wahr ist, trifft auch für die Nationen zu. Unglücklicherweise kann zurzeit keine wahrhafte Weltregierung wahre Gerechtigkeit unter den Völkern herstellen und die Güter gleich verteilen. Das gegenwärtig herrschende Wirtschaftssystem erlaubt es den reichen Nationen, sich weiter zu bereichern, auch wenn sie den weiterhin verarmten Nationen sogar ein wenig helfen. Diese armen Nationen haben die Pflicht, mit allen legitimen Machtmitteln zu fordern, dass eine Weltregierung eingesetzt wird, in der alle Länder ohne Ausnahme vertreten sind. Diese Regierung soll so mächtig sein, dass sie die für den Frieden unabdingbare gleiche Güterverteilung fordern und auch durchsetzen kann (vgl. Pacem in Terris [Enzyklika von 1963] und Populorum Progressio). [...]

22. Gleichzeitig haben in jeder Nation die Arbeiter das Recht und die Pflicht, sich in Gewerkschaften zusammenzuschließen mit dem Ziel, ihre Rechte geltend zu machen und zu verteidigen: gerechten Lohn, bezahlten Urlaub, Sozialversicherung, Wohnraum für die Familie, betriebliche Mitbestimmung... Es genügt nicht, diese Rechte als Gesetze auf dem Papier anzuerkennen. Diese Gesetze müssen angewandt werden, und die Regierungen müssen ihre Macht im Dienste der Armen ausüben. Die Regierungen müssen sich einig werden, diesen Klassenkampf zu beenden, den entgegen der allgemeinen Annahme die Reichen gegen die Arbeiter entfesselt haben, indem sie sie durch unzureichende Bezahlung ausbeuten und sie unter unmenschlichen Bedingungen arbeiten lassen. Dies ist ein subversiver Krieg, den das Geld seit langer Zeit listig auf der Welt führt und dabei ganze Völker massakriert. Es ist an der Zeit,

dass die armen Völker, von ihren rechtmäßigen Regierungen unterstützt und geführt, ihre Lebensrechte wirksam verteidigen. Gott hat sich Moses mit den Worten offenbart: »Ich habe das Elend meines Volkes gesehen und ihre laute Klage über ihre Antreiber habe ich gehört... Und ich habe mich entschlossen, es zu befreien« (Ex 3–7). Jesus hat die ganze Menschheit auf sich genommen, um sie zum ewigen Leben zu führen, dessen irdische Vorbereitung die soziale Gerechtigkeit ist, die Grundform brüderlicher Liebe. Da Christus durch seine Auferstehung die Menschheit vom Tode befreit, führt er alle menschlichen Befreiungsversuche ihrer ewigen Erfüllung zu.

23. Wir führen allen diesen Satz des Evangeliums vor Augen, den einige von uns (Manifest der Bischöfe aus Nordost-Brasilien, 1. Juli 1966) im vergangenen Jahr mit derselben Sorge und beseelt von derselben Hoffnung aller Völker der Dritten Welt an ihr Volk gerichtet haben wie wir jetzt: »Wir ermahnen euch jetzt, stark und furchtlos zu bleiben, als Zeichen des Evangeliums in der Welt der Arbeit, und auf das Wort Christi zu vertrauen: ›Richtet euch auf und erhebt eure Häupter, denn eure Erlösung ist nahe‹ (Lk 21,28)«.

Die Unterzeichner

Hélder Câmara, Erzbischof von Recife, Brasilien; João Batista da Mota e Albuquerque, Erzbischof von Vitória, Brasilien; Luís Gonzaga Fernandes, Weihbischof, Vitória; George Mercier, Bischof von Laghouat, Sahara, Algerien; Michel Darmancier, Bischof von Wallis et Futuna, Ozeanien; Armand Hubert, Apostolischer Vikar, Heliopolis, Ägypten; Ángel Cuniberti, Apostolischer Vikar, Florencia, Kolumbien; Severino Mariano de Aguiar, Bischof von Pesqueira, Brasilien; Frank Franic, Bischof von Split, Jugoslawien; Francisco Austregésilo de Mesquita, Bischof von Afogados da Ingazeira, Brasilien; Grégoire Haddad, melkitischer Weihbischof, Beirut, Libanon; Manuel Pereira da Costa, Bischof von Campina Grande, Brasilien; Charles van Melckebeke, Bischof von Ning Hsia, China, und Apostolischer Visitator in Singapur; Antônio Batista Fragoso, Bischof von Crateús, Brasilien; Étienne Loosdregt, Bischof von Vientiane, Laos; Jacques Grent, Bischof von Tual, Maluku, Indonesien; David Picao, Bischof von Santos, Brasilien.

Aus: Manifiesto de los Obispos del Tercer Mundo, in: *Punto Final* 2, 44 (Beilage), Santiago de Chile (19. Dezember 1967), S. 1–6. Zit. und überarbeitet nach: Manifest der Bischöfe der Dritten Welt, in: Axel Ulrich Gerling/Erhard Scholl (Hgg.): *Kirche der Armen? Neue Tendenzen in Lateinamerika. Eine Dokumentation*, München: Kösel 1972, S. 64–75.

Q 132   Revolutionstheorien I: Die Guerilla (1963)

Der aus einer bürgerlichen Familie stammende Argentinier Ernesto »Che« Guevara (1928–1967), einer der Protagonisten der Kubanischen Revolution, gilt bis heute als Idol linker Bewegungen. An der Seite von Fidel Castro stürzte er durch einen Guerillakrieg die kubanische Regierung von Fulgencio Batista y Zaldívar. Über diese neue Form des bewaffneten Widerstands und Kampfes veröffentlichte er mehrere Schriften. »Guerillakrieg. Eine Methode« (»Guerra de guerrillas. Un método«) erschien 1963 und erklärte unter Bezugnahme auf die zweite Deklaration von Havanna die Fokus-Theorie. Durch die Bildung von sich ausbreitenden Keimzellen von Guerillakämpfern könne man zum Sieg kommen. Guevaras Versuch, in Bolivien durch einen Guerillakrieg einen Systemwechsel zu erreichen, endete für ihn 1967 allerdings tödlich.

[...] Die folgenden Notizen werden versuchen, unsere Ansichten über den Guerillakrieg und seine richtige Anwendung zum Ausdruck zu bringen.

Vor allem muss klargestellt werden, dass diese Sonderform des Kampfes eine Methode ist;

eine Methode, um ein Ziel zu erreichen. Dieses für jeden Revolutionär unerlässliche, verbindliche Ziel ist die Eroberung der politischen Macht.

Bei der Analyse der spezifischen Bedingungen in den verschiedenen Ländern Amerikas muss daher ein Begriff von Guerilla verwendet werden, der auf die einfache Kategorie einer Methode des Kampfes zur Erreichung jenes Zieles zurückführbar ist.

Sofort erhebt sich die Frage: Ist die Methode des Guerillakrieges die einzige Formel für die Eroberung der Macht in ganz Amerika?, oder wird sie jedenfalls die vorherrschende Form sein?, oder wird sie bloß eine weitere Formel unter all den für den Kampf gebrauchten sein?, und zuallerletzt die Frage: Wird das Beispiel Kubas anwendbar sein auf andere Situationen auf dem Kontinent? Im Verlauf der Polemik pflegt man diejenigen, die den Guerillakrieg durchführen wollen, mit dem Argument zu kritisieren, sie vernachlässigten den Massenkampf – als ob das einander entgegengesetzte Methoden wären. Wir weisen die Anschauung, die dieser Standpunkt impliziert, zurück; der Guerillakrieg ist ein Volkskrieg, ist ein Massenkampf. Die Art von Krieg ohne die Unterstützung der Bevölkerung verwirklichen zu wollen, ist der Auftakt zu einer unvermeidlichen Katastrophe. Die Guerilleros sind die kämpferische Avantgarde des Volkes, an einem bestimmten Ort irgendeines Territoriums postiert, bewaffnet, bereit, eine Reihe militärischer Aktionen zu entfalten, die auf das einzig mögliche strategische Ziel ausgerichtet sind: die Eroberung der Macht. Sie werden unterstützt durch die Bauern- und Arbeitermassen des Gebiets und des ganzen betreffenden Territoriums. Ohne diese Voraussetzungen lässt sich nicht von Guerillakampf reden.

»Aus den Erfahrungen der Kubanischen Revolution glauben wir für die revolutionären Bewegungen auf dem lateinamerikanischen Kontinent drei wichtige Lehren ziehen zu können: 1. Die Kräfte des Volkes können einen Krieg gegen eine reguläre Armee gewinnen. 2. Nicht immer muss man warten, bis alle Bedingungen für eine Revolution gegeben sind, der aufständische Fokus kann solche Bedingungen selbst schaffen. 3. Im unterentwickelten Amerika müssen Schauplatz des bewaffneten Kampfes grundsätzlich die ländlichen Gebiete sein.« [...]

Bei der Ausarbeitung des Themas haben wir angenommen, dass man eventuell den Gedanken des bewaffneten Kampfs akzeptieren wird und auch die Form des Guerillakrieges als Kampfmethode. Warum halten wir unter den gegenwärtigen Bedingungen Amerikas den Guerillakrieg für den richtigen Weg? Es gibt grundlegende Argumente, die unserer Meinung nach die Notwendigkeit einer Guerilla-Aktion als zentral für den Kampf in Amerika bestimmen.

1. Wenn man als wahr annimmt, dass der Feind kämpfen wird, um sich an der Macht zu halten, muss man an die Zerstörung der Unterdrückungsarmee denken; um sie zu zerstören, muss man ihr eine Volksarmee entgegenstellen. Diese Armee entsteht nicht spontan, sie muss sich aus dem Arsenal, das ihr der Feind beschert, bewaffnen, und das bedingt einen harten und sehr langen Kampf, in dem die Volkskräfte und ihre Führer stets dem Angriff überlegener Streitkräfte ausgesetzt wären, ohne entsprechende Verteidigungs- und Manövriermöglichkeiten.

Demgegenüber gewährleistet der in kampfgünstigem Gelände eingenistete Guerilla-Fokus Sicherheit und Dauer der revolutionären Führung. Die städtischen Kräfte können, vom Generalstab der Volksarmee gesteuert, Aktionen von unübersehbarer Bedeutung vollbringen. Die eventuelle Zerschlagung dieser Gruppen würde die Seele der Revolution, ihren Führungsstab, nicht töten, der von seiner ländlichen Festung aus fortfahren würde, als Katalysator des revolutionären Geistes der Massen zu wirken und neue Kräfte für weitere Schlachten zu organisieren.

Darüber hinaus beginnt in diesem Gebiet die Herausbildung des zukünftigen Staatsapparates, der während der ganzen Übergangsperiode die Aufgabe hat, die Klassendiktatur wirksam anzuleiten. Je länger der Kampf dauert, desto größer und komplizierter werden die administrativen Probleme sein, und ihre Lösung wird die Kader trainieren für die schwierige Aufgabe, in einer zukünftigen Phase die Macht zu festigen und die Wirtschaft zu entwickeln.

2. Die allgemeine Lage der lateinamerikanischen Bauernschaft und der von Mal zu Mal explosivere Charakter ihres Kampfes gegen die feudalen Strukturen, im Rahmen einer gesellschaftlichen Bündnissituation zwischen einheimischen und ausländischen Ausbeutern.

Zurück zur Zweiten Deklaration von Havanna: »Die Völker Amerikas befreiten sich von der spanischen Kolonialherrschaft zu Beginn des vorigen Jahrhunderts, aber sie befreiten sich nicht von der Ausbeutung. Die feudalen Großgrundbesitzer übernahmen die Autoritätsfunktion der spanischen Gouverneure, die Indios verharrten in leidvoller Knechtschaft, der lateinamerikanische Mensch blieb weiterhin in der einen oder anderen Form ein Sklave, und die geringsten Hoffnungen der Völker kommen unter der Macht der Oligarchien und unter dem Joch des ausländischen Kapitals zum Erliegen. Das ist die bisherige amerikanische Wirklichkeit, mit der oder jener Schattierung, mit der einen oder anderen Variante. Heute ist Amerika einem viel wüsteren, viel mächtigeren und viel erbarmungsloseren Imperialismus unterworfen, als es der spanische Kolonialimperialismus war.

Und welches ist, angesichts der objektiven und historisch unabwendbaren Realität der lateinamerikanischen Revolution, die Haltung des Yankee-Imperialismus? Vorbereitung auf die Führung eines Kolonialkrieges gegen die Völker Lateinamerikas, Schaffung des militärischen Apparats, der politischen Vorwände und der pseudolegalen Handhaben in Gestalt von Verträgen mit den Vertretern der reaktionären Oligarchien, um den Kampf der lateinamerikanischen Völker mit Feuer und Schwert niederzuwerfen.« Diese objektive Lage zeigt uns die Kraft, die ungenutzt in unseren Bauern schlummert, und die Notwendigkeit, sie zur Befreiung Amerikas fruchtbar zu machen.

3. Der kontinentale Charakter des Kampfes.

Ließe sich diese neue Phase der Emanzipation Amerikas vorstellen als ein Sichmessen zweier örtlicher Kräfte im Kampf um die Macht über ein bestimmtes Territorium? Schwerlich. Der Kampf wird ein Kampf auf Leben und Tod sein zwischen allen Volkskräften und allen Repressionskräften. Auch die oben zitierten Passagen sagen es voraus.

Die Yankees werden intervenieren aus Interessensolidarität und weil der Kampf in Amerika entscheidend ist. Tatsächlich intervenieren sie bereits mit der Vorbereitung der Repressionskorps und mit der Organisierung eines kontinentalen Kampfapparates. Aber von nun an werden sie es mit aller Energie tun; sie werden die Volkskräfte mit allen ihnen zur Verfügung stehenden Vernichtungswaffen züchtigen; sie werden der revolutionären Macht nicht erlauben, sich zu konsolidieren; und wenn es dennoch dazu kommen sollte, so werden sie von neuem angreifen, sie nicht anerkennen, die revolutionären Kräfte zu spalten versuchen, Saboteure jeder Art einschleusen, Grenzkonflikte schaffen, andere reaktionäre Staaten dagegen aufhetzen, sich daranmachen, den neuen Staat wirtschaftlich zu strangulieren: zu vernichten. [...]

Sehen wir, wie ein Guerilla-Fokus anfangen könnte.

Relativ kleine Kerngruppen von Menschen wählen für den Guerillakrieg günstige Örtlichkeiten aus, sei es mit der Absicht, einen Gegenangriff zu entfesseln oder dem großen Sturm elastisch auszuweichen, und beginnen dort zu wirken. Man muss Folgendes klar herausstellen: Im ersten Moment ist die relative Schwäche der Guerilleros so groß, dass sie ihre Arbeit darauf beschränken müssen, sich im Gelände festzusetzen, die Umgebung kennenzulernen, indem sie Verbindungen zur Bevölkerung herstellen und Orte zu verstärken, die eventuell zu Stützpunkten werden können.

Es gibt drei Bedingungen für das Überleben einer Guerilla, die ihre Entwicklung unter den hier genannten Voraussetzungen beginnt: dauernde Beweglichkeit, dauernde Wachsamkeit, dauernder Argwohn. Ohne die entsprechende Anwendung dieser drei Elemente der militärischen Taktik wird die Guerilla kaum überleben. Es muss daran erinnert werden, dass der Heroismus des Guerilleros in diesen Momenten in der Größe des gesteckten Ziels besteht und in der Vielzahl von Opfern, die er zu seiner Verwirklichung wird bringen müssen.

Diese Opfer werden nicht das tägliche Gefecht, der Kampf Mann gegen Mann mit dem Feind, sein; sie werden viel subtilere und körperlich und geistig für die Guerilleros viel schwerer zu ertragende Formen annehmen.

Sie werden vielleicht von den feindlichen Armeen schlimm heimgesucht werden; bisweilen in Gruppen zersprengt werden; gefoltert werden, wenn sie in Gefangenschaft geraten; in den für die Aktivität gewählten Gebieten wie gehetzte Tiere verfolgt werden; ständig davon beunruhigt, dass Feinde ihnen auf den Fersen sind; mit dem ständigen Argwohn gegenüber allem und jedem, und der Furcht, dass die eingeschüchterten Bauern sie unter gewissen Umständen ausliefern werden, um mit dem Verschwinden des Vorwands die Repressionstruppen loszuwerden; ohne eine andere Alternative als Tod oder Sieg in Augenblicken, wo der Tod eine tausendmal gegenwärtige Vorstellung ist und der Sieg der Traum, den nur ein Revolutionär träumen kann. [...]

Der Guerillakrieg gelangt in seinem Wachstumsprozess an einen Punkt, wo sein Aktionsradius eine Region umfasst, für deren Dimensionen weniger Guerilleros nötig sind, einem Gebiet also, in dem sie übermäßig konzentriert sind. Dann beginnt der Bienenstockeffekt, bei dem einer der Anführer, ein bewährter Guerillero, in eine andere Region wechselt und die Entwicklungsreihe des Guerillakrieges wiederholt, freilich unter einem zentralen Oberbefehl.

Hier nun ist der Hinweis angebracht, dass man nicht auf den Sieg hoffen kann ohne die Bildung eines Volksheers. Die Guerillakräfte werden sich bis zu einer bestimmten Größe ausdehnen können; die Volkskräfte in den Städten und in sonstigen für den Feind passierbaren Gebieten werden dem Feind Schaden zufügen können – aber das Militärpotenzial der Reaktion wird trotzdem intakt bleiben. Man muss sich immer vor Augen halten, dass das Endergebnis die Vernichtung des Gegners sein soll. [...]

Der Guerillakrieg oder Befreiungskrieg hat in der Regel drei Phasen: Die erste ist die der strategischen Defensive, wo die kleine Streitmacht den Feind beißt und flieht; sie verkriecht sich nicht, um eine passive Verteidigung in einem kleinen Umkreis durchzuführen, sondern ihre Verteidigung besteht in den begrenzten Angriffen, die sie ausführen kann. Danach gelangt man an einen Punkt des Gleichgewichts, wo sich die Aktionsmöglichkeiten des Feindes und der Guerilla stabilisieren, und schließlich zur Endphase der Überflügelung der Repressionsarmee, die zur Einnahme der großen Städte, zu den großen Entscheidungsschlachten, zur völligen Vernichtung des Gegners führen wird. [...]

Aus: Ernesto Che Guevara: Guerra de guerrillas. Un método, in: *Cuba Socialista* 3, 25 (September 1963), S. 1–17. Zit. nach: Ernesto Che Guevara: Guerrillakrieg. Eine Methode, in: Ders.: *Guerilla – Theorie und Methode. Sämtliche Schriften zur Guerillamethode, zur revolutionären Strategie und zur Figur des Guerilleros*, hg. v. Horst Kurnitzky, Berlin: Wagenbach 1968, S. 124–142, hier 124–125, 134–140.

Q 133 Revolutionstheorien II: Die Intellektuellen (1966)

Der Erfolg der Kubanischen Revolution löste eine breite Diskussion innerhalb der Linken über die besten Wege zur Systemveränderung aus. In zahlreichen Ländern kämpften Landguerillagruppen, später formierte sich vor allem in Uruguay und Brasilien die Stadtguerilla. Die kubanische Kulturzeitschrift »Casa de las Américas« befragte 1966 international anerkannte Intellektuelle wie Mario Vargas Llosa und Alberto Moravia nach der Rolle des Intellektuellen in den nationalen Befreiungsbewegungen. Zahlreiche Intellektuelle befürworteten das Modell des gewaltsamen Umsturzes gegenüber der von den kommunistischen Parteien bevorzugten Teilnahme an der institutionellen Politik. Einer der führenden Vertreter dieser nach Fidel Castro benannten »castristischen« Position war der französische Philosoph Régis Debray (*1940), der zahlreiche Guerillafronten besucht hatte und 1967 in Bolivien zu 30 Jahren Haft verurteilt wurde, aufgrund einer internationalen Kampagne aber freikam. Der folgende Text stellt seinen Beitrag zur Debatte dar.

[... Die Arbeiter und Bauern] sind diejenigen, die uns wirklich sagen könnten, ob sie in ihrem Kampf des Intellektuellen bedürfen, und dieser darf nicht für seine eigene Sache kämpfen. Wenn er nie selbst an einem Waffengefecht mit all den Risiken und Gefahren, die es mit sich bringt, teilgenommen hat, wird jede seiner Antworten auf diese Frage Gefahr laufen, zu einem

Hirngespinst, zu einem Anfall von Eitelkeit zu werden. Die Schwierigkeit besteht darin, dass die Bauern und die Arbeiter, über die wir sprechen, nicht das Recht haben, das Wort zu ergreifen; erstens, weil ihnen dieses Recht nicht zugestanden wird, und weiterhin, weil sie möglicherweise nichts zu sagen haben, weil sie keinerlei Bedürfnis verspüren sich zu befreien, da sie sich nicht ausgebeutet und entwürdigt wissen. Es ist eine Binsenweisheit zu meinen, dass das Bewusstsein, das Volk und ein Volk zu sein, ihm vom Intellektuellen vermittelt wird: vom Notar Babeuf, vom Anwalt Robespierre, vom Genussmenschen Danton, vom Geschäftsmann Engels, vom Professor Marx, um nur Beispiele aus Europa zu nennen.

Was unterscheidet die zwei Formen von Gewalt, die unnütze von der nützlichen, also diejenige, die das Symptom einer historischen »Schwangerschaft« hervorruft, von jener, die eine historische »Geburt« herbeiführt? Es ist gerade die Tatsache, dass die Gewalt, die diese Geburt verursacht, von Theorie durchdrungen ist, und dass diese Theorie von Theoretikern entwickelt worden ist, von Menschen, die sich zunächst mit den Büchern und dann erst mit den Menschen und der Materie einlassen; Menschen, die die Einsamkeit zum Lesen und einen Lehnstuhl zum Schreiben brauchen. All dies – wird man sagen – ist wohlbekannt. Aber es wird ständig vergessen. Als Lenin daran erinnerte, provozierte er einen Skandal. Bei wem? Bei den Arbeitern, den Gewerkschaftern, den Tagelöhnern, den Leuten aus dem Volk. Das skandalöse Fundament des Leninismus – bereits in der Neigung bestehend, den spontanen Charakter der Arbeiterbewegung zu *verdrängen* (im psychoanalytischen Sinne) – besteht darin, dass die marxistische Theorie *von außen* von der Arbeiterbewegung importiert wurde, dass Streiks, Betriebsstillllegungen und Barrikaden aus dreißig Jahrhunderten [sic] niemals in der Lage waren, dieses riesige und verschachtelte Werk namens *Das Kapital* hervorzubringen. Nichts ist antileninistischer, nichts ist konterrevolutionärer als die gerade Linie in all ihren Varianten, »die Lokomotive der Geschichte«, die ewige Rechtschaffenheit, die den Impulsen des Volkes innewohnt, und die Reinheit der Absichten. Die Politik geht nicht direkt aus der Ökonomie hervor, die Partei ist nicht der verlängerte Arm der Gewerkschaft, und die Revolution befindet sich niemals am Ende des Weges. Um vom einen zum anderen zu kommen, muss man einen Bewusstseins- und Willenssprung vollführen. Der revolutionäre Intellektuelle formuliert die Theorie dieses als revolutionär zu kennzeichnenden Raumes, sowohl auf intellektueller als auch auf gelehrter Ebene, um diesen Sprung in die Praxis zu vollführen. Was dabei die Prinzipien angeht, lohnt es sich dennoch, sie darzulegen, auch wenn es Prinzipien sind.

Die Prinzipien haben eine eigene traurig humorvolle Weise, auf unseren Verstand zu wirken: Wir glauben, sie gut vergraben hinter uns gelassen zu haben, und hier überraschen sie uns erneut in Form von praktischen Erfordernissen, einer verlorenen, wiederherzustellenden Zeit und von Leben, das zu verteidigen ist. Das Prinzip, nach dem es »ohne revolutionäre Theorie keine revolutionäre Praxis« gibt, diese einfache Wahrheit, die wir unter der Verwirrung, welche die ersten Jahre der Kubanischen Revolution bei uns ausgelöst hatten, als erledigt betrachtet hatten, lebt plötzlich vor dem Panorama aller Berge Amerikas wieder auf, wo die Menschen kämpfen und sterben. Es ist nicht nötig, dass die Menschen vergeblich sterben und unnütze Opfer bringen. Guatemala, Venezuela, Kolumbien, Peru, morgen Brasilien und jedes weitere Land: Dort wird gekämpft, und der Kampf, der dort ausgetragen wird, wird von Mal zu Mal härter. Allerdings ist es eine Sache, Krieg zu führen, und eine andere, ihn zu gewinnen. Um heutzutage in Lateinamerika den Krieg gegen den Imperialismus zu gewinnen, ist eine gigantische theoretische Arbeit nötig, die mit dem Feind, seiner Entschlossenheit und den ihm verfügbaren Mitteln mithalten kann. Warum sonst hat Che Guevara mit so viel Nachdruck seine persönliche, nicht kommunizierbare Erfahrung in Regeln einer objektiven Methode umgewandelt, die zunächst auf den Aufstand – die Fokustheorie – und später auf die Ökonomie – die Imperialismus- und Weltmarkttheorie – angewandt wurde? Kuba, der Triumph der revolutionären Spontaneität, bedeutete zugleich den Tod dieser Spontaneität. Noch dringender als gestern verlangt man heute von den Revolutionären eine intelligente Kühnheit. Die Tatsachen erfordern von ihnen, die formelle Sprache aufzugeben, bei der die Berufung auf die moralischen Werte das Fehlen einer einsichtsvollen Analyse verschleiert, um die *Sprache des Wissens* wieder zu finden, das Wissen um die starken Seiten des Feindes und um die eigenen schwachen Seiten, eine Sprache, die wir zurecht von den revolutionären Intellektuellen erwarten.

Der Rest ist Mut. Es ist gleichermaßen an den Intellektuellen, den Kampf zu *entfesseln*: Fidel, Luis de la Puente, Douglas Bravo und so viele andere »Kleinbürger« müssen den hohen Preis zahlen, der charakteristisch für die Anfänge in Ländern ohne Arbeitervergangenheit und ohne mit der Zeit gewachsene Organisationen ist. Und danach mit dem Volk verschmelzen – mit Landarbeitern, Kleineigentümern, Indigenen – sich ihre Schmerzen zu eigen machen, ihnen für ihre stummen Bedürfnisse eine Stimme und eine Waffe leihen. Der Castrismus verlangt viel vom Intellektuellen: Er fordert von ihm, dass er eine wachsame Demut zu lernen weiß.

Und der Künstler? Und der Kunstschaffende? Ich will ehrlich sein. Es wurde noch kein besserer Weg entdeckt, Zeugnis vom Menschen abzulegen, als ihn auf seinen Gipfelhöhen zu überraschen. Also ihm zu folgen, während er sie erklimmt. Auch wenn in Europa die Kunst in einem unendlichen Spiegelkabinett zu ihrem eigenen Gegenstand geworden ist, gibt es in Europa trotzdem viele, die sich von den nationalen Befreiungskämpfen jene »geschriebenen Schreie« erhoffen, die die Menschen von heute – uns – ihrer Maske der Karnevalskultur, ihrer Maske gebildeter, verfinsterter Menschen entblößen, die ihnen ihre wahrhaftige, nackte Stimme zurückgeben, mit der wir uns vielleicht frei von Narzissmus wiederfinden und mit Furcht überraschen können. Wenn sich die Kunstschaffenden Lateinamerikas der Suche nach Schutz in den Büchern aus Europa oder in den Flugzeugen nach Europa widmen, werden sie eine unwiederbringliche Gelegenheit verpassen, die Gelegenheit einer härteren, dauerhafteren Kunst. Das wird nicht nur für die Leser bedauerlich sein, die sie nicht haben, sondern auch für sie, für die Künstler von Weltruhm, die sie nicht werden. Und die Revolutionen, die zurzeit stattfinden, werden ihre Zeugen, ihre *Konfigurierer* von anderswo anlocken, so wie Spanien seine Hemingways angelockt hat, seine Dos Passos, seine Malraux.

Malraux hat einmal gesagt: »Ein Intellektueller ist nicht nur jemand, der Bücher braucht, sondern jeder Mensch, für den eine Idee, wie elementar sie auch sein mag, das Leben ordnet und in die Pflicht nimmt.« Das Geheimnis des Wertes eines Intellektuellen liegt nicht in dem, was er denkt, sondern in der Beziehung zwischen dem, was er denkt und was er tut. Auf diesem Kontinent denkt derjenige aller Wahrscheinlichkeit nach nur wenig oder schlecht, der nicht denkt, oder, um genau zu sein, der nicht an die Revolution denkt. Und dann kommt ein Moment, ein Moment wie heute, wo Denken nicht mehr genügt, wo es notwendig ist, vom und im revolutionären Kampf zu lernen, um sich das Leben aller besser denken zu können. Und da wir schon unfreiwillig ihre Namen genannt haben, kehren wir zu ihnen zurück: in diesem Amerika geborene Menschen wie Fidel Castro und Ernesto Guevara – geben sie nicht, ohne dass sie und wir es wissen, die wahre, in ihrer größten Inbrunst erhöhte Figur des Intellektuellen vor?

Aus: Régis Debray: El papel del intelectual en los movimientos de liberación nacional, in: *Casa de las Américas* 6, 35, Havanna (März-April 1966), S. 85–87.

2. Revolutionskontinent?

Q 134   Die »Revolution von 1952« in Bolivien

Der Rückhalt unter Arbeitern und Bauern, aber auch in der Mittelschicht und in Teilen der Armee führte 1951 in Bolivien zum Wahlsieg des Präsidentschaftskandidaten der 1941 gegründeten Partei »Nationalistisch-revolutionäre Bewegung« (»Movimiento Nacionalista Revolucionario«, MNR) Víctor Paz Estenssoro (1907–2001). Sein Amtsantritt wurde jedoch durch einen Militärputsch verhindert. Daraufhin kam es im April 1952 zu einem Arbeiteraufstand, der sogenannten »Revolution von 1952«. Die Regierungsgewalt wurde an den MNR mit Paz Estenssoro als Präsident übergeben, der u.a. eine Agrarreform, die Nationalisierung der Bergbaubetriebe und die vorübergehende Auflösung der Armee einleitete. In der

Folge errichtete der MNR ein repressives Regime, das 1964 durch das Militär gestürzt wurde. In der vorliegenden Rede vom 13. Februar 1953 spricht Paz Estenssoro auf dem 6. Parteitag des MNR über die »Revolution von 1952« und die in der Folge unternommenen Maßnahmen.

Wir eröffnen diesen 6. Parteitag unter anderen Umständen als diejenigen, die wir in weit dramatischeren Momenten unseres Kampfes abhielten. Jedoch waren die Bedeutung und die von uns getragene Verantwortung niemals größer als jetzt, da wir nun an der Regierung sind. Hierdurch erklären sich die Erwartungen, die an die Beschlüsse des Parteitags geknüpft sind. Denn er ist nicht nur von nationalem Interesse, vielmehr ist auch die internationale Öffentlichkeit an den Ergebnissen interessiert, zu denen wir gelangen. [...]

Der Sieg des MNR ist dadurch zu erklären, dass es sich um eine Partei der Proletarier, der Landbevölkerung, der Mittelschicht und des Kleinbürgertums handelt, welche aufgrund ihres erreichten Bewusstseins einen Wandel wollten. Diese Tatsache ist wichtig, denn die Arbeiter waren bei ihrem sozialen Kampf in einem semikolonialen Land wie Bolivien nicht allein. Die Partei konnte in ihrem Kampf alle unterdrückten Klassen im Bewusstsein der nationalen Befreiung vereinen, wie der Wahlsieg von 51 beweist.

So war es möglich, den Weg der Nationalen Revolution oder auch der Nationalen Befreiung zu beschreiten. Diese Tatsache ist auch in semikolonialen Ländern von Bedeutung, in denen weder das Proletariat noch die Mittelschicht auf sich allein gestellt Aussichten auf einen Triumph haben. Kommt es jedoch zu einem Bündnis der Klassen, sind die Bedingungen für den Sieg der Nationalen Revolution gegeben. [...]

Mit dem 9. April [1952] haben wir das zweite Ziel erreicht: die Eroberung der Macht. Die Partei steht aufgrund des Übergangs der Staatsgewalt in ihre Hände vor einer schwierigen Aufgabe, denn in dem Werk, dass der MNR jetzt in Angriff nimmt, manifestieren sich die jahrhundertelang weitergegebenen Sehnsüchte tausender Staatsbürger. So kam es, dass wir durch das Eingreifen bestimmter Kräfte aus der Bevölkerung siegen konnten. Und aus diesem Eingreifen ergeben sich grundlegende Ansprüche und Rechte.

Das dritte Ziel: Wir müssen im Dienste Boliviens regieren. Im Moment steht unsere Regierung Hindernissen gegenüber, die nach jeder Revolution auftreten. Revolutionäre verstehen es weit besser, die Institutionen des Staates, den sie ablehnen, zu bekämpfen, als neue politische Strukturen zu tragen. Zudem hat der Wandel der Menschen aus dem Tiefland in Personen mit Machtpositionen bei einigen Verhaltensweisen hervorgebracht, die nicht mit den revolutionären Pflichten vereinbar sind. Derartiges geschieht jedoch immer, und trotz dieser und anderer Probleme hat die Regierung Folgendes umsetzen können: die Nationalisierung der Bergwerke, das allgemeine Wahlrecht, die Agrarreform, die Regulierung der Finanzen, die Beseitigung der alten Armee der Oligarchie sowie die Gründung und Organisation der neuen revolutionären Streitkräfte, ganz abgesehen von anderen kleineren Maßnahmen.

Ein weiterer Aspekt von unschätzbarem Wert: In den vergangenen Monaten hat sich die Regierungsgewalt ausschließlich auf bolivianische Interessen ausgerichtet. Nach den ersten grundlegenden Maßnahmen kommt nun die Diversifizierung der Wirtschaft, die Beseitigung der Monoproduktion, denn wir sollten Erz nicht nur unverarbeitet als Rohstoff, sondern als in Barren geschmolzenes Metall exportieren. Wir sollten die Möglichkeiten der Viehzucht und der Landwirtschaft, die unser Land bietet, ausschöpfen, um die Passiva in der Handelsbilanz zu verringern, um so nicht mehr von Lebensmittelimporten abhängig zu sein. Auch sollten wir das Wachstum der Industrie fördern, so dass hohe Löhne an die Arbeiter gezahlt werden können, denn nur der Industriearbeiter wird gut entlohnt. Auf diese Weise kann der Staat allen seinen Verpflichtungen nachkommen: Gesundheitsversorgung und Schulbildung für alle, unabhängig von Klassenzugehörigkeit oder Alter. Wir benötigen eine Kommunikationsstruktur, die es uns erlaubt, alle Märkte mit den produktiven Regionen zu verbinden. Es muss alles Notwendige getan werden, um Wohlstand und Zufriedenheit zu schaffen, denn darauf hat das bolivianische Volk sowohl aufgrund der langen Leidensjahre als auch wegen der großen natürlichen Ressourcen des Landes ein Anrecht.

Dieses sind die Grundlagen unseres Handelns. In dieser kurzen Zeit haben wir gewaltige Projekte realisiert. Dies ist durch das Engagement und die Hingabe ermöglicht worden, mit der die Männer unserer Regierung arbeiten, und wir sollten ihnen hierfür Anerkennung zollen. Wir haben viel geleistet und haben dennoch bisher nur die Grundlagen geschaffen. Wir befinden uns erst an der Schwelle zur Nationalen Revolution. Nun sollten wir sie bis zur ihrer Vollendung fortführen, um so dem Vertrauen des Volkes gerecht zu werden. Aus diesem Grund, da noch eine solch große Aufgabe vor uns liegt, muss die Partei die Sehnsüchte des Volkes verkörpern. [...]

Ich werde meine Rede mit der gewohnten revolutionären Ehrlichkeit beenden: Die Revolution ist eine langfristige Investition. Sie kostet Blut, Geld, Opfer und Entbehrungen. Einen Großteil dieser Abgaben haben wir bereits entrichtet. Die Revolution bedeutet Opfer, aber schon schimmert am Horizont ihre großartige Zukunft. Wir befinden uns jedoch auch in einer Übergangsphase vom alten Regime hin zu einer neuen Gesellschaftsordnung. Daher müssen die Zeichen auf Kampf stehen: Es muss ohne Unterlass gearbeitet werden, und alle Elemente der Partei müssen angesichts ihrer Verantwortung unerbittlich zur Pflichterfüllung angespornt werden. Es muss diszipliniert und ohne Unterlass gearbeitet werden. Auch wenn dies hart sein mag, so sind es die Zeichen dieser Zeit. Ich würde meiner Verantwortung gegenüber dem MNR nicht gerecht werden, würde ich dieses mein Wissen auf dieser Versammlung nicht weitergeben. Nur eine revolutionäre Partei zögert und zaudert nicht in schwierigen Zeiten, denn nur sie kann den Glauben des Volkes in die Nationale Befreiung erhalten.

Aus: Víctor Paz Estenssoro: Programa del Movimiento Nacionalista Revolucionario, in: Guillermo Lora (Hg.): *Documentos políticos de Bolivia*, La Paz/Cochabamba: Los Amigos del Libro 1970, S. 157–168.

Q 135   Die Kubanische Revolution (1959)

Zehn Monate nach dem Sieg der Kubanischen Revolution griff am 21. Oktober 1959 ein aus den USA kommendes Flugzeug Havanna an. Beinahe gleichzeitig stellte sich in Camagüey der Comandante Hubert Matos gegen die Regierung. Die Bedrohung der Revolution von Innen und Außen war auf ihrem vorläufigen Höhepunkt angelangt. Dem daraufhin folgenden Aufruf zur bis dato größten Demonstration für die Revolutionsregierung am 26. Oktober kamen über eine Million Menschen nach. Fidel Castro rief die Basis dazu auf, die Revolutionären Nationalmilizen zu gründen und Geld für Waffen zu spenden, um die Revolution zu verteidigen. Der Armeechef Camilo Cienfuegos (1932–1959) hielt an diesem Abend seine letzte öffentliche Rede, denn zwei Tage danach stürzte er mit einem Flugzeug ab. Cienfuegos, dessen Leiche nie gefunden wurde, wird von der kubanischen Öffentlichkeit bis heute auf ähnliche Weise als Revolutionsheld verehrt wie Ernesto »Che« Guevara.

So hoch und stark wie die Sierra Maestra sind heute die Selbstachtung, die Würde und der Mut des Volkes von Kuba bei dieser riesigen Versammlung des Volkes von Kuba vor diesem heute revolutionären Palast.

So hoch wie der unbezwingbare Gipfel des Turquino [höchster Berg Kubas und Hauptquartier Castros im Guerillakrieg] ist heute die Unterstützung dieses kubanischen Volkes für die Revolution, die für das kubanische Volk gemacht wurde, und sie wird es immer sein!

Es zeigt sich am heutigen Tag, dass die hinterlistigen und feigen Verschwörungen diesem Volk und dieser Revolution nichts ausmachen. Dass es nichts ausmacht, dass feindliche Flugzeuge kommen, mit Kriegsverbrechern bemannt, die durch mächtige Interessen der nordamerikanischen Regierung geschützt werden, denn hier gibt es ein Volk, das sich nicht durch die Verräter verwirren lässt, ein Volk, das die Söldnerflugzeuge nicht fürchtet, so wie die Rebellentruppen, als sie zur Offensive vorrückten, die Flugzeuge der Diktatur nicht fürchteten.

Denn dieser abscheuliche Akt bekräftigt den unzerbrechlichen Glauben des kubanischen Volkes an diese Regierung.

Denn wir wissen, dass dieses kubanische Volk sich nicht durch die Kampagnen in die Irre führen lassen wird, die von den Feinden der Revolution gemacht werden, weil das Volk von Kuba weiß, dass für jeden Verräter, der auftaucht, neue Revolutionsgesetze im Sinne des Volkes gemacht werden, dass es für jeden Verräter, der auftaucht, tausend Rebellensoldaten geben wird, die bereit sind zu sterben, um die Freiheit und die Souveränität zu verteidigen, die dieses Volk erobert hat.

Denn wir sehen die Schilder und hören die Stimmen dieses mutigen Volkes, das sagt: Vorwärts, Fidel! Kuba ist mit dir! Und heute sagt ihm die Rebellenarmee, diese Männer, die sich nicht an Interessen verkaufen und sich nicht einschüchtern lassen: Vorwärts, Fidel! Die Rebellenarmee ist mit dir!

Diese Demonstration des Volkes, diese Bauern, diese Arbeiter, diese Studenten, die heute zum Palast kommen, geben uns genügend Kraft, um die Revolution weiterzuführen, um die Agrarreform weiterzuführen, die vor nichts und niemandem Halt machen wird. Denn heute zeigt sich, dass genauso, wie 20.000 Kubaner für diese Freiheit und diese Souveränität zu sterben wussten, es ein ganzes Volk gibt, das nötigenfalls entschieden ist zu sterben, um nicht auf den Knien zu leben. Denn um diese absolut kubanische Revolution aufzuhalten, muss ein ganzes Volk sterben, und wenn es so weit kommen sollte, würden die Verse von Bonifacio Byrne zur Realität werden:

> Sieht man einst dort danieder in Stücken
> eines Tags meine Fahne zerrissen
> unsre Toten mit erhobenen Armen
> zu verteidigen werden sie wissen!

Denn die Verräter sind ohne Bedeutung, denn alle Feinde der Revolution sind ohne Bedeutung, nichts machen sie aus, denn die Interessen, die ein Volk verwirren wollen, das sich nicht verwirren lassen wird, sind ohne Bedeutung, weil das kubanische Volk weiß, dass diese Revolution vollbracht wurde, dass für diese Revolution 20.000 Kubaner starben, um mit den Übergriffen Schluss zu machen, um mit den Schweinereien Schluss zu machen, um mit dem Hunger Schluss zu machen, um mit der ganzen Verzweiflung Schluss zu machen, die die Republik Kuba über fünfzig Jahre lang erlebte.

Und die Feinde der Revolution sollen nicht denken, sie würden uns aufhalten, die Feinde der Revolution sollen nicht denken, dieses Volk lasse sich aufhalten, diejenigen, die die Flugzeuge herschicken, sollen nicht denken, diejenigen, die die Flugzeuge bemannen, sollen nicht denken, dass wir auf die Knie fallen werden und dass wir unser Haupt senken. Auf die Knie fallen wir nur ein einziges Mal, und ein einziges Mal beugen wir unser Haupt, und das wird an dem Tag sein, an dem wir in dem kubanischen Land ankommen, das 20.000 Kubaner beherbergt, um ihnen zu sagen: »Brüder, die Revolution ist vollbracht! Euer Blut wurde nicht vergeblich vergossen!«

Aus: El último discurso de Camilo, in: *Bohemia* 52, 44, Havanna (30. Oktober 1960), S. 34.

Q 136   Allende und die demokratische Revolution in Chile (1970)

Der Sozialist Salvador Allende (1908–1973) wurde 1970 als Kandidat des linken Parteienbündnisses »Unidad Popular« zum Präsidenten von Chile gewählt. Bei einer Rede anlässlich des Wahlsieges am 5. November sprach er im Nationalstadion von Santiago de Chile zu seinen Anhängern und stellte seine politischen Grundsätze vor. Allendes Regierungszeit war nach anfänglichen Erfolgen von wirtschaftlichen Problemen und gesellschaftlichen Konflikten geprägt. Am 11. September 1973 wurde er durch einen von den USA gutgeheißenen Militärputsch unter Augusto Pinochet gestürzt. Der Präsidentenpalast Moneda wurde bombardiert, und Allende, der das Angebot, ins Exil zu gehen, ablehnte, kam bei dessen Erstürmung vermutlich durch Selbstmord ums Leben.

[...] Schluss mit der wirtschaftlichen Ausbeutung!

Schluss mit der sozialen Ungleichheit!

Schluss mit der politischen Unterdrückung!

Heute versammeln wir uns hier mit der Inspiration der Helden unseres Vaterlandes, um unserem Sieg zu gedenken, dem Sieg Chiles, und auch, um den Beginn der Befreiung zu markieren. Das Volk, das endlich selbst zur Regierung geworden ist, übernimmt die Leitung der nationalen Geschicke.

Aber was ist das Chile, das wir geerbt haben?

Verzeiht mir, Genossen, dass ich mich an diesem Nachmittag des Feierns und vor den Delegationen so vieler Länder, die uns mit ihrer Anwesenheit beehren, auf solch schmerzhafte Themen beziehe. Es ist unsere Verpflichtung und unser Recht, auf uralte Leiden aufmerksam zu machen, wie der peruanische Präsident Velasco Alvarado sagte.

»Eine der großen Aufgaben der Revolution ist es, den Kreis des Betrugs zu durchbrechen, der uns alle dazu gebracht hat, mit dem Rücken zur Wirklichkeit zu leben.«

Es ist jetzt an der Zeit zu sagen, dass wir unterentwickelten Völker in der Geschichte gescheitert sind.

Wir waren Kolonien in der agrarisch-merkantilen Zivilisation. Wir sind nicht mehr als neokoloniale Nationen in der städtisch-industriellen Zivilisation.

Wir sind ausgebeutete Völker gewesen. Jene, die nicht um ihrer Selbst willen bestehen, sondern um zu fremdem Wohlstand beizutragen.

Und was ist der Grund für unsere Rückständigkeit?

Wer ist verantwortlich für die Unterentwicklung, in der wir versinken?

Nach vielen Entstellungen und Täuschungen hat das Volk verstanden. Wir wissen wohl aus eigener Erfahrung, dass die wahren Gründe unseres Rückstands im System verwurzelt sind.

In jenem abhängigen kapitalistischen System, das auf interner Ebene den bedürftigen Mehrheiten reiche Minderheiten entgegenstellt und das auf internationaler Ebene mächtige Völker den armen entgegenstellt; und viele bezahlen den Reichtum von wenigen.

Wir haben eine Gesellschaft geerbt, die durch soziale Ungleichheiten geschädigt ist.

Eine Gesellschaft, die in zwei gegensätzliche Klassen von Ausbeutern und Ausgebeuteten geteilt ist. [...]

Unser Erbe ist eine Gesellschaft, die der Arbeitslosigkeit preisgegeben ist, einer Geißel, die wachsende Massen der Bürger in erzwungene Arbeitslosigkeit und Marginalität nötigt, Massen, die nicht ein Phänomen von Überbevölkerung sind, wie einige sagen, sondern Massen, die mit ihrem tragischen Schicksal die Unfähigkeit des Regimes beweisen, allen das elementare Recht auf Arbeit zu sichern.

Unser Erbe ist eine Wirtschaft, die an der Inflation leidet, die Monat für Monat das armselige Gehalt der Arbeiter kürzt und die – wenn jene ihre letzten Lebensjahre erreicht haben – die Einkünfte eines entbehrungsreichen Daseins auf fast nichts reduziert. [...]

Unser Erbe ist eine abhängige Gesellschaft, deren wesentliche Quellen des Reichtums von inneren Verbündeten der großen internationalen Konzerne veräußert wurden. Wirtschaftliche, technologische, kulturelle und politische Abhängigkeit.

Unser Erbe ist eine Gesellschaft, deren tiefste Bestrebungen nach autonomer Entwicklung enttäuscht wurden. Eine gespaltene Gesellschaft, in der der Mehrheit der Familien die grundlegenden Rechte auf Arbeit, auf Erziehung, auf Gesundheit, auf Erholung und sogar die Hoffnung auf eine bessere Zukunft verweigert werden.

Gegen alle diese Formen der Existenz hat sich das chilenische Volk erhoben. Unser Sieg resultiert aus der endlich erreichten Überzeugung, dass nur eine wahrhaft revolutionäre Regierung der Macht der herrschenden Klassen die Stirn bieten kann und gleichzeitig alle Chilenen mobilisieren kann, um eine Republik des arbeitenden Volkes zu errichten. [...]

Aber was ist die Macht des Volkes?

Die Macht des Volkes bedeutet, dass wir die Säulen, auf denen die Minderheiten ruhen, die schon immer unser Land der Unterentwicklung preisgegeben haben, umstoßen werden.

Wir werden Schluss machen mit den Monopolen, die einigen Dutzend Familien die Kontrolle über die Wirtschaft übertragen.

Wir werden Schluss machen mit einem Steuersystem, das dem Profit dient, das stets mehr die Armen als die Reichen besteuert hat und das die nationale Ersparnis in den Händen der Bankiers und ihres Appetits auf Bereicherung konzentriert hat.

Wir werden das Kreditwesen nationalisieren, um es in den Dienst der Prosperität der Nation und des Volkes zu stellen.

Wir werden Schluss machen mit den Latifundien, die Tausende von Bauern weiterhin zu Gehorsam und Elend verdammen, indem sie verhindern, dass das Land aus seinen Böden all die Nahrungsmittel erhält, die wir brauchen. Eine wahrhafte Agrarreform wird das möglich machen.

Wir werden den Prozess der immer größeren Entstaatlichung unserer Industrien und Arbeitsquellen beenden, der uns der fremden Ausbeutung unterwirft.

Wir werden für Chile seine fundamentalen Reichtümer wiedererlangen. Wir werden unserem Volk die großen Kupfer-, Kohle-, Eisen- und Salpeterminen zurückgeben. [...]

Der Rest der Welt wird *Zuschauer* der Veränderungen sein können, die sich in unserem Land vollziehen werden, aber wir Chilenen können uns nicht nur damit zufrieden geben, weil wir Protagonisten beim Umbau der Gesellschaft sein müssen.

Es ist wichtig, dass jeder Einzelne von uns die gemeinsame Verantwortung verinnerlicht.

Es ist die wesentliche Aufgabe der Volksregierung bzw. von jedem von uns, ich wiederhole, einen gerechten Staat zu schaffen, der in der Lage ist, das Maximum an Möglichkeiten allen denen zu geben, die in diesem Gebiet zusammenleben.

Ich weiß, dass das Wort »Staat« eine gewisse Angst einflößt. Es wurde viel Missbrauch mit ihm getrieben, und in vielen Fällen benutzt man es, um ein gerechtes soziales System zu entehren.

Habt keine Angst vor dem Wort »Staat«, weil innerhalb des Staates, in der Volksregierung, Ihr Euch befindet, wir uns befinden. Gemeinsam müssen wir ihn verbessern, um ihn effizient, modern, revolutionär zu machen. Aber es versteht sich, dass ich gerecht gesagt habe, und das ist genau das, was ich betonen will. [...]

Welches wird unser Weg sein, unser chilenischer Weg des Handelns, um über die Unterentwicklung zu triumphieren?

Unser Weg wird jener sein, der auf unserer Erfahrung aufbaut, der durch das Volk in Wahlen geweiht wird, der im Programm der Unidad Popular beschrieben wird: *Der Weg zum Sozialismus in Demokratie. Pluralismus und Freiheit.* [...]

Freiheit für die Ausbreitung der produktiven Kräfte, damit die Ketten gesprengt werden, die bis jetzt unsere Entwicklung verhindern.

Freiheit, damit jeder Bürger in Übereinstimmung mit seinem Gewissen und seinem Glauben seinen Beitrag für die gemeinsame Aufgabe erbringt.

Freiheit, damit die Chilenen, die von ihrer Anstrengung leben, die Kontrolle und die gemeinschaftliche Eigentümerschaft über ihre Arbeitsstätten erlangen.

Simón Bolívar ahnte für unser Land voraus:

»Wenn irgendeine Republik in Amerika lange Zeit überdauert, bin ich veranlasst zu glauben, dass es die chilenische sein wird. Niemals ist dort der Geist der Freiheit erloschen.«

Unser chilenischer Weg wird auch der der Gleichheit sein.

– Gleichheit, um nach und nach die Spaltung zwischen Chilenen, die ausbeuten, und Chilenen, die ausgebeutet werden, zu überwinden.

– Gleichheit, damit jeder Einzelne am allgemeinen Reichtum entsprechend seiner Arbeit und im ausreichenden Maße für seine Bedürfnisse teilhat.

– Gleichheit, um die enormen Unterschiede bei der Bezahlung gleicher Arbeitstätigkeiten zu verringern.

– Die Gleichheit ist unentbehrlich, um jedem Menschen seine Würde und den Respekt zuzuerkennen, den er einfordern soll. [...]

Eine neue Gesellschaft schaffen, in der die Menschen ihre materiellen und geistigen Bedürfnisse befriedigen können, ohne dass dies die Ausbeutung anderer Menschen bedeutet.

Eine neue Gesellschaft schaffen, die jeder Familie, jedem Mann und jeder Frau, jedem Jugendlichen und jedem Kind sichert: Rechte, Sicherheiten, Freiheiten und Hoffnungen. Auf dass allen ein tiefes Gefühl zufließt, dass sie aufgerufen werden, die neue Heimat aufzubauen, was auch die Schaffung von schöneren, reicheren, würdigeren und freieren Leben für sie selbst einschließt.

Eine neue Gesellschaft schaffen, die zu andauerndem Fortschritt im Materiellen, Technischen und Wissenschaftlichen in der Lage ist. Und auch in der Lage ist, seinen Intellektuellen und seinen Künstlern die Bedingungen zu sichern, damit sie in ihren Werken eine wahrhafte kulturelle Wiedergeburt zum Ausdruck bringen.

Eine neue Gesellschaft schaffen, die zum Zusammenleben mit allen Völkern in der Lage ist: zum Zusammenleben mit den fortgeschrittenen Nationen, deren Erfahrung für unsere Anstrengung der Selbstüberwindung von großem Nutzen sein kann.

Schließlich eine neue Gesellschaft schaffen, die in der Lage ist, mit den abhängigen Nationen aller Breitengrade zusammenzuleben, denen wir unsere brüderliche Solidarität zuströmen lassen wollen. [...]

Aus: Salvador Allende: Discurso en el Estadio Nacional. 5 de noviembre de 1970, in: Ders.: *Discursos*, Havanna: Editorial de Ciencias Sociales 1975, S. 31–52.

Q 137   Die Sandinistische Revolution in Nicaragua (1979)

Eine Gruppe um den nicaraguanischen Juristen Carlos Fonseca Amador (1936–1976) gründete 1961 die FSLN mit dem Ziel, die jahrzehntelange Diktatur der Somoza-Familie zu stürzen, die sich vor allem auf die »Guardia Nacional« stützte. Nach zahlreichen Guerilla-Aktionen, die international für Aufsehen sorgten, setzte sich die FSLN an die Spitze des in allen Gesellschaftsschichten wachsenden Widerstands gegen Anastasio Somoza Debayle. Nach der Flucht Somozas im Juli 1979 und der Einsetzung einer Übergangsjunta übernahm die FSLN die politische Kontrolle und regierte Nicaragua bis 1990. In einem 1982 erschienen Erfahrungsbericht erinnert sich Omar Cabezas (*1950) an seinen persönlichen Weg in die sandinistische Guerilla, welcher in den späten 1960er Jahren in der Studentenorganisation »Revolutionäre Studentenfront« (»Frente Estudiantil Revolucionario«, FER) und in der Studierendenvertretung CUUN (»Centro Universitario Unido Nicaragüense«) in der Universitätsstadt León begann. Cabezas war nach der Revolution Mitglied der sandinistischen Regierung.

[...] Deine Herkunft, die prägt dich natürlich. Und die revolutionäre Studentenfront FER hatte eine klassenbewusste Linie. Diese Klarheit gefiel mir. Das Paradoxe war, dass erst Juan José [Quezada] kommt und mich für die *Frente* rekrutiert und dann Edgard Munguía und mich für die FER, ohne dabei zu wissen, dass Juan José mich schon für die *Frente* rekrutiert hat.

Eines Tages kommt also Juan José und sagt zu mir: »Guck mal, mein Lieber... bist du... wärest du bereit, eine größere Verpflichtung für das Volk und die Organisation einzugehen?« »Herr Gott im Himmel!« habe ich gedacht, ich weiß schon, was das für eine Scheiße wird, ich weiß, worauf der Kerl hinauswill. Ich wusste ja schon, dass mir das eines Tages passieren musste, denn ich hatte es unzählige Male gehört: Besonders die Christlich-Sozialen, die Professoren, die Papas, die sagten immer zu ihren Kindern, ihren Töchtern und Söhnen, die nach

León zum Studieren kamen und in großen, vornehmen Häusern in León wohnten und die bei Mama Concha zu Mittag aßen, sie sagten zu ihnen, sie sollten sich nicht in die Politik einmischen, denn bei der Politik, da käme nur Gefängnis und Friedhof dabei heraus, denn die Politik sei etwas für Erwachsene, nicht für unreife Buben, die weder Beruf noch Einkommen hätten, sie sollten sich ja nicht mit denen von der FER und auch nicht mit denen von der CUUN einlassen, denn die wären Sympathisanten von den Russen und von Fidel Castro, und die Kommunisten wären außerdem Atheisten. Sie sollten sich nicht mit denen von der CUUN einlassen und nicht mit denen von der FER, denn die wären unterwandert von denen von der *Frente*, die Kommunisten wären, die kämen aus Russland und Kuba und würden die Leute nur wie die Idioten in die Berge schicken und die Leute, die sich mit der CUUN einließen, würden später an die FER weitergegeben und von da aus an die *Frente*, um sie dann in die Berge zu schicken. Alles das ging mir durch den Kopf. Es ging mir durch den Kopf, dass Juan José, der doch so gut war... wie konnte Juan José etwas damit zu tun haben? Aber dann sagte ich mir: Mensch, wenn Juan José da drin ist, heißt das, dass die, die dahinter stehen, nicht schlecht sein können! Unabhängig davon, ob sie nun gut oder schlecht waren, hatte ich Angst um mein Leben, und ich hatte insgeheim die Hoffnung, dass die Frage, die er mir stellen wollte, sich vielleicht doch nicht gerade darauf beziehen würde, woran ich dachte. Also sage ich: »Was meinst du, die CUUN oder die FER?« »Nein«, sagt er, »die *Frente*...« Und dann sagt er noch etwas, das mich besonders nervös machte: »Nein, Mensch, die Kirche...« Das war ein Deckname für die *Frente*. Es war meine erste große Entscheidung. Ich wusste, was mir passieren konnte, aber es würde mir ja nicht schon jetzt gleich passieren... Dafür stellst du dich irgendwie taub, so als wolltest du nicht daran denken. Es ist doch viel schöner, nicht daran zu denken... Wenn du zu viel daran denkst, dann flattert dir das Herz, auch wenn das sonst niemand merkt, das Denken setzt dann einen Moment lang aus, und es kommt danach wieder Ruhe auf. So entwickelt sich ein innerer Widerspruch. Aber nach einer Zeit, dann überfällt dich der Gedanke wieder, manchmal sogar beim Vögeln. Ich stellte mir vor, wenn ich ja sage, schicken sie mich zum Bombenlegen. Vor nicht langer Zeit hatte René Carrión eine Bombe am Haus der Mutter von Pancho Papi gelegt und war im Gefängnis umgebracht worden. Und dann die Berge... Du musst wissen, damals war gerade das Massaker von Pancasán gewesen. Ich malte mir so viele Sachen aus. Und je mehr ich mir ausmalte, desto größer wurde die Angst, aber ich blieb natürlich Juan José gegenüber völlig ernst und gefasst, denn ich konnte doch vor ihm nicht als Feigling dastehen. Trotzdem dachte ich an das alles, aber ich dachte auch an mein Stadtviertel. Weißt du, ich hatte damals keine fest gefügte Weltanschauung, ich war kein Theoretiker, nicht einmal ein Theoretiker; ich hatte ernsthaft Zweifel, ob der Marxismus nun gut oder schlecht war. Also sage ich mehr aus Vertrauen in ihn als aus Überzeugung; »Ist doch klar, Mensch, ganz bestimmt...«, denn das war schon fast eine Ehrensache. Das heißt: Ich war mir darüber im Klaren, was ich wollte: gegen die Diktatur kämpfen, aber ich war mir dabei nicht ganz sicher, und statt Sicherheit hatte ich eine gewisse Furcht, einen Zweifel oder was weiß ich, was ich hatte, ob ich eine solche Verpflichtung bis zu den letzten Konsequenzen erfüllen wollte. Die politische Festigkeit kommt schrittweise. Natürlich, es gibt *compañeros*, deren Entwicklung anders ist, in meinem Speziellen war es eben so. [...]

Leonel [Rugama] visierte immer eine ganz bestimmte Sache an, und je weiter seine Persönlichkeit reifte, umso charakteristischer wurde dieser Zug an ihm. Leonel stellte dich vor die Frage, ein Mann zu werden, aber nicht in dem Sinn eines *macho*, sondern eines Mannes, der historische Verantwortung übernimmt, der eine Verpflichtung für die Mitmenschen eingeht, der alles für das Glück seiner Mitmenschen einsetzt. Leonels Star war hier natürlich der Comandante Ernesto »Che« Guevara, der erst ein paar Monate tot war. Meine Politisierung baute er damals hauptsächlich auf der Verpflichtung des Menschen auf, seine Mitmenschen von der Armut zu befreien, von der Ausbeutung, sich zu den revolutionären Werten hinzuentwickeln. Natürlich sprach er mit mir auch über den historischen Materialismus, über den ich schon etwas aus Broschüren und ähnlichem Material wusste, das ich in der Universität gelesen hatte, Kommuniqués, Studentenzeitschriften und so. Also zielte Leonel damals hauptsächlich darauf ab. Ich weiß noch genau, eines Tages gab es eine ideologische Diskussion an der Universität, ich ging zu einer der Gruppen, die sich gebildet hatten, hin: Leonel war Mittelpunkt der Diskussion. Leonel war Marxist, Leninist und antiklerikal. Ich weiß noch, wie er damals zu der Gruppe von Studenten, mit denen er diskutierte, mit gerunzelter Stirn sagte: »Man muss sein wie der Che..., sein wie der Che..., sein wie der Che...« Seine Gesten und Handbewegungen, dieser Satz von ihm und die ganze Sprengkraft dessen, was darin steckte, trafen mich im Zentrum meiner Gedanken. »... sein wie der Che..., sein wie der Che...« Ich verließ die Universität und wiederholte innerlich den Satz wie ein Tonband. Ich erinnere mich sogar noch in allen Einzelheiten an die Gesten und den Gesichtsausdruck, die Festigkeit, mit der Leonel das aussprach: »Sein wie der Che..., sein wie der Che...« Natürlich hätte ich mir damals nie vorstellen können, was für einen Einfluss das später auf mich haben sollte, denn danach fing ich erst an, den Che wirklich zu studieren. Und das ist jetzt etwas ganz Lustiges, ich schäme mich nicht, es zu sagen, im Gegenteil: Ich kenne Sandino und komme zu ihm – über den Che, denn mir wird klar, dass man in Nicaragua Sandinist sein muss, um zu sein wie der Che. Das ist in Nicaragua der einzige Weg zur Revolution. [...]

Also gut, ich habe angefangen zu arbeiten und seitdem nicht mehr aufgehört. Weißt du, wie ich mich da fühlte? Wie ein Kind, das zum ersten Mal zur Schule gebracht wird; an dem Tag ist es, als hätte das Glück der Kindheit aufgehört, denn dann hast du zum ersten Mal Verpflichtungen. Wenn du zur *Frente* gehst, passiert auf einer anderen Ebene etwas ähnliches, nicht, was das Glück angeht, sondern du wirst konsequent und gehst dann weiter, wenn die Organisation, in der du bist, revolutionär ist, und wenn die Revolution wahrhaftig ist – wie es der Che gesagt hat – dann gehst du bis zum Sieg oder bis in den Tod. Wenn du einmal darin bist, und wenn die Arbeit und die Verantwortung langsam wächst, dann ist es, als kämst du in einen Strudel. Oder wie in einer Spirale – verstehst du? – in der es nur immer weitere Revolutionen gibt, eine ständige Fortentwicklung. Und du steckst darin, glücklicherweise, bis über die Ohren: Häuser besorgen, damit die Genossen im Untergrund überleben können, für Versammlungen, um Sachen aufzubewahren, für Korrespondenz; Autos besorgen, Werkstätten... Informationen über Spitzel sammeln, die Häuser der Geliebten der *Guardias* auskundschaften. Mit der Zeit machte ich alles, was mir aufgetragen wurde und wovon ich glaubte, dass ich es machen müsste. Zu der Zeit gab es keine großen Strukturen im Untergrund, aber die Arbeit, die jeder Einzelne machte, als Einzelperson, war ganz wesentlich: den Grundstein legen für die spätere Fortentwicklung der Arbeit. In León bestand die *Frente* nur aus Leonel, Juan José, dem »Kater« Munguía; man muss nämlich wissen, das war nach dem Rückzug von Pancasán, wirklich in einem sehr schwierigen Moment. Wenn jemand zu der Zeit die Entscheidung getroffen hat, in die *Frente* zu gehen, ist das – von jetzt, von heute aus gesehen – glaube ich, ein außerordentliches Verdienst. Bei der Entscheidung, zu der Zeit in die *Frente* zu gehen – das »zu der Zeit« klingt wie das Evangelium – hat, glaube ich, auch die Abschottung für mich eine gewisse Rolle gespielt. Keiner der Genossen besaß Informationen über die ganze Organisation, und das Wort *Frente,* das klang... Es gab Inschriften an den Straßen, an den Wänden, Überfälle wurden gemacht, und im Radio sprach alles von Überfällen, und sie versetzen das ganz Land in Spannung mit ihrem pi-ri-pi-pi, den berühmten Blitzmeldungen; der Raum, den diese Nachrichten einnahmen, die Fata Morgana der Publizität führte dazu, dass wir selbst an diese Illusion von der riesigen Realität glaubten. Das war schön. Ich ging in die Kathedrale von León zur Messe, nur um die Kommentare zu hören, die die Leute in der Vorhalle machten, wenn die Messe zu Ende war; dieselben Kommentare konntest du im Stadion hören, bevor das Spiel anfing, auf den Treppen im Haus der Wissenschaft und Kunst, an der Universität und in den Autowerkstätten, oder du hörst beim Haareschneiden, wie der Frisör die Sache mit dem Kunden im Stuhl neben dir bespricht. Und im Grunde deines Herzens denkst du dann: »Wenn die wüssten, dass ich bei der *Frente* bin.« Da gibt es einen interessanten Aspekt dabei, der ist, dass die bewaffneten Aktionen jeder revolutionären Avantgarde nicht nur die Massen moralisch und politisch bestärken, das heißt, nicht nur nach außen wirken, sondern auch nach innen moralisch und politisch bestärken, die Kampfbereitschaft der Organisation steigern. Das ist eine sehr schöne Sache, die man selbst erlebt haben muss, um sie ganz begreifen zu können. Du fühlst dich insgeheim und im Stillen: Avantgarde. [...]

Das heißt, du gehst in die *Frente*, weil du ihre politische Linie richtig findest. Mit allem und all deinen Ängsten, entweder ganz oder gar nicht. Aber es beeinflusst einen weiter, ob man glaubt, dass die *Frente* Somoza stürzen kann und die *Guardia* von Somoza, und ob man glaubt, dass man selbst dann noch einer von den Leuten ist, die Somoza verjagen. Und das geht dir nicht nur so, wenn du in die *Frente* kommst: Auch als ich nach sechs Jahren legaler Arbeit in die Berge ging, hatte ich die Vorstellung, die Berge wären eine Macht, denn es gab den Mythos von den Genossen in den Bergen, das war etwas Mysteriöses, etwas Unbekanntes, Modesto da oben. Und in der Stadt sprachen wir, die Legalen und die im Untergrund, von den Bergen als etwas Mythischem, wo die Kraft liegt und sogar die Waffen, das unsinkbare Schiff, damit man nicht im tiefen Wasser der Herrschaft der Diktatur untergeht, die Entschlossenheit, nicht aufzugeben; die Sicherheit, dass es nicht so bleiben kann, dass Somoza nicht sein ganzes Leben lang weiter befehlen kann, dass man die Unbesiegbarkeit der *Guardia* nicht akzeptieren muss. Und dann kommt natürlich der Schock, die Realität, das ist fast schon Demoralisierung, wenn du in die Berge kommst und findest dann nur Modesto mit fünfzehn Männern vor, in winzig kleine Gruppen verteilt. Fünfzehn Männer oder was weiß ich denn wie viele, jedenfalls waren damals keine zwanzig Guerilleros in den Bergen. Da kriegst du Lust, gleich wieder abzuhauen. »Ach du liebe Zeit«, sagst du, »so ein Scheißdreck ist das also und wann...« Du gehst fast so weit und sagst dir: »Ach Gott, ach Gott, da habe ich die schlechteste Entscheidung meines Lebens getroffen.« Du denkst, du bist in ein Unternehmen eingestiegen, das keine Zukunft hat. [...]

Aus: Omar Cabezas: *La montaña es algo más que una inmensa estepa verde*, Managua: Editorial Nueva Nicaragua 1982, S. 15–28. Zit. nach: Omar Cabezas: *Die Erde dreht sich zärtlich, Compañera*, Übers. Tom Koenigs, Wuppertal: Peter Hammer Verlag 1983, S. 12–25.

Q 138　1968 in Mexiko

Anlässlich der Olympischen Spiele 1968 wollte die »Partei der institutionalisierten Revolution« (»Partido Revolucionario Institucional«, PRI) Mexiko als ein modernes und friedliches Land präsentieren. Zwischen Juli und Oktober 1968 formierte sich jedoch eine breite Studentenbewegung, die mehr Freiheit und Demokratie forderte. Universitäten und Hochschulen, darunter die »Universidad Nacional Autónoma de México« (UNAM) und das »Instituto Nacional Politécnico« (IPN), wurden daraufhin immer wieder von Armee, Polizei und der Aufstandsbekämpfungseinheit, den »Granaderos«, besetzt. Aktivisten wurden verhaftet und gefoltert. Als Reaktion formulierten Studentenvertreter am 4. August den folgenden Forderungskatalog. Knapp zwei Monate später, am 2. Oktober, wurden beim Massaker von Tlatelolco zahlreiche Demonstranten von der Armee und von Sondereinheiten der Polizei erschossen. Bis heute ist die genaue Opferzahl umstritten, und die Verantwortlichen sind juristisch nicht belangt worden.

An die breite Öffentlichkeit
An die Lehrer, Studenten und Bildungsbehörden
　Die letzten Tage waren für das mexikanische Volk von Beklemmung und Anspannung geprägt. Gewalt und Aggression brachen über die Fachhochschulen und die Universität herein. Diese Situation wurde ausgelöst durch das hysterische und absurde Verhalten der Polizeieinsatzkräfte. Ihre in jeder Hinsicht undemokratische, erniedrigende und unverantwortliche Handlungsweise sowie ihre kontinuierlichen Angriffe auf die gesamte Bevölkerung führten zum Verlust ihrer moralischen Autorität, Ordnung herzustellen. Wir Studenten haben nichts anderes getan, als der Gewalt, der wir ausgesetzt waren, die Vernunft entgegenzustellen.
　Nicht zum ersten Mal unterdrücken die Granaderos brutal die Studenten, nicht zum ersten Mal tritt die Armee die Autonomie der höheren Bildungseinrichtungen mit Füßen (wie in

Morelia, Tabasco, Sonora etc.). Sie agieren mit großem Hass, und die Verfassung wird von den Behörden am wenigsten respektiert. Die Freiheit verringert sich jeden Tag; das führt zu einem totalen Verlust von Gedanken-, Meinungs- und Versammlungsfreiheit sowie der Freiheit sich zu organisieren. Wir Studenten haben die Verleumdung und Lügenkampagnen der großen nationalen Presse, der Radiosender und des Fernsehens satt. Wir haben genug von diesem Klima der Unterdrückung. Es ist offensichtlich, dass diese Situation in jeder Hinsicht zu Rückschritten des Landes führt. Dagegen stellen die aktiven Studentenproteste eine Gesellschaftskritik dar, die immer Gerechtigkeit und Freiheit zum Inhalt hat, weil sie zutiefst der Wahrheit verpflichtet ist.

Wir sind uns der Tatsache sehr bewusst, dass sich Vernunft und Kultur immer gegen Barbarei und Unterdrückung durchsetzen. So widersetzte sich Galileo der Inquisition und dem Obskurantismus, stellte sich [Frédéric] Joliot-Curie mutig dem faschistischen Regime entgegen, bekämpfte Belisario Domínguez die Usurpation und die Unterdrückung und war uns ein Beispiel an Beharrlichkeit und Zivilcourage. Wir betrachten uns als würdige Erben der besten Tradition der Verteidigung und Weiterentwicklung von Kultur und sozialer Gerechtigkeit. Wir fordern ausreichende rechtliche Garantien für alle Teilnehmenden der Bewegung.

Die letzten Ereignisse haben gezeigt, dass die Studentenschaft präsent und bereit ist, das Aufkeimen eines repressiven und gewalttätigen Klimas in diesem Land zu verhindern.

Wir Studenten fordern von den verantwortlichen Behörden die sofortige Erfüllung der folgenden Punkte:

1. Freiheit für die politischen Gefangenen.

2. Absetzung der Generäle Luis Cueto Ramírez [Polizeichef von Mexiko-Stadt] und Raúl Mendiolea [stellvertretender Polizeichef von Mexiko-Stadt] sowie des Oberstleutnants Armando Frías [Chef der Granaderos].

3. Auflösung der Granaderos und Verbot der Neugründung ähnlicher Einheiten, die ein direktes Repressionsinstrument sind.

4. Abschaffung der Artikel 145 und 145a des Strafgesetzbuches (Delikt der sozialen Zersetzung), die ein juristisches Repressionsinstrument sind.

5. Entschädigungszahlungen für die Angehörigen von Verstorbenen und Verwundeten, die den Aggressionen seit Freitag, den 26. Juni 1968, zum Opfer gefallen sind.

6. Ermittlung der Behörden, die für die repressiven und vandalistischen Aktionen, welche von Polizei, Granaderos und Armee ausgeführt wurden, verantwortlich sind.

Um eine schnelle Erfüllung dieser Forderungen zu unterstützen, laden wir Studenten, Lehrer und Angestellte des IPN, der UNAM, der Landwirtschaftsschule in Chapingo (ENA), der pädagogischen Hochschulen, der Sekundarstufen und pädagogischen Einrichtungen ein, an der großen Demonstration und dem Treffen am Montag, den 5. August, um 16 Uhr teilzunehmen, welches von Dr. Guillermo Massieu H., dem Direktor des IPN, angeführt werden wird.

Kundgebung: Unidad Profesional de Zacatenco.

Route: von Zacatenco über die Vocacional 7 zum Casco Santo Tomás.

Abschlusskundgebung an der Nationalen Hochschule für Biologie, dem ehemaligen Internat des IPN, wo zum ersten Mal in der mexikanischen Geschichte ein militärischer Überfall auf eine höhere Bildungseinrichtung stattfand.

Wir laden das gesamte mexikanische Volk ein, an dieser Demonstration teilzunehmen und seine Unterstützung für Schüler und Studenten zu zeigen.

4. August 1968.

Aus: Pliego petitorio del Movimiento estudiantil de 1968, in: Raúl Álvarez Garín: *La estela de Tlatelolco. Una reconstrucción histórica del Movimiento estudiantil del 68*, Mexiko-Stadt: Itaca 2002, S. 285–287.

3. Entwicklungshilfe und Solidaritätsbewegung

Q 139 Die Irrwege der »Allianz für den Fortschritt« (1967)

Der US-amerikanische Präsident John F. Kennedy hatte kurz nach seinem Amtsantritt 1961 ein groß angelegtes Entwicklungshilfeprogramm für Lateinamerika, die »Allianz für den Fort- schritt«, aufgelegt. Damit sollten soziale Reformen angestoßen werden, um den Vormarsch des Kommunismus zu stoppen, der aus der Sicht Washingtons durch die Kubanische Revolu- tion bedrohliche Dimensionen angenommen hatte. Die 1960er Jahre wurden von den Verein- ten Nationen zur »Entwicklungsdekade« ausgerufen. Doch bereits 1967 meldete der Christ- demokrat Eduardo Frei Montalva (1911–1982), der Präsident von Chile, das zu den Haupt- zielgebieten der US-Wirtschaftshilfe zählte, Kritik an. In der renommierten Zeitschrift »Foreign Affairs« des New Yorker Council of Foreign Affairs, das dem State Department nahe stand, formulierte Frei seine grundsätzliche Skepsis gegenüber der Umsetzung der Allianz.

[...] Die Allianz für den Fortschritt ist der Erfüllung einer Revolution verpflichtet, die als ein politisches Instrument in den Dienst von demokratischen Ideen und den Interessen der Mehr- heit gestellt werden sollte, damit sie substanzielle Veränderung in den politischen, sozialen und ökonomischen Strukturen der Region hervorbringt. Diese Veränderung muss schnell ge- hen, und die Verantwortung, diese herbeizuführen, liegt nicht nur bei einer Gruppe von An- führern oder einer technokratischen Elite, sondern bei der gesamten Gesellschaft. Die latein- amerikanischen Ursprünge der Allianz für den Fortschritt lagen besonders deutlich bei den nicht-marxistischen politischen Parteien, die keine Verbindungen zu den nationalen Oligar- chien hatten und die sich der traditionellen lateinamerikanischen Rechten entschieden wider- setzten.

Die lateinamerikanische Revolution ist als eine Kraft für schnellen und substanziellen Wan- del im letzten Jahrzehnt aufgekeimt. Sie ist nun ein dauerhafter und dynamischer Strom, der die politischen und sozialen Institutionen des Kontinents schwächt. Die Form, die diese dras- tische Veränderung annehmen wird, hängt von der Zeit ab, die vergeht, bis die Kräfte der Revolution endlich entfesselt werden. Je größer die Verzögerung ist, desto größer wird der angestaute Druck und desto größer die Gewalt einer eventuellen Explosion.

Die lateinamerikanische Revolution hat klar festgelegte Ziele: die Beteiligung des Volkes an der Regierung und die Zerstörung der Oligarchien, die Neuverteilung von Land und das Ende des feudalen und halbfeudalen Systems auf dem Lande, die Gewährleistung von gleichem Zugang zu kulturellen und schulischen Einrichtungen und zu Wohlstand, indem geerbten Privilegien und künstlichen Klassenunterteilungen ein Ende gesetzt wird. Schließlich ist es ein Hauptziel der Revolution, wirtschaftliche Entwicklung zusammen mit einer fairen Verteilung ihrer Produkte und der Nutzung von internationalem Kapital zum Wohl der nationalen Öko- nomie zu garantieren.

Das sind genau dieselben Ziele wie die der Allianz. Selbstverständlich ist eine so definierte Revolution nicht das einzige Mittel, durch das schneller Wandel in Lateinamerika erreicht werden kann, aber es ist das, mit dem die Allianz von Anfang an identifiziert wurde. [...]

Hat die Allianz diese Ziele erreicht? Hat sie die Demokratie bewahrt und geholfen, subs- tanziellen Wandel herbeizuführen? Leider ist die Antwort negativ. Die Allianz hat nicht den erwarteten Erfolg gebracht. Es kann nicht gesagt werden, dass seit 1961 eine Festigung demo- kratischer Regierungen in Lateinamerika stattgefunden hat. Im Gegenteil haben verschiedene Kräfte demokratische Regierungen bedroht und sowohl versucht, sie zu stürzen als auch die Umsetzung ihrer Politik zu verhindern. Auch wurden keine Strukturreformen im erwarteten Umfang unternommen.

Das bedeutet nicht, dass die Allianz fehlgeschlagen ist. Sie hat viele vorteilhafte Verände- rungen gebracht. Sie hat Fortschritte im Bereich der Bildung ermöglicht, in der öffentlichen Gesundheitsversorgung, in der kommunalen Entwicklung, in der Entwicklung von vernünfti- gen Wirtschaftsprogrammen und in der besseren Verständigung zwischen Lateinamerika und den Vereinigten Staaten. Aber diese konstruktiven Errungenschaften konnten lediglich durch die finanzielle Unterstützung der Vereinigten Staaten erreicht werden, natürlich einschließlich des Anspruchs, dass diese zusätzlichen Mittel vernünftig von den Empfängerländern eingesetzt werden sollten. Das Problem ist, dass das, was fundamental für die Allianz für den Fortschritt war – ein revolutionärer Ansatz bei den notwendigen Reformen – nicht erreicht worden ist. Weniger als die Hälfte der lateinamerikanischen Länder hat ernsthafte Programme für eine Agrarreform begonnen. Drastische Änderungen im Steuersystem sind noch seltener, während die Anzahl der wirklich demokratischen Regierungen weit davon entfernt ist zu steigen und tatsächlich geschrumpft ist. Mit anderen Worten, es gab keine Stärkung der politischen und sozialen Grundlagen für den wirtschaftlichen Fortschritt in Lateinamerika. Das ist der Grund, warum das höchste Ziel der Allianz – die Bildung von gerechten, stabilen, demokratischen und dynamischen Gesellschaften – so weit entfernt ist wie vor fünf Jahren. Einige Erfahrungen zeigen an, dass wirtschaftlicher Fortschritt alleine nicht genügt, um die Schaffung von wirklich freien Gesellschaften und von friedlicher internationaler Koexistenz zu gewährleisten. Das Problem rührt nicht nur von dem unangemessenen Fluss von internationalen Finanzmitteln her. Was fehlt, ist eine klare ideologische Richtung und Entschlossenheit seitens der politischen Führer, einen Wechsel herbeizuführen. Diese zwei Faktoren sind eng miteinander verbunden und betreffen die gemeinschaftliche politische Verantwortung aller Mitglieder der Allianz. [...]

Es ist unnötig, Namen oder Daten zu nennen, aber zu einem gewissen Zeitpunkt war das kreative und dynamische Engagement von Ländern, die durch ein gemeinsames Ideal vereint waren, vorbei. Der Name Allianz für den Fortschritt wurde bloß eine weitere Bezeichnung für alle Formen von Hilfe. Unkoordinierte Notfalldarlehen wurden zu »Allianz-Darlehen«, freimütige technische und finanzielle Hilfe für Diktaturen war ebenso »Allianz-Hilfe«. Die Allianz ist im Grunde nur eine weitere Hilfsquelle geworden an Stelle eines konzertierten Programms für gegenseitige Zusammenarbeit. Selbst wenn die Hilfe ihren finanziellen Wert aufrechterhalten hat, ist ihre ideologische Bedeutung komplett verloren gegangen. Das Fließen von Dollars, eine Leistung der Vereinigten Staaten, wurde sorgfältig überwacht, aber es gab keine gleichwertige Anstrengung zur Reform und zur Demokratisierung auf der Seite Lateinamerikas. Daher hat die Allianz die Bevölkerung von Lateinamerika nicht erreicht, für die sie geschaffen wurde.

Das ist einer der ernsthaftesten Kritikpunkte, die an der Allianz geübt wurden: dass die Bevölkerung nicht in der Lage war, an ihr mitzuwirken. Hätte es anders sein können? Die Bevölkerung ist dankbar für die erhaltene Hilfe, aber sie hat nicht das Gefühl, zum System zu gehören. Das revolutionäre Bewusstsein des lateinamerikanischen Volkes hat sich dergestalt weiterentwickelt, dass es jetzt als normgebende Richtung für ihre Hauptbetätigungen betrachtet werden kann. Die Allianz ist dabei gescheitert, dieses Bewusstsein zu kanalisieren, und sie hat nicht die benötigte Führerschaft ergriffen; im Grunde gehört sie nicht zum revolutionären *mainstream*.

Die lateinamerikanischen Institutionen, die mit der Allianz zusammenarbeiten, umfassen keine Gewerkschaften, Studentenvereinigungen, Bauernverbände, Genossenschaften etc. Es ist jedoch sehr wichtig, dass solche Organisationen an einem Unternehmen teilnehmen, das im Wesentlichen auf die Bevölkerung zielt und dessen Erfolg grundlegend von seiner Fähigkeit abhängt, die von der Gemeinschaft aufgestellten Forderungen zu befriedigen. Vom politischen Standpunkt ist dies einer der schwächsten Aspekte der Allianz. Ihre Aufgabe ist es, durch eine Revolution hindurchzuführen, welche ökonomische und soziale Entwicklung herbeiführen wird, und dafür ist es absolut notwendig, dass die Bevölkerung als Ganzes hinter ihr steht. Die loyale Beteiligung der Gemeinschaft bei dieser Anstrengung, eine egalitäre Gesellschaft aufzubauen, ist der einzige Weg, mit dem das Ziel erreicht werden kann. Deswegen muss die Allianz alle Bereiche der Gesellschaft in ihre Umgestaltungsarbeit einbeziehen. [...]

Ein anderes schwerwiegendes Problem der Allianz ist ihre Unfähigkeit, die Integration Lateinamerikas zu fördern. Dem Integrationsprozess fehlt es an Geschwindigkeit und an Richtung, man kommt nicht umhin festzustellen, dass er zum Stehen gekommen ist. [...]

Die Alternativen liegen auf der Hand: Entweder erreicht die Allianz eines ihrer wichtigsten Ziele, indem sie den benötigten wesentlichen Impuls zur Integration gibt, oder es wird in ein paar Jahren allen klar sein, dass in den 1960ern eine große Möglichkeit aufgrund von kleinlichem Nationalismus verschenkt wurde. [...]

Die Rettung der Allianz hängt von der Umsetzung aller dieser Maßnahmen ab: der Unterstützung der Integration, der Beendigung des Wettrüstens und dem Finden einer gemeinsamen Lösung für die Probleme des Außenhandels. Das Problem besteht nicht allein in finanziellen Mitteln, obwohl diese zu gewissen Zeiten knapp waren im Vergleich zu den legitimen Bedürfnissen der Region. Es ist im Wesentlichen ein politisches Problem, das der Erklärung des Willens zur Veränderung bedarf, gemeinsam mit der Akzeptanz der benötigten Maßnahmen, um diesen Wechsel herbeizuführen. Die Bevölkerung unterstützt keine Regierungen, weil sie sich pflichtgemäß an die Vorgaben dieser oder jener internationalen Organisation gehalten haben, sie unterstützt sie, wenn sie eine vielversprechende politische und wirtschaftliche Alternative zu künftigen Frustrationen und die Hoffnung auf eine bessere Zukunft anbieten. [...]

Aus: Eduardo Frei Montalva: The Alliance That Lost Its Way, in: *Foreign Affairs* 45, 3, New York (1967), S. 437–448.

Q 140   Solidaritätslieferungen der DDR nach Chile (1973)

Seit Mitte 1972 musste die sozialistische Regierung unter Präsident Allende aufgrund der Versorgungskrise in Chile Lebensmittel des täglichen Gebrauchs importieren lassen. Jedoch besaß die Regierung kaum noch Devisen, woraufhin der DDR-Ministerrat die sogenannten »Solidaritätslieferungen« beschloss. Zwischen Ende August und Anfang September 1973 kamen drei Frachter mit Spendengütern in Chile an. Die gelieferten Lebensmittel und Medikamente konnten jedoch die Lage nicht mehr entscheidend verbessern. Die Nachricht des chilenischen Botschafters Carlos Contreras Labarca an Außenminister Almeyda vom 19. August 1973 beschreibt die Verabschiedungszeremonie der Schiffe im Rostocker Hafen.

Herr Minister,

es ist mir eine besondere Freude, Ihnen mitzuteilen, dass in diesen Augenblicken drei Schiffe aus der DDR, Träger von Solidaritätsgütern für Chile, die »Fichte«, die »Radeberg« und die »Fontane«, Kurs auf unser Land nehmen. Die Fracht von 10.000 Tonnen, die von diesen Schiffen transportiert wird, umfasst Lebensmittel, Medikamente und Ausrüstung im Wert von 31,8 Millionen Mark und soll demnächst in Valparaíso eintreffen. Die »Fichte« und die »Radeberg« sind am Mittwoch, den 1. August, und die »Fontane« am Freitag, den 10. August, von Rostock ausgelaufen.

Am Mittwoch, den 1. August, bin ich nach Rostock gereist, um die »Fichte« und die »Radeberg« zu verabschieden. Bei der emotionalen Feier, die auf dem Kai stattfand, an dem die besagten Schiffe lagen, fanden sich auch die Abgeordnete und Generalsekretärin der Kommunistischen Jugend Gladis Marín und 35 Mitglieder der chilenischen Delegation bei den 10. Weltfestspielen der Jugend und Studenten ein. Außerdem waren bei diesem enthusiastischen Treffen mehr als 1.000 Arbeiter und Beschäftigte des Rostocker Hafens anwesend. Die Zeremonie, die anlässlich der Verabschiedung dieser Schiffe veranstaltet wurde, war sehr herzlich, und Rufe wie »Es lebe Chile« und »Es lebe die DDR« erfüllten die Luft, als man die »Fichte« beim Auslaufen aus dem Hafen verabschiedete, die das erste Schiff der drei war.

[...] Wir, der Unterzeichner und die Abgeordnete Gladis Marín, Mitglied der Politischen Kommission des CC des PC [Zentralkomitee der Kommunistischen Partei] von Chile und Generalsekretärin der Kommunistischen Jugend Chiles, dankten im persönlichen Auftrag von Präsident Allende den Arbeitern der DDR für ihre edlen Gefühle der Solidarität.

In meiner Stellungnahme sagte ich unter anderem Folgendes:

»Diese wertvolle Schiffsladung mit Waren wird dazu beitragen, die ernste wirtschaftliche Lage und das Leiden unseres Volkes zu erleichtern... Ein umfassender Aktionsplan wird in verschiedenen Bezirken der DDR zum Tragen kommen, um weiterhin die Solidarität mit Chile zu fördern.

Außerdem muss die umfangreiche Kooperation erwähnt werden, die uns die DDR auf finanziellem, wirtschaftlichem, kaufmännischem, kulturellem und wissenschaftlich-technischem Gebiet gemäß den vereinbarten Abkommen zwischen den beiden Ländern zuteil werden lässt.«

Aus: *Ordinario N° 310/61. Tres barcos de la RDA transportan bienes de solidaridad hacia Chile* (Berlín, 19 de Agosto de 1973), in: Gobierno de Chile, Ministerio de Relaciones Exteriores, Archivo General Histórico, Santiago de Chile, Año 1973, Oficios Confidenciales.

Q 141   Der nicaraguanische Feminismus und die internationale Solidaritätsbewegung (1990)

Die Sandinistische Revolution in Nicaragua erweiterte den Einfluss von Frauen auf die Politik. Neben den Alphabetisierungs- und Bildungskampagnen sowie den gesundheitspolitischen Initiativen der 1980er Jahre setzte die Regierung Maßnahmen zur Verringerung geschlechtspezifischer Ungleichheiten um, die von den Aktivitäten zahlreicher Frauenorganisationen wie z. B. der 1977 gegründeten »Vereinigung nicaraguanischer Frauen Luisa Amanda Espinoza« (»Asociación de Mujeres Nicaragüenses Luisa Amanda Espinoza«, AMNLAE) flankiert wurden. Die feministische Bewegung stand dabei stets im Spannungsfeld zwischen ihrer politischen Autonomie und ihrer emanzipativen Programmatik einerseits sowie ihrer Nähe zur männlich dominierten FSLN und der katholischen Wertorientierung der nicaraguanischen Gesellschaft andererseits. Hinzu kamen divergierende Vorstellungen seitens der internationalen Solidaritätsbewegung, wie das folgende, in der Umbruchphase nach der Wahlniederlage der FSLN gegen die »Nationale oppositionelle Union« (»Unión Nacional Opositora«, UNO) 1990 von der deutschen Zeitschrift »ila« geführte Interview mit der nicaraguanischen feministischen Journalistin Sofía Montenegro (*1954) zeigt.

[Frage:] Was sind Deiner Meinung nach die größten Probleme für die Frauen nach der Machtübergabe?

[Montenegro]: Erstens die ökonomische Politik – das Weltbankprogramm, dass, wie Ihr wisst, eine Kürzung der Sozialausgaben beinhaltet. Das betrifft die Frauen direkter als irgendjemand anderes, glaube ich, denn zunächst einmal sind die Frauen praktisch erst seit Beginn der Revolution eingesetzte Arbeitskraft. Zum Beispiel denken sie daran, im staatlichen Bereich 25.000 Personen zu entlassen, und ein großer Teil der Staatsangestellten in Nicaragua sind Frauen, die im Dienstleistungsbereich arbeiten. Dann betrifft die Kürzung von Arbeitsplätzen auch den Erziehungsbereich. 75% der LehrerInnen in Nicaragua sind Frauen, das ist eine enorme Arbeitskraft. Mit diesem Plan haben sie angefangen, aber sie haben es noch nicht geschafft, ihn durchzusetzen. Wir befinden uns mitten in dieser Auseinandersetzung. Das andere Problem sind die Kürzungen im Erziehungsbereich, die Stipendien vor allem. Tausende von Mädchen, die vom Staat Stipendien bekommen haben, sind jetzt ohne jede Finanzierungsmöglichkeit. Und auf der anderen Seite ist da die Kürzung der gesundheitlichen Versorgung von Mutter und Kind, die unter den Sandinisten immer Priorität besaß. Das betrifft nicht nur die Gesundheit der ganzen Bevölkerung, sondern besonders die der Frauen und der Kinder, der Allerkleinsten. Die Sterblichkeitsrate bei Säuglingen ist bereits gestiegen. Auf der anderen Seite bedeutet das auch, dass einige Einrichtungen für Frauen, wie z. B. der CDI (Centro de Desarrollo Infantil; Zentrum für kindliche Entwicklung), keine staatliche Unterstützung mehr erhalten. Sie planen im Gegenteil, diese Einrichtungen zu privatisieren. Das betrifft eine große

Masse von Frauen, denn in Nicaragua gibt es aus soziopolitischen Gründen eine zunehmende Zahl von Frauen als Familienvorstände. 38% der Frauen in Nicaragua sind Familienvorstand, das ist eine sehr hohe Zahl an allein stehenden Frauen mit Kindern. Den anderen ideologisch-politisch-ökonomischen Plan, den sie haben, ist die Rückkehr der Frauen an den Herd, und das ist eine Form, die Arbeitslosigkeit zu verdecken. Ideologisch kehrt die Idee von Familieneinkommen zurück, das natürlich der Mann verdient, und so hat die Frau im ökonomischen Sinn eine ergänzende Rolle und keine eigene mehr. Dies bedeutet auch die Wiedereinsetzung eines Frauenbildes, von dem wir geglaubt haben, dass es in Nicaragua überwunden sei – das ist das Bild der gebärenden Mutter. Es ist auch explizit gesagt worden, die Aufgabe der Frau sei es zu reproduzieren – also wie ein Kaninchen, das nur existiert, um kleine Karnickel zu kriegen. Und innerhalb dieser Logik halten sie auch fest an dem »Modell der spontanen Reproduktion«. Mit der Revolution und dem Aufkommen der Frauenbewegung sind auch die reproduktiven Rechte der Frauen etabliert worden. Und wir haben um die Entwicklung einer Bevölkerungspolitik gekämpft, in der die Frau als Subjekt ihrer eigenen Reproduktion erscheint, d.h. eine freie und geplante Reproduktion, eine freie Mutterschaft. Aber sie fahren fort mit ihrer politisch-ökonomisch-sozialen Vision, und irgendwie werden sie versuchen, die Frauen in diese Rolle zu zwingen über den einfachen Weg, die Verhütungsmittel aus dem Markt zu ziehen. Und das Erziehungsministerium hat sehr deutlich gesagt, dass die einzig zuverlässige Verhütungsmethode die Kalendermethode ist, die von der Regierung in der Sexualerziehung propagiert wird. Und ansonsten folgen sie den Anweisungen des Papstes. Also das ist ein ziemlich technokratisches Modell, und – gut – diese Leute, die irgendwie als Ideologen der neuen Regierung fungieren, kann man dem christlich-fundamentalistischen Spektrum zuordnen. Das sind auch die Leute, die zur »Ciudad de Dios« (christliche Geheimloge in Nicaragua) gehören, die wichtige Vertreter im Kabinett hat, unter ihnen der Minister und Vizeminister für Erziehung und Kultur. Da gibt es dann also einen Zusammenschluss derjenigen, die den ideologischen Apparat kontrollieren wollen. Allgemein bedeutet das einen gewaltigen Rückschritt für die Frauen, sowohl in Bezug auf ihre bürgerlichen Rechte als auch auf ihre politischen Freiheiten. [...]

[Frage:] Werdet Ihr als Frauen jetzt wieder mit den Männern zusammen gegen den gemeinsamen Feind – die neue Regierung – kämpfen?

[Montenegro:] Also erstmal führen wir die Diskussion unter den Frauen und mit den Männern zusammen, und daraus muss eine Strategie folgen, wie wir mit den Männern umgehen. Es geht darum, eine Trennung zu machen, dem Kaiser zu geben, was des Kaisers ist, und Gott das zu geben, was Gottes ist. Und aus Gewohnheit und verschiedenen Gründen gibt es immer noch Frauen, die z.B. glauben, die Verteidigung der Beschäftigung der Frauen sei das Wichtigste. Aber wir halten daran fest, dass dies Teil des Volkskampfes, in den wir Frauen einbezogen sind, ist. Denn die ökonomischen Probleme betreffen das ganze Volk und nicht nur die Frauen. [...] Wir haben Arbeit bis zum Jahre 2000, aber dafür sind wir jetzt auch klarer im Kopf. Wir werden uns der Aufgabe widmen, einen neuen Enthusiasmus zu verbreiten.

[Frage:] Wie beurteilst Du das Verhältnis zwischen der Frauenbewegung in der »Ersten« Welt und Eurer Frauenbewegung?

[Montenegro:] [...] Ich denke, dass sowohl die Solibewegung als auch die internationale Frauenbewegung in einen Assistentialismus verfallen sind, also das »Hilfe für...-Prinzip«. Sie hat viel konkrete Arbeit geleistet, bei der Einrichtung von Frauenhäusern und Gesundheitsposten geholfen etc. Das ist wirklich existent wichtig, vor allem weil wir sehen können, dass diese Errungenschaften gemeinsam von Frauen verteidigt werden, also auch von UNO-Frauen. Wichtiger aber als die konkrete materielle Hilfe ist die ideologische Arbeit und die ideologische Unterstützung. In der »Ersten« Welt gibt es viele Frauen, die uns wegen unserer engen Verbindung zu einer Partei mit Männern nicht mehr unterstützen wollen. Das ist zum einen sektiererisch, und zum anderen deutet es auf die Haltung hin, dass diese Frauen besser als wir selber wissen, was gut für uns ist und was nicht. Wenn sie an uns die Bedingung absoluter Unabhängigkeit stellen, vergessen sie einfach die ökonomischen Sachzwänge, in denen wir stecken und gehen von ihrer eigenen Realität aus. Das zu erkennen, war manchmal wie ein

Schlag. Das zeugt einfach von fehlendem Respekt uns gegenüber. Wir wollen auch, dass unsere ideologische Arbeit unterstützt wird. Also rein materielle Unterstützung, wie z.B. die Finanzierung eines Waschpostens, nützt uns gar nichts, solange es immer noch Frauen sind, die die Wäsche waschen. Die Unterstützung der lesbischen Frauen ist ein anderer Punkt. Das ist ein ganz wichtiger Bereich, in dem die europäischen Frauen helfen können, Bewusstseinsarbeit zu machen. Aber auch hier ist uns die Einheit aller Frauen ganz wichtig, und ich wehre mich gegen bestimmte sektiererische Haltungen europäischer Lesben, die sich z.B. weigern, mit heterosexuellen Frauen zusammenzuarbeiten. Jedenfalls muss es über all diese Themen noch mehr Diskussion geben. Mag sein, dass das zum Teil sehr heftige Diskussionen werden, die uns an unsere Grenzen bringen, aber das ist das Risiko, das wir eingehen müssen. Ich ziehe eine Auseinandersetzung dem Schweigen immer noch vor. Außerdem ist das eine Möglichkeit, die uns erleichtert, die verschiedenen Formen des Denkens akzeptieren zu lernen, auch wenn es nicht immer leicht ist. Das heißt, für mich ist Demokratie eine ständige Übung in Toleranz und Respekt.

Aus: Einheit und Verschiedenheit vereinbaren. Interview mit der nicaraguanischen Feministin Sofía Montenegro, in: *ila. Zeitschrift der Informationsstelle Lateinamerika* 141, Bonn (1990), S. 27–30.

Q 142   Kuba und die Unabhängigkeitskriege in Afrika (1960er–1990er Jahre)

Mitte der 1960er Jahre trat Kuba zunehmend als wichtiger Akteur auf der internationalen Bühne in Erscheinung. Che Guevara beteiligte sich in dieser Zeit nicht nur am Aufbau von Guerillagruppen in Südamerika, sondern bereiste auch zahlreiche afrikanische Länder und nahm an einer erfolglosen Intervention im Kongo teil. Als Angola beim Zusammenbruch der portugiesischen Kolonialherrschaft 1974/75 zum Brennpunkt des globalen Systemkonflikts wurde, forderte der Führer der »Volksbewegung zur Befreiung Angolas« (»Movimento Popular de Libertação de Angola«, MPLA), Agostinho Neto (1922–1979), kubanische Truppen zur Verteidigung der angolanischen Unabhängigkeit unter MPLA-Führung an. Mit einer zweiten Großoffensive reagierte Kuba in der zweiten Hälfte der 1980er Jahre auf neue südafrikanische Invasionsversuche. Zwei Weggefährten Che Guevaras erinnern sich in den folgenden ca. 1995 geführten Interviews an die Motive der kubanischen Intervention in Afrika. Jorge Risquet kehrte nach der angolanischen Unabhängigkeit nach Kuba zurück und wurde Mitglied im Politbüro der Kommunistischen Partei. Rafael Moracén Limonta (*1939) verbrachte viele Jahre in Angola als Sicherheitschef und militärischer Berater von Neto und später von dessen Nachfolger José Eduardo dos Santos (*1942).

Jorge Risquet

[...] Die Portugiesen waren müde, insbesondere einige fortschrittliche Portugiesen und andere ernsthafte Menschen, weil sie wussten, dass die Truppen aus Zaire und Südafrika gerade einmarschierten, deshalb ließen die Verantwortlichen zu, dass die MPLA sich verteidigte. Angesichts der bevorstehenden Ereignisse herrschte Unbehagen und Antriebslosigkeit auf Seiten der portugiesischen Militärs, da Portugal die Souveränität zumindest bis zum 10. November garantieren sollte. Sie legten ihre Verantwortung ab wie Spanien es mit Sahara tat. Als sie fortgingen, marschierten die Marokkaner in der Sahara ein und raubten den Sahrauis die Unabhängigkeit, so wie Spanien es mit Kuba getan hatte: Anstatt uns die Unabhängigkeit zu geben, für die wir 30 Jahre lang gekämpft hatten, paktierten sie mit den Vereinigten Staaten und übergaben ihnen Kuba. Das also ist die Geschichte des Kolonialismus. Wir hatten in der einen oder anderen Phase der vergangenen Jahrhunderte eine ähnliche Erfahrung gemacht. Es wurde ein Bataillon mit Spezialeinheiten geschickt, und die ersten beiden Kompanien kamen am 9. [November 1975] an. Die zweite Kompanie kam später, und so kam das Bataillon nach und nach per Flugzeug. Der letzte Mann traf am 28. November ein. [...] Luanda wurde durch die Schlacht vom 10. befreit. Das Problem bestand nun darin, die Südafrikaner im Süden aufzuhalten. [...] Am 2. November unternahmen wir mit den beiden Kommandanten Argüelles und Tomás sowie zehn weiteren Kubanern einen Guerilla-Angriff: Sie hatten die Südafrikaner überraschend am Flughafen von Benguela angegriffen und ihnen einige Verluste zugefügt. Es war eine sehr kühne Aktion, aber wirklich äußerst demoralisierend für die Südafrikaner. [...] Sie machten einen Versuch, Ebo zu nehmen, um am 23. November von Westen her in Quibala einzumarschieren. Diese Schlacht war eine der blutigsten: Hier wurde meiner Meinung nach das Rückgrat der südafrikanischen Streitkräfte gebrochen. [...] Danach [...] war die Unabhängigkeit Angolas gesichert. [...] Am 1. Dezember waren wir mehr als 2.000 Mann. Zuvor waren wir nur 480 gewesen, und so rückten wir weiter Richtung Süden vor, bis am 27. März der letzte südafrikanische Soldat Angola verließ. Wir hatten das Land befreit.

Frage: Was war die höchste Zahl kubanischer Truppen in Angola?

Es gibt eine sehr genaue Zahl vom 15. Februar 1976, die der Generalstab der FAR [Revolutionäre Streitkräfte Kubas] veröffentlicht hat:

Es wurden 26.596 Mann gesendet...

[...] Das war im ersten Krieg. Im zweiten waren es 50.000. [...]

Frage: Wie wurde die Rekrutierung in Kuba vorgenommen, war sie freiwillig oder obligatorisch?

Sie war absolut freiwillig. Sogar unter den Soldaten. Außerdem war eine große Zahl keine regulären Soldaten, sondern Reservisten. Das waren Leute, die die Armee schon durchlaufen hatten. Und diese Leute erfanden sogar Lügen, um kämpfen zu gehen, wie beispielsweise ein Ingenieur, der wichtige Aufgaben in einer Fabrik hatte und sagte, er sei Arbeiter. Es gab mehr als 800.000, die bereit waren, nach Angola zu gehen. [...]

Frage: Beteiligte sich die Regierung von Angola an den Entschädigungen [für Hinterbliebene]?

Nein, nein, das ist unser Problem, das heißt, die Angolaner tragen dafür keine Verantwortung, die Verantwortung liegt bei Kuba, die angolanische Regierung trägt schon für viele Dinge Verantwortung, für die toten und verletzten Angolaner. Wir Kubaner sind dort hingegangen, um freiwillig zu kämpfen. Der kubanische Staat hat uns geschickt und der kubanische Staat kümmert sich um die Angehörigen, um die Waisen, um die Witwen. In jedem Munizip gibt es Kommissionen, die sich darum kümmern.

Als die sterblichen Überreste ankamen, kam auch Präsident José Eduardo, um sie zu begleiten. Es wurden in jedem Munizip Beerdigungen durchgeführt, weil jeder in seinem Munizip beerdigt wurde. Es gibt ein Denkmal auf jedem Friedhof in jedem Munizip des Landes, auf dem die sterblichen Überreste eines kubanischen Internationalisten liegen.

Frage: So viele tote Kubaner für die Sache Angolas. Was hat Kuba durch diese Hilfe gewonnen? Hat die angolanische Regierung diese Hilfe zu würdigen gewusst?

Erstens gingen wir nicht mit dem Gedanken an eine Gegenleistung. Wir gingen, weil wir glaubten, dass ein Volk, das von einem anderen kolonisiert wurde, das Recht hatte, frei zu sein, und Angola war 500 Jahre lang von einem Mutterland kolonisiert, so wie Kuba. Kuba war ein halbes Jahrhundert weniger als Ihr von Spanien kolonisiert. Wir haben gegen Spanien Krieg geführt, und dann kam der amerikanische Kolonialismus, und deshalb mussten wir einen weiteren Krieg gegen den amerikanischen Kolonialismus führen.

Hier befinden wir uns auf demselben Weg. Das angolanische Volk hat fünf Jahrhunderte lang gegen die Unterdrückung gekämpft und wurde dann von den rassistischen Südafrikanern und von den Zairern überfallen. Sie baten uns um Hilfe, und unser Volk war bereit zu helfen. [...] Und wir gingen, damit Angola unabhängig würde, und Angola ist unabhängig. Wir gingen, damit Namibia unabhängig würde, und Namibia ist unabhängig. Wir gingen, um das schändliche Apartheidsregime zu beenden, und das Apartheidsregime wurde beseitigt. Unsere Entschädigung ist, dass wir zusammen mit den Angolanern, den Namibiern und den Südafrikanern den Kolonialismus besiegt haben, die Besatzung Namibias besiegt haben und die Apartheid besiegt haben. Das ist unsere große historische Entschädigung.

Rafael Moracén Limonta

Ich heiße Rafael Moracén Limonta. Ich kam Anfang 1965 nach Angola, und damals gaben sie mir den Namen Humberto Vasque Mancebo, um mich in die Bewegung zu integrieren – unter diesem Namen kennen mich die alten Kämpfer, vom seligen Präsidenten Neto bis hin zu den anderen Befehlshabern, von denen es damals einige gab. Manche sind gestorben, andere leben noch, einige sind hier [in Angola], andere sind andere Wege gegangen. [...]

Frage: Herr General, zur Zusammenarbeit zwischen Angola und Kuba: Abgesehen von der militärischen Zusammenarbeit, inwiefern haben die Kubaner damals oder seitdem von ihrer Hilfe für Angola profitiert? Und ich meine vor allem mit der Sendung von Ärzten und Lehrern?

Nun ja, wir haben keinen Gewinn gemacht außer der Befriedigung, dem angolanischen Volk zu helfen – und nicht nur dem angolanischen Volk. Ich sage Ihnen: ganz Afrika zu helfen, denn ich spreche von denen, die in Kuba studiert haben, Angolaner. Aber in Kuba studierten auch Äthiopier, Simbabwer, Mosambikaner, Leute vom ANC [*African National Congress*], aus Namibia, aus dem Sudan, aus São Tomé, aus Guinea-Bissau. Die größte Zahl kam aus diesen erwähnten Ländern, aber es kamen auch welche aus Kongo-Brazzaville zum Studieren. Und es kamen auch welche aus vielen anderen Ländern Afrikas zum Studieren, da wir in erster Linie die Möglichkeiten dazu hatten und in Angola, in Afrika, in den meisten Ländern Afrikas in den 60ern eine revolutionäre Bewegung für ihre Befreiung und ihre Unabhängigkeit entstand. Und wir, die wir schon unabhängig waren und internationalistisch gesinnt sind, unsere Partei, unsere Anführer, wollten diesen Völkern helfen, die für ihre Unabhängigkeit kämpften. Und der Beweis dafür, dass wir daraus keinen Profit schlugen, ist das, was wir heute haben. So haben wir, so hat unser Volk nach dem Zusammenbruch des sozialistischen Lagers in den Jahren 90, 91, 92 und 93 eine Ernährungskrise durchlebt, da die Hilfe, die wir aus dem sozialistischen Lager und vor allem von der Sowjetunion erhalten hatten, wegfiel.

Frage: Herr General, genau zu diesem Punkt wollte ich kommen. Die Kubaner gaben vielen Ländern und vielen Völkern eine Hilfe, die man damals internationalistisch nannte. Meinen Sie, dass es heute, angesichts der Situation, in der Kuba sich befindet, eine Erwiderung der von den Kubanern geleisteten Hilfe von Seiten der Länder gibt, denen sie geholfen haben?

Nun gut, zunächst einmal haben wir keine Hilfe geleistet, um eine Gegenleistung zu bekommen. Wir waren der Meinung, dass wir wegen einer Schuld halfen, die wir der Menschheit gegenüber hatten, da viele Menschen aus anderen Erdteilen in dem Befreiungskampf unseres Landes gekämpft hatten. Dort kämpften Afrikaner, viele Afrikaner, etwa aus Äthiopien, aus Nigeria, aus Angola. Diejenigen, die im Oktober 1868 in Kuba rebellierten, diejenigen, die den Unabhängigkeitskampf begannen, das waren fast alles Afrikaner. Ein kubanischer Kreole namens Kalo Manuel de Sepe [Carlos Manuel de Céspedes], den wir »Vater des Vaterlands« nennen, begann einen Aufstand und rekrutierte Leute aus Santo Domingo und Venezuela, sogar Amerikaner und Russen kämpften für unsere Unabhängigkeit. Und wir mit unserer Strahlkraft als Unabhängigkeitskämpfer und Revolutionäre, die war in diesem ganzen Jahrhundert angenommen hatten, wir haben diese revolutionäre Hingabe, weil man nicht vergessen darf, dass an unserem Befreiungskampf ein Mann aus Argentinien teilnahm, Che Guevara, der ein Weltenmensch war, ein Mann, der einen Einfluss wie wenige andere ausübte. Die Hilfe für Afrika steht in Zusammenhang mit den Ideen unseres Oberbefehlshabers, mit der Präsenz Che Guevaras. Und wir verspürten tatsächlich die Wärme der Völker. Wir spürten zum Beispiel die Solidarität der Völker mit uns. In unserem Fall [...] verurteilte die Regierung von Angola die Blockade Kubas, damals wie heute. Im Streit um die Menschenrechte oder bei internationalen Ereignissen solidarisieren sie sich mit uns. Mehr können wir nicht verlangen, speziell von Angola, das seine vollständige Unabhängigkeit nicht erreicht hat und immer noch im Krieg lebt. Aber mit den anderen Völkern teilen wir die Solidarität. [...]

Frage: Herr General Moracén, in der Zeit, in der Sie seit 1975 in Angola waren – Sie gingen danach nach Kuba und kehrten zurück – welche waren die Momente, die Ihnen in Bezug auf Angola die größte Freude bereiteten?

Gut, mein freudigster Moment in Angola war die Unabhängigkeit Angolas, als Angola nach so vielen Jahren des Kampfes, so großer Anstrengung und so einem schwierigen Weg tatsächlich seine Unabhängigkeit erklärte.

Dieser Moment ist ein Moment falscher Freude. Trotzdem sage ich Ihnen eins: Ich hatte hier in Angola viele Freuden, weil ich viele Freunde habe und viele Menschen, von denen ich gelernt habe, und weil ich absolutes Vertrauen in das angolanische Volk habe. [...]

Ich dachte, alle Afrikaner sind so, aber sie sind nicht alle so. Ich habe andere Länder besucht, auch portugiesischsprachige, und sie sind nicht wie die Angolaner. Der Angolaner ähnelt dem Kubaner: Er ist ein Spaßvogel, er ist lustig, er ist freundschaftlich und teilt gern, er ist sehr gastfreundlich und sehr familiär. Und sie sind wirklich sehr intelligent. [...]

Aus: Jorge Risquet, in: Drumond Alcides Jaime Mafuta/Hélder Manuel Barber Dias dos Santos (Hgg.): *Angola. Depoimentos para a história recente.* Band 1: 1950–1976, o.O.: Selbstverlag 1999, S. 330–346, hier 343–346; Rafael Moracén Limonta, in: Dies.: Ebd., S. 318–329.

4. Die neuen Militärdiktaturen

Q 143   Der Putsch in Argentinien (1976)

Die Doktrin der nationalen Sicherheit lieferte in den 1960er und 1970er Jahren die ideologische Grundlage für den Anspruch der lateinamerikanischen Militärs auf eine führende Rolle in Staat und Gesellschaft. Die wesentlichen Elemente der Doktrin der nationalen Sicherheit in Lateinamerika waren ein weitreichendes Konzept der inneren und äußeren Sicherheit als oberstes Staatsziel, die Verwendung von Methoden »antisubversiver« Kriegsführung, ein hierarchisch-militärischer Aufbau der Strukturen, die Fokussierung auf die nationalen Interessen sowie die Berufung auf westlich-christliche Werte. Auch die argentinische Militärdiktatur von 1976–1983 bezog sich mit dem von ihr ausgerufenen »Prozess der nationalen Reorganisation« auf die ideologischen Grundlagen dieser Doktrin. Die Vorrangstellung der nationalen Sicherheit und die Überhöhung der nationalen und christlichen Werte und Traditionen, des »ser argentino«, wird in ihrer ersten offiziellen Regierungserklärung vom 24. März 1976 deutlich.

Prozess der nationalen Reorganisation

Bildung der Militärjunta, die die politische Macht in der Republik Argentinien übernimmt.

Protokoll zum Prozess der nationalen Reorganisation

In der Stadt Buenos Aires, Hauptstadt der Republik Argentinien, übernehmen am 24. Tag des Monats März im Jahr 1976 der Oberkommandierende des Heeres, Generalleutnant D. Jorge Rafael Videla, der Oberkommandierende der Marine, Admiral D. Emilio Eduardo Massera und der Oberkommandierende der Luftwaffe, Brigadegeneral D. Orlando Ramón Agosti, die sich zum Oberkommando der Streitkräfte versammelt haben, in Anbetracht des aktuellen Zustands des Landes die Regierungsverantwortung für die Republik.

Darum beschließen sie:

1. Bildung der Militärjunta mit den Oberkommandierenden der nationalen Streitkräfte, die die politische Macht in der Republik übernimmt.

2. Annullierung der Mandate des Präsidenten der argentinischen Nation und der Gouverneure und Vizegouverneure der Provinzen.

3. Beendigung der Tätigkeiten der Föderalen Inspektoren in den zurzeit betroffenen Provinzen, des Gouverneurs des Staatsgebiets Feuerland, Antarktis und Südatlantische Inseln und des Oberbürgermeisters der Stadt Buenos Aires.

4. Auflösung des Nationalkongresses, der Provinzparlamente, des Abgeordnetenhauses der Stadt Buenos Aires und der Stadträte in den Provinzen und ähnlichen Körperschaften.

5. Absetzung der Mitglieder des Obersten Nationalen Gerichtshofs, des Generalstaatsanwalts und der Mitglieder der Obersten Gerichtshöfe der Provinzen.

6. Absetzung des Schatzmeisters (*Procurador del Tesoro*).

7. Suspendierung der politischen Aktivitäten und der politischen Parteien auf nationaler, provinzialer und kommunaler Ebene.

8. Suspendierung der Verbandsaktivitäten der Arbeiter, Unternehmer und Selbstständigen.

9. Benachrichtigung der akkreditierten diplomatischen Vertreter in unserem Land und der argentinischen Vertreter im Ausland über die eingeleiteten Schritte, um die Kontinuität der Beziehungen mit den entsprechenden Ländern zu gewährleisten.

10. Nominierung des Staatsbürgers, der das Amt der nationalen Präsidentschaft übernehmen wird, sobald die oben genannten Maßnahmen umgesetzt sind.

11. Die Militärinspektoren werden in ihren entsprechenden Hoheitsgebieten das für die nationale Ebene Festgelegte und die jeweiligen Anweisungen der Militärjunta umsetzen.

Mit der Annahme der vorstehenden Resolution wird die Zusammenkunft für beendet erklärt. Unterzeichnet werden vier Ausfertigungen dieses Dokuments für die Registrierung, Bekanntmachung und spätere Archivierung bei der Präsidentschaft der Nation, dem Oberkommando des Heeres, dem Oberkommando der Marine und dem Oberkommando der Luftwaffe.

Videla. Massera. Agosti.

Vorhaben und grundlegende Ziele
Buenos Aires, den 24. März 1976

Protokoll zur Festlegung des Vorhabens und der grundlegenden Ziele für den Prozess der nationalen Reorganisation

Die Militärjunta legt das Vorhaben und die grundlegenden Ziele des sich entwickelnden Prozesses der nationalen Reorganisation fest, die im Folgenden dargelegt werden:

1. Vorhaben
Wiederherstellung der wesentlichen Werte, die als Fundament für das Funktionieren des Staates dienen. Dabei wird ausdrücklich die Betonung auf Moral, Eignung und Leistungsfähigkeit gelegt, die alle unerlässlich sind, um Inhalt und Bild der Nation wiederherzustellen, um die Subversion auszurotten und um die wirtschaftliche Entwicklung des nationalen Lebens zu fördern, die auf dem Gleichgewicht und der verantwortungsbewussten Partizipation der unterschiedlichen Sektoren basiert. All dies geschieht mit dem Ziel, die spätere Wiederherstellung einer republikanischen, repräsentativen und föderalen Demokratie zu sichern, die an die Wirklichkeit und die Anforderungen von Problemlösung und Fortschritt des argentinischen Volks angepasst ist.

2. Grundlegende Ziele
2.1. Herstellung einer politischen Souveränität, die sich auf die Ingangsetzung der wiederbelebten verfassungsmäßigen Institutionen stützt, die fortdauernd das nationale Interesse über jegliches Sektierertum, Tendenzen oder Personenkult stellen.

2.2. Geltung der christlich-moralischen Werte, der nationalen Tradition und der Würde des *ser argentino* [Argentinisch-Sein].

2.3. Geltung der nationalen Sicherheit, Ausrottung der Subversion und der Ursachen, die ihre Existenz begünstigen.

2.4. Volle Geltung der rechtlichen und sozialen Ordnung.

2.5. Herstellung einer sozioökonomischen Situation, die die nationale Entscheidungskompetenz und die volle Verwirklichung der Argentinier sicherstellt, in der der Staat die Kontrolle über diejenigen wesentlichen Bereiche erhält, die Sicherheit und Entwicklung schaffen, und in der er für private nationale und ausländische Initiative und Kapital die notwendigen Bedingungen für eine reibungslose Beteiligung am Prozess der vernünftigen Ressourcennutzung anbietet, wobei jedoch jede Möglichkeit ihrer Einmischung bei der Ausübung der politischen Macht ausgeschlossen wird.

2.6. Erlangung eines allgemeinen Wohlstands durch produktive Arbeit, Chancengleichheit und einen angemessen Sinn für soziale Gerechtigkeit.

2.7. Harmonische Beziehungen zwischen Staat, Kapital und Arbeit, unter verstärkter Entwicklung der unternehmerischen und gewerkschaftlichen Strukturen, die auf die spezifischen Zwecke [des Staates] ausgerichtet sind.

2.8. Gestaltung eines Bildungssystems, das den Bedürfnissen des Landes entspricht, den Zielen der Nation wirksam dient und die Werte und das kulturelle Streben des *ser argentino* festigt.

2.9. Internationale Verankerung in der westlich-christlichen Welt unter Aufrechterhaltung der Fähigkeit zur Selbstbestimmung und durch eine gesicherte und gestärkte argentinische Präsenz im Konzert der Nationen.

Videla. Massera. Agosti.

Aus: *Boletín oficial de la República Argentina*, 23.373, Buenos Aires (29. März 1976), S. 2.

Q 144   Bericht eines brasilianischen Folteropfers (1974)

In Brasilien übernahm das Militär bereits 1964 die Macht und setzte damit ein Exempel, dem schon bald der Großteil der lateinamerikanischen Staaten folgte. Als sich ab 1968 u.a. in Form der Stadtguerilla Widerstand gegen die Militärherrschaft regte, reagierte das Regime mit brutaler Repression, die sich in den Folgejahren zuspitzte. Der Bericht des politischen Gefangenen Alanir Cardoso, der 1974 gemeinsam mit seinem Freund Frederic B. Morris inhaftiert und gefoltert wurde, fand Eingang in die Dokumentation von »amnesty international«. Ein Kurzbericht über die Folterung von Morris erschien am 21. Oktober 1974 in der US-amerikanischen Zeitschrift »Time«.

Ich wurde am 30. September 1974 gegen 10 Uhr morgens zusammen mit meinem nordamerikanischen Freund Frederic Birtin Morris (Korrespondent der Zeitschrift Time und der Associated Press, Pfarrer der Methodistenkirche und Hauptgeschäftsführer der Concretos Blocos do Nordeste SA/Betonblockfabrik) von zwölf schwer bewaffneten Männern mit Maschinengewehren und großkalibrigen Revolvern entführt, als wir seine Wohnung [...] verließen. Es wurden uns Handschellen angelegt, Kapuzen über den Kopf gezogen, und man stieß uns in das Innere eines kleinen Lastwagens vom Typ »Chevrolet«, der sofort mit hoher Geschwindigkeit abfuhr. Einer unserer Entführer teilte über Radio mit, dass »die Operation ein Erfolg war« und dass »sie die Tore öffnen sollen, denn wir werden in wenigen Minuten eintreffen«, was wirklich geschah.

Beim Aussteigen aus dem Fahrzeug wurden wir sofort getrennt. Ich wurde in eine kleine Zelle gebracht, die mit schalldämpfendem Material ausgekleidet war. Man zog mir die ganze Kleidung bis auf die Unterhose aus. Während man mein Gesicht verhüllt ließ und ich gefesselt blieb, begannen sie mich zu foltern: eine unheimliche Kombination von Faustschlägen und Fußtritten am ganzen Körper und Elektroschocks, die an den Brustwarzen, am rechten Ohr, an Fingern und Zehen, am Penis und am Anus verabreicht wurden. Diese Foltersitzung dauerte ununterbrochen bis zum Einbruch der Nacht an, während ich der Misshandlung, die unter dem Namen »pau-de-arara« (Papageienschaukel, das Aufhängen des gefesselten Opfers an einer Eisenstange) bekannt ist, unterzogen wurde, kombiniert mit Schocks und Schlägen, jetzt dazu noch brennende Zigaretten, die sie auf meinem Körper ausdrückten. Sie zwangen mich, eine große Menge Salz zu schlucken. Sie führten einen Holzstiel in meinen Anus ein und wiederholten darüber hinaus ununterbrochen Beleidigungen und Todesdrohungen.

Nach mehreren Stunden der Folter wurde ich zweimal in einem Tank mit Wasser dem Ertrinken nahe gebracht: die Hände auf dem Rücken mit Handschellen gefesselt, die beiden Beine mit Stricken festgebunden, die mit den Handschellen zusammenhingen, und den Kopf nach unten eingetaucht. Beim ersten Mal zählten sie bis zehn; beim zweiten Mal sagten sie, dass sie bis 20 zählen würden. Indessen konnte ich allein bis 14 mithören, bis ich ohnmächtig wurde. Ich wurde mit kaltem Wasser, das sie über meinen Körper gossen, und neuen Elektroschocks wiederbelebt. Dies setzten sie über lange Zeit fort. Gegen Tagesanbruch wurde ich an die Wand gestellt, und die mit Handschellen gefesselten Hände wurden an einem Ring oberhalb des Kopfes festgebunden. Ich musste von der Wand entfernt und auf Zehenspitzen verharren. Jedes Mal, wenn ich versuchte, mich auf die Füße zu stellen, schnitten spitze Steine, die auf dem Boden verstreut lagen, in sie ein. Während der ganzen Zeit, die ich in dieser Stellung verbrachte, wurde ich mit Faustschlägen und Schlägen mit dem Knüppel verprügelt oder mit einem Bündel von dicken Drähten geschlagen.

Am Morgen des 1. Oktober setzten sie mich wieder auf den »pau-de-arara« (Papageienschaukel) und trafen mich mit Schlägen am ganzen Körper. Dieser Vorgang dauerte den ganzen Tag und einen Teil der Nacht. Gegen Tagesanbruch stellten sie mich wieder, mit Handschellen und an einen Ring gebunden, an die Wand. Am folgenden Vormittag begannen sie wieder eine neue Sitzung von Folterungen, die denen an den vorhergehenden Tagen ähnelten.

Am Nachmittag des 2. Oktober, als die Hände, die Füße, die Arme und das Gesicht sehr angeschwollen waren, Hämatome sich am ganzen Körper befanden und ich schon fast keine Kräfte mehr hatte, wurde ich in eine kleine Zelle mit kaltem Fußboden aus rauem Zement gebracht. Sie gaben mir als erste Mahlzeit seit meiner Festnahme vor drei Tagen: ein hartes Brot und ein Glas Wasser. Nach einigen Minuten wurde ich erneut in den Foltersaal geführt und jetzt in die sogenannte »cadeira-de-dragão« (Drachenstuhl) gesetzt: die Hände an den Armlehnen und Stuhlbeinen festgebunden, an Zehen und Fingern elektrische Drähte befestigt. Sie kombinierten Elektroschocks und Schläge am ganzen Körper. Die Foltersitzungen wiederholten sich an mehr als zehn aufeinander folgenden Tagen.

Außer diesen Folterungen wurde ich auch anderen Martern unterzogen: »Telefon« (Schlagen auf das Ohr des Opfers mit der hohlen Hand), Ausreißen von Bart- und Brusthaaren mit der Pinzette, Verdrehen der Finger mit Zangen, langes Barfußstehen auf Rändern von Ölbüchsen, und wenn ich das Gleichgewicht nicht mehr halten konnte, wurde ich Schocks und Prügel unterworfen. Sie brachen mir drei Zähne aus. Während der ganzen Zeit verliefen die Foltern unter Aufsicht eines Arztes, der ständig mein Herz abhörte und der gewiss grünes Licht gab, dass sie weitermachen konnten.

Noch am Nachmittag des 30. September wurde mein Freund Frederic Morris zweimal in meiner Gegenwart eine lange Zeit mit Elektroschocks und Schlägen gefoltert. Das Ziel war, sowohl mich zu zwingen, Anschuldigungen anzuerkennen, die mir zur Last gelegt wurden, als auch Informationen zu geben, von denen die Folterer meinten, dass ich sie besäße. Trotz des Leidens, das die an meinem Freund angewandten Foltern mir bereiteten, bestritt ich nachdrücklich die eine wie die andere Angelegenheit. Auch er weigerte sich standhaft, die Anklagen anzuerkennen, die ihm die Folterer vorhielten. Da meine Augen verbunden blieben, konnte ich meine Folterer nicht sehen. Ich konnte unter ihnen den Polizisten Luis Miranda identifizieren, der in einem gegebenen Moment die Kapuze anhob und sich selbst vorstellte, indem er sagte, dass er dabei sei, mich zu foltern, und dass er mich töten würde. Am 17. Oktober zeigten sie mir eine Zeitung mit der Nachricht von der Ausweisung meines Freundes Frederic Morris und kommentierten in spöttischem Ton, dass »wir den Amerikaner ausgewiesen haben und Dich auslöschen werden«.

Alle diese Foltern und Plagen wurden mir im Bereich des Hauptquartiers des IV. Heeres in

Recife verabreicht. Am 12. November wurde ich in Handschellen und mit einer Kapuze über dem Kopf im Flugzeug der brasilianischen Luftwaffe transportiert. [...] In Brasília wurde ich in die Kaserne des Bataillons der Heerespolizei überführt. [...]

Aus: amnesty international (Hg.): *Brasilien. Der Protest der politischen Gefangenen*, Köln 1978, S. 20–24.

Q 145   Operation Condor: Die internationale Dimension der Gewalt (1975)

Unter dem Namen »Operation Condor« führten die Geheimdienste der Militärregimes diverser lateinamerikanischer Länder in den 1970er und frühen 1980er Jahren koordinierte länderübergreifende Aktionen gegen linksgerichtete Oppositionelle durch und machten sich schwerer Menschenrechtsverletzungen schuldig. Initiator war der Chef des chilenischen Geheimdiensts DINA, Manuel Contreras, der seine Amtskollegen aus Argentinien, Bolivien, Paraguay und Uruguay 1975 zu einer ersten Zusammenkunft nach Santiago de Chile einlud. Das sogenannte »Archiv des Terrors«, dem dieses Dokument entstammt, wurde 1992 per Zufall in Paraguay entdeckt. Mittlerweile sind zahlreiche Schriftstücke digitalisiert und im Internet einsehbar.

Oberst Manuel Contreras Sepúlveda, Leiter des Nationalen Geheimdienstes, lässt hochachtungsvoll Herrn Divisionsgeneral Don Francisco Brites, Polizeipräsident der Republik Paraguay, grüßen und hat die hohe Ehre, ihn zu einem Arbeitstreffen des Nationalen Geheimdienstes einzuladen, das vom 25. November bis zum 1. Dezember 1975 in Santiago de Chile stattfinden wird.

Das Treffen trägt den Charakter absoluter Geheimhaltung, und ein Themenvorschlag sowie sein vorläufiges Programm sind beigefügt.

Oberst Contreras bittet Herrn General Brites, ihn mit seiner Anwesenheit zu beehren, einschließlich der Begleitung einiger Berater, wenn er dies wünschen sollte, denn erwartungsgemäß kann dieses Treffen die Basis einer ausgezeichneten Koordination bilden und zu einem besseren gemeinsamen Handeln zum Nutzen der nationalen Sicherheit unserer jeweiligen Staaten führen. [...]

Erstes Arbeitstreffen der Nationalen Geheimdienste

1. Grundlagen

Seit einigen Jahren breitet sich die Subversion auf unserem Kontinent aus, die von politisch-ökonomischen Anschauungen getragen wird, die in einem fundamentalen Gegensatz zu der Geschichte, der Philosophie, der Religion und den eigenen Gebräuchen der Staaten unserer Hemisphäre stehen.

Die beschriebene Lage kennt weder Grenzen noch Staaten, und die Infiltration durchdringt alle Lebensbereiche der Staaten.

Die Subversion hat zentralisierte interkontinentale, kontinentale, regionale und subregionale Kommandos gebildet, um die subversiven Aktionen zu koordinieren. Beispielhaft lassen sich die Konferenz der Trikontinentale in Havanna, die Revolutionäre Koordinationsjunta des Südens etc. nennen, all dies eingerahmt von allerlei Solidaritätskomitees für ..., Kongressen über ..., Kommissionen über ..., Treffen ..., Festspielen ..., Konferenzen ... etc.

Die politisch-ökonomisch und militärisch (von innen und von außerhalb ihrer Grenzen) angegriffenen Staaten hingegen kämpfen allein oder bestenfalls mithilfe von bilateralen Übereinkünften oder lediglich von »gentlemen's agreements« dagegen an.

Um diesem psychopolitischen Krieg die Stirn zu bieten, halten wir es für angebracht, dass wir auf internationaler Ebene nicht über eine zentralisierte Führung mit ihrem internen Vorgehen, sondern über eine wirksame Koordination verfügen sollten, die einen zweckmäßigen Informations- und Erfahrungsaustausch gewährleisten kann und zudem auf einen gewissen Grad an persönlicher Bekanntschaft unter den verantwortlichen Leitern der Geheimdienste zählen kann.

2. Vorschlag

Um den Informationsaustausch in die Tat umzusetzen, werden die ehrenwerten Delegierten gebeten, die folgenden Handlungsvorschläge abzuwägen, die aus einem Koordinations- und Sicherheitsbüro bestehen.

A. Datenbank

In einem der hier vertretenen Staaten soll ein Zentralarchiv zur Vergangenheit von Personen, Organisationen und anderen Aktivitäten eingerichtet werden, die direkt oder indirekt mit der Subversion in Verbindung stehen.

Im Wesentlichen soll es dem von Interpol in Paris geführten ähneln, jedoch der Subversion gewidmet sein.

Diese Datenbank soll selbstverständlich von den Geheimdiensten der interessierten Staaten im Einklang mit einem einheitlichen und handlungsweisenden Regelwerk, welches die Delegierten verabschieden, geführt, finanziert und mit Daten versorgt werden.

B. Informationszentrale

Um eine optimale Leistungsfähigkeit bei der Benutzung der Datenbank zu erzielen, ist es notwendig, auf ein modernes und bewegliches Kommunikationssystem zurückgreifen zu können, das es erlaubt, die Grundsätze der Schnelligkeit und der Zweckmäßigkeit bei der Informationsübergabe anzuwenden.

Das System könnte sich beispielsweise zusammensetzen aus:

1. Übermittlung durch Telex.

2. Geheimschriften.

3. Telefone mit Stimminvertierung.

4. Postdienste.

Das System soll im Einklang mit einem Regelwerk von den Geheimdiensten der interessierten Staaten geführt, finanziert und mit Daten versorgt werden.

C. Arbeitstreffen

In den Staaten, deren Geheimdienste an diesem System teilhaben, sollen Arbeitstreffen zum Zweck der Evaluation der geleisteten Dienste des Büros zur Koordinierung der Sicherheit und als Möglichkeit der spezifischen Problembehandlung sowie zum Knüpfen von Kontakten zwecks Koordination oder persönlicher Bekanntschaft stattfinden. Sollte es die Situation erfordern, sollen darüber hinaus bilaterale oder außerordentliche Arbeitstreffen angeregt werden.

Um übermäßige Belastungen oder Verbindlichkeiten zu vermeiden, sollen jene Arbeitstreffen unter Beachtung eines Regelwerks durchgeführt werden, das die Arbeitsweise festsetzt und eine geregelte Durchführung derselben ermöglicht.

D. Diese drei grundlegenden Elemente, Datenbank, Informationszentrale und Arbeitstreffen, bilden zusammen das beabsichtigte System der Sicherheitskoordination.

3. Teilnehmende Staaten

Alle interessierten Staaten können beitreten, vorausgesetzt, dass sie keine marxistischen Staaten repräsentieren.

Die Beitrittsbewilligung muss selbstverständlich gemäß den Vorschriften des Systems erfolgen.

4. Sitz des Systems und Allgemeines

A. Die Direktion des Nationalen Geheimdienstes ist willens, Santiago de Chile als Sitz des Systems anzubieten, sie ist jedoch bereit, jede Art von Vereinbarung der Teilnehmerstaaten zu akzeptieren.

B. Die Leitung des Systems soll in der Weise ausgeübt werden, wie sie die Länder beschließen, und zwar per Rotation, durch Wahl und für einen begrenzten Zeitraum.

C. Die Staaten sollen gemäß den Vereinbarungen, die sie beschließen, zu gleichen Teilen oder proportional zum Unterhalt des Systems beitragen.

D. Die Fachleute des Systems sollen zu gleichen Teilen oder proportional von den beteiligten Geheimdiensten stammen, und nur das Personal, das nicht aus Fachleuten besteht, kann vor Ort nach Überprüfung der Zuverlässigkeit ausgewählt werden.

Die Fachleute sollen über diplomatische Immunität verfügen und an ihre jeweilige Repräsentanz in Übereinstimmung mit den Vorschriften, die jeder Staat verabschiedet, angeschlossen sein, obwohl es wünschenswert wäre, dass die Fachleute direkt ihren Geheimdiensten unterstellt sind. [...]

Aus: Oberst Manuel Contreras Sepúlveda an General Francisco A. Brites B., Santiago de Chile, 29. Oktober 1975, in: Homepage des »Centro de Documentación y Archivo para la Defensa de los Derechos Humanos«, http://www.aladin.wrlc.org/gsdl/collect/terror/terror_e. shtml, 143F0011–0022.pdf, aufgerufen am 13. Februar 2009.

Q 146   »Entwicklungsdiktaturen« am Beispiel Perus (1970)

General Juan Velasco Alvarado (1910–1977) war von 1968 bis 1975 Präsident von Peru. Er gelangte durch einen Militärputsch an die Macht und wurde durch einen Putsch gestürzt. Seine linksgerichtete »Revolutionsregierung« verstaatlichte die Erdölindustrie, führte eine weitgehende Agrarreform durch und rüstete die Armee auf. Die Entwicklung des Landes gelang dagegen kaum. In einer Rede vom 15. November 1970 anlässlich einer Unternehmerkonferenz in Paracas charakterisierte er die »peruanische Revolution«.

[...] Der Hauptausgangspunkt ist das Selbstverständnis dieser Regierung als Revolutionsregierung. Das bedeutet, dass wir nicht einfach daran interessiert sind, die Bedingungen des Landes zu verbessern, sondern dass wir sie verändern wollen; dass wir nicht dafür sind, die Beziehungen zwischen den verschiedenen sozialen Gruppen in Peru lediglich zu modernisieren, sondern dafür, sie zu verändern. In einem Wort wollen wir mit der Vergangenheit abschließen und eine Gesellschaft errichten, die sich im Wesentlichen von der traditionellen Gesellschaft unterscheiden soll, die wir alle kennen. Und das setzt voraus, dass sich die Qualität, die Beschaffenheit der grundlegenden Institutionen des Landes verändert. Wir wissen, dass es sich um eine mühsame, langwierige, schwierige Aufgabe handelt. Aber wir haben sie schon in Angriff genommen. Sie fallen zu lassen, hieße aufzuhören, das zu sein, was wir sind. Und das kann niemand von uns verlangen oder erwarten.

Niemals haben wir abgelassen, diese klare und offene Position zu vertreten. Bis zum Beginn der nationalistischen Revolution war Peru ein Land, das dem doppelten und lähmenden Druck der Unterentwicklung und des Imperialismus unterworfen war. Niemand kann diese unumstößliche Tatsache bestreiten. Und niemand darf sich von Worten erschrecken lassen. Der Imperialismus ist keine andere Sache als die durch ausländisches Kapital und ausländische Technologie ausgeübte Herrschaft über eine Gesellschaft mit einer gerade einsetzenden und im Entstehen begriffenen Produktion. Es handelt sich um eine Realität des gegenwärtigen Wirtschaftslebens, die erkannt und der sich entgegengestellt werden muss als eine, die uns als Nation tiefgreifend betrifft und die nicht aufhört zu existieren, weil einige es vorziehen, sie zu ignorieren. Die Unterentwicklung ist grundsätzlich das Zusammenspiel großer Ungleichgewichte bei der Verteilung aller materiellen und immateriellen Formen von Reichtum zwischen den Mitgliedern der Gesellschaft.

Beide Erscheinungsformen des Grundproblems des traditionellen Peru sind eng miteinander verbunden. Sie schaffen eine Situation, die durch die extreme Konzentration der Macht in all ihren Formen charakterisiert ist – mit der Folge von Armut, Ignoranz und Rückständigkeit riesiger ausgegrenzter soziale Gruppen – und durch die unverkennbare Unterordnung unserer Wirtschaft unter ein internationales Machtsystem, das wir nicht an seiner Ursprungsquelle kontrollieren können.

Diese Revolution findet statt, damit Peru nicht länger ein abhängiges und unterentwickeltes Land ist. Das sind wir noch immer in hohem Maße. Aber wir hören gerade auf, das zu sein. Und das ist das Wichtige. Denn die großen historischen Veränderungen erfüllen sich nicht sofort. Für Peru bedeutet es eine große und tiefgreifende historische Veränderung, die Unterentwicklung abzustreifen und die imperialistische Beherrschung zu beenden. Diese haben wir begonnen, und wir werden sie in Frieden zu Ende führen. Wir glauben, dass es möglich ist, sie ohne Blutvergießen zu erreichen. Wir entwerfen gerade neue Vorgehensweisen für diese große Erfahrung, die die peruanische Revolution darstellt. Aber sie kann nicht haltmachen und auch nicht die wesentlichen Ziele ändern, die ihren Daseinsgrund untermauern.

Nachdem das grundlegende Problem Perus beschrieben und die Ziele der Revolution festgelegt worden sind, taucht eine zentrale Frage auf: Welche Art von Gesellschaft wollen wir aufbauen? Bei der Beantwortung ist es vor allen Dingen nötig, daran zu erinnern, dass eine abhängige und unterentwickelte Gesellschaft schwerlich Trägerin einer Kultur sein kann, die nicht im Wesentlichen eine Kultur der Beherrschung und des Abglanzes ist, also eine imitierende und wiederholende Kultur. [...] Unseres Erachtens ist die Alternative »Kapitalismus oder Kommunismus« eine falsche Alternative. Die zwei großen wesentlichen Probleme unseres Landes wurden unter der Ägide des Kapitalismus geschaffen, und es wäre deshalb ziemlich unlogisch, sie lösen wollen, indem man das System aufrechterhielte, das zu ihnen geführt hat. Daher definiert sich diese Revolution in dem Sinne als nicht-kapitalistisch, dass die sozioökonomische Ordnung, die sie verfolgt, nicht kapitalistisch sein wird. Und daher stehen wir dem Kapitalismus als System in einem Verhältnis der Opposition gegenüber.

Das bedeutet natürlich irgendwie, die kommunistische Alternative zu akzeptieren. Die konkrete Wirklichkeit des Kommunismus als politisches, ökonomisches und soziales System kommt nach langen Dekaden der Anwendung in anderen Ländern in totalitären und bürokratisierten Gesellschaften zum Ausdruck, die gänzlich unfähig sind, die freie Entwicklung des Menschen in all seinen Dimensionen zu garantieren. Die Intoleranz, der Totalitarismus und die Bürokratisierung sind im untrüglichen Lichte der historischen Erfahrung strukturelle Fehler der kommunistischen Gesellschaften und keine einfachen nachrangigen Deformationen. Daher können solche Gesellschaften nicht das Modell unserer Revolution sein. Und daher stehen wir auch dem Kommunismus in einem Verhältnis der Opposition gegenüber. [...]

Im konkreten Fall Perus stellt sich die Regierung seiner Streitkräfte die Entwicklung als einen revolutionären Prozess von strukturellen Veränderungen in den grundlegenden Machtbeziehungen der wirtschaftlichen, politischen, sozialen und kulturellen Ordnung vor. Und aufgrund der vorher genannten Gründe nimmt dieser revolutionäre Prozess spezielle Eigenheiten an, die ihn einzigartig, nicht wiederholend, autonom und verschieden zu jedem anderen revolutionären Prozess in jedem anderen Szenario auf der Welt machen. [...]

Wir wollen eine Gesellschaft, in der der Staat dem Menschen und der Mensch dem Staat in Bedingungen dient, die die tatsächliche Entwicklung von freien Bürgern ermöglichen, deren höchste Verantwortung sich nach der Nation als Ganzes richtet. Wir wollen eine Ordnung, die auf einer solidarischen Gesellschaftsmoral fußt und in der Lage ist, die zutiefst egoistische Wurzel des Individualismus zu überwinden, ohne aber zu gestatten, dass der einzelne Mensch unter dem Gewicht reiner kollektiver Entelechien verschwindet, das kalt die staatliche Bürokratie eines verstörenden und unmenschlichen Systems manipuliert. Wir sind humanistische Revolutionäre und lehnen daher die Position jener ab, die im Namen der Menschlichkeit die Menschen geringschätzen und zerquetschen. Wir wollen uns auf den Menschen zurückbesinnen, aber nicht im Sinne der Verherrlichung eines sozialen und ethisch sterilen Individualismus, sondern im Sinne einer Rückbesinnung auf ihn als Mitglied und Wesen einer vermenschlichten Gesellschaft als eines Zusammenspiels von Werten, die aufgrund des bisher Gesagten nicht dieselben sein dürfen wie die, die als Stütze für den Kapitalismus und den Kommunismus dienen. Unsere Revolution arbeitet alles in allem für eine solidarische Gesellschaft mit breiter Beteiligung, mit wahrer Freiheit, man kann sagen mit sozialer Gerechtigkeit, wo die Gemeinschaft für den Menschen und für sich selbst arbeitet und nicht für den Staat oder für Gruppen mit Privilegien und Macht. [...]

Aus: Juan Velasco Alvarado: Un hombre nuevo. Exento de individualismo. Discurso de clausura de la IX Conferencia Anual de Ejecutivos (CADE). Paracas, 15 de noviembre de 1970, in: Ders.: *La revolución peruana*, Buenos Aires: Editorial Universitaria de Buenos Aires 1973, S. 127–150, hier 128–130, 133–134.

Q 147　Das Modernisierungsprogramm für Paraguay (1972)

Das Regime des Generals Alfredo Stroessner (1912–2006) verdankte seine lange Existenz (1954–1989) vor allem Stroessners Kontrolle über die Armee und über die Colorado-Partei, die das gesellschaftliche Leben dominierte. Die gute Wirtschaftslage insbesondere in den 1970er Jahren festigte seine Machtposition, die auf institutionalisierter Korruption und massenhaftem Schmuggel basierte. Der stroessnertreue Schriftsteller Hipólito Sánchez Quell beschrieb 1972 die angeblichen Entwicklungsleistungen des Regimes im Gegensatz zu seinen Vorgängern.

Jede turbulente Sitzung des Direktoriums der Liberalen Partei erzeugte einen Riss. Und jeder Riss wurde schnell zu einem Abgrund. So spalteten sich die Liberalen in Bürgerliche, Radikale, Jaristas, Rojistas, Gondristas, Schaeristas, Guggiaristas etc. Und jeder Spaltung folgte der bewaffnete Kampf, der zum Ende hin endemisch wurde. In 35 Jahren erlitt das Land 21 Umstürze und Putsche, alle provoziert zwischen Sektoren des Liberalismus. Es folgten 22 Präsidenten der Republik aufeinander. [...]

Nach so vielen Jahren der Umstürze und Putsche, die das Vaterland mit Blut tränkten, Unschuldige auf den Straßen und auf dem Lande töteten und tausende Landsleute auf der Suche nach Frieden und Arbeit über die Grenzen trieben, kam der Mann, der den Segen des Friedens brachte. Stroessner hatte verstanden, dass nur im Frieden die Arbeit gedeiht. Und dass der Frieden unverzichtbare Voraussetzung für die Realisierung des Programms war. [...]

Das Colorado-Programm etabliert die GRUNDLAGEN DER NEUEN VERFASSUNG DER NATION, welche sind:

Erhalt und Bestätigung der republikanisch-demokratischen repräsentativen Institutionen.

Aufbau des paraguayischen Staates unter Berücksichtigung seines geistigen Fortschritts und des materiellen Wohlergehens des Volkes, frei von jeglicher Unterdrückung.

Organisation der Regierung auf Basis der sich frei entfaltenden Souveränität des Volkes und Etablierung des Gleichgewichts und der Harmonie der politischen Gewalten als Garantie eines stabilen demokratischen Systems.

Organisationsfreiheit der politischen Parteien als notwendige Organe der Demokratie.

Volle Wirksamkeit der Freiheiten: politische Freiheit, Arbeitsfreiheit, Vereinigungsfreiheit, gewerkschaftliche Freiheit, Versammlungsfreiheit, Meinungsfreiheit, Pressefreiheit, Gewissensfreiheit, Religionsfreiheit.

Befugnis des Staates zum Eingriff in die private Wirtschaft zur Rettung der Interessen der Gemeinschaft.

Unterordnung des Privateigentums unter soziale Interessen.

Gewährleistung für jeden Arbeiter, ein Haus zu besitzen, welches auf eigenem Grund und Boden steht, und für die notwendigen Bedingungen eines würdigen Daseins.

Bürgerliche und politische Gleichheit für beide Geschlechter.

Soziale Vorsorge.

Staatlicher Schutz der Familie.

Autonomie der Gemeindeverwaltungen der Städte und Siedlungen der Republik und Ernennung ihrer Repräsentanten durch Wahl. [...]

Was hat Präsident Stroessner in Fragen der Wirtschaftspolitik getan? Die sogenannten »königlichen Straßen« waren lediglich strapaziöse Sandlöcher und unpassierbare Schlammpisten,
in denen die Wagen bis zur Achse versanken, während die Menschen im Landesinneren vor
sich hin lebten und während ihrer unendlichen Siesta gähnten und die Bauern nicht wussten,
wohin sie die Waren von ihren Feldern verkaufen sollten. Heute ist das Territorium des Vaterlands von Straßen in alle vier Himmelsrichtungen überzogen. [...]

Zu den Straßen und der staatlichen Handelsflotte gesellte sich die LAP (Lineas Aéreas Pa-
raguayas), deren Flüge uns mit allen Hauptstädten der Nachbarländer verbinden. Und die
Telegrafen- und Telefonleitungen breiten ihr Netz des Fortschritts über das gesamte Staatsge-
biet aus. [...]

So wurde wahrhaftig verdeutlicht, wie vorzüglich Präsident Stroessner das National-, Ar-
beiter- und Agrarprogramm der Colorado-Partei erfüllt hat, um die Entwicklung Paraguays
anzustoßen. So wird das Quartett Isolation – Krankheiten – Unwissenheit – Not von jenem
anderen ersetzt: Straßen – Gesundheit – Schulen – Land. So werden wir unsere Binnenlage
beenden und so wird das Bild Paraguays durch eine wachsende Zahl bedeutender Taten erneuert. Aber damit diese Errungenschaften unzerstörbar werden, damit diese dynamische,
gewaltige und fruchtbare Arbeit sich nicht eintrübt, ist es notwendig, dass wir uns um den
Anführer sammeln, dass wir uns um Stroessner sammeln und mit Patriotismus, Fähigkeit und
Ehrlichkeit mitarbeiten. Die Gefühllosen, die Mittelmäßigen und die Unehrlichen werden
nicht zum Glanz ihrer Regierung beitragen. [...]

Aus: Hipólito Sánchez Quell: *Alfredo Stroessner. El programa colorado y el desarrollo para-
guayo*, Asunción: Partido Colorado 1972, S. 5–10, 18–23.

Q 148   Der Freiheitsbegriff der Diktatur in Chile (1980)

*Anders als die chilenische Junta von 1924 trat die Militärdiktatur, die sich im September 1973
in Chile an die Macht putschte, mit Zielen an, die über die Lösung tagespolitischer Probleme
weit hinausgingen. Ihr ging es um nicht weniger als um die grundlegende Umgestaltung aller
Lebensbereiche, um eine neue Ära in der nationalen Geschichte. Zu diesem Zweck entdeckten
die Militärs in den 1970er Jahren den Neoliberalismus. Aus dem neoliberalen Blickwinkel war
auch der Begriff der Freiheit durchaus mit dem Pinochet-Regime vereinbar, wie der einflussreiche Journalist aus dem rechten Spektrum Arturo Fontaine Aldunate (*1921), der für den
Politikteil der führenden Tageszeitung »El Mercurio« verantwortlich war, in der ersten Nummer der Zeitschrift des neu gegründeten »Zentrums für Staatsstudien« (»Centro de Estudios
Públicos«) 1980 in programmatischer Art und Weise klarmachte.*

Jenseits des Leviathan. Für das Wiedererstarken der individuellen Freiheit

Das Streben nach Freiheit ist eine der unveränderlichen Eigenschaften des modernen Menschen. Der Mensch kämpft seit mindestens 500 Jahren um seine Freiheit, manchmal in aufge-
regter, verirrter Weise und manchmal unter dem Aufblitzen wunderbarer Entdeckungen.

Dieses Streben ist jedoch offenbar in tragischer Weise enttäuscht worden. Ein großer Teil
der Menschheit lebt heute totalitären Regimen unterworfen, deren Macht sich nicht nur auf
den gesellschaftlichen Bereich erstreckt, sondern die auch versucht, die Gedanken und Herzen
zu regieren, Gewohnheiten auszureißen und andere einzupflanzen, die mehr nach dem Geschmack der herrschenden Ideologen sind, Traditionen und Glaubensüberzeugungen zu vernichten und, schlussendlich, von oben herab einen Menschentypus zu erschaffen, so wie man
ein serienmäßiges Industriemodell herstellen kann.

Mittlerweile diskutiert man, umgeben von der anschwellenden und bedrohlichen Flut kommunistischer Regimes, die sogenannte freie Gesellschaft. Diese Gesellschaft des Westens ist von heftiger Unsicherheit gequält, ihr fehlt der Glaube an sich selbst und an ihre Werte und, was zuweilen vergessen wird, an ihre eigene Berufung zur Freiheit.

Unsere freie Gesellschaft, die manchmal zu freizügig im Hinblick auf die Moral, zu argwöhnisch gegenüber der Ausübung von Autorität und zu misstrauisch gegenüber dem lebendigen Element der Ordnung im politischen Zusammenleben ist, wird häufig von bürokratischen Staaten gelenkt, deren Regulierungs-, Kontroll- und Planungsmacht unbegrenzt ist, so dass sie die Freiheit der Individuen so massiv und so häufig einschränkt, wie es auch jedes totalitäre System tun könnte.

Dem aggressiven kommunistischen Despotismus steht in den meisten Fällen – zur Enttäuschung vieler freier Menschen – ein wahrhafter demokratischer Despotismus gegenüber, der einen wohlwollenden Anschein erweckt, jedoch der Strenge der Mehrheit unterworfen ist und mehr für die Gleichheit streitet als für die Freiheit. [...]

[D]ie individuelle Freiheit [...] war die Trägerin des erstaunlichsten intellektuellen und materiellen Fortschritts der vergangenen Jahrhunderte. Sie stellt keinesfalls einen Ausdruck von hochmütigem Individualismus dar, sondern steht für eine bescheidene Haltung, indem sie jedem zugesteht, seinen eigenen Weg zu gehen, und indem sie annimmt, dass gegenwärtig niemand zu irgendetwas das letzte Wort haben sollte und dass daher niemandem die ganze Machtfülle zusteht. Die in der Moral eingefasste und vom Gesetz umrahmte Freiheit nimmt ein Verhalten zum Vorbild, das an der Zusammenarbeit orientiert ist und bei dem die Anstrengung aller, auch der kleinsten, der allgemeinen Größe und dem allgemeinen Wachstum dient. Wenn die ungehemmte Entfaltung der menschlichen Energien zugelassen wird, erleichtert und beschleunigt sich die Suche und Anhäufung von Wissen. Gleichzeitig wird es möglich, Fertigkeiten und schöpferischen Unternehmungsgeist besser zu nutzen und die Persönlichkeiten und Eigenheiten fruchtbar zu machen, damit jeder letzten Endes zur universellen Ordnung, ihrem Reichtum und ihrer unerschöpflichen Vielfalt beitrage.

Aus der persönlichen Arbeit der einen für die anderen, aus den Begegnungen und Auseinanderentwicklungen, den Wegen in unzählige verschiedene Richtungen, entstand dank dem Wirken der Freiheit die beeindruckende technologische Zivilisation, der eine Verbindung von reiner Wissenschaft, Kapital und Geschicklichkeit vorausging, die eine zentralisierte Führung aus Intelligenz und Macht niemals zu erreichen im Stande gewesen wäre. [...]

Die Freiheit als Abwesenheit von Zwang darf aber nicht mit der politischen Freiheit verwechselt werden, d.h. mit der Beteiligung der Bürger an der Wahl der Regierung, dem Gesetzgebungsprozess und der Kontrolle über die Landesverwaltung. Eine solche politische Freiheit verweist auf das Recht oder die Befähigung, Einfluss zu üben oder sich zu beteiligen, was nicht dasselbe wie die Freiheit des Individuums ist, Schmied des eigenen Glücks zu sein. Wie [Friedrich August von] Hayek sagt, »ist ein freies Volk nicht notwendigerweise ein Volk freier Menschen«. Und er fügt hinzu: »Niemand muss an der sogenannten kollektiven Freiheit teilnehmen, um ein freies Individuum zu sein.« Erinnern wir uns daran, dass die Minderjährigen ohne Wahlrecht oder die ausländischen Einwohner volle persönliche Freiheit genießen, ohne an der politischen Freiheit teilzuhaben. [...]

Nicht wenige aufrichtige Demokraten sind einverstanden, dem Staat im Namen der Gleichheit unbeschränkte Befugnisse zuzugestehen und ihn mit der Umverteilung des Reichtums mittels Steuern und Sozialausgaben zu beauftragen. Damit erlauben sie ihm, dass er die wirtschaftliche Freiheit mithilfe der Gesetzgebung und durch seine Toleranz gegenüber dem Druck der Gewerkschaften beschränkt, und ermächtigen ihn, zum Kapitalisten zu werden, indem er sich in Wirtschaftszweige ausbreitet, die als gesellschaftlich nutzbringend angesehen werden. Im Namen der Gleichheit schränken sie die Freiheit ein. Doch damit verstopfen sie die Quelle der wirtschaftlichen Vitalität der Gesellschaft und schaffen Armut und Ungerechtigkeit. Die Lähmung der Freiheit bedeutet auch die Lähmung des Willens und des schöpferischen Unternehmungsgeistes und zieht die Enttäuschung der Erwartungen der Armen nach sich, die durch das Produktionswachstum auf Kosten dieses Willens und schöpferischen Unternehmungsgeistes begünstigt werden sollten. Die totalitäre Gefahr schleicht sich über die demokratische Omnipotenz ein – wie wir gerade im Fall der Weimarer Republik gesehen haben – aber sie droht auch von Seiten des Egalitarismus und des wohltätigen Staates. In dem Maße, wie diese beiden gestärkt werden und die Lähmung der Freiheit verursachen, schwächt sich die wirtschaftliche Entwicklung ab und verzagen die Individuen moralisch, während die sozialen Spannungen zunehmen, bis es zum ethischen und schließlich auch politischen Schiffbruch der Demokratie kommt. [...]

Aus: Arturo Fontaine Aldunate: Más allá del Leviatán, in: *Estudios Públicos* 1, Santiago de Chile (Dezember 1980), S. 123–141.

C. Kulturelle Vielfalt

Die kulturellen Entwicklungen knüpften nach dem Zweiten Weltkrieg an die im frühen 20. Jahrhundert gelegten Ansätze an. Die Entdeckung der kulturellen Vielfalt wurde vertieft und erweitert. Die Rückbesinnung auf das Eigene ging einher mit einer kritischen Abwendung von Europa und der Stärkung des Selbstbewusstseins. Intensiver als an den europäischen Einflüssen, die allerdings durchaus weiter bestanden, rieb man sich nun vor allem an US-amerikanischen, was den Aufstieg der Vereinigten Staaten zur Hegemonialmacht widerspiegelte. Stärker auch als je zuvor erregte die kulturelle Produktion Lateinamerikas – zumindest phasenweise – weltweite Aufmerksamkeit.

Bereits zu Beginn des 20. Jahrhunderts hatten das indigene Erbe und die kulturellen Ausdrucksformen der nicht privilegierten Bevölkerungsschichten eine neue Wertschätzung gewonnen, die unter den Stichworten des Indigenismus und des Kreolismus teils unter romantisierenden Vorzeichen Verbreitung fanden. Mit der weiteren Abkehr von traditionellen westlichen Kulturstandards, die wiederum durchaus den Vorgaben der Avantgarden in Europa und den Vereinigten Staaten folgten, ging eine stärkere Hinwendung zu den afrikanischen Wurzeln einher. Diese schienen nämlich die magischen und mythischen Symbole zu bieten, nach der junge Künstler in der Abkehr vom bisher Bewährten suchten. Damit änderte sich – nicht von ungefähr ausgehend von Kuba – auch der Kulturbegriff. Die Theorie der »Transkulturation« behauptete, dass sich in Lateinamerika unter dem Einfluss der unterschiedlichen Migrationsströme neue, auch das afroamerikanische Erbe mit einschließende kulturelle Mischformen herausgebildet hätten. In der Kunst und Literatur dieser Zeit rückten die afrikanischen Wurzeln der Nation in den Mittelpunkt des Interesses.

Die weltweite Beachtung, die Lateinamerika in dieser Zeit erfuhr, war nicht zuletzt auf den Erfolg von Künstlern und Schriftstellern zurückzuführen, die dem Trend zur Betonung der surrealistischen Elemente folgten. Ein Beispiel war der sogenannte »magische Realismus« des kolumbianischen Nobelpreisträgers Gabriel García Márquez, der gemeinsam mit Autoren wie dem Mexikaner Carlos Fuentes oder dem Peruaner Mario Vargas Llosa einen regelrechten Boom der lateinamerikanischen Literatur auslöste. Selbst in die klassische nationale Symbolsprache fanden die afrikanischen Wurzeln nun hier und dort Eingang. Die traditionelle Dominanz weißer Heldengestalten – mit einigen indigenen Einsprengseln – blieb allerdings noch vielerorts erhalten. Sie ist ein Zeichen für die Vorbehalte gegen Afroamerikaner, die in weiten Teilen Lateinamerikas noch immer bestehen.

Hinzu kam das neue Element der Massenkultur nordamerikanischen Stils, die sich rasant ausbreitete. Der Kulturbegriff, den die durch europäische Einflüsse geprägte Oligarchie lange im Sinne einer dominanten »Hochkultur« definiert hatte, erhielt dadurch eine wesentliche Erweiterung. Dieser Wandel vertiefte sich ab 1945 noch. Er war Teil und Zeichen eines Demokratisierungsprozesses, in dem das »Populäre« – die »Masse« – negative Konnotationen schrittweise verlor. Durch Urbanisierung und Bildungsreformen konnten bislang marginalisierte Bevölkerungsgruppen in vielen Ländern in den nationalen Markt und in die nationale Kultur integriert werden. Zugleich war der kulturelle Wandel auf die Entdeckung breiter Bevölkerungsschichten als potenziellen Konsumenten kultureller Produkte zurückzuführen. Parallel dazu setzte sich nach 1945 die Medien- und Kommunikationsrevolution fort, die ihren Anfang in den 1920er Jahren genommen hatte und von Beginn an durch ihre starke US-amerikanische Prägung ein transnationales Element beinhaltete. Neben das Kino und das Radio trat mit dem Fernsehen ein weiteres neues Massenmedium. Die Expansion des Fernsehens vollzog sich in allen Ländern Lateinamerikas rasch und unaufhaltsam. Sie war aufs engste mit den technischen und inhaltlichen Fortschritten des neuen Mediums in den Industrieländern verbunden, die dem Fernsehen in den 1960er Jahren international zum Durchbruch verhalfen. Auch in Lateinamerika sollte das Fernsehen den Alltag der Menschen seit den 1960er Jahren erheblich beeinflussen.

Die Ansätze zur Förderung der nationalen Kultur, die es seit den 1920er Jahren durchaus gegeben hatte, trugen bis in die 1950er Jahre in den meisten lateinamerikanischen Ländern nicht nachhaltig Früchte. Der Einfluss US-amerikanischer Medien blieb vielerorts stark. Allerdings änderte sich die Situation in den 1960er Jahren, wenn auch aus unterschiedlichen Gründen. Zum einen brachten die Militärs beispielsweise in Brasilien die Medien unter ihre Kontrolle, was dort zur Entstehung des transnationalen Fernsehgiganten TV Globo führte, der bald ganz Lateinamerika mit rührseligen Fernsehserien brasilianischer Produktion, den *Telenovelas*, überschwemmte. Die Militärregimes verfolgten eigene kulturpolitische Ziele, indem sie beispielsweise vermeintlich traditionelle Formen von Folklore in Musik und Tanz förderten. Grundlegend war dabei das Ziel des Kampfes gegen den Verfall der moralischen Werte von Patriotismus, Ordnung, Gottesfurcht und Respekt. Auch die Zurückdrängung der Einflüsse der US-amerikanischen Massenkultur zählte mehr oder weniger ausgeprägt zu den Zielen. Allerdings scheiterten die kulturpolitischen Projekte der Militärs an ihrer mangelnden Attraktivität für die breite Masse des Publikums und am Gegensatz zur neoliberalen Logik des freien Markts, deren Grundideen sich nicht nur in der Wirtschaft, sondern auch in den anderen Bereichen gesellschaftlichen Lebens immer stärker bemerkbar machte. Mit der Entfaltung der Konsumgesellschaft und der Ausbreitung von Radios und Fernsehgeräten selbst in den Armenvierteln wurden die Botschaften der Kulturindustrie für immer mehr Menschen zugänglich.

Zum anderen provozierten der Sieg der Kubanischen Revolution und das revolutionäre Klima der 1960er Jahre einen tiefgreifenden Wandel im Kulturverständnis. Kultur galt nun nicht mehr als unabhängige Sphäre der schönen Künste, sondern als hoch politisiertes Feld, in dem sich Machtkonstellationen widerspiegelten. Dem Zeitgeist entsprechend diagnostizierten die Kritiker einen regelrechten Kulturimperialismus. Inhaltlich lehnten sie sich eng an die Dependenztheorien an. Der Kulturimperialismus galt als Korrelat des wirtschaftlichen und politischen Imperialismus. Die Betonung lag dabei auf der Machtausübung durch die Kulturindustrie. Wie die marxistisch inspirierte politische Ökonomie ging auch die Kulturimperialismuskritik von der grundlegenden Tatsache der Teilung der Welt in ein kapitalistisches Zentrum und eine abhängige und ausgebeutete Peripherie aus. Auf der kulturellen Ebene hatte das zur Folge, dass die Zentren den peripheren Ländern die kommerzielle Massenkultur im Dienst des kapitalistischen Konsumdenkens aufzwängten. Insbesondere der Transfer von Einstellungen, Verhalten und Lebensstilen mit dem angeblich dahinterstehenden Ziel der Homogenisierung, politischen Demobilisierung und Vereinzelung sowie der Herstellung eines hegemonialen Konsenses wurde als gefährlich angesehen, da er den Verlust der nationalen Kultur mit sich brachte. Nach dieser Denkart beraubte die imperialistische Kulturindustrie die unterentwickelten Länder ihrer Kultur ebenso wie der wirtschaftliche Imperialismus deren Rohstoffe raubte.

Als besondere Gefahr galt die dem Kulturimperialismus innewohnende Expansionsdynamik, die auf dem Selbstverständnis der Universalität der ihm eigenen Wertvorstellungen fußte. Demnach warben die transnationalen Medien unaufhörlich für die Konsumgesellschaft westlichen Zuschnitts und höhlten damit die Kulturen und Nationen in den peripheren Staaten Lateinamerikas aus. Künstler und Intellektuelle aus ganz Lateinamerika übernahmen diese anti-imperialistische Denkweise, die sich vor allem gegen die USA richtete. Vom Zentrum Kuba ausgehend, taten sie dies mit Unterstützung vieler berühmter Europäer in zahllosen Manifesten kund. Allerdings erwies sich die Kulturimperialismuskritik zunehmend als doktrinär. Abweichler wurden des Verrats an der Revolution bezichtigt. Als viele Intellektuelle aufgrund massiver Verfolgungen aus Kuba fliehen mussten, verlor auch die Kulturimperialismusschule langsam aber sicher an Zulauf.

Im Laufe der 1980er Jahre änderte sich diese Grundhaltung mit dem Aufkommen der neuen Kulturtheorien in Lateinamerika. Vor allem mit der Kritik an der Vorstellung vom passiven Rezipienten der Massenkultur, dem jegliche Einwirkungsmöglichkeit auf das vorgesetzte Produkt fehle, kündigte sich ein Paradigmenwechsel in der Debatte um das Kulturkonzept an. So wurde nun argumentiert, dass die Rezipienten die Medien zwar nicht kontrollieren könnten, dass sie aber den Botschaften erst einen sozialen und kulturellen Sinn geben und damit als eigenständige Subjekte mit legitimen Interessen am Prozess kultureller Sinnbildung beteiligt sind. Durch die Öffnung der Kultur boten sich neue Partizipationsmöglichkeiten, wurden Vorstellungen von Hoch- und Massenkultur nivelliert. Gleichzeitig löste sich die traditionelle Vorstellung einer Essenz der nationalen Kultur auf. Ferner sah man die internationale Homogenisierung der Kultur und die damit verbundene Einebnung kultureller Unterschiede als Problem an, war jedoch gleichzeitig der Auffassung, dass es sich aufgrund der aktiven Rolle der Rezipienten dabei um einen kreativen kulturellen Aneignungsprozess handelte, der zu hybriden Formen von Kultur führte und in Lateinamerika eine lange Tradition hatte.

Der neue Kulturbegriff setzte sich allerdings keineswegs flächendeckend durch. Stark blieb noch die Vorstellung einer Bedrohung durch das Fremde und die Suche nach dem Eigenen. Dahinter verbarg sich die Idee von monolithischen Kulturen, die sich mehr oder weniger unversöhnlich gegenüberstanden, einander bekämpften oder sich in hierarchischen Konstellationen zueinander gruppierten. Daneben wurde häufig weiterhin zwischen einer negativ konnotierten Massenkultur und einer positiv konnotierten nationalen Kultur unterschieden, die je nach ideologischer Präferenz mal die des Volkes und mal die der Eliten sein konnte. Diese Ideen lagen sowohl dem Ansatz der aus den Dependenztheorien der 1960er Jahre entspringenden Kulturimperialismuskritik als auch den elitären traditionalistischen Kulturkonzepten zugrunde. Am Ende des Kalten Kriegs stand jedoch die Erkenntnis, dass die Kulturen Lateinamerikas eine Quelle der Kraft für einen krisengeplagten Kontinent waren.

1. Afrikanische Wurzeln der Nation

Q 149   Transkulturation (1940)

Der kubanische Ethnologe, Jurist und Politiker Fernando Ortiz (1881–1969) wandte sich frühzeitig dem Studium der afrokubanischen Kultur zu. 1940 veröffentlichte er seine berühmte Studie zur Rolle von Tabak und Zucker in der Kulturgeschichte Kubas mit dem Titel »Tabak und Zucker. Ein kubanischer Disput« (»Contrapunteo cubano del tabaco y el azúcar«). In Erkenntnis der durch europäische Konzepte der Akkulturation nicht zu greifenden kulturhistorischen Entwicklung seines Landes schlug er das Konzept der Transkulturation als Erklärungsmodell vor, das für die lateinamerikanischen Diskussionen um Identitäten bis zur Gegenwart von zentraler Bedeutung werden sollte.

Vom sozialen Phänomen der »Transkulturation« und seiner Bedeutung für Kuba

Mit dem Einverständnis des Lesers, vor allem wenn er sich soziologischen Studien widmet, erlauben wir uns, zum ersten Mal die Vokabel Transkulturation zu benutzen in dem Wissen, dass sie ein Neologismus ist. Und wir wagen es vorzuschlagen, dass sie in der soziologischen Terminologie zumindest zum Großteil die Vokabel Akkulturation ersetzen könnte, deren Gebrauch sich derzeit ausbreitet. Mit *Akkulturation* will man den Übergangsprozess von einer Kultur zur anderen und seine gesellschaftlichen Rückwirkungen jeglicher Art verstanden wissen. Aber *Transkulturation* ist die geeignetere Vokabel.

Wir haben die Vokabel *Transkulturation* gewählt, um die vielen verschiedenen Phänomene zu benennen, die in Kuba aufgrund der sehr komplexen kulturellen Transformationen, die hier stattfinden, ihren Ursprung nehmen. Ohne diese zu kennen, ist es unmöglich, die Entwicklung des kubanischen Volkes zu verstehen, sowohl im Wirtschaftlichen als auch im Institutionellen, Juristischen, Ethischen, Religiösen, Künstlerischen, Sprachlichen, Psychologischen, Sexuellen und in allen übrigen Bereichen seines Lebens.

Die wahre Geschichte Kubas ist die Geschichte seiner völlig verworrenen Transkulturationen. Zuerst die Transkulturation des altsteinzeitlichen Indio zum neusteinzeitlichen und das

Verschwinden von diesem, weil er sich nicht an die Auswirkungen der neuen kastilischen Kultur anpasste.

Danach die Transkulturation eines unaufhörlichen Stromes von weißen Einwanderern. Spanier, aber kulturell verschieden und bereits ihrerseits den iberischen Gesellschaften von der Halbinsel *entrissen*, wie man damals sagte, und in eine Neue Welt verpflanzt, deren Natur und Menschen ihnen völlig neu waren und wo sie sich ihrerseits an einen neuen Synkretismus der Kulturen anpassen mussten. Gleichzeitig die Transkulturation eines andauernden Menschenstroms von afrikanischen Schwarzen verschiedener Rassen und Kulturen, die aus allen Küstengebieten Afrikas stammten, vom Senegal über Guinea, dem Kongo und Angola am Atlantik bis hin zu denen aus Mosambik an der östlichen Gegenküste jenes Kontinents. All jene entwurzelt von ihren sozialen Herkunftsgebieten und mit ihren zerstörten Kulturen, die von dem Gewicht der hier herrschenden Kulturen unterdrückt wurden, wie das Zuckerrohr in der Presse der Zuckerrohrmühle zerquetscht wird. Und noch mehr Einwandererkulturen, in sporadischen Wellen oder in dauerhaftem Zustrom, immer fließend und nicht-fließend und von den verschiedensten Abstammungen: Indios vom Festland, Juden, Lusitaner, Angelsachsen, Franzosen, Nordamerikaner und sogar gelbe Mongoloide aus Macau, Kanton und anderen Regionen des einstigen Himmlischen Kaiserreichs. Und jeder Einwanderer als ein Entwurzelter seines Geburtslandes in doppelter Trance von Unordnung und Neuanpassung, von *Dekulturation* oder *Exkulturation* und von *Akkulturation* oder *Inkulturation*, und letztendlich von einer Synthese aus *Transkulturation*.

Bei allen Völkern bedeutet die historische Entwicklung immer einen lebendigen Austausch von Kulturen in einem mehr oder weniger langsamen oder schnellen Rhythmus, aber in Kuba waren die Kulturen so zahlreich und so verschieden in ihrer räumlichen Verteilung und ihren strukturellen Kategorien, dass sie die Bildung seines Volkes beeinflusst haben und dass diese weitreichende Mestizisierung der Rassen und Kulturen an Bedeutung jedes andere historische Phänomen übertrifft. Sogar wirtschaftliche Phänomene, die grundlegendsten des gesellschaftlichen Lebens, werden in Kuba fast immer mit den Ausdrucksformen der verschiedenen Kulturen verwechselt. In Kuba ciboney, taíno, spanisch, jüdisch, englisch, französisch, angloamerikanisch, schwarz, yukatekisch, chinesisch und kreolisch zu sagen, bedeutet nicht, nur auf die verschiedenen Elemente hinzuweisen, die die kubanische Nation bilden und die durch ihre jeweiligen Bezeichnungen der Volkszugehörigkeit zum Ausdruck kommen. Jedes von ihnen ist schließlich auch die synthetische und historische Bezeichnung einer Wirtschaft und einer der verschiedenen Kulturen, die in Kuba aufeinander folgend und gleichzeitig aufgetreten sind, was manchmal die schrecklichsten Auswirkungen hatte. Wir erinnern an die »Zerstörung Indiens«, die Bartolomé de las Casas anprangerte.

Die ganze kulturelle Abfolge, die Europa in mehr als vier Jahrtausenden durchprobiert hat, ist in Kuba in weniger als vier Jahrhunderten durchschritten worden. Das, was dort über Rampen und Stufen erklommen wurde, war hier Fortschritt an Sprüngen und Überstürzungen. Zuerst war die Kultur der *Ciboneyes* und *Guanajabibes*, die paläolithische Kultur. Unsere Steinzeit. Besser gesagt unsere Stein- und Holzzeit mit Steinen und grob bearbeitetem Holz ohne Polierung und mit Muscheln und Fischgräten, die wie Steine und Spitzen aus dem Meer waren.

Danach die Kultur der *Taíno*-Indianer, die neolithisch waren. Ein Zeitalter mit bearbeiteten Steinen und bearbeitetem Holz. Bereits mit den Taíno kommen an die Landwirtschaft, die Sesshaftigkeit, der Überfluss, der Häuptling und der Priester. Und sie kommen durch Eroberung an und zwingen die *Transkulturation* auf. Die Ciboneyes werden zu leibeigenen *naborias* oder fliehen in die Berge und Wälder, in die *cibaos* und *caonaos*. Danach ein Kultursturm: Europa. Es kommen gemeinsam und durcheinander an das Eisen, das Pulver, das Pferd, der Stier, das Rad, das Segel, der Kompass, das Geld, das Gehalt, die Schrift, der Druck, das Buch, der Herr, der König, die Kirche, der Bankier... Und ein revolutionärer Taumel wirbelte die indianischen Völker von Kuba durcheinander, trieb ihre Institutionen in den Ruin und zerstörte ihre Leben. In einem Augenblick wurde von der schläfrigen Steinzeit zum aufgeweckten Zeitalter der Renaissance gesprungen. An einem Tag gingen verschiedene Zeitalter in Kuba vorüber, man würde sagen, Tausende von »Kulturjahren«, wenn eine solche Zeiteinheit für die Chronologie der Völker zulässig wäre. Wenn dieses Indien von Amerika die Neue Welt für die europäischen Völker war, war Europa die Neueste Welt für die amerikanischen Völker. Es waren zwei Welten, die sich gegenseitig entdeckten und die aufeinander prallten. Der Kontakt der zwei Kulturen war schrecklich. Eine von ihnen ging fast völlig als die unterworfene zugrunde. Gescheiterte Transkulturation für die Indigenen und radikal und grausam für die Fremden. Der indianische menschliche Bodensatz der Gesellschaft wurde in Kuba vernichtet, und es musste seine gesamte neue Bevölkerung herbeibringen und transmigrieren, die Klasse der neuen Herrscher wie die der neuen Beherrschten. Es ist ein bemerkenswertes gesellschaftliches Phänomen in Kuba, dass seit dem 16. Jahrhundert all seine Bewohner und Kulturen Eindringlinge waren, die Gewalt anwendeten oder denen Gewalt angetan wurde. Sie alle stammten von außerhalb und waren völlig zerrissen angesichts des Traumas der Entwurzelung von ihren Ursprüngen und ihrer rauen Umpflanzung in eine neue und entstehende Kultur. Mit den Weißen kam die Kultur von Kastilien an und mit ihr kamen Andalusier, Portugiesen, Galizier, Basken und Katalanen. [...]

Es gab keine bedeutenderen menschlichen Faktoren für das Kubanertum (*cubanidad*) als diese fortwährenden, radikalen und widerständigen geografischen, ökonomischen und sozialen Transmigrationen der Besiedler, als dieser andauernde Übergangscharakter der Zielsetzungen und als dieses immer in Entwurzelung begriffene Leben des bewohnten Landes, immer in Widerspruch mit der ernährenden Gesellschaft. Menschen, Ökonomien, Kulturen und Sehnsüchte, alles fühlte sich hier fremd, vorläufig, unbeständig an, wie »Zugvögel« über dem Land, auf seine Kosten, in Gegnerschaft zu ihm und ohne es zu beachten. Mit den Weißen kamen die Schwarzen an, zuerst aus Spanien, das mit Sklaven aus Guinea und Kongo bereichert wurde, später direkt aus ganz Schwarzafrika. [...]

Wir meinen, dass die Vokabel *Transkulturation* besser die verschiedenen Phasen des transitiven Prozesses von einer Kultur zur anderen zum Ausdruck bringt, weil dieser nicht nur darin besteht, eine andere Kultur anzunehmen, was streng genommen das angloamerikanische Wort *Akkulturation* anzeigt, sondern weil der Prozess auch notwendigerweise den Verlust oder die Entwurzelung einer vorherigen Kultur mit einschließt, was man eine partielle *Dekulturation* nennen könnte, und außerdem bedeutet er die sich daraus ergebende Entstehung neuer kultureller Phänomene, die man *Neokulturation* nennen könnte. Schlussendlich, wie es die Schule von Malinowski vertritt, geschieht beim Zusammengehen von Kulturen dasselbe wie bei der genetischen Verbindung der Individuen: Das Kind hat immer etwas von beiden Erzeugern, unterscheidet sich aber auch immer von beiden. Im Ganzen ist der Prozess eine *Transkulturation*, und dieses Wort beinhaltet alle Phasen seines Gleichnisses. [...]

Aus: Fernando Ortiz: Transculturación del tabaco habano e inicios del azúcar y de la esclavitud de negros en América, in: Ders.: *Contrapunteo cubano del tabaco y el azúcar*, Caracas: Biblioteca Ayacucho 1978 [1940], S. 91-438, hier 92-97.

Q 150   Die Entdeckung des Afrikanischen für die Kunst in Kuba (1943)

Der Kubaner Wifredo Lam (1902–1982) zählt zu den bekanntesten Künstlern Lateinamerikas des 20. Jahrhunderts. Seine frühe Schaffensperiode erlebte er in Europa, wo er u.a. durch Pablo Picasso inspiriert und gefördert wurde. Nach dem Kriegsausbruch in Europa kehrte er 1941 nach Kuba zurück. Aufgrund seines biographischen Hintergrundes war er mit der afrokubanischen Kultur und insbesondere mit Santería-Riten vertraut und übernahm viele Elemente in seine Werke. Mit seinem Bild »Der Dschungel« (»La jungla«, Museum of Modern Art), das polymorphe Gestalten auf engstem Raum zeigt und afrikanische Bezüge erkennen lässt, erregte Lam 1943 Aufsehen. Lam wurde später zu einem Befürworter und aktiven Unterstützer der Kubanischen Revolution.

Aus: Edward Lucie Smith: *Die Kunst Lateinamerikas im 20. Jahrhundert*, München: Lichtenberg 1997, S. 87.

Q 151   Uruguayischer Candombe (1988)

Im Jahr 2000 waren rund 6% der uruguayischen Bevölkerung afrikanischer Abstammung. Nach dem Ende der zwölfjährigen Militärdiktatur und der demokratischen Öffnung des Landes 1985 schlossen sich viele Afro-Uruguayer gegen die alltägliche Erfahrung von politischer, sozialer und gesellschaftlicher Ungleichheit und Diskriminierung zusammen und beriefen sich auf ihre afrikanischen Wurzeln. Ein politisches Organ dieser Bewegung war die Zeitschrift »Mundo Afro«, in der über die Unabhängigkeitsbewegungen auf dem afrikanischen Kontinent und die Schwarzenbewegung in den USA berichtet wurde, an der sich die uruguayische Bewegung orientierte. In der Zeitschrift wurden u.a. afrikanische Ursprünge von Traditionen und Bräuchen in Uruguay dargestellt. Im folgenden Artikel beschreibt der uruguayische Dichter und Journalist Agapito Carrizo (*1938) die afrikanischen Ursprünge des Candombe, eines

durch Trommeln begleiteten rhythmischen Tanzes, der besonders als karnevalistischer Stra-
ßenumzug populär ist und den Tango beeinflusste.

Afrikanisches soziokulturelles Erbe

Die Sklaverei hat als Produkt mehrerer Epochen und Kulturen in einigen Völkern und Rassen ein Stereotyp hinterlassen. Als kulturelles Problem ist es in Amerika spannend und komplex. Es bedeutete die größte und empörendste Verpflanzung von Völkern von einem auf einen anderen Kontinent in der Menschheitsgeschichte. Sie führte zu einer brutalen familiären, kulturellen und religiösen Desintegration sowohl für den bedauernswerten Versklavten, der in eine ihm unbekannte Welt gelangte, als auch für seine Brüder, die in Afrika in völliger Unsicherheit und Schmerz zurückgelassen wurden. In diese Breiten des Río de la Plata, in die Republik Östlich des Uruguay und die Republik Argentinien, und in die Föderative Republik Brasilien brachten die Sklavenhändlerschiffe überwiegend Ladungen von Schwarzen mit Bantu-Herkunft, und die wichtigsten Gruppen kamen aus Kongo, Mina, Benguela, Molembo, Cabinda und Mosambik.

Wenn wir allgemein von unserem Kontinent sprechen, sagen wir Lateinamerika, aber wenn wir uns auf die Geschichte beziehen, müssten wir in vielen Aspekten Afroamerika sagen.

Eines der wichtigsten Vermächtnisse, das die erzwungene Migration von Schwarzen auf dem ganzen Kontinent hinterlassen hat, ist die Musik in ihren vielfältigen Formen, was es ermöglicht, verschiedene afrikanische Herkünfte in jedem einzelnen amerikanischen Land über den folkloristischen Ausdruck zu identifizieren.

In unserem Uruguay haben sich die verschiedenen Bantu-Nationen vor allem in der *Ciudadela* (*Ciudad Vieja*) von Montevideo (unserer Hauptstadt) angesiedelt. Dort entwickelten sie ihre traditionellen Tänze, was das einzige war, das sie mit der entfernten Heimat verbunden und identifiziert hielt, da sie ja schon die Sprache, die Religion und ihre Bräuche unwiederbringlich ändern mussten.

Die von unseren Vorfahren getanzten Tänze waren: die *Calenda Guerrera*, die *Chica* und die *Bambula* oder *Semba*, die die Musikwissenschaftler und Forscher als Vorgänger des Candombe sehen, der auch Tango genannt wird.

Im Jahr 1760 tauchen im kolonialen Montevideo die ersten organisierten schwarzen Gruppen auf, die die Fronleichnamsprozession mit ihren Tänzen, Gesängen und Trommeln antreiben. Offensichtlich entstand hier der Candombe mit seinen tiefen afrikanischen Wurzeln, seinen unverwechselbaren uruguayischen Elementen und Klängen und der Ausbildung einer unverkennbaren Metrik, die dazu bestimmt war, die Zeit zu überdauern.

Im Candombe gibt es europäische musikalische Maße, die in der Kolonialzeit vorherrschend waren und die ihm als Beitrag und Stütze dienten, wie das Menuett, der Lancero, die Polka und der Walzer.

Der Candombe hat einen weiten Weg seit dem 18. Jahrhundert bis in unsere heutige Zeit zurückgelegt und hat dabei immer zugenommen und Einflüsse erhalten, die ihn bereichert haben. Auf der anderen Seite besteht kein Zweifel, dass der Candombe ursprünglich ein festlich-ritueller Tanz war, mit dem man Geburten, Taufen, Hochzeiten und Todesfälle oder die Einfuhr der Ernten feierte. Seine ursprünglichen Figuren spiegeln wider, wie er sich seiner Umgebung angepasst hat. Der Sklave als guter Beobachter und mit jenem ihn auszeichnenden Talent zur Nachahmung hat die ursprünglichen Figuren seiner Tänze in Übereinstimmung zu den entsprechenden Figuren der kultischen Tänze seiner Herren geschaffen, so haben wir die MAMA VIEJA, den GRAMILLERO und den ESCOBERO (die Hauptfiguren des Candombe, die wir gleich beschreiben werden).

Im Jahr 1808 nehmen die Candombe-Tänze der Sklaven als einziges Vergnügen in ihrem harten und unmenschlichen Leben ihren Anfang. Der Ort, an dem die Candombes getanzt wurden, nannte sich »TAMBO«, und jede »Nation« hatte ihre eigene »Cancha«, wie sich der Platz nannte, auf dem getanzt wurde und der schon sehr früh sorgfältig hergerichtet wurde.

Diese Tänze wurden jeden Sonntag veranstaltet, und es war der Ausflug schlechthin der

Oberschicht dieser Epoche, die ungeduldig darauf wartete, dass der Abend beginne, um zu den »Canchas« zu gehen und sich an den Tänzen ihrer Sklaven zu erfreuen.

Schon damals war der Tango der Candombe, der noch in den Kinderschuhen steckte, mit afrikanischen Wurzeln und urugayischen Gefühlen.

Es ist unmöglich, mit einem Mal alles über den Candombe zu sagen. Sein Weg und seine Entwicklung umfassen mehr als 180 Jahre. Selbstbewusst können wir sagen, dass es die Musik ist, die uns ausmacht und die alle Uruguayer ohne Diskriminierung miteinander verbindet, da sie heute, obwohl wir Schwarzen ihren Ursprung bilden, zu einem nationalen Kulturgut geworden ist und niemanden ausschließt. So ist der Candombe die einzig autochthone Musik der uruguayischen Folklore.

Sein kulturelles und verbindendes Profil führt dazu, dass er im Alltag alle nationalen Lebensbereiche durchdringt und dass er, von ärmlichster Herkunft, heute in der Sinfonie, in der Liturgie und im Volksgesang zu finden und natürlicher Gast bei allen volkstümlichen Massen- und Volksfesten ist.

CANDOMBE – KAN-DOMBE – ein Wort, das aus dem Präfix ka und aus ndombe aus der Kimbundu-Sprache abgeleitet ist, einem Zweig der Bantu-Sprachen, die im Kongo, in Angola und in Teilen Südafrikas gesprochen werden.

Figuren des kolonialen Candombe

Die Hauptfiguren, die an den Candombes teilnehmen, sind:

Der ESCOBERO [Besenbinder], der sich als Stockträger oder als Zeremonienmeister verkleidet, vollbringt mit seinem Besen wahre Jongleurskunststücke, geht dem Trommlerzug voraus und ist der Stolz der Karnevalsgruppe.

Der GRAMILLERO [weiser Großvater] ist so etwas wie der Mediziner der »Nation«, der mit Naturkräutern Hilfe und Heilung darstellt, eine Figur, die für ein hohes Alter steht und daher mit großer Anstrengung und viel Anmut tanzt.

Der Gramillero wird auch mit dem alten König verwechselt, der den Vorsitz der Candombes in den kolonialen Sälen hatte.

Die MAMA VIEJA [alte Mutter] ist eine matriarchalische Figur, die die antike Königin der Zeremonie darstellt, sie tanzt mit großer Vortrefflichkeit, wird vom Gramillero begleitet, verwendet dabei Schritte des Candombe und europäischer Tänze, verkleidet sich als alte Dame und benutzt einen Schirm und einen Fächer.

Die TAMBORILEROS [Trommler] sind die Perkussionisten, die den Candombe begleiten und dabei klassische uruguayische Trommeln benutzen, die *Chico*, *Repique* und *Piano* genannt werden.

CHICO, mit einem hellen Ton, der dem menschlichen Tenor entspricht und als Begleitung einen konstanten und monotonen Klang hat, ist 60 cm hoch, und ihre Öffnung hat einen Durchmesser von 20 cm. Ihre heutige Form ist oval, und sie wird von oben nach unten gestimmt. An ihrer Öffnung oder an der Stelle, auf der man sie spielt, besitzt sie eine Scheibe aus gegerbtem Rinds- oder Pferdeleder, die festgepinnt wird, welche mit den Farben der Gruppe oder Nation bemalt werden.

REPIQUE, mit einem etwas tieferen Ton, der dem menschlichen Bariton entspricht und synkopisch über den Ton der anderen Trommel spielt, ist fröhlich, abwechslungsreich und gibt das Tempo vor, hat eine ovale Form wie die *Chico*, aber ihre Maße sind etwas größer.

PIANO ist die größte der drei Trommeln, sie ist 80 cm hoch, ihr Durchmesser an der Öffnung beträgt 40 cm oder mehr, sie entspricht dem menschlichen Bass, bildet die Basis in der Perkussion und gibt den Rhythmus oder die Eigenschaft jeder Gruppe oder Nation beim Candombe-Spielen vor.

Aus: Agapito Carrizo: Candombe. Legado socio-cultural africano, in: *Mundo Afro* 1, 1, Montevideo (August 1988), S. 28.

Q 152   Verehrung nationaler Helden in Venezuela (1956/58)

Die Helden der Unabhängigkeit prägten noch im 20. Jahrhundert und prägen bis auf den heutigen Tag die auf die Nation fixierten Geschichtsbilder in Hispanoamerika. Im Geschichts-unterricht und durch Denkmäler im öffentlichen Raum stets präsent, haben die Heldenmythen lange einer kritischen Auseinandersetzung mit der Vergangenheit im Weg gestanden. Diese Tradition der Mythenbildung ist besonders stark in Venezuela, dem Herkunftsland Simón Bolívars, der auf diesem zwischen 1956 und 1958 entstandenen Wandbild des Künstlers Pedro Centeno Vallenilla (1904–1988) die Zentralgestalt in einem Pantheon der nationalen Helden ist. Die afrikanischen Wurzeln Venezuelas werden dagegen kaum betont.

Aus: Rafael Pineda: *Iconografía de Francisco de Miranda*, Caracas: Ministerio del Interior y Justicia 2001, S. 121.

2. Kultureller Anti-Imperialismus

Q 153   Protestlieder gegen den Imperialismus (1967)

Protestlieder kamen in den 1960er Jahren weltweit auf. In Lateinamerika speisten sie sich aus unterschiedlichen Musikstilen, doch es verband sie die gemeinsame Botschaft des Aufbegeh-rens gegen Imperialismus und Ausbeutung. Im Juli und August 1967 trafen sich rund 50 Musiker aus zahlreichen Ländern zu einem vom kubanischen staatlichen Kulturinstitut »Casa de las Américas« veranstalteten Treffen, aus dem folgende Abschlusserklärung hervorging.

Die Autoren, Interpreten und Wissenschaftler, die sich zur Ersten Protestliedtagung in Kuba, dem ersten freien Territorium Amerikas, zusammengefunden haben, begrüßen die Initiative der *Casa de las Américas*, die es uns erlaubt hat, uns zu treffen, Erfahrungen auszutauschen und die Dimension unserer Arbeit ebenso zu verstehen wie die wichtige Rolle, die wir im Kampf zur Befreiung der Völker gegen den nordamerikanischen Imperialismus und Kolonia-lismus spielen. Wir hoffen, dass diese Erfahrung zum Nutzen der Einheit all der Länder, die mit dem Lied kämpfen, wiederholt werden möge.

Die Arbeiter des Protestlieds müssen sich darüber im Klaren sein, dass das Lied durch seinen besonderen Charakter eine enorme Macht für die Kommunikation mit den Massen hat und zwar, indem es Barrieren wie den Analphabetismus durchbricht, die den Dialog des Künstlers mit dem Volk, zu dem er gehört, erschweren. Resultierend daraus muss das Lied eine Waffe im Dienst der Völker sein und nicht ein Konsumgut, das der Kapitalismus benutzt, um uns zu entfremden. Die Arbeiter des Protestlieds haben die Pflicht, ihre Fertigkeiten zu verbessern, da die Suche nach künstlerischer Qualität an sich eine revolutionäre Haltung ist.

Die Aufgabe der Arbeiter des Protestlieds muss es sein, eine Position an der Seite ihres Volkes einzunehmen und sich mit den Problemen der Gesellschaft auseinanderzusetzen, in der sie leben.

Heute ist jeder ein Zeuge der Verbrechen des Imperialismus gegen das vietnamesische Volk, die am gerechten und heldenhaften Befreiungskampf dieses Volkes deutlich werden. Als Autoren, Interpreten und Wissenschaftler von Protestliedern erheben wir unsere Stimmen, um ein sofortiges und bedingungsloses Ende der Bombardierung Nord-Vietnams und den vollständigen Abzug aller Truppen der Vereinigten Staaten aus Süd-Vietnam zu fordern.

Wir unterstützen den wachsenden Kampf der schwarzen Bevölkerung der Vereinigten Staaten gegen alle Formen der Diskriminierung durch Ausbeutung.

Wir unterstützen den Kampf der Proletarier und Studenten, der in den kapitalistischen Ländern gegen die Ausbeutung am Arbeitsplatz geführt wird, der treuen Alliierten des Imperialismus.

Wir unterstützen die Kubanische Revolution, die den wahren Weg aufgezeigt hat, den die Völker Asiens, Afrikas und Lateinamerikas einschlagen müssen, um sich zu befreien, und wir fühlen uns geehrt, dass Kuba der Veranstaltungsort der Ersten Protestliedtagung gewesen ist. [...]

Aus: Resolución final del encuentro de la canción protesta, in: *Casa de las Américas* 8, 45, Havanna (November-Dezember 1967), S. 143–144.

Q 154   Kritik an Donald Duck (1972)

Die Kritik am sogenannten Kulturimperialismus gewann nach der Kubanischen Revolution an Schärfe. In Chile betrieb die sozialistische Regierung Salvador Allendes zwischen 1970 und 1973 eine gezielte Kulturpolitik, die die ausländischen Einflüsse abschütteln wollte. Der Chilene Ariel Dorfman (*1942) und der in Chile lehrende belgische Wissenschaftler Armand Mattelart (*1936) spielten dabei als Theoretiker eine wichtige Rolle und verfassten mit dem Buch »Wie man Donald Duck zu lesen hat« (»Para leer al pato Donald«) 1972 einen Klassiker der Kulturkritik, der in viele Sprachen übersetzt wurde. Nach dem Putsch von 1973 mussten sie aus Chile fliehen.

Es wäre falsch, Walt Disney ausschließlich als Geschäftsmann einzuordnen. Wir alle wissen, wie massiv seine Figuren im Film, auf Uhren, Schirmen, Schallplatten, Seife, Schaukelstühlen, Schlipsen, Lampen usw. an den Mann gebracht werden. Disney-Comics gibt es in fünftausend Zeitungen in mehr als dreißig Sprachen in über einhundert Ländern. [...]

Vom finanziellen Erfolg einmal ganz abgesehen, wurde Disney zum unantastbaren, allgemeinen kulturellen Erbteil des heutigen Menschen erhoben. Seine Figuren hielten Einzug in jede Familie, hängen an jeder Wand, begegnen uns auf allen nur möglichen Gegenständen: Jedermann ist aufgefordert, ungeachtet aller Grenzen und Ideologien, über nationale und individuelle Differenzen, Gebräuche und Dialekte hinweg der großen weltumspannenden Disney-Familie beizutreten. [...] Disney ist ein Teil – ein anscheinend unsterblicher Teil unseres allgemeinen, kollektiven Weltbildes. [...]

Disney ist darauf angewiesen, seine Welt als natürlich, als normal verstanden zu wissen, das heißt, dass sie gleichzeitig natürlich, durchschnittlich, gewöhnlich und der wahren Natur des Kindes angemessen erscheint. Seine Beschreibung von Frauen und Kindern basiert auf der Vorgabe, sie sei objektiv; obgleich [...] er die Natur eines jeden mitleidlos entstellt.

Es ist kein Zufall, dass Disneys Welt von Tieren bevölkert ist. Die Natur stellt sich als jene Macht dar, die alle sozialen Bezüge durchdringt und determiniert, und ihre Tiergestalt verleiht den Figuren die Fassade der Unschuld. Sicherlich neigen Kinder dazu, sich mit dem spielerischen, instinktiven Verhalten des Tieres zu identifizieren. Wenn sie älter werden, begreifen sie nach und nach, dass das ausgewachsene Tier Züge aufweist, die einigen ihrer eigenen physischen Entwicklungsphasen entsprechen. Früher ähnelten sie selbst diesem Tier, bewegten sich auf allen Vieren, konnten nicht sprechen usw. So ist das Tier das einzige Lebewesen, das dem Kind unterlegen ist, weil das Kind es durch seine Entwicklung übertroffen hat und es somit zu beherrschen vermag. (Disney zögert keinen Augenblick, dieses Verhältnis der biologischen Überlegenheit auszubeuten, um das Tierleben durch die erprobte Hand der Kinder zu militarisieren und zu reglementieren [...]). Die Tierwelt ist einer der Bereiche, in denen sich die kindliche Phantasie austoben kann, und ohne Zweifel sind viele Tierfilme von hohem pädagogischem Wert, da sie die Sensibilität und die Sinne der Kinder zu entwickeln vermögen.

Für sich betrachtet ist die Verwendung von Tieren in Kindergeschichten weder gut noch schlecht: Jedoch muss genau geprüft werden, wie sie eingesetzt werden, welche Art Wesen sie in der Darstellung verkörpern. Disney verwendet Tiere, um die Kinder einzufangen und zu übertölpeln, nicht um sie zu befreien. Seine Sprache ist nichts anderes als eine Art Manipulation. Er lädt die Kinder ein in eine Welt, die ihnen die absolute Freiheit der Bewegung und der Phantasie zu garantieren scheint, eine Welt, die sie zutraulich und voller Sicherheit betreten; sie identifizieren sich mit Wesen, die genauso zärtlich, vertrauensvoll und verantwortungslos sind wie sie und von denen sie keinen Verrat erwarten, mit denen sie spielen und sich eins fühlen können. Sind sie erst einmal vom Geschehen gefangen, dann schließen sich die Türen hinter ihnen. Die Tiere verändern sich plötzlich total, ohne ihre sympathische und freundliche Maske abzulegen; ohne ihren tierischen Körper zu verlieren, verwandeln sie sich in monströse menschliche Wesen.

Diese Pervertierung der wahren Natur der Tiere und der Missbrauch ihrer Gestalt (wie sie in diesen Comics Kindern und Frauen gleichfalls widerfahren) sind noch nicht alles. Disneys Besessenheit von »seiner« Natur, seine Sehnsucht danach, eine Welt abzuschaffen, die er für zutiefst pervers und schuldbeladen hält, bringen ihn dazu, diese Tendenz auf die Spitze zu treiben.

Alle Figuren sehnen sich nach der Natur zurück. Einige leben auf dem Lande oder im Wald, aber die meisten kommen aus der Stadt und unternehmen von dort aus unablässig Reisen in die Natur: zu Inseln, in Wüsten, aufs Meer, in Wälder und Berge, Seen, Himmel, in die Stratosphäre, über alle Kontinente (Asien, Amerika, Afrika, Ozeanien und ganz selten in unbevölkerte Teile Europas). Zwar spielen viele der Geschichten in der Stadt oder in begrenzten Räumen, aber sie bestätigen und unterstreichen nur den katastrophalen und absurden Charakter des Stadtlebens. Da gibt es Geschichten über Smog, über Verkehrsstauungen, ohrenbetäubenden Lärm, über soziale Spannungen [...], über die Allgegenwart der Bürokratie und Polizei. Tatsächlich wird die Stadt als Inferno dargestellt, in der der Mensch die Kontrolle über sein Leben verliert. Immer wieder verheddert sich die Hauptfigur in irgendwelchen Objekten. [...]

Oberflächlich betrachtet könnte man sich mit der einfachen Erklärung zufrieden geben, es handle sich um eine Form von Eskapismus, um das Sicherheitsventil der Massenkultur, dringend benötigt von einer Gesellschaft, deren geistige und physische Regeneration der Ruhe, Phantasie und Verträumtheit bedarf. [...] Es mag auch kaum überraschen, dass gerade diejenigen, die das Leben des Kindes als einen Zustand permanenter Ferien betrachten, sich ebenfalls einen entsprechenden Raum bauen: den Frieden des Landlebens.

Diese These reichte aus, wären die Orte, an die sich unsere Helden begeben, verlassen und unbewohnt. Dann ginge es lediglich um das Verhältnis Mensch-Natur. Gäbe es keine Eingeborenen, hätten wir es nur mit den Beziehungen zwischen den Helden selbst zu tun [...]. Dies ist nicht der Fall. [...]

In diesen Gegenden fern der Metropole Entenhausen, den zufälligen Anlaufstellen unserer Abenteurer, die gierig auf Schätze sind und den sehnlichen Wunsch haben, ihre tödliche Langeweile durch eine gesunde und reine Form der Entspannung zu betäuben, warten Einwohner mit sehr ungewöhnlichen Eigenschaften. Kein Globetrotter kann sich diesen Ländern versagen und ohne einen echten, lebenden Wilden die Heimreise antreten. [...]

Wo liegt Aztecland? Wo liegt Inca-Blinca? Wo Unstabilistan? Es gibt keinen Zweifel: Aztecland ist Mexiko. Hier finden wir alle Prototypen der mexikanischen »Wesensart«, so wie sie auf Ansichtskarten dargestellt werden. Esel, Siesta, Vulkane, Kakteen, riesige Sombreros, Ponchos, Serenaden, Männlichkeitskult, Indianer alter Zivilisationen. Das Land wird ausschließlich aus diesen grotesken Folklorebegriffen bestimmt: zu einem archetypischen Embryo versteinert, mit allen künstlichen und stereotypen Vorurteilen belastet, ausgebeutet, ist »Aztecland« unter seinem Pseudonym weitaus leichter zu disneyfizieren. Am Stempel der Exotik erkennt man es als Traumbild jenes Landes, nicht als das reale Mexiko voller Probleme.

Disney nahm sich brachliegendes Land in den USA und errichtete darauf seine Disney-Land-Paläste, sein verzaubertes Königreich. Den Rest des Erdballs betrachtet er aus der gleichen Perspektive: ein bereits kolonialisiertes Land, dessen Phantom-Einwohner sich mit den Auffassungen Disneys über ihr Land zufrieden geben müssen. Er benutzt jedes Land der Welt und lässt es im Prozess der Durchdringung mit der Disney-Natur eine Modellfunktion ausüben. Selbst wenn irgendein Land – Vietnam etwa oder Kuba – es wagen sollte, einen offenen Konflikt mit den USA auszutragen, würde ihnen sofort das disneysche Comic-Brandzeichen aufgedrückt, ihre Revolution vereinnahmt und banalisiert. Während Marine-Infanteristen die Revolutionäre unter Gewehrfeuer nehmen, jagt Disney sie durch die Spießruten seiner Geschichtchen. Es gibt zwei verschiedene Formen des Mordes: mit Waffen und durch kalkulierte Naivität.

Selbstverständlich hat Disney die Bewohner dieser Länder nicht erfunden; er hat sie lediglich in die Form gepresst, die er für sie bestimmt hat: Darsteller in seiner Hit-Parade, Abziehbilder und Marionetten in seinen Phantasiepalästen, gute und ungefährliche Wilde bis in alle Ewigkeit.

Nach Disney sind die unterentwickelten Völker wie Kinder, und als solche müssen sie behandelt werden. Und, wenn sie diese freundliche Einschätzung nicht teilen, muss man ihnen die Hosen runterziehen und ihnen eine tüchtige Tracht Prügel verabreichen. Das wird ihnen eine Lehre sein! Wenn in diesen Comics etwas über jenes Kind – Typ Guter Wilder – gesagt wird, so denkt man in Wirklichkeit an die Dritte Welt. Die hegemonialen Beziehungen, die wir festgestellt haben zwischen den Kindern vom Typ der Erwachsenen, die mit ihrer Zivilisation und ihrer Technik daherkommen, und den Kindern vom Typ des Guten Wilden, die diese ausländische Autorität akzeptieren und ihre Reichtümer ausliefern, erweisen sich als exaktes Abbild der Beziehungen zwischen der Metropole und ihren Satelliten, zwischen dem Imperium und seiner Kolonie, zwischen Herren und Sklaven. So suchen die Bewohner der Metropole nicht nur nach Schätzen, sondern verkaufen den Eingeborenen gleichzeitig Comics (wie die von Disney), um sie in ihre Rolle einzuweisen. [...]

Aus: Ariel Dorfman/Armand Mattelart: *Para leer al pato Donald. Comunicación de masa y colonialismo*, Valparaíso: Ed. Universitaria de Valparaíso 1972. Zit. nach: Ariel Dorfman/Armand Mattelart: *Walt Disneys »Dritte Welt«. Massenkommunikation und Kolonialismus bei Micky Maus und Donald Duck*, Übers. Gaston Richter/Frowin Haas, Berlin: Basis 1977, S. 13–14, 38–45, 55–57.

Q 155   Lateinamerika und Europa (1982)

Anlässlich der Verleihung des Literaturnobelpreises im Jahr 1982 hielt der kolumbianische Schriftsteller und Journalist Gabriel García Márquez (*1927) eine Rede über »Die Einsamkeit Lateinamerikas«. Márquez' literarisches Werk ist weltweit bekannt und geschätzt für seinen »Magischen Realismus«: die Kunst, dem Irrealen und Unvertrauten die Fremdheit zu nehmen und das Wunderbare als dem Alltäglichen inhärent darzustellen. Die Rede, die er auch vor dem Hintergrund der lateinamerikanischen Militärdiktaturen hielt, nutzte er für eine Neubewertung der Beziehungen Lateinamerikas zu Europa.

[...] Ich beabsichtige nicht, die Illusionen Tonio Krögers zu verkörpern, dessen Träume, einen keuschen Norden mit einem leidenschaftlichen Süden zu vereinen, Thomas Mann vor 53 Jahren an diesem Ort pries. Aber ich glaube, dass Europas aufgeklärte Geister, die auch hier für ein menschlicheres und gerechteres großes Vaterland kämpfen, uns besser helfen könnten, wenn sie ihre Art, uns zu sehen, von Grund auf änderten. Die Solidarität mit unseren Träumen wird unser Gefühl der Einsamkeit nicht vermindern, solange sie sich nicht umsetzt in Taten echter Unterstützung für die Völker, die sich der Illusion hingeben, bei der Aufteilung der Welt ein eigenes Leben zu bekommen.

Lateinamerika wünscht weder eine willenlose Schachfigur zu sein, noch hat es Grund, dies zu wünschen; auch hat es nichts Schimärenhaftes, wenn sein Streben nach Unabhängigkeit und Originalität zu einem Anliegen des Westens wird. Und doch scheinen die Fortschritte der Schifffahrt, die manche Entfernung zwischen unseren Amerikas und Europa verringert haben, dafür unsere kulturelle Entfernung vergrößert zu haben. Warum versagt man uns die Originalität, die man uns in der Literatur rückhaltlos zubilligt, mit allen möglichen Verdächtigungen bei unseren so schwierigen Versuchen sozialen Wandels? Warum denkt man, dass die soziale Gerechtigkeit, die fortschrittliche Europäer in ihren Ländern durchzusetzen versuchen, nicht auch ein lateinamerikanisches Ziel mit unterschiedlichen Methoden unter anderen Bedingungen sein kann? Nein: Die maßlose Gewalt und der maßlose Schmerz unserer Geschichte sind das Ergebnis von jahrhundertealten Ungerechtigkeiten und Bitternissen ohne Zahl und nicht eine dreitausend Meilen von unserem Haus entfernt ausgeheckte Verschwörung. Doch viele europäische Führer und Denker haben mit dem Infantilismus von Großvätern, welche die furchtbaren Verrücktheiten ihrer Jugend vergessen haben, geglaubt, es gebe kein anderes Schicksal, als in der Gnade der beiden größten Herren der Welt zu leben. Dies, Freunde, ist das Ausmaß unserer Einsamkeit.

Und dennoch: Angesichts von Unterdrückung, Plünderung und Verlassenheit ist unsere Antwort – das Leben. Weder Sintfluten noch Seuchen, weder Hungersnot noch Umstürze, nicht einmal die ewigen Kriege durch Jahrhunderte und Aberjahrhunderte haben den hartnäckigen Vorteil des Lebens gegenüber dem Tod zu verringern vermocht. Ein Vorteil, der zunimmt und sich beschleunigt: Jedes Jahr gibt es 74 Millionen mehr Geburten als Todesfälle, genug neue Lebewesen, um die Bevölkerung von New York jedes Jahr um das Siebenfache zu vermehren. Die meisten von ihnen werden in den Ländern mit den geringsten Bodenschätzen geboren, und unter diesen natürlich in den Ländern Lateinamerikas. Dagegen haben die wohlhabendsten Länder ein Vernichtungspotenzial angehäuft, das groß genug ist, nicht nur hundertmal alle Menschen, die bis heute existiert haben, auszulöschen, sondern die Gesamtheit aller Lebewesen, die je über diesen Unglücksplaneten gewandert sind. [...]

Aus: Gabriel García Márquez: La soledad de América Latina, in: *Cuestión* 16, Malmö (1982), S. 46–48. Zit. nach: Gabriel García Márquez: Die Einsamkeit Lateinamerikas, in: Curt Meyer-Clason (Hg.): *Lateinamerikaner über Europa*, Frankfurt a.M.: Suhrkamp 1987, S. 159–164, hier 162–163.

Q 156   Verrat an der Kubanischen Revolution (1971)

Intellektuelle aus aller Welt hatten die Kubanische Revolution anfangs enthusiastisch begrüßt. Das änderte sich, als das Regime im Laufe der 1960er Jahre mit zunehmender Repression auf Kritik reagierte und zahlreiche kubanische Schriftsteller – darunter auch ehemalige Castro-Anhänger wie Guillermo Cabrera Infante (1923–2005) – ins Exil trieb. Einen weltweit beachteten Höhepunkt erreichte die Verfolgung in der sogenannten Padilla-Affäre. Der Dichter Heberto Padilla (1932–2000) war 1968 von der Vereinigung kubanischer Schriftsteller und Künstler für seinen Gedichtband »Fuera del juego« ausgezeichnet worden. Drei Jahre später warf man ihm konterrevolutionäres Verhalten vor. Padilla wurde verhaftet und gezwungen, am 27. April 1971 vor der Vereinigung eine »Selbstkritik« abzulegen, die jedoch ein gehöriges Maß an Ironie enthielt (vgl. den folgenden Auszug). Der Franzose Jean-Paul Sartre verfasste daraufhin einen offenen Protestbrief an Fidel Castro, den zahlreiche Intellektuelle unterschrieben. Padilla konnte einige Jahre später aus Kuba ausreisen und lebte danach in den USA.

Unter der Maske des rebellischen Schriftstellers wollte ich einzig und allein meine Abneigung gegen die Revolution verbergen [...]. Nach meiner Rückkehr aus Europa im Jahre 1966 wurden meine Ressentiments sichtbar. Das erste, was ich einige Monate später tat, war in der Literaturbeilage »El Caimán Barbudo« anlässlich der Veröffentlichung des Romans »Pasión de Urbino«von Lisandro Otero [ein regimetreuer kubanischer Schriftsteller], einem langjährigen, echten Freund, über ihn unbarmherzig und grundlos herzufallen. Und wen habe ich verteidigt? Ich verteidigte Guillermo Cabrera Infante. Wer war Cabrera Infante, wer war er immer gewesen? Er war schon immer ein Miesmacher, nicht nur in Bezug auf die Revolution, sondern ein Miesmacher par excellence in gesellschaftlichen Dingen, ein armseliger Mensch; einer, der – ich weiß nicht weshalb – schon seit seiner Jugend verbittert war und von Anfang an der Revolution als erbitterter Feind gegenüberstand. Welche herausragenden, außergewöhnlichen künstlerischen Werte enthält der Roman von Guillermo Cabrera Infante »Tres tristes tigres«? Welchen außerordentlichen Beitrag zur Literatur stellt dieses Buch dar, der meinen Angriff auf einen engen Freund im »El Caimán Barbudo« gerechtfertigt hätte? Ich muss meinen Freunden gegenüber aufrichtig sein: Ich nutzte die Gelegenheit, um Lisandro zu ärgern. Aber die Fehde mit Lisandro wurde zu einem politischen Problem, mein Verhalten hatte politische Folgen, die der Revolution unmittelbar schadeten. Denn in der kleinen giftigen Notiz, die ich für »El Caimán Barbudo« verfasste, habe ich nicht weniger als drei Organe der Revolution angegriffen: zum Beispiel meine Organisation, den Verband der kubanischen Schriftsteller und Künstler, ferner das Außenministerium, weil es auf die Dienste eines Konterrevolutionärs wie Guillermo Cabrera Infante verzichtet hatte. Ich griff drittens sogar erbarmungslos den Genossen vom Staatssicherheitsdienst an, der die Tätigkeit von Cabrera Infante untersuchte, wobei ich mich auf den literarischen Stil berief, so als ob literarischer Stil etwas mit Wahrheit zu tun hätte und die Wahrheit nicht wichtiger sei als das literarische Feuer [...].

Ausländischen Besuchern [...] erzählte ich schreckliche Dinge über Kuba, und sie schrieben Pamphlete gegen die Revolution. [...]

Wir leben in einem Schützengraben, und ich möchte nicht, dass irgendjemand noch einmal solch eine Scham wie ich empfindet, solch eine unendliche Trauer, wie ich sie in den Tagen des dauernden Nachdenkens über meine Fehler empfunden habe. Ich möchte nicht, dass die Revolution uns jemals wieder zur Rechenschaft ziehen muss. Es geht wirklich nicht, dass die Revolution ständig Großmut gegenüber uns Intellektuellen zeigen muss, dass sie sich immer wieder großmütig zeigt, so dass die Großmut sich zu einem unerträglichen Laster verwandelt. Jetzt wollen wir Soldaten der Revolution sein!

Aus: Intervención de Heberto Padilla en la Unión de Escritores y Artistas de Cuba, el martes 27 de abril de 1971, in: *Casa de las Américas* 11, 65–66 (März-Juni 1971), S. 191–203. Zit. nach: Gerhard Drekonja-Kornat: La Habana. Stadt-Gänge, in: Ders. (Hg.): *Havanna. Vergangenheit – Gegenwart – Zukunft*, Münster u.a.: LIT 2007, S. 9–39, hier 20–21.

Q 157   Rock Latino (1984)

Der Rock 'n' Roll entstand Mitte des 20. Jahrhunderts in den USA als Ausdruck einer Rebellion gegen die konservativen Wertvorstellungen der Gesellschaft. An diese Entwicklung anknüpfend begann ab den 1970er Jahren in Lateinamerika die Bewegung des »Rock Latino«: Rock für und aus Lateinamerika, bei dem aber auch eine Distanzierung von der Sprache, der Kultur und Außenpolitik der USA eine wichtige Rolle spielte. Der Rock Latino nahm den Rock als Musikstil und Ausdrucksform auf, passte jedoch Sprache und Textinhalte an die lokalen Kontexte an. Bekannte Beispiele des Rock Latino sind, unter vielen anderen, die Bands Soda Stereo aus Argentinien, Los Prisioneros aus Chile, Paralamas do Sucesso aus Brasilien, Aterciopelados aus Kolumbien und Molotov aus Mexiko. Im folgenden Liedtext von Los Prisioneros ist die gesellschaftliche Kritik an den USA deutlich erkennbar.

Lateinamerika ist ein Dorf südlich der Vereinigten Staaten

Für die Touristen, neugierige Leute,
Ist es ein exotisches Reiseziel.
Es ist zwar billig,
Aber ungünstig, um dort zu wohnen.
Lateinamerika bietet Ihnen
Den Karneval in Rio und aztekische Ruinen,
Schmutzige tanzende Leute auf den Straßen,
Die sich für ein paar US-Dollar verkaufen.

Niemand sonst auf dem Planeten
Nimmt dieses enorme Volk voller Traurigkeit ernst.
Alle lächeln, wenn sie die mehr als zwanzig Fähnchen sehen,
Jede einzelne stolzer als die andere auf ihre Souveränität.
Was für ein Unsinn!
Teilen ist Schwächen.

Die Weltmächte sind die Beschützer,
Die ihre Waffen in unseren Guerillas testen.
Seien sie rot oder gestreift,
Letztendlich macht das keinen Unterschied.
Sie laden unsere Führer ein,
Ihre Seele an den grünen Teufel zu verkaufen.
Sie erfinden schöne Abkürzungen,
Um ihnen ein Wichtigkeitsgefühl zu vermitteln.

Und das unschuldige Volk Lateinamerikas
Wird weinen, wenn Ronald Reagan oder die Queen sterben,
Und sie verfolgen Schritt für Schritt das Leben von Carolina,
Als ob diese Menschen an der Unterentwicklung leiden würden.
Wir sind in einem Loch! Scheinbar ist es wahr...

Lateinamerika ist ein Dorf südlich der Vereinigten Staaten...

Damit sie sich zu Hause fühlen,
Ahmen wir ihre Stadtviertel und Lebensarten nach.
We try to talk in the jet set language,
Damit sie uns nicht unzivilisiert finden.
Wenn wir ihre Städte besuchen,

Behandeln sie uns wie Verbrecher.
Russen, Engländer, Gringos, Franzosen
Lachen nur über unsere romanartigen Regisseure.

Wir sind ein so nettes Völkchen,
Dass alle uns helfen, wenn es darum geht,
Einen Konflikt zu bewaffnen.
Aber die gleiche Goldmenge könnten sie herausgeben,
Um die definitive Lösung gegen den Hunger zu finden.
Lateinamerika ist groß
Und muss lernen, selbst zu entscheiden.

Lateinamerika ist ein Dorf südlich der Vereinigten Staaten...

Aus: Los Prisioneros: Album *La voz de los 80*, Fusión 1984.

3. Der Wert hybrider Kulturen

Q 158   Kulturelle Hybridität (1990)

Mit seiner Studie über die »hybriden Kulturen« legte der in Mexiko lehrende und aus Argentinien stammende Kulturanthropologe Néstor García Canclini (*1939) 1990 einen Markstein für die kulturtheoretischen Debatten in Lateinamerika vor. García Canclini propagierte damit den Begriff der Hybridisierung, der sich seitdem als wegweisend für das Verständnis lateinamerikanischer Kulturen durchgesetzt hat. Das preisgekrönte Buch wurde ins Englische übersetzt und gilt als Klassiker des postmodernen Denkens in Lateinamerika.

Welche sind in den 90er Jahren die Strategien, um in die Moderne einzutreten und sie zu verlassen?

Wir stellen die Frage auf diese Weise, weil wir in Lateinamerika, wo die Traditionen noch nicht vergangen sind und die Moderne noch nicht vollends angekommen ist, bezweifeln, ob unsere Modernisierung das Hauptziel sein sollte, wie es Politiker, Ökonomen und die Werbung für neue Technologien anpreisen. Andere Bereiche fragen sich angesichts der Tatsache, dass die Löhne wieder dieselbe Kaufkraft wie vor zwei Jahrzehnten haben und dass das Bruttoinlandsprodukt der reichsten Länder – Argentiniens, Brasiliens, Mexikos – während der 80er Jahre stagnierte, ob die Modernisierung für die Mehrheit nicht unzugänglich wird. Und es ist auch möglich zu denken, dass Modern-Sein den Sinn verloren hat in dieser Zeit, in der die Philosophien der Postmoderne die kulturellen Bewegungen in Frage stellen, welche Utopien versprechen und den Fortschritt vorhersagen.

Es reicht nicht, diese Diskrepanzen mit den unterschiedlichen Modernitätskonzepten in Wirtschaft, Politik und Kultur zu erklären. Zusammen mit der theoretischen Frage schwingen politische Dilemmas mit. Lohnt es sich, das Handwerk zu fördern, das historische Erbe wiederherzustellen oder wieder zu verwenden und damit fortzufahren, den massenhaften Eintritt von Studenten in geisteswissenschaftliche und andere Laufbahnen zu akzeptieren, die mit der Missachtung der elitistischen Kunst oder mit der volkstümlichen Kultur verbunden sind? Macht es Sinn – persönlich und kollektiv – in umfangreiche Studien zu investieren, um auf einer schlecht bezahlten Anstellung zu enden und eingerostete Techniken und Kenntnisse zu wiederholen, anstatt sich der Mikroelektronik oder der Telekommunikation zu widmen?

Um den Unterschied zwischen den Visionen der Moderne zu verstehen, reicht es auch nicht, auf jenes Prinzip des modernen Denkens zurückzugreifen, demzufolge die ideologischen Abweichungen dem ungleichen Zugang zu Gütern geschuldet sind, den Bürger und Politiker, Arbeiter und Unternehmer, Handwerker und Künstler haben. Die erste Hypothese dieses Buches ist es, dass die *Unsicherheit* hinsichtlich der Richtung und des Wertes der Moderne nicht nur aus dem hervorgeht, was Nationen, Ethnien und Klassen trennt, sondern aus den soziokulturellen Schnittpunkten, in denen sich das Traditionelle und das Moderne vermischen.

Wie ist das Zusammentreffen von indigenem Handwerk mit Katalogen der Avantgardekunst auf demselben Fernsehtisch zu verstehen? Was suchen die Maler, wenn sie im selben Gemälde präkolumbische, koloniale und Bilder aus der Industriekultur zitieren und diese dann mithilfe von Computer und Laser weiterverarbeiten? Die elektronischen Medien, die dazu auserkoren schienen, die kultivierte Kunst und die Folklore zu ersetzen, verbreiten diese nun massiv. Der Rock und die »anspruchsvolle« Musik erneuern sich sogar in den Großstädten mit populären asiatischen und afroamerikanischen Melodien.

Es handelt sich nicht nur um Strategien der Institutionen und der hegemonialen Schichten. Wir finden sie auch in der ökonomischen und symbolischen »Rückübertragung«, mit der die bäuerlichen Migranten ihr Wissen anpassen, um in der Stadt zu leben, und ihr Handwerk anpassen, um die städtischen Konsumenten anzusprechen; wenn die Arbeiter ihre Arbeitskultur angesichts der neuen Produktionstechnologien neu formulieren, ohne ihren alten Glauben aufzugeben, und die sozialen Bewegungen ihre Forderungen ins Radio und das Fernsehen bringen. Jeder von uns hat zu Hause Platten und Kassetten, auf denen klassische Musik und Jazz, Folklore, Tango und Salsa kombiniert werden, wie bei Komponisten wie Piazzola, Caetano Veloso und Rubén Blades, die diese Gattungen fusioniert haben, indem sie in ihren Werken kultivierte und volkstümliche Traditionen kreuzen.

So wie die brüske Gegenüberstellung zwischen dem Traditionellen und dem Modernen nicht funktioniert, befinden sich auch das Kultivierte, das Volkstümliche und die Massenkultur nicht dort, wo wir sie anzutreffen gewohnt sind. Es ist nötig, diese Einteilung in drei Ebenen, diese untergliederte Vorstellung der kulturellen Welt aufzuheben und nachzufragen, ob ihre *Hybridisierung* mit den Werkzeugen der Disziplinen, die wir einzeln studieren, gelesen werden kann. (Es finden sich gelegentliche Erwähnungen der Begriffe *Synkretismus, mestizaje* und anderer, die dazu verwendet werden, um Prozesse der Hybridisierung zu bezeichnen. Ich bevorzuge diesen letzten, weil er verschiedene interkulturelle Mischungen enthält – nicht nur die rassischen, auf die sich gewöhnlich »mestizaje« beschränkt – und weil er es erlaubt, die modernen Formen der Hybridisierung besser einzubeziehen als »Synkretismus«, eine fast immer auf religiöse Verschmelzungen oder auf traditionelle symbolische Bewegungen bezogene Formel.) [...]

Sowohl die Traditionalisten als auch die Modernisierer wollten reine Objekte konstruieren. Die ersten stellten sich nationale und »authentische« volkstümliche Kulturen vor und versuchten, diese vor der Industrialisierung, der städtischen Vermassung und vor fremden Einflüssen zu bewahren. Die Modernisierer stellten sich eine Kunst um der Kunst willen, ein Wissen um des Wissens willen ohne territoriale Grenzen vor und vertrauten ihre Fortschrittsfantasien der eigenständigen Erprobung und Innovation an. Die Unterschiede zwischen diesen Feldern dienten dazu, Güter und Institutionen zu organisieren. Das Handwerk ging auf Märkte und volkstümliche Wettbewerbe, die Kunstwerke in Museen und auf Biennalen.

Die Modernisierungsideologien betonten vom Liberalismus des vergangenen Jahrhunderts bis hin zur Entwicklungsideologie (*desarrollismo*) diese manichäische Auffächerung und stellten sich vor, dass die Modernisierung die traditionellen Produktionsweisen, Glaubensvorstellungen und Güter beseitigen würde. Die Mythen würden durch die wissenschaftliche Erkenntnis, das Handwerk durch die Expansion der Industrie, die Bücher durch audiovisuelle Kommunikationsmedien ersetzt.

Heute existiert eine vielschichtigere Vorstellung von den Beziehungen zwischen Tradition und Moderne. Das im traditionellen Sinne Kultivierte wurde nicht durch die Industrialisierung der symbolischen Güter ersetzt. Es werden mehr Bücher und Editionen mit einer höheren Auflage als in irgendeinem vorherigen Zeitraum veröffentlicht. [...]

Von volkstümlicher Seite muss man sich weniger darum sorgen, was ausgelöscht wird, als darum, was verändert wird. Niemals gab es so viele Handwerker, populäre Musiker oder eine ähnliche Verbreitung der Folklore, weil ihre Produkte traditionelle Funktionen aufrechterhalten (den Indigenen und Bauern Arbeit geben) und andere moderne hervorbringen: Sie ziehen städtische Touristen und Konsumenten an, die in den folkloristischen Gütern Zeichen der Distinktion und persönliche Bezugspunkte sehen, die die industriellen Güter nicht bieten.

Die Modernisierung verringert die Rolle des im traditionellen Sinne Kultivierten und Volkstümlichen im Gefüge des symbolischen Marktes, aber sie schafft sie nicht ab. Sie verlagert die Kunst und die Folklore, das akademische Wissen und die industrialisierte Kultur unter relativ ähnlichen Bedingungen anderswohin. Die Arbeit des Künstlers und des Handwerkers nähern sich an, sobald jeder von ihnen erfährt, dass die besondere symbolische Ordnung, in der man lebt, durch die Logik des Marktes neu definiert wird. Von Mal zu Mal können sie sich weniger der modernen Information und Ikonografie, der fehlenden Begeisterung ihrer selbstzentrierten Welten und der neuen Begeisterung entziehen, die die Spektakularisierung der Medien mit sich bringt. Was man auslöscht, sind nicht so sehr die zuvor als kultiviert oder volkstümlich geltenden Güter, sondern der Anspruch einiger dieser Güter, autarke Welten zu sein, und [die Vorstellung], dass die in den einzelnen Feldern hergestellten Werke einzig der »Ausdruck« ihrer Erschaffer sei. [...]

Aus: Héctor García Canclini: *Culturas híbridas. Estrategias para entrar y salir de la modernidad*, Mexiko-Stadt: Grijalbo 1990, S. 13–18.

Q 159 Das Ende des Kalten Krieges (1992)

Rechtzeitig zu den 500-Jahr-Feierlichkeiten der Entdeckung Amerikas im Jahr 1992 produzierte die britische BBC eine mehrteilige Serie zur Geschichte Lateinamerikas. Als Berater engagierte sie den berühmten mexikanischen Schriftsteller Carlos Fuentes (*1928), der zeitgleich eine überblicksartige Darstellung zur historischen Entwicklung Spaniens und Lateinamerikas veröffentlichte, aus der die folgenden Auszüge stammen.

[...] Am Ende des Kalten Krieges befand Lateinamerika sich wieder einmal in der Krise. Als wir erkennen mussten, dass sowohl der Kapitalismus als auch der Sozialismus in ihren lateinamerikanischen Versionen nicht vermocht hatten, die Mehrheit unserer Völker aus ihrem Elend zu führen, brachen uns unsere politischen und wirtschaftlichen Modelle über den Köpfen zusammen.

Aber waren es wirklich unsere Modelle? Hatten wir nicht seit der Unabhängigkeit fortwährend die prestigeträchtigsten ausländischen Modelle in Wirtschaft und Politik kopiert? Saßen wir nicht auf fatale Weise in der Falle zwischen den »Chicago Boys« und den »Marx Brothers«: zwischen brutalem, uneingeschränktem Kapitalismus und ineffizientem, zentralistischem, bürokratischem Sozialismus? Verfügten wir denn nicht über Tradition, Wissen, Organisation und intellektuelle Fähigkeiten, um uns unsere eigenen Entwicklungsmodelle zu schaffen, in Übereinstimmung mit dem, was wir einmal gewesen sind, was wir waren und was wir sein wollten?

Inmitten einer Krise, gekennzeichnet durch Schulden, Drogen, durch Entwicklungs- und Demokratieprobleme, erkannten wir, dass wir diese Fragen nur aus eigener Kraft beantworten konnten – das heißt auf der Grundlage unserer Kulturen. Wir erkannten, dass wir unter einer balkanisierten, gebrochenen Politik, nicht funktionierenden Wirtschaftssystemen und riesigen sozialen Ungerechtigkeiten litten, dass wir aber auch über eine bemerkenswerte kulturelle Kontinuität verfügten, die inmitten der allgemeinen Krise fest auf ihren eigenen Füßen stand.

Als der Kalte Krieg endete, entwickelte Lateinamerika die Hoffnung, sich von dem Druck der Großmächte befreien zu können. Der Antikommunismus, der wichtigste Vorwand für US-amerikanische Interventionen, schien sich in Luft aufzulösen, als das sowjetische Weltreich auseinander fiel. Doch zwangen uns die Ereignisse auch dazu, mehr denn je zu bedenken, dass wir Teil einer Welt ständiger Kommunikation und globaler Integration waren.

Wir mussten unsere Häuser in Ordnung bringen. Aber dazu mussten wir uns selbst verstehen lernen, unsere Kultur, unsere Vergangenheit und unsere Traditionen als Quelle der Regeneration begreifen lernen. Und das war nur möglich, wenn wir auch Verständnis für unsere Kulturen entwickelten, besonders für diejenigen, in denen wir uns widerspiegelten oder fortsetzten: in Spanien und in den hispanischen Kommunen der Vereinigten Staaten. [...]

Fünfhundert Jahre nach Kolumbus haben wir das Recht, Reichtum, Vielfalt und Beständigkeit unserer Kultur zu feiern. Vor und nach der Jubiläumsfeier werden viele Menschen sich in ganz Lateinamerika fragen: Warum sind unsere Künstler und Schriftsteller nur so phantasievoll gewesen und unsere Politiker nicht? Phantasie wird erforderlich sein für ein neues politisches Programm Lateinamerikas, das derzeit Gestalt annimmt und Probleme wie Drogen, Kriminalität, Kommunikation, Erziehung und Umwelt umfasst, Probleme, die wir mit Europa und Nordamerika gemeinsam haben. Sie wird aber auch für ein sich abzeichnendes neues landwirtschaftliches Programm notwendig sein, das nicht mehr darauf abzielt, die Dörfer den Städten und Industrien zu opfern, sondern eine grundsätzliche Erneuerung der Demokratie von unten nach oben durch kooperative Systeme anstrebt. Diese Agenda stellt uns ein zweifaches Ziel vor Augen, das die ganze Gesellschaft leiten sollte. Lasst uns zuerst für Nahrung und Erziehung sorgen, danach könnten wir auf stimmiger Grundlage schließlich moderne technologische Staaten werden. Dies wird nicht geschehen, wenn die Mehrheit unserer Völker weiterhin von den Gesellschaftsprozessen ausgeschlossen bleibt, unterernährt und ungebildet.

Ich habe Grund zum Optimismus. Lateinamerika wandelt sich in Krisenzeiten und bewegt sich durch Evolution und Revolution, Wahlen und Massenbewegungen schöpferisch vorwärts, weil seine Menschen sich wandeln und vorwärtsbewegen. Fachleute, Intellektuelle, Technokraten, Studenten, Gewerkschaften, landwirtschaftliche Kooperativen, Wirtschaftsverbände, Frauenorganisationen, religiöse Gruppen und Nachbarschaftskomitees – das ganze Spektrum der Gesellschaft – werden schnell zu Protagonisten unseres Schicksals und überholen den Staat, die Armee und die Kirche, ja sogar die traditionellen politischen Parteien. Indem die zivile Gesellschaft, Trägerin kultureller Kontinuität, politisch und wirtschaftlich handelt, von der Peripherie ins Zentrum und von unten nach oben sich bewegt, werden die jahrhundertealten vertikalen, zentralistischen Systeme der hispanischen Welt in ihr Gegenteil verkehrt.

Es ist die Politik permanenter gesellschaftlicher Mobilisierung, wie der mexikanische Autor Carlos Monsiváis das nennt. Bei Ereignissen wie dem Erdbeben von Mexico City im September 1985 hat diese Politik sich bereits auf dramatische Weise manifestiert, als die Gesellschaft schneller und wirkungsvoller handelte als die Regierung und dabei ihre eigenen Kräfte entdeckte. Im Stillen greift diese Mobilisierung jeden Tag: Wenn eine ländliche Genossenschaft bei Verhandlungen mit der Regierung oder mit wirtschaftlichen Konkurrenten das Druckmittel der Finanzierung einsetzt, oder wenn ein Berufsstand oder eine Arbeitergruppe ihre gemeinsamen sozialen und kulturellen Werte entdeckt und danach beginnt, geschlossen und demokratisch vorzugehen, oder wenn ein kleiner Blumenzüchter oder eine Näherin in einem Dorf einen Kredit erhält, erfolgreich ist und ihn pünktlich zurückzahlt. Und auch dann passiert etwas, wenn sich, wie jetzt überall auf dem Kontinent, indianische Initiativen bilden, Kreditvereine für Campesinos, kollektive Interessenverbände und Produktionsgenossenschaften.

Wir hoffen, dass die Initiativen sich ausbreiten, die aus Krisensituationen heraus an der Basis entstanden sind. Aber zugleich fürchten wir, dass wir nicht genügend Zeit haben – dass der Staatsapparat in Schulden, Inflation und falschen Hoffnungen ertrinkt, von der Armee oder Volksaufständen gestürzt wird und dass faschistische Organisationen oder brutale ideologische Gruppen die Macht ergreifen.

Die bestehenden politischen Institutionen, die schwach entwickelt, gleichwohl wirklich demokratisch sind, müssen sich dringend den sozialen Forderungen stellen und sich nicht allein an technokratischer Rationalität orientieren. Die demokratischen Staaten Lateinamerikas müssen das tun, was man bisher nur von Revolutionen erwartet hat: durch Demokratie und soziale Gerechtigkeit die wirtschaftliche Entwicklung vorantreiben. Dass uns das noch nicht gelungen ist, darin besteht das größte Versagen der vergangenen fünfhundert Jahre. Die Chance, es jetzt zu tun, ist unsere einzige Hoffnung.

Aus: Carlos Fuentes: *El espejo enterrado*, Mexiko-Stadt: Fondo de Cultura Económica 1992. Zit. nach: Carlos Fuentes: *Der vergrabene Spiegel. Die Geschichte der hispanischen Welt*, Übers. Ludwig Schubert, Frankfurt a.M.: Fischer 1998, S. 334–335, 357–359.

IV. Die Jahrtausendwende im Zeichen der neuen Globalisierung

Stärker noch als 1910 oder 1945 sind die Jahre um 1989/90 als zeitlicher Einschnitt in der Geschichte Lateinamerikas erkennbar. Die Symptome, an denen sich dieser Umbruch festmachen lässt, stehen in engstem Zusammenhang mit Entwicklungen im globalen Kontext. Das Ende des unversöhnlichen Gegensatzes der Blöcke löste anfangs Euphorie und große Hoffnungen aus. Es stellte auch die bisherige Entwicklungspolitik in Frage. Das Ende der »Ersten« und »Zweiten Welt« zog in der entwicklungspolitischen Diskussion die Vorstellung vom »Ende der Dritten Welt« nach sich. Das konnte natürlich nicht heißen, dass die Probleme, die auf diesen Weltregionen lasteten, sich verflüchtigt hätten. Im Gegenteil, die Ungleichheit und Unterschiede zwischen den einzelnen Weltregionen, aber auch innerhalb derselben sind in diesem Zeitraum gewachsen. Schon vor Ende der 1990er Jahre sprach man auch für Lateinamerika von einer Dekade enttäuschter Hoffnungen.

Lateinamerika als der Kontinent, dessen »Entdeckung« am Anfang der neuzeitlichen Globalität stand, wurde in den knapp zwei Jahrzehnten seit 1990 durch die Auswirkungen der neuen Phase der Globalisierung nachhaltig geprägt und steht inmitten der damit verbundenen Dynamiken. Es zeigt sich eine intensive Beschleunigung und Verdichtung der Verflechtungen zwischen den Erdteilen, die sich in Lateinamerika z. B. an einer Neuausrichtung nach Osten, insbesondere nach China, ablesen lassen. Die politischen, wirtschaftlichen, sozialen und kulturellen Rahmenbedingungen sind vor diesem Hintergrund in den letzten Jahren starkem Wandel unterworfen, auch wenn viele strukturelle Probleme scheinbar unverändert weiter existieren. Bei manchen auswärtigen Beobachtern hat dies die Vorstellung von einem permanenten Krisenkontinent hervorgerufen, in dem sich in den nunmehr fast zweihundert Jahren seit der Unabhängigkeit kaum etwas geändert hätte. Als Gründe dafür hat man in den letzten Jahren immer mal wieder essentialistische Erklärungsmuster herangezogen, wonach Lateinamerika durch seine kulturellen Vorprägungen und sein iberisches Erbe letztlich nicht in der Lage sei, die Misere zu überwinden. Derartige Einschätzungen sind nicht nur ahistorisch, sie übersehen auch die Eigenständigkeit und Unterschiede der Entwicklungen in Lateinamerika, das weiterhin einen eigenen Weg in der Moderne verfolgt.

Aus den zahlreichen wichtigen Entwicklungen und Problemen der jüngsten Vergangenheit und Gegenwart lassen sich einzelne charakteristische Grundlinien herausziehen. Ein Schwerpunkt ist die Rückkehr zur Demokratie, die viele Länder der Region in diesem Zeitraum unter unterschiedlichen Vorzeichen antraten. Die Probleme des Neuaufbaus waren vielfältig, doch insbesondere der Umgang mit den Opfern der Diktaturen und die Vergangenheitspolitik haben seitdem vielerorts die Diskussionen angeheizt. Grundlegend blieb das Problem der Armut und ihrer Bekämpfung. Verschärft wurde es häufig durch die neuen Dimensionen von unkontrollierbarer Gewalt und Unsicherheit, die sich seit einigen Jahren zeigen. Vor dem Hintergrund der neuen Globalisierung hat sich der historische Einwanderungskontinent Lateinamerika in den letzten Jahrzehnten immer stärker in einen Auswanderungskontinent verwandelt. Aus der Not geborene Migrationsprozesse und dadurch entstehende transnationale Identitäten schaffen neue Problemlagen. In politischer Hinsicht hat sich in Lateinamerika seit 1990 zwischen Neoliberalismus und »Linksrutsch« vieles bewegt. Doch vieles, was sich als neu geriert, scheint ein bloßer Aufguss alter Populismen zu sein. Unzweifelhaft haben zivilgesellschaftliche Organisationen für neuen Wind in der soziopolitischen Landschaft gesorgt. Die neuen indigenen Bewegungen, die spätestens seit den 500-Jahr-Feiern der Entdeckung Amerikas 1992 deutlich sichtbar geworden sind, haben dazu erheblich beigetragen.

A. Die Rückkehr zur Demokratie

Die Re-Demokratisierung Lateinamerikas ist zweifellos das Element, an dem sich der Umbruchcharakter von 1989/90 am deutlichsten festmachen lässt. So unterschiedlich die Militärregimes in Lateinamerika waren, so unterschiedlich war auch ihr Ende; allerdings lassen sich gewisse Gemeinsamkeiten erkennen. Die Ablösung der Diktaturen in den 1980er Jahren war Teil eines weltweiten Trends, der bereits in den 1970er Jahren in Europa eingesetzt hatte und in dessen Gefolge zahlreiche Gewaltherrschaften – u.a. in Spanien und Portugal – zu Fall gekommen waren. Unter den lateinamerikanischen Staaten machte Ecuador 1979 den Anfang mit dem Übergang zur Demokratie. Die anderen Länder schlossen sich der Entwicklung im folgenden Jahrzehnt an, bis mit Paraguays Alfredo Stroessner (1989) und Chiles Augusto Pinochet (1990) am Ende der Dekade zwei der hartnäckigsten Diktatoren die Schaltstellen der Macht verließen. In das Gesamtbild passte auch die Tatsache, dass es 1990 in Nicaragua wieder zu einer Wahl kam, durch die die Sandinisten ihre Herrschaft verloren. In Mexiko sollte es noch bis zum Jahr 2000 dauern, ehe die Einparteienherrschaft des PRI zu Ende ging. In Kuba dagegen hat sich das kommunistische Regime bis auf den heutigen Tag gehalten.

Der Demokratisierungstrend spielte sich zwar im weiteren Umfeld des Endes des Ost-Westkonflikts ab. Der Sturz der Diktaturen in Osteuropa konnte in Lateinamerika aber nur sehr eingeschränkt als Vorbild dienen. Auch vom Wegfall der Unterstützung seitens der USA und der Sowjetunion, mit der sich viele Diktatoren lange über Wasser gehalten hatten, konnte der Re-Demokratisierungstrend hier nur bedingt profitieren. Der Großteil der Übergänge zur Demokratie in Lateinamerika vollzog sich bereits in der ersten Hälfte der 1980er Jahre. Wichtiger war vielmehr der im Inneren gewachsene Protest gegen die erfolglosen Militärs, die mit ihren vollmundigen Reformprojekten gescheitert waren, wie die Wirtschaftskrise zu Beginn der 1980er Jahre verdeutlichte. Angesichts der erneuten Krise war die Bevölkerung in den betroffenen Ländern nicht bereit, das Ausmaß an Repression, die grassierende Korruption und die Einschränkung der Bürgerrechte weiter hinzunehmen. Der Widerstand formierte sich vielerorts um die Angehörigen der Opfer von Menschenrechtsverletzungen, wobei Frauen eine führende Rolle spielten. Die Organisationen sahen sich lange Zeit den Verfolgungen der Regimes ausgesetzt. Unterstützung erhielten sie von der katholischen Kirche sowie von Intellektuellen und oppositionellen Politikern, die aus dem Exil zurückkehrten. Auch die internationale Öffentlichkeit spielte dabei eine wichtige Rolle.

Bei den Übergängen zur Demokratie handelte es sich nicht um revolutionäre Umbrüche. In den meisten südamerikanischen Ländern bedeutete die Abdankung der Diktatoren den Abschluss eines langsamen und vorsichtigen Öffnungsprozesses. Das Militär bestimmte die Schritte ganz wesentlich mit und gab oft erst den Anstoß dazu. In vielen Fällen ließen sich die alten Machthaber als Preis für ihren Rückzug Sonderrechte zusichern, die die Phase der Re-Demokratisierung überschatteten. Besonders wichtig war ihnen die Straffreiheit mit Blick auf die Gewalttaten und Menschenrechtsverletzungen. So erwiesen sich die Aufarbeitung der Vergangenheit, die Bestrafung der Täter und die Rehabilitierung und Entschädigung der Opfer als schwierig. Argentinien bildete insofern eine Ausnahme, als die Offiziere sich hier 1983 überstürzt von der Macht verabschiedeten, nachdem sie sich durch die Niederlage im Falkland/Malvinas-Krieg gegen Großbritannien 1982 endgültig diskreditiert hatten. Im Klima der Empörung über das Militär setzte man eine Wahrheitskommission ein, die bereits 1984 ihren Bericht vorlegte und beispielhaft für viele andere Länder mit Diktaturvergangenheit werden sollte. Doch auch in Argentinien blieb eine umfassende Verfolgung der Täter aus. Stattdessen kam es hier wie in vielen Ländern der Region zu Amnestiegesetzen, die allerdings auf heftigen Widerstand in Teilen der Bevölkerung stießen. Die Vergangenheitspolitik und die juristische Aufarbeitung des Geschehens bleiben bis in die Gegenwart problematisch.

Das Ende des Ost-Westkonflikts brachte auch in Zentralamerika das Ende der Stellvertreterkriege. Es schuf die Vorbedingungen für die Beendigung eines Regionalkonflikts, der mehr

Opfer gekostet hat als die südamerikanischen Militärdiktaturen zusammengenommen. Auch hier bestätigte sich der Trend der Re-Demokratisierung, dass unter den neuen Vorzeichen plötzlich Bündnisse alter Gegner möglich wurden. Dennoch blieben traditionelle Interessengruppen stark. Insbesondere konnten die alten Eliten ihre Vormachtstellung über die Systembrüche hinweg zumeist erhalten. Diese Eliten erwiesen sich als flexibel und waren beispielsweise in der Lage, selbst die führenden Akteure von Guerillabewegungen oder auch ehemalige Militärs erstaunlich schnell zu integrieren. Die Staaten, die von diesen Eliten dominiert werden, haben allerdings im Zuge der neuen Globalisierung erheblich an Bedeutung und an Gestaltungskraft verloren. Das gilt nicht nur, aber eben in besonderem Maß für Lateinamerika, weil der Staat in dieser Region durch das Erbe von Diktaturen und Bürgerkriegen ohnehin schon stark geschwächt war.

Die Schwäche des Staates war nicht neu, doch sie vertiefte sich durch die problematische Wirtschaftslage in vielen Ländern der Region. Mit Recht haben zeitgenössische Beobachter darauf hingewiesen, dass die Re-Demokratisierung in Lateinamerika überraschte, weil sie sich unter schlechten ökonomischen Vorzeichen vollzog. Das Ende des Kalten Kriegs brachte weltweit ein Ende der Staatszentriertheit und marktwirtschaftliche Strukturreformen. Anknüpfend an den neoliberalen Kurs der 1980er Jahre, der sich im Zusammenhang mit der langen bis 1990 andauernden Schuldenkrise herausgeschält hatte, diktierten internationale Organisationen wie der Internationale Währungsfonds (IWF) und die Weltbank neue Bedingungen für Lateinamerika. Zentrale Elemente des Reformprogramms, das als »Konsens von Washington« bekannt wurde, waren der Rückzug des Staates durch Deregulierung des Wirtschaftslebens, die Privatisierung von staatlichen Unternehmen, die Rückkehr ausländischer Investitionen sowie die Reduzierung der Staatsausgaben.

Zu den wichtigen Entwicklungen in diesem Zusammenhang zählte die Liberalisierung des lateinamerikanischen Außenhandels. Die Folge war, dass es zu einem stärkeren Handelsaustausch zwischen den lateinamerikanischen Staaten und darüber hinaus mit anderen Weltregionen kam. Einige Länder suchten sich mit neuen Exportprodukten erfolgreich ihren Platz auf den globalisierten Märkten. Ferner förderte die Liberalisierung die Regionalisierungsdynamik. Das schlug sich unter anderem in regionalen wirtschaftlichen Integrationsbemühungen wie etwa 1991 dem »Mercado Común del Sur« (Mercosur) mit einigen südamerikanischen Ländern oder 1994 dem »North American Free Trade Agreement« (NAFTA) mit Kanada, den USA und Mexiko nieder. Durch den Anstieg der Rohstoffpreise und der Nachfrage in Asien waren die Wirtschaftsindikatoren phasenweise tatsächlich positiv. Nicht umsonst war der Begriff »Jahrzehnt der Hoffnung« auch in wirtschaftlicher Hinsicht vor allem auf Lateinamerika gemünzt. Allerdings gab es auch immer wieder Rückschläge wie die mexikanische Finanzkrise von 1994 und vor allem den wirtschaftlichen Kollaps Argentiniens 1998–2002. Schulden und galoppierende Inflation blieben Strukturprobleme vieler lateinamerikanischer Volkswirtschaften. Auch die Re-Agrarisierung bzw. die Ausrichtung auf einzelne derzeit stark nachgefragte Exportprodukte schafft neue – alte – Risiken für die wirtschaftliche Entwicklung. Daran konnten bisher auch die Bemühungen um eine stärkere internationale Berücksichtigung der besonderen wirtschaftspolitischen Bedürfnisse der Entwicklungsländer im Rahmen der Doha-Runde der Welthandelsorganisation nur wenig ändern. Immerhin ist es einigen Ländern der Region wie vor allem Mexiko und Brasilien gelungen, in die Kategorie der ernstzunehmenden Schwellenländer aufgenommen zu werden, um die derzeit sogar die G8-Staaten werben.

War der Neoliberalismus in wirtschaftlicher Hinsicht für die zwei Jahrzehnte seit 1989/90 prägend, so war es in politischer Hinsicht nach der Rückkehr zur Demokratie der Neopopulismus. Viele traditionelle Parteien hatten sich entweder durch ihre Rolle in den Diktaturen diskreditiert oder wurden von der Schwächung des Staates in Mitleidenschaft gezogen. Es fehlte ihnen die Fähigkeit zur Erneuerung und zu flexiblen Antworten auf die Herausforderungen der neuen Globalisierung. Stattdessen führten Korruptionsvorwürfe vielerorts zu Parteienverdrossenheit. Diese Ausgangslage begünstigte den Aufstieg neuer politischer Bewegungen. In diesem Kontext konnten sich sogenannte Neopopulisten in den Vordergrund drängen, die für ihre Grundsatzkritik an Politikern und Parteien viel Zustimmung bei den Wählern fanden. Durch geschickte mediale Inszenierung gelang es ihnen, sich als starke neue Führungs-persönlichkeiten und als Alternative zur verkrusteten Parteiendemokratie darzustellen. Einige dieser neuen *Caudillos* profitierten auch von ihrer Volksnähe, stammten sie doch oft aus nicht-privilegierten Schichten. Von Carlos Menem in Argentinien (1989–1999) bis Hugo Chávez in Venezuela (seit 1999) haben die mehr oder weniger erfolgreichen populistischen Experimente die Politik Lateinamerikas in den letzten Jahrzehnten geprägt.

Auch die ehemaligen Befreiungsbewegungen in Zentralamerika profitierten von der Neu-ausrichtung der Politik und verwandelten sich in politische Parteien, die etwa in Nicaragua mittlerweile wieder Regierungsverantwortung tragen. Der Wahlsieg des sandinistischen Kandidaten Daniel Ortega 2006 war Teil des in den Medien oft als »Linksrutsch« interpretierten Ausgangs der Wahlen in zahlreichen lateinamerikanischen Staaten 2005/06. Allerdings zeigt ein genauerer Blick, dass es sich bei dieser neuen – und alten – Linken in den verschiedenen Ländern um sehr unterschiedliche politische Strömungen handelt. Trotz der weitreichenden Pläne des Venezolaners Chávez und der Mittlerrolle Brasiliens unter Präsident Lula da Silva sind die neuen Regierungen noch weit davon entfernt, einen gemeinsamen Block zu bilden.

1. Das Ende der Diktaturen

Q 160   Öffentlicher Protest in Argentinien: Die Mütter der Verschwundenen I (1970er Jahre)

Während der Militärdiktaturen in Südamerika entstand in den 1970er Jahren mit den Men-schenrechtsbewegungen ein neuer Akteur, dem es zu verdanken ist, dass die Menschenrechts-verletzungen für die internationale Öffentlichkeit sichtbar wurden. Die Menschenrechtsbewe-gung setzte sich zunächst insbesondere aus den Angehörigen der sogenannten »Verschwunde-nen« zusammen, deren Ziel darin bestand herauszufinden, was mit den Verschleppten passiert war. Eine besondere Rolle nahmen die argentinischen »Madres de la Plaza de Mayo« (»Müt-ter der Plaza de Mayo«) ein, deren spezifische Formen des Kampfes um das Schicksal und Andenken an die »Verschwundenen« zu einem neuen Modell des Menschenrechtsaktivismus und der politischen Mobilisierung von Mutterschaft wurde. Ihre spezifischen Ausdrucksfor-men des Protestes wie die weißen Kopftücher, die Fotos der »Verschwundenen« und die wö-chentlichen Demonstrationen, die »marchas«, verwandelten sich zu Symbolen des Wider-stands, wie die »madre« Juanita de Pergament in dem folgenden Quellenauszug berichtet.

Die Kopftücher

Unser Kopftuch hat seine eigene Geschichte. Als der vor allem von Studenten initiierte Marsch nach Luján stattfand, entschieden wir uns mitzugehen.

Wir überlegten, auf welche Weise wir uns dort treffen, uns gegenseitig erkennen konnten. Zwar kannten sich viele von uns vom Sehen, in unseren Gesichtern trugen wir die Tragödie des Verschwindens unserer Söhne und Töchter, aber wie sollten wir uns inmitten der Masse wiedererkennen? Also entschlossen wir uns dazu, ein Erkennungsmerkmal zu tragen. Eine Mutter schlug vor, dass wir uns ein Windeltuch unseres Kindes anziehen sollten, denn welche Mutter hebt kein Windeltuch ihres Kindes auf? Und so taten wir es.

Später zeigte die Windel den Namen des verschwundenen Kindes und das Datum des Ver-schwindens, einige befestigten an ihr sogar ein Foto ihres Kindes.

Im weiteren Verlauf schrieben wir darauf die Losung »Aparición con vida« [Auftauchen, lebendig], und, so sagte uns ein Psychologe: »Ihr habt die Mutterschaft zu einem gesellschaft-lichen Anliegen gemacht.« Wir stellten diese Forderung nicht nur für einen, sondern für alle 30.000, für alle Söhne und Töchter.

So wie wir auf unsere Tücher »Aparición con vida« schrieben, so erhoben wir auch die Forderung »Lebendig nahmen sie sie uns, lebendig wollen wir sie zurück«.

Wir weigerten uns immer, Leichname zu identifizieren, damit sie uns keine Knochen zurückschickten. Wir wollten weder Leichname noch Knochen. Wenn sie uns sagen, dass unsere Kinder tot sind, dann wollen wir, dass ihre Mörder ins Gefängnis kommen.

Von Beginn an merkten wir, dass das Tuch für sich selber sprach. Es war ein Windeltuch, ein Symbol für die Kindheit, und es ist weiß, ein Synonym für das Leben, im Gegensatz zu den chilenischen Frauen, die sich entschieden, ein schwarzes Tuch zu tragen und damit akzeptierten, dass ihre Töchter und Söhne tot waren. Wir kämpften für das Leben.

Aus: Juanita de Pergament: Los pañuelos, in: Liliana Caraballo/Noemí Charlier/Liliana Garulli (Hgg.): *La dictadura (1976–1983). Testimonios y documentos*, Buenos Aires: Oficina de Publicaciones Ciclo Básico Común 1996, S. 128–132.

Q 161   Öffentlicher Protest in Argentinien: Die Mütter der Verschwundenen II (2002)

Widerstandsmarsch (Marcha de la resistencia) im Dezember 2002 auf der Plaza de Mayo, Buenos Aires

Foto: Rike Bolte, Berlin

Q 162   Aufarbeitung der Diktatur in Argentinien (1984)

Mit dem Übergang von der Diktatur zur Demokratie stellte sich in den 1980er und 1990er Jahren in Lateinamerika die Frage nach dem Umgang mit den brisanten Hinterlassenschaften der Militärregierungen, die mit ihrem Staatsterror und der Repressionstechnik des »Verschwindenlassens« systematisch die Menschenrechte verletzt hatten. Der erste Versuch einer offiziellen Auseinandersetzung mit der Vergangenheit fand in Argentinien statt, wo die »Nationale Kommission über das Verschwinden von Personen« (»Comisión Nacional sobre la

Desaparición de Personas«, CONADEP) unter dem Vorsitz des Schriftstellers Ernesto Sábato (*1911) die Menschenrechtsverletzungen während der Militärdiktatur (1976–1983) und das Schicksal der »Verschwundenen« dokumentierte. Seither stehen die »Verschwundenen« im Mittelpunkt der erinnerungspolitischen und juristischen Aufarbeitung der durch die Militärs verübten Verbrechen. Es folgt Sábatos Vorwort aus dem Untersuchungsbericht »Nunca más« (»Nie wieder«) von 1984.

In den siebziger Jahren wurde Argentinien durch den Terror sowohl der extremen Rechten als auch der extremen Linken erschüttert. Ähnliches geschah damals in vielen anderen Ländern, auch in Italien, das lange Jahre unter den erbarmungslosen Aktionen der faschistischen Schwadronen, der Roten Brigaden und anderer Gruppen zu leiden hatte. Aber diese Nation gab bei deren Bekämpfung in keinem Augenblick Rechtsgrundsätze preis, vielmehr wurde der Terror erfolgreich mithilfe der ordentlichen Gerichte bekämpft, wobei den Angeklagten alle Rechte der Verteidigung garantiert wurden. Und als während der Entführung Aldo Moros ein Mitglied der Sicherheitskräfte dem General Della Chiesa vorschlug, einen Verhafteten zu foltern, der mehr zu wissen schien, antwortete er ihm mit den denkwürdigen Worten: »Italien kann es sich leisten, Aldo Moro zu verlieren, nicht jedoch, die Folter wieder einzuführen«.

In unserem Land war es anders: Die Streitkräfte beantworteten die Verbrechen der Terroristen mit einem unendlich schlimmeren Terror, denn als sie nach dem 24. März 1976 auf die Macht und Straffreiheit des absoluten Staates zählen konnten, haben sie tausende Menschen entführt, gefoltert, ermordet.

Unsere Kommission wurde nicht eingesetzt um zu richten, denn dafür sind die verfassungsmäßigen Richter da, sondern um Nachforschungen nach dem Schicksal derer anzustellen, die im Laufe jener unheilvollen Jahre im Leben unseres Landes verschwunden sind. Aber nachdem wir nun mehrere tausend Erklärungen und Zeugenaussagen erhalten, die Existenz von hunderten von geheimen Haftorten überprüft oder festgestellt und mehr als fünftausend Seiten Dokumente gesammelt haben, haben wir die Gewissheit: Die Militärdiktatur ist verantwortlich für die größte und grausamste Tragödie in der Geschichte unseres Landes. Doch wenn wir auch gehalten sind, das letzte Wort in dieser Sache der Justiz zu überlassen, können wir nicht schweigen angesichts dessen, was wir gehört, gelesen und protokolliert haben. Dies alles geht weit über das hinaus, was als lediglich kriminell betrachtet werden kann, es erreicht den düsteren Rang von Verbrechen gegen die Menschlichkeit. Die Technik des Verschwindenlassens mit ihren Folgen bedeutete, dass all die ethischen Prinzipien, welche die großen Religionen und die hoch entwickelten Philosophien in Jahrtausenden voller Leiden und Unheil aufgestellt haben, mit Füßen getreten und barbarisch verleugnet wurden.

Über die geheiligten Persönlichkeitsrechte gibt es in der Menschheitsgeschichte Erklärungen in großer Zahl, in unserem Zeitalter beginnend mit den durch die Französische Revolution erkämpften Rechten bis zu denen, die in der Allgemeinen Deklaration der Menschenrechte und den großen Enzykliken niedergelegt sind. Alle zivilisierten Nationen, einschließlich der unseren, haben in ihren Verfassungen Rechtsgarantien festgelegt, die niemals, auch nicht in den katastrophalen Notlagen, außer Kraft gesetzt werden können: das Recht auf Leben, das Recht auf Unversehrtheit der Person, das Recht, keine inhumanen Haftbedingungen erleiden zu müssen, das Recht auf einen Prozess, das Verbot von Schnellgerichtsverfahren und Sammelvollstreckungen.

Aus unserer überaus umfangreichen Dokumentation geht hervor, dass die Menschenrechte durch Organe der Streitkräfte und mit staatlicher Billigung verletzt wurden. Und das nicht sporadisch, sondern systematisch, immer auf dieselbe Weise, mit den gleichen Methoden der Entführung und der Folter. Muss man hierin nicht einen von der Führungsspitze der Armee geplanten Terror sehen? Wie hätten diese Verbrechen bei all den Macht- und Informationsmitteln, die sie voraussetzten, unter einem streng militärisch organisierten Regime von perversen Einzeltätern begangen werden können, die auf eigene Faust handelten? Wie kann man dabei von »vereinzelten Auswüchsen« sprechen? Aus unseren Informationen geht hervor, dass diese höllischen Techniken von sadistischen, aber doch militärisch wohl organisierten Schergen durchgeführt wurden. Sollten unsere Schlussfolgerungen nicht genügen, so lese man die am 24. Januar 1980 beim Interamerikanischen Rat für Verteidigung vom Leiter der argentinischen Delegation, General Santiago Omar Riveros, gesprochenen Abschiedsworte: »Wir haben den Krieg mit dem Katechismus in der Hand und mit den schriftlichen Befehlen des Oberkommandos geführt.« Wenn Mitglieder der Militärjunta angesichts des allgemeinen Aufschreis über die begangenen Schreckenstaten »in einem schmutzigen Krieg unvermeidliche Auswüchse der Terrorbekämpfung« beklagten, enthüllt sich darin also der heuchlerische Versuch, die geplanten Gräuel auf selbstständig handelnde Untergebene abzuladen.

Bei den Entführungsaktionen, die manchmal an den Arbeitsplätzen der Opfer, manchmal auf offener Straße am helllichten Tag geschahen, offenbarte sich die präzise Organisation durch eine Vorgehensweise, die offensichtlich die der Sicherheitskräfte war, die den zuständigen Kommissariaten »freie Zonen« zuwiesen. Wenn das Opfer nachts aus seiner Wohnung abgeholt werden sollte, umstellten bewaffnete Kommandos den Häuserblock und drangen gewaltsam ein, terrorisierten Eltern und Kinder, die sie oftmals knebelten und zwangen, bei ihrem Treiben zuzusehen, bemächtigten sich der gesuchten Person, schlugen sie brutal, zogen ihr eine Kapuze über und schleiften sie dann zu dem wartenden Kraftfahrzeug oder Lastwagen, während das übrige Kommando fast immer Verwüstungen anrichtete oder raubte, was sich transportieren ließ. Von hier ging es zu einem Verlies, über dessen Eingang dieselben Worte hätten stehen können, die Dante an den Pforten der Hölle las: »Tut, die Ihr eintretet, alle Hoffnung ab.«

Auf diese Weise wurden im Namen der nationalen Sicherheit tausende Menschen, zumeist junge Leute und sogar Heranwachsende, Teil einer düsteren, gespenstischen Welt: der der »desaparecidos« [»Verschwundene«]. Ein Wort, das heute – trauriges Verdienst Argentiniens! – in der ganzen Weltpresse spanisch geschrieben wird. Die mit Gewalt Verschleppten hörten auf, als Bürger zu existieren. Wer genau hatte sie entführt? Warum? Wo wurden sie festgehalten? Auf diese Fragen gab es keine klare Antwort: Die Behörden hatten nichts von ihnen gehört, die Gefängnisse hatten sie nicht in ihren Zellen, bei der Justiz waren sie unbekannt, und die habeas corpus wurde nur mit Schweigen erwidert. Rings um die Verschwundenen wuchs ein unheilvolles Schweigen. Nie wurde ein Entführer inhaftiert, nie einer der geheimen Haftorte identifiziert, nie wurde über eine Bestrafung der Schuldigen berichtet. So vergingen Tage, Wochen, Monate, Jahre der Ungewissheit und des Schmerzes für Väter, Mütter und Kinder, die, nur auf Gerüchte angewiesen, hin- und hergerissen zwischen Verzweiflung und Hoffnung, ohne Erfolg zahllose Schritte unternahmen, sich mit Ersuchen um Hilfe an einflussreiche Personen, an Offiziere der verschiedenen Waffengattungen, die ihnen irgendjemand empfohlen hatte, an Bischöfe und Kaplane, an Kommissare wandten. Die Antwort war immer negativ.

In der Gesellschaft hingegen verwurzelte sich immer tiefer die Vorstellung der Schutzlosigkeit, die dunkle Furcht, dass jeder, und sei er auch noch so unschuldig, dieser endlosen Hexenjagd zum Opfer fallen könnte, wobei die einen panische Angst ergriff und andere die bewusste oder unbewusste Neigung, das Schreckliche zu rechtfertigen: »Es wird schon seinen Grund haben«, murmelte man leise, als wollte man so die furchtbaren, unergründlichen Götter günstig stimmen, während man die Kinder oder die Eltern des Verschwundenen wie Pestkranke ansah. Dies waren jedoch schwankende Gefühle, wusste man doch von so vielen, die von jenem Abgrund verschlungen worden waren, ohne dass sie sich das geringste hätten zuschulden kommen lassen. Denn der Kampf gegen die »Subversiven« hatte sich – wozu jede Hexen- oder Dämonenjagd neigt – in eine wahnhaft verallgemeinerte Verfolgung verwandelt, weil das Beiwort »subversiv« eine ebenso große wie unvorhersehbare Reichweite hatte. Im semantischen Delirium mit Bezeichnungen wie »Marxismus-Leninismus«, »vaterlandslose Gesellen«, »Materialisten und Atheisten«, »Feinde der abendländischen und christlichen Werte« war alles möglich, von Menschen, die für eine soziale Revolution eintraten, bis hin zu engagierten Jugendlichen, die in Elendsviertel gingen, um den Bewohnern zu helfen. Alle gerieten ins Netz: Gewerkschafter, die nur für eine Lohnerhöhung kämpften, Jugendliche, die Mitglied einer Studentenvereinigung waren, Journalisten, die nicht mit der Diktatur sympathisierten, Psychologen und Soziologen, weil sie verdächtigen Berufsgruppen angehörten, junge Pazifisten, Nonnen und Priester, die die Lehren Christi in Elendsviertel getragen hatten. Und die Freunde all dieser Menschen und die Freunde der Freunde und dazu Menschen, die aus persönlicher Rache oder von Entführten unter der Folter denunziert worden waren. All diese hatten sich in ihrer Mehrheit nicht des Terrorismus schuldig gemacht, geschweige denn der Zugehörigkeit zu den kämpfenden Verbänden der Guerilla. Denn diese stellten sich zum Kampf und starben dabei oder töteten sich selbst, bevor sie sich ergaben, und nur wenige fielen lebend in die Hände ihrer Verfolger.

Vom Augenblick der Entführung an verloren die Opfer jegliche Rechte, waren von jeglichem Kontakt mit der Außenwelt abgeschnitten, an unbekannte Orte verbannt, teuflischen Folterungen ausgeliefert, im Ungewissen darüber, was im nächsten Moment oder auf längere Sicht mit ihnen geschehen würde, der Gefahr ausgesetzt, mit Betonklötzen an den Füßen oder zu Asche verbrannt in den Fluss oder ins Meer geworfen zu werden. Aber sie waren keine Dinge, sondern bewahrten Merkmale menschlicher Geschöpfe: Sie spürten die Folterqualen, erinnerten sich an ihre Mutter, an ihr Kind, an ihre Frau, empfanden zutiefst die Schmach einer öffentlich erlittenen Misshandlung; sie waren nicht nur beherrscht von der endlosen Angst und dem äußersten Entsetzen, sondern sie hegten – vielleicht gerade deshalb – in einem Winkel ihrer Seele etwas wie eine wirre Hoffnung. Von diesen schutzlos Ausgelieferten – viele waren fast noch Kinder –, von diesen von aller Welt Verlassenen haben wir mehr als neuntausend feststellen können. Aber wir haben allen Grund, eine weit höhere Zahl anzunehmen, denn viele Familien zögerten aus Furcht vor Vergeltung, die Entführungen anzuzeigen. Und sie zögern noch, aus Furcht, jene Mächte des Bösen könnten sich noch einmal erheben.

Voller Trauer und Schmerz haben wir die uns seinerzeit vom Präsidenten der Republik übertragene Aufgabe erfüllt. Es war eine schwierige Arbeit, denn wir hatten ein düsteres Puzzle zusammenzusetzen, und dies Jahre nach den Geschehnissen und nachdem alle Spuren mit Bedacht verwischt, alle Unterlagen verbrannt und sogar Gebäude abgerissen worden waren. So mussten wir uns auf die Anzeigen der Familienangehörigen stützen, auf die Erklärungen derjenigen, die die Hölle überlebten, und sogar auf die Zeugenaussagen von Angehörigen der Sicherheitsorgane, die aus dunklen Motiven an uns herangetreten sind um zu sagen, was sie wussten.

Im Laufe unserer Nachforschungen wurden wir von jenen beschimpft und bedroht, welche die Verbrechen begangen haben und die, fern jeder Reue, immer noch einmal die bereits allseits bekannten Argumente vom »schmutzigen Krieg« wiederholten, von der Rettung des Vaterlandes und seiner abendländischen und christlichen Werte, jener Werte, die sie ja gerade in die blutbespritzten Verliese der Repression gezerrt hatten. Und nun beschuldigt man uns, nicht für die nationale Versöhnung einzutreten, Hassgefühle und Ressentiments zu schüren und die Menschen am Vergessen zu hindern. Aber das stimmt nicht: Uns treibt weder ein Ressentiment noch der Geist der Rache. Wir wollen nur Wahrheit und Gerechtigkeit, wie sie übrigens auch die Kirchen verschiedener Konfessionen in der Erkenntnis gefordert haben, dass es keine Versöhnung geben kann, ehe die Schuldigen bereut haben und Gerechtigkeit, die auf Wahrheit gründet, geübt worden ist. Denn sonst müsste der über allem stehende Auftrag, den die Justiz in jedem zivilisierten Gemeinwesen hat, zugrunde gehen. Andererseits ermöglichen Wahrheit und Gerechtigkeit *den* Männern in den Streitkräften ein Leben in Ehre, die unschuldig sind, und die, ginge man anders vor, Gefahr liefen, durch pauschale und ungerechte Anschuldigungen beschmutzt zu werden. Durch Wahrheit und Gerechtigkeit werden sich die Streitkräfte als wahre Erben der Heere betrachten können, die, ebenso heldenhaft wie arm, einem halben Kontinent die Unabhängigkeit brachten.

Schließlich hat man uns noch beschuldigt, nur einen Teil der blutigen Taten, unter denen unsere Nation in jüngerer Zeit gelitten hat, anzuprangern und zu jenen, die der Terrorismus vor dem März 1976 verübt hat, zu schweigen oder sie sogar insgeheim zu verherrlichen. Ganz im Gegenteil hat unsere Kommission jenen Terror stets abgelehnt, und wir sagen es auf eben diesen Seiten noch einmal. Unsere Aufgabe war nicht, die Verbrechen jenes Terrorismus, sondern im strengen Sinne das Schicksal der Verschwundenen zu untersuchen, wer sie auch waren und ob sie nun von der einen oder der anderen Seite der Gewalt stammten. Die Angehörigen der Opfer des früheren Terrors stellten solche Untersuchungen sicherlich deshalb nicht an, weil er Tote hinterließ, aber keine Verschwundenen. Im Übrigen konnte das argentinische Volk eine Vielzahl von Fernsehsendungen hören und sehen und eine Unmenge von Artikeln in Zeitungen und Zeitschriften und obendrein ein ganzes von der Militärregierung veröffentlichtes Buch lesen, in dem die Taten jenes Terrorismus minutiös aufgezählt, beschrieben und verdammt wurden.

Großes Unheil ist immer lehrreich, und ohne Zweifel wird das schrecklichste Drama ihrer Geschichte, das unsere Nation während der im März 1976 beginnenden Zeit der Militärdiktatur durchlitt, uns zu der Einsicht verhelfen, dass einzig und allein die Demokratie fähig ist, das Volk vor solchem Grauen zu bewahren, und dass nur sie die geheiligten und grundlegenden Rechte des Menschen aufrechterhalten und bewahren kann. Nur so können wir sicher sein, dass sich in unserem Vaterland nie wieder (*nunca más*) Ereignisse wiederholen wie jene, durch die wir in der zivilisierten Welt eine tragische Berühmtheit erlangt haben.

Aus: Ernesto Sábato: Prólogo, in: *Nunca más. Informe de la Comisión Nacional sobre la Desaparición de Personas*, Buenos Aires: Ed. Universidad de Buenos Aires 1984, S. 7–11. Zit. nach: Ernesto Sábato: Einführung, in: Hamburger Institut für Sozialforschung (Hg.): *Nie wieder! Ein Bericht über Entführung, Folter und Mord durch die Militärdiktatur in Argentinien*, Weinheim/Basel: Weltz 1987, S. 13–15.

Q 163 Frieden für Zentralamerika? Das Esquipulas-Abkommen (1987)

Der Zentralamerika-Konflikt, der mit der nicaraguanischen Revolution von 1979 einsetzte, war ein Dauerkrisenherd der 1980er Jahre. Nachdem internationale Vermittlungsbemühungen nur schwer vorankamen, entwickelte der Präsident von Costa Rica, Óscar Arias (*1940), in enger Abstimmung mit seinem Amtskollegen Vinicio Cerezo aus Guatemala 1987 einen Friedensplan für die Region, der nach der guatemaltekischen Stadt Esquipulas benannt wurde, in der 1986 ein Gipfeltreffen der zentralamerikanischen Staatsoberhäupter stattgefunden hatte. Auf diesen Plan verpflichteten sich Costa Rica, Guatemala, Honduras, El Salvador und Nicaragua auf einem Folgetreffen in Guatemala-Stadt im August 1987. Arias erhielt für seine Initiative 1987 den Friedensnobelpreis.

Die Regierungen [...] haben sich auf die folgenden Maßnahmen geeinigt, um einen stabilen und lang anhaltenden Frieden in Zentralamerika zu sichern.

1. Nationale Versöhnung

A. DIALOG. In den Fällen, in denen es zu starken Spaltungen innerhalb der Gesellschaft gekommen ist, sollen mit hoher Dringlichkeit Maßnahmen zur nationalen Versöhnung durchgeführt werden, die die Beteiligung der Bevölkerung mit vollständigen Garantien an echten demokratischen politischen Prozessen auf der Grundlage von Justiz, Freiheit und Demokratie ermöglichen, damit Mechanismen in Gang gesetzt werden, die schließlich einen Dialog mit opponierenden Gruppen im gesetzlichen Rahmen ermöglichen.

Zu diesem Zweck sollen die beteiligten Regierungen einen Dialog mit allen entwaffneten inländischen politischen Oppositionsgruppierungen und mit solchen, die von der Amnestie Gebrauch machen, beginnen.

B. AMNESTIE. In jedem zentralamerikanischen Land, außer dort, wo es das Internationale Komitee zur Überprüfung und Nachbereitung nicht für notwendig hält, sollen Amnestiegesetze verabschiedet werden, die alle Bedingungen schaffen, um körperliche Unversehrtheit, Freiheit in all ihren Formen, materielles Eigentum und die Sicherheit der Personen zu gewährleisten, die von den Gesetzen betroffen sind. Gleichzeitig sollen mit dem Erlass der Amnestie-gesetze die irregulären Kräfte des Landes alle in ihrer Gewalt befindlichen Personen freilassen.

C. NATIONALES VERSÖHNUNGSKOMITEE. Um die Einhaltung der Verpflichtungen in Bezug auf Amnestie, Waffenstillstand, Demokratisierung und freie Wahlen, die die fünf zentralamerikanischen Regierungen mit Unterzeichnung dieses Dokumentes eingehen, zu überprüfen, soll ein Nationales Versöhnungskomitee eingerichtet werden, dessen Aufgabe darin besteht, die tatsächliche Wirksamkeit des nationalen Versöhnungsprozesses und die uneingeschränkte Anerkennung der zivilen und politischen Rechte der zentralamerikanischen Bürger, die in diesem Dokument garantiert werden, zu überprüfen. [...]

2. Drängen auf Einstellung der Feindseligkeiten

Die Regierungen fordern die Länder in der Region, die zurzeit von Attacken seitens irregulärer oder rebellischer Gruppen bedroht sind, nachdrücklich auf, der Einstellung der Feindseligkeiten zuzustimmen. Die Regierungen dieser Länder verpflichten sich, alle notwendigen Maßnahmen zu ergreifen, um in Übereinstimmung mit ihren jeweiligen Verfassungen einen wirksamen Waffenstillstand zu erreichen.

3. Demokratisierung

Die Regierungen verpflichten sich, einen wirklichen partizipativen und pluralistischen demokratischen Prozess zu unterstützen, der die Förderung der sozialen Gerechtigkeit, den Respekt der Menschenrechte, Souveränität, territoriale Integrität der Staaten und das Recht aller Staaten beinhaltet, frei und ohne äußere Einflussnahme jeglicher Art ihr wirtschaftliches, politisches und soziales Modell zu bestimmen, und sie sollen auf überprüfbare Weise Maßnahmen ergreifen, die zur Errichtung und, wo es nötig ist, zur Verbesserung demokratischer, repräsentativer und pluralistischer Systeme führen, die die Organisierung politischer Parteien und die effektive Partizipation der Bevölkerung an Entscheidungsprozessen garantieren und die den Trägern unterschiedlicher politischer Gruppen freien Zugang zu korrekten, regelmäßigen Wahlen auf der Basis der vollständigen Einhaltung der Bürgerrechte sichern.

Um das Vertrauen in die Umsetzung des Demokratisierungsprozesses unter Beweis zu stellen, versteht es sich,

a. dass die Freiheit der Presse, des Radios und des Fernsehens gelten soll. Diese vollständige Freiheit soll die Installierung und den Betrieb von Massenmedien für alle ideologischen Gruppen und den Betrieb dieser Medien ohne vorhergehende Zensur beinhalten.

b. dass es einen vollständigen Pluralismus politischer Parteien geben soll. In dieser Hinsicht sollen die politischen Gruppen vollen Zugang zu Massenmedien besitzen und vollständig die Rechte auf Vereinigung und das Recht auf öffentliche Versammlung zur unbeschränkten Ausübung von mündlicher, schriftlicher und im Fernsehen übertragener Werbung wahrnehmen dürfen [...].

4. Freie Wahlen

Wenn die einer Demokratie inhärenten Voraussetzungen erfüllt werden, sollen freie, pluralistische und korrekte Wahlen abgehalten werden. [...]

5. Einstellung der Hilfe an irreguläre Kräfte oder aufrührerische Bewegungen

Die Regierungen der fünf zentralamerikanischen Länder sollen diejenigen Regierungen inner- und außerhalb der Region, die offen oder verdeckt den irregulären Kräften oder aufrührerischen Bewegungen militärische, logistische, finanzielle und propagandistische Hilfe, Bemannung, Bewaffnung, Munition und Ausrüstung zur Verfügung stellen, ersuchen, diese Art der

Unterstützung im Sinne eines wesentlichen Elementes zur Schaffung eines stabilen und lang anhaltenden Friedens in der Region zu beenden. [...]

6. Nichtgebrauch des Territoriums für Übergriffe auf andere Staaten

Die fünf Länder, die das Dokument unterzeichnen, wiederholen ihre Verpflichtung, Personen, Organisationen oder Gruppen, die es anstreben, Regierungen der zentralamerikanischen Länder zu destabilisieren, den Gebrauch ihres Territoriums zu untersagen und ihnen keine logistische militärische Unterstützung zu leisten oder zu erlauben. [...]

9. Kooperation, Demokratie und Freiheit für Frieden und Entwicklung

In dem durch Demokratie hergestellten Klima von Freiheit sollen die zentralamerikanischen Länder Entscheidungen treffen, die die Entwicklung beschleunigen, um so Gesellschaften zu schaffen, die egalitärer und freier von Armut sind. Die Konsolidierung der Demokratie umfasst die Schaffung einer Wirtschaft des Wohlergehens und einer ökonomischen und sozialen Demokratie. Zur Erreichung dieser Ziele sollen die Regierungen gemeinsam Vorkehrungen treffen, um besondere wirtschaftliche Hilfeleistungen von der internationalen Gemeinschaft zu erhalten.

10. Internationale Nachbereitung und Überprüfung

Ein Internationales Komitee zur Überprüfung und Nachbereitung soll mit den folgenden Mitgliedern eingerichtet werden: die Generalsekretäre oder ihre Stellvertreter der Organisation Amerikanischer Staaten und der Vereinten Nationen sowie die Außenminister Zentralamerikas, der Contadora-Gruppe und der Unterstützungsgruppe. Dieses Komitee hat die Aufgabe, die Einhaltung der Verpflichtungen, die in diesem Dokument festgesetzt wurden, zu überprüfen und nachzubereiten. [...]

Aus: The Esquipulas II Accords, in: Robert H. Holden/Eric Zolov (Hgg.): *Latin America and the United States. A Documentary History*, New York/Oxford: Oxford University Press 2000, S. 310–313.

Q 164   Intellektuelle gegen die Diktatur (1988)

Der uruguayische Publizist Eduardo Galeano (*1940) zählt zu den bekanntesten Stimmen aus Lateinamerika. Seine zahlreichen Werke wurden in viele Sprachen übersetzt. Selbst zweimal von Militärregimes zunächst nach Argentinien und von dort nach Spanien ins Exil getrieben, setzte er sich aktiv für die Beendigung der Diktaturen ein. So auch im Juli 1988, als er an einem internationalen Treffen für die Wiederherstellung der Demokratie in Chile teilnahm, wo er die folgende Rede hielt. Das »Nein« bezog sich auf die zu diesem Zeitpunkt laufende gleichnamige Kampagne der chilenischen Opposition, die zu einem »Nein« im Plebiszit um die Verlängerung der Amtszeit von General Pinochet aufrief.

Wir sagen nein

Wir sind aus verschiedenen Ländern gekommen und sind hier im hochherzigen Schatten von Pablo Neruda versammelt: Wir sind hier, um das chilenische Volk zu begleiten, das *nein* sagt.
    Auch wir sagen *nein*.
    Wir sagen *nein* zum Lob des Geldes und des Todes. Wir sagen *nein* zu einem System, das den Dingen und den Leuten einen Geldwert gibt, wo der, der mehr hat, mehr wert ist, und wir

sagen *nein* zu einer Welt, die für Kriegswaffen in jeder Minute zwei Millionen Dollar ausgibt, während sie jede Minute dreißig Kinder durch Hunger und heilbare Krankheiten tötet. Die Neutronenbombe, die die Dinge rettet und die Menschen vernichtet, ist ein perfektes Symbol unserer Zeit. Für das mörderische System, das die Sterne der Nacht in militärische Objekte verwandelt, ist der Mensch nicht mehr als ein Produktions- und Konsumfaktor und ein Nutzobjekt, die Zeit nicht mehr als eine ökonomische Ressource und der gesamte Planet eine Profitquelle, die bis zum letzten Tropfen Ertrag bringen muss. Die Armut wird vermehrt, um den Reichtum zu vermehren, und die Waffen werden vermehrt, die diesen Reichtum, den Reichtum von wenigen, beschützen und die die Armut aller anderen in Schach halten, und sie vermehren unterdessen auch die Einsamkeit: Wir sagen *nein* zu einem System, das nichts zum Essen und nichts zum Lieben gibt, das viele zu Hunger nach Essen und noch viel mehr zu Hunger nach Umarmungen verdammt.

Wir sagen *nein* zur Lüge. Die vorherrschende Kultur, die die großen Medien weltweit ausstrahlen, lädt uns dazu ein, die Welt mit einem Supermarkt oder einer Rennstrecke zu verwechseln, wo der Nächste eine Ware oder ein Konkurrent sein kann, aber niemals ein Bruder. Diese verlogene Kultur, die geschmackloserweise auf die menschliche Liebe setzt, um ihr Mehrwert zu entreißen, ist in Wirklichkeit eine Kultur der Absonderung: Als Götter hat sie die Gewinner, die erfolgreichen Herren des Geldes und der Macht, und als Helden die uniformierten Rambos, die ihnen den Rücken decken, indem sie die Doktrin der nationalen Sicherheit anwenden. Mit dem, was sie sagt, und mit dem, was sie verstummen lässt, tischt uns die vorherrschende Kultur die Lüge auf, dass die Armut der Armen kein Resultat des Reichtums der Reichen sei, sondern eine Tochter von Niemandem, dass dem Ohr einer Ziege oder dem Willen Gottes entstamme, der aus Faulen und Dummen Arme gemacht habe. Auf die gleiche Art führt die Demütigung von einigen Menschen durch andere nicht zur Entfachung von solidarischer Empörung oder einem Skandal, weil sie zur natürlichen Ordnung der Dinge gehört: Die lateinamerikanischen Diktaturen gehören beispielsweise zu unserer üppigen Natur und nicht zum imperialistischen System der Macht.

Die Verachtung betrügt die Geschichte und verstümmelt die Welt. Die mächtigen Meinungsmacher behandeln uns, als wenn wir nicht existieren würden oder als wenn wir dumme Schatten wären. Das koloniale Erbe verpflichtet die sogenannte Dritte Welt, die von Leuten der dritten Kategorie bewohnt wird, dazu, dass sie die Erinnerung ihrer Bezwinger als ihre eigene akzeptiert und dass sie die fremde Lüge kauft, um sie zu benutzen, als wenn sie die eigene Wahrheit wäre. Man belohnt uns den Gehorsam, man bestraft unsere Intelligenz und man nimmt uns die schöpferische Energie. Wir sind Gemeinte, können aber nicht Meinende sein. Wir haben das Recht auf das Echo, nicht auf die Stimme, und die, die befehlen, loben unser Papageientalent. Wir sagen *nein*: Wir lehnen es ab, diese Mittelmäßigkeit als Schicksal zu akzeptieren.

Wir sagen *nein* zur Angst. *Nein* zur Angst zu sprechen, zur Angst zu machen, zur Angst zu sein. Der sichtbare Kolonialismus verbietet es zu sprechen, verbietet es zu machen, verbietet es zu sein. Der unsichtbare, noch wirksamere Kolonialismus überzeugt uns davon, dass man nicht sprechen kann, nicht machen kann, nicht sein kann. Die Angst verkleidet sich als Realismus: Damit die Realität nicht irreal wird, so erzählen uns die Ideologen der Machtlosigkeit, muss die Moral unmoralisch sein. Angesichts der Würdelosigkeit, des Elends, der Lüge haben wir kein anderes Mittel als die Resignation. Vom Schicksal gezeichnet, werden wir als Faule, Unverantwortliche, Gewalttätige, Dumme, Pittoreske und zur militärischen Vormundschaft Verdammte geboren. Allenfalls können wir danach trachten, uns in Häftlinge mit guter Führung zu verwandeln, die dazu in der Lage sind, pünktlich die Zinsen einer riesigen Auslandsschuld zu zahlen, die dazu abgeschlossen wurde, um den Luxus, der uns demütigt, und den Knüppel, der uns schlägt, zu finanzieren.

Und in dieser Situation sagen wir *nein* zur Neutralität des menschlichen Wortes. Wir sagen *nein* zu denen, die uns einladen, uns die Hände zu waschen angesichts der täglichen Kreuzigungen, die um uns herum stattfinden. Wir ziehen der langweiligen Faszination durch eine kalte, gleichgültige Kunst, die sich im Spiegel betrachtet, eine warme Kunst vor, die das menschliche Abenteuer in der Welt feiert und an ihr teilnimmt, eine unheilbar verliebte und streitsüchtige Kunst. Wäre die Schönheit schön, wenn sie nicht gerecht wäre? Wäre die Gerechtigkeit gerecht, wenn sie nicht schön wäre? Wir sagen *nein* zur Trennung der Schönheit und der Gerechtigkeit, weil wir *ja* zu ihrer kraftvollen und fruchtbaren Vereinigung sagen.

So sagen wir *nein*, und indem wir *nein* sagen, sagen wir *ja*.

Indem wir *nein* zu den Diktaturen und *nein* zu den als Demokratien verkleideten Diktaturen sagen, sagen wir *ja* zum Kampf für die wahrhafte Demokratie, die niemandem das Brot oder das Wort verweigert und die schön und gefährlich wie ein Gedicht von Neruda oder ein Lied von Violeta ist.

Indem wir *nein* zum vernichtenden Reich der Habgier sagen, das sein Zentrum in Nordamerika hat, sagen wir *ja* zu einem anderen möglichen Amerika, das aus der ältesten aller amerikanischen Traditionen geboren werden wird, aus der gemeinschaftlichen Tradition: der gemeinschaftlichen Tradition, die die Indios von Chile verzweifelt, von Niederlage zu Niederlage, seit fünf Jahrhunderten verteidigen.

Indem wir *nein* zum Frieden ohne Würde sagen, sagen wir *ja* zum geheiligten Recht der Rebellion gegen die Ungerechtigkeit und ihre lange Geschichte, so lang wie die Geschichte des Volkswiderstandes auf der langen Karte Chiles.

Indem wir *nein* zur Freiheit des Geldes sagen, sagen wir *ja* zur Freiheit der Personen: einer schlecht behandelten und verletzten Freiheit, die wie Chile tausend Mal gestürzt und wie Chile tausend Mal aufgerichtet wurde.

Indem wir *nein* zum selbstmörderischen Egoismus der Mächtigen sagen, die die Welt in eine große Kaserne verwandelt haben, sagen wir *ja* zur menschlichen Solidarität, die uns eine universelle Bestimmung gibt und die Kraft der Brüderlichkeit bekräftigt, die mächtiger als alle Grenzen mit all ihren Wachen ist: diese Kraft, die wie die Musik Chiles in uns eindringt und uns wie der chilenische Wein umarmt.

Und indem wir *nein* zur traurigen Anmut der Enttäuschung sagen, sagen wir *ja* zur Hoffnung, zur gierigen und verrückten und liebenden und geliebten Hoffnung, wie Chile: die hartnäckige Hoffnung, die wie die Söhne Chiles die Nacht zerreißt.

Aus: Eduardo Galeano: Nosotros decimos no, in: Ders.: *Nosotros decimos no. Crónicas (1963/1988)*, Madrid: Siglo XXI 1989, S. 387–389.

Q 165   Demokratisierung und Amnestie in Uruguay (1984)

Der in Uruguay geborene Juan Bautista Schroeder Otero (*1930) – selbst kein Militär – war an der Militärregierung beteiligt, die von 1973 bis 1985 Uruguay regierte. Er bekleidete von 1983 bis 1989 das Amt des Ministers für Bildung und Kultur, nachdem das aus Sicht der Militärs gescheiterte Verfassungsreferendum von 1980 eine schrittweise Rückkehr zur Demokratie eingeleitet hatte. In seinem Buch »Der Pakt vom Marineklub« (»El pacto del Club Naval«) von 1994 beschrieb Schroeder, wie er dem Oberbefehlshaber der Streitkräfte Juan Pedro Aranco einen Pakt zwischen den Militärs und den Parteien »Frente Amplio«, »Colorado« und »Unión Cívica« nahelegte. Der von Schroeder verfasste Pakt, der seinem Buch den Titel gab, gilt seit seiner Unterzeichnung am 3. August 1984 als wegbereitend für die Rückkehr zur Demokratie. Allerdings schrieb das Abkommen die Immunität der Militärs fest. Die Straflosigkeit der während der Diktatur begangenen Menschenrechtsverletzungen stellte anschließend eines der zentralen Probleme des Neuaufbaus der Demokratie in Uruguay dar.

[...] Eines Tages drohten mich die Anspannungen zu überwältigen, die das Amt des Ministers für Bildung und Kultur mit sich bringt, welches aufgrund seiner Aufgabenvielfalt zu den schwierigsten in Uruguay gehört. Sie mischten sich zudem mit den Sorgen um die Zukunft meines Vaterlandes und meiner Familie, für die ich einen sehr gut bezahlten internationalen

Posten aufgegeben hatte. Seit längerem in den Techniken der spirituellen Meditation geübt, traf ich eine Entscheidung. Ich wies meine Sekretärinnen an, keinerlei Telefonate zu mir durchzustellen – nicht einmal den Präsidenten – und mir keine Dokumente oder Anträge, gleich wie wichtig oder dringlich sie seien, zur Unterzeichnung zu bringen. Abgeschlossen von der Welt und allein mit meinem Gewissen, in einem Augenblick der Ruhe und des Friedens, kam mir eine Eingebung. Es war kein Befehl. Dafür war sie zu gütig und freundlich. Es war schlicht eine Anregung. Aber äußerst klar und rein. Der Eingebung gemäß, hatte ich mich mit dem Oberbefehlshaber des Heeres in Verbindung zu setzen. Das war seltsam. Es hatte nichts mit den Aufgaben jenes Tages zu tun. Und doch stand es im Zusammenhang mit meinen Sorgen um das Land. Ich zögerte nicht, der Eingebung zu folgen. Ich rief meine Sekretärinnen – die sicher über den schnellen Widerruf der Anweisung bezüglich der Telefonate überrascht waren – und bat sie, mich mit Generalleutnant Juan Pedro Aranco zu verbinden.

Während meiner Zeit als Mitglied der Regierung hatte ich wenig Umgang mit ihm gehabt. Dennoch verspürte ich ihm gegenüber eine große Sympathie. Auf eine besondere Art und Weise hatten mich die Aufrichtigkeit und Sanftmut beeindruckt, die er trotz seines hohen Postens bewies, und dies in einer Regierung, die sich nicht besonders durch die Verwirklichung dieser Tugenden, sondern eher durch eine übermäßige Autoritätsausübung und die Festlegung sehr starrer Kategorien über das Gute und das Böse, das Erlaubte und das Verbotene ausgezeichnet hatte. [...]

»Mein lieber General«, sagte ich zu ihm. »Sie wissen, dass ich ihr Freund bin und zudem ein Freund der Streitkräfte Uruguays. Wir stecken zusammen in einer großen Krise, aus der wir keinen Ausweg kennen. Man hat eine Verfassung entworfen, die nicht angenommen wurde. Im Parque Hotel fanden Gespräche mit den politischen Parteien statt, die gescheitert sind. Der Termin der anstehenden Wahlen rückt näher, und wir wissen nicht, was zu tun ist. Wir sind bereits zweifach gescheitert: Ein weiteres Mal wäre untragbar. Kindische Tricks wie beim gescheiterten Referendum werden keinesfalls funktionieren. Was sonst können wir in der kurzen Zeit tun, die uns noch bleibt?«

Mir kam ein neuer Gedanke. Die Idee war, mich einmal mehr mit meinen Vorschlägen direkt an sein Herz zu werfen, ohne vor Risiken zurückzuschrecken. Und ich sagte ihm fast wörtlich das Folgende: »Herr General, ich weiß nur zu gut, dass meine zivilen Kollegen in der Regierung sehr besorgt wegen ihrer eigenen Zukunft sind. Ich denke, dass diese Sorgen äußerst berechtigt sind. Lassen Sie mich Ihnen sagen, dass ich für meinen Teil keinerlei Besorgnis über mein persönliches Schicksal hege. In meinem Leben bin ich große Risiken eingegangen. Ich habe einen Posten mit Dollargehalt aufgegeben und bin nach Uruguay zurückgekehrt, um den Wünschen meiner Familie zu gehorchen und um dem Land nützlich zu sein. Wenn ich jene Risiken eingegangen bin, so kann ich auch weitere eingehen. Meine Zukunft bereitet mir keine Sorgen, Herr General. Mich besorgt Ihre Lage, die der hochrangigen Offiziere der Streitkräfte meines Vaterlandes, welche ich nicht in Schimpf und Schande, verhasst und gedemütigt von der Bühne der Macht abtreten sehen möchte, wie es den höchsten Funktionären der argentinischen Streitkräfte widerfahren ist.«

Generalleutnant Aranco öffnete weit die Augen, während er mich all dies sagen hörte. Ich nutzte sein Interesse, um Folgendes vorzubringen: »Sehen Sie, Herr General. Die Geschichte unseres Vaterlandes ist nobel und ritterlich, eine Geschichte, in der ehrbare Vereinbarungen zwischen Führern einen maßgeblichen Einfluss besaßen, denn unser Land, sei dies von Vor- oder Nachteil, ist ein kleines Dorf.« Und ich erwähnte einige der historischen Bündnisse unseres Landes.

Ich fuhr fort: »Nun gut. Vergessen Sie alles, was bis heute unternommen wurde. Nichts hat funktioniert. Das von Ihnen auf den Weg gebrachte Verfassungsprojekt ist nicht geglückt. Die Gespräche im Parque Hotel sind gescheitert. Und das gescheiterte Referendum war ein grober Fehler.«

»Was schlagen Sie daher vor?«, fragte mich Generalleutnant Aranco. Meine Antwort war (ungefähr im Wortlaut): »Laden Sie, der politischen Tradition des Landes entsprechend [...], die Militärs und die Politiker zu einer Gesprächsrunde ein – ohne Presse, ohne Öffentlichkeit.

Beide Seiten sollen klar und aufrichtig ihre Interessen äußern und diese mit den Unterschriften aller festhalten, damit danach niemand sagen kann, er sei mit dem Vereinbarten nicht einverstanden gewesen.« Als unser Treffen endete, [...] bat mich Generalleutnant Aranco: »Können Sie mir ihre Vorschläge schriftlich darlegen?« Ich traute meinen Ohren nicht. Es war Freitagabend, und ich war überwältigt von der Verantwortung, die auf meinen Schultern lag.

Ich arbeitete das ganze Wochenende über an dem Schriftstück. Am Montag der folgenden Woche wurde es dem Oberbefehlshaber der Streitkräfte ausgehändigt. Am Mittwoch oder Donnerstag derselben Woche erreichte mich ein Anruf aus dem Büro des Oberkommandierenden, in welchem mir mitgeteilt wurde, dass das Dokument begeisterte Zustimmung seitens des Rates der Oberkommandierenden (*Junta de Comandantes en Jefe*) erfahren habe und nun dem Rat der Oberkommandierenden der drei Teilstreitkräfte (*Junta de Oficiales Generales*) und den Führern der Parteien zur Bewilligung vorgelegt werde. Es war die Grundlage dessen, was später als »Pacto del Club Naval« bezeichnet wurde und den Weg für die Durchführung allgemeiner Wahlen und das Ende des Zustandes bereitete, in welchem sich das Land de facto seit Anfang der sechziger Jahre befunden hatte. Der erste Schritt war getan. Es standen jedoch noch viele wichtige Schritte bevor. [...]

Aus: Juan Bautista Schroeder Otero: *El pacto del Club Naval*, Montevideo: Arca 1994, S. 8–11.

Q 166 Demokratie in Zeiten der Globalisierung am Beispiel Haitis (1996)

Der von der Befreiungstheologie beeinflusste Priester Jean-Bertrand Aristide (*1953) hatte sich als einer der schärfsten Kritiker der langjährigen Duvalier-Diktatur profiliert, ehe er 1990 in der ersten demokratischen Wahl in der Geschichte Haitis zum Präsidenten gewählt wurde. Wenige Monate später trieb ihn das Militär ins Exil, von wo aus er 1994 mit US-amerikanischer Hilfe zurückkehrte. Nach Ablauf seiner Amtszeit 1996 blieb er in Haiti politisch tätig und engagierte sich auch für internationale Organisationen zur Förderung der Demokratie. In diesem Zusammenhang hielt er im Oktober 1996 die vorliegende Rede über den Charakter der neuen Demokratien in Lateinamerika vor der holländischen Entwicklungsorganisation NOVIB in Oegstgeest bei Leiden. Aristides zweite Präsidentschaft ab 2000 stand im Schatten massiver Vorwürfe des Wahlbetrugs und der Korruption sowie bürgerkriegsähnlicher Unruhen. 2004 dankte er auf Druck der USA ab und ging ins Exil nach Südafrika.

Formelle in lebendige Demokratien verwandeln

Wenn jemand vor 15 Jahren behauptet hätte, dass die Demokratie 1996 cher die Regel als die Ausnahme in Lateinamerika sein werde, hätten die meisten von uns ihm nicht geglaubt. Aber Diktator um Diktator fiel, Wahlen über Wahlen wurden abgehalten, und demokratische Regierungen wurden im gesamten Kontinent eingesetzt. [...]

Paradoxerweise sind diese Übergänge zur Demokratie in den Ländern des Südens mit der schwersten wirtschaftlichen Krise des Jahrhunderts einhergegangen. Allein in Lateinamerika leben 240 Millionen Menschen in tiefster Armut, ein Anstieg von mehr als 120 Millionen seit 1980. [...] Der Abstand zwischen den Reichsten und den Ärmsten der Welt wächst jeden Tag, und die reichsten zwanzig Prozent der Weltbevölkerung beanspruchen 85% des Welteinkommens, während die ärmsten zwanzig Prozent nur 1,4% davon erhalten.

Was bedeutet der Triumph der Demokratie für die ärmsten zwanzig Prozent? Heute besteht die Gefahr, dass die Demokratie für sie eine rein formale Struktur bleiben könnte. Wahlen können alle vier oder fünf Jahre abgehalten werden, aber die alltägliche Beteiligung der Bevölkerung im Entscheidungsfindungsprozess, die notwendig ist, um die staatliche Politik auf die Verringerung der Armut zu konzentrieren, wird nie realisiert.

Wir können ebenfalls fragen: Was bedeutet der Triumph der Demokratie im Zeitalter der Globalisierung? Internationale Institutionen spielen eine zunehmend wichtige Rolle in nationalen Entscheidungsprozessen im Süden. Und neoliberale Politikansätze geben eine stark reduzierte Rolle für den Staat vor. Der Übergang zur Demokratie findet zu einem Zeitpunkt statt, an dem den mit Schulden beladenen Staaten schnell die Ressourcen ausgehen und sie eine zunehmend kleinere Rolle in der Bereitstellung der Grundversorgung spielen, was den Marktkräften erlaubt, die wirtschaftliche Lage zu bestimmen.

Es scheint, als ob sich unsere Erfahrung in Haiti nach der Rückkehr zur Demokratie im Oktober 1994 im globalen Maßstab wiederholt: Nach einem langen harten Kampf kommt das Volk am Sitz der Macht an, nur um festzustellen, dass der Palast geplündert wurde. Der Traum, die Ressourcen des Staates für die Bedürfnisse der Armen nutzen, liegt noch immer jenseits ihrer Möglichkeiten. Da die Staaten sich vom Schlachtfeld zurückziehen, sieht es so aus, als ob die Armen das 21. Jahrhundert alleine meistern müssten und sich dabei einer globalen Wirtschaft gegenüber sehen, in der sie keinesfalls mithalten können. Aber glücklicherweise ist dies nicht die ganze Geschichte.

Diejenigen unter uns, die an der Seite der Armen arbeiten, wissen, dass selbst in den Ländern, die wie Haiti die schlimmsten wirtschaftlichen Krisen erleiden, die Organisationen des Volkes eine lebendige und wachsende Kraft des Wandels sind. Diese Organisationen sind die Saatkörner der Hoffnung für das 21. Jahrhundert. In der ganzen Welt kämpfen örtliche Kirchengemeinden, Bauernvereinigungen, Frauengruppen, volksnahe Umweltorganisationen und Nichtregierungsorganisationen für Menschenrechte und wirtschaftliche Rechte. Ihre Analysen und Überzeugungen wurzeln in der alltäglichen Realität der Armen. Diese Akteure erfüllen die Aufgabe, die Demokratie zu demokratisieren, indem sie formelle in lebendige Demokratien verwandeln. Diese Akteure halten an alternativen Wirtschaftsmodellen fest und bieten ethische Grundlagen für die Debatten über Wirtschaftswachstum und Entwicklung.

Die Rolle der Zivilgesellschaft war noch nie wichtiger als heute. Wir müssen das Gewissen unseres Zeitalters sein und eine Perspektive der Entwicklung propagieren, die den Menschen in den Mittelpunkt stellt, wirtschaftliches Wachstum als Mittel der Entwicklung und nicht als Ziel an sich erkennt und für Entwicklung sorgt, die unser Planet ertragen kann. Wie bereits andere festgestellt haben, ist unbegrenztes Wachstum die Ideologie der Krebszelle.

Während der Staat schwächer wird und der Preis der Globalisierung offensichtlicher, wachsen die Stimmen aus der Zivilgesellschaft, die diese Realitäten offen aussprechen. Sie haben einen steigenden Einfluss auf internationale Institutionen und, was vielleicht am wichtigsten ist, sie knüpfen Kontakte und schließen Bündnisse über Grenzen hinweg, denn sie wissen, dass in einem Zeitalter, in dem das Kapital kein Visum und keinen Pass benötigt, auch die Solidarität keine Grenzen kennen darf.

Eines der zentralen Charakteristika der Zivilgesellschaft ist der hohe Prozentsatz an Frauen, die sich daran beteiligen. Als Zeugen von Menschenrechtsverbrechen, Organisatoren von Genossenschaften und Gründer von kommunalen Gesundheitsprojekten haben Frauen schon seit langem in den Organisationen des Volkes mitgearbeitet. Dennoch spiegelt sich dieses hohe Maß an aktiver Beteiligung überhaupt nicht in der Zahl der Frauen wider, die an den Entscheidungsfindungsprozessen auf allen Ebenen beteiligt sind. Weltweit haben Frauen nur 12% der Sitze in den Parlamenten und nur 6% der Posten in den Kabinetten inne.

Es ist eindeutig, dass Demokratisierung der Demokratie bedeuten muss, der großen Zahl der Frauen, die bereits in zivilgesellschaftlichen Organisationen mitarbeiten, mehr Mitsprache zu ermöglichen und ihre Beteiligung an den Tischen der Macht zu stärken.

Wir werden alle davon profitieren. Studien haben gezeigt, dass das Einkommen eines Haushalts mit höherer Wahrscheinlichkeit sinnvollen Zwecken wie Gesundheit, Bildung und Kinderernährung zugute kommt, wenn es von Frauen verwaltet wird. Ich nehme an, dass das Ergebnis ebenso gut wäre, wenn der gesamte Staatshaushalt in den Händen von Frauen läge oder wenn volksnahe Frauenorganisationen an der Vorbereitung des staatlichen Haushalts beteiligt wären. Im wirtschaftlichen Bereich sind zivilgesellschaftliche Organisationen an vorderster Front, wenn es darum geht, die ungerechte Landverteilung anzuprangern, den Armen Zugang zu Krediten zu verschaffen und gemeinsame ökonomische Strukturen zu entwickeln. [...]

Wir könnten mutlos werden angesichts der Globalisierung, der wachsenden wirtschaftlichen Polarisierung, der Umweltzerstörung und des Elendes, dem sich ein Viertel der Weltbevölkerung täglich gegenüber sieht. In Haiti, wo 85% der Bevölkerung in äußerster Armut lebt, inspirieren uns aber andauernd der Mut und die Würde genau dieser 85%, die weiterkämpfen, sich weiter zu Wort melden und die weiter für ein besseres Leben ihrer Kinder kämpfen. [...]

Sie und ich, als im Kampf gegen die Armut verbundene Weltbürger, sollten diese Saatkörner hegen, wo wir sie finden. Wir sollten sie beschützen, wo feindliche und sich wandelnde Bedingungen ihre Existenz bedrohen, und wir sollten sie an anderen Orten pflanzen, wo sie Wurzeln schlagen und Früchte hervorbringen werden, um die Welt zu ernähren. So wie wir uns heute von den Früchten der Solidarität und Hoffnung ernähren.

Aus: Jean-Bertrand Aristide: Turn Formal Democracies into Living Ones, in: *Novib Network* 2, 5, Den Haag (Oktober 1996).

2. Zwischen Neoliberalismus und Neopopulismus

Q 167   Die Wirtschaftskrise in Mexiko (1988)

In den späten 1980er und 1990er Jahren gerieten die meisten Länder Lateinamerikas in wirtschaftliche Schwierigkeiten. Hohe Auslandsschulden, eine starke Inflation und Handelsdefizite führten zu einer Wirtschaftskrise. Der mexikanische Präsident Miguel de la Madrid (*1934) nahm in seiner Neujahrsansprache vom 9. Januar 1988 zu der Krise Stellung und skizzierte Lösungsmöglichkeiten.

Wie die meisten Mexikaner empfinde auch ich Schmerz aufgrund dieser sehr schwierigen und bedauerlichen Wirtschaftslage, die sich Ende 1987 ergeben hat. Ich bin mir der vor uns liegenden Gefahren sehr bewusst. Der Gefahr, dass die Inflation zur Hyperinflation wird. In anderen Worten, zu einer unkontrollierten Inflation, die Monat um Monat wächst und uns in eine möglicherweise chaotische Lage bringt. [...]

Das Phänomen der Erneuerung der Preisschilder trat ein, wie die Hausfrauen wohl wissen. Angesichts dieser Lage und als Reaktion auf die Verschlechterung der Löhne forderte der Gewerkschaftskongress substanzielle Lohnerhöhungen und kündigte einen Generalstreik im ganzen Lande an, falls diese Forderung nicht erfüllt werde. Diese Momente entwickelten sich zu einer drohenden sehr akuten Wirtschaftskrise. Man stelle sich vor, ein großer Teil des Landes ist gelähmt durch Streiks, aus denen sich das Risiko ernster sozialer Konflikte ergibt. Da es sich um ein so ernstes Problem handelte, rief die Regierung alle in der Produktion tätigen Bereiche zu einem umfassenden und eingehenden Dialog auf, der einen wirtschaftlichen Solidar-Pakt zum Ergebnis hatte. [...]

Das Abgeordnetenhaus hat, indem es seine Entscheidung auf den wirtschaftlichen Solidarvertrag gründete, die in dem von der Regierung [...] vorgelegten Haushaltsplan enthaltenen Ausgaben beträchtlich gestrichen. Die Abgeordneten standen in direktem Kontakt mit der Regierung und führten intensive Verhandlungen mit ihr. Danach entschieden sie, den ursprünglichen Haushalt um mehr als sieben Milliarden Pesos zu kürzen. Die wichtigsten Bereiche der sozialen Entwicklung wurden dabei geschützt: Nahrungsmittel, Wohnungsbau, Erziehung, Gesundheitswesen, öffentliche Sicherheit sowie Leistungen und Verwaltung der Justiz.

Wir haben versucht, drastische Kürzungen der Investitionen im strategischen Bereich zu vermeiden. Es wurden jedoch einige Kürzungen vorgenommen, insbesondere im Bereich der

Energieversorgung, und zwar beim Öl und beim Strom. Außerdem haben wir jene Sektoren geschützt, die für unsere Entwicklung wichtig sind. Unser Schutz galt der Landwirtschaft, der Kommunikation und dem Transport. [...]

Während des ganzen Jahres haben wir versucht, die Kaufkraft unserer Löhne zu erhalten.

Auch die Bauern haben ihren Teil dazu beigetragen. Sie stimmten zu, die Preise ihrer Produkte auf dem Niveau von 1987 zu halten. Sie wollen dies auch im ganzen Jahr 1988 tun. Das heißt jedoch nicht, wie einige angenommen haben, dass die Preise für bestimmte Erzeugnisse in diesem Jahr nicht schwanken werden.

Das heißt, dass diese Preise nur dann angepasst werden, wenn ihre Produktionskosten steigen. Das lässt sich besser erklären, wenn wir erkennen, dass die garantierten Preise in den letzten Jahren über die Inflationsrate hinaus gestiegen sind und so zur Verbesserung der sogenannten Tauschbedingungen zwischen den ländlichen und städtischen Bereichen beigetragen haben. [...]

Die monatlichen Anpassungen der Gehälter, Preise, der Raten des staatlichen Sektors, der Warenkorbprodukte und der Zinssätze können nur in Anlehnung an diese Rate erfolgen. In jedem Monat werden wir eine geringere Inflationsrate als im Vormonat ansetzen, denn wenn wir die Inflationsrate des Vormonats akzeptieren und sie in die Zukunft projizieren, dann wird die Inflation auf diesem Niveau andauern. Das Ziel ist die Senkung der monatlichen Inflationsrate, und zwar gemeinsam und ordnungsgemäß, bis wir am Jahresende eine stark gesenkte Inflationsrate haben. [...]

Innerhalb des Prozesses der Strukturveränderungen werden wir fortfahren, den öffentlichen Sektor umzustrukturieren. Wir werden jene Firmen, die nicht von strategischer Bedeutung sind oder Vorrang haben, auflösen oder verkaufen, und wir werden fordern, dass die der staatlichen Kontrolle unterworfenen Firmen tagtäglich effizienter werden. [...]

Das wird den entsprechenden Wettbewerb auf unserem Binnenmarkt fördern, zum Wohle der Verbraucher und zur Steigerung der Konkurrenzfähigkeit unserer Wirtschaft auf ausländischen Märkten. Diese Art von Austausch wird dazu führen, unsere Wirtschaft zu stabilisieren, wenn wir in der Lage sind, unsere Inflationsrate zu senken. [...]

Für diesen Kampf stehen uns Mittel zur Verfügung, die wir nicht vergessen dürfen. Nicht alles ist negativ. Das wichtigste Mittel ist unser Nationalismus. Die Mexikaner sind immer bereit, alle Anstrengungen zu unternehmen, um unser Vaterland zu verteidigen und zu stärken, und zwar zu unserem Wohl und zum Wohle unserer Kinder. [...]

Aus: Deutsche Welle, Monitor Dienst Lateinamerika 7 (1988), in: Hans-Otto Kleinmann (Hg.): *Lateinamerika. Probleme und Perspektiven*, Stuttgart u.a.: Klett 1992, S. 11–13.

Q 168   Neoliberale Wirtschaftspolitik in Argentinien (1995)

Argentinien rutschte seit den 1960er Jahren immer tiefer in eine ökonomische und finanzielle Krise. Als Präsident Carlos Saúl Menem (*1930) 1989 die Regierung übernahm, litt das Land unter Auslandsschulden von über 60 Milliarden US-Dollar und einer Hyperinflation. Menems Kabinett entwickelte daraufhin ein Stabilisierungs- und Reformprogramm, zu dem die Liberalisierung der Wirtschaft, die Privatisierung von Staatsbetrieben und die feste Bindung der Währung an den US-Dollar gehörten. Das Programm war teilweise erfolgreich: Die hohe Inflation sank, und die Wirtschaft wuchs, so dass Menem 1995 wiedergewählt wurde. Welch schwerwiegende und negative Folgen diese Umgestaltung jedoch hatte, zeigte sich 2001, als Argentinien den Staatsbankrott und soziale Unruhen erlebte.

Menem, sechs Jahre später

In der Ansprache an den Kongress, mit der der Präsident der Nation die neue Legislaturperiode eröffnete, zog er eine Bilanz seiner sechsjährigen Amtszeit, wobei er einer politisch erklärbaren Neigung folgte, die positiven Ergebnisse übertrieb und die dunklen Fakten und die unvorteilhaften Daten überging. Außerdem gab er Zahlen eines Fünfjahresplans bekannt, der öffentliche und private Investitionsprojekte bündelt, die der Staat und die Unternehmen von jetzt ab bis 1999 umsetzen sollen.

Die aktuelle Regierung hat ihre besten Erfolge in der Wirtschaftspolitik, im Bereich der Strukturreform des Staates und in der Außenpolitik verbucht, und ihnen widmete er den ausführlichsten Teil seines Berichtes.

Das starke Wirtschaftswachstum der letzten vier Jahre, die niedrigste Inflation seit mehreren Jahrzehnten und gegenwärtig eine der niedrigsten weltweit nach der Hyperinflation, die er als Erbe übernahm, die Regulierung und planmäßige Bedienung der Auslandsschulden, der bemerkenswerte Anstieg der Industrieproduktion um 38%, das Wachstum der Gesamtinvestitionen um über 100%, die energische Ausweitung des Außenhandels, all das in einem Zustand weitreichender wirtschaftlicher Freiheit, ist, ohne jeden Zweifel, ein lobenswertes Resultat, und wenige vorherige Regierungen können etwas Vergleichbares vorzeigen.

Ebenso ist die Umgestaltung des Staates insbesondere mit dem Privatisierungsprozess der Staatsunternehmen, der noch vollendet werden muss, eine Transformation, die Anerkennung verdient, weil sie auch jenseits von bekannten Mängeln zur rechtlichen und produktiven Modernisierung des Landes beiträgt.

Die Führung der Außenpolitik ihrerseits verdeutlicht, was Menem als »eine wirkliche Kulturrevolution« betrachtete. Durch diese Außenpolitik durchbrach Argentinien, daran erinnerte er, seine Isolation, wurde aktiver Teil der internationalen Gemeinschaft, nahm an den Risiken der Konfliktinterventionen im Persischen Golf und in Haiti teil, trat den Verträgen bei, die die Abrüstung in der Welt voranbringen, stellte die Beziehungen zum Vereinigten Königreich wieder her und stärkte die Initiativen zur regionalen Integration, einschließlich der Entscheidung, dem Mercosur zum Durchbruch zu verhelfen.

Seine Bilanz zum Haushalt enthält allerdings Übertreibungen, wenn er der aktuellen Regierung das Verdienst zuschreibt, dem »elefantösen, kostspieligen und ineffizienten« Staatsapparat ein Ende gesetzt zu haben, die Modernisierung der Steuerpolitik mit der Optimierung der Einnahmen und der Eliminierung der Steuerflucht bewirkt zu haben, die Anpassung der Arbeits- und Gewerkschaftspolitik erreicht zu haben, um aus Argentinien ein für Investitionen attraktives Land zu machen, und die Hierarchisierung und Professionalisierung der öffentlichen Verwaltung bewerkstelligt zu haben.

Die Regierung stieß sicherlich begrüßenswerte Reformen in diesen Bereichen an, aber im besten Falle handelt es sich um Aktionen, die auf der Hälfte der Strecke stehen geblieben sind, und die Schwierigkeiten dieser Tage sowie die seitens des Wirtschaftsministeriums angeordneten Maßnahmen zu ihrer Bekämpfung lassen erkennen, wie notwendig es noch immer ist, sowohl mit der vollständigen Restrukturierung des Staates als auch mit gesetzgeberischen Initiativen zum Arbeitsrecht fortzufahren, die der Beratung durch den Kongress obliegen, der in seiner ersten ordentlichen Sitzung – genau an diesem Nachmittag – ein weiteres Mal die Reformprojekte ergebnislos beraten hat.

Auch scheint es eine Übertreibung des Präsidenten zu sein, die Schaffung des Umweltministeriums, die Billigung des föderalen Bildungsgesetzes und die Unterzeichnung des föderalen Bildungspaktes als Erfolg zu werten: Noch sind keine greifbaren Ergebnisse zu spüren.

Bezüglich des Investitionsprogramms des kommenden Fünfjahresplans, dessen Realisierung selbstverständlich von den Wahlergebnissen im kommenden Mai abhängig ist, zeigt sich deutlich, dass die Aufzählung des Präsidenten einerseits die Initiativen sozialen Zuschnitts berücksichtigt – Wohnungsbau, Bildung, Gesundheitsversorgung, Arbeit –, die der Staat jetzt in Angriff nehmen will, und andererseits die großen Investitionen in Produktionsaktivitäten, denen sich die Privatwirtschaft auf ihre Rechnung und ihr Risiko gegenüber sieht.

Die 87,6 Milliarden Pesos, von denen der Präsident sprach, werden nur ein Teil der Gesamtinvestitionen sein, die sich auf 60 Milliarden pro Jahr belaufen müssten, damit eine vertretbare
Relation zum Bruttoinlandsprodukt aufrechterhalten wird. Sie müssten bedeutend höher sein,
wenn das Land einen Investitionsaufwand tätigen wollte, der zum Beispiel vergleichbar ist mit
dem der asiatischen Wirtschaften oder wenigstens mit dem, den Argentinien in den Jahren
1979–81 unternahm. Aber heute ist ein qualitativ weit höheres Niveau gefordert.

Es war unvermeidlich, dass Präsident Menem zu den aktuellen Schwierigkeiten der nationalen Wirtschaft inmitten einer spürbaren Vertrauenskrise Bezug nehmen würde. Und er
machte dies in Worten, die keinen Zweifel am politischen Willen der Regierung lassen: »Diese
Krise und ihre Folgeerscheinungen veranlassen uns nicht, unsere strategischen Ziele zu ändern.« »Angesichts der aktuellen Konjunktur war und ist es unsere erste Verpflichtung, die
Stabilität, die Konvertibilität und die 1-zu-1-Parität unserer Währung um jeden Preis zu verteidigen.« »Wir sind bereit, alles Notwendige zu tun, um die öffentliche Glaubwürdigkeit des
Landes zu bewahren und unseren inneren und äußeren Finanzverpflichtungen nachzukom-
men.« »... es wird weder eine Inflation noch eine Abwertung geben. Was es geben wird, ist
eine große Anpassung der öffentlichen Ausgaben, eine tiefgreifende Umstrukturierung des
Staatsapparates und ein zäher Kampf gegen die Steuerflucht.«

Gestern und vorgestern haben die Märkte diese entschiedenen Erklärungen ignoriert, obwohl sie eine angemessene Reaktion darstellten. Offensichtlich waren sie noch nicht ausreichend angesichts des allgemein bekannten Misstrauens, das sich der City bemächtigt zu haben
scheint.

Carlos Menem beschließt sein Mandat als Präsident der Nation mit einem positiven Re-
sümee seiner gesamten Amtszeit – unter Auslassung vieler Dinge, die zweifelsohne das Ergebnis seiner Bilanz unter dem Strich mindern würden. Und er verfügt am Ende seiner Amtszeit
über eine schwächere Überzeugungskraft, zumindest gegenüber den Finanzmedien, die
schlechterdings Anzeichen von Vertrauensverlust zeigen.

Aus: Menem, seis años después, in: *La Nación Internacional*, Buenos Aires (6. März 1995),
S. 6.

Q 169   Das Nordamerikanische Freihandelsabkommen (1994)

*In den von zahlreichen wirtschaftlichen und sozialen Krisen geprägten 1990er Jahren verfolgte
die mexikanische Regierung eine Politik der Marktöffnung und der wirtschaftlichen Liberalisierung und suchte die Anbindung an Nordamerika. Der »Tratado de Libre Comercio de
América del Norte«, TLCAN (»North American Free Trade Agreement«, NAFTA), ist ein
1994 in Kraft getretenes Freihandelsabkommen, in dem Mexiko, die USA und Kanada die
Senkung zahlreicher Zölle sowie den Abbau von Investitions- und Handelsbarrieren vereinbarten. Dabei versuchten die mexikanischen Unterhändler, auf die komplexen Entscheidungs-
prozesse der US-Handelspolitik einzuwirken, wie der folgende Bericht zeigt, der den Erinnerungen des Unterhändlers Herman von Bertrab entnommen ist.*

[...] Man kann sich von dem Inhalt und der Reichweite des Abkommens leicht einen Eindruck
verschaffen, indem man das Verzeichnis der Kapitel, Appendizes und Anhänge des Vertrages
betrachtet. Sie reichen vom Marktzugang bis hin zu Investitionen, und umfangreiche Anhänge
legen die Begrenzungen und Beschränkungen für die drei Länder fest.

Das Endergebnis der Verhandlungen über den Freihandel leitet sich aus dem Freihandels-
modell ab, auf welchem das ganze Konzept basiert. Daher galt der Inhalt des Abkommens
schon im Vorhinein zu einem gewissen Grad als Idealziel. Jedoch fand die Annäherung an
dieses Ideal im Kontext zahlreicher wirtschaftlicher und politischer Beschränkungen statt, die
das Resultat zwar verwässerten, es bei allen Vorbehalten letztendlich aber dennoch ermöglich-

ten. Im Falle Mexikos kam während des ganzen Prozesses ein weiteres Element hinzu: die fortdauernde Transformation der mexikanischen Gesellschaft von einem staatsorientierten zu einem effizienten, marktorientierten System. Obwohl also das Leitbild der Verhandlungen von Anfang an weitgehend feststand, war das Sammeln, Definieren und Zusammenfügen der Puzzleteile eine beträchtliche Aufgabe.

Während der *fast track*-Phase [mit besonderen Vollmachten des US-Präsidenten in Verhandlungen über spezifische Handelsabkommen] hatte Mexiko, insbesondere sein Team in Washington, große Anstrengungen unternommen, Allianzen mit dem US-Privatsektor zu schmieden, Anschluss an Kongressabgeordnete zu suchen und wichtige Verbindungen zu den hispanoamerikanischen Gruppen innerhalb der USA aufzubauen. Die Art der Verhandlungen veränderte jedoch diese neu aufgebauten Beziehungen. Unsere Freunde saßen sozusagen auf der anderen Seite des Tisches. Die wichtigste Aufgabe bestand nun darin, Informationen über die möglichen Positionen der US-Delegation und deren politische Unterstützer zu sammeln. Dies musste durch die Analyse der Verhandlungspunkte und ihrer Kontexte geschehen, anstatt durch die vorausgegangene Lobbyarbeit.

Im Nachhinein lassen sich die unterschiedlichen Verhandlungspunkte kategorisieren in konzeptionell strittige (Energie und das Streitschlichtungsverfahren), technisch komplizierte (der Automobilsektor), politisch problematische (Landwirtschaft und Glasindustrie) oder taktisch bedeutsame für den gesamten Prozess (Auslandsinvestitionen und Finanzwesen).

Man konnte die verschiedenen Verhandlungspunkte ferner unter den Gesichtspunkten der internationalen oder lokalen Orientierung, des Grades an ausländischer Beteiligung und des Ausmaßes direkter politischer Aktivität der beteiligten Sektoren betrachten. Unternehmen mit langjähriger internationaler Präsenz und Fabriken in vielen Ländern tendieren dazu, das Ganze als einen Markt zu betrachten, der mithilfe eines möglichst rationalen und effizienten Produktionssystems versorgt werden muss. Diese Unternehmen, wie etwa die Haushaltsgeräteindustrie, neigen dazu, den Freihandel und möglichst geringe Beschränkungen zu befürworten. Andererseits haben lokal orientierte Unternehmen, wie etwa der Bekleidungseinzelhandel, das gesamte Territorium eines Landes im Blick. Sie schauen weniger auf den Freihandel als auf die billigsten Bezugsquellen. Auch sie waren unter Vorbehalten bereit, NAFTA zu unterstützen. Andere Sektoren weisen üblicherweise eine starke regionale Konzentration in einem bestimmten Gebiet auf, das nur eine begrenzte Anzahl von Staaten umfasst, wie im Fall der Textil- oder Glasindustrie. Sie neigen zu Protektionismus oder zielen nachdrücklich auf die Öffnung weiterer Märkte ab, wenn sie sich nicht bedroht fühlen. Aufgrund ihrer regionalen Konzentration verfügen einige von ihnen über großen politischen Einfluss.

Sektoren mit hoher ausländischer Beteiligung sind auf breitere Markt- und Produktionskonzepte ausgerichtet. Zu ihnen gehörten Firmen, die Freihandelskonzepte unterstützten oder zumindest nicht kategorisch ablehnten. Dies war der Fall im Kosmetik- und im Färbemittelsektor. Ihr Einfluss war jedoch insgesamt gering.

Da der politische Aktivismus von Sektor zu Sektor unterschiedlich ausgeprägt ist, war es für uns schwierig, eine allen zugrunde liegende übergeordnete Logik auszumachen. Er steht im Zusammenhang mit vielen Elementen wie den historischen Traditionen, der Abhängigkeit von der Regierung im Hinblick auf die Gesetzgebung, der Regulierungskapazität (wie im Pharmazeutik- oder Transportsektor) oder schlicht der Marktmacht. Die regionale Konzentration trug dazu bei, den genannten Sektoren zu viel politisches Gewicht zu verleihen. Manchmal war es einfach eine politische Entscheidung, das Schicksal eines Sektors mit politischen Mitteln zu begünstigen. Eines der wichtigsten Mittel ist der Einsatz von PACs [*Political Action Committees*], die von Gesellschaften, Gewerkschaften und Wirtschaftsverbänden finanziert werden und die – wenn auch unter Beschränkungen – in großem Maßstab die Wahlkampagnen der Kandidaten unterstützen. Von den 20 größten PACs wurden elf von Gewerkschaften gesponsert, die von den LKW-Fahrern (*Teamsters*) als der wichtigsten bis hin zur Bruderschaft der Zimmerleute (*Brotherhood of Carpenters*), den Vereinigten Automobilarbeitern (*United Auto Workers*) bis hin zum Internationalen Maschinistenverband (*International Association of Machinists*) reichten.

Zunächst versuchten wir abzuschätzen, wie wichtig den einzelnen Kongressmitgliedern unterschiedliche sektorale und gewerbliche Interessen waren, um eine Strategie zur Ermittlung der Zugeständnisse zu entwickeln, die wir zu machen hätten, um die erforderliche Stimmenanzahl zu erreichen. Der ursprüngliche Plan sah vor, eine Matrix mit den Positionen der wichtigsten Kongressmitglieder zu allen Themen zu erstellen, die während der Verhandlungsphase diskutiert werden sollten. Gleich einem ökonometrischen Modell handelte es sich um ein typisch technokratisches Schema, welches sich jedoch als nicht realisierbar herausstellte, da wir an die nötigen Informationen nicht herankamen und es sowieso nutzlos gewesen wäre. Nur eine geringe Anzahl von Themen ist für verschiedene Kongressmitglieder von Belang, da niemand alle verfolgen kann. In vielen Fällen wird die Aufmerksamkeit der Abgeordneten für ein Thema erst geweckt, wenn es zu einer Abstimmung kommt, und viele übernehmen den Standpunkt von Mitgliedern, deren Urteil sie bezüglich des spezifischen Problems vertrauen, oder folgen dem Vorschlag des Vorsitzenden. Letztendlich erzielten wir dieselben Resultate, indem wir analysierten, welche der Güter (sprich Flugzeuge, Äpfel, Glas, Stahl) den 40 wichtigsten Meinungsführern im Kongress am relevantesten schienen. Dieses Schema half ungemein, um unsere Haltung zu unterschiedlichen Gütern zu bestimmen. [...]

Aus: Hermann von Bertrab: *Negotiating NAFTA. A Mexican Envoy's Account*, Westport, CO: Praeger 1997, S. 49–51.

Q 170   Hugo Chávez und der Sozialismus des 21. Jahrhunderts (2004)

Der venezolanische Präsident Hugo Chávez (*1954) ist ein Verfechter des sogenannten »Sozialismus des 21. Jahrhunderts«, der sich auf die panamerikanische Vision Bolívars bezieht und Kritik am Kapitalismus und an den USA äußert. Die Opposition konnte im Jahr 2004 eine Volksabstimmung über seine Absetzung durchsetzen, doch Chávez behauptete sich im Amt. Am 8. August 2004 fand in Caracas eine Großdemonstration seiner Anhänger statt, bei der er eine seiner vielen Reden hielt, die hier in Auszügen wiedergegeben wird.

[...] Ich würde sogar sagen, ja, ich wage es zu sagen, dass dieses ¡Uh. Ah! *Chávez no se va* [Uh. Ah! Chávez bleibt da] ein Schlachtruf ist, der heute auf der südlichen Hemisphäre, in Lateinamerika, in der Karibik, in Asien, in Afrika ertönt, wo immer es einen Mann gibt, wo immer es eine Frau gibt, die für ihre Befreiung kämpfen. Dort sind wir und sagen NEIN zum Imperialismus, NEIN zur Ausbeutung des Menschen, NEIN zur Ungleichheit, NEIN zur Ungerechtigkeit, NEIN zum Krieg. Daher ist dieses NEIN ein rundes NEIN wie die Welt, dieses NEIN geht um die Welt, es ist wie die Welt, dieses NEIN geht um die Welt, es ist wie die Welt, und darüber hinaus hat es eine ungeheure Kraft in der südlichen Welt. Hier gibt es einen Kampf, der für nichts Persönliches steht. Diese Buchstaben, das C, das H, das A, das V, das E und das Z sind sechs Buchstaben, wobei vorher das CH ein einziger war, das bin nicht mehr ich, ich bin ein Mensch wie jeder von Euch, ich bin nicht außergewöhnlicher als jeder von Euch hier, ich halte mich überhaupt nicht für mehr als sonst jemand, ich bin nur ein Mann dieses Volkes, ein Soldat dieses Volkes, sonst nichts, ich habe keinen anderen Anspruch als der zu sein, der ich bin und meinem Land nützlich zu sein. Aber dieses »Chávez no se va« ist ein Konzept, es ist kein Mensch, und das kapieren viele von der Opposition nicht, und das kapieren ihre Herren aus dem Norden nicht, dass es sich nicht um Hugo Chávez handelt, dass es nicht um einen Menschen als Individuum geht. Es ist kein persönlicher Kampf zwischen Chávez und irgendeinem Führer der politischen venezolanischen Opposition, nein, es ist auch nichts Persönliches zwischen dem Individuum Chávez und dem Eigentümer oder Manager, dem Herrn der sogenannten *Coordinadora Democrática* [Verbund von venezolanischen Oppositionsparteien], nein, es ist auch keine persönliche Geschichte.

Das hier ist ein Kampf zwischen zwei Lebensentwürfen, das ist ein Kampf zwischen zwei Menschheitsentwürfen, das ist ein Kampf zwischen zwei wetteifernden Wegen, und deshalb habe ich Euch Landsleuten gesagt, dass dieses »NEIN« und dieses »¡Uh. Ah! *Chávez no se va*« mindestens 500 Jahre Kampf beinhalten und überall auf der Welt gegenwärtig sind. Hier in Venezuela steht diese wilde Vision, die einige privilegierte Minderheiten haben, die die Welt beherrschen wollen, hier auf dieser Straße und in diesem Vaterland steht diese wilde Vision derjenigen Weltmächte, die alle kleinen und unterentwickelten Länder zu Kolonien eines neuen, sich jetzt und im 21. Jahrhundert ausbreitenden Imperialismus machen wollen, dieses defätistische, imperialistische Konzept, das Konzept, dem Geld den größten Wert beizumessen und den Menschen auf den letzten Platz zu lassen, dieses neoliberale Konzept, das nicht neoliberal, sondern sehr alt ist, dieses Konzept der Beherrschung, der Ausbeutung und des mangelnden Respekts vor dem Menschen, dieses Konzept, das bestrebt ist, wieder in Venezuela Fuß zu fassen, steht unserem uralten Konzept gegenüber, welches schon Christus der Erlöser verfocht, als er in Bethlehem geboren wurde, als er sich aufmachte, in Galiläa Gleichheit und soziale Gerechtigkeit zu verkünden und dem Römischen Reich die Stirn zu bieten, und das war es ihm wert, gequält und gedemütigt am Kreuz zu sterben, aber mit so viel Größe, dass er zum Vater sagte: »Vergib ihnen Herr, denn sie wissen nicht, was sie tun.«

Ich rufe heute den Kampf des echten und einzigen Christus aus, des Befreiers der Völker, der Menschen und der Lebewesen dieses Planeten und der Welt. Das ist das NEIN, das NEIN Christi gegen den Imperialismus, das NEIN Christi gegen die, die danach streben, die Armen zu quälen, das NEIN Christi, als er sagte: »Es ist einfacher, dass ein Kamel durch ein Nadelöhr geht, als dass ein Reicher ins Himmelreich gelangt, gesegnet seien die Armen, denn ihnen sei das Himmelreich.« Es ist das NEIN Christi, als er sagte: »Lass die Toten die Toten begraben und folge mir in das Leben der Befreiung des Menschen.«

Das ist ein sehr altes NEIN, Tausende von Jahren alt, nur ist es hier wiedergeboren worden und erneuert zum Volk und zu einer Flut von Menschen geworden. Es ist das NEIN von Guaicaipuro, jenem großen Kaziken, als er genau in diesen Tälern und Bergen NEIN zum Spanischen Imperium sagte, es ist dasselbe NEIN von Guaicaipuro, Mara, Chacao und Paramaconi, es ist dasselbe NEIN von Túpac Amaru, dasselbe NEIN von Quetzaltcoalt, es ist dasselbe NEIN von Tucumán, dasselbe NEIN unserer ältesten Großväter, der Ureinwohner dieses Kontinents, die NEIN zum imperialistischen Stiefel sagten und in diesen Bergen gestorben sind, als sie ihre Würde verteidigten.

Dieses NEIN ist sehr alt, dieses Rot versammelt die Seele der jahrhundertelang unterdrückten Völker, es ist das NEIN des Blutes Christi am Kreuz, das NEIN symbolisierende Rot. Dieses NEIN ist dasselbe NEIN von Francisco de Miranda, als er in diesen venezolanischen Gewässern vor 198 Jahren ankam und die Trikolore hisste, dieselbe, die Ihr heute schwenkt und die die Völker von Venezuela, Kolumbien und Ecuador verehren und als Symbol der Souveränität hochhalten. Es ist dasselbe NEIN des Generalissimus, als er sagte: Venezuela ist im Herzen verwundet. Es ist dasselbe NEIN von Simón Bolívar, als er NEIN zum materiellen Reichtum sagte. Er gab seinen ganzen materiellen Reichtum ab und starb schließlich in Santa Marta ohne ein Hemd, das man über seine Leiche hätte legen können. Es ist dasselbe NEIN derer, die Simón Bolívar gefolgt sind, die José Antonio Páez, Antonio José de Sucre, José de San Martín, José Gervasio Artigas und vielen Führern gefolgt sind, es ist dasselbe NEIN des lateinamerikanischen Volkes, das NEIN zum Imperialismus und zur Sklaverei sagte, es ist dasselbe NEIN von José Leonardo Chirino, es ist das NEIN von Luisa Cáceres de Arismendi, es ist das NEIN von Manuel Carlos Piar, es ist das NEIN von Carabobo, es ist das NEIN von Ayacucho, es ist das NEIN von Santa Marta.

Das ist das NEIN, das Bolívar der Oligarchie von Caracas gab, hört gut hin, weil es dasselbe NEIN ist, als Bolívar nach Caracas zurückkehrte. Und die Oligarchie von Caracas bot Bolívar eine Krone an, damit er sich zum König kröne, aber Bolívar sagte: Ich bin nicht Napoleon und will es auch nicht sein, der Titel eines Bürgers und Befreiers ist für mich der wertvollste von allen Titeln der Menschheit. Wenn Bolívar die Krone angenommen hätte und ja gesagt hätte, nennt mich König, hätten sie ihn König genannt und ihm applaudiert, aber Bolívar hätte das würdige Dasein des Befreiers seines Volkes verloren und wäre anders, nämlich als König geendet. Er zog es vor, wie der gekreuzigte Jesus in Santa Marta zu enden, als er quasi dessen Worte wiederholte: Ich habe das Meer durchpflügt, meine Feinde haben mich an die Türen des Grabes gebracht, ich vergebe ihnen, beim Verschwinden aus eurer Mitte hat mein Herz mir gesagt, dass ich meine letzten Wünsche zum Ausdruck bringen muss. Bolívar sagte NEIN zur Oligarchie und bevorzugte den Tod wie Christus. Das ist das NEIN, das wir heute anstimmen, um NEIN zur venezolanischen Oligarchie, NEIN zum Imperialismus zu sagen.

Da seht ihr, wie tiefsinnig unser NEIN ist, es ist das NEIN von Emiliano Zapata, es ist das NEIN von Pancho Villa, es ist das NEIN von Sandino, es ist das NEIN von Pedro Pérez Delgado und Emilio Arévalo Cedeño, die seit dem Beginn des 20. Jahrhunderts gegen den Imperialismus kämpften, angefangen bei Pancho Villa bis Pérez Delgado. In Venezuela kämpften sie gegen die Pranke des Imperialismus, der sich schon wieder unserem Land aufzwängt. Was für ein schönes Lied von Eladio Tarife, das mein Bruder Adelis mir gemacht hat, gibt es seit einigen Tagen, »Sueño latino« [»lateinamerikanischer Traum«] heißt es. Lassen wir dieses Lied überall erschallen: »Ich bin von dem Land, wo Bolívar geboren wurde / dasselbe von San Martín, Zapata und Pancho Villa«. [...]

Aus: Discurso del Presidente de la República Bolivariana de Venezuela, Hugo Chávez Frías, con motivo de la marcha por la victoria, Avenida Bolívar, Caracas, 8 de agosto de 2004, in: Hugo Chávez Frías: *2004. »Año de la Gran Victoria Popular y Revolucionaria«. Selección de discursos del Presidente de la República Bolivariana de Venezuela*. Band 6: Gobierno Bolivariano año 6, Caracas: Ediciones de la Presidencia de la República 2005, S. 451–454.

B. Soziale Herausforderungen

Die neue Globalisierung hat seit 1989/90 eine Vielzahl sozialer Problemlagen geschaffen, die zwar oft tiefe historische Wurzeln haben, sich aber in neuer Gestalt präsentieren. So haben in den letzten Jahren Migrationsprozesse, die eine Konstante der lateinamerikanischen Geschichte darstellen und auch als prägendes Charakteristikum der neuen Globalisierung gelten, eine neue Ausrichtung erfahren. Waren es in den 1970er und 1980er Jahren die Diktaturflüchtlinge, so spielen diese heute mit Ausnahme des kubanischen Falls kaum noch eine Rolle. Kuba ist jedoch ein gutes Fallbeispiel, weil die Migration von dort die Hauptrichtung, nämlich die nach den Vereinigten Staaten, anzeigt. Doch auch in den anderen Ländern schließt sich eine ständig wachsende Zahl von Lateinamerikanern, darunter viele Frauen, in der Regel aus wirtschaftlichen Gründen den Migrationsströmen an, die in die reichen Länder des Nordens, vor allem nach den USA und in geringerem Maß auch nach Kanada und Europa fließen. Lateinamerika ist heute die Weltregion mit der höchsten Netto-Auswanderungsrate. Doch auch innerhalb Lateinamerikas haben sich in diesem Zeitraum Migrationsprozesse in Richtung auf wirtschaftlich – allerdings nur vorübergehend – boomende Länder herauskristallisiert.

Die Wanderungsbewegungen haben vielfältige Transfers nach sich gezogen und gesellschaftliche Transformationen ausgelöst. Insbesondere die Grenzregion zwischen den USA und Mexiko, die wie kaum eine andere in den Amerikas durch den Transit von Menschen geprägt wird, gilt heute als Modell einer mit vielen Problemen beladenen Kontaktzone zwischen Nord und Süd. Die Migrationen verändern die Zielregionen. So hat sich der Anteil der aus Lateinamerika stammenden Bevölkerung in den Vereinigten Staaten beständig erhöht. Lateinamerikaner und darunter vor allem Mexikaner stellen die größte Einwanderergruppe in den USA und bilden Netzwerke, die mittlerweile sogar schon eigene Parteien gründen. Die »Lateinamerikanisierung« der Vereinigten Staaten wird heute breit diskutiert. Umgekehrt beeinflussen die Migrationsprozesse die Herkunftsregionen erheblich. Denn stärker als in früheren Zeiten halten die neuen Migranten die Beziehungen zur alten Heimat aufrecht oder bewegen sich saisonal zwischen den Räumen. Mit ihren Rücküberweisungen leisten sie mittlerweile einen erheblichen Beitrag zum Bruttoinlandsprodukt insbesondere der kleinen Länder Zentralamerikas und der Karibik. Durch die Migrationen verändern sich auch Lebensstile und Grundwerte. In diesem Zusammenhang fällt insbesondere der Aufstieg evangelikaler Glaubensgemeinschaften US-amerikanischer Prägung auf Kosten der katholischen Kirche auf. An den Migrationen werden die Widersprüche der Globalisierung deutlich. Denn die allgemeine Liberalisierung der Warenmärkte spiegelt sich auf den Arbeitsmärkten nicht wider. Im Gegenteil: Die Aufnahmeländer schotten sich dagegen ab, was viele Migranten in die Illegalität abdrängt und die Migration zu einem gefährlichen, ja lebensbedrohlichen Unterfangen werden lässt.

Unsicherheit und Gewalt prägen jedoch nicht nur das Leben der Migranten, sie sind zentrale Faktoren im Alltag der nach wie vor großen Mehrheit der nicht-privilegierten Bevölkerung Lateinamerikas. Die zwei Dekaden seit den politischen Umbrüchen haben nicht den erhofften sozialen Wandel nach sich gezogen. Die Erfahrungen in diesem Zeitraum haben gezeigt, dass in gesellschaftlicher Hinsicht keine revolutionären Systembrüche in Lateinamerika stattgefunden haben. Die soziale Ungleichheit ist seit 1989/90 vielerorts noch gewachsen. Im weltweiten Vergleich der Gini-Koeffizienten, der als Gradmesser für die Verteilung des Reichtums herangezogen wird, belegen lateinamerikanische Staaten die hintersten Plätze. Ökonomisch relativ starke Staaten wie Argentinien, Mexiko, Chile und vor allem Brasilien bilden Schlusslichter. Strukturelle Probleme wie etwa die ungerechte Landverteilung bestehen in Ländern wie diesen weiter fort. Der informelle Sektor ist weiter gewachsen, und die Deregulierung schafft skandalöse Arbeitsverhältnisse, die an längst überwunden geglaubte Formen der Sklaverei erinnern. Müllsammler gehen ihrem Gewerbe nach zwischen den Inseln des Reichtums in Einkaufszentren und abgeschlossenen Wohngebieten, die eine privatisierte Sicherheit bieten. Haiti, dessen Unabhängigkeitsrevolution zu Beginn des 19. Jahrhunderts Signalcharakter trug, zählt heute zu den ärmsten Ländern der Welt. Das Elend wird hier wie in vielen Ländern Lateinamerikas durch Naturkatastrophen verstärkt, die auch aus dem Raubbau an der Umwelt resultieren. Armut und die sich verstärkenden Unterschiede zwischen Arm und Reich sind somit zentrale Probleme für den Subkontinent geblieben.

Die zunehmende Gewalt schlägt sich auf unterschiedlichen Ebenen nieder und äußert sich zunehmend diffuser. Ein allgemeiner Trend ist die deutliche Verschiebung von der politischen Gewalt der 1970er und 1980er Jahre auf die soziale Gewalt, die nicht zuletzt auf die negativen sozialen Folgen der neoliberalen Reformpolitik zurückzuführen ist. Die Erbschaft der Militärdiktaturen und Bürgerkriege wirkt in vielen betroffenen Ländern nach. Insbesondere Kolumbien, das Land der sprichwörtlichen »Violencia«, kann in dieser Hinsicht als Muster gelten. Dort wie auch andernorts haben die Guerilleros ihre politischen Ziele längst aufgegeben und betätigen sich erfolgreich als Banden von Räubern und Entführern, die vom Drogenhandel profitieren. Die Drogenkriminalität hat in vielen lateinamerikanischen Ländern neue Dimensionen erreicht und rechtsfreie Räume geschaffen, die nicht an nationalen Grenzen haltmachen. Insbesondere die organisierte Kriminalität stellt eine schwere Bedrohung dar. In Zentralamerika z. B. beteiligen sich daran gewalttätige Jugendbanden, die die schwachen Staaten der Region vor enorme Probleme stellen. So ist Sicherheit mehr denn je zum knappen Gut geworden und stellt die Regierbarkeit vieler lateinamerikanischer Staaten in Frage.

Weltweit hat die neue Globalisierung eine Rückbesinnung auf das Lokale, eine Revitalisierung traditioneller Identitäten ausgelöst, so dass auch von »Glokalisierung« die Rede ist. Der Aufstieg der neuen indigenen Bewegungen ist der Ausdruck dieser Tendenzen in Lateinamerika. Diese Bewegungen zeigen zum einen die gewachsene Bedeutung der Zivilgesellschaft im Gefolge der Konsolidierung der jungen Demokratien nach dem Ende der Diktaturen, die eine Pluralisierung der sozialen Akteure ermöglich hat. Zum anderen sind sie das Sinnbild für eines der ältesten ungelösten Probleme Lateinamerikas. Die Entstehung der indigenen Bewegungen ist einerseits – wie der Aufstand der Neozapatisten 1994 als Antwort auf den NAFTA-Beitritt Mexikos besonders deutlich machte – eine Reaktion auf die negativen Begleiterscheinungen der neuen Globalisierung. Andererseits hat diese besonders günstige Voraussetzungen für ihren Erfolg geschaffen. So profitierten die indigenen Bewegungen Lateinamerikas vom globalen Medieninteresse rund um das 500-jährige Jubiläum der Entdeckung und Eroberung Amerikas. Damit traten ihre Forderungen nach Land und nach Anerkennung ihrer kulturellen Autonomie in den Mittelpunkt der Weltöffentlichkeit, so dass die noch immer von den weißen Oberschichten geführten Regierungen reagieren mussten. Der seitdem erzielte Wandel spiegelt sich in Verfassungsreformen wider, die die Rechte der indigenen Minderheiten garantieren und ihre soziale Lage verbessern sollen. In Bolivien ist mit Evo Morales ein indigener Politiker an die Macht gekommen, der wie kaum ein anderer in Lateinamerika diesen Wandel verkörpert. Allerdings zeigen gerade die jüngsten Probleme Boliviens, die das Land an den Rand des Staatszerfalls brachten, dass diese Entwicklung nach wie vor höchst umkämpft ist. Die hohen Erwartungen der indigenen Bewegungen haben sich bis heute nicht vollständig erfüllt. Ihre politische Partizipation ist nach wie vor zu schwach. Insbesondere hat sich die abwertende Grundhaltung gegenüber den Indigenen in weiten Teilen der lateinamerikanischen Bevölkerung noch nicht genug gewandelt, um die seit mehr als 500 Jahren bestehende Ungerechtigkeit grundlegend zu verändern.

1. Migration und gesellschaftliche Transformation

Q 171 Der Konflikt um die Migration aus Kuba I: Fidel Castro über den »Fall Elián« (1999)

Der fünfjährige Elián González geriet 1999 nach seiner Flucht aus Kuba in die USA, bei der seine Mutter umkam, zwischen die Fronten der Exil-Kubaner in Miami und der kubanischen

Regierung und wurde von beiden Seiten öffentlich für politische Interessen instrumentalisiert.
Der Fall zeigt die widrigen Umstände der Migration in die USA und spiegelt auch die Sonder-
rolle der kubanischen Migration und des politischen Einflusses der Kubaner und »Cuban
Americans« in den USA sowie die anhaltenden Spannungen zwischen den Exil-Kubanern und
der Regierung ihres Heimatlandes wider. Der damalige Regierungschef und Staatspräsident
*Kubas, Fidel Castro Ruz (*1926), äußerte sich in seiner Ansprache vom 23. Dezember 1999*
zum sogenannten »Fall Elián González«.

Liebe Pioniere
   [...] Ihr wisst, dass ein Kind wie Ihr – noch kleiner als Ihr, denn es ist gerade sechs Jahre alt
geworden [...] – dort in den Vereinigten Staaten entführt worden ist. [...S]tellt Euch für eine
Sekunde vor, dass man irgendjemanden von Euch mitnimmt und dass ihm ein Unglück passiert, eine Tragödie wie die, die dieser Junge erlitt, der seine Mutter verlor als Folge der Feind-
seligkeit jener Nation, der Regierung dieses mächtigen Landes, das zu den illegalen Reisen
Anreiz gibt, und zwar ohne sich darum zu kümmern, ob dabei Kinder, Mütter oder Frauen
sterben.
   Unser Land setzt denjenigen Familien, die emigrieren wollen, keine Grenzen. Sie [die USA]
stellen jedes Jahr eine bestimmte Anzahl von Visa aus, denn es gibt immer Menschen, die davon träumen, in ein anderes Land umzusiedeln, und da [die USA] ein Land sind, das die Welt
ausgeplündert hat, plündern sie weiterhin die Welt aus, beuten die Welt aus, besitzen große
Reichtümer, und es kann dort viele arme Menschen geben, die für sie arbeiten, Millionen
Mexikaner, Haitianer, Dominikaner und aus vielen anderen Nationen, die die härtesten Arbeiten verrichten. Wenn es darum geht, Zuckerrohr zu schneiden, Tomaten oder Früchte zu ernten, benutzen sie Immigranten dieser Länder, damit sie die körperlich schwierigsten und op-
ferreichsten Arbeiten ausführen.
   [...] Unser Land trägt auch nicht die Schuld daran, dass es Leute gibt, die illegal ausreisen,
und es ist gefährlich, illegal auszureisen. Warum reisen sie illegal aus? Ah, weil sie in der Interessenvertretung kein Visum erhalten [...]. Sie gewähren eine begrenzte Anzahl von Visa, und
wenn andere, die die Erlaubnis nicht erhalten haben, auf illegalem Weg ausreisen wollen,
dann tun sie dies, und die Vereinigten Staaten legen ihnen kein Hindernis in den Weg.
   Es gibt viele, die auf legalem Wege kein Visum erhalten, weil sie kein hohes Bildungsniveau
haben, weil sie keine beruflichen Kenntnisse vorweisen oder weil viele Leute, die nicht gerne
arbeiten, die nicht gewohnt sind, dies zu tun, oder die asoziale Elemente sind – viele davon
sind vorbestraft –, daraufhin auf illegalen Wegen ausreisen, ohne irgendein Visum, und in den
Vereinigten Staaten willkommen geheißen werden. Man wendet ein Gesetz auf sie an, [...] das
denen, die illegal eingereist sind, eine Aufenthaltsgenehmigung zubilligt, und sobald sie
ankommen, erhalten sie sogar sofort die Arbeitserlaubnis, wenn eine Beschäftigung in Aussicht steht. Und dies, obwohl wir ein Abkommen unterzeichnet haben, durch das jährlich
20.000 Visa ausgestellt werden, damit die Familien, die emigrieren wollen, dies legal, sicher
und ohne irgendeine Gefahr tun können, was das Ziel dieser Vereinbarungen darstellt. Was
machen aber nun diejenigen, die von der jährlichen Quote ausgeschlossen sind, weil sie nicht
die erforderlichen Bedingungen erfüllen, oder diejenigen, die nicht warten wollen? Sie stehlen
ein Boot oder bauen eines, oder sie steigen in Schnellboote ein, die aus den Vereinigten Staaten
kommen, zum Preis von Tausenden von Dollar, die von dort lebenden Familienangehörigen
bezahlt werden. Auf diese Weise versuchen sie, in die Vereinigten Staaten zu gelangen. In ein
Boot, in das sechs Personen hineinpassen, steigen fünfzehn. Oftmals erleiden die Boote auf
dem Weg Schiffbruch, und sie ertrinken.
   [...] Wir haben darauf gedrängt, dass nicht zu den illegalen Ausreisen angespornt wird.
Dieses Gesetz, von dem ich Euch erzählt habe, gilt nur für Kuba und nicht für irgendein anderes Land auf der Welt. Das dient dazu, Propaganda zu machen und Lügen zu verbreiten, und
so sind viele Leute das Risiko eingegangen oder haben ihr Leben verloren. [...]
   In diesem Fall, dessen Geschichte nicht vollständig bekannt ist, wurde das Boot, in dem sie
den kleinen Elián auf eine abenteuerliche Reise mitnahmen, von einem Kriminellen vorberei-

tet [...]. Das Boot fährt am 22. November morgens ab und wird von einem Patrouillenboot entdeckt. Dessen Besatzung versucht sie davon zu überzeugen, eine solche Reise nicht zu unternehmen. So wird immer in solchen Fällen verfahren. Man wendet keine Gewalt an, um ein Boot zu stoppen, denn durch die Anwendung von Gewalt kann es zu einem Unfall kommen, und dort auf dem Boot sind Frauen und Kinder. [...]

Selbstverständlich handelte es sich nicht nur um eine illegale Ausreise, die von einem gemeinen Kriminellen organisiert wurde, der niemals in seinem Leben gearbeitet hatte, sondern es war außerdem eine Operation des Menschenschmuggels, die gemäß den internationalen Gesetzen, einschließlich derer der Vereinigten Staaten, unter Strafe steht. [...]

Sie geben diesem Vater also seinen Sohn nicht zurück, sondern übergeben ihn einem entfernten Verwandten, der den Jungen nur ein einziges Mal gesehen hat. Daraufhin bemächtigt sich die ganze Bande der dort lebenden Feinde Kubas des Kindes, die schlimmsten Banditen dieses Landes, der Autor jenes Torricelli-Gesetzes, mit dem versucht wird, alle Kubaner, einschließlich der Kinder, durch Verhungern zu töten, sowie die Unterstützer, Urheber und kompromisslosen Verteidiger der grausamen Blockade, die unser Volk zu so vielen Opfern zwingt. [...]

Im Fall von Elián besteht nicht nur eine Ungerechtigkeit, sondern es gibt wenigstens drei schwerwiegende Tatbestände: Die Reise war illegal, es war eine Operation des Menschenschmuggels und sie wurde organisiert von einem Kriminellen, der niemals in seinem Leben gearbeitet hat und die Schuld dafür trug, dass elf Personen starben, darunter Kinder, wodurch die Tragödie dieses Jungen, der noch nicht das sechste Lebensjahr erreicht hatte, und der Verlust seiner Mutter verursacht wurde. [...]

Überarbeitet nach: Ansprache des Präsidenten des Staatsrates der Republik Kuba, Fidel Castro Ruz, vor einer Gruppe von Kindern, die aus Anlass der Demonstration für die Forderung nach Rückgabe des Kindes Elián González die Interessenvertretung der Vereinigten Staaten in Havanna beschützten, gehalten in der Gesellschaftseinrichtung »José Antonio Echevarría« am 23. Dezember 1999, »Jahr des 40. Jahrestages des Sieges der Revolution«, bereichert mit einigen vom Autor selbst hinzugefügten Details, in: Homepage der Kubanischen Regierung, http://www.cuba.cu/gobierno/discursos/1999/ale/f231299a.html, aufgerufen am 13. Februar 2009.

Q 172 Der Konflikt um die Migration aus Kuba II: Vargas Llosa über den »Fall Elián« (2000)

Der peruanische Schriftsteller und Politiker Mario Vargas Llosa (*1936) kritisierte die Position Fidel Castros zum »Fall Elián González« in einem Essay vom 26. April 2000.

Eliáns Leben und Elend

Aus dem tieftraurigen Abenteuer, das der kubanische Junge Elián González erlebt, seitdem er mitten im Karibischen Meer sich selbst überlassen und den Haien preisgegeben war und unter außergewöhnlichen Umständen von einem Fischer gerettet wurde, der ihn nach Miami brachte, ging Fidel Castro als großer Sieger hervor. Sogar wir, die Castro für einen der blutrünstigsten und widerwärtigsten Diktatoren halten, die die autoritäre Fauna Lateinamerikas hervorgebracht hat, müssen den Hut ziehen: Im zweiundvierzigsten Jahr seiner absoluten Herrschaft über die unglückliche Insel Kuba hat es der dienstälteste Tyrann der westlichen Hemisphäre fertig gebracht, indem er den Fall Elián mit kaltherzigem Scharfblick und Schauder erregendem Zynismus manipulierte, dass während vieler Monate niemand von der Satrapenherrschaft spricht, der er sein Land unterworfen hat, und auch nicht von der katastrophalen wirtschaftlichen Lage, unter der das kubanische Volk leidet, sondern nur von dem Märtyrerkind und der juristischen und politischen Auseinandersetzung um sein Schicksal. Damit kann er die kubanische Exilgemeinde diskreditieren und sie vor der internationalen Öffentlichkeit als intolerant, extremistisch und Gegnerin der Rechtsstaatlichkeit hinstellen, und er schafft es, Justiz und Regierung der Vereinigten Staaten so sehr in die Enge zu treiben, dass sie ihm scheinbar recht geben und sich seinen Absichten entsprechend verhalten. [...]

Gegenwärtig erübrigt es sich wohl, daran zu erinnern, dass die Hauptperson dieser Geschichte ein wenige Jahre altes Kind ist, dessen Eltern geschieden sind und das eine der schrecklichsten Erfahrungen gemacht hat, die man sich vorstellen kann – die Flucht aus Kuba unter höchst prekären Umständen, den Schiffbruch, den Tod seiner Mutter und fast aller übrigen Flüchtlinge, die langen Stunden, in denen es sich an einem Autoreifen festklammerte und auf dem hohen Meer trieb. [...V]on Anfang an sahen zunächst Fidel Castro und dann die Exilgemeinde von Miami in dem Kind ein Instrument, das sich im politischen Kampf benutzen ließ, um dem Feind gegenüber einen Punktvorteil zu erzielen. [...]

Vor nicht einmal sieben Jahren, 1993, befahl der kubanische Diktator, ohne dass ihn der geringste moralische Skrupel quälte, den Schlepper *Trece de marzo* zu versenken. Auf diesem Schiff wollte eine große Zahl unbewaffneter Kubaner von der Insel fliehen, und zu den Todesopfern gehörte ein Dutzend Kinder, von denen einige erst ein paar Monate alt waren. [...] Es darf also angezweifelt werden, dass die gewaltige Kampagne, die Fidel Castro vor einigen Monaten zum »Schutz« von Elián González organisiert hat, sich von altruistischen, dem väterlichen Sorgerecht wohlgesonnenen Gefühlen leiten lässt. Tatsächlich war sie ein psychologisches Ablenkungsmanöver an der innenpolitischen Front und eine hinterhältige Provokation der Exilgemeinde in Miami, um sie zu Stellungnahmen zu verleiten, die ihrem Image schadeten und scheinbar ihr extremistisches und borniertes Wesen bestätigen, das ihr die castristische Propaganda zuschrieb. Mit beiden Strategien hat der Diktator auf der ganzen Linie gesiegt. [...]

Ich kann das grässliche Gefühl der Ohnmacht und Wut sehr gut verstehen, das diese Kubaner manchmal heimsuchen muss, die im Exil erleben, dass die Jahre vergehen und dass ihre Bemühungen, die das Land peinigende Tyrannei zu unterminieren und zu beseitigen, erfolglos bleiben, dass sich der verhängnisvolle Zwergtyrann unangefochten und selbstherrlich an der Macht hält, ohne seine Repressionen einzuschränken oder auch nur die geringsten Zugeständnisse bei den bürgerlichen Freiheiten oder den Menschenrechten zu machen, sie hingegen mit dem schrecklichen Gefühl der Niederlage immer älter werden oder sogar sterben. [...]

Welches Schicksal erwartet Elián, wenn er nach Kuba zurück muss? [...V]ielleicht schließt er sich dem stummen und zunehmenden Widerstand an [...]. Das kann ihn [...] dazu bewegen, auf ein behelfsmäßig zusammengezimmertes Floß zu steigen und sich wieder einmal ins Meer zu stürzen, wie es Jahre zuvor seine Mutter mit ihm im Arm getan hatte, bereit, alles auf sich zu nehmen – zu ertrinken oder von den Haien gefressen zu werden –, wenn er sich nur aus jenem unterjochten Vaterland retten kann, in das ihn die Richter, Regierenden und Soldaten der mächtigsten Demokratie der Welt unter strenger Beachtung des Gesetzes zurückgeschickt haben.

Madrid, den 26. April 2000

Aus: Mario Vargas Llosa: Vida y miserias de Elián, in: *El País* 1458, Madrid (30. April 2000), S. 15. Zit. nach: Mario Vargas Llosa: Eliáns glanzvolles und elendes Leben, Übers. Ulrich Kunzmann, in: Ders.: *Die Sprache der Leidenschaft*, Frankfurt a.M.: Suhrkamp 2002, S. 283–290 (© Suhrkamp Verlag).

Q 173   Transnationale Migration zwischen Mittelamerika und den USA (2007)

Die durch moderne Kommunikations- und Verkehrsmittel stark intensivierten und langfristig verstetigten Kontakte zwischen Migranten und ihren Herkunftsgemeinschaften haben zur Herausbildung »transnationaler sozialer Räume« geführt, die nationale Grenzen überspannen und Herkunfts- wie Empfängergesellschaften nachhaltig verändern. Permanente Grenzüberschreitungen und die mit ihnen verbundenen Rücktransfers prägen vor allem die Länder südlich der USA. Insbesondere in Mexiko, aber auch in den Gesellschaften Zentralamerikas und der Karibik spielen die Beziehungen zu den Landsleuten in den USA in öffentlichen Diskussionen über Entwicklungsstrategien und Armutsbekämpfung daher eine zentrale Rolle. Die Pflege der Kontakte zu den Mexikanern in den USA nimmt verstärkt institutionelle Formen an, wie der folgende, am 23. Februar 2007 bei einer Tagung in Ciudad Acuña gehaltene Vortrag von Fernando Robledo Martínez, dem Leiter des »Bundesstaatlichen Instituts für Migration« (»Instituto Estatal de Migración«), am Beispiel des mexikanischen Bundesstaates Zacatecas zeigt.

[...] Die CONOFAM (*Coordinación Nacional de Oficinas Estatales de Atención a Migrantes*, Nationale Koordination der bundesstaatlichen Agenturen für die Betreuung von Migranten) entstand durch die systematische und aufeinander abgestimmte landesweite Zusammenlegung der Agenturen für die Betreuung von Migranten fast aller Bundesstaaten, von denen Migrationsströme in unser nördliches Nachbarland ausgehen. Im Jahr 1999 begannen die bundesstaatlichen Agenturen zur Betreuung von Migranten, mit dem Enthusiasmus vereinter Kräfte gemeinsame Initiativen für die umfassende Betreuung unserer Landsleute durchzuführen. Am 8. März 2000 unterzeichneten die Staaten Hidalgo, Jalisco, Michoacán, Oaxaca, Puebla, San Luis Potosí und Sonora die Erklärung von Puebla, in der sie ihr Interesse an der Bildung der CONOFAM bekundeten.

Das Beispiel Zacatecas ist stets von zentraler Bedeutung für die Bundesstaaten, und viele haben sich von dort Beratung eingeholt, um den Problemen zu begegnen, unter denen unsere Landsleute und ihre Familien in Mexiko leiden. [...]

Fernando Robledo Martínez M.Sc. erklärte, dass es Teil der Region des Landes mit einer Migrationstradition sei, zu der auch Guanajuato, Michoacán und Jalisco gehörten. Dieses Gebiet weist die größten dauerhaften Migrationsströme in die USA auf, weshalb sie richtigerweise die historische Region der mexikanischen Migration in die USA genannt wird. Diese über 120 Jahre alte Tradition hat sich demografisch, gesellschaftlich, wirtschaftlich, politisch und kulturell niedergeschlagen und betrifft jede Familie und somit auch die Herkunftsgemeinden.

Auswirkungen der Migration aus Zacatecas in die USA

Der Bundesstaat weist eine der höchsten Auswanderungsraten des Landes auf.

– Etwa 1,4 Millionen Zacatecaner und deren Nachkommen nehmen am Migrationsprozess teil.

– Laut den Ergebnissen der Volkszählung von 2000 emigrieren jährlich 27.000 Zacatecaner, davon 16.000 in die USA.

– Die Rücktransfers, die die Arbeiter leisten (500 Millionen Dollar jährlich), haben sich zu einem entscheidenden Faktor in der lokalen und regionalen Wirtschaft entwickelt.

– Ungefähr 100.000 Zacatecaner kehren jährlich nach Zacatecas zurück.

– Die sozialen Investitionen der Migranten haben durch Kooperationsprogramme mit der Regierung maßgeblich zur Entwicklung der Gemeinden im Bereich der Infrastruktur beigetragen [...].

– Die Migranten haben produktive Investitionen in Zacatecas getätigt.

– Der Saldo der Migration hat starke soziale Auswirkungen auf die zacatecanischen Familien.

– Veränderungen in den Migrationsmustern haben zu einem höheren Anteil von Frauen an den Migrationsströmen (39 %) geführt, was eine langsame Transformation traditioneller Normen und Verhaltensweisen in den Herkunftsgemeinden bewirkt.

– Diese sind nicht nur treibende Kräfte in der Entwicklung der Gemeinden geworden, sondern auch wichtige politische Akteure ihrer Gemeinden und des Staates.

– Seit jeher war die Verletzung von Menschen- und Arbeitsrechten eine sehr bedeutsame Begleiterscheinung der Migration.

– Trennung von Familien, die schwere Auswirkungen auf die Familie haben.

– Verlust von Humankapital für die Gemeinden und Regionen. [...]

Das Bundesstaatliche Institut für Migration

Das Institut hat die Aufgabe, die Politik zur Betreuung der Bevölkerung im Ausland mit Herkunft aus Zacatecas zu lenken. Dabei begreifen wir uns als binationale Gemeinschaft, die die Beziehungen zwischen der Regierung des Bundesstaates und den Migrantenorganisationen mit tiefem Respekt und Anerkennung der Pluralität verbessert [...] und sich für die Würde und die Grundrechte der Zacatecaner jenseits der Nordgrenze einsetzt.

Im Jahr 2006 haben wir mit der Konsolidierungsphase im Rahmen unseres Institutionalisierungsprozesses begonnen, um die verschiedenen Programme, die im gemeinsamen Interesse der Zacatecaner, die im Ausland in Vereinen und Verbänden organisiert sind, und der Regierung des Bundesstaates sind, zu verstetigen, wie es der bundesstaatliche Entwicklungsplan 2005–2010 vorsieht.

Programme des Bundesstaatlichen Instituts für Migration

1. Das Binationale Programm. Es besteht aus fünf Unterprogrammen, die die Aufrechterhaltung, Förderung und Stärkung der Freundschafts-, Kooperations-, Koordinations- und Organisationsbeziehungen zwischen der Regierung des Bundesstaates und den Zacatecanern im Ausland zum Ziel hat [...].

2. Das Rechtshilfeprogramm. Es hat zum Ziel, die im Ausland ansässigen Migranten aus Zacatecas und ihre Familien über ihre Grundrechte aufzuklären und sie bei deren Wahrung und Verteidigung zu unterstützen und anzuleiten.

Umgesetzte Aktivitäten:

– Unterstützung von Familien aus Zacatecas bei der Rückführung von Leichen.

– Beratung bei den Formalitäten für Unterhaltszahlungen.

– Beratung bei den Formalitäten für Touristenvisa.

– Unterstützung bei der Beantragung von humanitären Visa [bspw. im Krankheitsfall].

– Beratung von ehemaligen Vertragsarbeitern.

– Einwerbung von Spenden.

3. Programm für wirtschaftliche Entwicklung. Es hat zum Ziel, die Entwicklung unseres Staates [...] durch die Förderung wettbewerbsfähiger Unternehmenszweige, produktiver Investitionen, neuer Organisationsformen in Produktion und Vertrieb und der Nachfrage nach Gütern und Dienstleistungen zu stärken.

Ausgewählte Aktivitäten sind:

– Suche nach den besten Mechanismen zur Exportförderung von Produkten aus Zacatecas. [...]

– Unterstützung der Migranten bei der Planung produktiver Investitionen.

Vertretungen der Regierung

Die Regierung von Zacatecas verfügt über drei Repräsentanten in den USA – in Kalifornien, Texas und Illinois –, die die folgenden Funktionen haben:

– Die Organisation von Vereinen und Verbänden.

– Die institutionelle Entwicklung.

– Kooperationsvereinbarungen: Umsetzung der Regierungsprogramme in den Bereichen Bildung, Gesundheit, Wohnraum, Wirtschaft und Tourismus.

– Förderung des Tourismus von Landsleuten und Kongressteilnehmern nach Zacatecas durch Abkommen mit Touristikunternehmen und den Tourismusministerien.

– Produktive Investition der Rücktransfers und Ersparnisse der Migranten in Zacatecas.
– Förderung des Verkaufs und Vertriebs von Produkten aus Zacatecas in den USA.
– Förderung der Gründung von Firmen mit Kapital der Migranten in Zacatecas.
– Etablierung von Beziehungen zu den hispanischen Handelskammern. [...]

Aus: Boletín informativo (Ciudad Acuña, 26. Februar 2007), in: Homepage der Coordinación Nacional de Oficinas Estatales de Atención a Migrantes, http://www.conofam.org.mx/PDF/boletin_260207.pdf, aufgerufen am 13. Februar 2009.

Q 174   Die Ausbreitung der Evangelikalen Kirchen (1984)

Evangelikale Kirchen, die zumeist aus den USA stammen, prägen mittlerweile auch die latein-amerikanische Glaubenslandschaft. Es wird davon ausgegangen, dass rund 10% der Bevölke-rung diesen Glaubensgemeinschaften angehören, die sich durch Bibeltreue und einen emotio-nalen Zugriff auf den Glauben charakterisieren. Gerade Angehörige der unteren Schichten werden oft durch Erweckungserlebnisse »bekehrt«, wie das Beispiel von Raúl Miranda, einem Händler aus Puntarenas in Costa Rica, zeigt, der 1984 im Alter von 28 Jahren in eine Evange-likale Kirche eintrat.

Ich sagte zu meiner Frau: Da gehen wir morgen wieder hin, da sagen sie, dass sie die Kranken heilen. Eines meiner Kinder kam mit chronischem Pilzbefall in den Ohren zur Welt und hat viel gelitten. Ich sagte ihr, morgen nehmen wir den Jungen mit, und vielleicht heilen sie ihn dort. Und tatsächlich trugen wir uns ein bei dieser Kampagne, aber das Herrlichste war, dass der Herr nicht nur meinen Sohn gesund machte, sondern ich empfing den Herrn an jenem Abend. Mir gefiel die Art des Predigers sehr gut, denn nach seiner Botschaft sagte der Predi-ger: »Wer von den hier Versammelten irgendeine Wirkung der Botschaft, die ich vorgetragen habe, in seinem Leben spürt, von dem will ich, dass er die Hand hebt.« Darauf erhoben etwa 200 die Hand, und er sagte: »Sie, die Sie die Hand gehoben haben, es ist gut, Sie können die Hand wieder herunternehmen; ich möchte, dass Sie ein Gebet sprechen.« Und er sprach das Gebet des Sünders und er sagte: »Wenn Sie das Gebet laut sprechen wollen, so können Sie das tun, wenn Sie lieber still für sich beten wollen, beten Sie still, aber wenn Sie etwas gefühlt ha-ben bei meinem Vortrag, denn beten Sie dieses Gebet.« Tatsächlich betete ich dieses Gebet an jenem Abend, und der Prediger sagte: »Sie haben sich nicht mir gegenüber zu etwas verpflich-tet, sondern gegenüber Gott.« Und ich dachte: Dieser Herr hat mich auf den Weg gebracht, denn ich wollte wirklich nicht christlich und auch nicht evangelisch werden. Und ich sagte, er ist einer, der einen auf den Weg bringen kann, denn obwohl man Gott nicht kennt, empfindet man Respekt vor dem Herrn. Ich war Raucher und Trinker, und seit jenem 5. April 1984 bis zum heutigen Tag niemals, nicht ein einziges Mal mehr. Der Herr hat mich rein gemacht.

Aus: Jean-Pierre Bastian/Ulrich Fanger/Ingrid Wehr/Nikolaus Werz (Hgg.): *Religiöser Wandel in Costa Rica. Eine sozialwissenschaftliche Interpretation*, Mainz: Matthias-Grünewald-Ver-lag 2000, S. 243–244.

Q 175   Frauenmorde in Mexiko (2003)

Seit dem Jahr 1993 werden in der Stadt Ciudad Juárez in Nordmexiko regelmäßig junge Frauen entführt und ermordet, die meisten unter Anwendung sexueller Gewalt. Bis heute wurden die Verbrechen nicht aufgeklärt. Ciudad Juárez ist eine der Städte in der Grenzregion zu den USA, deren industrielle Entwicklung der letzten Jahrzehnte zu einem starken Bevölke-

rungswachstum führte. Die arbeitssuchenden Migranten finden Beschäftigung in einer der vielen »maquiladoras«, den Montagebetrieben für Zwischenprodukte und Fertigwaren multinationaler Konzerne, die in der Region äußerst günstige Produktionsbedingungen aufgrund der geringen Lohnkosten, der Steuer- und Zollfreiheit und der geographischen Lage antreffen. Der mexikanische Journalist und Schriftsteller Sergio González Rodríguez (*1950), der seine langjährigen Rechercheergebnisse und Beobachtungen zu den Frauenmorden in seinem Buch »Knochen in der Wüste« (»Huesos en el desierto«) 2002 veröffentlichte, schrieb auch den vorliegenden Artikel vom August 2003, der in der spanischsprachigen Ausgabe der globalisierungskritischen Monatszeitung »Le Monde diplomatique« veröffentlicht wurde.

[...] Der Schauplatz eines der erstaunlichsten Kriminalgeheimnisse, das es je gegeben hat, ist die Stadt Ciudad Juárez im Bundesstaat Chihuahua, die an der Grenze zu den Vereinigten Staaten liegt. Ihre Bevölkerung von 1.300.000 Einwohnern befindet sich in Geiselhaft unbekannter Mörder. Was sich dort abspielt, ist eine Beleidigung der Menschenrechte. Mehr als 300 Frauen wurden seit 1993 entführt, vergewaltigt und ermordet. Der Großteil von ihnen trug ähnliche Kennzeichen: Mindestens 100 von ihnen stammten aus armen Verhältnissen, fast alle waren Arbeiterinnen, alle waren zierlich, dunkelhäutig und hatten lange Haare. Die meisten von ihnen konnten nicht identifiziert werden, alle waren Opfer sexueller Gewalt und wurden ohne Ausnahme erdrosselt.

Einige der Leichen fand man in Vierteln des Stadtzentrums, andere im Brachland der Vororte versteckt, aber es gibt eine gesicherte Angabe: Sie wurden alle an einem anderen Ort ermordet, nachdem sie wochenlang verschleppt worden waren. Die Vorgehensweise der Mörder ist identisch mit der von Serienmördern. Die Tötungen wiederholen sich und gleichen sich, die Grausamkeiten sind dieselben und betreffen nicht nur erwachsene Frauen, sondern auch Jugendliche, darunter auch Mädchen zwischen nur zehn und zwölf Jahren.

Für Frauen hat sich Ciudad Juárez in den gefährlichsten Ort der Welt verwandelt. An keinem anderen Ort, nicht einmal in den Vereinigten Staaten, wo es Serienkiller in Heerscharen gibt, sind Frauen dermaßen bedroht. Im restlichen Mexiko ist unter zehn Mordopfern nur eine Frau. In Ciudad Juárez sind unter zehn ermordeten Personen vier Frauen... Und es sieht nicht so aus, als ob die Verbrechensserie bald abbrechen würde, denn laut den Vereinten Nationen herrscht in Mexiko fast völlige Straffreiheit.

Es gibt nur eine Waffe, um eine derartige Geißel zu bekämpfen: die Erinnerung, das Zeugnis. [...]

Esther Chávez Cano, Leiterin eines Vereins gegen häusliche Gewalt, ist der Meinung, dass die Mordfälle weitergehen würden, da die Inkompetenz der Behörden offensichtlich sei. Dennoch hat die Polizei eine Person namens Jesús Manuel Guardado Márquez alias »El Tolteca« festgenommen, außerdem die Bande »Los Choferes«, die des Mordes angeklagt sind. Diese Festnahmen haben an der Überzeugung von Frau Chávez jedoch nichts geändert: »Das ist ein Köder. Es ändert nichts an der Situation, die Verbrechen werden weitergehen, genauso wie nach der Festnahme der Bande ›Los Rebeldes‹. Damals sagte man uns, dass sie die Mörder seien. Und wir dachten, dass der Albtraum vorbei sei. Aber wie Sie sehen, finden wir weiterhin Leichen von vergewaltigten und gefolterten Frauen...« [...]

Nach Aussage des Kriminologen Oscar Máynez liefen mindestens 60 Mordfälle, die sich zwischen 1993 und 1999 ereigneten, »nach demselben Muster« ab. Er vermutet, dass es sich dabei um Morde handelt, die von zwei unterschiedlichen »Serienkillern« begangen wurden. [...]

Ende 1999 wurden Leichen von Frauen und Mädchen in der Nähe der Landsitze von Kokainhändlern gefunden. Dieser Umstand weist auf einen Zusammenhang zwischen den Tötungen und der Drogenmafia hin, die wiederum mit der Polizei und dem Militär in Verbindung steht. Aber die Behörden weigern sich, ihre Untersuchungen in diese Richtung laufen zu lassen.

Die mexikanische Menschenrechtskommission (CMDH) hat seit 1998 Empfehlungen zu diesen hunderten Frauenmorden herausgegeben, denen der Staat wenig Aufmerksamkeit schenkte. Unter den Verdächtigen findet sich wiederholt der Name Alejandro Máynez, welcher zu einer Bande von Kriminellen, Hehlern, Drogen- und Schmuckhändlern gehören und aus einer reichen Familie stammen soll, die Nachtlokale besitzt. Er wurde nie behelligt.

Máynez stand wie andere Verdächtige zwischen 1992 und 1998 unter dem Schutz des Gouverneurs von Chihuahua, Francisco Barrio Terrazas, vom *Partido Acción Nacional* (PAN). Während seines Mandats haben sich die Morde an Frauen vervielfacht und sind zu der üblichen Gewalt in diesem Bundesstaat, dem gewalttätigsten von Mexiko, noch hinzugekommen. In dieser Zeit ließ Barrio Terrazas verlauten, dass diese Morde keine Überraschung seien, da die Opfer dunkle Orte passieren würden sowie Miniröcke und andere provokative Kleidungsstücke getragen hätten. Trotzdem hat Präsident Fox, der im Dezember 2000 als Kandidat der PAN in dieses Amt gewählt wurde, Barrio Terrazas in das Ministerium für den Staatsdienst und die Rechnungskontrolle berufen, dessen Aufgabe es ist, »die Korruption zu bekämpfen und die Amtsführung der öffentlichen Verwaltung transparenter zu machen«.

Ciudad Juárez ist gekennzeichnet durch seine unzähligen »Montagewerke« (*maquiladoras*), in denen billige Arbeitskräfte Waren zum Export fertigen. Diese Arbeitskräfte, die vor allem aus dem Landesinneren kommen, sind vorwiegend Frauen. Sie sorgen für das Haupteinkommen ihrer Familien, was die machistischen und patriarchalischen Traditionen durcheinanderwirft. Indem sie sich in Arbeit stürzen, verhindern diese Frauen Armut.

Der Großteil der Opfer waren Arbeiterinnen, die auf dem Weg zur Arbeit oder von der Arbeit zurück nach Hause überrascht wurden. In den Vororten erwarteten sie Banden von Verbrechern und Drogenabhängigen. Seit den 20er Jahren registriert die Stadt eine Zunahme der nächtlichen Vergnügungen und des Tourismus. Hier wurde 1942 der berühmte »Margarita«-Cocktail erfunden. Die nähere Umgebung der alten internationalen Brücke steht ganz im Zeichen des Vergnügens: Spiele, Sex und Alkohol. Diese Atmosphäre, in der aus den Boxen der Autos laute US-amerikanische Songs schallen, die sich mit Heavy Metal Rock, Rap und Techno vermischen, regt zum Drogenkonsum an. Und das treibt augenscheinlich das Verbrechen an. Die Welle an Mordfällen hat nun zu einer Art frauenfeindlichen Wetteiferns geführt und diese sporadischen Gemetzel in eine wahrhaftige kriminelle Obsession verwandelt: Einzelne Personen lauern in der Dunkelheit auf und begehen Verbrechen aus der reinen Lust an der Nachahmung. Es ist die Herrschaft der Brutalen, der Perversen, der Psychopathen. Viele junge »Machos« glauben, dass Gewalt gegen Frauen ein Muss sei. Sie drehen nachts im Auto ihre Runden auf der Suche nach einer Gefangenen. [...]

María Sáenz vom Komitee Chihuahua für Menschenrechte teilte mir folgende Beobachtung mit: Vor 2001 wurden die Leichen der vergewaltigten und erdrosselten Opfer immer gefunden, aber seitdem sich die Untersuchungen vervielfacht haben, verschwinden die Körper ganz einfach. Die Vereine haben rund 500 Verschwundene registriert, während die Zahl der gefundenen Leichen bei knapp über 300 liegt. [...]

In den Serienmordfällen von Ciudad Juárez kommen die triste Atmosphäre der Grenze mit ihren Tausenden Migranten, den Montagewerken, den zusammenbrechenden Institutionen und auch die patriarchalische Gewalt, die Ungleichheit, die Vernachlässigung durch die Regierung etc. zusammen. Vor allem aber zeigt diese düstere Angelegenheit den großen Einfluss der Drogenhändler und die Stabilität ihrer einflussreichen Netzwerke. Die Verbindungen zwischen dem kriminellen Milieu und den ökonomischen und politischen Machtebenen stellen eine Bedrohung für ganz Mexiko dar.

Die Dokumente und die Zeugen, über die ich verfüge, sind für die Behörden vernichtend. Sie beweisen, dass einige der Tötungen während sexueller Orgien von einer oder mehreren Personengruppen begangen wurden. Unter ihnen befinden sich Mörder, die von Mitarbeitern unterschiedlicher Polizeieinheiten in Komplizenschaft mit Personen, die wichtige Positionen innehaben, gedeckt werden. Diese Personen verfügen über ein auf meist illegalem Wege, durch Drogenhandel und Schmuggel angehäuftes Vermögen, und ihr Netzwerk erstreckt sich wie ein Krake über das ganze Land. Deshalb bleiben diese verabscheuungswürdigen Verbrechen straffrei.

Nach bundesstaatlichen Quellen hätten sechs große Unternehmer aus El Paso, Texas,

Ciudad Juárez und Tijuana Meuchelmörder angeleitet, Frauen zu entführen und zu vergewaltigen, zu verstümmeln und zu töten [...]. Das kriminologische Profil dieser Mörder gleicht dem, was Robert K. Ressler »Spaßmörder« (*spree murders*) genannt hat. Die mexikanischen Behörden bekämen diese Aktivitäten seit langer Zeit mit und hätten sich bislang geweigert einzugreifen. Die reichen Unternehmer stünden einigen Freunden des Präsidenten Vicente Fox nahe und hätten zu der verdeckten Finanzierung seines Wahlkampfes beigetragen, der dazu geführt hat, dass Fox zum Präsidenten gewählt wurde und Francisco Barrio Terrazas, der ehemalige Gouverneur von Chihuahua, Minister wurde. Das würde erklären, warum kein tatsächlich Beschuldigter bis heute für die 300 Serienmorde bestraft wurde. [...]

Aus: Sergio González Rodríguez: Asesinos de mujeres en Cuidad Juárez, in: *Le Monde diplomatique. Edición española* 9, 94, Valencia (August 2003), S. 10–11.

2. Gewalt und soziale Konflikte

Q 176   Straßenkinder in Guatemala (1997)

Laut UNICEF leben in Lateinamerika ca. 40 Millionen Kinder auf der Straße. Dort überleben sie durch Diebstahl, Prostitution und einfache Arbeiten, manchmal alleine, oft in Gruppen. Viele von ihnen sind drogensüchtig, wobei die eingenommenen Drogen normalerweise die schädlichsten überhaupt sind, wie Klebstoff oder Abfallprodukte von Kokain. In vielen Ländern Lateinamerikas gibt es staatliche und zivilgesellschaftliche Einrichtungen, um diesem Problem entgegenzusteuern, doch diese Aktivitäten sind unzureichend. Wie kommt es dazu, dass Kinder auf der Straße leben? In einigen Fällen wird den Kindern das Recht verweigert, in der eigenen Familie zu leben, in anderen Fällen »entscheiden« die Kinder selbst, nicht länger bei ihrer Familie zu leben, weil sie z.B. familiärer Gewalt oder Vernachlässigung ausgesetzt waren. Im Folgenden erzählt ein junges Mädchen aus Guatemala, wie es Mitte der 1990er Jahre zum Straßenkind wurde.

[...] Als ich sechs Jahre alt war, lebte ich mit meiner Großmutter in Pajapita. Wir waren vier Geschwister, aber nur ich lebte mit meiner Großmutter, weil die anderen noch klein waren. Ich wusste nichts von meiner Mutter, weil ich nie mit ihr gelebt hatte. Angeblich arbeitete meine Mutter als Putzfrau, als Angestellte in einem Haus und konnte uns nicht bei sich haben, weil ihr Lohn nicht dafür ausreichte.

Der Ehemann meiner Omi trank ein wenig, und scheinbar mochten sie sich nicht mehr, aber da sie gesetzlich verheiratet waren... Und dann waren da noch meine Onkel.

Von meinem Vater erfuhr ich nie etwas, bis ich in Santa Catarina Palopó war, da kam er mich einmal besuchen und... wir haben uns nicht verstanden.

Dann ging meine Omi nach Mexiko, und meine Mutter ließ mich nicht mit ihr gehen. Später brachte sie mich zu einer entfernten Tante, die in San Marcos lebte, dort war ich fast ein Jahr. Dorthin ging ich mit meinem Bruder... Wir waren zu zweit und ein Neffe, der mit ihr lebte und der zu der Zeit sehr unerzogen war. Er wollte mich missbrauchen!

Ich war in der Schule und arbeitete mit meiner Tante, könnte man sagen, denn sie hatte Kunden... Sie gab den Polizisten des Dorfes zu Essen und verkaufte auf dem Markt Essen an die Leute, die auf dem Markt arbeiten.

Die Wahrheit ist, dass wir dort sehr schlecht behandelt wurden, denn wenn sie mich nicht schlug – denn das war, was diese Frau tat – wenn wir uns nicht beeilten, schlug sie uns; wenn wir nicht gehorchten, schlug sie uns; es ging fast nur um Schlagen und Prügeln. Was immer sie zur Hand hatte, benutzte sie zum Schlagen. [...]

Später wollte mein entfernter Cousin mich vergewaltigen, also machte ich den Hahn auf, um Gas herauszulassen. Ich sagte ihm, er solle den Ofen anmachen, und sein Gesicht verbrannte. Dann flüchtete ich von diesem Haus und kam in die Hauptstadt. [...]

Ich blieb in der Achtzehnten Straße, weil es Nacht wurde. Ich fing an, mit der ganzen *mara* [Jugendbande] von dort mitzugehen, und nur ein Mädchen namens Olga fragte mich, was mit mir los war. An jenem ersten Tag hat sie mir sehr geholfen. Sie sagte mir, dass ich keine Angst haben sollte. Da sie mit den Jungs in Hotels lebte und all das … blieb ich bei ihr und fing an, mich mit ihr durchzuschlagen. Manchmal schämt man sich sehr. Für mich ist es etwas, das … das ich schon überwunden habe, aber es bleibt immer etwas, ach! Wie kann es sein, dass ich das Ganze durchgemacht habe, so etwas Schreckliches! […]

Aus: … y empecé a ser humana. Historia de vida de Norita, in: Claudia Anleu/Matilde González: *Nosotras valemos. Historias de vida de ex-niñas de la calle*, Guatemala-Stadt: Programa de apoyo para la salud materno infantil y para la salud de otros grupos de riesgo 1997, S. 121–148, hier 123–125.

Q 177   Müllsammler in Mexiko (1998)

In allen Ländern Lateinamerikas gehören Müllsammler zum Straßenbild. Mit Hand- und Pferdekarren transportieren sie den Müll zur Wiederverwertung ab und verdienen so ihr Geld. Oft wohnen Müllsammler in äußerst ärmlichen Behausungen oder gar im Müll oder Mülldeponien. Der brasilianische Fotograf Sebastião Salgado (*1944) hat 1998 Müllsammler auf der Mülldeponie Netzalhualcóyotl in Mexiko-Stadt fotografiert.

Aus: Sebastião Salgado: *Migranten*, Frankfurt a.M.: Zweitausendeins 2000, S. 318.

Q 178 Bandenkriminalität in El Salvador (2004)

Das kleine zentralamerikanische Land El Salvador zeichnet sich durch eine besonders hohe Gewalt- und Kriminalitätsrate aus. Ein großes gesellschaftliches Problem sind vor allem die »maras«, die Banden in den Städten. Die Regierung unter Francisco Flores von der politisch rechten Partei ARENA reagierte mit dem »Plan Mano Dura« (»Plan harte Hand«), der von Präsident Elías Antonio Saca (*1965) seit 2004 fortgesetzt und durch den »Plan Super Mano Dura« (»Plan superharte Hand«) ergänzt wurde. Der Plan dient dazu, der Polizei möglichst viel Spielraum bei der Verfolgung und Festnahme von jugendlichen Bandenmitgliedern einzuräumen. Nichtregierungsorganisationen haben den Aktionsplan heftig kritisiert, da gegen Minderjährige mit repressiver Härte vorgegangen werde sowie Präventions- und Aussteigerprogramme und soziale Unterstützung in verarmten Stadtgebieten, in denen die Banden operieren, unterfinanziert seien oder ganz fehlten. In einer Rede vom 30. August 2004 verkündete Präsident Saca die Einführung des »Plan Super Mano Dura«.

Liebes Volk von El Salvador,

als Regierender freue ich mich sehr zu verkünden, dass ich heute Abend ein weiteres wesentliches Versprechen erfülle, das ich während meiner Wahlkampagne gemacht habe.

Salvadorianer, heute Abend führen wir offiziell den *Plan Super Mano Dura* in ganz El Salvador ein.

Auf der Wahlkampftour »Lasst uns frei sprechen« haben mich die Bürger dazu gedrängt, ein Sicherheitsprogramm umzusetzen, das dazu dienen soll, die Gewalt und die allgemeine Kriminalität zu bremsen.

Eine wesentliche Bedingung für den Fortbestand eines freiheitlichen Systems ist die Sicherheit der Bürger. Sie trägt zur Kreativität und produktiven Fähigkeit der Gesellschaft bei und begünstigt, dass Entwicklungsmöglichkeiten für alle geschaffen werden.

Mit der Einführung des *Plan Super Mano Dura* entspreche ich der verfassungsmäßigen Verantwortung, ein sicheres, respektvolles und freiheitliches Umfeld für alle Salvadorianer zu garantieren.

Ich bin davon überzeugt, dass ganz El Salvador diese Maßnahme unterstützt, deren Hauptziel darin besteht, den Bewohnern unseres Landes den Schutz und die Verteidigung ihrer Grundrechte zu garantieren, insbesondere das Leben, die physische Integrität und die Freiheit, die durch die Kriminalität anhaltend gefährdet sind.

Wir Salvadorianer wissen alle um die Herausforderungen, denen sich die salvadorianische Gesellschaft gegenüber sieht. Von diesen Herausforderungen ist die effektive Wiedererlangung der persönlichen Sicherheit die dringlichste.

So wie die Gewalt und die Kriminalität vielfältige Ursachen haben, so ist auch die Sicherheit kein ausschließlich polizeiliches Problem, sondern ebenfalls ein komplexes Thema, das in seinen vielfältigen Facetten angegangen werden muss.

Deshalb berücksichtigt unsere integrale Lösung vier Handlungsbereiche: Prävention und Bürgerbeteiligung, Abschreckung und Strafverfolgung, Rehabilitierung und Wiedereingliederung.

Um unsere integrale Lösung ohne größere Zeitverzögerungen umsetzen zu können, sieht der *Plan Super Mano Dura* in erster Linie zunächst die Suche nach einem vereinbarten gesetzlichen Rahmen vor, der die Effektivität aller seiner Maßnahmen legitimiert.

Dieser gesetzliche Rahmen war das Ergebnis einer breiten nationalen Beratungskonferenz, in der Repräsentanten vieler sozialer Gruppen einschließlich der Regierung, der Justiz, des Parlaments, Menschenrechtsinstitutionen und anderen vertreten waren. Ich danke allen Teilnehmenden dafür, dass sie unserem Aufruf gefolgt sind.

Mit diesen Reformen stellen wir sicher, dass die Bandenmitglieder, die die salvadorianische Gesellschaft verfolgen, bleiben, wo sie hingehören, wenn sie verhaftet werden, um ihre Strafe zu verbüßen.

Der *Plan Super Mano Dura* garantiert, dass die Kriminellen und Schurken jetzt wirklich im Gefängnis bleiben!

In dieser Nacht gebe ich die konkreten Maßnahmen bekannt, die ab heute als Teil des *Plan Super Mano Dura* Gültigkeit haben, um ein sicheres Land zu erreichen.

Wir haben Spezialeinheiten für polizeiliches Eingreifen gegründet, in denen Zivileinheiten, Ermittler, Patrouillen und uniformiertes Personal zusammengeführt werden, um in den Gebieten mit hoher krimineller Beharrlichkeit unverzüglich operieren zu können.

Wir haben dem Herrn Generalstaatsanwalt der Republik die Ernennung von Staatsanwälten vorgeschlagen, die auf die Bekämpfung von Banden spezialisiert sind und die den neuen Untersuchungseinheiten gegen Bandenkriminalität innerhalb der nationalen Polizei zugeordnet sein werden.

Von heute an wird die Zahl der Zerschlagungsaktionen in den von Banden beherrschten Gebieten zunehmen.

Wir haben spezialisierte Einheiten der Drogenbekämpfung aufgestellt, um den von den Banden betriebenen Handel mit Crack zu bekämpfen und so die Verteilungsnetze von Drogen, die diese Gruppen kontrollieren, hart zu treffen.

In der Abteilung für Finanzen der PNC [Nationalpolizei] wurden spezielle Einheiten bestimmt, um die Netze der Hehlerei von Waren und gestohlenen Gütern zu zerschlagen.

Wir werden die Kräfte der Generalstaatsanwaltschaft, der Abteilung für steuerliche Ermittlungen des Finanzministeriums und der Finanzabteilung der Nationalen Polizei vereinen, um Schmuggel und Kavaliersdelikte zu bekämpfen.

Es wurde eine Taskforce für Strafanstalten gegründet, die Untersuchungseinheiten der Nationalpolizei mit Einheiten der Gefängnishauptaufsicht verbindet, um in den Vollzugsanstalten Straf- und Gewalttaten zu verhindern und damit sicher zu stellen, dass die Banden und das organisierte Verbrechen nicht von den Justizvollzugsanstalten aus weiter operieren.

Es wurden Patrouillen in Fahrzeugen ohne polizeiliche Kennzeichnung mit uniformiertem Personal in Stadtvierteln mit hoher Kriminalität eingerichtet.

Es wurde ein Suchverfahren für flüchtige Bandenmitglieder auf lokaler und internationaler Ebene eingerichtet.

Aber nicht alle unsere Maßnahmen zielen auf Abschreckung und Repression. Ich möchte hiermit all jenen Müttern sagen, deren Söhne der perversen Versuchung der Banden verfallen sind, dass sie nicht die Hoffnung verlieren sollen.

Gemeinsam werden wir mit dem *Plan Super Mano Dura* dafür kämpfen, all diejenigen Jugendlichen zu rehabilitieren und in die Gesellschaft wieder einzugliedern, die dazu bereit sind.

Diese Regierung, Ihre Regierung, denkt an die Zukunft, und eine Zukunft frei von Banden ist das, was unsere Kinder brauchen.

Allen, die unter dem Unwesen der Banden leiden, verkünde ich heute, dass der Präsident der Republik ihr bester Verbündeter ist, um dieses Leid in ihrem Viertel zu beenden.

Ich habe Anweisungen an den Herrn Innenminister gegeben, dass er eine ständige Überwachung der Weiterentwicklung des *Plan Super Mano Dura* und seiner Ergebnisse durchführt, um ausreichend informiert zu sein und Tag für Tag den Fortschritt dieses Plans zu kennen.

Salvadorianer, Sie haben mich gewählt, um das Bandenproblem und das Sicherheitsproblem, das dieses hervorruft, zu lösen. Heute Abend, vom Sitz der Nationalen Polizei aus, komme ich der Bitte aller Salvadorianer nach.

Nun, da der *Plan Super Mano Dura* beginnt, bitte ich um Ihre Mithilfe, ich bitte Sie darum, sich diesem großen Kreuzzug Ihrer Regierung gegen die Kriminalität und Gewalt anzuschließen.

Sie alle, die Bürger, sind aufgefordert, die Behörden durch rechtzeitige Anzeigen zu unterstützen und die begünstigenden Umstände für die Handlungen der Kriminellen in Ihrem Viertel, in Ihrer Gemeinde zu identifizieren und zu beenden.

Mit Ihrer Hilfe wird diese Arbeit zweifellos effizienter und einfacher werden.

Ich wiederhole nochmals, dass der Kampf gegen die Kriminalität und mein Engagement für eine sicherere Gesellschaft keine politische Rhetorik war, niemals gewesen ist und nie sein wird. Er ist vielmehr eine Verpflichtung gegenüber allen Salvadorianern, diese Verpflichtung wird die fünf Jahre meines präsidialen Mandats andauern.

Den Kriminellen und Schurken sage ich mit aller Sicherheit und Bestimmtheit: Die Party ist vorbei!

Heute Abend erfüllen wir ein Versprechen der Präsidentschaft, indem wir für ein sicheres Land den *Plan Super Mano Dura* einführen, und Sie werden in mir einen Freund Ihres Hauses bekommen, der Ihnen, Salvadorianer, die Sie diesem Diener Ihr Vertrauen schenken, das Land zu führen, Ruhe geben wird und Ihnen erlauben wird, besser mit Ihrer Familie zu leben.

Ich bitte die Salvadorianer, sich diesem großen Kreuzzug *Super Mano Dura* gegen die Banden und die allgemeine und organisierte Kriminalität sowie dem Kampf gegen die Drogen anzuschließen.

Vielen Dank an das salvadorianische Volk, Gott schütze Sie, und bin ich sehr froh, noch vor dem Ende der ersten 100 Tage für das Wohl dieses ganzen gesegneten Volkes von El Salvador ein weiteres Versprechen eingehalten zu haben.

Vielen Dank, und Gott segne Sie alle.

Aus: Elías Antonio Saca: Lanzamiento del plan »Super Mano Dura«, lunes, 30 de agosto de 2004, in: Homepage des Präsidenten der Republik El Salvador Elías Antonio Saca, http://www.casapres.gob.sv/discursos/disp200408/disp040830_2.htm, aufgerufen am 13. Februar 2009.

Q 179   Angst vor Kriminalität in Brasilien (2006)

Die ungebremst wachsenden Megastädte Lateinamerikas weisen hohe Kriminalitätsraten auf. Gewalt, vor allem im Zusammenhang mit Drogenhandel, aber auch Entführungen und Überfälle prägen das Lebensgefühl vieler lateinamerikanischer Großstadtbewohner. Das Verhältnis zwischen dem gefühlten und dem realen Bedrohungsszenario lässt sich dabei kaum mehr bestimmen – doch die Angst vor Verbrechen führt zur Stigmatisierung von Stadtteilen und Bevölkerungsgruppen entlang sozialer und ethnischer Trennlinien. Die Mittel- und Oberschicht zieht sich zunehmend in bewachte soziale Inseln wie Wohnanlagen und Shoppingcenter zurück. Statt die Ursachen zu bekämpfen, etablieren sich bestimmte Sicherheitsregeln, wie sie auch die deutsche Bundesagentur für Außenwirtschaft für deutsche Geschäftsleute in São Paulo empfiehlt.

Auf den Straßen von São Paulo

Mangelnde Sicherheit gilt für Expatriates als ein Standortnachteil Brasiliens. Doch man kann sich schützen.

Brasilien. Burkhard D. (Name geändert), Angestellter einer Consultingfirma in São Paulo, begibt sich Anfang 2006 auf den wohlverdienten Wochenendtrip an den nahe gelegenen Strand. Als er mit seiner Familie – Kind und hochschwangere Frau – abends in die Seitenstraße Richtung Hotel einbiegt, springt ein bewaffneter Jugendlicher vor den Wagen. Intuitiv gibt D. Gas, der Angreifer schießt dem davonfahrenden Auto hinterher. Die Kugeln zerschlagen die Fensterscheiben, wie durch ein Wunder wird niemand getötet oder verletzt. Einen Tag später steht der Expatriate beim Autohändler und kauft sich ein neues Fahrzeug – Vollpanzerung inklusive.

Mit dieser Entscheidung steht Burkhard D. nicht allein. In Brasilien wurden 2005 etwa 4.000 Autos mit kugelsicherer Ummantelung gekauft. Kaum ein Firmenlenker verzichtet noch auf ein gepanzertes Fahrzeug, meist mit speziell geschultem Chauffeur. Private Wachfirmen haben Hochkonjunktur.

In São Paulo wurden nach neuesten Erhebungen 35 Prozent der Bewohner schon mindestens einmal im Leben überfallen. In den vergangenen Monaten sorgten vor allem die Aktionen der Mafiaorganisation Primeiro Comando da Capital (PCC) für Schlagzeilen, deren Bosse selbst aus den Gefängnissen heraus die Stadt für mehrere Tage nahezu lahmlegten. Aber auch die Gegenseite bleibt nicht tatenlos. So stieg die Zahl der Überwachungskameras im Großraum São Paulo zwischen 2000 und 2006 von 150.000 auf 700.000, was unter anderem zu einer Halbierung der kriminellen Übergriffe in der städtischen Metro führte.

Ohne Vorsichtsmaßnahmen gibt es keine Sicherheit.

Obwohl das Risiko insgesamt deutlich höher ist als in europäischen oder nordamerikanischen Städten, kann man auch in Brasiliens Metropolen ein verhältnismäßig sicheres Leben führen. Wichtig ist, die prekäre Lage weder zu verharmlosen, noch Panik zu verbreiten und ein paar grundsätzliche Regeln einzuhalten (siehe Kasten). Die größte Gefahr lauert in Nachlässigkeiten, die sich nach einer bestimmten Zeit ohne negative Vorkommnisse einstellen.

Auf Nummer sicher: Wie Sie Gefahren meiden und sich in kritischen Situationen verhalten

Profil: Auf Diskretion achten!
Tragen Sie im Alltag unauffällige Kleidung.

Seien Sie diskret im Umgang mit Kollegen, Bekannten und vor allem mit Fremden.

Seien Sie zurückhaltend mit Informationen über Wohnort, Schule der Kinder, Freizeitgewohnheiten, Urlaubsreisen und allem, was Rückschlüsse auf Ihren Vermögensstand zulässt.

Geben Sie keine persönlichen Informationen am Telefon, im Internet oder bei Gewinnspielen preis.

Veröffentlichen Sie keine Fotos von sich im Internet und vermeiden Sie Abbildungen in Klatschmagazinen, den »gelben Seiten der Unterwelt«.

Variieren Sie die Anfahrtswege und -zeiten zum Arbeitsplatz. Vermeiden Sie erkennbare Routinen beim Einkaufen, Joggen oder Ausgehen.

Speichern Sie Nummern auf Ihrem Handy nie mit persönlichen Zusätzen wie »Mutter«, »Vater«.

Tragen Sie keine Laptops auf der Straße spazieren. Auch bei der Ankunft am Flughafen das Gerät nicht in der Laptoptasche tragen, sondern in einer unauffälligeren Verpackung.

Familie/Personal: Wachsam bleiben!
Informieren Sie Familienangehörige genau über Ihren Tagesablauf.

Ihr Handy muss funktionieren, damit Sie sich bei obskuren Anrufen (»Wir haben Ihre Frau entführt«) schnell vom Gegenteil überzeugen können.

Achten Sie bei der Einstellung von Sicherheitspersonal auf Lebenslauf, Ausbildung, Referenzen und auch auf entsprechende Bezahlung.

Autofahrt: Nicht stehen bleiben!
Halten Sie während der gesamten Fahrt die Fenster verschlossen und die Türen verriegelt.

Nähern Sie sich roten Ampeln sehr langsam. Ortsansässige ignorieren diese häufig sogar. Halten Sie die Wartezeit an Kreuzungen am besten so kurz wie möglich.

Falls Sie in einem frei stehenden Haus wohnen, lassen Sie sich ein elektrisches Garagentor einbauen, um die kritische Zeitspanne zwischen Öffnen und Schließen zu verringern.

Überfall: Ruhe bewahren!
Folgen Sie auf jeden Fall den Anweisungen des Täters und unterlassen Sie ruckartige Bewegungen.

Schauen Sie dem Täter nicht in die Augen, da er fürchtet, später identifiziert zu werden.

Sprechen Sie nicht deutsch mit anderen Anwesenden und artikulieren Sie sich gegenüber dem Täter ruhig, langsam und verständlich – möglichst auf Portugiesisch.

Kündigen Sie Ihre Handlungen an, wie »Ich werde jetzt das Geld aus meiner Tasche ziehen«.

Präparieren Sie einen zweiten Geldbeutel mit abgelaufenen Karten und ein paar Scheinen, um diesen leichteren Herzens abzugeben.

Prägen Sie sich Ihre PIN ein, um sie notfalls preisgeben zu können.

Aus: Alexander Hirschle: Auf den Straßen von São Paulo, in: *markets. Das Servicemagazin für Außenwirtschaft* 6, Köln (2006), S. 28–29.

Q 180 Drogenhandel in Mexiko (2006)

In den letzten 30 Jahren hat sich in Mexiko ein Kampf um die Handels- und Vertriebsrouten von Drogen entwickelt, der zu einer rasanten Beschleunigung der Gewaltspirale und aufgrund der Korruption mexikanischer und US-amerikanischer Behörden zur Erosion des Staates geführt hat. Bei der Ergreifung von Anführern der Drogenkartelle spielt die Aufteilung von Macht und Territorien zwischen den diversen Kartellen eine wesentliche Rolle, denn diese haben direkten Einfluss auf nachrichtendienstliches und polizeiliches Handeln. Dies zeigt der am 20. August 2006 in der Wochenzeitschrift »Proceso« erschienene Artikel über die Festnahme von Francisco Javier Arellano Félix (*1969). Seit 2005 rücken der Drogenhandel, die daraus resultierende Gewalt und die Verstrickung staatlicher Behörden ins Zentrum der Recherchen des »Proceso«, der sich seit seiner Gründung 1976 gegen staatliche Zensur und Korruption wendet.

»El Tigrillo« »in Mexiko« gefasst

Die am Montag, den 14. [August 2006] durch Einheiten der Vereinigten Staaten erfolgte Festnahme von Francisco Javier Arellano Félix, *El Tigrillo*, erbrachte den Nachweis für das Misstrauen der Drug Enforcement Agency (DEA) gegenüber den Behörden Mexikos, wie Vertreter der Bundesstaatsanwaltschaft Mexikos (PGR) und Agenten der US-amerikanischen Antidrogenbehörde meinen.

Außerdem, so teilt ein Vertreter der PGR dem *Proceso* anonym mit, »haben sie den *Tigrillo* auf mexikanischem Territorium geschnappt und gaben uns erst Bescheid, als sie ihn schon in ihren Händen hatten und wir nicht mehr feststellen konnten, ob es sich um eine extraterritoriale Operation handelte«. Und er erklärt weiterhin: Die US-Amerikaner »vertrauen uns nicht und dies haben sie uns mit der Festnahme von *El Tigrillo* deutlich vor Augen geführt«.

Der Vize-Generalbundesanwalt der Vereinigten Staaten, Paul McNulty, der Francisco Javier Arellano Félix als einen der wichtigsten Drogendealer der Welt einstuft, wird noch genauer. Ihm zufolge wurde die Operation, in der *El Tigrillo* und weitere zehn Personen gefasst wurden, gemeinsam von der DEA und der Küstenwache durchgeführt, während jene gegenüber der Küste von La Paz, Niederkalifornien, ungestört an Bord eines Schiffes unter US-Flagge fischten: der *Doc Holiday*. [...]

»Befand sich *El Tigrillo* auf mexikanischem Territorium, als sie ihn verhafteten?«, wird ein Spezialagent der DEA für Auswertung von Antidrogen-Operationen in Mexiko per Telefon gefragt.

»Das, was ich sagen kann, ist, dass wir ihn bereits seit mehr als einem Jahr überwacht haben, seit man uns darüber informierte, dass er gerne zum Fischen vor die Küste von La Paz fuhr – unter US-amerikanischer Flagge, um ungestört zu bleiben. Wie sagt man bei Euch in Mexiko: Von La Paz aus hat man das Schäfchen bewacht. Aber die Hirten dachten niemals, dass der Wolf von hinten kommen würde«.

Das von dem Bundesagenten benutzte Gleichnis basiert auf der Vermutung der DEA und des *Federal Bureau of Investigation* (FBI), dass sowohl die für Niederkalifornien verantwortlichen Bundespolizisten als auch die lokalen Behörden und die lokale Polizei *El Tigrillo* und weitere Anführer der Organisation in La Paz bewachten, damit keiner ihn störte, während er in nationalen mexikanischen Gewässern fischte.

In mexikanischen und US-amerikanischen Polizeikreisen wusste man, dass sich Francisco Javier Arellano Félix in San Diego, Kalifornien, versteckte und so oft und wann er wollte, sei es wegen einer »Geschäftsreise«, wegen Sportaktivitäten (zum Fischen) oder zum Vergnügen, die mexikanische Halbinsel hinunterreiste. [...]

Ob es aber eine Verletzung mexikanischen Territoriums durch die ermittelnden Behörden der DEA und der Küstenwache bei der Festnahme von *El Tigrillo* gab oder nicht, ist für die Regierung von Vicente Fox weniger bedeutsam als die Verhaftung an sich, wie er erkennen lässt. Schon deswegen, so behauptet er, weil Arellano Félix dank des Schutzes durch lokale, Landes- und Bundesbehörden und sogar durch das Militär, die das Tijuana-Kartell mit Geldern aus dem Drogenverkauf korrumpierte, mächtiger als die mexikanischen Bundesbehörden war.

»Die Kritik schmerzt natürlich, genauso wie die Tatsache, dass die Gringos in Mexiko ein- und ausgehen um zu tun und zu lassen, was sie wollen. Aber wenn wir die Sache aus einer anderen Perspektive betrachten, bleibt die Organisation der Arellano Félix ohne *El Tigrillo* einäugig, einarmig und hinkt auf einem Bein«, fügt er hinzu.

Am Tag der Bekanntgabe der Verhaftung von *El Tigrillo* bedankten sich sowohl McNulty wie auch Michael Braun, Einsatzchef der DEA, sowie der Vizeadmiral Thad Allen, Kommandant der Küstenwache auf der Pressekonferenz für »die außergewöhnliche Koordination und Kooperation zwischen den Regierungen Mexikos und der USA«. [...]

Die am 8. Juli 2003 im Bundesgericht im Bezirk Südkalifornien durch die Regierung der Vereinigten Staaten gegen Francisco Javier, seine Brüder Benjamín und Eduardo sowie seine Schwester erhobene Anklage enthält eine Vielzahl von Straftaten, die mit dem Drogenhandel in Verbindung stehen: Bildung einer kriminellen Vereinigung zur Einfuhr und zum Transport von Kokain, Marihuana, Methamphetaminen und Heroin sowie Betrug, Geldwäsche im Zusammenhang mit dem Verkauf von Drogen, die Ermordung von 20 Personen in Mexiko und den USA sowie andere Delikte, für die zumindest die Verurteilung zu einer lebenslänglichen Haftstrafe zu erwarten ist. [...]

Trotz der Festnahme von Francisco Javier Arellano, dem Sturz von Benjamín und dem Tod von Ramón Arellano bleibt das Kartell von Tijuana weiter aktiv. Von Beruf Arzt, könnte Eduardo die natürliche Nachfolge innerhalb der Organisation antreten. Seit 1995 hat das Kartell mehr als 100 Leute verloren. Die wichtigsten, ihre Köpfe: Benjamín und Ramón Arellano Félix. Jetzt kommt noch Francisco hinzu, der sich in seinem bisherigen Werdegang zwei Dingen widmete: die kriminelle Organisation zu leiten und zu reisen.

In Mexiko ist das Tijuana-Kartell, dessen Gründung in die 80er zurückreicht, in den Augen der PGR eine zersplitterte Organisation. Im Gegensatz dazu kontrolliert diese kriminelle Gruppe in Peru, Bolivien und Kolumbien den Drogenhandel und die Geldwäsche und gilt als die mächtigste in diesen Ländern.

Derzeit ist die Gruppe in ganz Mexiko präsent. Sie setzt sich aus mehreren Gliedern zusammen, was ihr erlaubt, den Norden des Landes, Mexiko-Stadt und einige Bundesstaaten des Südostens zu beherrschen.

Die Allianz, die Osiel Cárdenas [vom Golf-Kartell] mit Benjamín Arellano im Hochsicherheitsgefängnis La Palma schloss, erlaubte es ihm, seine Präsenz auszubauen, obwohl das Sinaloa-Kartell von »*El Chapo* Guzmán« an der Spitze weiterhin unbesiegbar ist.

Derzeit versucht Ismael *El Mayo* Zambada, Tijuana und Mexicali zu kontrollieren. Einige seiner Mitglieder sind auch Teil des Tijuana-Kartells, was Anlass zu der Behauptung der PGR gab, dass sich eine Allianz zwischen diesem Drogendealer und der Organisation aus Tijuana ergeben könnte.

Sollte sich dies bestätigen, schätzt die PGR, könnte sich die Gewalt im Norden der Republik verschlimmern: Das Kartell von Tijuana wird versuchen, sein Territorium zu verteidigen, das auch von Guzmán Loera begehrt wird.

Aus: Jesús Esquivel/Ricardo Ravelo: »El Tigrillo« aprehendido »en México«, in: *Proceso*, 1555, Mexiko-Stadt (20. August 2006), S. 36–37.

Q 181 Friedensdörfer in Kolumbien (1997)

Die kolumbianische Zivilbevölkerung ist von dem Jahrzehnte andauernden bewaffneten Konflikt zwischen Regierungstruppen, Rebellen der »Revolutionären Streitkräfte Kolumbiens« (»Fuerzas Armadas Revolucionarias de Colombia«, FARC) und rechten Paramilitärs in zunehmendem Maße betroffen. Die Konfliktparteien setzen ihre strategischen und ökonomischen Interessen zu einem großen Teil über die Instrumentalisierung, Vertreibung und Erpressung der Zivilbevölkerung durch, welche immer wieder zwischen die Fronten gerät und von den verschiedenen Parteien der Kollaboration mit der jeweils gegnerischen Seite beschuldigt wird. Die Friedensgemeinde San José de Apartadó wehrte sich mit der hier abgedruckten Erklärung vom 23. Dezember 1997 gegen die Instrumentalisierung durch die Kriegsparteien. Mit ihrer Erklärung und ihrer Form der Positionierung und sozialen Organisation ist sie Vorbild und Teil der vielfältigen Friedensbewegungen in Kolumbien. Das Friedensdorf San José de Apartadó ist eine von mittlerweile 50 Friedensgemeinden in Kolumbien. Die Gemeinde erhielt 2007 den Aachener Friedenspreis.

In Anbetracht

der Schwere der derzeitigen humanitären Krise und der gewaltsamen Vertreibung, welche die Gemeinde San José des Munizips Apartadó in der Region Urabá, Provinz Antioquia, erleidet,

der dauerhaften Gegenwart von bewaffneten Akteuren, die wahllos die Zivilbevölkerung angreifen und damit schwere Menschenrechtsverletzungen und Verstöße gegen das internationale Recht begehen,

der Notwendigkeit, dass die Zivilbevölkerung gegenüber den bewaffneten Akteuren Mechanismen festlegt, die auf der Suche nach dem eigenen Schutz dem internationalen Recht zur Geltung verhelfen,

dessen, dass die staatlichen Mittel zur Kontrolle und Strafverfolgung der bewaffneten Akteure weder ihren zahlenmäßigen Anstieg noch ihre Handlungen verhindert haben und somit die Gemeinden in höchstem Maße der Auslieferung und der Bedrohung überlassen,

dessen, dass die Handlungen der bewaffneten Gruppen in den ländlichen Gebieten große Vertreibungen von Bauerngemeinden in die Städte nach sich gezogen haben, nachdem diese Opfer von Exekutionen außerhalb von Gefechten geworden waren sowie von Zerstörung und Plünderung von Besitz und Androhung von neuerlichen Angriffen, falls sie die Gebiete nicht verlassen würden,

der Anerkennung des Mehrheitswillens der Mitglieder der vertriebenen Gemeinden aus dem Bezirk San José de Apartadó haben diese sich nach einem Prozess interner Beratung entschieden, sich zur Friedensgemeinde von San José de Apartadó zu erklären. [...]

Die Mitglieder der vertriebenen Gebiete innerhalb des Bezirks sowie diejenigen Bewohner, die frei entscheiden, die folgenden Artikel zu befolgen, die die Friedensgemeinde San José de Apartadó begründen und regeln, [erklären]:

Artikel 1

Die Gemeinde im Bezirk San José de Apartadó hat nach einem langen Prozess der internen Beratung und nachdem der Wille der Mehrheit seiner Bewohner eingeholt wurde, entschieden, sich zur Friedensgemeinde San José de Apartadó zu erklären, solange der innere Konflikt fortbesteht und der Krieg andauert.

Artikel 2

Die Friedensgemeinde San José de Apartadó definiert sich als Teil der bäuerlichen, nicht kämpfenden Zivilbevölkerung und wird sich trotz der sich entwickelnden Feindseligkeiten ohne jede Ausnahme vor den Ausmaßen der Konfrontation schützen.

§1. Niemals dürfen die Mitglieder der Friedensgemeinde San José de Apartadó Opfer von Menschenrechtsverletzungen oder Verstößen gegen das internationale Recht werden.

§2. Kraft der vorliegenden Erklärung besteht die Friedensgemeinde San José de Apartadó aus:

a) den Bewohnern der verschiedenen ländlichen und städtischen Gebiete des Bezirks San José de Apartadó, die sich dazu freiwillig im genannten Prozess bereit erklärt haben,

b) Zivilpersonen, die sich während ihrer Anwesenheit in der Friedensgemeinde San José de Apartadó nicht an den Feindseligkeiten beteiligen, keine irgendwie geartete militärische Handlung vollziehen und sich den Verordnungen und Regeln dieser Gemeinde verpflichten,

c) Personen, die sich nur übergangsweise in der Friedensgemeinde San José de Apartadó aufhalten, solange sie sich den Verordnungen und Regeln verpflichten und der Schutzverordnung der Zivilbevölkerung unterliegen.

Artikel 3

Die Mitglieder der Friedensgemeinde San José de Apartadó führen keinerlei Handlungen aus, die direkt oder indirekt mit den militärischen Operationen der Konfliktparteien oder mit taktischer oder strategischer Unterstützung derselben in Beziehung stehen.

§1. Die Mitglieder der Friedensgemeinde San José de Apartadó verpflichten sich, sich weder direkt noch indirekt an den Feindseligkeiten zu beteiligen und die folgenden Bedingungen zu erfüllen:

a) Die Mitglieder der Friedensgemeinde San José de Apartadó verzichten darauf, Waffen, Munition oder explosive Materialien zu tragen und/oder zu besitzen.

b) Die Mitglieder der Friedensgemeinde San José de Apartadó verzichten auf logistische Unterstützung für die Konfliktparteien.

c) Die Mitglieder der Friedensgemeinde San José de Apartadó verzichten darauf, eine der Konfliktparteien zur Lösung von internen, persönlichen oder familiären Problemen hinzuzuziehen.

d) Die Mitglieder der Friedensgemeinde San José de Apartadó verpflichten sich zur Teilnahme an gemeinschaftlichen Arbeiten.

e) Die Mitglieder der Friedensgemeinde San José de Apartadó verpflichten sich zu einer Position gegen die Ungerechtigkeit und Straflosigkeit der Taten.

Artikel 4

Die Friedensgemeinde San José de Apartadó wird alle angemessenen und notwendigen Maßnahmen ergreifen, um den Zutritt oder die Durchreise aller Personen zu kontrollieren, die kein Recht haben, sich auf dem Gebiet der Siedlung der Friedensgemeinde aufzuhalten oder zu bewegen.

Artikel 5

Sie beschränkt sich auf die Einwohner des Bezirks, die sich freiwillig dem Prozess der Friedensgemeinde San José de Apartadó angeschlossen haben, sowie auf die Anbaugebiete für ihren Lebensunterhalt und auf die Quellen zur Wasser- und Energieversorgung. Die Friedensgemeinde San José de Apartadó sorgt für Möglichkeiten, um Personen aufzunehmen und übergangsweise unterzubringen, die aufgrund des internen bewaffneten Konflikts vertrieben wurden.

Artikel 6

Die von der Friedensgemeinde San José de Apartadó bewohnten Orte werden klar durch Markierungen wie Fahnen und Zäune am Rande der Zonen kenntlich gemacht werden, und das Kennzeichen wird ein roter Kreis auf weißem Grund sein. Genauso werden die Symbole, die im Laufe der Zeit von der Gemeinde angenommen werden, als Kennzeichen genutzt. Die Mitglieder der Friedensgemeinde San José de Apartadó werden einen Ausweis tragen, der ihre Mitgliedschaft in der Gemeinde bestätigt.

Artikel 7

Die Friedensgemeinde San José de Apartadó erkennt die Entscheidungsbefugnis eines Internen Rates an, der sich wie folgt zusammensetzt:

sieben Delegierte der Friedensgemeinde San José de Apartadó, welche regelmäßig und fristgerecht gewählt werden sollen und von der Gemeinde eingesetzt werden, außerdem ein Staatsanwalt, der Mitspracherecht, aber kein Abstimmungsrecht hat. Der Rat trifft seine Entscheidungen autonom und, falls er dies ersucht, kann er Beratung erhalten von

einem Delegierten einer nationalen NGO [Nichtregierungsorganisation],

einem Delegierten der Diözese von Apartadó.

Der Interne Rat wird sich sein eigenes Regelwerk geben und wird Entscheidungen mit absoluter Mehrheit treffen können, das heißt mit vier plus einer Stimme.

§1. Der Interne Rat erfüllt Verwaltungs- und Disziplinaraufgaben, um die Einhaltung der in dieser Erklärung angewiesenen Verpflichtungen durch die Mitglieder der Friedensgemeinde zu überwachen. [...]

Aus: Declaración relativa a la Comunidad de Paz de San José de Apartadó, in: Homepage der Friedensgemeinde San José de Apartadó, http://cdpsanjose.org/?q=/node/9, aufgerufen am 13. Februar 2009.

Q 182   Neue Formen der Sklaverei in Brasilien (1998)

In riesigen Gebieten der brasilianischen Bundesstaaten Pará, Amazonas oder Mato Grosso ereignet sich seit Jahrzehnten eine landwirtschaftliche Expansion, die sich dem Einfluss staatlicher Rechtsnormen weitgehend entzieht. Dabei geht es nicht nur um die illegale und unkontrollierte Abholzung des amazonischen Regenwaldes zum Handel mit Tropenhölzern, sondern auch um die Erschließung neuer Weide- und Anbauflächen für Produkte wie Soja oder Biodiesel, deren Nachfrage weltweit rasant steigt. In diesen Grenzräumen der Staatlichkeit führen archaische Herrschaftsverhältnisse und die Schutzlosigkeit der verarmten landwirtschaftlichen Wanderarbeiter (»peões de trecho«) zu neuen Formen der erzwungenen Arbeit, die seit einigen Jahren als »neue Sklaverei« diskutiert werden. Die Tageszeitung »Folha de São Paulo« veröffentlichte am 24. Mai 1998 ein Dossier über diese Formen erzwungener Arbeit und trug das Thema in die breite Öffentlichkeit.

Bauern werden für drei Reais an *fazendeiros* verkauft

Entlang der 2.300 Kilometer und der acht Munizipien, die die *Folha* in elf Tagen im Hinterland von Pará [...] und Mato Grosso [...] durchreiste, wird Arbeitskraft verkauft, und zwar für drei Reais am Tag und manchmal für nichts.

Es sind die sogenannten *peões de trecho* – verelendete Arbeiter, Analphabeten, abgestumpft und umherirrend, die den Großteil der Zwangsarbeiter stellen.

Diese Art der Tätigkeit, die der Sklavenarbeit gleicht, zeichnet sich durch die fehlende Entlohnung des Arbeiters aus. Für gewöhnlich wird der Arbeiter dazu gebracht, Schulden anzuhäufen, die stets höher sind als das vermeintliche Gehalt.

Unter den vielen warenförmigen Menschen, die die *Folha* interviewt hat, ist der aus Maranhão stammende Wanderley Araújo dos Santos, 42, ein halber Analphabet. Er wurde letzten

April im Hotel »Peoneiro« (das *peões* beherbergt) von Maria Baiana in Santana do Araguaia gekauft.

Er arbeitete 50 Tage lang auf einer Rodung der Fazenda Estrela de Maceió. Er hat keinen Pfennig gesehen. Er lebt weiterhin mit seinen Schicksalsgenossen in dem Hotel. Sie sind alle dem nächsten Bietenden ausgeliefert.

Die Fazenda Estrela de Maceió fiel jüngst (im Februar 1998) der einzigen Regierungsoperation gegen die Sklavenarbeit in den ersten fünf Monaten dieses Jahres zum Opfer.

Eine Einsatzgruppe des Arbeitsministeriums drang mit der Unterstützung der Bundespolizei in die Fazenda ein, nahm 16 Gesetzesverstöße zu Protokoll, stellte zwei Waffen sicher und befreite 50 *peões*. »Dennoch gibt es dort in diesem Moment 87 *peões* unter denselben Bedingungen, so wie Sklaven«, sagte Santos. [...]

Der *peão de trecho* ist kostenlos untergebracht – bis ein Menschenhändler, der sogenannte »Kater«, kommt, der von den das Gesetz missachtenden *fazendeiros* bezahlt wird, um die Bauerngruppe für die schweren Abholzungsarbeiten oder für die Rodung des »schmutzigen« Buschs (der sogenannte »*juquira*«) zu holen.

Die *peões*, die schon beim Hotel verschuldet sind, wo sie sich einige Male betrunken haben – der Zuckerrohrschnaps ist der große Freund des *peão* – und mit falschen Versprechungen eingewickelt wurden, reisen in Bussen, Pickups und Lastwagen ab.

Wenn sie in die Gegend, in der sie arbeiten werden, gebracht wurden, bleiben sie weiterhin dem »Kater« unterworfen, der seinerseits den Aufpassern unterworfen ist, die die *fazendeiros* bezahlen, um die Arbeit zu überwachen.

Santos erklärt: »Fazenda Estrela de Maceió. Sogar der Name macht mich wütend. Der ›Kater‹, das war Batista aus Redenção. Er lief mit einem großen Messer und einem Revolver am Gürtel herum. Es gab noch einen höher stehenden ›Kater‹, den Maranhense. Ich arbeitete einen Monat und 20 Tage mitten im Wald, in einer Hütte aus schwarzer Plane, für sechs Reais am Tag. Ich merkte dann, dass das nur reichte, um meine Schulden von 48 Reais zu begleichen. Ich zahlte und haute ab. Dort konnte man so nicht überleben. Was wir verdienten, reichte wirklich nur fürs Essen.«

Was das Gesetz sagt

Jemanden in sklavengleiche Umstände zu erniedrigen, ist eine Straftat (Artikel 149 des Strafgesetzbuchs), die mit zwei bis acht Jahren Gefängnis bestraft wird.

Die Internationale Arbeitsorganisation schätzt die Zahl der versklavten Arbeiter in der globalisierten Welt auf sechs Millionen.

In Brasilien und anderswo ist die wichtigste Form der Sklavenarbeit die Verschuldung. Hinzu kommt manchmal das Verweigern des Rechts auf Bewegungsfreiheit (was durch die Anwesenheit von bewaffneten Sicherheitsleuten sichergestellt wird, den sogenannte »*guaxebas*«) sowie unmenschliche Überlebensbedingungen.

Präsident Fernando Henrique Cardoso schuf 1995 die Einsatzgruppe gegen erzwungene Arbeit (Gertraf, angebunden an das Arbeitsministerium).

Die Gertraf verbucht bis heute Dutzende wichtiger Einsätze: ungefähr 640 befreite Arbeiter – 220 auf einmal in der Fazenda Flor da Mata im September 1997 –, zwei Dutzend laufende Prozesse gegen die Verantwortlichen, eine einzige Verurteilung, die geprüft wird (ohne dass dem *fazendeiro* Antônio Barbosa de Melo aus Marabá irgendetwas passiert wäre), und vier enteignete Fazendas. Trotz der Arbeit der Gruppe stellte die *Folha* fest, dass weiterhin offen mit *peões* gehandelt wird – manchmal sind es sogar jene *fazendeiros* und »Kater«, gegen die schon ein Prozess läuft. [...]

Aus: Luiz Maklouf Carvalho: Peões são vendidos por R$ 3 a fazendeiros, in: *Folha de São Paulo* 78, 25.253, São Paulo (24. Mai 1998), S. 10.

Q 183   Die Landlosen in Brasilien (1996)

Die extreme Ungleichverteilung des Landes in Brasilien hat zur Landlosenbewegung geführt (»Movimento dos Trabalhadores Rurais Sem Terra«, MST), die teilweise gewaltsam große Güter oder ungenutztes Land besetzt und dabei auch den Konflikt mit der Polizei nicht scheut. Das polizeiliche Vorgehen gegen die Besetzungen führte bereits zu Toten. Das Foto von Sebastião Salgado zeigt Landarbeiter, die im Bundesstaat Sergipe 1996 erfolgreich eine Landbesetzung durchgeführt haben.

Aus: Sebastião Salgado: *Migranten*, Frankfurt a. M.: Zweitausendeins 2000, S. 305.

Q 184   Die Lehren von Hurrikan Mitch (2005)

Der Hurrikan Mitch war 1998 eine der heftigsten Naturkatastrophen in der jüngeren Geschichte Zentralamerikas. Insbesondere Honduras und Nicaragua waren davon betroffen. Der in Chile geborene französische Ökonom und Publizist Angel Saldomando äußerte sich im Februar 2005, wenige Monate bevor mit dem Hurrikan Katrina erneut eine katastrophale Notlage eintrat, in »Le Monde diplomatique« kritisch über die fehlende Lernbereitschaft im Umgang mit der Umwelt und den Entwicklungsproblemen der Region.

Vertane Chance nach dem Sturm

Fünf Tage lang, vom 26. Oktober bis zum 1. November 1998, fegte der Hurrikan »Mitch« mit bis zu 300 Stundenkilometern über Zentralamerika. Honduras und Nicaragua versanken nach sintflutartigen Regenfällen in einem Meer von Schlamm. Resultat: 10.000 bis 15.000 Tote, 1,5 Millionen Obdachlose und direkte und indirekte Schäden in Höhe von schätzungsweise über 6 Milliarden Dollar.

In beiden Ländern wurden die mageren eigenen Ressourcen mobilisiert, zugleich aus aller

Welt Lebensmittel, Medikamente und Zelte nach Managua und Tegucigalpa eingeflogen. Die internationalen Nothelfer stellten sich schnell und zahlreich ein und kümmerten sich erst einmal um die unmittelbaren Folgen der Katastrophe. Davon abgesehen enthüllten die verheerenden Auswirkungen des Wirbelsturms den Zusammenhang von Naturkatastrophe, Armut und strukturellen politischen Mängeln.

Die hilfswilligen ausländischen Regierungen forderten umfassende Garantien, um sicherzugehen, dass ihre Lieferungen bei den Opfern ankommen würden. Auch die zahlreichen nationalen und internationalen Nichtregierungsorganisationen handelten problembewusst: Sie stellten sich sogleich die Frage, wie der Wiederaufbau insgesamt aussehen sollte. Grob gesagt teilten sich die Hilfswilligen politisch in zwei Lager. Auf der einen Seite standen die multilateralen Organisationen, die vor allem strikt darauf bedacht waren, sich nicht in die internen Angelegenheiten, vor allem die liberalen Reformen, einzumischen. Auf der anderen Seite meldeten sich kritische Stimmen, die darauf hinwiesen, dass die betroffenen Länder noch nicht einmal vor der Katastrophe auf Hilfe von außen verzichten konnten.

Die Regierungen fanden, dass die Gelder in erster Linie für den Wiederaufbau der Infrastruktur eingesetzt werden sollten. Mitglieder von Kooperativen hingegen, die sich nach dem Hurrikan zusammengeschlossen hatten, sahen nun eine historische Chance, das bisherige Entwicklungsmodell neu zu überdenken. Darin wurden sie von einigen offiziellen Hilfsorganisationen diskret unterstützt.

Einige ihrer Ideen stiegen sogar bis in die oberste politische Ebene auf. Nach der Katastrophe formierte sich auf Initiative der Interamerikanischen Entwicklungsbank (IDB) eine beratende Gruppe »Zentralamerika«, an der sich rund 50 Staaten und Organisationen beteiligten, darunter der Internationale Währungsfonds, die Weltbank und das UN-Entwicklungsprogramm. Auf drei Konferenzen – 1998 in Washington, 1999 in Genf und Stockholm – wurden unter dem Motto »Wiederaufbau, aber nicht zu Lasten von Reformen« umfangreiche Hilfspakete ausgearbeitet. Auf dem Papier schien die Einsicht vorhanden, dass der Wiederaufbau mit einem neuen Typ von internationaler Kooperation verknüpft werden sollte.

Denn in den wenigen Jahren zwischen dem Ende der bewaffneten Konflikte um 1990 herum und dem Hereinbrechen von »Mitch« hatte sich bereits das Scheitern des Entwicklungsmodells gezeigt, das den Ländern der Region abverlangt wurde und den zeitgenössischen internationalen Standards angepasst war: Demokratisierung, Strukturanpassung und Wirtschaftsliberalismus. Zwar flossen damals über internationale Finanzorganisationen jährlich 400 Millionen Dollar Entwicklungshilfe – rund ein Viertel des Bruttoinlandsprodukts – nach Nicaragua und Honduras. Die Armut jedoch nahm weiter zu. In Nicaragua existierten 45,8 Prozent, in Honduras 71,6 Prozent der Bevölkerung unterhalb der Armutsgrenze. Man lebte von der Schattenwirtschaft, in prekären sozialen Verhältnissen, und wer konnte, wanderte ab – es waren Massen.

So verpflichteten sich die Regierungen der Region und die internationale Gemeinschaft in der Stockholmer Erklärung, »nicht dasselbe Zentralamerika wieder aufzubauen«, und setzten sich unter der Devise »Wiederaufbau und Wandel« sechs Hauptziele: die soziale und ökologische Anfälligkeit zu verringern, die Demokratie in Zentralamerika zu konsolidieren, für die Einhaltung der Menschenrechte und politische Transparenz zu sorgen, den Schuldenabbau voranzutreiben und die Hilfsaktionen effizient zu koordinieren [...].

Zunächst ergibt sich die Frage, ob die zur Verfügung gestellten Finanzmittel für das Nötigste reichten. Die Antwort fällt eher positiv aus: Die Hilfsgelder flossen in erheblicher Höhe, auch wenn sie nicht alles abdecken konnten. [...]

Wie die Erfahrungen mit anderen Katastrophen gezeigt haben und wie auch dieser Fall bestätigt, dauerte die Phase von Soforthilfe und Wiederaufbau zwischen sechs Monaten und zwei Jahren [...]. Die spätere Bilanz zeigte, und darin stimmten alle Quellen überein, dass eine Menge erreicht wurde. Die zerstörte Infrastruktur war weitgehend wiederhergestellt. Die Menschen, denen Haus oder Wohnung zerstört worden war, hatten zu 75 Prozent wieder eine neue Bleibe. Es gab jetzt nationale Katastrophenschutzeinheiten. Und ein Frühwarnsystem war eingerichtet worden. Man besaß nun auch den Überblick darüber, welche Regionen als gefährdet einzuschätzen sind.

Doch was war aus den anderen Zielen geworden, die in der Stockholmer Deklaration formuliert worden waren – politische Reformen und die Verbesserung der sozialen und ökologischen Verhältnisse? Auch noch im Jahr 2004, nachdem sich die Zustände wieder einigermaßen normalisiert haben, leidet ein Großteil der Bevölkerung, vor allem auf dem Land, unter Armut. Die Einkommensschere hat sich weiter geöffnet, und die Staatsausgaben pro Kopf haben sich auf das Niveau von 1975 eingependelt. Nicaragua, wo knapp 25 Prozent der Kinder infolge von Mangelernährung erkrankt sind, gehört laut der UN-Landwirtschafts- und Ernährungsorganisation FAO zu den Ländern mit der höchsten Ernährungsunsicherheit.

Alle wussten, dass es nur deshalb so viele Todesopfer gab, weil sich viele Bauern in gefährdeten Zonen niedergelassen hatten. Ein Bündel von Ursachen – die exportorientierte Agrarpolitik sowie die ungleiche Verteilung von Grund und Boden und der Mangel an Ressourcen – hatte dazu geführt, dass sich die Ärmsten der Armen an Wasserläufen, Vulkanhängen und Hügeln niederließen. Auf der Suche nach Bau- und Feuerholz holzten sie ab, was zu finden war; zurück blieb vegetationsloses Bergland, das das Regenwasser nicht mehr zurückhalten konnte.

Methoden zur Identifizierung gefährdeter Zonen standen nun zwar zur Verfügung, doch viele Siedler waren an ihre alten Wohnorte oder in deren Nähe zurückgekehrt. Die Zerstörung der Umwelt ging unkontrolliert weiter. Die Hilfsgelder flossen nicht in die ursprünglich anvisierte Umstrukturierung; der Wiederaufbau widmete sich lediglich der beschädigten Infrastruktur und einigen kommunalen Sozialprojekten – ohne das bedingungslos exportorientierte Wirtschaftsmodell anzutasten oder die allgemein herrschende Armut wirksam zu bekämpfen.

Wenn es darum geht, Bilanz zu ziehen, ist die Debatte genauso konfliktbeladen, wie es schon die Diskussion um den Wiederaufbau gewesen war. Laut Weltbank sei das ursprüngliche Ziel zu »ehrgeizig« gewesen: Die allgemeine Lage habe sich so kurzfristig nicht verändern lassen. Natürlich stimmt es, dass ein Wiederaufbau, der Armut deutlich verringern und sozial stabile Verhältnisse schaffen soll, viel Zeit in Anspruch nimmt und eine enorm vielschichtige Aufgabe darstellt. Aber zumindest hätte man in Ansätzen diese Richtung verfolgen können. Warum ist das nicht möglich gewesen?

Manche Versuche scheiterten an der unflexiblen Haltung der großen internationalen Organisationen, die an ihren Strukturanpassungsprogrammen und Standardreformen festhielten. Diese Starrheit verhinderte, dass die anfangs ins Auge gefassten Reformziele von den einzelnen Regierungen übernommen wurden. [...]

Die internationale Hilfe folgte überall den gleichen Prinzipien und ging insgesamt sehr kleinteilig vor. Man hielt an dem Althergebrachten fest und unternahm keinerlei Anstrengungen, daran etwas zu ändern. [...]

Eine Verringerung der Schuldenlast hätte natürlich auch unabhängig von der Katastrophe Ressourcen für die Armutsbekämpfung freigesetzt. Doch dazu kam es nicht. Zwar beschlossen einige Gläubiger (Frankreich, Kuba, die Niederlande), ganz oder teilweise auf ihre bilateralen Forderungen zu verzichten. Doch der Pariser Club, ein Zusammenschluss der wichtigsten Gläubigerstaaten, bewilligte lediglich ein dreijähriges Schuldenmoratorium, keine Annullierung der Schulden.

Sechs Jahre sind jetzt seit dem Hurrikan »Mitch« vergangen. Die guten Vorsätze verschwanden unter einem Wust von Dokumenten über den »Abbau der Armut«. Wer möchte da behaupten, dass eine weitere Katastrophe solchen Ausmaßes nicht ähnliche Folgen zeitigen würde?

Aus: Angel Saldomando: Vertane Chance nach dem Sturm, Übers. Bodo Schulze, in: *Le Monde diplomatique. Deutsche Ausgabe* 7588, Berlin (11. Februar 2005), S. 14.

3. Der Aufstieg der neuen indigenen Bewegungen

Q 185 Indigene Bewegungen und die 500-Jahr-Feier der »Entdeckung« Amerikas I (1990)

In der Sprache der panamaischen Kuna ist »Abya Yala« die Bezeichnung für den Kontinent, und sie wird von zahlreichen Indigenenorganisationen als Gegenbegriff zu »Amerika« propagiert. 1990 kamen erstmals verschiedene indigene Organisationen und Gruppen aus ganz Abya Yala zu einem Treffen in der ecuadorianischen Hauptstadt Quito zusammen. Seitdem fanden drei weitere Treffen und drei Gipfeltreffen statt, auf denen die Situation der indigenen Völker und deren Forderungen diskutiert wurden. Der letzte Gipfel fand 2007 in Guatemala statt. Die hier abgedruckte Erklärung von Quito des ersten Treffens nimmt auch Bezug auf die Feiern zur »Entdeckung« Amerikas durch die Europäer im Jahr 1992.

Das kontinentale Treffen »500 Jahre indianischer Widerstand« (»*500 Años de Resistencia India*«) mit Repräsentanten aus 120 indianischen Nationen, internationalen Organisationen und Schwesterorganisationen, die sich vom 17. bis 21. Juli 1990 in Quito versammelt haben, erklärt vor der Welt das Folgende:

Wir Indianer aus Amerika haben niemals unseren dauerhaften Kampf gegen den Zustand der Unterdrückung, Diskriminierung und Ausbeutung aufgegeben, den man uns durch die europäische Invasion in unsere angestammten Gebiete aufgedrängt hat.

Unser Kampf bleibt kein bloßer vorübergehender Reflex auf die Erinnerung an die 500 Jahre der Unterdrückung, die die Invasoren in Zusammenarbeit mit den »demokratischen« Regierungen unserer Länder in Akte der Feierlichkeit und des Jubels umwandeln wollen. Um diese »Feier« zurückzuweisen, geben wir indianischen Völker, Nationalitäten und Nationen jedoch eine kämpferische und engagierte Antwort, die auf unserer Identität basiert, die uns zu einer vollständigen Befreiung führen muss.

Der Kampf unserer Völker hat in der letzten Zeit eine neue Qualität gewonnen. Dieser Kampf steht immer weniger für sich und ist immer besser organisiert. Jetzt sind wir uns voll und ganz darüber bewusst, dass unsere endgültige Befreiung nur in völliger Ausübung unserer Selbstbestimmung zum Ausdruck kommen kann. Unsere Einheit fußt auf diesem wesentlichen Recht; unsere Selbstbestimmung ist keine simple Erklärung.

Wir müssen die nötigen Bedingungen sicherstellen, die ihre völlige Umsetzung ermöglichen, und diese muss sich ihrerseits in der vollständigen Autonomie unserer Völker ausdrücken. Ohne indianische Selbstregierung und ohne die Kontrolle über unsere Territorien kann es keine Autonomie geben.

Die Erreichung dieses Zieles ist die Hauptaufgabe der indianischen Völker. Jedoch haben wir durch unseren Kampf gelernt, dass sich unsere Probleme in vielen Aspekten nicht von denen anderer Bevölkerungsgruppen unterscheiden. Darum sind wir davon überzeugt, dass wir gemeinsam mit den Bauern, den Arbeitern, den ausgegrenzten Gruppen und den Intellektuellen, die sich unserer Sache verpflichten, marschieren müssen, um das herrschende und unterdrückende System zu zerstören und um eine neue pluralistische, demokratische und humane Gesellschaft zu schaffen, in der der Frieden garantiert ist.

Die Verfassungen und Grundgesetze in den gegenwärtigen Nationalstaaten unseres Kontinentes sind juristisch-politische Äußerungen, die unsere sozioökonomischen, kulturellen und politischen Rechte missachten.

Daher halten wir es in unserer allgemeinen Kampfstrategie für vorrangig, jene grundlegenden Veränderungen zu fordern, die die völlige Umsetzung der Selbstbestimmung mittels eigener Regierungen der Indianer und der Kontrolle unserer Territorien ermöglichen.

Die voreingenommene Politik nach integrationistischem, ethnoentwickelndem Muster und andere Vorgehensweisen, die die Regierungen ergriffen haben, sind nicht ausreichend. Auf diesem Weg werden unsere Probleme nicht gelöst werden. Eine vollständige, den Staat und die nationale Gesellschaft durchdringende Umgestaltung ist notwendig, also die Schaffung einer neuen Nation.

In diesem Treffen ist klar geworden, dass das Recht auf das Territorium eine grundlegende Forderung der indigenen Völker des Kontinents ist. Freilich kann dieses Recht nicht gewährt werden, wenn nicht das Recht auf die Territorialität garantiert wird.

Auf der Grundlage der vorangegangenen Ausführungen bekräftigen wir, die beim ersten kontinentalen Treffen der indianischen Völker versammelten Organisationen:

1. unsere entschiedene Ablehnung der 500-Jahr-Feier. Und die feste Absicht, dieses Datum als Gelegenheit zu nutzen, um unseren Einigungsprozess und kontinentalen Kampf für unsere Befreiung zu verstärken.

2. das Bekenntnis zu unserem unbeugbaren politischen Projekt der Selbstbestimmung und Eroberung unserer Autonomie innerhalb der Rahmen der Nationalstaaten unter einer neuen Völkerordnung, die die Bezeichnung respektiert, mit der jedes Volk seinen Kampf und sein Projekt benennt.

3. das Bekenntnis zu unserer Entscheidung, unsere Kultur, Erziehung und Religion als wesentliche Grundlagen unserer Identität als Völker zu verteidigen, indem wir unsere eigenen Formen des spirituellen Lebens und des gemeinschaftlichen Zusammenlebens in enger Verbindung mit unserer Mutter Natur wiederherstellen und aufrechterhalten.

4. Wir lehnen die Manipulation durch Organisationen ohne indigene Repräsentativität ab, die unseren Namen für imperialistische und mit den herrschenden Gruppen unserer Gesellschaften verbundene Interessen benutzen, wobei wir gleichzeitig unseren Wunsch nach Stärkung unserer eigenen Organisationen zum Ausdruck bringen, ohne Ausschlüsse und Abgrenzungen für die restlichen sozialen Kämpfe.

5. Wir erkennen die wichtige Rolle an, die die indigene Frau in den Kämpfen unserer Völker spielt. Wir wissen um die Notwendigkeit, die Beteiligung der Frau in unseren Organisationen auszuweiten, und bekräftigen den gemeinsamen Kampf von Mann und Frau in unserem Befreiungsprozess, eine Schlüsselfrage in unserer politischen Praxis.

6. Wir indianischen Völker halten die Verteidigung und die Erhaltung der natürlichen Grundlagen für lebenswichtig, die momentan von den transnationalen Unternehmen angegriffen werden. Wir sind davon überzeugt, dass diese Verteidigung Wirklichkeit wird, wenn es die indianischen Völker sind, die die von ihnen bewohnten Territorien mithilfe eigener Organisationsprinzipien und Formen des Gemeindelebens verwalten und kontrollieren.

7. Wir lehnen die Gesetzesrahmen der Nationen ab, die Früchte des Kolonisierungs- und Neokolonisierungsprozesses sind. Wir suchen also nach einer neuen sozialen Ordnung, die unser traditionelles Ausüben des indigenen Rechts, des Ausdrucks unserer Kultur und Organisationsformen, berücksichtigt. Wir fordern unsere Anerkennung als Völker im Rahmen des internationalen Rechts, eine Frage, von der wir verlangen, dass sie in den betreffenden Nationalstaaten angegangen wird.

8. Wir prangern an, dass wir indianischen Völker Opfer von Gewalt und Verfolgung sind, was alles eine offensichtliche Verletzung der Menschenrechte darstellt. Daher fordern wir die Anerkennung unseres Rechts auf Leben, auf Land, auf die freie Organisation und die Ausübung unserer Kultur. Gleichzeitig fordern wir die Freilassung all unserer politischen Führer, die Beendigung der Repression und die Wiedergutmachung erlittener Schäden.

Wir an diesem ersten kontinentalen Treffen der indianischen Völker teilnehmenden indianischen Organisationen wollen unsere Anerkennung und unseren Dank an die ecuadorianischen Schwesterorganisationen für ihre Anstrengungen hinsichtlich eines guten Abschlusses dieses wichtigen Ereignisses zum Ausdruck bringen. Wir wollen unsere Solidarität mit dem Kampf des indigenen Volkes von Ecuador für Freiheit und Demokratie erklären.

Unsere Aktionen müssen daher darauf bedacht sein, unsere Basisorganisationen zu stärken und bessere Stufen der Koordination und Kommunikation mit den Bevölkerungsgruppen zu erreichen.

Die kontinentale Kampagne »500 Jahre Widerstand der Indigenen und der Völker« muss durch die Beteiligung aller unserer Organisationen ausgebaut werden, damit wir es schaffen, uns als alternative Kraft zu konstituieren. Die Antwort auf 1992 muss die Einheit und die Mobilisierung sein.

Unsere Kampagne muss sich artikulieren, indem sie sich nach dem Prinzip der Solidarität mit allen Befreiungskämpfen der Völker richtet.

Aus: *Declaración de Quito y resolución del Encuentro Continental de Pueblos Indígenas. Quito, 17–21 de julio de 1990*, Quito: CONAIE 1990, S. 1–5.

Q 186   Indigene Bewegungen und die 500-Jahr-Feier der »Entdeckung« Amerikas II (1993)

Die 500-Jahr-Feiern der Entdeckung Amerikas lösten wissenschaftliche und publizistische Kontroversen über die richtige Deutung der Ereignisse und ihrer Folgen aus. Der mexikanische Karikaturist Pascual Santillán Sánchez drückte mit seiner am 12. Oktober 1993 – dem seit 1913 sogenannten »Tag der (hispanischen) Rasse« (»Día de la raza«) – veröffentlichten Zeichnung die Sichtweise vieler Kritiker der offiziellen Feierlichkeiten aus.

Aus: Agustín Sánchez González: *Diccionario biográfico ilustrado de la caricatura mexicana*, Mexiko-Stadt: Ed. Limusa 1997, S. 200.

Q 187   Rigoberta Menchú und der indigene Widerstand (1997)

*Die guatemaltekische Menschenrechtlerin Rigoberta Menchú Tum (*1959), eine geborene K'iche'-Maya, kämpfte politisch in den 1980er Jahren gegen das Regime in Guatemala und setzt sich seither für die Rechte von indigenen Völkern ein. 1992 erhielt sie dafür den Friedensnobelpreis. Sie veröffentlichte mehrere Biografien, von denen vor allem ihre erste eine Kontroverse hervorrief, nachdem 1999 der Anthropologe David Stoll Teile des Buches als* *unwahr bezeichnete. Bei der Wahl zum guatemaltekischen Präsidentenamt 2007 erhielt sie 2,7% der Stimmen. Der folgende Auszug stammt aus ihrer neuesten Biografie »Rigoberta. Enkelin der Maya« (»Rigoberta. La nieta de los mayas«) und thematisiert die Vertreibungspolitik der Militärregierungen.*

[...] Die Politik der verbrannten Erde, das heißt die Vernichtung ganzer Dörfer in Guatemala wurde von der Armee in der Absicht verfolgt, die Zeugen ihrer Verbrechen zu beseitigen, auch diejenigen, die zwar in den jeweiligen Dörfern lebten, zum Zeitpunkt der Ereignisse jedoch zufällig nicht anwesend waren. Wenn ich der Armee in die Hände gefallen wäre, hätte ich die Geschichte schlicht und einfach nicht erzählen können. Ihr Hass war riesengroß. Für die Militärs bedeutete der Tod eines Führers die Ausrottung seiner Ideale in den Herzen der Menschen, der Tod einer Mutter den Tod eines zukünftigen Sohnes, der zum Rebellen hätte werden können, der Tod eines Jugendlichen den Tod eines neuen Guerillakämpfers und der Tod eines Kindes die Terrorisierung der übrigen Gesellschaft. Sie wussten, dass ein Führer nicht einfach vom Himmel fällt, sondern dass er, wie eine Frucht, Zeit zur Reifung und Entwicklung braucht. Sobald ein neuer Führer herangereift war, beseitigten sie ihn. Diese von der Regierung und von der Armee Guatemalas verfolgte Politik hat dem Demokratisierungsprozess sehr geschadet.

Wer sich retten konnte, war gezwungen, einen kompromisslosen Kampf aufzunehmen und in die Berge zu gehen. Es gab keinen Mittelweg, der es einem erlaubte, ein Führer zu sein, ohne ein Ausgeschlossener, eine Witwe, eine heimliche Waise oder ein toter Guerillero zu sein. [...]

Die Politik der verbrannten Erde bedeutete die völlige Vernichtung. Das Wichtigste war, zehn künftige Guerilleros zu beseitigen, auch wenn man dafür 50 weitere Menschen opfern musste. Die Armee wusste, dass sie damit keine Festungen der Guerilla zerstörte, sondern verhinderte, dass die Menschen überhaupt Guerilleros wurden. Sie ermordeten schwangere Frauen, Kinder, Männer und Frauen jeden Alters. Im Rahmen der Politik der verbrannten Erde verbrannten sie Menschen, begingen sie niederträchtige Morde, folterten sie mit Bedacht. Es gab zahlreiche verborgene Gefängnisse, und zahlreich sind auch die geheimen Friedhöfe in unseren Dörfern. Das Regime sah in jedem Armen, jedem Indígena, jedem bescheidenen Menschen einen Feind. Sie werden weiterhin eine wichtige Quelle für den Kampf darstellen, weil niemand einen geliebten Menschen, einen in einem Massengrab verscharrten Bruder vergessen kann, sondern danach strebt, ihm ein würdiges Begräbnis zu verschaffen. Ihn mit allem Respekt, der unseren Toten gebührt, zu begraben, gehört zum Leben.

Die Folgen der Politik der verbrannten Erde waren so entsetzlich, wie es sich vielleicht kein Volk vorstellen kann. Es ist ein Unterschied, ob man Zuschauer oder Beteiligter ist. Die Politik der verbrannten Erde ist tief in unserem Gedächtnis eingegraben. Ich glaube, ihre Narben werden Jahrhunderte überdauern, lange Zeit im Gedächtnis künftiger Nationen bleiben. Daraus hervorgegangen ist die Tapferkeit unseres Volkes, die Ablehnung des Militärregimes und der Gewalt. Ich zweifle nicht daran, dass sich daraus eine friedliche Zukunft für unser Volk entwickeln lassen wird. [...]

[...] Die Menschen wollten sich nicht der Kontrolle der Armee unterwerfen. Sie blieben in den Bergen und bewahrten sich ihr Bewusstsein und ihre Entschlossenheit. Sie schufen sich neue Regeln und Gesetze. Die CPR bestanden fast 15 Jahre lang in den Bergen. Sie lernten sich gegen die zahllosen Angriffe der Armee zu verteidigen. Die jungen Leute in den Siedlungen ergriffen viele Vorsichtsmaßnahmen, um nicht überrascht zu werden, denn die Armee verfolgte sie unablässig und beging bestialische Verbrechen an diesen Menschen. Sie zerstörte ganze Dörfer dort in den Bergen. An manchen Orten enthaupteten die Soldaten jeden, der ihnen in die Hände fiel. Sie nahmen die Menschen gefangen, enthaupteten sie und deponierten die Köpfe an Orten, wo sie nicht so leicht verwesen konnten und sich deshalb lange Zeit erhielten. So sahen die Menschen ihre Toten wieder. Unter den Steinen lagen ganze Haufen von Schädeln.

Wir haben über die Jahre systematisch Beweise gesammelt und Fotos und Filmaufnahmen gemacht. 60, 70 Menschen wurden enthauptet und an Ort und Stelle liegen gelassen. Auf diese Weise wollte man die Bevölkerung in Angst und Schrecken versetzen und die Überlegenheit und Grausamkeit der Armee demonstrieren. Die Menschen sollten Angst bekommen und den Urwald verlassen. [...]

Meinem Bruder Nicolás zum Beispiel haben sie seit dem Tod meiner Eltern das Leben unerträglich gemacht. Nach seiner Haftzeit haben sie ihm eine Geldstrafe nach der anderen auferlegt, nur für das Recht zu leben. Sie erfanden plötzlich irgendeinen Vorwand und erklärten ihm: »Wenn Du diese Geldstrafe nicht zahlst, werden wir Dich wegen Aufruhr anklagen; wenn Du diese Geldstrafe nicht zahlst, werden wir Dich wegen Verbindungen zur Guerilla anklagen.« Dank meines Nobelpreises ließen sie ihn eine Weile in Ruhe. Doch die Verfolgung, der mein Bruder ausgesetzt war, kann man nur als Psychoterror bezeichnen, den nicht nur er, sondern die Mehrheit unseres Volkes zu erleiden hatte. Der Krieg brachte Korruption innerhalb der Streitkräfte mit sich. Viele Bürgermeister und Armeekommissare waren korrupt. Die CPR wären mit diesem System aus Immunität und Korruption unvereinbar gewesen; denn diese Unsitte hätte ihrem Verständnis von Freiheit, Fortschritt und Demokratie geschadet. [...]

Ungeachtet allen Unglücks, aller Verfolgung, Verbrechen und Auseinandersetzungen kam das Jahr 1992, der 500. Jahrestag. In diesem Jahr habe ich viele Dinge gelernt. Es ist kein Geheimnis, dass es zwischen dem spanischen Jubiläumsausschuss und mir einige Meinungsverschiedenheiten gab, vor allem bezüglich der Rolle, die man den indigenen Völkern zugestehen wollte. Es gab da einen Rassisten, dessen Namen ich vergessen habe. Er vertrat den abwegigsten Standpunkt zum 500. Jahrestag.

Die Mitglieder der spanischen Delegation oder besser des offiziellen Komitees für den 500. Jahrestag dachten an öffentliche Feierlichkeiten. Wir dagegen waren nicht der Ansicht, dass es etwas zu feiern gebe. Feiern bedeutete eine Beleidigung für uns, eine Beleidigung für unser Volk und unsere Generationen. Wenn das Datum eine so große Bedeutung besaß, hätte man uns die Möglichkeit geben müssen, als aktive Mitglieder der Gesellschaft, als Gestalter unserer Geschichte daran teilzuhaben.

Die größte Lehre, die wir aus dem Jubiläum gezogen haben, war die Entdeckung, dass alle Indígenas die gleichen Erfahrungen gemacht hatten. Wir sind verschieden, wir haben 500 Jahre überlebt, wir haben trotz aller Blutbäder in verschiedenen Teilen des Kontinents überlebt. Wir haben unterschiedliche Erfahrungen und Identitäten; wir haben auch unterschiedliche und vielfältige Träume. Dennoch gibt es grundlegende Wesenszüge in unseren Kulturen, die uns als jahrtausendealte Kulturen einen. Jeder von uns hat in seiner Nation überlebt ohne die Möglichkeit der Begegnung mit anderen Völkern. Wir entdeckten, dass die Indígenas immer sehr viel von ihren Wertvorstellungen, ihrer Kultur, ihrer Denkweise, ihrer Persönlichkeit, ihrer Arbeitskraft, ihrer Geduld eingebracht haben. Sie haben mit ihrem Blut und ihrem Schmerz dazu beigetragen, die sogenannten Demokratien zu errichten. Dieser Beitrag wurde niemals anerkannt. Vielmehr haben nicht wenige Mestizen unseres Kontinents geleugnet, zu dieser jahrtausendealten Kultur zu gehören, und sich der Erde, die sie geboren hat, und der Wurzeln ihrer Kultur geschämt.

Wir haben feststellen können, dass wir Indígenas 500 Jahre lang nicht bloß Zuschauer, sondern Akteure gewesen sind. Wir durchschauten, wie unsere geistigen Errungenschaften und unsere Vorstellungswelt usurpiert wurden, weil unser Denken manipuliert und entstellt wurde. Sie wurden von Leuten usurpiert, die behaupten, es handele sich um das Gedankengut der ganzen Menschheit, und mit diesem Trick hat man die Urheberschaft verteilt.

Anlässlich des 500. Jahrestages legten wir unsere fundamentale Idee von der Beziehung zwischen Mutter Natur und dem Leben der Menschen dar. Sie wurde von zahllosen Umweltaktivisten, Privatpersonen und Schriftstellern ausgebeutet. Nie hieß es: »Das hat Häuptling Descage gesagt« oder: »Das hat ein Maya-Häuptling gesagt, das hat eine Chortí oder eine Chamula oder eine Hebamme gesagt.« Nie wurde zugegeben, dass diese Ideen jahrtausendealte Wurzeln haben, und so schien der Indígena über keine eigene Gedankenwelt zu verfügen. Denn die Ideen des Indígena haben sich andere angeeignet, die auch gleich die Urheberschaft dafür übernommen haben. [...]

Aus: Rigoberta Menchú: *Rigoberta. La nieta de los mayas*, Florenz: Giunti Gruppo Editoriale 1997. Zit. nach: Rigoberta Menchú: *Enkelin der Maya. Autobiografie*, Übers. Werner Horch, Göttingen: Lamuv 1999, S. 269–280.

Q 188   Die Neozapatisten in Mexiko (1993)

Am 1. Januar 1994 begann in Chiapas, Mexiko, ein bewaffneter Aufstand von Indigenen. Als Hommage an den Helden der Mexikanischen Revolution Emiliano Zapata nennt sich diese Bewegung »Zapatistische Armee der Nationalen Befreiung« (»Ejército Zapatista de Liberación Nacional«, EZLN). Die Zapatistas wollen auf die unterprivilegierte Situation und die andauernde Ausgrenzung der indigenen Bevölkerung Mexikos aufmerksam machen. Wie kaum eine andere Befreiungsbewegung nutzen die Zapatisten neue Technologien und globale Vernetzungen. Die vermummten Gesichter der zapatistischen Führung sind weltweit zu einem Symbol der Linken geworden, und die meist vom charismatischen »Subcomandante Marcos« verfassten Erklärungen zirkulieren im Internet. Ihre erste, grundlegende Erklärung ist folgende:

Erklärung aus dem Lakandonischen Urwald

Heute sagen wir: Basta! Es reicht!

An das Volk von Mexiko:

Mexikanische Brüder und Schwestern:

Wir sind das Produkt von 500 Jahren Kampf, zuerst gegen die Sklaverei in dem von Aufständischen angeführten Unabhängigkeitskrieg gegen Spanien, danach, um die Einverleibung durch den nordamerikanischen Expansionismus zu verhindern, alsdann, um unsere Verfassung auszurufen und das Französische Imperium von unserem Boden zu verjagen, danach verweigerte uns die porfiristische Diktatur die gerechte Anwendung der Reformgesetze, und das Volk rebellierte und stellte seine eigenen Führer auf. Es traten Villa und Zapata hervor, arme Menschen wie wir, denen sie, wie uns, die elementarste Ausbildung verweigerten, um sie so wie uns als Kanonenfutter zu verwenden und die Reichtümer unserer Heimat auszuplündern zu können, ohne dass es sie interessiert, wenn wir an Hunger und heilbaren Krankheiten sterben, ohne dass es sie interessiert, wenn wir nichts haben, absolut nichts, weder ein menschenwürdiges Haus noch Land, noch Arbeit, noch Gesundheit, noch Nahrung, noch Bildung, nicht einmal das Recht, frei und demokratisch unsere Vertreter zu wählen, keine Unabhängigkeit vom Ausland, keinen Frieden und keine Gerechtigkeit für uns und unsere Kinder.

Aber heute sagen wir: Basta!

Wir sind die Erben der wahren Gründer unserer Nation, wir Besitzlosen sind Millionen und fordern all unsere Brüder und Schwestern auf, sich diesem Aufruf anzuschließen, als einzigem Weg, nicht vor Hunger zu sterben angesichts der unersättlichen Herrschsucht einer mehr als siebzigjährigen Diktatur, die von einer Verräterclique angeführt wird, die die konservativsten Kreise und Vaterlandsverkäufer repräsentiert. Es sind dieselben, die sich Hidalgo und Morelos entgegenstellten, die Vicente Guerrero verrieten, es sind dieselben, die mehr als die Hälfte unseres Territoriums an ausländische Eindringlinge verkauften, es sind dieselben, die einen europäischen Fürsten anschleppten, um uns zu regieren, es sind dieselben, die die Diktatur der porfiristischen *científicos* [Gruppe positivistischer Technokraten in der Regierung Porfirio Díaz] bildeten, es sind dieselben, die sich der Enteignung der Erdölgesellschaften widersetzten, es sind dieselben, die die Eisenbahnarbeiter 1958 und die Studenten 1968 massakrierten, es sind dieselben, die uns heute alles wegnehmen, absolut alles.

Um das zu verhindern und nachdem wir alles versucht haben, um die Rechtsgrundlagen unserer Magna Charta umzusetzen, beziehen wir uns als unsere letzte Hoffnung auf sie, unsere Verfassung, und wenden den Verfassungsartikel 39 an, in dem es wörtlich heißt:

»Die nationale Souveränität liegt wesentlich und ursprünglich beim Volk. Alle Staatsgewalt geht vom Volke aus und wird zum Wohl desselben eingesetzt. Das Volk hat zu jeder Zeit das unveräußerliche Recht, die Form seiner Regierung zu verändern oder zu modifizieren.«

Daher richten wir in Verbundenheit mit unserer Verfassung die folgende Kriegserklärung an die mexikanische Bundesarmee, den Grundpfeiler der Diktatur, unter der wir leiden. Die machthabende Partei hat sie ihrem Monopol unterstellt, die Zentralregierung führt sie an. Diese Zentralregierung befindet sich heute in der Hand ihres obersten und unrechtmäßigen Chefs, Carlos Salinas de Gortari.

In Übereinstimmung mit dieser Kriegserklärung bitten wir die anderen Gewalten der Nation, sich dafür einzusetzen, dass die Legalität und die Stabilität der Nation durch die Absetzung des Diktators wiederhergestellt wird.

Ebenso bitten wir die Internationalen Organisationen und das Internationale Rote Kreuz darum, die Kampfhandlungen, die unsere Streitkräfte führen, zu beobachten und zu regeln und den Schutz der Zivilbevölkerung zu garantieren, denn wir erklären jetzt und für immer, dass wir uns den Bestimmungen der Genfer Konvention unterordnen, wobei wir die EZLN als kriegsführende Partei unseres Befreiungskampfes aufstellen. Das mexikanische Volk steht auf unserer Seite, wir haben ein Vaterland und eine dreifarbige Fahne, die von den aufständischen Kämpfern geliebt und respektiert wird. Wir verwenden die Farben rot und schwarz für unsere Uniformen, die Symbole des arbeitenden Volkes in seinen Streikkämpfen. Unsere Fahne trägt die Buchstaben »EZLN«, Zapatistische Armee der Nationalen Befreiung, und mit ihr werden wir immer in die Gefechte ziehen.

Von vornherein weisen wir jeden Versuch zurück, die gerechten Beweggründe unseres Kampfes abzustreiten, indem man sie mit Drogenhandel, Drogenguerilla, Banditentum oder ähnlichen Bezeichnungen in Verbindung bringt, die unsere Feinde benutzen könnten. Unser Kampf hält sich an das Verfassungsrecht und steht unter dem Banner von Gerechtigkeit und Gleichheit. [...]

Volk von Mexiko! Wir ehrenhafte und freie Männer und Frauen sind uns bewusst, dass der Krieg, den wir erklärt haben, ein letztes, aber gerechtes Mittel ist. Die Diktatoren führen seit vielen Jahren einen nicht erklärten Ausrottungskrieg gegen unsere Völker, weshalb wir Dich um Deine entschiedene Teilnahme bitten, diesen Plan des mexikanischen Volkes zu unterstützen, das für Arbeit, Land, Obdach, Nahrung, Gesundheit und Frieden kämpft. Wir erklären, dass wir nicht aufhören werden zu kämpfen, bis wir die Erfüllung dieser Grundforderungen unseres Volkes erreicht haben und eine Regierung in unserem freien und demokratischen Land bilden können.

Tritt ein in die aufständischen Streitkräfte der Zapatistischen Armee der Nationalen Befreiung.

Generalkommandantur der EZLN im Jahr 1993

Aus: Comandancia General del EZLN: Declaración de la Selva Lacandona (1993), in: Homepage des Ejército Zapatista de Liberación Nacional, http://palabra.ezln.org.mx/comunica dos/1994/1993.htm, aufgerufen am 13. Februar 2009. Zit. und überarbeitet nach: Erklärung aus der Selva Lacandona, Übers. Annette Massmann, in: Redaktionsgruppe Topitas (Hg.): *¡Ya basta! Der Aufstand der Zapatistas*, Hamburg: Verlag Libertäre Assoziation 1994, S. 20–22.

Q 189   Indigenität und Macht in Bolivien (2005)

*In Bolivien war das politische Erstarken der Linken in besonderer Weise mit dem neuen Selbstbewusstsein der indigenen Mehrheit des Landes verbunden. Mit dem Sieg des Anführers der »Bewegung zum Sozialismus« (»Movimiento al Socialismo«, MAS) und der Gewerkschaft der Coca-Bauern Evo Morales (*1959) im Jahr 2005 erfuhr das Indigene in der politischen*

Symbolik und Programmatik eine enorme Aufwertung. Gleichzeitig sucht die bolivianische Regierung enge Kontakte zu anderen sozialistischen Regierungschefs Lateinamerikas, etwa zum venezolanischen Präsidenten Hugo Chávez. Das folgende Foto von Morales und Chávez verdeutlicht diese beiden Aspekte.

Aus: Germán Muruchi Poma: *Evo Morales. De cocalero a presidente de Bolivia. Ama sua ama lulla, ama q'illa (¡no robes, no mientas y no flojees!)*, Barcelona: Flor de Viento Ed. 2008, S. LV.

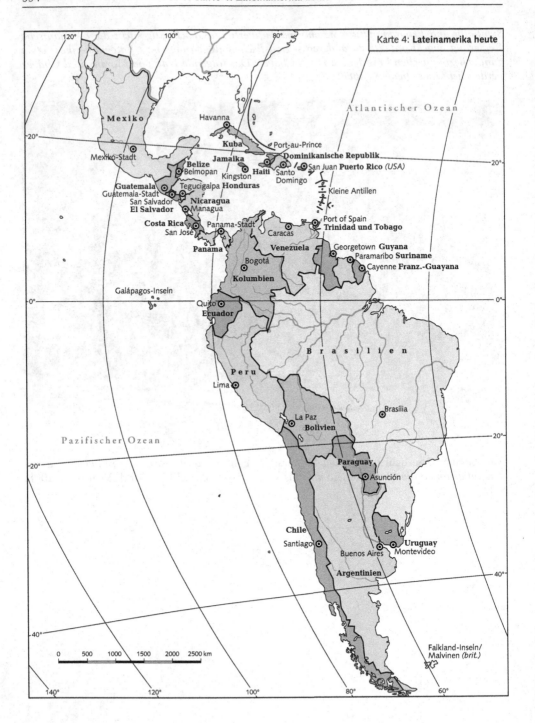

Karte 4: **Lateinamerika heute**

Zeittafel

1799–1804	Alexander von Humboldt bereist Neu-Granada und Neu-Spanien.
1804	UnabhängigkeitserklärungHaitis
1806–1807	Lokale Milizen unter Santiago Liniers beenden die britische Besatzung von Buenos Aires.
1807	Napoleon lässt Portugal besetzen, der portugiesische Hof flieht mit britischer Hilfe nach Rio de Janeiro.
1808–1809	Napoleon erobert Spanien und erzwingt die Abdankung des Königs. Bildung eine Zentraljunta in Spanien
1808–1810	Kreolische Juntabildungen in Amerika
1810	Konstituierung der Cortes von Cádiz »Mai-Revolution« in Buenos Aires (De-facto-Unabhängigkeit von Spanien) Absetzung des Vizekönigs in Neu-Granada
1810–1815	Aufstand und Guerillakrieg unter Hidalgo und Morelos in Mexiko
1811	Unabhängigkeitserklärung Venezuelas und Quitos
1811–1813	Unabhängigkeit Paraguays von Buenos Aires und Spanien
1812	Proklamation der Verfassung von Cádiz Rückeroberung Venezuelas und Quitos durch spanische Truppen
1814–1840	Diktatur von José Gaspar de Francia in Paraguay
1815	Brasilien und Portugal werden zum Vereinigten Königreich erklärt.
1818	José de San Martín befreit Chile, Unabhängigkeitserklärung durch O'Higgins.
1819	Simón Bolívar wird Präsident von Groß-Kolumbien.
1821	Plan von Iguala und Unabhängigkeitserklärung Mexikos Unabhängigkeitserklärung Perus
1822	Die USA erkennen die neuen Staaten an. Unabhängigkeitserklärung Brasiliens durch Pedro I. (»Grito de Ypiranga«)
1822–1823	Kurzlebiges Kaisertum in Mexiko unter Agustin I. Iturbide
1823	Monroe-Doktrin
1824	Endgültige Niederlage der spanischen Truppen in der Schlacht von Ayacucho, Peru
1826	Beginn der ersten Schuldenkrise in Lateinamerika
1828	Frieden zwischen Argentinien und Brasilien und Schaffung des unabhängigen Uruguay (1830)
1829	Sieg General Santa Annas über ein spanisches Expeditionsheer
1829–1839	Präsidentschaft von General Andrés Santa Cruz in Bolivien
1829–1852	Juan Manuel de Rosas bestimmt die Politik des La-Plata-Raums.
1830	Tod Bolívars, Auflösung Groß-Kolumbiens
1830–1845	General Juan José Flores dominiert die Politik Ecuadors.
1830–1848	General José Antonio Páez dominiert die Politik Venezuelas.
1833	Autoritäre Verfassung in Chile
1836	Separation Texas' von Mexiko
1836–1839	Peruanisch-bolivianische Andenkonföderation
1838–1841	Auflösung der Zentralamerikanischen Konföderation
1839	Verbündete Argentinier und Chilenen besiegen und zerschlagen die Andenkonföderation in der Schlacht von Yungay.
1840–1889	Pedro II., Kaiser von Brasilien

1844	Separation der Dominikanischen Republik von Haiti
1844–1865	Der konservative Caudillo Rafael Carrera bestimmt die Politik Guatemalas.
1845	Texas schließt sich den USA an.
1845–1848	Seeblockade gegen Argentinien durch England und Frankreich
1846–1848	Mexikanisch-Amerikanischer Krieg
1850	Brasilien stellt den atlantischen Sklavenhandel ein.
1852	Rosas unterliegt im innerargentinischen Machtkampf.
1853	Der Argentinier Juan Buatista Alberdi prägt den Begriff »Gobernar es poblar« (Regieren heißt bevölkern) und fordert die Anwerbung europäischer Einwanderer.
1855	Exilierung von General Santa Anna und Beginn der liberalen Reformära in Mexiko
1856–1857	Der US-amerikanische »Filibuster« William Walker erkämpft sich die Macht in Nicaragua und wird von verbündeten zentralamerikanischen Truppen vertrieben.
1861–1875	Gabriel García Moreno bestimmt die Politik Ecuadors und errichtet eine konservativ-klerikale Diktatur.
1862	Nach langen Bürgerkriegen zwischen den Provinzen wird General Bartolomé Mitre Präsident der Republik Argentinien.
1862–1867	Französische Invasion Mexikos: Einrichtung des Kaisertums unter Maximilian I.
1864–1865	Kriegerische Auseinandersetzungen mit der spanischen Pazifikflotte vor der peruanischen Küste
1864–1870	Paraguay verliert den Tripelallianz-Krieg gegen Brasilien, Argentinien und Uruguay.
1867–1872	Zweite Präsidentschaft von Benito Juárez in Mexiko
1867	Benito Juárez lässt Kaiser Maximilian von Mexiko erschießen.
1870–1887	General Antonio Guzmán Blanco dominiert die Politik Venezuelas und führt liberale Reformen durch.
1872	Manuel Pardo wird als erster Zivilist zum Präsidenten Perus gewählt.
1868–1878	Erfolgloser Zehnjähriger Krieg gegen die Spanier auf Kuba
1876–1911	Präsidentschaft von Porfirio Díaz in Mexiko (Porfiriat)
1879–1883	Chile siegt im »Salpeterkrieg« gegen Peru und Bolivien.
1879–1885	»Wüstenkrieg« in Argentinien gegen Teile der indigenen Bevölkerung
1880–1886	Präsidentschaft von General Julio Roca in Argentinien, Ende der Konflikte zwischen den Regionen
1881	Aufstand der Mapuche in Chile
1886	Abschaffung der Sklaverei auf Kuba
1888	Brasilien schafft als letztes Land in den Amerikas die Sklaverei ab.
1889	Sturz der brasilianischen Monarchie, Ausrufung der Republik
1890	Im »Grace-Vertrag« vergibt die peruanische Regierung weitreichende Privilegien an englische Investoren und erhält dafür wieder Zugang zu internationalen Anleihen.
1898	Spanisch-Amerikanischer Krieg und Besetzung Kubas, Puerto Ricos und der Philippinen durch die USA
1899	Erste Verfassung des unabhängigen Kuba mit »Platt Amendment«, das den USA Interventionsrechte einräumt
1899–1902	»Tausend-Tage-Krieg« zwischen Liberalen und Konservativen in Kolumbien
1902	Beilegung des argentinisch-chilenischen Grenzstreits durch britischen Schiedsspruch
1902–1903	Interventionsversuche von Gläubigerstaaten führen zur Venezuelakrise.
1903	Unabhängigkeit Panamas von Kolumbien mit US-amerikanischer Unterstützung

1903–1927	Mit Unterbrechungen viermalige Präsidentschaft von José Batlle y Ordóñez in Uruguay
1904	Argentinische Drago-Doktrin gegen die Intervention von Gläubigerstaaten
1908–1935	Diktatur von Juan Vicente Gómez in Venezuela, erster Erdölboom
1910–1920	Mexikanische Revolution. 1910: Aufstand von Francisco I. Madero (Präsident ab 1911), 1911: Aufstände von Pancho Villa und Emiliano Zapata, 1913: Madero wird von General Victoriano Huerta gestürzt (Präsident bis 1914), 1917: Venustiano Carranza wird Präsident (bis 1920).
1914	Eröffnung des Panama-Kanals
1917–1918	Zahlreiche Staaten treten an der Seite der Alliierten in den Ersten Weltkrieg ein.
1919	»Semana trágica«, bürgerkriegsähnliche Unruhen in Argentinien
1922	Woche der modernen Kunst in São Paulo, Brasilien, als Ausdruck künstlerischer Avantgarde
1924	Gründung der peruanischen Sozialreformbewegung A.P.R.A durch Víctor Raúl Haya de la Torre in Mexiko-Stadt
1927–1934	Augusto Sandino kämpft bis zu seiner Ermordung (1934) an der Spitze von Guerilla-Einheiten gegen die Besetzung Nicaraguas durch die USA.
1928	Gründung einer Regierungpartei in Mexiko (1946 umbenannt in PRI)
1930–1933	Aufgrund der Weltwirtschaftskrise kommt es zu schweren Krisen und zahlreichen politischen Umstürzen
1930	Uruguay gewinnt im eigenen Land die erste Fußball-Weltmeisterschaft.
1930–1961	Diktatur von Rafael Trujillo in der Dominikanischen Republik
1931–1944	Diktatur von Jorge Ubico in Guatemala
1932–1935	Bolivien verliert den Chaco-Krieg gegen Paraguay.
1934–1940	Präsidentschaft von Lázaro Cárdenas, Mexiko
1937–1945	Autoritäre Regierung von Getúlio Vargas in Brasilien (»Estado Novo«)
1937	Beginn der autoritären Herrschaft des Somoza-Clans in Nicaragua
1941–1942	Ecuador verliert nach einem bewaffneten Konflikt mit Peru 40 Prozent seines Territoriums.
1941–1945	Alle lateinamerikanischen Staaten treten in den Krieg gegen die Achsenmächte ein.
1945	Erster Literaturnobelpreis für Lateinamerika für die chilenische Poetin Gabriela Mistral
1946–1955	Präsidentschaft von Juan Domingo Perón in Argentinien
1947	Rio-Pakt
1948	Gründung der UN-Wirtschaftskommission für Lateinamerika (CEPAL) Gründung der OAS Bürgerkrieg in Costa Rica und Abschaffung der Armee
1948 – ca. 1965	Die »Violencia« zwischen Liberalen, Kommunisten und Konservativen fordert in Kolumbien ca. 250.000 Tote.
1951–1954	Jacobo Arbenz, Präsident von Guatemala, führt die Reformpolitik seines Vorgängers Juan José Arévalo fort und wird 1954 durch einen von den USA unterstützen Putsch gestürzt.
1952	Revolution in Bolivien unter Führung von Victor Paz Estenssoro
1954–1989	Diktatur von Alfredo Stroessner in Paraguay
1958–1971	Diktatur von François Duvalier in Haiti
1958–1974	Nationale Front, Vereinbarung zwischen Konservativen und Liberalen in Kolumbien zur Teilung der Macht und zur Beendigung der »Violencia«
1959	Sieg der Kubanischen Revolution
1960	Einweihung der neuen brasilianischen Hauptstadt Brasília nach vierjähriger Bauzeit
1961	Fehlschlag der US-gestützten Invasion in der Schweinebucht auf Kuba

1962	Kubakrise aufgrund der Stationierung von sowjetischen Raketen
1964	Erstes Agrarreformgesetz in Ecuador
1964–1984	Militärdiktatur in Brasilien
1965	US-amerikanische Intervention in der Dominikanischen Republik
1966	Gründung der kolumbianischen Guerilla-Organisation FARC
1967	Ernesto Che Guevara wird von der bolivianischen Armee getötet.
1967–1972	Höhepunkt der Aktivitäten der uruguayischen Stadtguerilla-Organisation Tupamaros
1968	Militärputsch in Peru unter der Führung von Juan Velasco Alvarado »Massaker von Tlatelolco« in Mexiko an protestierenden Studenten mit rund 200 Toten
1969	»Fußballkrieg« zwischen Honduras und El Salvador
1970	Der Sozialist Salvador Allende wird Präsident von Chile.
1971	Literaturnobelpreis für den Chilenen Pablo Neruda
1973	Machtübernahme in Uruguay durch Militärs unter der Führung von Juan María Bordaberry
1973	Militärputsch in Chile gegen Allende unter Beteiligung von General Augusto Pinochet
1974	Inbetriebnahme des ersten lateinamerikanischen Kernkraftwerks (Atucha, Argentinien)
1976	Militärputsch in Argentinien unter der Führung von General Jorge Videla
1977	Beginn der Aktivitäten der argentinischen Menschenrechtsgruppe »Madres de la Plaza de Mayo«
1979	Anastasio Somoza, Präsident von Nicaragua, wird durch einen Volksaufstand unter sandinistischer Führung gestürzt.
1980	Oscar Arnulfo Romero, Erzbischof von San Salvador, wird von einer Todesschwadron ermordet, Beginn des Bürgerkriegs in El Salvador.
1980–1992	Höhepunkt der Aktivitäten der maoistischen Guerilla-Organisation »Sendero Luminoso« (Leuchtender Pfad) in Peru
1982	Literaturnobelpreis für den Kolumbianer Gabriel García Márquez Argentinien unterliegt im Malvinas-/Falkland-Krieg gegen das Vereinigte Königreich. Inbetriebnahme des damals weltgrößten Wasserkraftwerks Itaipu an der brasilianisch-paraguayischen Grenze Schuldenkrise in Mexiko, Einstellung des Schuldendienstes für die Auslandskredite
1983	Raúl Alfonsín gewinnt die ersten freien Wahlen nach der Militärdiktatur in Argentinien. US-Invasion in Grenada mit 6.000 Marinesoldaten (Operation »Urgent Fury«)
1984	Ende der Militärdiktatur in Uruguay
1987	Esquipulas-Abkommen zur Friedenssicherung in Zentralamerika, Friedensnobelpreis für den Präsidenten von Costa Rica Óscar Arias Sánchez Amnestiegesetz für Militärs in Uruguay
1988	Beginn des Redemokratisierungsprozesses in Chile nach einem Plebiszit gegen Pinochet
1989–1990	US-Invasion in Panama und Sturz von Präsident Manuel Noriega
1989–1999	Präsidentschaft von Carlos Menem in Argentinien
1990	Literaturnobelpreis für den Mexikaner Octavio Paz Der Sandinist Daniel Ortega wird als Präsident von Nicaragua abgewählt.
1991	Gründung des MERCOSUR durch Argentinien, Brasilien, Paraguay und Uruguay »Selbstputsch« des peruanischen Präsidenten Alberto Fujimori und

	Errichtung eines autoritären Regimes
	Neue Kolumbianische Verfassung gesteht indigenen und Afrokolumbianern Sonderrechte zu.
1991–2004	Mehrere Präsidentschaften des katholischen Priesters Jean-Bertrand Aristide in Haiti
1992	Umstrittene 500-Jahr-Feier der europäischen »Entdeckung« Amerikas
	Ende des Bürgerkriegs in El Salvador
	Friedensnobelpreis für die Guatemaltekin Rigoberta Menchú
	Inhaftierung von Abimael Guzmán, Gründer des »Leuchtenden Pfads« in Peru
1994	Aufstand der mexikanischen Neozapatisten
	Beitritt Mexikos zur nordamerikanischen Freihandelszone NAFTA
	Ende der Inflation in Brasilien unter dem Finanzminister und späteren Präsidenten Fernando Henrique Cardoso
1998	Hugo Chávez, Präsident von Venezuela, tritt für den »Sozialismus des 21. Jahrhunderts« ein.
	General Pinochet gibt sein Amt als Oberbefehlshaber der chilenischen Armee ab.
	»Plan Dignidad« zur Ausrottung des Koka-Anbaus in Bolivien
1998–1999	Inhaftierung Pinochets in London
1999	In Kolumbien, wo ca. 75–80 Prozent der weltweit vertriebenen Gesamtmenge von Kokain erzeugt werden, zerschlägt die kolumbianische Polizei das größte Drogenkartell.
1999	Abschlussbericht der Wahrheitskommission in Guatemala
1999–2002	Friedensgespräche zwischen der kolumbianischen Regierung und der Guerilla
2000	Der mexikanische PRI (seit 1929 an der Macht) wird abgewählt.
	Rückgabe des Panama-Kanals durch die USA an Panama.
	Absetzung der Regierung Jamil Mahuads in Ecuador infolge eines Volksaufstands
2001–2002	Kollaps der argentinischen Volkswirtschaft mit landesweiten Protesten
2002	Der Gewerkschaftsführer Luiz Inácio »Lula« da Silva wird Präsident von Brasilien.
2005	In Argentinien werden die Amnestiegesetze für Menschenrechtsverbrechen von 1986/87 für verfassungswidrig erklärt und aufgehoben.
2006	Evo Morales wird erster indigener Präsident von Bolivien.
	Unruhen im mexikanischen Bundesstaat Oaxaca
	Die Präsidentschaftswahl in Mexiko führt zu tiefen Spaltungen.
2007	Daniel Ortega wird erneut Präsident Nicaraguas.
2008	Aufgrund einer Erkrankung von Fidel Castro wird sein Bruder Raúl Castro Staats- und Regierungschef von Kuba.

Abkürzungsverzeichnis

A.P.R.A.	Alianza Popular Revolucionaria Americana
AIB	Ação Integralista Brasileira
AMNLAE	Asociación de Mujeres Nicaragüenses Luisa Amanda Espinoza
ARENA	Alianza Republicana Nacionalista de El Salvador
CEPAL	Comisión Económica para América Latina
CIA	Central Intelligence Service (USA)
CONADEP	Comisión Nacional sobre la Desaparición de Personas (Argentinien)
CONOFAM	Coordinación Nacional de Oficinas Estatales de Atención a Migrantes (Mexiko)
CPR	Comunidad de Población in Resistencia (Guatemala)
CUUN	Centro Universitario Unido Nicaragüense
DEA	Drug Enforcement Agency (USA)
DINA	Dirección Nacional de Inteligencia (Chile)
EZLN	Ejército Zapatista de Liberación Nacional (Mexiko)
FAO	Food and Agriculture Organization of the United Nations
FARC	Fuerzas Armadas Revolucionarias de Colombia
FBI	Federal Bureau of Investigation (USA)
FER	Frente Estudiantil Revolucionario (Nicaragua)
FSLN	Frente Sandinista de Liberación Nacional (Nicaragua)
FUNAI	Fundação Nacional do Índio (Brasilien)
IDB	Inter-American Development Bank
IPN	Instituto Nacional Politécnico (Mexiko)
IWF	Internationaler Währungsfond
MAS	Movimiento al Socialismo (Bolivien)
Mercosur	Mercado Común del Sur
MNR	Movimiento Nacionalista Revolucionario (Bolivien)
MPLA	Movimento Popular de Libertação de Angola
MST	Movimento dos Trabalhadores Rurais Sem Terra (Brasilien)
NAFTA	North American Free Trade Agreement
OAS	Organization of American States
PGR	Procuraduría General de República (Mexiko)
PRI	Partido Revolucionario Institucional (Mexiko)
SENAI	Serviço Nacional de Aprendizagem Industrial (Brasilien)
SESI	Serviço Social da Indústria (Brasilien)
SUDENE	Superintendência do Desenvolvimento do Nordeste (Brasilien)
TLCAN	Tratado de Libre Comercio de América del Norte
UNAM	Universidad Nacional Autónoma de México
UNO	Unión Nacional Opositora (Nicaragua)
USP	Universidade de São Paulo (Brasilien)

Karten- und Bildquellenverzeichnis

Karten

Bildquellen

Literaturhinweise

Die Forschungslage zur Geschichte Lateinamerikas hat sich in den letzten Jahrzehnten erfreulich entwickelt. Aus der Vielzahl der vorhandenen Studien folgt eine notgedrungen sehr kleine Auswahl. Es handelt sich v.a. um deutschsprachige Titel, die den Einstieg erleichtern und in deren Literaturverzeichnissen man schnell die zur Vertiefung unverzichtbare Literatur in Spanisch, Portugiesisch und anderen Sprachen findet.

Quellensammlungen

Conrad, Robert (Hg.): *Children of God's Fire. A Documentary History of Black Slavery in Brazil*, Princeton, NJ: Princeton University Press 1983.

Holtz, Uwe (Hg.): *Brasilien. Eine historisch-politische Landeskunde*, Paderborn: Schöningh 1981.

Kleinmann, Hans-Otto (Hg.): *Lateinamerika. Probleme und Perspektiven*, Stuttgart u.a.: Klett 1982.

König, Hans-Joachim/Rinke, Stefan/Riekenberg, Michael (Hgg.): *Die Eroberung der Neuen Welt. Präkolumbische Kulturen, europäische Eroberung, Kolonialherrschaft in Amerika*, Schwalbach: Wochenschau-Verlag ²2008.

León Portilla, Miguel (Hg.): *Historia documental de México*. 2 Bände, Mexiko-Stadt: UNAM 1974.

Rama, Angel (Hg.): *Der lange Kampf Lateinamerikas. Texte und Dokumente von José Martí bis Salvador Allende*, Frankfurt a.M.: Suhrkamp 1982.

Handbücher und Überblicksdarstellungen

Andrews, George Reid: *Afro-Latin America, 1800–2000*, Oxford: Oxford University Press 2004.

Bakewell, Peter J.: *A History of Latin America. C. 1450 to the Present*, Malden, MA u.a.: Blackwell ²2004.

Bernecker, Walther L./Kaller-Dietrich, Martina/Potthast, Barbara (Hgg.): *Lateinamerika 1870–2000. Geschichte und Gesellschaft*, Wien: Promedia 2007.

Bernecker, Walther L./Pietschmann, Horst/Tobler, Hans Werner: *Eine kleine Geschichte Mexikos*, Frankfurt a.M.: Suhrkamp 2007.

Bernecker, Walther L./Pietschmann, Horst/Zoller, Rüdiger: *Eine kleine Geschichte Brasiliens*, Frankfurt a.M.: Suhrkamp 2000.

Bernecker, Walther L.: *Eine kleine Geschichte Haitis*, Frankfurt a.M.: Suhrkamp 1996.

Bethell, Leslie (Hg.): *Cambridge History of Latin America*. 11 Bände, Cambridge: Cambridge University Press 1984–1995.

Bulmer-Thomas, Victor/Coatsworth, John H./Cortés Conde, Robert (Hgg.): *Cambridge Economic History of Latin America*. 2 Bände, Cambridge: Cambridge University Press 2006.

Bulmer-Thomas, Victor: *The Economic History of Latin America since Independence*, Cambridge: Cambridge University Press 1994.

Coatsworth, John/Taylor, Alan (Hgg.): *Latin America and the World Economy since 1800*, Cambridge, MA u.a.: Harvard University Press 1998.

Doyle, Don H./Pamplona, Marco A. (Hgg.): *Nationalism in the New World*, Athens, GA u.a.: University of Georgia Press 2006.

Galeano, Eduardo: *Die offenen Adern Lateinamerikas. Die Geschichte eines Kontinents von der Entdeckung bis zur Gegenwart*, Wuppertal: Hammer [16]2002.

General History of the Caribbean. 6 Bände, Paris u.a.: UNESCO Publ. 1999–2004.

Halperín Donghi, Tulio: *Geschichte Lateinamerikas. Von der Unabhängigkeit bis zur Gegenwart*, Frankfurt a.M.: Suhrkamp 1994.

Handbuch der Geschichte Lateinamerikas. 3 Bände, Stuttgart: Klett-Cotta 1992–1996.

Hausberger, Bernd/Pfeisinger, Gerhard (Hgg.): *Die Karibik. Geschichte und Gesellschaft 1492–2000*, Wien: Promedia 2005.

Historia General de América Latina. 9 Bände, Paris: Trotta 1999–2006.

Klein, Herbert S./Vinson, Ben: *African Slavery in Latin America and the Caribbean*, New York u.a.: Oxford University Press [2]2007.

König, Hans-Joachim: *Kleine Geschichte Lateinamerikas*, Stuttgart: Reclam 2006.

König, Hans-Joachim: *Kleine Geschichte Kolumbiens*, München: Beck 2008.

Liehr, Reinhard (Hg.): *La deuda pública en América Latina en perspectiva histórica*, Frankfurt a.M.: Vervuert 1995.

Meissner, Jochen/Mücke, Ulrich/Weber, Klaus: *Schwarzes Amerika. Eine Geschichte der Sklaverei*, München: Beck 2009.

Miller, Rory: *Britain and Latin America in the 19th and 20th Centuries*, New York u.a.: Longman 1993.

Pearcy, Thomas L.: *The History of Central America*, New York u.a.: Palgrave Macmillan 2006.

Potthast, Barbara: *Von Müttern und Machos. Eine Geschichte der Frauen Lateinamerikas*, Wuppertal: Hammer 2003.

Puhle, Hans-Jürgen (Hg.): *Lateinamerika. Historische Realität und Dependencia-Theorien*, Hamburg: Hoffmann & Campe 1977.

Rehrmann, Norbert: *Lateinamerikanische Geschichte. Kultur, Politik, Wirtschaft im Überblick*, Reinbek: Rowohlt 2005.

Riekenberg, Michael: *Kleine Geschichte Argentiniens*, München: Beck 2009.

Rinke, Stefan: *Kleine Geschichte Chiles*, München: Beck 2007.

Rössner, Michael: *Lateinamerikanische Literaturgeschichte*, Stuttgart u.a.: Metzler [3]2007.

Schoultz, Lars: *Beneath the United States. A History of U.S. Policy toward Latin America*, Cambridge, MA/London: Harvard University Press 2003.

Stüwe, Klaus/Rinke, Stefan (Hgg.): *Die politischen Systeme Nord- und Lateinamerikas*, Wiesbaden: VS Verlag 2008.

Werz, Nikolaus: *Lateinamerika. Eine Einführung*, Baden Baden: Nomos 2005.

Zeuske, Michael: *Kleine Geschichte Kubas*, München: Beck 2000.

Zeuske, Michael: *Kleine Geschichte Venezuelas*, München: Beck 2007.

19. Jahrhundert

Abel, Christopher/Lewis, Colin (Hgg.): *Latin America, Economic Imperialism, and the State. The Political Economy of the External Connection from Independence to the Present*, London: Athlone 1985.

Albert, Bill: *South America and the World Economy from Independence to 1830*, London u.a.: Macmillan 1983.

Amores Carredano, Juan B. (Hg.): *Iberoamérica en el siglo XIX. Nacionalismo y dependencia*, Pamplona: Ediciones Eunate 1995.

Barman, Roderick J.: *Brazil. The Forging of a Nation, 1798–1852*, Stanford, CA: Stanford University Press 1988.

Bernecker, Walther L.: *Die Handelskonquistadoren. Europäische Interessen und mexikanischer Staat im 19. Jahrhundert*. Stuttgart: Steiner 1988.

Bitterli, Urs: *Die Entdeckung Amerikas. Von Kolumbus bis Alexander von Humboldt*, München: Beck 1999.

Böttcher, Nikolaus: *Monopol und Freihandel. Britische Kaufleute in Buenos Aires am Vorabend der Unabhängigkeit*, Stuttgart: Steiner 2008.

Buisson, Inge/Schottelius, Herbert: *Die Unabhängigkeitsbewegungen in Lateinamerika, 1788–1826*, Stuttgart: Klett-Cotta 1980.

Burns, Bradford: *The Poverty of Progress. Latin America in the 19th Century*, Berkeley u. a.: University of California Press 1980.

Costa, Emília Viotti da: *The Brazilian Empire. Myths and Histories*, Chapel Hill, NC: University of North Carolina Press 2000.

Dawson, Frank Griffith: *The First Latin American Debt Crisis. The City of London and the 1822–25 Loan Bubble*, New Haven u. a.: Yale University Press 1990.

Ette, Ottmar/Hermanns, Ute (Hgg.): *Alexander von Humboldt – Aufbruch in die Moderne*, Berlin: Akademie-Verlag 2001.

Fischer, Thomas: *Die verlorenen Dekaden. »Entwicklung nach außen« und ausländische Geschäfte in Kolumbien, 1870–1911*, Frankfurt a. M. u. a.: Lang 1997.

Gonzáles de Reufels, Delia: *Siedler und Filibuster in Sonora. Eine mexikanische Region im Interesse ausländischer Abenteurer und Mächte*, Köln u. a.: Böhlau 2003.

Hensel, Silke: *Die Entstehung des Föderalismus in Mexiko. Die politische Elite Oaxacas zwischen Stadt, Region und Staat, 1786–1835*, Stuttgart: Steiner 1997.

König, Hans-Joachim: *Auf dem Wege zur Nation. Nationalismus im Prozeß der Staats- und Nationbildung Neu-Granadas, 1750–1856*, Stuttgart: Steiner 1988.

Liehr, Reinhard (Hg.): *América Latina en la época de Simón Bolívar. La formación de las economías nacionales y los intereses económicos europeos, 1800–1850*, Berlin: Colloquium-Verlag 1989.

Lynch, John (Hg.): *Latin American Revolutions, 1808–1826. Old and New World Origins*, Norman, OK u. a.: Oklahoma University Press 1994.

Lynch, John: *The Spanish American Revolutions, 1808–1826*, New York: Norton 1973.

Marichal, Carlos: *A Century of Debt Crisis in Latin America. From Independence to the Great Depression, 1820–1930*, Princeton: Princeton University Press 1989.

Meissner, Jochen: *Eine Elite im Umbruch. Der Stadtrat von Mexiko zwischen kolonialer Ordnung und unabhängigem Staat (1761–1821)*, Stuttgart: Steiner 1993.

Mücke, Ulrich: *Der Partido Civil in Peru 1871–1879. Zur Geschichte politischer Parteien und Repräsentation in Lateinamerika*, Stuttgart: Steiner 1998.

Mücke, Ulrich: *Gegen Aufklärung und Revolution. Die Entstehung konservativen Denkens in der iberischen Welt (1770–1840)*, Köln u. a.: Böhlau 2008.

Riekenberg, Michael: *Nationbildung. Sozialer Wandel und Geschichtsbewusstsein am Río de la Plata (1810–1916)*, Frankfurt a. M.: Vervuert 1995.

Riekenberg, Michael: *Ethnische Kriege in Lateinamerika im 19. Jahrhundert*, Stuttgart: Heinz 1997.

Rodríguez, Jaime E.: *The Independence of Spanish America*, New York: Cambridge University Press 1998.

Röhrig Assunção, Matthias: *Pflanzer, Sklaven und Kleinbauern in der brasilianischen Provinz Maranhão 1800–1850*, Frankfurt a. M.: Vervuert 1993.

Schmidt, Peer/Riekenberg, Michael/Rinke, Stefan (Hgg.): *Kultur-Diskurs. Kontinuität und Wandel der Diskussion um Identitäten in Lateinamerika im 19. und 20. Jahrhundert*, Stuttgart: Heinz 2001.

Schmieder, Ulrike: *Geschlecht und Ethnizität in Lateinamerika im Spiegel von Reiseberichten. Mexiko, Brasilien und Kuba 1780–1880*, Stuttgart: Heinz 2003.

Schultz, Kirsten: *Tropical Versailles. Empire, Monarchy, and the Portuguese Royal Court in Rio de Janeiro, 1808–1821*, New York u. a.: Routledge 2001.

Windus, Astrid: *Afroargentinier und Nation. Konstruktionsweisen afroargentinischer Identität im Buenos Aires des 19. Jahrhunderts*, Leipzig: Leipziger Universitätsverlag 2005.

20. Jahrhundert

Albert, Bill: *South America and the First World War. The Impact of the War on Brazil, Argentina, Peru and Chile*, Cambridge u.a.: Cambridge University Press 1988.

Bulmer-Thomas, Victor (Hg.): *Britain and Latin America. A Changing Relationship*, Cambridge u.a.: Cambridge University Press 1989.

Caballero, Manuel: *Latin America and the Comintern, 1919–1943*, Cambridge u.a.: Cambridge University Press 1986.

Castañeda, Jorge G.: *Utopia Unarmed. The Latin American Left after the Cold War*, New York: Knopf 1993.

Dykmann, Klaas: *Perceptions and Politics. The Foreign Relations of the European Union with Latin America*, Frankfurt a.M.: Vervuert 2006.

García Canclini, Néstor (Hg.): *Culturas en globalización. América Latina – Europa – Estados Unidos. Libre comercio e integración*, Caracas: CNCA 1996.

Hensel, Silke: *Leben auf der Grenze. Diskursive Aus- und Abgrenzungen von Mexican Americans und Puertoricanern in den USA*, Frankfurt a.M.: Vervuert 2004.

Hentschke, Jens: *Estado Novo. Genesis und Konsolidierung der brasilianischen Diktatur von 1937. Eine Fallstudie zu den sozioökonomischen und politischen Transformationen in Lateinamerika im Umfeld der Großen Depression*, Saarbrücken: Verlag für Entwicklungspolitik 1996.

Hilton, Stanley E.: *Brazil and the Great Powers, 1930–1939. The Politics of Trade Rivalry*, Austin, TX u.a.: University of Texas Press 1975.

Humphreys, Robert A.: *Latin America and the Second World War*. 2 Bände, London: Athlone 1981–1982.

Katz, Friedrich: *The Secret War in Mexico. Europe, the United States and the Mexican Revolution*, Chicago u.a.: University of Chicago Press 1981.

McPherson, Alan: *Intimate Ties, Bitter Struggles. The United States and Latin America Since 1945*, Washington D.C.: Potomac Books 2006.

McSherry, J. Patrice: *Predatory States. Operation Condor and Covert War in Latin America*, Lanham, MD u.a.: Rowman & Littlefield 2005.

Meding, Holger: *Panama. Staat und Nation im Wandel (1903–1941)*, Köln u.a.: Böhlau 2002.

Miller, Nicola: *Soviet Relations with Latin America, 1959–1987*, Cambridge: Cambridge University Press 1989.

Miller, Nicola: *In the Shadow of the State. Intellectuals and the Quest for National Identity in Twentieth-Century Spanish America*, London u.a.: Verso 1999.

Mols, Manfred/Wagner, Christoph (Hgg.): *Deutschland – Lateinamerika. Geschichte, Gegenwart und Perspektiven*, Frankfurt a.M.: Vervuert 1994.

Mörner, Magnus/Sims, David: *Adventurers and Proletarians. The Story of Migrants in Latin America*, Pittsburgh, PA: University of Pittsburgh Press 1985.

Purcell, Susan Kaufman/Simon, Françoise/Heras, Gonzalo de las (Hgg.), *Europe and Latin America in the World Economy*, Boulder, CO: Lynne Rienner 1995.

Rinke, Stefan: *»Der letzte freie Kontinent«. Deutsche Lateinamerikapolitik im Zeichen transnationaler Beziehungen, 1918–1933*, Stuttgart: Heinz 1996.

Rinke, Stefan: *Begegnungen mit dem Yankee. Nordamerikanisierung und soziokultureller Wandel in Chile, 1898–1990*, Köln u.a.: Böhlau 2004.

Thorp, Rosemary (Hg.): *Latin America in the 1930s. The Role of the Periphery in the World Crisis*, Oxford: Macmillan 1984.

Topik, Steven: *The Political Economy of the Brazilian State, 1889–1930*, Austin, TX: University of Texas Press 1987.

Werz, Nikolaus: *Das neuere politische und sozialwissenschaftliche Denken in Lateinamerika*, Freiburg im Breisgau: ABI 1991.

Mitarbeiterinnen und Mitarbeiter

B = Bearbeiter/in
Ü = Übersetzer/in
Üa = Original-Übersetzung überarbeitet
LAI = Lateinamerika-Institut der Freien Universität Berlin

Sherin Abu-Chouka, Studentin der Geschichte, LAI (B/Ü138)

Ximena Álvarez, Doktorandin der Geschichte, LAI (B87)

Franka Bindernagel, Doktorandin der Geschichte, LAI (B/Ü108, B/Ü109, B/Ü113, B114, B/Ü143, B168)

Annika Buchholz, Studentische Hilfskraft an der Professur für Geschichte, LAI (Ü3, Ü10, Ü13, Ü14, Ü19, Ü22, Ü23, Ü32, Ü42, Ü63, Ü64, Ü67, Ü76, Ü78, Ü82, Ü121, Ü145, Ü163, Ü165, Ü169)

Mónika Contreras, Wissenschaftliche Projektmitarbeiterin (SFB 700) der Professur für Geschichte, LAI (B10, B11, B32, B62, B63, B64, B82, B155, B165)

Georg Dufner, Doktorand der Geschichte, LAI (B/Ü2, Ü5, B/Ü57, B/Ü79, B140, B/Ü147)

Nina Elsemann, Wissenschaftliche Mitarbeiterin an der Professur für Geschichte, LAI (B130, B131, B/Ü133, B/Ü143, B/Ü160, B161, B162)

Anne Essel, Doktorandin der Geschichte, LAI (B39)

Georg Fischer, Wissenschaftlicher Mitarbeiter an der Professur für Geschichte, LAI (Ü3, 4, Ü19, B/Ü28, B29, B30, B/Ü32, Ü34, Ü35, B/Ü36, B/Ü37, B/Ü39, B/Ü41, B47, B50, Ü62, Ü68, B69, B/Ü78, B/Ü80, B/Ü87, Ü89, B92, B94, Ü98, Ü102, Ü103, B104, B/Ü107, B/Ü119, B/Ü 120, Ü121, B130, B/Üa131, B/Ü133, B137, B141, B/Ü142, Ü148, Üa162, Üa171, Üa172, B/Ü173, B/Ü182, B189)

Sebastian Grundberger, Wissenschaftlicher Mitarbeiter der Konrad-Adenauer-Stiftung (B26, B/Ü117, B/Ü118)

Lourdes Herrera, Professorin an der Benemérita Universidad Autónoma de Puebla, Mexiko (B/Ü35)

Lasse Hölck, Wissenschaftlicher Projektmitarbeiter (SFB 700) an der Professur für Geschichte, LAI (B34, B68)

Niklaas Hoffmann, Studentische Hilfskraft an der Professur für Geschichte, LAI (B47)

Joachim Jachnow, Doktorand der Geschichte, LAI (B/Ü6, B24, B27, B/Ü55, B/Ü110)

Reinhard Liehr, emeritierter Professor für Geschichte, LAI (B3, B19, B20, B45, B92, B104, B121, B169)

Inga Luther, Wissenschaftliche Projektmitarbeiterin (DFG) an der Professur für Geschichte, LAI (B/Ü91, B/Ü105, B/Ü178, B/Ü181)

Mareen Maaß, Studentin der Geschichte, LAI (Ü35)

Albert Manke, Doktorand der Geschichte Lateinamerikas an der Universität zu Köln (B/Ü135)

Christina Peters, Wissenschaftliche Projektmitarbeiterin (DFG-Forschergruppe 955) an der Professur für Geschichte, LAI (B/Ü97, B/Ü151, B/Ü175)

Andrea Riedemann, Doktorandin der Geschichte, LAI (B/Ü157, B/Ü176, B188)

Stefan Rinke, Professor für Geschichte, LAI (Kapiteleinleitungen, B1, B5, B9, B12, B13, B14, B15, B16, B17, B18, B22, B23, B31, B40, B42, B43, B44, B46, B49, B54, B/Ü56, B/Ü59, B/Ü60, B61, B65, B66, B67, B70, B72, B75, B76, B81, B83, B84, B85, B86, B88, B89, B90, B96, B98, B99, B100, B101, B103, B111, B112, B115, B139, B144, B145, B148, B149, B150, B152, B/Ü153, B154, B156, B158, B159, B163, B164, B166, B184, B186)

Mario Schenk, Studentische Hilfskraft an der Professur für Geschichte, LAI (Ü34, Ü68, Ü73, Ü77, Ü168, B/Ü180)

Frederik Schulze, Wissenschaftlicher Mitarbeiter für Geschichte am Friedrich-Meinecke-Institut der Freien Universität Berlin und an der Professur für Geschichte, LAI (B11, Üa15, Üa16, Üa17, B/Ü25, Ü26, Ü27, B/Ü38, Ü40, Ü43, Ü46, B47, B48, Üa49, B/Ü50, B/Ü51, B/Ü52, Ü53, B/Ü57, B58, B/Ü60, Ü62, B71, B/Ü73, Ü74, Ü77, Ü88, B93, B/Ü95, Ü99, B/Ü105, B106, B/Ü112, B/Ü116, B/Ü118, B/Ü122, B123, B124, B125, B127, B128, B/Ü129, B132, B/Ü136, Ü139, B/Ü140, B/Ü146, B/Ü147, B/Ü149, Ü158, Ü164, B167, B/Ü170, B174, B177, B179, B183, B/Ü185, B187)

Jurek Sehrt, Museumspädagoge, Berlin (B/Ü7, B/Ü8, B/Ü21, B/Ü33, B/Ü102, B126, B/Ü134)

Mariano Torres, Professor an der Benemérita Universidad Autónoma de Puebla, Mexiko (B25, B53, B73, B74, B77)

Julia Zahn, Studentin der Lateinamerikanistik, LAI (B171, B172)

Personen- und Ortsregister

Fett gesetzte Einträge verweisen auf Quellentexte oder Bilder der entsprechenden Autorin bzw. des entsprechenden Autors.

Sachregister